범주변인분석

박광배 지음

Generalized Linear Model

학지사

머리말

이 책은 사회과학분야의 연구자들이 각종 범주변인분석모형의 핵심적 구조와 적용방법을 가능한한 쉽게 이해할 수 있도록 설명한 해설서다. 사회과학분야에서는 일반적으로 연속변인 (continuous variable) 자료를 분석하기 위한 모형들이 많이 사용되지만, 최근 들어서 심리학, 사회학, 교육학, 사회복지학, 정치학, 행정학 등의 분야에서도 로지스틱 회귀모형 등의 범주변인분석모형이 많이 사용되고 있다.

Pearson, Yule, Fisher, Neyman, Cochran 등의 응용통계학자들에 의해 발전한 범주변인분석모형들은 전통적으로 연속변인 자료를 위한 분석모형들과 약간 다른 용어들로 기술되는 경우가 많다. 예를 들어, 독립변인 (independent variable) 대신에 설명변인 (explanatory variable) 이 사용되고, 종속변인 (dependent variable) 대신에 반응변인 (response variable) 이 사용되는데, 이러한 용어의 차이는 본질적인 것이 아니다. 범주변인 자료를 분석하기 위한 모형들과 연속변인 자료를 분석하기 위한 모형들은 모두 일반선형모형 (generalized linear model) 이라고 지칭하는 하나의 동일한 개념 틀의 각기 독특한 용례로 이해할 수 있기 때문에 이 책에서는 모든 범주변인분석모형을 일반선형모형의 개념으로 설명하였다. 상관계수, t-검증, 변량분석, 회귀분석 등의 연속변인 자료를 위한 분석모형들에 익숙한 사회과학분야의 연구자들이 이 책의 제 3 장에서 설명한 일반선형모형의 개념을 숙지하고 나면 이 책에서 다룬 모든 범주변인분석모형들을 쉽게 이해할 수 있을 것으로 생각된다.

이 책에는 각종 기호와 수학적 표현이 많이 포함되어 있다. 이들의 표기를 위하여 국어학의 띄어쓰기에 충실하다 보면 혼동을 일으키는 경우가 많다. 따라서 이들의 표기를 위하여 국어학의 띄어쓰기보다는 시각적인 명료함을 의도적으로 더 우선시하였다는 점을 밝힌다. 예를 들어, '$\sum$X에' 대신에 '$\sum$X 에' 라고 표기하였고, '1이' 대신에 '1 이' 라고 표기하였다. 또한 '기호(예를 들면, 괄호)가' 대신에 '기호 (예를 들면, 괄호) 가' 로 표기하였다. '$\sum$X에' 식의 표기는 한국어 문법에는 맞을지 몰라도 수학공식표기법의 관점에서는 혼동 가능성이 매우 높은 표기방식이다. 세계적으로 통용되는 수학공식표기의 원칙이 한국어 표기원칙보다 상위의 원칙이라 사료되고, 특히 필자의 전공분야인 심리학의 관점에서 시각적인 명료함을 극대화하고, 혼동 가능성을 최소화하기 위하여 기호, 외국어, 숫자가 국문과 혼합된 경우에는 언제나 같은 원칙에 의하여 띄어쓰기를 적용하였음을 주지하기 바란다.

이 책의 출판을 쾌히 허락해 주신 학지사의 김진환 사장님께 진심으로 감사드린다. 사랑하는 나의 프란체스카와 위린에게 이 책을 헌사한다.

2006 년 8 월

사법제도개혁추진위원회 추진 2 팀 사무실에서

박 광 배

차 례

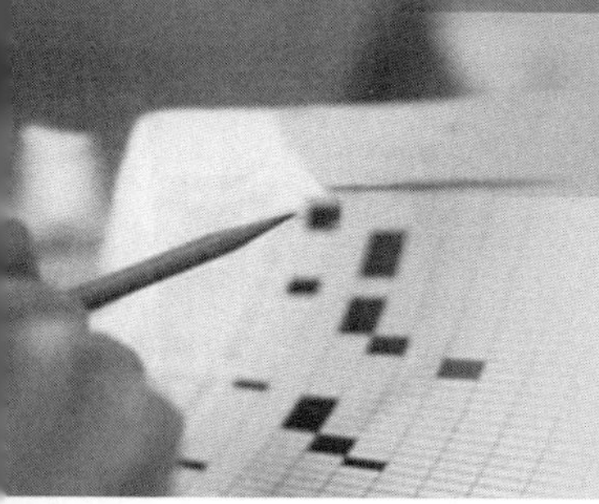

제 1 장
기초 개념

범주변인 (categorical variable) 은 측정척도가 범주들로 구성된 변인을 의미한다. 예를 들어, '성별' 은 그 측정척도가 남자 범주와 여자 범주로 구성되었으므로 범주변인이 된다. 진보, 보수, 중도의 범주로 측정되는 '정치노선' 도 범주변인이다. 또한 카푸치노, 에스프레소, 아메리카노 등의 범주로 구분되는 '커피 종류' 도 역시 범주변인이다. 특히, 범주변인들 중에 측정척도가 두 개의 범주로 구성된 것을 '이분변인 (二分變因, binary variable, dichotomous variable)' 혹은 '가부변인 (可否變因, quantal variable)' 이라고 부르기도 한다.

범주변인의 자료는 흔히 빈도 (frequency) 의 형태로 요약된다. 빈도는 어떤 사건이나 현상이 발생하는 횟수 혹은 그 발생이 빈번한 정도를 의미하기도 하지만, 특정한 속성을 가진 개체들의 수를 의미하기도 한다. 어떤 경우건 빈도는 관찰된 횟수를 의미하는 개념이다. 예를 들어, 어떤 사람이 중국 음식점을 방문한 것이 10 번 관찰되었는데, 그중 자장면을 먹는 것이 5 번 관찰되었다면, 전체 빈도는 10 이고 자장면을 먹는 빈도는 5 라고 말한다. 또한 10 명의 사람을 관찰하였더니 남자가 5 번 관찰되었다면, 그때에도 전체 빈도는 10 이고, 남자의 빈도는 5 라고 말한다. 범주변인분석의 매력은 빈도라는 분석 대상이 그 자체로는 대단히 단순하고 자연적인 혹은 원초적인 의미를 가지는 변수라는 사실에 있다. 빈도는 절대영점 (absolute zero) 이 있고, 1 을 단위 (unit) 로 가진다. 또한 확률 (probability) 과 직접적이고, 불가분의 관련성을 가지는 확률적 현상이다.

이 장에서는 빈도 개념과 관련된 이론적 기초 개념들을 설명하고자 한다. 이 장에서 설명하는 기초 개념들은 범주변인분석을 이해하고 활용하는 기본 재료가 된다.

1 확률과 비율

확률 (probability) 이라는 개념은 불확실성의 존재를 전제로 한다. 불확실성이 존재하지 않으면 확률의 개념은 무의미해진다. 그럼에도 불구하고 확률이라는 개념은 불확실성에 내재하는 질서와 규칙성을 함축한다. 이렇게 묘한 양면성을 가지는 확률이라는 용어는 일반적으로 두 가지 추상적 의미로 쓰인다. 그중 한 가지는 주관적인 가능성 혹은 기대 (expectation) 의 의미며, 또 한 가지는 수학적인 의미로서 인간이나 자연의 특정한 행위가 무한히 반복되는 경우, 그 행위들에서 특정한 현상 혹은 사건이 발생하는 상대빈도 (relative frequency) 다. 또 결과의 불확실성을 전제하고 수행되는 확률적 행위를 '시행 (trials)' 이라고 부르기도 한다. 예를 들면, 동전던지기를 무한히 반복할 때 그중 앞면이 나오는 빈도가 전체 던지기 횟수의 1/2 이면, 이 1/2 을 '확률 0.5' 라고 말한다. 이 확률의 개념은 수학적으로 혹은 이론적으로 가능한 개념이지만, 행위 혹은 시행을 무한히 반복한다는 전제가 있으므로 실제로는 관찰이 불가능한 개념이다. 즉, 확률은 직접 관찰되지 않는 가능성이다.

비율 (proportion) 은 확률과 비슷한 의미를 가지지만 명백히 구별되는 개념이다. 비율은 관찰된 상대빈도다. 즉, 동전을 70 번 던졌을 때 앞면이 30 번 나왔다면 앞면이 나온 비율은 30/70 이다. 그러나 같은 동전을 던져서 앞면이 나올 확률은 여전히 1/2 일 수 있다. 실제 발생하는 현상에는 '우연 (chance)' 이 개입하므로 관찰된 빈도들에서 계산되는 비율은 확률과 다를 수 있다.

2 비율의 표집분포

비율은 전체 관찰 혹은 측정의 횟수 중에서 특정한 현상이나 사상이 나타난 상대빈도라고 하였다. 여기에서는 이렇게 정의되는 비율의 통계적 속성에 관하여 몇 가지 기본적인 개념들을 살펴보고자 한다.

① 베르누이 시행

베르누이 시행(Bernoulli trials)이란 세 가지 조건을 충족하는 관찰과정 혹은 측정절차를 의미한다. 첫 번째 조건은 한 번의 관찰에서 두 가지 중에 한 가지 현상 혹은 사상(event)이 나타나야 하고, 두 번째 조건은 매번의 관찰에서 특정한 현상 혹은 사상이 발생할 확률이 동일해야 한다는 것이며, 세 번째 조건은 매번의 관찰이 서로 독립적이어야 한다는 것이다. 동전던지기는 대표적인 베르누이 시행이다. 만약 동전던지기를 10번 한다면, 매번 던질 때마다 앞면이 나올 확률은 언제나 0.5다. 또한 동전을 던져서 앞면 혹은 뒷면이 나오는지의 여부는 그 전의 시행에서 어떤 면이 나왔는가의 여부와 그 후의 시행에서 어떤 면이 나올 것인가의 여부와 절대적으로 무관하다. 따라서 동전던지기는 베르누이 시행의 대표적 일례다.

만약 주사위던지기를 하여 숫자 1, 2, 3, 4, 5, 6에 각각 돈을 걸 수 있다면, 그 주사위던지기는 베르누이 시행이 아니다. 왜냐하면 한 번의 시행에서 나타날 수 있는 사상의 가짓수는 두 개가 아니기 때문이다. 그러나 만약 주사위던지기에서 짝수와 홀수 중에서 하나에 돈을 걸 수 있다면, 이 주사위던지기는 베르누이 시행이다. 어떤 모집단에서 N명의 사람들에게 '귀하는 바보입니까?'라는 멍청한 질문을 한다고 가정해 보자. 만약 응답자가 '예'와 '아니요'의 응답과 더불어 '모르겠음'이라는 응답을 할 수 있다면, 이러한 조사절차는 베르누이 시행이 아니다. 그리고 응답자 중에 몇 사람이 멍청하게 서로 의논을 한 후에 응답을 하였다면, 이러한 조사절차도 베르누이 시행이 아니다. 왜냐하면 각 사람의 응답이 서로 독립적이 아니기 때문이다. 또한 한 사람에게 동일한 질문을 N번 반복하여 N개의 응답을 수집하였다면, 이 수집절차 또한 베르누이 시행이 아니다. 왜냐하면 동일한 사람의 반복된 응답은 (멍청하게도 매번 응답이 다를지라도) 서로 독립적이지 않기 때문이다. 만약 모집단에 각기 다른 부류들이 있어서 어떤 부류는 '예'라는 응답을 할 확률이 다른 부류보다 높은 경우에는 그 모집단에서 N명에게 질문을 하고, 응답을 수집하는 것은 베르누이 시행이 아니다. 왜냐하면 모집단에 있는 부류 중에 어떤 부류에게 질문을 하는가에 따라서 특정한 응답이 나올 확률이 달라지기 때문이다.

자신을 바보라고 생각하는 사람의 비율이 π 인 모집단에서, 베르누이 시행에 의하여 '귀하는 바보입니까?' 라는 질문에 대한 N 명의 응답이 무작위로 (randomly) 수집되었다면, 그 N 명의 응답 중에 '예' 라는 응답의 비율 p 를 산출할 수 있다. 모집단 비율 π 는 관찰이 불가능하므로 실질적으로는 확률과 마찬가지라고 볼 수 있다. 이 책에서는 모집단 비율과 확률을 동의어로 사용한다. 반면에 p 는 표본에서 관찰된 비율이다. 이와 같은 조사를 무수히 반복하여 N 명의 사례로 이루어진 표본을 무수히 구하고, 각 표본에서 p 를 산출하면, 각 표본에서 구해진 p 는 모두 조금씩 서로 다르므로 '비율의 표집분포 (sampling distribution of proportions)' 를 이루게 된다. 이 비율의 표집분포는 <수식 1-1> 과 같은 평균과 표준오차를 가진다.

$$E(p) = \pi, \quad \sigma(p) = \sqrt{\frac{\pi(1-\pi)}{N}} \qquad \text{<수식 1-1>}$$

기호 $E(p)$ 는 p 의 기댓값을 의미하는데, 무수히 많은 비율 p 들의 평균 (mean) 이다. 기호 $\sigma(p)$ 는 'p 의 표준오차 (standard error)' 라고 부르는데, 수학적으로는 무한히 많은 p 들의 표준편차 (standard deviation) 다. 결국 $E(p)$ 와 $\sigma(p)$ 는 각각 일정한 크기 (N) 의 표본들에서 산출되는 p 들의 평균과 표준편차다. 표본의 크기 N 이 고정되었을 때, π 가 0.5 일 때 $\sigma(p)$ 는 최대가 되고, π 가 0 에 가까워지거나 1 에 가까워질수록 $\sigma(p)$ 는 작아진다. 예를 들어, $N = 70$ 이라면 $\pi = 0.5$ 일 때 $\sigma(p) = 0.060$ 이고, $\pi = 0.2$ 일 때 $\sigma(p) = 0.048$ 이며, $\pi = 0.9$ 일 때 $\sigma(p) = 0.036$ 이 된다. 즉, 모집단에서 자신을 바보라고 생각하는 사람과 그렇지 않은 사람이 서로 대등한 비율로 존재할수록 표본에서 산출되는 '예' 응답의 비율 p 는 표본에 따라서 더 크게 가변한다.

<수식 1-1> 을 보면 N 이 큰 표본들로 이루어진 표집분포일수록 p 의 표준오차 $\sigma(p)$ 는 0 에 가까워진다는 것을 쉽게 알 수 있다. 즉, N 이 클수록 ① 각각의 표본에서 산출되는 p 들은 서로 유사해지고, ② 각각의 p 는 모집단의 비율 π 에 더 근접하며, ③ 비율 p 의 표집분포는 모집단 비율 π 를 중심으로 정규분포한다. 이 세 가지 법칙을 '많은 수의 법칙 (the law of large numbers)' 이라고 부른다.

② 모집단 비율에 대한 가설검증

모집단 (population) 에서 특정한 사상 혹은 사례가 얼마나 존재할 것인가에 대한 가설을 설정하고, 표본 (sample) 을 이용하여 그 가설의 진위를 판단하는 방법의 논리적 구조를 이해하기 위하여 우선 통계적 가설검증의 일반적 개념을 살펴보자. 모집단은 직접 관찰되지 않는 대상이지만, 거의 대부분의 실증적 연구의 주된 관심 대상이다. 다시 말해서 대부분의 실증적 연구는 모집단을 파악하기 위한 것이지만, 직접 관찰을 통하여 모집단을 파악할 수 없으므로 모집단을 대표하는 표본자료를 이용하여 모집단에 대한 판단을 시도한다. 그런데 표본자료를 이용하여 모집단에 대한 간접적 판단을 하는 것이 가능하기 위해서는 표본자료와 모집단의 관계에 대한 이해가 필수적으로 요구된다. 왜냐하면 표본자료와 모집단이 서로 어떤 관계를 가지는지에 대한 정보와 이해가 없다면, 표본자료가 주어졌다고 해도 그것을 이용하여 모집단에 대한 판단을 할 수 없기 때문이다. 즉, 통계적 가설검증을 위해서는 최소한 두 종류의 정보가 필요한데, 그 한 가지는 표본자료이고, 또 한 가지는 모집단과 표본의 관계에 대한 이해다.

이 장에서 앞으로 자세히 살펴보게 될 각종 확률분포이론들이 바로 통계적 가설검증을 위하여 요구되는 모집단과 표본의 확률적 관계에 대한 이해와 설명들이다. 모집단의 속성 (e. g., 평균 혹은 비율) 은 고정적이지만, 그 고정적인 모집단의 속성이 표본에서 나타나는 양상은 표본에 따라서 달라질 수 있다. 예를 들어, 정규분포는 고정적인 모집단의 속성이 표본에 따라서 확률적으로 달라지는 양상에 대한 한 가지 이론이다. 정규분프, 이항분포, 포아송분포 등의 모든 확률분포이론은 이와 같은 모집단과 표본의 확률적 관계에 대한 이론이다. 이 확률이론에 기초하여 연구자는 자신이 확보한 표논자료를 이용하여 모집단에 대한 판단을 시도할 수 있다. 모집단에 대한 연구자의 판단은 모집단과 표본의 확률적 관계에 대한 이론에 기초하는 까닭에 가부의 절대적 판단이 아니고 언제나 확률적 판단이 된다.

정규분포 등의 확률분포이론들은 특정한 속성을 가진 모집단에서 표본을 추출하는 경우에 표본의 특정한 속성이 관찰될 확률을 정의한 것이다. 각종 확률분포이론들은, 예를 들어 남자가 60 % 인 모집단에서 일정한 수 (N) 의 표본을 무작위로 추출하면 그 표본에서 남자의 비율이 70 % 일 확률, 45 % 일 확률 혹은 57 % 일 확률 등을 정의한 것이다. 따라서 연구자는 ① 우선 모집단의 속성 (e. g., 남자의 모집단 비율) 에 대하여 가설을 설정하고, ② 표본을 추출하여 그 표본의 속성 (e. g., 남자의 표본비율) 을 파악한다. ③ 그리고 모집단의 속성과 표본자료에서 관찰된 속성 사이의 확률적 관계에 대한 적절한 확률분포이론을 선택하고, ④ 선택된 확률분포이론에 기초하여 모집단의 속성에 대한 자신의 가설이 옳다면 자신의 표본에서 파악된 속성이 관찰될 확률을 산출한다. ⑤ 그 결과 자신이 산출한 확률이 높다면 모집단 속성에 대한 자신의 가설을 유지하고, 반면에 그 확률이 낮다면 모집단 속성에 대한 자신의 가설을 기각하는 것이 통계적 가설검증의 일반적인 논리다.

모집단 비율 π 에 대한 가설검증은 '많은 수의 법칙'을 이용할 수 있다. 모집단 비율 π 의 값이 0.4 라는 가설이 있고, 이 가설을 검증하기 위하여 $N=50$ 의 표본을 베르누이 시행에 의하여 추출하였다고 가정하자. 이 가설 ($\pi=0.4$) 이 맞는다면, $E(p)=0.4$ 이고, $\sigma(p)=\sqrt{(0.4)(0.6)/50}=0.069$ 이다. 그런데 연구자가 수집한 어떤 표본에서 산출된 비율이 $p=0.3$ 이었다면, 이 연구자는 $\pi=0.4$ 라는 가설에 대하여 어떤 판단을 해야 할까? 이 물음에 답하기 위한 z 통계치는 <수식 1-2> 와 같다.

$$z=\frac{p-\pi_h}{\sqrt{\frac{\pi_h(1-\pi_h)}{N}}}=\frac{0.3-0.4}{0.069}=-1.449 \qquad \text{<수식 1-2>}$$

기호 z 는 정규분포 (normal distribution) 하는 표준변인이고, π_h 는 가설이 가정하는 모집단 비율이다. 정규분포에서 z 의 절대값이 1.449 보다 클 확률 (z 값이 -1.449 보다 작거나 $+1.449$ 보다 클 확률) 은 0.147 이다. 즉, $\pi_h=0.4$ 라는 가설이 옳은 것일 때, 모집단에서 $N=50$ 의 표본을 무작위로 추출하면, 표본에서 산출되는 p 가 0.3 ($z=-1.449$) 보다 작거나 0.5 ($z=+1.449$) 보다 클 확률이 0.147 이라는 것이다. 이 확률을 '양방검증을 위한 $\boldsymbol{p}$ - 값 (two-sided $\boldsymbol{p}$ -value)' 이라고 부르는데, 일반적으로 이 확률이 0.05 보다 작을 때 π_h 를 기각한다. 따라서 표본비율이 $p=0.3$ 일 때, 확률 0.147 은 $\pi_h=0.4$ 라는 가설을 기각하기에 너무 크다. 즉, $\pi_h=\pi=0.4$ 일 때 $N=50$ 인 무작위 표본에서 $p=0.3$ 이 산출될 가능성이 (확률 0.05 보다) 상당히 높기 때문에 $\pi_h=0.4$ 라는 가설을 기각할 수 없다.

반면에 표본어서 산출된 비율이 $p = 0.2$ 라면, $z = (0.2-0.4) / 0.069 = -2.899$ 이고, 정규분포에서 z 의 절대값이 2.899 보다 클 확률은 0.004 이다. 따라서 양방 검증을 위한 p-value 가 0.05 보다 작으므로 이때는 $\pi_h = 0.4$ 라는 가설을 기각한다. 즉, 모집단 비율을 $\pi_h = 0.4$ 로 가정했을 때, $N = 50$ 인 무작위 표본에서 p 가 0.2 보다 작거나 0.6 보다 클 확률이 0.05 보다 작으므로 $\pi_h = 0.4$ 라는 가설을 기각한다.

3 모집단 비율의 구간추정

비율 p 의 표집븐포가 가지는 '많은 수의 법칙' 이라는 속성은 모집단 비율 π 에 대한 가설을 검증하기 위해 쓰이기도 하고, 표본비율 p 를 이용하여 모집단 비율 π 의 값을 추정 (estimation) 하기 위해서도 활용된다. 표본비율 p 를 이용하여 모집단 비율 π 의 값을 추정하는 것은 π 의 가능한 구간, 즉 신뢰구간 (confidence interval) 을 확률적으로 파악하는 것을 말한다.

어떤 모집단에서 N 개의 사례를 베르누이 시행에 의해 표집한 후, '귀하는 바보입니까?' 라는 질문에 대한 응답을 집계해 보니 '예' 라고 응답한 사람의 비율이 p 라고 가정하자. 그러면 모집단에서 자신을 바보라고 생각하는 사람의 비율 π 는 얼마일까? 이 모집단 비율 π 에 대한 95% 신뢰구간은 <수식 1-3> 과 같다.

$$p-1.96\hat{\sigma}(p) \leqq \pi \leqq p+1.96\hat{\sigma}(p) \quad \text{단, } \hat{\sigma}(p) = \sqrt{\frac{p(1-p)}{N}}$$ <수식 1-3>

$\hat{\sigma}(p)$ 은 표본자료를 이용하여 산출하는 표본비율 p 의 '추정된 표준오차 (estimated standard error)' 다. 실제 표준오차 $\sigma(p)$ 는 <수식 1-1> 에 명시된 바와 같이 $\sqrt{\pi(1-\pi)/N}$ 으로 산출해야 하지만 모집단 비율 π 를 알 수 없으므로 대신 표본비율 p 를 이용해서 산출한 것이 추정된 표준오차 $\hat{\sigma}(p)$ 이다. 만약 $N = 200$ 이고, p 가 0.3 이라면 모집단 비율 π 의 95% 신뢰구간은 $0.3 \pm 1.96\sqrt{(0.3)(0.7)/200}$ 이다. 즉, $0.2365 \leqq \pi \leqq 0.3635$ 의 범위 안에 실제 모집단 비율 π 가 존재할 확률이 95% 이다.

앞서 표본의 크기 N이 고정되었을 때, π가 0.5이면 $\sigma(p)$는 최대가 되고, π가 0에 가까워지거나 1에 가까워질수록 $\sigma(p)$는 감소한다고 하였다. $\hat{\sigma}(p)$을 산출하되 $p = 0.5$를 가정하고 산출하면 정해진 N개의 사례로 구성된 표본에서 구할 수 있는 최대의 $\hat{\sigma}(p)$가 산출된다. 이것을 이용하여 추정하는 모집단 비율 π의 95% 신뢰구간을 흔히 '오차한계(margin of error)'라고 부른다. 예를 들어, 우리나라의 성인 남녀 500명을 무작위로 표집하여 자살시도의 경험이 있는지 여부를 질문하려고 한다고 가정하자. 이 조사에서 '경험 있음'이라는 응답이 몇 %가 나올지는 조사를 해 보아야 알 수 있는 것이지만, 그 표본비율 p가 얼마이건 간에 모집단 비율 π의 95% 신뢰구간을 최대 $p \pm 1.96\sqrt{(0.5)(0.5)/500} = p \pm 0.044$로 설정할 수 있다. 이 경우, '본 조사의 오차한계는 ±0.044다.'라고 말한다. 즉, 오차한계는 정해진 N을 이용하여 모집단 비율 π의 값에 대한 최대 가능한 구간을 설정하는 것이다.

3 이항분포

시도의 수가 N번으로 한정적이고 고정된 베르누이 시행에서 두 가지 사상(event) 중 하나의 사상이 나타나는 빈도 n_i의 확률분포를 이항분포(binomial distribution)라고 부른다. 예를 들어, 한국의 대통령 선거에 어떤 사람이 입후보하였다고 가정하자. 한국에서 선거권을 가진 국민 중에서 이 입후보자를 지지하는 사람의 비율을 π_1이라고 표기하고, 반대하는 사람의 비율을 π_0라고 표기하자. 즉, $\pi_0 = 1 - \pi_1$이다. 그런데 이 모집단 비율들을 추정하기 위하여 10명의 유권자를 대상으로 설문조사를 하였고, 이 설문조사에 대한 응답은 베르누이 시행에 의해 수집되었다고 가정하자. 베르누이 시행에 의하여 수집되었다는 가정은 ① 모든 유권자의 응답은 '지지' 이거나 '반대' 중의 하나(두 가지 사상 중의 하나)이고, ② 서로 독립적이며, ③ 입후보자를 지지할 확률은 모든 유권자에서 동일(π)하다는 가정을 의미한다.

이 $N = 10$인 한정된 표본자료에서 '지지'를 표명한 사례의 수를 n_1이라고 표기하고, '반대' 를 표명한 사례의 수를 n_0 라고 표기하자. 즉, $n_0 = N - n_1$ 이다. 이와 같은 베르누이 시행에 의한 동일한 조사를 각기 다른 표본들 (모든 표본의 N 은 모두 10 으로 고정) 을 수집하여 반복적으로 수행한다면, 각 조사표본에서 산출되는 지지자의 숫자 n_1 은 조금씩 달라질 것이다. 이항분포는 이러한 상황에서 각 조사표본마다 지지자의 숫자가 어떻게 나타날 것인가에 관한 통계적 이론분포다. 이항분포는 <수식 1-4> 와 같이 정의된다.

$$Pr(n_0, n_1) = \frac{N!}{n_0!\,n_1!}\,\pi_0^{\,n_0}\pi_1^{\,n_1} \qquad \text{<수식 1-4>}$$

<수식 1-4> 의 이항분포 확률 식에서 Pr 은 '확률 (probability)' 의 약자다. 따라서 $Pr(n_0, n_1)$ 은 '표본에서 반대자의 숫자가 n_0 이고, 지지자의 숫자가 n_1 일 확률' 을 의미한다. 기호 $N!$ 은 순차곱셈 혹은 계승을 의미하는데, 만약 $N = 4$ 라면 $N!$ 은 $4 \times 3 \times 2 \times 1 = 24$ 이다. 그런데 <수식 1-4> 의 이항분포에서는 N 이 한정적이며 고정된 것으로 가정된다. 이 말은 N 이 자료가 수집된 후에 사후적으로 파악되는 것이 아니고, 자료를 수집하기 전에 연구자가 특정하게 정하는 것이며, 동일한 조사를 반복하는 경우에도 고정적으로 유지된다는 가정이다. 따라서 동일한 모집단에서 조사표본을 반복적으로 추출하는 경우에 N 은 모든 표본에서 동일하지만, n_0 와 n_1 은 표본마다 다르게 산출된다.

<수식 1-4> 는 지지자의 특정한 숫자 (n_1) 혹은 빈도가 나올 확률 $Pr(n_0, n_1)$ 에 대한 이론적 정의라는 사실을 기억하자. 즉, 이항분포는 빈도의 표집분포다. 따라서 이항분포 확률 식은 다음과 같은 물음에 답할 수 있다. '한국의 유권자 전체 중에 대통령 후보자 나최고를 지지하는 사람의 비율이 70 % 이고, 반대하는 사람의 비율이 30 % 일 때, 한국의 유권자 전체 중에 10 명을 무작위 추출하여 나최고 후보자에 대한 지지 여부를 질문하였을 때 '지지' 를 표명하는 사례의 수가 6 이고, '반대' 를 표명하는 사례의 수가 4 일 확률은 얼마인가?' 이 물음에 대한 답은 다음과 같다.

$$\text{이항확률} \quad Pr(4, 6) = \frac{10!}{4!6!}\,0.3^4\,0.7^6 = 0.200121$$

마찬가지로 $N=10$ 인 표본에서 지지자의 수가 0 일 이항확률, 지지자의 수가 1 일 이항확률, 지지자의 수가 2 일 이항확률 등을 차례로 산출하여 마지막으로 지지자의 수가 10 일 확률까지 산출하면 [그림 1-1] 과 같은 이항분포도가 도출된다.

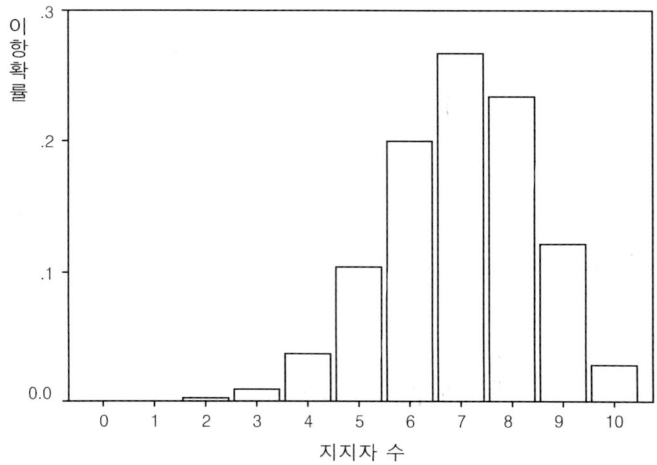

[그림 1-1] $N=10,\ \pi_1=0.7$ 인 이항분포

표본의 수가 한정된 N 이고, 모집단에서 지지자의 비율이 π_1 일 때, 각각의 표본에서 산출되는 지지자의 수 (n_1) 는 표본마다 다르게 나타날 것이다. 수가 N 으로 한정된 표본에서 산출되는 지지자의 수가 진실로 이항분포에 의해 결정된다면, 그러한 표본들 각각에서 산출되는 지지자 수의 평균과 변량 (즉, [그림 1-1] 과 같은 이항분포의 평균과 변량) 은 <수식 1-5> 와 같다.

$$E(n_1)=N\pi_1, \quad Var(n_1)=N\pi_1\pi_0 \qquad \text{<수식 1-5>}$$

즉, 여러 개의 표본에서 집계되는 지지자의 수는 표본마다 조금씩 다를 것인데, 그들의 평균은 $N\pi_1$ 일 것으로 기대되고, 그들의 변량은 $N\pi_1\pi_0$ 일 것이다. [그림 1-1] 에 묘사된 $N=10$ 이고 $\pi_1=0.7$ 인 이항분포의 평균은 $10(0.7)=7$ 이고, 변량은 $10(0.7)(0.3)=2.1$ 이다.

4 이항분포와 정규분포의 관계

앞서 동전던지기는 가장 대표적인 베르누이 시행 중의 하나라고 하였다. 동전이 공정한 것이라면 그것을 한 번 던졌을 때 앞면이 나올 확률 (π_1) 이 0.5 이므로 동전을 N 번 던지는 경우에 앞면이 나오는 횟수 (n_1) 는 다음과 같은 이항확률에 의해 결정된다.

$$Pr(n_0, n_1) \frac{N!}{n_0! n_1!} 0.5^{n_0} 0.5^{n_1}$$

동전을 10 번 던지는 경우에 앞면이 3 번 나올 확률은 앞의 이항확률 식 ($N=10$, $n_0=7$, $n_1=3$) 에 의하여 0.117 이 된다. 따라서 동전 10 번 던지기를 100 번 반복한다면, 100 번의 실험에서 앞면이 3 번 나온 횟수는 약 12 번 정도가 될 것으로 기대된다. 이와 같이 동전을 10 번 던지는 경우 ($N=10$) 에 앞면이 나오는 각 횟수의 이항분포는 [그림 1-2] 와 같다. 같은 원리에 의하여 동전을 100 번 던지기 ($N=100$) 실험을 반복적으로 수행한다면, 앞면이 나오는 각 횟수의 이항분포는 [그림 1-3] 과 같다.

[그림 1-2] 와 [그림 1-3] 에서 암시하듯이 N 이 증가할수록 이항분포는 정규분포 (normal distribution) 에 가까워진다. 즉, 정규분포는 N 이 무한대 (∞) 인 이항분포의 확장이라고 할 수 있다. 이항분포와 정규분포의 이러한 관계를 처음 발견한 사람은 18 세기의 통계학자였던 Abraham de Moivre 라고 알려져 있다. de Moivre 는 도박사들을 위하여 동전을 20 번 던지는 경우에 앞면이 15 번 이상 나올 확률 등을 계산해 주다가 N 이 증가할수록 이항분포의 모양이 종모양의 곡선에 근접하는 현상을 발견하였는데, 그는 이 종모양 곡선의 함수식을 알 수 있다면 그러한 이항확률들을 보다 간편하게 계산할 수 있을 것으로 생각하였다.

그러나 정규분포곡선의 함수식은 1809년에 독일의 천체물리학자였던 Carl Friedrich Gauss (1777~1855) 가 천체관측에서 생기는 측정오차의 양상을 기술하는 과정에서 발견하였다. Gauss 는 특정한 천체를 반복적으로 관찰하여 측정하면 측정오차 때문에 관찰할 때마다 측정치가 달라지는데, 그 측정치들이 달라지는 정

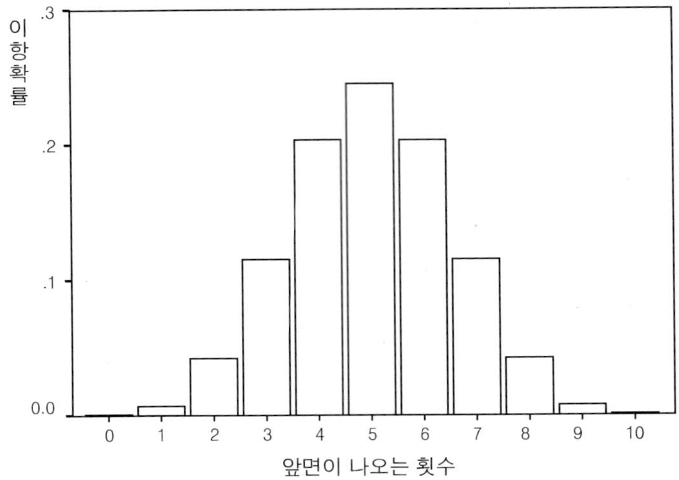

[그림 1-2] 동전 10 번 던지기 실험에서 앞면이 나오는 횟수의 이항분포

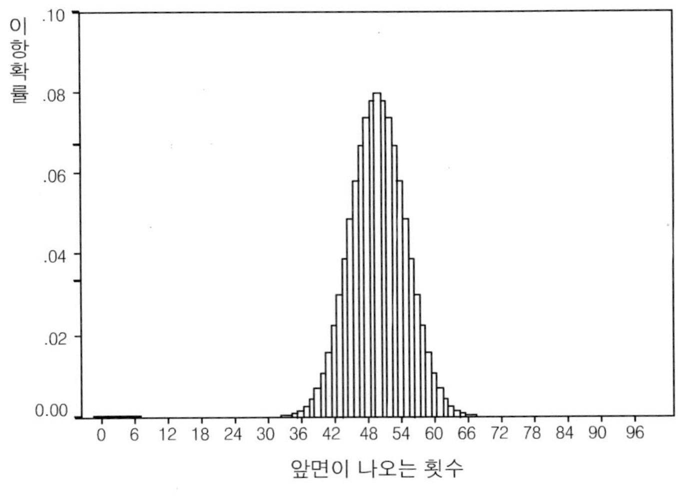

[그림 1-3] 동전 100 번 던지기 실험에서 앞면이 나오는 횟수의 이항분포

도 혹은 변산(variability)은 마치 측정오차들이 들어 있는 가상적인 '오차상자(error box)'에서 숫자들을 '무작위 복원표집(random sampling with replacement)' 할 때 생기는 변산과 유사한 양상을 가진다고 생각하였다. 이러한 생각에 기초하여

Gauss 는 그 가상적인 오차상자에 들어 있는 오차들이 어떤 속성을 가지는 숫자들인지를 알아내기 위하여 무수히 많은 천체관측 자료를 면밀히 정리한 결과, 오차상자에 들어 있는 측정오차들이 특정한 수학적 함수로 기술할 수 있는 분포를 가지고 존재한다는 것을 알아냈다. 가상적인 오차상자에 대한 Gauss 의 이러한 생각들을 후세 학자들이 측정오차에 관한 'Gauss 모형 (Gauss model)' 이라고 부르게 되었고, Gauss 가 알아낸 오차상자의 오차분포 함수식을 정규분포 혹은 'Gauss 분포 (Gaussian distribution)' 라고 명명하였다. Gauss 가 발견한 표준정규분포 곡선의 함수식 (표준정규밀도함수, standard normal density function) 은 <수식 1-6> 과 같다.

$$f(z) = \frac{1}{\sqrt{2\pi}} e^{-0.5z^2} \qquad \text{<수식 1-6>}$$

<수식 1-6> 의 표준정규밀도함수에서 기호 $f(z)$ 는 '밀도 (density)' 라고 부르는데, 이것은 z 를 밑변으로 가지는 표준정규분포곡선의 높이 혹은 종축의 값이다. 기호 z 는 표준정규분포곡선의 횡축을 구성하는 변인인데, 평균이 0 이고 표준편차가 1 인 표준변인 (normal variate) 이다. 표준변인이란 표준정규분포를 하는 변인이라는 의미다. 기호 e 는 자연상수 2.718…… 이고, π 또한 상수 3.141…… 이다 (주의: <수식 1-6> 의 π 는 확률을 의미하는 기호가 아니다).

<수식 1-6> 의 표준정규밀도함수는 $z = 0$ 을 중심으로 완벽한 좌우대칭을 이루는 종모양의 정규분포곡선의 함수식이다. 이 함수식을 $z = \infty$ 와 $z = -\infty$ 사이에서 적분한 값은 1.00 이 된다. 즉, 표준정규분포곡선 아랫부분의 전체 면적이 1.00 이라는 것을 의미한다. 따라서 표준정규밀도함수를 $z = \infty$ 와 $z = 0$ 사이에서 적분한 값은 0.50 이 된다. 이와 같이 표준정규밀도함수에서 z 의 특정 범위에 해당하는 곡선 아랫부분의 면적은 <수식 1-6> 에 대한 적분을 통하여 파악된다. 예를 들어, $z = -1$ 과 $z = 0.5$ 사이에 있는 곡선 아랫부분의 면적은 0.533 이다. 또한 $z = 0.73$ 과 $z = 2.14$ 사이에 있는 곡선 아랫부분의 면적은 0.217 이다.

확률분포와 관련하여 '확률' 과 '밀도 (density)' 의 용어들은 동일한 개념을 용도에 따라서 각기 달리 지칭하는 것들이다. [그림 1-4] 는 밀도의 개념을 표현한 것이다.

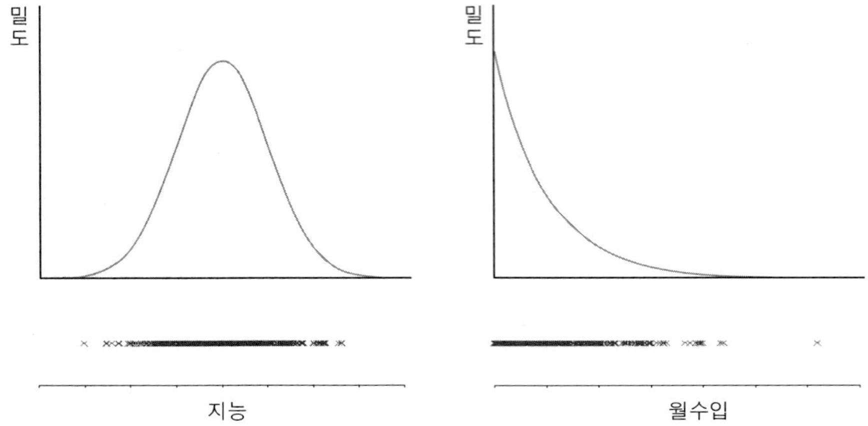

[그림 1-4] 밀도(density)의 개념

[그림 1-4] 왼쪽의 x 표시들은 수많은 사람의 IQ를 측정하여 각 사람을 지능척도에 배열한 것이다. 지능척도의 가운데 부분에 많은 사람이 밀집해 있고, 양쪽 가장자리에는 밀집도가 점차 약해지는 것을 볼 수 있다. 지능척도의 각 좌표 위치에서 그곳의 밀집도를 수치화하여 그래프로 표현한 것이 위쪽에 제시되어 있다. 지능지수 IQ는 정규분포하는 변인이다. 따라서 [그림 1-4]의 지능의 밀집도를 그래프로 표현한 것은 다름 아닌 정규분포곡선이다. 이 정규분포곡선은 척도의 각 좌표 위치의 밀집도를 수치화한 것이므로 종축을 '밀도(density)'라고 부르고, <수식 1-6>의 정규분포함수를 정규밀도함수라고 부른다.

예를 들어, 지능척도에 배열된 사람 중에서 한 사람을 무작위로 뽑아낸다고 가정해 보자. 그러면 밀집도가 높은 중간 지역에서 어떤 사람이 뽑힐 확률이 밀집도가 낮은 가장자리에서 뽑힐 확률보다 높다. 따라서 밀도가 높은 곳에서는 확률 또한 높다. 이런 까닭에 밀도 개념은 확률 개념과 거의 같은 용도로 사용되며, 정규분포뿐만 아니라 모든 확률분포의 종축을 밀도로 지칭할 수 있다.

[그림 1-4] 오른쪽의 x 표시는 수많은 사람의 월수입을 측정하여 각 사람을 월수입척도에 배열한 것이다. 월수입척도의 왼쪽 부분에 많은 사람이 밀집해 있고, 오른쪽으로 갈수록 밀집도가 점차 약해지는 것을 볼 수 있다. 월수입척도의 각 좌표 위치에서 그곳의 밀집도를 수치화하여 그래프로 표현한 것이 '월수입 분포' 곡선이고, 이 곡선은 척도의 각 좌표 위치의 밀집도를 수치화한 것이므로 종축을 또한

밀도라고 부른다. 만약 월수입척도에 배열된 사람 중에서 한 사람을 무작위로 뽑아낸다면 월수입이 낮은 영역에서 어떤 사람이 뽑힐 확률이 높은 영역에서 뽑힐 확률보다 높다. 다라서 밀도가 높은 곳에서는 확률 또한 높다.

밀도는 확률을 표현하는 개념이다. 확률은 매우 일반적인 개념이고 다양한 여러 가지 현상과 원리를 기술할 때 사용되는 보편적인 개념인 반면, 확률 개념의 일종인 밀도는 빈도분포 혹은 확률분포에서 특정한 사례가 나타날 확률이나 상대적 가능성을 표현하기 위한 다소 특수한 용도를 가진 용어라는 차이가 있을 뿐이다.

de Moivre 가 기대했던 바와 같이 표준정규분포를 이용하면 비교적 이항확률을 쉽고 정확하게 산출할 수 있다. 동전을 10 번 던지는 경우에 앞면이 3 번 나올 이항확률은 0.117 이었다. 이 확률을 표준정규분포를 이용하여 산출해 보자. 이를 위해 앞에서 살펴본 [그림 1-2] 를 약간 수정하여 [그림 1-5] 와 같이 나타냈다.

[그림 1-2] 와 [그림 1-5] 는 두 가지 중요한 차이점을 가진다. 첫째는 [그림 1-5] 의 막대기들이 서로 맞붙어 있다는 것이고, 둘째는 [그림 1-5] 에서는 막대기들의 높이뿐만 아니라 넓이도 확률을 나타낸다는 것이다. 따라서 [그림 1-5] 의 모든 막대기의 넓이를 합산하면 1.00 이 된다. 예를 들어, [그림 1-5] 에서 동전의 앞면이 나오는 횟수가 3 에 해당하는 막대기는 밑변의 '實 한계 (real limit)' 가 2.5 와 3.5 이므로 그 막대기의 높이뿐만 아니라 넓이 역시 0.117 이 된다. 이와 같이 막대기의 넓이가 확률을 나타내고, 모든 막대기가 맞붙어 있는 막대그래프를 '히스토그램 (histogram)' 이라고 부른다.

앞서 이항분포의 평균은 $E(n_1) = N\pi_1$ 이고, 변량은 $Var(n_1) = N\pi_1\pi_0$ 라고 하였다. 따라서 $N = 10$ 이고, $\pi_1 = 0.5$ 인 이항분포의 평균은 10 (0.5) = 5 이고, 변량은 10 (0.5) (0.5) = 2.5 이며, 표준편차는 $\sqrt{2.5} = 1.58$ 이다. 이 이항분포의 평균과 표준편차를 이용하여 [그림 1-5] 에서 동전의 앞면이 나오는 횟수가 3 에 해당하는 막대기의 밑변의 하한 實 한계 2.5 를 표준점수로 변환하면 $z = (2.5 - 5) / 1.58 = -1.582$ 이고, 상한 實 한계 3.5 를 표준점수로 변환하면 $z = (3.5 - 5) / 1.58 = -0.949$ 이다. 그리고 표준정규분포에서 $z = -1.582$ 와 $z = -0.949$ 사이에 있는 곡선 아랫부분의 면적은 0.115 이다. 표준정규분포 곡선 아랫부분의 전체 면적이 1.00 이므로 0.115 는 곧 동전을 10 번 던지는 경우에 앞면이 3 번 나올 확률이 된다.

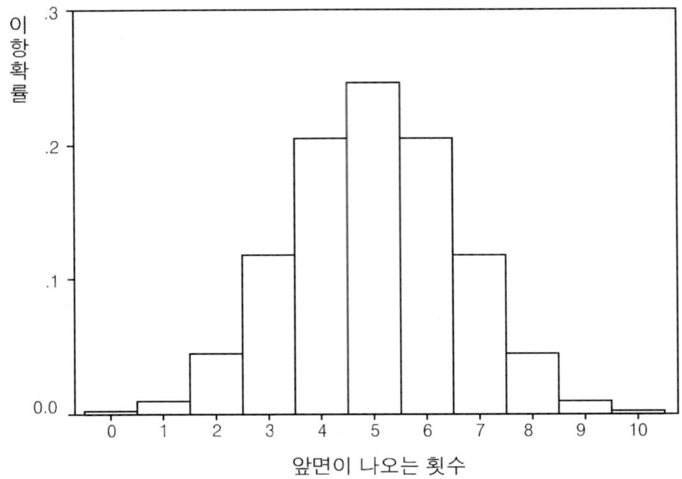

[그림 1-5] 동전 10 번 던지기 실험에서 앞면이 나오는 횟수의 이항분포 히스토그램

동전을 10 번 던지는 경우에 앞면이 3 번 나올 확률을 이항확률 식 ($N=10$, $n_0=7$, $n_1=3$) 에 의하여 산출하면 0.117 인 반면, 표준정규밀도함수를 이용하여 산출하면 0.115 이다. 그런데 이러한 차이는 N이 커질수록 거의 사라진다. 따라서 N이 클수록 표준정규분포에 의해 산출되는 이항확률은 실제 이항분포에 의해 산출되는 것과 거의 같다. 이와 같이 이항확률을 산출하기 위하여 표준정규분포를 이용하는 방법을 '이항확률에 대한 정규화 근사법 (normal approximation to binomial probability)' 이라고 부른다. 만약 '동전을 100 번 던지는 경우에 앞면이 30 번 이상 나올 확률은 얼마인가?' 라는 질문에 답하기 위해서 이항분포 확률 식을 이용한다면 앞면이 30 번 나올 확률, 31 번 나올 확률 등을 100 번 나올 확률까지 하나씩 모두 산출하여 그 확률들을 모두 더해야 한다. 그런데 이런 경우에 정규화 근사법을 이용하면 앞면이 나오는 횟수 29.5 번에 해당하는 z 값을 구하고, 표준정규분포곡선의 아랫부분 중에 z 값보다 오른쪽 영역의 면적 비율을 산출하면 되는 간편함이 있다. 이러한 간편함이 도박사들에게 통계적 컨설팅을 해 주던 de Moivre 의 통찰력이 기대했던 것이다.

5 다항분포

이항분포는 두 개의 범주에서 나타나는 빈도 혹은 비율에 관한 이론적 확률분포를 일컫는 용어다. 그런데 범주의 수가 3 개 이상이면, 이항분포는 곧바로 다항분포 (multinomial distribution) 로 확장된다. 예를 들어, 한국의 선거권을 가진 국민 중에서 특정한 대통령 입후보자를 지지하는 사람의 비율을 π_2 라고 표기하고, 입장을 정하지 못한 사람의 비율을 π_1 이라고 표기하며, 반대하는 사람의 비율을 π_0 라고 표기하자. 즉, $\pi_0 + \pi_1 + \pi_2 = 1$ 이다. 또한 이 모집단 비율을 추정하기 위하여 10 명의 선거권자를 대상으로 설문조사를 하였다고 가정하자. 이 표본자료에서 '지지' 를 표명한 사례의 수를 n_2 라고 표기하고, 입장을 정하지 못한 사람의 수를 n_1 이라고 표기하며, '반대' 를 표명한 사례의 수를 n_0 라고 표기하자. 즉, $n_0 + n_1 + n_2 = N$ 이다. 그런데 동일한 조사를 반복적으로 수행한다면, 각 조사에서 산출되는 표본빈도 n_0, n_1, n_2 는 조금씩 달라질 것이다. 다항분포는 이러한 상황에서 각 조사마다 표본빈도가 어떻게 나올 것인가에 관한 통계적 이론분포다. 다항분포는 <수식 1-7> 과 같이 정의된다.

$$Pr(n_0, n_1, n_2) = \frac{N!}{n_0!\,n_1!\,n_2!}\pi_0^{n_0}\pi_1^{n_1}\pi_2^{n_2} \qquad \text{<수식 1-7>}$$

<수식 1-7> 의 다항분포 확률 식에서도 Pr 은 역시 '확률 (probability)' 의 약자다. 따라서 $Pr(n_0, n_1, n_2)$ 은 '표본에서 반대자의 빈도가 n_0 이고, 입장을 정하지 못한 사람의 빈도가 n_1 이며, 지지자의 빈도가 n_2 일 확률' 을 의미한다. 즉, <수식 1-7> 에서 N은 표본의 전체 사례 수인데, $N = n_0 + n_1 + n_2$ 이 성립한다. 그런데 <수식 1-7> 의 다항분포에서도 역시 N이 고정된 것으로 가정된다. 이 말은 N 이 자료가 수집된 후에 사후적으로 파악되는 것이 아니고, 자료를 수집하기 전에 연구자가 정하는 것이며, 동일한 조사를 반복하는 경우에도 고정적으로 유지되는 것이라는 가정이다. 따라서 동일한 모집단에서 조사표본을 반복적으로 추출하는 경우 N은 모든 표본에서 동일하지만, n_0, n_1, n_2 는 표본마다 다르게 산출된다.

<수식 1-7> 의 다항분포 확률 식은 다음과 같은 물음에 답할 수 있다. "한국의 유권자 전체 중에 특정한 대통령 후보자를 지지하는 사람의 비율이 30 % 이고, 입장을 정하지 못한 사람의 비율이 50 % 이며, 반대하는 사람의 비율이 20 % 일 때, 한국의 유권자 전체 중에 10 명을 무작위 추출하여 후보자에 대한 지지 여부를 질문하였다. 이때 '지지' 를 표명하는 사례의 수가 5 이고, '미정' 이라고 응답하는 사례의 수가 4 명, 그리고 '반대' 를 표명하는 사례의 수가 1 명일 확률은 얼마인가?" 이 물음에 대한 답은 다음과 같다.

$$\text{다항확률} \quad Pr(1, 4, 5) = \frac{10!}{1!4!5!} 0.2^1 0.5^4 0.3^5 = 0.038273$$

6 포아송분포

프랑스 수학자 Siméon-Denis Poisson (1781 ~ 1840) 에 의해 발견된 포아송분포 (Poisson distribution) 는 '적은 수의 법칙 (the law of small numbers)' 이라고 부르기도 한다. 그 이유는 사고, 아동자살, 희귀병 등과 같이 희귀하게 발생하는 사건의 발생빈도에 대한 확률이론이기 때문이다. 포아송분포는 1837 년에 「Researches on the probability of criminal and civil verdicts」라는 제목의 한 페이지짜리 논문에 발표되었다. 러시아 수학자인 Bortkiewicz (1868 ~ 1931) 는 1898 년에 출판한 『The Law of Small Numbers』라는 책에서 Poisson 이 평소에 '인생에서 좋은 일은 딱 두 가지밖에 없는데, 첫째는 수학을 탐구하는 것이고, 둘째는 수학을 가르치는 것이다 (Life is good for only two things: to study mathematics and to teach it).' 는 말을 자주 하였다고 전한다. Bortkiewicz 는 또한 처음으로 포아송분포를 실제 현실에 적용한 사람이기도 한데, 프러시아 군대에서 말의 뒷발질에 채여 죽는 군인의 빈도를 설명하기 위해서였다고 한다. 그는 프러시아 군대의 14 개 기마연대에서 해마다 말의 발길질에 채여 죽는 군인들의 수를 20 년 동안 조사한 자료를 이용하여 말의 발길질에 채여 죽는 군인들의 수가 포아송분포를 한다는 것을 보여주었다.

대한민국 경찰청 집계에 의하면 2003 년도에 전국 고속도로에서 교통사고로 사망한 중학생 이하 아동의 숫자는 총 26 명이었다. 즉, 2003 년도에 월평균 2.17 명의 아동이 전국 고속도로에서 교통사고로 사망하였다. 이 경우에 특정한 달에 특정한 숫자 (n) 의 아동이 고속도로에서 교통사고로 사망할 확률을 추정하기 위하여 포아송분포를 사용할 수 있다. 그러나 그 전에 이 확률을 이항분포를 이용하여 추정해 보자. 이항분포를 이용하여 이 확률을 추정하기 위해서는 N, n_0, n_1, π_0, π_1 의 값들을 이항확률 식에 대입해야 한다. 그런데 문제는 특정한 달에 아동이 사망하는 고속도로의 교통사고는 매순간 언제든지 발생할 수 있다는 것이다. 따라서 소위 '관찰' 혹은 '베르누이 시행' 은 한 달 동안에 걸쳐서 매순간 이루어져야 한다. 베르누이 시행이 한 달 동안 '매순간' 이루어진다는 것은 그 시행의 횟수가 무한대라는 것을 의미한다. 이런 경우 N과 n_0 는 둘 다 거의 무한대이고, 그에 비하여 n_1 은 극단적으로 매우 작은 값이 될 수밖에 없다. 또한 같은 이유로 π_0 은 거의 1 에 가까운 값을 가지게 되고, π_1 은 거의 0 에 가까운 값을 가지게 된다. 이러한 조건들이 형성되는 이유는 결국 N이 무한대이거나 불확정적이기 때문이다. 이것이 포아송분포의 가장 중요한 특징이다.

포아송분포는 시행의 수 혹은 표집 수 N이 무한대이거나 불확정적인 베르누이 시행에서 희귀한 현상이 발생하는 빈도의 확률분포다. 예를 들어, 한국의 모든 여성의 수는 불확정적이고 실질적으로 거의 무한대에 가까울 정도로 매우 크므로 모든 한국 여성 중에 어떤 한 해에 살인범죄를 범하는 여성의 수는 포아송분포를 하는 변인일 것으로 생각된다. 어떤 논두렁에서 피어나는 네잎클로버의 개수, 암 환자의 암세포 수, 반도체칩을 생산하는 공장에서 한 달에 발생하는 불량 칩의 개수, 정신분열증 환자가 일주일 동안 경험하는 환청의 빈도, 어떤 인터넷 쇼핑몰 사이트에서 구매자들이 물건을 최종적으로 구매할 때까지 누르는 마우스 클릭의 횟수, 옆집 부부가 하루 동안 싸우는 횟수 등도 포아송분포를 하는 빈도들이다. 이러한 빈도들의 특징은 논두렁에 피어난 모든 클로버의 전체 개수, 암 환자의 모든 세포의 전체 개수, 한 달 동안 생산되는 모든 반도체칩의 전체 개수, 정신분열증 환자가 일주일 동안 경험하는 모든 환청의 최대 가능한 전체 빈도, 인터넷 쇼핑몰 사이트에서 사용자들이 누르는 마우스 클릭의 최대 가능한 횟수, 옆집 부부가 하루 동안 싸울 수 있는 최대 가능한 횟수 등이 불확정적이거나 무한대이고,

그것들 중에서 특정한 사상 (클로버의 수, 암세포의 수, 불량 칩의 수, 환청의 빈도, 구매자의 실제 마우스 클릭 수, 부부가 실제 싸우는 횟수) 은 상대적으로 희귀성을 가지고 발생한다는 것이다. 따라서 앞서 살펴본 이항분포의 확률 식에서 N을 무한대 (∞) 로 수렴하면 <수식 1-8> 과 같은 포아송분포의 확률 식이 유도된다.

$$Pr(n) = \frac{e^{-\mu}\mu^{n}}{n!}, \quad n = 0,\ 1,\ 2,\ \cdots\cdots \qquad \text{<수식 1-8>}$$

<수식 1-8> 의 포아송분포 확률 식에서 Pr 은 '확률 (probability)' 의 약자다. 교통사고로 사망한 중학생 이하 아동의 예에서 $Pr(n)$ 은 특정한 달에 n 명의 사망자가 발생할 포아송확률을 의미한다. 기호 $n!$ 은 순차곱셈 혹은 계승을 의미하는데, 만약 $n = 4$ 라면 $n!$ 은 $4 \times 3 \times 2 \times 1 = 24$ 이다. 기호 e 는 자연상수 2.718 …… 이며, 기호 μ 는 포아송분포를 하는 빈도 변인의 평균이다. 이 예에서 포아송분포를 하는 빈도 변인은 '매월 사망한 아동의 수'가 된다. 기호 $e^{-\mu}$ 는 $exp(-\mu)$ 로 표기하기도 하는 지수함수 (exponential function) 다. 지수함수는 자연로그 $ln(\ )$ 의 역함수를 말한다. 즉, $e^{a} = b$ 라면, $ln(b) = a$ 이다. 예를 들어, 2 의 자연로그는 $ln(2) = 0.693$ 이므로, 0.693 의 지수함수는 $e^{0.693} = exp(0.693) = 2$ 이다.

<수식 1-8> 의 포아송분포는 이항분포의 일종이다. N이 무한히 (∞) 크고, 이것에 비하여 n 이 상대적으로 매우 작은, 혹은 희귀한 현상의 이항분포가 포아송분포다.

만약 2004 년도에 전국의 고속도로에서 교통사고로 사망한 아동의 숫자가 평균적으로 전년도와 동일하다면 (즉, 월평균 2.17 명이라면), 2004 년도의 특정한 달에 4 명의 아동이 고속도로에서 교통사고로 사망할 포아송확률은 다음과 같다.

$$\text{포아송확률}\ Pr(4) = \frac{e^{-2.17}2.17^{4}}{4!} = \frac{2.5278}{24} = 0.105$$

동일한 방식으로 2004 년도의 특정한 달에 0 명의 아동이 고속도로에서 교통사고로 사망할 확률은 0.114 이고, 1 명의 아동이 사망할 확률은 0.248, 2 명의 아동이 사망할 확률은 0.269, 3 명의 아동이 사망할 확률은 0.194 이다. 만약 3 개월 동안 10 명이 사망할 확률을 구하고자 한다면, 포아송분포의 3 개월 평균이 $\mu = 2.17 \times 3 = 6.51$ 이므로, 확률은 $(e^{-6.51})(6.51^{10})/10! = 0.056$ 이다.

포아송분포를 하는 빈도 변인은 그 표집분포의 평균과 변량이 동일하다는 중요한 특징을 가진다. 앞의 예에서 한국의 고속도로에서 매월 교통사고로 사망하는 아동의 평균수가 2.17 명이므로, 이 변인 (매월 고속도로에서 교통사고로 사망하는 아동의 수) 이 진실로 포아송분포를 한다면, 이 변인의 표집분포변량도 또한 2.17 이다. 따라서 포아송분포에서는 빈도 변인의 평균이 증가하면 변량 또한 함께 증가한다. 포아송분포의 평균과 변량의 관계는 [그림 1-6] 에 잘 묘사되어 있다. [그림 1-6] 의 흰색 막대그래프는 평균이 $\mu = 2.17$ 일 때의 포아송분포고, 검은색 막대그래프는 $\mu = 10$ 일 때의 포아송분포다. $\mu = 2.17$ 인 포아송분포 (흰색 막대그래프) 의 변량은 2.17 이므로 표준편차는 $\sqrt{2.17} = 1.47$ 이다. 반면, $\mu = 10$ 인 포아송분포 (검은색 막대그래프) 의 변량은 10 이므로 표준편차는 $\sqrt{10} = 3.16$ 이다. [그림 1-6] 을 보면 $\mu = 2.17$ 인 포아송분포에 비하여 $\mu = 10$ 인 포아송분포의 산포 혹은 표준편차가 더 크다는 것을 알 수 있다. 즉, 매월 고속도로에서 교통사고로 사망하는 아동의 수가 증가하는 추세를 가질수록 그 수가 월 마다 널뛰듯이 유동하는 정도도 함께 증가한다.

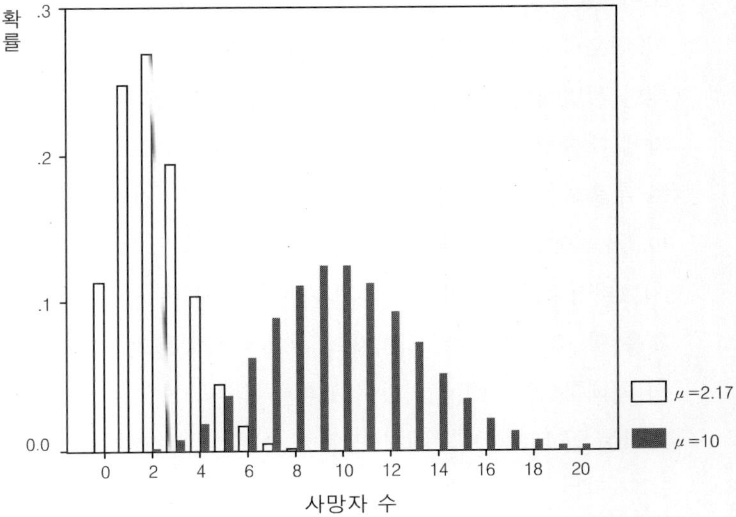

[그림 1-6] $\mu = 2.17$ 인 포아송분포와 $\mu = 10$ 인 포아송분포

그런데 만약 실제로 2003 년도에 고속도로에서 교통사고로 사망한 아동의 수를 월별로 집계한 자료를 이용하여 변량을 경험적으로 계산한다면 그 변량은 평균(2.17) 보다 큰 경우가 발생할 수 있다. 포아송분포에서 경험적인 변량이 이론적인 변량보다 커지는 이러한 현상을 '과도변산 (over-dispersion)' 이라고 부른다. 포아송분포의 변량이 평균보다 커지는 과도변산이 종종 발생하는 한 가지 이유는 실제에 있어서 평균이 일정하지 않기 때문이다. 앞에서 '만약 2004 년도에 전국고속도로에서 교통사고로 사망한 아동의 숫자가 평균적으로 전년도와 동일하다면 (즉, 월평균 2.17 명이라면), 2004 년도의 특정한 달에 4 명의 아동이 고속도로에서 교통사고로 사망할 포아송확률' 을 산출하였다. 그런데 2004 년도의 초기와 중기 그리고 말기를 비교해 보면, 도로의 노후화, 날씨 변화 등 교통사고를 유발할 수 있는 요인이 더 증가하거나 감소할 수 있다. 이러한 경우에는 일정한 시행기간 내에서도 포아송분포의 평균이 변하게 된다. 포아송분포는 시행의 과정 중에 평균, 즉 중심경향성이 일정하다고 가정하지만 실제로는 그것이 증가 추세를 가지거나 감소 추세를 가질 수 있다. 이러한 중심경향성의 변동에 의하여 경험적인 변량은 이론적인 변량보다 더 증폭될 수 있다.

포아송분포의 변량은 이항분포의 변량보다 크다. 그 이유는 이항분포에 비하여 포아송분포는 N이 불확정적이고, 평균이 변할 수 있다는 등의 불확실성을 더 많이 내포하고 있기 때문이다. 포아송분포와 이항분포를 비교하기 위해 이항분포에 대한 설명에서 사용하였던 예를 다시 한 번 사용해 보자. 모집단에서 특정한 후보자에 대한 지지자의 비율이 0.7 일 때, 그 모집단에서 $N = 10$ 인 표본을 반복적으로 추출하는 경우, 각각의 표본에서 산출되는 지지자의 수에 대한 이항분포 ($N = 10$, $\pi_1 = 0.7$) 와 포아송분포 ($\mu = 7$) 를 함께 표시하면 [그림 1-7] 과 같다.

[그림 1-7] 을 보면 포아송분포의 변산에 비하여 이항분포의 변산이 더 작다는 것을 알 수 있다. 즉, 지지자의 수가 이항확률의 지배를 받을 때에는 포아송확률의 지배를 받을 때에 비하여 표본에 따른 가변성이 더 작다는 것을 의미한다. 이 차이는 곧 [그림 1-7] 에서 명확히 볼 수 있는 것처럼 평균에 가까운 지지자의 수를 가지는 표본을 얻을 확률이 포아송분포에 비하여 이항분포에서 더 크다는 것을 의미하기도 한다.

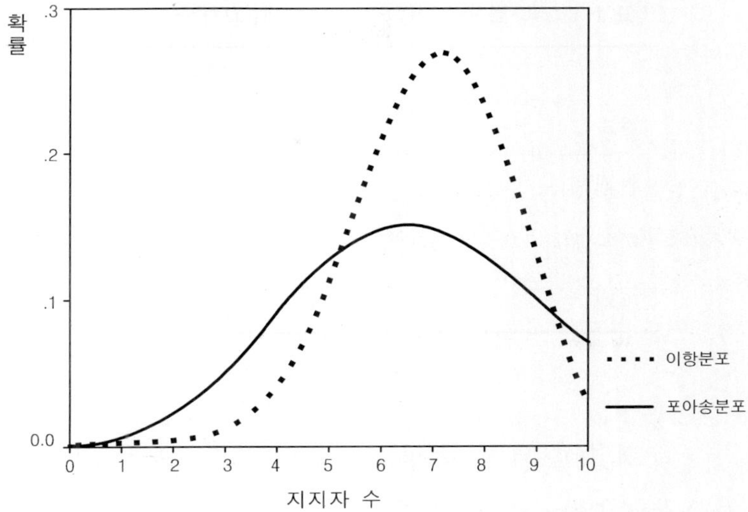

[그림 1-7] $N = 10$, $\pi_1 = 0.7$ 인 이항분포와 $\mu = 7$ 인 포아송분포

7 승적다항분포

승적다항분포 (product multinomial distribution) 란 교차분할표의 행 (row) 혹은 열 (column) 중에 한쪽의 외곽빈도 (marginal frequency) 가 고정되었다는 가정하에, 교차분할표의 셀빈도들이 모집단의 조건확률분포 (conditional probability distribution) 에 따라 나타나는 분포를 말한다.

승적다항분포의 핵심은 조건확률분포라는 것이다. '승적 (product)' 이라는 용어는 곱셈을 의미하는 수리통계학 용어다. 예를 들어, 어떤 새로운 약의 효과를 검증하기 위하여 N 명의 환자를 동일한 인원수의 두 집단으로 무작위 할당하고, 한 집단 (실험집단) 의 환자들에게는 새로운 약을 투여하고, 다른 집단 (통제집단) 의 환자들에게는 위약 (placebo) 을 투여한 후, 일정 기간이 지난 뒤에 그들 중 몇 명이 완쾌되었는지 셈하여 정리하면 <표 1-1> 과 같은 2 × 2 교차분할빈도를 얻을 수 있다.

〈표 1-1〉 약 효과의 검증을 위한 실험의 교차분할표

결과	집단		전체
	실험집단	통제집단	
완쾌	n_{11}	n_{21}	n_{+1}
미완쾌	n_{12}	n_{22}	n_{+2}
전체	n_{1+}	n_{2+}	N

<표 1-1> 의 교차분할표에 제시된 기호는 모두 빈도(frequency) 들이다. 따라서 $n_{1+} = n_{11} + n_{12}$, $n_{2+} = n_{21} + n_{22}$, $n_{+1} = n_{11} + n_{21}$, $n_{+2} = n_{12} + n_{22}$ 라는 사실을 우선 상기하자. 앞의 예에서 실험집단의 외곽빈도 n_{1+} 와 통제집단의 외곽빈도 n_{2+} 는 모집단의 확률분포에 따라 정해지는 것이 아니고 연구자가 임의로 고정하는 것이다. 그러나 고정된 숫자 n_{1+} 가 완쾌 혹은 미완쾌 범주로 분할되는 것은 연구자의 임의적 결정에 의한 것이 아니고 진짜 약이 투여된 모집단의 확률분포에 따라 결정된다. 즉, n_{11} 과 n_{12} 는 조건확률적(진짜 약이 투여되었다는 조건)인 빈도다. 마찬가지로 고정된 숫자 n_{2+} 가 완쾌 혹은 미완쾌 범주로 분할되는 것은 위약이 투여된 모집단의 확률분포에 따라 결정된다. 즉, n_{21} 과 n_{22} 는 조건확률적(위약이 투여되었다는 조건) 인 빈도다.

이와 같이 전체 표본이 분할되고, 그중 행 외곽 혹은 열 외곽 빈도들이 고정된 비확률적 빈도로 가정되는 상황에서, 교차분할표의 셀빈도들이 발생하는 확률을 수학적으로 개념화한 것이 승적다항분포다.

따라서 승적다항분포는 여러 개의 이항분포 혹은 다항분포들의 결합분포(joint distribution) 라고 할 수 있다. <표 1-1> 에서 실험집단과 통제집단을 따로 분리하여 완쾌와 미완쾌 셀의 빈도가 발현하는 확률을 개념화하면 앞에서 설명한 이항분포(다항분포) 확률 식에 의해서 두 개의 이항분포(다항분포) 확률이 산출될 수 있다. 승적다항분포는 이 두 개의 이항분포(다항분포)를 곱한 분포인데, <표 1-1> 의 경우, <수식 1-9> 와 같이 정의된다.

$$Pr(n_{11}, n_{12}, n_{21}, n_{22}) = \left(\frac{n_{1+}!}{n_{11}!n_{12}!}\pi_{11}^{n_{11}}\pi_{12}^{n_{12}}\right)\left(\frac{n_{2+}!}{n_{21}!n_{22}!}\pi_{21}^{n_{21}}\pi_{22}^{n_{22}}\right)$$

<수식 1-9>

<수식 1-9> 의 승적다항분포 확률 식을 자세히 보면 실험집단의 이항분포(다항분포) 확률 식과 통제집단의 이항분포(다항분포) 확률 식을 곱한 것이라는 사실을 알 수 있다. 만약 실험의 조건이 3 개라면 3 개의 이항분포(다항분포) 확률 식이 곱해져서 승적다항분포 확률이 되고, 실험의 조건이 4 개라면 4 개의 이항분포(다항분포) 확률 식이 곱해져서 승적다항분포 확률이 된다.

예를 들어, 새로 개발된 신약이 투여된 모든 환자의 모집단에서 60 % 가 완쾌되고, 그 약이 투여되지 않은 모든 환자의 모집단에서는 20 % 가 완쾌된다고 가정하자. 즉, 환자들의 모집단에서 신약이 투여되었을 때의 완쾌확률은 $\pi_{11} = 0.6$ 이고, 투여되지 않았을 때의 완쾌확률은 $\pi_{21} = 0.2$ 라는 가정이다. 이 확률들은 '조건확률(conditional probability)' 이라는 점을 유념하자. 그런데 이 조건확률들을 추정하기 위하여 실험집단과 통제집단에 각각 10 명씩의 피험자를 할당하였다고 가정하자. 즉, $n_{1+} = 10$ 이고, $n_{2+} = 10$ 이다. 그런데 실험집단에서는 7 명이 완쾌되고 통제집단에서는 4 명이 완쾌되는 결과가 나왔다면, $n_{11} = 7$, $n_{12} = 3$, $n_{21} = 4$, $n_{22} = 6$ 이다.

환자들의 모집단에서 신약이 투여되었을 때의 완쾌될 조건확률은 $\pi_{11} = 0.6$ 이고, 투여되지 않았을 때 완쾌될 조건확률은 $\pi_{21} = 0.2$ 라면, 실험집단과 통제집단에 각각 10 명씩의 피험자들이 할당된 실험에서 $n_{11} = 7$, $n_{12} = 3$, $n_{21} = 4$, $n_{22} = 6$ 의 셀빈도들이 나타날 확률은 다음과 같은 승적다항확률이다.

승적다항확률 $Pr(7, 3, 4, 6)$

$$= \left(\frac{10!}{7!3!}(0.6)^7(0.4)^3\right)\left(\frac{10!}{4!6!}(0.2)^4(0.8)^6\right) = 0.018936$$

8 초기하분포

이항분포, 다항분포, 승적다항분포는 한정된 크기의 표본을 가정하고, 포아송분포는 무한히 큰 표본의 크기를 가정하는 빈도의 확률분포이론들이다. 그러나 이 분포이론들은 모두 무한히 큰 모집단의 크기를 가정한다. 반면에 초기하분포(hyper-geometric distribution)는 한정된 크기의 모집단을 가정하는 특징을 지닌 빈도의 확률분포이론이다.

어떤 대학의 전교생(모집단)이 T 명인데, 그중에 남학생이 M 명이고 여학생이 $T-M$ 명이라고 가정하자. 어떤 연구를 위하여 그 대학의 전교생을 대상으로 N 명을 무작위로 표집한다면, 그 표본에 남학생이 n 명 포함될 초기하확률은 <수식 1-10>과 같다.

$$Pr(n) = \frac{\left(\frac{M!}{n!(M-n)!}\right)\left(\frac{(T-M)!}{(N-n)!(T-M-N+n)!}\right)}{\frac{T!}{N!(T-N)!}} \quad \text{<수식 1-10>}$$

예를 들어, $T=100$, $M=60$, $N=20$이라면, $N=20$명의 표본에 남학생이 $n=9$명 포함될 초기하확률은 0.064이고, $n=10$명 포함될 확률은 0.119이다. 이러한 확률을 남학생이 $n=0$명 포함되는 경우부터 $n=20$명 포함되는 경우까지 차례로 산출하면 [그림 1-8]과 같은 초기하분포가 도출된다.

[그림 1-8]을 보면 모집단에서 남학생의 비율이 0.6이므로 20명의 표본에서 남학생이 12명 포함될 확률이 가장 높다는 것을 알 수 있다. 만약 모집단의 크기 T가 무한히 커지거나 혹은 그것이 표본 크기 N의 10배가 넘으면 초기하분포는 이항분포와 거의 같게 된다. 반면에 표본 크기에 비하여 모집단의 크기가 크지 않을 때는 초기하확률은 이항확률보다 커지는 경향을 보인다. 예를 들어, $T=100$, $M=60$, $N=20$일 때 $n=12$일 초기하확률은 0.201인 반면 이항확률은 0.180이다.

지금까지 살펴본 초기하분포를 약간 다른 각도에서 조망해 보자. 초기하분포는 한정된 크기 T의 모집단을 가정한다고 하였다. 그리고 이 모집단에서 특정한 범

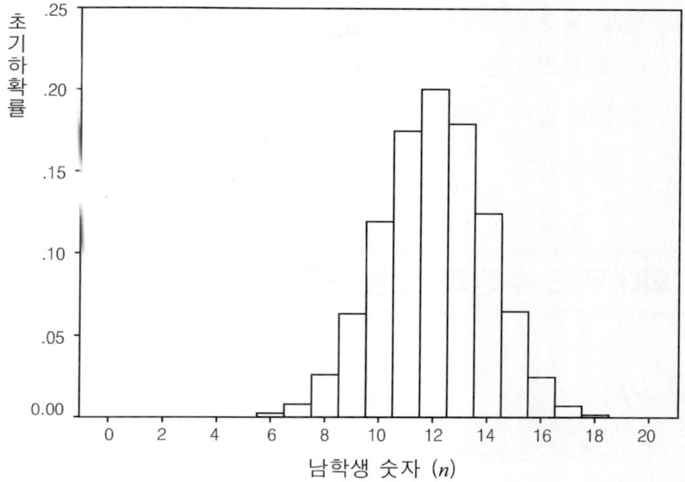

[그림 1-8] $T=100$, $M=60$, $N=20$ 인 초기하분포

주에 속하는 사례 (예를 들면, 남학생) 의 모집단 빈도가 M 이라는 것도 알려져 있다고 가정된다. 더 나아가서 그 모집단에서 N 개의 사례가 표집된다는 것도 사전에 정해져 있다고 가정된다. 따라서 초기하분포가 가정하는, 혹은 전제하는 표집상황은, 예를 들면 <표 1-2> 와 같은 2 × 2 교차분할표로 표현할 수 있다.

〈 **표 1-2** 〉 대학의 전교생 (모집단) 이 T 명이고, 그중에 남학생이 M 명일 때, 그 대학의 전교생을 대상으로 N 명을 무작위로 표집하는 경우, 초기하분포가 전제하는 표집상황

	표집상태		
모집단 범주	표본	비표본	전체
남학생	n_{11}	n_{21}	M
여학생	n_{12}	n_{22}	$T-M$
전체	N	$T-N$	T

초기하분포가 전제하는 <표 1-2> 와 같은 표집상황의 중요한 특징은 모든 외곽빈도가 고정되어 있고, 따라서 셀빈도 중의 하나 (예를 들면, n_{11}) 만 정해지면 다른 모든 셀빈도가 자동적으로 정해진다는 것이다. 따라서 초기하확률은 ① 모든 외곽

빈도가 고정되어 있는 이원교차분할표에서, ② N개의 표본과 $T-N$개의 비표본이 무선적으로 (randomly) 나뉘는 상황을 전제하였을 때, 특정한 한 개의 셀빈도의 특정한 값이 나타날 확률이고, 초기하분포는 그 셀빈도의 표집분포다.

9 최대우도 추정과 모형검증

① 우도

앞서 살펴본 확률분포들은 특정한 조건들이 주어졌을 때 빈도들이 나타날 확률을 산출해 준다. 예를 들어, 포아송분포는 이론적 평균 (μ) 과 관찰빈도 (n) 가 주어지면, 이론적 평균이 μ 일 때 관찰빈도가 n 일 확률 $Pr(n)$ 을 산출해 준다. 어떤 부부가 평균적으로 한 달에 6 번 성관계를 가진다고 가정하자. 이 부부의 성관계 빈도가 포아송분포를 한다면 어떤 달에 이 부부가 8 번 성관계를 가질 포아송확률은 $(e^{-6})(6^8)/8! = 0.1030$ 이다. 이때 평균 ($\mu = 6$) 은 이론적인 모수이고, 빈도 ($n = 8$) 는 관찰되는 자료 (data) 다. 따라서 포아송확률은 두 가지의 용도로 사용할 수 있다. 첫 번째 용도는 어떤 달에 실제로 n 번 성관계를 가졌다는 전제하에 이 부부의 월평균 성관계 빈도가 μ 일 가능성을 의미하는 정보로 사용할 수 있다. 두 번째 용도는 이 부부의 월평균 성관계 빈도가 μ 라는 전제하에 특정한 달에 실제 성관계를 n 번 가질 가능성을 의미하는 정보로 사용할 수 있다. 만약 포아송확률이 첫 번째 용도로 쓰인다면, 이때 확률 $Pr(n)$ 을 '우도 (likelihood)' 라고 부른다. 즉, 우도는 특정한 실제 자료를 전제로 특정한 이론적 모수가 참일 확률을 일컫는 용어다.

이항확률도 동일한 두 가지 용도로 사용할 수 있다. 한 달이 30 일이라고 가정하면, 이 부부는 평균적으로 한 달에 6 번 성관계를 가지므로 특정한 날에 성관계를 가질 이론적 확률 (π_1) 은 $6/30 = 0.2$ 이다. 따라서 이 부부가 한 달에 8 번 성관계를 가질 이항확률은 $(30!/(22!8!))(0.8)^{22}(0.2)^8 = 0.111$ 이다. 이때 $\pi_0 = 0.8$ 과 $\pi_1 = 0.2$ 는 이론적으로 추정되는 모수들이고, $n_0 = 22$ 와 $n_1 = 8$ 은 관찰될 수 있는 자료 (data) 들이다. 따라서 이항확률은 두 가지의 용도로 사용할 수 있다. 첫 번째 용도는 어떤 달에 실제로 n_1 번 성관계를 가졌다는 전제하에 이 부부의 성관계 확률이 π_1 일 가능성을 의미하는 정보로 사용할 수 있다. 두 번째 용도는 이 부부의 성관계 확률이 π_1 이라는 전제하에 특정한 달에 실제 성관계를 n_1 번 가질 가능성을 의미하는 정보로 사용할 수 있다. 만약 이항확률이 첫 번째 용도로 쓰인다면, 이때 확률 $Pr(n_0, n_1)$ 을 '우도' 라고 부른다.

② 최대우도 추정치

우도는 특정한 실제 자료 (data) 를 전제로 하여 특정한 이론적 모수가 참일 확률을 일컫는 용어다. 예를 들어, 어떤 달에 이 부부가 8 번 성관계를 가졌다면, 그리고 이 부부의 성관계 빈도가 포아송분포를 한다면, 가능성 (우도) 이 가장 높은 이 부부의 월평균 성관계 빈도 μ 는 무엇일까? 관찰빈도 (n) 가 8 일 때, 각 이론적 평균 μ 에 따른 포아송확률 $Pr(8)$ 은 [그림 1-9] 와 같다.

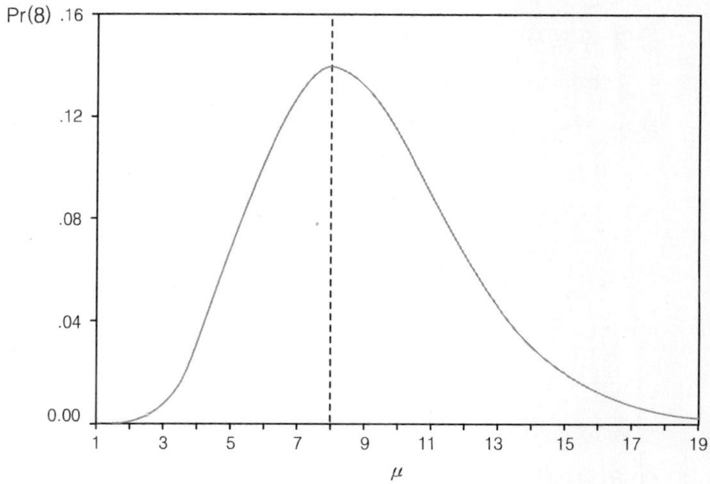

[그림 1-9] 관찰빈도 (n) 가 8 일 때, 각 이론적 평균 μ 에 따른 포아송확률 $Pr(8)$

[그림 1-9] 를 보면 어떤 달에 부부의 실제 성관계 빈도가 8 번인 경우에 우도가 가장 높은 월평균 빈도 μ 는 8 번이라는 것을 알 수 있다. 이때의 우도는 $(e^{-8})(8^8)/8! = 0.140$ 이다. 이와 같이 $n = 8$ 이라는 실제 자료에 기초하여 추

정된 모수 $\widehat{\mu}=8$ 을 '최대우도 추정치 (maximum likelihood estimate)' 라고 부른다. 이와 같은 추정치는 모수를 나타내는 기호 위에 ^ 표시를 하는데, ^ 표시는 'hat'라고 발음한다. 즉, 최대우도 추정치는 주어진 자료를 전제로 하였을 때 가능성이 가장 높은 모수의 값을 의미한다.

그런데 이때 '가능성' 이란 특정한 확률분포를 가정한 가능성이다. 이 예에서는 성관계 빈도가 포아송분포에 따라 나타난다는 가정에 기초하여 최대우도 추정치가 산출되었다. 이항분포를 가정할 때도 최대우도 추정치는 동일하게 $\widehat{\mu}=8$ (혹은 $\widehat{\pi}_1=0.2$) 로 산출된다. 중요한 것은 이론적인 모수에 대한 최대우도 추정치를 산출하기 위해서는 포아송분포건 이항분포건, 혹은 어떤 다른 분포건 간에 반드시 이론적인 확률분포가 가정되어야 한다는 것이다. 최대우도 추정치를 산출하기 위하여 이항분포, 포아송분포, 다항분포, 승적다항분포 등의 이론적인 확률분포가 사용되는 경우에 이 분포들의 확률 식을 '우도함수 (likelihood function)' 라고 부른다.

예를 들어, 한국의 유권자 전체 중에서 10 명을 무작위로 추출하여 특정한 대통령 후보자에 대한 지지 여부를 질문하였을 때 '지지' 를 표명하는 사례의 수가 5 명이고, '미정' 이라고 응답하는 사례의 수가 4 명, 그리고 '반대' 를 표명하는 사례의 수가 1 명일 확률은 다음과 같은 다항확률 식에 의해 정의할 수 있다.

$$Pr(1,4,5)=\frac{10!}{1!4!5!}\pi_0^1\,\pi_1^4\,\pi_2^5=1260\,\pi_0^1\,\pi_1^4\,\pi_2^5 \qquad \text{<수식 1-11>}$$

<수식 1-11> 의 다항확률 식은 모집단에서 '지지' 를 표명하는 사례의 모집단 비율 π_2, '미정' 을 표명하는 사례의 모집단 비율 π_1, 그리고 '반대' 를 표명하는 사례의 모집단 비율 π_0 을 추정하기 위한 우도함수다. 또한 이 우도함수의 값 $Pr(1,4,5)$을 최대가 되게 하는 모수추정치들 $\widehat{\pi}_2$, $\widehat{\pi}_1$, $\widehat{\pi}_0$ 을 찾는 것이 최대우도 추정이다. 표본에서 '지지' 를 표명하는 사례의 수가 $n_2=5$ 이고, '미정' 이라고 응답하는 사례의 수가 $n_1=4$ 명, 그리고 '반대' 를 표명하는 사례의 수가 $n_0=1$ 명일 때, 우도함수를 최대가 되게 하는 최대우도 추정치는 $\widehat{\pi}_2=5/10$, $\widehat{\pi}_1=4/10$, $\widehat{\pi}_0=1/10$이다. 이때 우도는 $1260\,(0.1)^1\,(0.4)^4\,(0.5)^5=0.1008$ 이다.

③ 우도비 카이자승

예를 들어, 2004 년도에 어떤 법학자가 한국의 국민 중에 최소한 50 % 는 배심재판제도를 도입하는 것에 대하여 찬성하고, 약 30 % 가 반대할 것이며, 나머지 20 % 는 특별한 의견이 없는 사람들일 것으로 짐작하였다. 이 법학자가 실제로 국민이 어떻게 생각하는지를 파악할 목적으로 7 명을 무작위로 추출하여 조사한 결과, 찬성 3 명 (n_2) , 반대 2 명 (n_1), 그리고 모르겠다고 응답한 사람이 2 명 (n_0) 이었다고 가정하자. 이러한 조사 결과에 비추어 볼 때, 법학자의 애초 짐작이 옳은 것일 확률은 다음과 같은 다항확률이다.

$$Pr(2,2,3) = \frac{7!}{2!2!3!}0.2^2 0.3^2 0.5^3 = 0.0945$$

이 확률 0.0945 를 기대우도 (expected likelihood) 혹은 모형우도 (model likelihood) 라고 지칭할 수 있다. 왜냐하면 이것은 관찰된 자료에 기초하여 법학자의 기대 혹은 법학자가 한국 국민의 태도에 대해서 가지고 있던 이론적 모형이 참일 최대우도 (최대가능성) 이기 때문이다. 따라서 이 최대우도를 L_E 로 표기하자.

법학자의 사전기대 혹은 모형을 무시하고 오로지 관찰된 자료에 의해서만 한국 국민의 태도 분포를 추정하면 최대우도 추정치는 $\hat{\pi}_2 = 3/7$, $\hat{\pi}_1 = 2/7$, $\hat{\pi}_0 = 2/7$ 이다. 이 최대우도 추정치들로 산출되는 다항확률 혹은 우도는 다음과 같다.

$$Pr(2,2,3) = \frac{7!}{2!2!3!}(2/7)^2(2/7)^2(3/7)^3 = 0.1101$$

이 우도 0.1101 을 관찰우도 (observed likelihood) 혹은 영가설우도 (likelihood under the null hypothesis) 라고 지칭할 수 있다. 왜냐하면 이것은 전적으로 관찰된 자료에 의해서만 추정된 최대우도이고, 모형이나 기대가 없이 산출된 최대우도 (최대가능성) 이기 때문이다. 따라서 이 최대우도를 L_O 로 표기하자.

만약, 주어진 자료에 기초하여 특정한 기대 혹은 사전모형이 옳은 것일 최대확률 (L_E) 이 그러한 기대 혹은 사전모형이 존재하지 않을 최대확률 (L_O) 에 비하여 상당히 작다면, 당연히 기대 혹은 사전모형은 기각되어야 한다. 다시 말해서

$L_O - L_E$가 0보다 상당히 크면 한국 국민 중에 최소한 50%는 한국에 배심재판 제도를 도입하는 것에 대하여 찬성하고, 약 30%가 반대할 것이며, 나머지 20%는 특별한 의견이 없는 사람들일 것이라는 법학자의 기대와 가설 혹은 모형은 틀린 것으로 기각되어야 한다. 그런데 여기에 한 가지 문제가 있다. 그것은 최대우도들의 차이를 알아보기 위해서 사용된 자료가 표본자료라는 것이다. 즉, $N=7$인 다른 표본을 추출하여 각 응답의 빈도를 산출하면 다른 빈도들이 나올 수 있고, 이런 경우에는 $L_O - L_E$의 크기도 달라질 것이다. 따라서 $L_O - L_E$가 0보다 크되, 얼마나 커야 법학자의 기대와 가설 혹은 모형을 틀린 것으로 기각할 수 있는지에 대한 기준이 필요하게 된다.

가설 혹은 모형에 대한 판단기준을 제공할 때에는 최대우도의 차이보다는 최대우도의 비율, 즉 L_E/L_O이 더 유용하다. 이 최대우도들의 비율을 '우도비 (likelihood ratio)'라고 부른다. 우도비가 가설 혹은 모형에 대한 판단기준을 제공할 때 최대우도 차이($L_O - L_E$)보다 더 유용한 이유는 우도비 L_E/L_O의 자연로그값을 구한 후 그것에 -2를 곱해 주거나, 역우도비 L_O/L_E의 자연로그값을 구한 후 그것에 2를 곱해 주면 카이자승분포에 근접하는 분포를 가지는 지수가 되기 때문이다.

$$-2ln\left(\frac{L_E}{L_O}\right) = 2ln\left(\frac{L_O}{L_E}\right) \approx \chi^2 \qquad \text{<수식 1-12>}$$

일반적으로 $-2ln(L_E/L_O)$를 '우도비 카이자승 (likelihood ratio chi-square)'이라고 지칭한다. 앞서 관찰한 자료에 기초하여 법학자의 기대 혹은 법학자가 국민의 태도에 대해서 가지고 있던 이론적 모형이 참일 최대기대우도는 $L_E = 0.0945$이고, 사전 모형이나 기대가 없이 산출된 최대관찰우도는 $L_O = 0.1101$이었으므로, 우도비 카이자승은 $-2ln(0.0945/0.1101) = 0.3056$이다. 최대기대우도 L_E가 최대관찰우도 L_O에 근접할수록 우도비 카이자승은 0에 가깝게 된다. 이런 경우에는 기대 혹은 이론적 모형이 관찰된 자료와 확률적으로 매우 흡사하다는 것이고, 따라서 기대 혹은 이론적 모형이 관찰된 자료에 의해서 기각되지 않는다. 반면에 최대기대우도 L_E 가 최대관찰우도 L_O 와 차이를 크게 가질수록 우도비 카이자승은 점점 커지게 된다. 이런 경우는 기대 혹은 이론적 모형이 관찰된 자료와 확률적으로 매우 다르다는 것이고, 따라서 기대 혹은 이론적 모형이 관찰된 자료에 의해서 기각될 수 있다. 우도비 카이자승을 '일탈지수(deviance)' 라고 부르기도 하는데, 이는 기대 혹은 이론적 모형이 관찰된 자료에서 일탈된 정도를 나타내는 지수라는 의미다.

두 개의 우도비 카이자승의 차이는 또 하나의 우도비 카이자승이다. 즉, $-2ln(L_E/L_O) = -2(ln(L_E) - ln(L_O))$ 의 관계가 성립한다.

$$
\begin{aligned}
&(-2ln(L_{E1}/L_O)) - (-2ln(L_{E2}/L_O)) \\
&= -2(ln(L_{E1}) - ln(L_O) - ln(L_{E2}) + ln(L_O)) \\
&= -2(ln(L_{E1}) - ln(L_{E2})) = -2ln(L_{E1}/L_{E2})
\end{aligned}
$$

예를 들어, 우리의 법학자는 한국 국민 중에 최소한 50%는 한국에 배심재판제도를 도입하는 것에 대하여 찬성하고, 약 30%가 반대할 것이며, 나머지 20%는 특별한 의견이 없는 사람들일 것으로 짐작하였는데, 이와는 달리 어떤 심리학자는 한국 국민 중에 배심재판제도를 도입하는 것에 대하여 찬성하는 사람이 20%이고, 약 30%가 반대할 것이며, 50%는 특별한 의견이 없는 사람들일 것으로 짐작하였다고 가정하자. 이들의 논쟁을 해결하기 위하여 7명을 무작위로 추출하여 조사해 본 결과, 찬성 3명(n_2), 반대 2명(n_1), 그리고 모르겠다고 응답한 사람이 2명(n_0) 이었다고 가정하자. 이런 경우에 심리학자의 견해가 옳은 것일 최대기대우도는 $L_{E1} = (7!/2!2!3!)0.5^2 0.3^2 0.2^3 = 0.0378$ 이다. 반면에 법학자의 견해가 옳은 것일 최대기대우도는 앞서와 마찬가지로 $L_{E2} = 0.0945$ 이고, 최대관찰우도 또한 앞서와 마찬가지로 $L_O = 0.1101$ 이다. 이때 심리학자 견해의 우도비 카이자승과 법학자 견해의 우도비 카이자승은 각각 다음과 같다.

$$\text{심리학자 견해} \quad -2ln(L_{E1}/L_O) = -2ln(0.0378/0.1101) = 2.1382$$
$$\text{법학자의 견해} \quad -2ln(L_{E2}/L_O) = -2ln(0.0945/0.1101) = 0.3056$$

심리학자 견해의 우도비 카이자승과 법학자 견해의 우도비 카이자승의 차이 $2.1382 - 0.3056 = 1.8326$ 는 두 견해의 확률적 일치성을 나타내는 우도비 카이자승 지수, 즉 $-2ln(L_{E1}/L_{E2})$ 이다. 이 (차이) 우도비 카이자승이 클수록 두 개의 견해는 자료가 암시하는 모집단의 상태와 합치할 확률에서 서로 일치하지 않는 것을 의미한다. 즉, 우도비 카이자승이 더 큰 견해는 나머지 견해보다 더 나쁜, 혹은 자료와 더 동떨어진 견해다. 반면에 차이 우도비 카이자승이 작으면, 두 개의 견해는 자료가 암시하는 모집단의 상태와 합치할 확률에서 서로 유사하다는 것을 의미한다. 즉, 두 개의 견해는 자료와 합치하는 정도 혹은 동떨어진 정도에서 대동소이한 견해들이다.

10 베이즈 공리

목사이면서 동시에 도박사였던 영국인 Thomas Bayes 의 이름을 딴 '베이즈 공리 (Bayes' theorem)' 는 일종의 수학적인 결정이론 (decision theory) 이다. 두 개의 사상 a 와 b 가 있고, 각 사상의 확률 π_a, π_b 와 그들의 결합확률 π_{ab} 가 0 이거나 혹은 1 이 아니라는 전제하에 베이즈 공리는 다음과 같이 표현되는 수학적인 확률원칙이다.

$$\pi_{a|b} = \frac{\pi_{b|a}\pi_a}{\pi_{b|a}\pi_a + \pi_{b|\bar{a}}\pi_{\bar{a}}}$$

베이즈 공리에서 기호 $\pi_{a|b}$ 는 사상 b 가 존재한다는 조건하에 사상 a 가 존재할 조건확률 (conditional probability) 인데, 사상 a 의 '사후확률 (a posteriori probability)' 이라고 부른다. 기호 $\pi_{b|a}$ 는 사상 a 가 존재한다는 조건하에 사상 b 가 존재할 조건확률이다. 기호 π_a 는 사상 a 가 존재할 '사전확률 (a priori probability)' 이며, 비조건확률 (unconditional probability) 이다. 또 기호 $\pi_{b|\bar{a}}$ 는 사상 a 가 부재하는 조건하에 사상 b 가 존재할 조건확률이고, 기호 $\pi_{\bar{a}}$ 는 사상 a 가 부재할 사전확률이며, 비조건 확률이다.

예를 들어, 어떤 대장간에서 제작된 연장들을 매장의 천정에 줄지어 매달아 놓고 판매하는데, 연장을 사러 왔던 한 손님이 매장 천정에 매달린 연장들을 살피면서 고르다가 자신이 원하는 것이 없다고 하자, 주인은 다른 창고에서 찾아본다며 매장을 나갔고, 그 사이에 손님이 천정에서 떨어진 연장에 맞아 부상을 당해서 그 손님이 대장간 주인을 상대로 손해배상청구소송을 제기하였다고 가정하자. 만약, 대장간에서 연장들을 부주의하게 매달아 놓아 사고가 발생한 것이라면 대장간 주인은 큰 액수의 배상금을 부상당한 손님에게 지불해야 할 것이고, 부주의한 점이 없었다면 손님 잘못일 수도 있으므로 조금 배상을 하거나 아예 배상을 하지 않아도 될 것이다. 따라서 법원은 과연 대장간에서 주의 의무를 게을리한 점이 있는지를 판단하여야 한다. 즉, 법원 판단의 핵심은 연장이 떨어졌다는 조건에서 그것이 대장간의 부주의 때문일 가능성이 얼마나 되는가에 관한 사후확률의 판단이다. 이러한 사후확률의 판단을 위하여 베이즈 공리는 매우 유용하게 사용된다.

'부주의' 라는 사상을 a 로 표기하고, '연장추락' 이라는 사상을 b 로 표기하자. 그러면 법원이 판단해야 하는 것은 $\pi_{a|b}$ 로 표기되는 사후확률이다. 이 사후확률이 크면 원고 (손님) 가 승소하고, 이것이 작으면 피고 (주인) 가 승소한다. 법원은 $\pi_{a|b}$ 의 크기를 판단하기 위하여 전문연구소에 감정을 의뢰하였고, 그 전문연구소는 대장간을 면밀히 조사한 후, 다음과 같은 세 가지 소견을 법원에 제출하였다.

첫째, 대장간 주인이 연장들을 부주의하게 설치할 확률 π_a 은 0.001 이다.
둘째, 연장이 부주의하게 설치되었을 때 떨어질 확률 $\pi_{b|a}$ 은 0.900 이다.
셋째, 연장이 적절하게 잘 설치되었음에도 불구하고 떨어질 확률 $\pi_{b|\bar{a}}$ 은 0.010 이다.

전문연구소의 세 가지 소견에 기초하여 법원은 연장이 떨어졌다는 조건에서 그것이 대장간의 부주의 때문일 베이즈 사후확률 $\pi_{a|b}$ 을 다음과 같이 산출한다.

$$\pi_{a|b} = \frac{(0.9)(0.001)}{(0.9)(0.001) + (0.01)(0.999)} = 0.083$$

만약, 전문연구소의 세 가지 소견이 모두 정확한 것이라면, 연장이 떨어졌다는 조건에서 그것이 대장간 주인의 부주의 때문일 확률은 8.3 % 에 불과하다.

베이즈 공리에 의해 추정된 사후확률이 정확한 것인지의 여부는 간단히 확인할 수 있다. 이를 위하여 연장 100,000 개를 설치한다고 가정하자.

첫째, 대장간 주인이 연장들을 부주의하게 설치할 확률 π_a 은 0.001 이므로 100,000 개의 연장이 설치된다면 그중에 100 개가 부주의하게 설치된다.

둘째, 연장이 부주의하게 설치되었을 때 떨어질 확률 $\pi_{b|a}$ 은 0.900 이므로 부주의하게 설치된 100 개 중에 90 개가 떨어진다.

셋째, 연장이 적절하게 잘 설치되었음에도 불구하고 떨어질 확률 $\pi_{b|\bar{a}}$ 은 0.010 이므로, 적절하게 설치된 99,900 중에 999 개가 떨어진다.

이 빈도들을 정리하면 <표 1-3> 과 같다.

〈 **표 1-3** 〉 N = 100,000 일 때 부주의 여부와 연장 추락 여부에 따른 빈도분포

	연장 추락		
부주의	존재	부재	전체
존재	90	10	100
부재	999	98,901	99,900
전체	1,089	98,911	100,000

<표 1-3> 에서 연장이 추락한 1,089 개의 경우 중에 부주의한 경우는 90 개이므로 연장이 떨어졌다는 조건에서 그것이 대장간 주인의 부주의 때문일 확률은 90/1,089 = 8.3 % 이다.

참고로 민사재판에서는 일반적으로 이 사후확률이 50 % 이상이면 원고승소 판결 혹은 피고패소 판결을 내린다. 민사재판의 이같은 판결기준을 '우세증거기준(preponderance of evidence criteria)' 이라고 부른다. 반면에 형사재판의 경우라면, 이 사후확률이 90~95 % 이상일 때만 피고에게 유죄판결을 내릴 수 있다. 이같은 형사재판의 판결기준을 '합리적 의심의 초월기준(beyond reasonable doubt criteria)' 이라고 부른다. 따라서 이러한 경우 대장간 주인을 상대로 한 손해배상청구소송에서는 아마도 법원이 원고패소 판결을 내릴 것이다.

11 Mendel 유전학

이 장에서 비율의 표집분포, 빈도의 확률분포, 최대우도 추정 등에 관한 기초적 개념들을 살펴보았다. 이 개념들은 앞서 인용한 Siméon-Denis Poisson 의 말처럼 일견 학자들의 지적인 쾌락추구의 산물로 여길 수도 있다. 그러나 이 개념들은 인류가 이룩한 과학문명의 가장 원초적이고 핵심적인 기본 재료로 활용되어 왔는데, 그 가장 대표적인 예가 생명현상에 대한 이해를 혁명적으로 발전시킨 Mendel 의 유전학이다. 여기에서는 확률 개념이 Mendel 유전학에 어떻게 기여하였는지를 설명하고, Mendel 유전학에 대한 R. A. Fisher 의 유명한 통계적 비판을 소개하고자 한다. 이 절의 내용은 이 책의 다른 부분과 직접적인 관계가 없으므로 Mendel 유전학에 관심이 없는 독자들은 읽지 않아도 다른 부분을 이해하는 데 전혀 지장을 받지 않을 것이다.

오스트리아 사람이었던 Gregor Mendel (1822~1884) 은 43 세 때 유전 (heredity) 에 관한 한 편의 논문을 발표하였는데, 불행히도 그 후 30 년 동안 그 논문의 존재에 대하여 아는 사람이 전혀 없을 정도로 아무런 주목을 받지 못하였다 (Lerner, 1968). 그 논문은 관상용 완두콩에 관한 Mendel 의 실험들에 관한 것이었다. 그 내용 중 한 가지를 단순화하여 소개하면 다음과 같다.

완두콩 씨는 노란색과 녹색의 두 종류가 있는데, 완두콩 줄기 하나에서 노란색과 녹색의 씨를 모두 생성할 수 있다. Mendel 은 우선 노란색 씨만 맺는 '노란색 순종' 완두콩 줄기를 생산하고, 또한 녹색 씨만 맺는 '녹색 순종' 완두콩 나무를 생산하였다. 그 다음에 Mendel 은 노란색 순종의 꽃가루를 녹색 순종의 암술에 교배하고, 또한 반대로 녹색 순종의 꽃가루를 노란색 순종의 암술에 교배하여, 노란색 순종과 녹색 순종을 교차교배하였다. 이 교차교배를 통하여 생산된 완두콩 줄기를 '제 1 세대 잡종 (first-generation hybrid)' 이라고 부른다. 그런데 제 1 세대 잡종들이 맺은 씨는 모두 노란색이었고, 따라서 노란색 순종과 전혀 구별이 되지 않았으며, 녹색 종은 완전히 사라져 버린 듯이 보였다.

Mendel 은 제 1 세대 잡종을 그것들끼리 교배하여 '제 2 세대 잡종 (second-generation hybrid)' 을 생산하였다. 그런데 흥미롭게도 제 1 세대 잡종과는 달리, 제 2 세대 잡종에서는 노란색 씨와 녹색 씨가 함께 나타났다. 더 놀라운 것은 제 1 세대 잡종에서 완전히 사라졌다가 제 2 세대 잡종에서 다시 나타난 녹색 씨는 그 숫자가 일정한 비율을 가지고 나타났는데, 각 제 2 세대 잡종 나무들에서 일관되게 녹색 씨는 25 %, 노란색 씨는 75 % 의 비율을 가지고 나타나는 것이었다.

제 1 세대 잡종과 제 2 세대 잡종에서 나타난 이같은 결과를 설명하기 위하여 Mendel 은 현대에 들어 '유전자 (gene)' 라고 부르는 존재를 상정하였다. Mendel 의 이론에 의하면 두 가지 종류의 유전자들이 서로 쌍을 이루어 완두콩 씨의 색깔을 결정한다. 완두콩 씨의 색깔을 결정하는 두 가지 유전자 중에서 노란색을 결정하는 유전자는 '우성 (dominant)' 유전자인데, y 로 표기하고, 녹색을 결정하는 유전자는 '열성 (recessive)' 유전자인데, g 로 표기한다. 이 유전자들의 조합에 의하여 yy, yg, gy, gg 4 종류의 유전자 쌍이 생길 수 있다. 이 4 종류의 유전자 쌍 중에서 yy, yg, gy 쌍은 완두콩 씨의 색깔을 노란색이 되게 하고, gg 쌍은 녹색이 되게 한다. 만약 교배에 의해서 두 개의 y 유전자가 결합하여 노란색 완두콩 씨가 생성되고, 그 씨가 자라서 완두콩 줄기가 되었다면, 그 완두콩 줄기의 모든 세포는 yy 유전자 쌍을 내포한다. 그런데 예외적인 세포가 있는 바, 바로 정자세포와 난자세포다. 이 성 세포들은 유전자 쌍을 내포하지 않고, 하나의 유전자만을 내포한다. 따라서 yy 유전자 쌍을 가지는 완두콩 줄기가 생성하는 모든 정자세포에는 y 유전자 하나가 내포되고, 모든 난자세포에도 역시 y 유전자 하나가 내포된다. 반면에 yg 유전자 쌍을 가지는 완두콩 나무에서 생성되는 정자세포 중에 50 % 는 y 유전자 하나를 가지고 있고, 나머지 50 % 는 g 유전자 하나를 가지고 있다. yg 유전자 쌍을 가지는 완두콩 나무에서 생성되는 난자세포도 마찬가지로 50 % 는 y 유전자를, 나머지 50 % 는 g 유전자를 가진다.

요약하면, Mendel 은 완두콩 씨의 색깔에 관한 직접 관찰에서 얻은 자료 (data) 를 설명하기 위하여 유전자, 유전자 쌍, 우성유전자, 열성유전자 등의 직접 관찰되지 않는 이론적인 개념과 그 개념의 숨겨진 상호작용에 관한 대담한 추론을 전개하였다. Mendel 이 추론한 이 유전자 이론은 앞서 제 1 세대 잡종과 제 2 세대 잡종에서 나타난 완두콩 씨의 색깔 분포를 설명해 준다. '노란색 순종' 줄기는 yy 유전자 쌍을 가지므로 그 나무의 모든 정자세포와 난자세포는 y 유전자를 가진다. 마찬가지로 '녹색 순종' 나무의 모든 정자세포와 난자세포는 g 유전자를 가진다. 노란색 순종과 녹색 순종의 교차교배에 의해 생산된 제 1 세대 잡종은 yg 유전자 쌍을 가지게 되므로 그 나무에서 생기는 씨는 모두 노란색을 가지게 된다. 이것이 제 1 세대 잡종에서 생성된 씨가 모두 노란색인 이유다.

이제 제 2 세대 잡종에서 나타난 씨의 색깔 분포 (노란색 75 %, 녹색 25 %) 를 설명해 보자. 제 1 세대 잡종들이 생산하는 정자세포 중에서 50 % 는 y 유전자를, 나머지 50 % 는 g 유전자를 가진다. 제 1 세대 잡종이 생산하는 난자세포도 마찬가지로 50 % 는 y 유전자를, 나머지 50 % 는 g 유전자를 가진다. 따라서 제 1 세대 잡종의 정자세포와 난자세포를 모두 뒤섞어서 무작위로 교배하면, y 유전자를 가진 정자세포와 y 유전자를 가진 난자세포가 결합될 확률은 0.25 다. 마찬가지로 제 1 세대 잡종의 정자세포와 난자세포가 뒤섞인 성 세포의 혼합 (pool) 에서 y 유전자를 가진 정자세포와 g 유전자를 가진 난자세포가 결합될 확률 또한 0.25 이고, g 유전자를 가진 정자세포와 y 유전자를 가진 난자세포가 결합될 확률 또한 0.25 이며, g 유전자를 가진 정자세포와 g 유전자를 가진 난자세포가 결합될 확률 또한 0.25 다. 즉, 제 1 세대 잡종의 정자세포와 난자세포를 모두 뒤섞어서 무작위로 교배하여 생산된 제 2 세대 잡종의 씨 중 25 % 는 yy 유전자 쌍을 가지고, 25 % 는 yg 유전자 쌍을, 25 % 는 gy 유전자 쌍을, 그리고 나머지 25 % 는 gg 유전자 쌍을 가지게 된다. 이것이 제 2 세대 잡종의 씨 중 75 % 에서는 노란색이, 나머지 25 % 에서는 녹색이 나타난 이유다.

Mendel 의 유전론은 현대에 들어 과학의 역사에서 가장 위대한 업적 중의 하나라는 것이 입증되었지만, 당시에는 위대한 통계학자 중의 한 사람인 Fisher에 의해서 자료조작의 의심을 받게 된다. Fisher 가 가진 의심의 핵심은 Mendel 의 이론 (model) 이 그의 자료 (data) 와 믿기 힘들 정도로 너무 정확히 일치하였기 때문이다. 이 의심을 Fisher 는 "윗사람이 실험에서 기대하는 것이 무엇인지를 지나치게 너무 잘 아는 조수 정원사에 의해서 Mendel이 기만되었음에 틀림없다 (I have no doubt that Mendel was deceived by a gardening assistant, who knew only too well what his principal expected from each trial made)." 라고 완곡하게 표현하였지만, 기실 Mendel 이 자료를 조작하였다는 주장을 하였다. Fisher 는 왜 이렇듯 자료조작의 혐의를 Mendel 에게 가지게 되었을까?

한 실험에서 Mendel 은 8,023 개의 제 2 세대 잡종 씨를 받아냈다. 그중에서 Mendel 은 자신의 이론에 기초하여 $0.25 \times 8{,}023 \approx 2{,}006$ 개의 녹색 씨가 나올 것으로 기대하였다. 그런데 실제로 나타난 녹색 씨의 개수는 2,001 개였다. 실제로 나타난 녹색 씨의 개수를 비율로 환산하면 $2{,}001 / 8{,}023 = 0.2494$ 이다. 문제는 관찰비율 p와 예측확률 π의 차이가 0.0006 일 확률이 얼마인가다. 이 장의 앞부분에서 실제 모집단 확률이 π일 때, 표본들에서 산출되는 표본비율 p의 표집분포는 평균이 $E(p) = \pi$이고, 표준오차 (standard error) 가 $\sigma(p) = \sqrt{\pi(1-\pi)/N}$ 인 정규분포를 한다고 하였다. 따라서 Mendel 의 실험결과로 나타난 표본비율 $p = 0.2494$ 가 속하는 표집분포는 평균이 $\pi = 0.25$ 이고, 표준오차가 $\sigma(p) = \sqrt{0.25(1-0.25)/8,023} = 0.0048$ 인 정규분포다. 이 정규분포에서 표본의 비율이 $0.25 - 0.0006 = 0.2494$ 보다 작거나 $0.25 + 0.0006 = 0.2506$ 보다 클 확률은 얼마일까? 이 확률을 도출하기 위해서는 0.2494 와 0.2506 을 각각 z 값으로 환산해야 한다. $z_{0.2494} = (0.2494 - 0.25) / 0.0048 = -0.125$ 이고, $z_{0.2506} = (0.2506 - 0.25) / 0.0048 = +0.125$ 다. 표준정규분포에서 z 값이 -0.125 보다 작은 영역의 면적은 0.45 이고, $+0.125$ 보다 큰 영역의 면적 또한 0.45 다. 결론적으로, 제 2 세대 잡종에서 녹색 씨가 나타날 모집단 확률이 실제로 $\pi = 0.25$ 일 때, 그 모집단에서 8,023 개의 표본을 추출하여 녹색 씨의 표본비율 p를 산출하면, 90 % 의 경우에서는 녹색 씨의 비율이 $p = 0.2494$ 보다 더 작거나 $p = 0.2506$ 보다 더 크게 나타난다는 것이다. 다시 말해서, 수많은 과학자가 Mendel 의 실험과 똑같은 실험을 독립적으로 수행한다면, 그중에서 90 % 이상은 Mendel 의 실험에서 산출된 결과보다 더 예측에서 벗어난 결과를 얻게 될 것이고, 오직 10 % 미만의 과학자만이 Mendel 의 실험과 같은 혹은 그보다 더 정확히 이론적 예측과 부합하는 결과를 얻을 수 있다는 것이다. 말하자면 $\pi = 0.25$ 라는 Mendel 의 이론이 맞다고 가정하였을 때, 그의 실험결과 ($p = 0.2494$) 는 10 % 미만의 가능성을 가진 결과라는 것이 Fisher 가 의심한 근거다.

여기에서 한 가지 주의할 것은 논란의 핵심이 이론을 전제로 자료의 진위를 따지는 것이라는 점이다. 이것은 자료를 전제로 가설 (이론) 의 진위를 따지는 일반적인 가설검증의 논리와 반대의 논리다. 그러나 과연 발생할 가능성이 10 % 미만인 자료가 발생하였다고 해서 과학자로서 치명적인 자료 조작의 혐의를 씌울 수 있을까? Fisher 는 그렇게 무지막지한 인격파탄자는 결코 아니었다. 문제는 Mendel 의 다른 모든 실험에서도 그와 유사하게 이론적 예측과 일치하는 결과가 나타났다는 것이다. Fisher 는 Mendel 의 모든 실험결과를 취합하여 다음 장에서 자세히 설명될 카이자승 검증을 수행한 결과 Mendel 의 이론이 맞다는 가정하에 그의 모든 실험결과가 실제로 나타날 확률은 4 / 100,000 라는 결론을 도출하였다. 표본비율에 관한 확률이론(평균, 표준오차, 정규분포)에 기초하여 유추된 Fisher 의 이 통계적 결론은 Mendel 의 연구에 관하여 두 가지 가능성을 시사한다. 첫째는 Mendel 이 엄청나게 운이 좋은 학자일 가능성이고, 둘째는 그의 자료가 조작되었을 가능성이다.

Fisher 의 의심에도 불구하고, Mendel 의 이론은 현대에 들어서 발전한 과학기술에 의해 그 진실성이 합리적 의심의 여지없이 증명되었다. 심지어는 유전자를 내포하는 염색체(chromosome) 내부를 전자현미경으로 촬영하여 실제로 DNA 를 구성하는 유전자가 두 개씩 쌍을 이루고 있다는 것이 눈으로 확인되었다. 그렇다고 해서 Fisher 가 확률이론에 기초하여 Mendel 의 도덕성을 의심한 것이 잘못된 것은 결코 아니다. Mendel 의 유전론과 Fisher 의 확률이론은 모두 위대한 이론이다. 단지 Mendel 의 이론이 정말 믿기 어려울 정도로 정확한 이론이었고, 그의 실험절차 또한 대단히 치밀하였다. Mendel 이론의 정확성을 담보하는 핵심적 요소는 무엇일까? 그 요소는 Mendel 의 호기심 및 상상력과 더불어 그가 완두콩 씨 색깔의 발현이 기본적으로 확률적 사건이라고 전제하였다는 사실이다. Mendel 이론의 핵심적 메시지는 생명현상이 기본적으로 확률적 사건이라는 것이고, 확률적 사건은 소위 '우연성(chance)' 혹은 '무작위성(randomness)'을 그 기본 전제로 가지는 현상이라는 것이다. Mendel 의 실험에서 제 1 세대 잡종이 생성하는 정자세포 중에 y 유전자를 가진 것과 g 유전자를 가진 것이, 역시 y 유전자를 가진 난자세포 그리고 g 유전자를 가진 난자세포와 우연히(by chance), 그리고 무작위로(randomly) 교배될 때만, 제 2 세대 잡종에서 관찰된 완두콩 씨의 색깔 비율(노란색 75 %, 녹색 25 %)이 나타날 수 있다. 그리고 제 2 세대 잡종에서 이러한 색깔비율이 나타나야만 Mendel 의 이론은 옳은 것이 된다. 생명현상에 관한 Mendel 의 이 메시지는 '신은 세상과 주사위놀이를 하지 않는다(I shall never believe that God plays dice with the world).' 고 천명한 Albert Einstein (1879~1955)의 물리학적 메시지와 정반대의 메시지다.

세상의 현상은 Mendel 과 Einstein 의 서로 상반되는 메시지의 조화에 의해 생겨나는 것으로 생각된다. 두 개의 유전자가 쌍을 이루어 완두콩 씨의 색깔을 결정한다거나 어떤 유전자는 우성인자고, 어떤 유전자는 열성인자라는 등의 사실은 생명현상의 근저에 Einstein 이 말하는 법칙성(lawfulness) 혹은 규칙성(regularity)이 있다는 것을 말해 준다. 그런데 아이러니하게도 그러한 숨겨진 법칙성과 규칙성을 알아내기 위해서는 Mendel 이 완두콩의 정자세포와 난자세포를 무작위 교배하였던 것처럼 우연성과 무작위성의 지배를 받는 '확률적 과정 (stochastic process)' 이라는 혼돈의 다리를 건너야 한다. 이것이 필자가 이 장의 초두에서 언급한 '확률이라는 개념은 불확실성에 내재하는 질서와 규칙성을 함축한다.' 는 말의 의미다. 이 확률적 과정이 생명현상을 탐구하는 생물학자건, 물질현상을 탐구하는 물리학자건, 행동현상을 탐구하는 심리학자건, 아니면 판결을 해야 하는 법관이건 간에 세상의 법칙성과 규칙성을 규명하려는 모든 학자를 위한 공통된 기본적인 도구다. 이 책은 그 도구의 사용법 중 일부를 설명하기 위한 것이다.

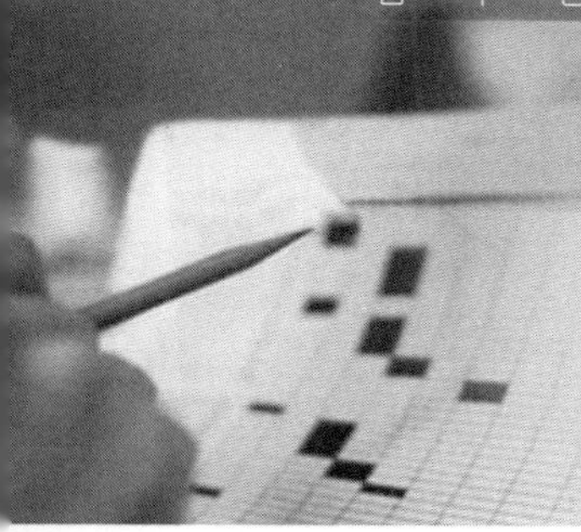

제 2 장 이원교차분할표

두 개의 범주변인 X와 Y가 있고, 범주변인 X는 I개의 범주를 가지고, 범주변인 Y는 J개의 범주를 가진다면, 표본의 사례는 I개의 행과 J개의 열로 구성된 IJ개의 구획으로 이루어진 표로 분할될 수 있다. 이 표의 각 구획을 '셀 (cell)' 이라고 부르고, 이 표를 '이원배치표 (two-way contingency table)' 혹은 '이원교차분할표 (two-way cross-classification table)' 라고 부른다. 만약, K개의 범주를 가지는 제 3 의 범주변인 Z가 있고, 전체 표본사례가 IJK개의 셀로 분할되었다면, 이 표를 '삼원교차분할표 (three-way cross-classification table)' 라고 부른다. 이 장에서는 이원교차분할표를 구성하는 두 개의 범주변인들 X와 Y가 서로 독립적인지, 아니면 관계 (relationship) 를 가지는지 여부를 판단하는 방법에 대해 살펴보고자 한다.

1 교차분할표의 확률분포

만약 두 개씩의 범주를 가지는 두 개의 범주변인 ($I=2$, $J=2$) 에 대하여 전체 모집단을 대상으로 조사를 하고, 그 자료를 2×2 이원교차분할표로 정리하였다면, 각 셀의 모집단 빈도 (N_{11}, N_{12}, N_{21}, N_{22}) 를 전체 모집단 빈도 (N_{++}) 로 나누어서 산출되는 셀확률 π_{ij} 를 '결합확률 (joint probability)' 이라고 부르고, 교차분할표

내의 결합확률들 π_{11}, π_{12}, π_{21}, π_{22} 의 표집분포를 지칭하여 '결합확률분포 (joint probability distribution)' 라고 부른다. 결합확률분포는 집합기호를 이용하여 $\{\pi_{ij}\}$ 로 표기하기도 한다.

$$\pi_{11} = N_{11} / N_{++} \quad \pi_{12} = N_{12} / N_{++} \quad \pi_{21} = N_{21} / N_{++} \quad \pi_{22} = N_{22} / N_{++}$$

결합확률을 교차분할표의 각 행에서 합산하거나 각 열에서 합산한 것을 '외곽확률 (marginal probability)' 이라고 부르고, 외곽확률들의 표집분포를 통칭하여 '외곽확률분포 (marginal probability distribution)' 라고 부른다. 교차분할표의 행을 대표하는 변인의 외곽확률들을 $\{\pi_{i+}\}$ 로 표기하고, 열을 대표하는 변인의 외곽확률들을 $\{\pi_{+j}\}$ 로 표기하기도 한다.

$$\pi_{1+} = \pi_{11} + \pi_{12} \quad \pi_{2+} = \pi_{21} + \pi_{22} \quad \pi_{+1} = \pi_{11} + \pi_{21} \quad \pi_{+2} = \pi_{12} + \pi_{22}$$

혹은

$$\pi_{1+} = N_{1+} / N_{++} \quad \pi_{2+} = N_{2+} / N_{++} \quad \pi_{+1} = N_{+1} / N_{++} \quad \pi_{+2} = N_{+2} / N_{++}$$

어떤 경우에는 교차분할표를 구성하는 변인 중에 한 개는 반응변인 (response variable) 으로 간주하고, 다른 변인은 설명변인 (explanatory variable) 으로 간주하기도 한다. 변인의 각 범주에서 나타나는 빈도가 다른 변인에 의해 좌우되는 것으로 간주되는 변인을 반응변인이라고 부르고, 반응변인의 범주에서 나타나는 빈도를 좌우하는 것으로 간주되는 변인을 설명변인이라고 부른다. 예를 들어, 특정한 암의 발생 여부와 특정한 유전자의 존재 여부에 의해 사례들을 2 × 2 이원교차분할표로 분류한 경우, 만약 특정한 암의 발생 빈도를 좌우하는 것이 특정한 유전자의 존재 여부라고 생각한다면, 유전자의 존재 여부는 설명변인으로, 암의 발생 여부는 반응변인으로 간주할 수 있다. 이런 경우에는 반응변인의 확률분포를 설명변인의 각 범주마다 분리하여 개념화하는 것이 유용할 수 있다. 즉, 특정한 유전자가 존재할 때 특정한 암이 발생할 확률을 개념화하고, 특정한 유전자가 부재할 때 특정한 암이 발생할 확률을 구별하여 개념화하는 것이다. 설명변인의 각 범주를 분리하여 그 범주 내에서 반응변인의 셀확률을 구하면, 이것을 조건확률 (conditional probability) 이라고 부르고, $\pi_{j|i}$ 로 표기한다. $\pi_{j|i}$ 는 '설명변인의 범주가 i 라는 조건하에 반응변인의 범주가 j 일 확률' 을 의미한다. 설명변인의 각 범주 내에서 반응변인의 조건확률을 집합적으로 통칭하여 조건확률분포 (conditional probability distribution) 라고 부른다. 반응변인의 조건확률분포가 설명변인의 모든 범주에서 동일할 때, 반응변인과 설명변인은 서로 '통계적으로 독립적 (statistically independent)' 이다.

$$\pi_{1|1} = N_{11} / N_{1+} \quad \pi_{2|1} = N_{12} / N_{1+} \quad \pi_{1|2} = N_{21} / N_{2+} \quad \pi_{2|2} = N_{22} / N_{2+}$$

동일한 분포 개념이 표본비율에도 똑같이 적용된다. 어떤 조사에서 1,091 명의 응답자 (남자 509 명, 여자 582 명) 에게 사후세계가 존재한다고 믿는지의 여부에 대한 응답을 수집하여 <표 2-1> 과 같이 이원교차분할표로 정리하였다.

〈 **표 2-1** 〉 성별로 구분한 사후세계에 대한 믿음 반응의 빈도

	사후세계에 대한 믿음		
성별	있음	없음	전체
여자	$n_{11} = 435$	$n_{12} = 147$	$n_{1+} = 582$
남자	$n_{21} = 375$	$n_{22} = 134$	$n_{2+} = 509$
전체	$n_{+1} = 810$	$n_{+2} = 281$	$N = 1091$

<표 2-1> 의 자료에서 여자이면서 사후세계가 있다는 믿음을 가지고 있는 사례의 결합비율 (joint proportion) 은 435/1091 = 0.399 이고, 여자이면서 사후세계가 없다는 믿음을 가지고 있는 사례의 결합비율은 147/1091 = 0.135 이다. 따라서 성별이 여자인 사례의 외곽비율 (marginal proportion) 은 0.399 + 0.135 = 0.534 혹은 582/1091 = 0.534 이다.

만약 성별이 설명변인이고 사후세계에 대한 믿음이 반응변인으로 간주된다면, 성별이 여자라는 조건하에 사후세계에 대한 믿음을 가진 사례의 조건비율 (conditional proportion) 은 435 / 582 = 0.747 이다. 반면에 성별이 남자라는 조건하에 사

후세계에 대한 믿음을 가진 사례의 조건비율은 375 / 509 = 0.737 이다. 따라서 반응변인의 조건비율이 설명변인의 범주에서 거의 같으므로 모집단에서 사후세계에 대한 믿음의 여부가 성별에 의해 좌우되지 않는 것으로 판단된다.

만약 설명변인의 외곽빈도들 (n_{1+}, n_{2+}) 이 자료수집 과정에서 무작위적 (random) 으로 결정된 것이 아니고, 자료수집 전에 계획적으로, 혹은 특정한 이유에 의해서 고정된 (fixed) 것일 때는 확률이나 비율의 결합분포는 거의 아무런 의미가 없다. 이런 경우에는 자료에 대한 모든 해석은 조건확률분포 혹은 조건비율분포에 기초해야 한다. 이때 반응변인범주의 빈도는 설명변인의 각 범주 내에서 이항분포 (반응변인의 범주가 두 개일 때) 혹은 다항분포 (반응변인의 범주가 세 개 이상일 때) 하는 것으로 해석되고, 따라서 조건비율은 제 1 장에서 설명한 승적다항분포의 확률적 속성을 가지는 것으로 해석된다. 즉, 표본에서 특정한 n_{11}, n_{12}, n_{21}, n_{22} 의 집합이 나타날 확률이 제 1 장에서 살펴본 승적다항확률 식에 의해 결정된다고 간주된다.

반면에 설명변인과 반응변인의 구별이 없거나 설명변인의 외곽빈도 (n_{1+}, n_{2+}) 가 사전에 고정되지 않고 자료수집 과정에서 무작위적 (random) 으로 혹은 확률적 (stochastic) 으로 결정될 경우에는 셀빈도가 각각 서로 독립적인 포아송분포를 하는 것으로 간주할 수 있고, 따라서 이때에는 결합확률 혹은 결합비율이 자료해석을 위하여 중요한 의미를 가진다.

2 조건확률들의 차이 검증

반응변인이 이분변인인 경우, 그 범주 중 한 개 범주의 확률이 설명변인의 모든 범주에서 동일한지의 여부를 판단해야 하는 경우가 있다. 이런 경우, 반응변인의 범주 중에서 관심의 대상이 되는 범주를 편의상 '성공 (success)' 이라고 지칭하고, 나머지 범주를 '실패 (failure)' 라고 지칭하는 경우가 많다. 예를 들어, 필자는 2003 년도에 한국에서 법학을 전공하는 교수와 대학생 157 명과 기타의 학문을 전공하는 교수와 대학생 223 명을 대상으로 그들이 소송당사자, 증인, 참고인 혹은 단순한 방청객의 신분으로 재판을 직접 경험해 본 적이 있는지의 여부를 조사하였는데, 그 결과는 <표 2-2> 와 같다.

<표 2-2> 의 자료에서 반응변인은 '재판 직접 경험 여부' 인데, 이 변인에 대한 '있음' 반응을 성공으로 지칭하고, '없음' 반응을 실패로 지칭할 수 있다. 법학 전공자 집단에서 성공비율은 $p_{1|1} = 25/157 = 0.159$ 이고, 기타 학문 전공자 집단에서 성공비율은 $p_{1|2} = 41/223 = 0.184$ 이다. 이 성공비율은 조건비율이다. 표본에서 구한 이 성공비율을 이용하여 모집단의 성공확률들 ($\pi_{1|1}$, $\pi_{1|2}$) 이 두 개의 모집단에서 서로 등일한지의 여부에 대한 판단을 내리는 것이 조건확률의 차이 검증이다.

〈 **표 2-2** 〉 법학 전공 교수 · 학생과 기타 학문 전공 교수 · 학생의 재판 직접 경험 여부

	재판 직접 경험 여부		
전공	있음 (성공)	없음 (실패)	전체
법학	25	142	157
기타	41	182	223
전체	66	324	390

모집단의 성공확률들 ($\pi_{1|1}$, $\pi_{1|2}$) 의 차이검증을 위한 영가설 (null hypothesis) 은 $\pi_{1|1} - \pi_{1|2} = 0$ 이다. 이 영가설이 참일 때에도 두 개의 모집단에서 크기가 각각 n_{1+} (법학 전공자 집단의 전체 사례 수) 과 n_{2+} (기타 전공자 집단의 전체 사례 수) 인 표본을 추출하고, 이 표본에서 각각 성공비율 ('있음' 반응의 조건비율) 을 산출하면 $p_{1|1} - p_{1|2} \neq 0$ 일 수 있다. 이러한 표본추출을 반복하고, 매번 $p_{1|1} - p_{1|2}$ 을 구하면 그 차이값은 매번 달라질 것이데, 만약 영가설이 진실로 참이라면, 매번 구하는 $p_{1|1} - p_{1|2}$ 의 표집분도 (sampling distribution) 는 ① 영가설이 가정하는 모집단의 확률 차이 $\pi_{1|1} - \pi_{1|2} = 0$ 을 중심으로 나타나고, ② 정규분포하며, ③ <수식 2-1> 과 같은 표준오차를 가진다.

$$\hat{\sigma}\,(p_{1|1} - p_{1|2}) = \sqrt{\frac{p_{1|1}(1-p_{1|1})}{n_{1+}} + \frac{p_{1|2}(1-p_{1|2})}{n_{2+}}} \qquad \text{<수식 2-1>}$$

기호 $\hat{\sigma}\,(p_{1|1}-p_{1|2})$ 는 $p_{1|1}-p_{1|2}$ 의 추정된 표준오차를 의미하며, $p_{1|1}-p_{1|2}$ 의 표집분포에 대한 세 가지 원칙을 '중심극한법칙(central limit theorem)' 이라고 부른다. 이 중심극한법칙을 그림으로 표기한 것이 [그림 2-1] 이다.

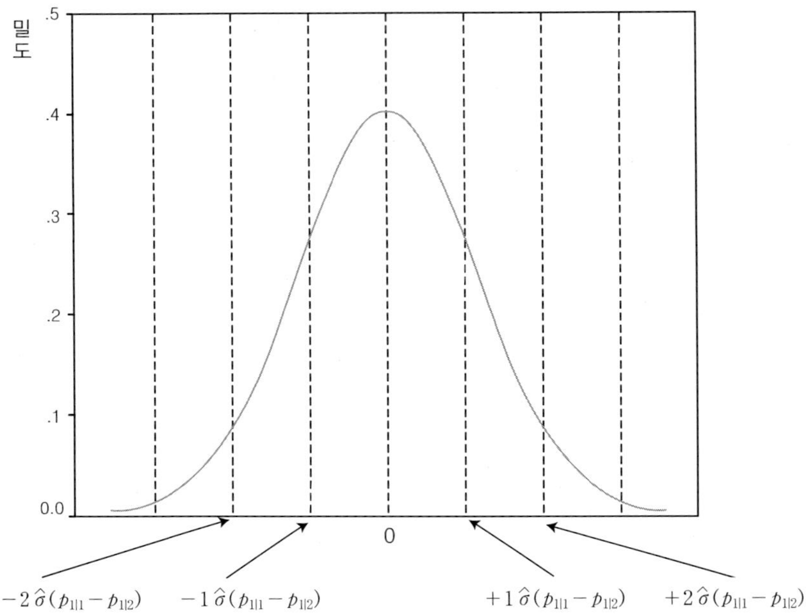

[그림 2-1] 영가설 $\pi_{1|1} - \pi_{1|2} = 0$ 이 참일 때, $p_{1|1} - p_{1|2}$ 의 표집분포

[그림 2-1] 은 영가설 $\pi_{1|1} - \pi_{1|2} = 0$ 이 참이라면, 수많은 표본자료에서 각각 구하는 $p_{1|1}-p_{1|2}$ 들 중에 약 68% 는 $0 \pm 1\hat{\sigma}(p_{1|1}-p_{1|2})$ 의 범위 내에서 나타날 것이고, 약 95~96% 는 $0 \pm 2\hat{\sigma}(p_{1|1}-p_{1|2})$ 의 범위 내에서 나타난다는 것을 보여 준다. 이 중심극한법칙에 의하여 만약 영가설($\pi_{1|1}-\pi_{1|2}=0$) 이 참이라면, 크기가 n_{1+} 과 n_{2+} 인 표본에서 산출되는 $p_{1|1}-p_{1|2}$ 중에 보다 정확하게 95% 는 $0 \pm (1.96)\,\hat{\sigma}(p_{1|1}-p_{1|2})$ 의 범위 내에서 나타날 것이라 예상할 수 있다.

그런데 연구자는 크기가 n_{1+} 과 n_{2+} 인 한 쌍의 표본에서 산출한 오직 한 개의 $p_{1|1}-p_{1|2}$ 를 가지고 있을 뿐이다. 연구자는 자신의 표본에서 산출된 $p_{1|1}-p_{1|2}$ 를 이용하여 모집단의 $\pi_{1|1}-\pi_{1|2}$ 에 대한 판단을 하고자 한다. 따라서 연구자가 실제로 가지고 있는 표본에서 산출된 $p_{1|1}-p_{1|2}$ 을 이용하여 추정하는 $\pi_{1|1}-\pi_{1|2}$ 의 95% 신뢰구간은 다음과 같다.

$$(p_{1|1}-p_{1|2})-(1.96)\hat{\sigma}(p_{1|1}-p_{1|2}) \leqq \pi_{1|1}-\pi_{1|2} \leqq (p_{1|1}-p_{1|2})+(1.96)\hat{\sigma}(p_{1|1}-p_{1|2})$$

<수식 2-2>

이 95% 신뢰구간은 연구자가 자신의 표본자료에서 산출한 $p_{1|1}-p_{1|2}$ 를 중심으로 1.96 개의 표준오차 $\hat{\sigma}(p_{1|1}-p_{1|2})$ 범위를 설정한 것이다. 관례적으로 <수식 2-2> 의 95% 신뢰구간이 0 을 포함하고 있으면 $\pi_{1|1}-\pi_{1|2}=0$ 이라는 영가설을 기각하지 않는다. 그러나 만약 95% 신뢰구간이 0 을 포함하지 않으면 영가설을 기각하게 된다. <표 2-2> 의 자료를 이용하여 산출한 $p_{1|1}-p_{1|2}$ 의 표준오차는 $\hat{\sigma}(p_{1|1}-p_{1|2})=0.039$ 이다. 따라서 법학 전공자 모집단에서 재판에 대한 직접 경험이 있는 사람의 확률과 기타 학문 전공자 모집단에서 그 확률의 차이는 다음과 같은 구간 안에 있을 것으로 95% 신뢰할 수 있다.

$$(0.159-0.184)-(1.96)(0.039) \leqq \pi_1-\pi_2 \leqq (0.159-0.184)+(1.96)(0.039)$$

95% 신뢰구간이 0 을 포함하므로 $(-0.101 \leqq \pi_{1|1}-\pi_{1|2} \leqq 0.051)$ 영가설을 기각하지 않는다. 따라서 <표 2-2> 의 표본자료에서는 법학 전공자 중에서 재판제도에 대한 직접 경험이 있는 사람의 비율이 기타 학문 전공자 중 그 비율보다 다소 낮은 수치를 보여 주었으나, 모집단에서는 두 개의 조건확률 사이에 차이가 없을 것으로 판단된다. 법학 전공자들이 재판에 대한 직접 경험을 가지고 있을 확률과 기타 학문 전공자들이 그러한 경험을 가지고 있을 확률이 동일하다고 판단되므로, 결국 재판에 대한 직접 경험은 전공학문 분야와 무관하다 혹은 서로 독립적이라고 말할 수 있다. 결론적으로, 이원교차분할표에서 검증되는 조건확률의 차이검증은 이원교차분할표를 구성하는 범주변인의 상호독립성 (independence) 을 검증하는 것이다.

3 상대위험과 병원학적 비율

조건확률과 조건비율의 단순 차이는 통계적 검증을 거치지 않으면 자칫 잘못된 판단을 유도할 수 있다. 예를 들어, 어떤 한의학자가 생약성분 정력제를 개발하였다고 가정하자. 그런데 이 정력제는 잠재적으로 복용자를 천재로 만드는 심각한 부작용이 우려되어 둔재 복용자 1,000 명과 둔재 비복용자 1,000 명을 일정 기간 관찰하고, 각 집단에서 천재가 된 사람의 비율을 산출해 보니 복용자 집단에서 천재가 된 사람의 조건비율은 $p_{1|1} = 0.010$ 이고, 비복용자 집단에서 천재가 된 사람의 조건비율은 $p_{1|0} = 0.001$ 이라고 가정하자. 이때 조건비율의 차이는 0.009 이다. 그런데 $p_{1|1} = 0.410$ 이고, $p_{1|0} = 0.401$ 일 때에도 역시 조건비율의 차이는 0.009 이다. 단순 차이는 두 가지 경우에서 동일하지만, $p_{1|1} = 0.010$ 과 $p_{1|0} = 0.001$ 의 차이는 $p_{1|1} = 0.410$ 과 $p_{1|0} = 0.401$ 의 차이보다 훨씬 큰 차이다.

조건확률과 조건비율의 단순 차이가 초래할 수 있는 이러한 오해를 예방하기 위하여 조건확률의 비교는 그들의 비율을 이용하는 경우가 종종 있는데, 이러한 조건확률들의 비율을 '상대위험 (relative risk)' 이라고 부르고, 흔히 기호 RR 로 표기한다.

$$RR = \pi_{1|1} / \pi_{1|0}$$

정력제 복용자 집단에서 천재가 될 확률이 $\pi_{1|1} = 0.010$ 이고, 비복용자 집단에서 천재가 될 확률이 $\pi_{1|0} = 0.001$ 이라면, 정력제를 복용하는 경우에 천재가 될 상대위험은 $RR = 0.010 / 0.001 = 10$ 이다. 즉, 정력제 복용자가 천재가 될 확률이 비복용자에 비하여 10 배가 높다는 것을 의미한다. 반면에 만약 $\pi_{1|1} = 0.410$ 이고, $\pi_{1|0} = 0.401$ 이라면, 상대위험은 $RR = 0.410 / 0.401 = 1.02$ 에 불과하다.

만약 상대위험이 $RR = 1$ 이면 두 개의 조건확률이 동일하다는 것을 의미하고, 이때에는 반응변인 (천재성) 과 설명변인 (정력제 복용) 이 서로 독립적이라는 것을 의미한다. 상대위험이 1 보다 크거나 작을수록 반응변인과 설명변인이 밀접한 관계를 가지는 것을 의미한다.

상대위험 RR은 생약성분의 정력제와 같은 소위 '위험요인(risk factor)'에 노출된 경우에 후천적 천재성과 같은 특정한 사건이 발생할 위험성을 상대적으로 가늠하는 지수인데, 이는 위험요인에 노출될 때 노출되지 않을 때에 비하여 특정한 사건이 발생할 확률이 '몇 배' 더 큰가를 나타낸다. 반면에 위험요인에 노출되는 경우에 노출되지 않는 경우에 비하여 특정한 사건이 발생하는 빈도가 현재의 '몇 %' 만큼 증가 혹은 감소하는가를 나타내는 지수를 '병원학적 비율(etiologic fraction)'이라고 부르고, 흔히 기호 λ로 표기한다.

모집단의 전체 사례 수를 N으로 표기하고, 그중에 병리적 소견을 보이는 사례의 숫자를 n_1으로 표기하며, 위험요인에 노출된 사례 중에 병리적 소견을 보이는 사례의 모집단 조건확률을 $\pi_{1|1}$으로 표기하고, 위험요인에 노출되지 않은 사례 중에 병리적 소견을 보이는 사례의 모집단 조건확률을 $\pi_{1|0}$으로 표기하면, 병원학적 비율 λ는 <수식 2-3>과 같이 정의된다.

$$\lambda = \frac{n_1 - N\pi_{1|0}}{n_1} \qquad \text{<수식 2-3>}$$

병원학적 비율 λ는 -1과 1 사이의 값을 가지는 지수인데, 0보다 작을수록 위험요인에 노출되면 노출되지 않을 때에 비하여 병리적 소견을 보일 가능성이 감소하는 것을 의미하고, 0보다 클수록 위험요인에 노출되면 노출되지 않을 때에 비하여 병리적 소견을 보일 가능성이 증가하는 것을 의미한다.

병원학적 비율 λ의 정의를 주의 깊게 검토해 보면, λ은 다음과 같은 논리를 구현한 지수라는 것을 알 수 있다. 즉, <수식 2-3>의 $N\pi_{1|0}$는 모집단에서, 만약 위험요인에 대한 노출이 병리적 현상과 무관하다면 예상되는 병리적 소견을 보이는 사례의 숫자다. 만약 위험요인에 대한 노출이 병리적 현상을 유발하거나 감소시키지 않는다면 전체 모집단에서 특정한 사례가 병리적 소견을 보일 확률 π_1은 위험요인에 노출되지 않았으나 병리적 소견을 보일 조건확률 $\pi_{1|0}$과 같아야 한다. 따라서 만약 위험요인에 대한 노출과 병리적 현상이 진실로 서로 무관하다면, 모집단에서 병리적 소견을 보이는 실제 사례의 수 n_1은 예상되는 사례의 수 $N\pi_{1|0}$과 같아야 한다. 이때 $\lambda = 0$이다. 모집단에서 병리적 소견을 보이는 사례의 수 n_1이 만약 위험요인에 대한 노출이 병리적 현상과 무관하다는 전제하에 예상되는 병

리적 소견을 보이는 사례의 수 $N\pi_{1|0}$ 보다 클수록, 위험요인에 대한 노출이 병리적 현상을 유발하는 것으로 판단되고, 이때는 $\lambda > 0$ 이다. 반면에 모집단에서 병리적 소견을 보이는 사례의 수 n_1 이 위험요인에 대한 노출이 병리적 현상과 무관하다는 전제하에 예상되는 병리적 소견을 보이는 사례의 수 $N\pi_{1|0}$ 보다 작을수록 위험요인에 대한 노출이 병리적 현상을 감소시키는 것으로 판단되고, 이때는 $\lambda < 0$ 이다. 즉, <수식 2-3> 은 모집단에서 병리적 소견을 보이는 사례의 수 n_1 이 위험요인에 대한 노출이 병리적 현상과 무관하다는 전제하에 예상되는 병리적 소견을 보이는 사례의 수 $N\pi_{1|0}$ 보다 크거나 작은 정도를 현재 병리적 소견을 보이는 사례의 수 n_1 에 대한 상대적인 비율로 지수화한 것이다.

<수식 2-3> 의 병원학적 비율은 모집단 전체에서 특정한 사건이 발생할 위험성을 상대적으로 가늠할 수 있는 지수를 논리적으로 정의한 것이지만, 현실에서는 N 과 n_1 등을 알 수 없으므로 실제로는 계산이 불가능한 지수다. <수식 2-3> 은 표본자료를 이용하여 모집단 전체에서 위험요인의 존재 여부에 따른 병리적 소견의 발생 위험성을 가늠하기 위한 논리적 정의다. 표본자료를 이용하여 병원학적 비율 λ 의 추정치를 산출하는 방법은 제 1 장에서 설명한 베이즈 공리 (Bayes theorem) 를 이용한다. 병원학적 비율의 추정치 $\hat{\lambda}$ 는 <수식 2-3> 의 논리적 정의에 베이즈 공리 (Bayes theorem) 를 적용하여 다음과 같이 산출된다.

$$\hat{\lambda} = p_{e|p}\left(1 - \frac{1}{\widehat{RR}}\right)$$

병원학적 비율의 추정치 공식에서 $p_{e|p}$ 는 표본자료에서 산출되는 '병리적 소견을 보이는 사례 (p: present) 중에 위험요인에 노출된 사례 (e: exposed) 의 조건비율, 즉 추정된 사후확률' 이다. 또한 $\widehat{RR}$ 은 앞에서 설명한 상대위험의 추정치다. 예를 들어, 어린 시절에 부모에게 정신적, 신체적 학대를 받은 사람이 성인이 되어 자신의 자녀를 학대하는 경향이 있는지를 알아보기 위하여 어린 시절 부모에게 정신적, 신체적 학대를 받은 경험이 있는 30 대 남자 150 명과 그렇지 않은 30 대 남자 150 명을 표집하여 그들이 자신의 자녀를 학대하는지를 조사한 자료가 <표 2-3> 과 같고, 이들은 모두 5 ~ 10 세의 자녀를 가진 30 대 남자 중에서 표집되었다고 가정하자.

〈**표 2-3**〉 피학대 경험에 따른 자녀학대 여부에 관한 가상적인 조사 자료

피학대 경험	자녀학대 여부: 없음	자녀학대 여부: 있음	전체
없음	148	2	150
있음	120	30	150
전체	268	32	300

<표 2-3> 의 표본자료에서 상대위험의 추정치는 $\widehat{RR} = p_{1|1} / p_{1|0} = (30/150) / (2 / 150) = 0.200 / 0.013 = 15.38$ 이다. 또한 '자기의 자녀를 학대하는 사례 (present) 중에 자신이 피학대 경험을 가지고 있는 사례 (exposed) 의 조건비율, 즉 추정된 사후확률' 은 $p_{e|p} = 30/32 = 0.938$ 이다. 따라서 5 ~ 10 세 자녀를 가진 30 대 남자의 모집단에서 어린 시절의 피학대 경험이 자녀학대로 대물림될 병원학적 비율의 추정치 $\widehat{\lambda}$ 는 다음과 같이 정의된다.

$$\widehat{\lambda} = p_{e|p}\left(1 - \frac{1}{\widehat{RR}}\right) = 0.938\left(1 - \frac{1}{15.38}\right) = 0.877$$

이제 병원학적 비율의 추정치 $\widehat{\lambda}$ 의 의미를 해석하기 위하여 다시 병원학적 비율의 논리적 공식인 <수식 2-3> 을 살펴보자. <수식 2-3> 을 약간 변형하면 다음과 같다.

$$\lambda = \frac{n_1 - N\pi_{1|0}}{n_1} = 1 - \frac{N\pi_{1|0}}{n_1}$$

그런데 $N\pi_{1|0}/n_1$ 은 만약 위험요인이 병리적 소견을 유발하지 않는다면 병리적 소견을 보이는 사례의 수가 현재의 몇 % 인가를 나타내는 지수다. 따라서 <수식 2-3> 의 λ 는 '모집단에서 현재 병리적 소견을 보이는 사례의 수를 1 로 보았을 때, 이것은 만약 위험요인이 병리적 소견을 유발하지 않는다면 예상되는 병리적 소견을 보이는 사례의 수보다 $\lambda(100)$ % 만큼 더 많은 것이다.' 로 해석할 수 있고, 이것은 다시 '전체 모집단에서 위험요인에 노출되면 위험요인에 노출되지 않을 때

에 비하여 병리적 소견을 보이는 사례의 수가 현재의 λ% 만큼 증가한다.' 로 해석할 수 있는 지수다. 따라서 5 ~ 10 세의 자녀를 가진 30 대 남자의 모집단에서 어린 시절의 피학대 경험이 자녀학대로 대물림될 병원학적 비율의 추정치 $\hat{\lambda}$ 가 0.877 로 산출된 것은 '5 ~ 10 세의 자녀를 가진 30 대 남자의 모집단에서 자신이 피학대 경험을 가진 사람이 자녀를 학대하는 빈도는 그렇지 않은 사람이 자녀를 학대하는 빈도보다 현재 모집단에서 자녀를 학대하는 사람의 전체 수의 87.7 % 만큼 더 많다.' 는 것을 의미한다.

4 ROC 곡선

조건확률과 조건비율은 진단 (diagnosis) 이나 선발 (selection) 상황에서 사용되는 검사 혹은 시험의 '준거타당도 (criterion validity)' 에 대하여 매우 중요한 정보를 제공한다. 진단이나 선발은 일정한 특성이나 능력을 가진 대상을 판별하는 상황을 일컫는 개념이다. 의료적인 진단은 환자 혹은 검출물이 특정한 질병, 특정한 세포 혹은 특정한 물질을 가진 것인지, 아닌지를 판별하는 것을 말하고, 입사 선발 혹은 신입생 선발 등은 후보자가 특정한 자질, 특정한 역량, 특정한 능력을 가진 사람인지 아닌지를 판별하는 상황이다. 이런 상황에서는 판별을 위하여 흔히 '절단점 (cutoff point)' 이 미리 정해진 검사 (test) 혹은 척도 (scale) 를 많이 활용한다. 예를 들어, 혈압검사에서 수축혈압이 140 이상인 사람을 고혈압 환자로 진단하거나, 입사시험에서 60 점 이상 획득한 응시자를 합격자로 선발하는 등의 경우가 그런 경우다.

검사와 척도에 의한 진단과 선발은 거의 언제나 두 가지의 오류를 범할 수 있다. 한 가지 오류는 의심되는 특성이 실제로는 존재하는데, 검사의 결과에서는 존재하지 않는 것으로 나타나는 오류로, 이것을 '오류부정 (false negative)' 이라고 부른다. 두 번째 오류는 의심되는 특성이 실제로는 존재하지 않는데, 검사의 결과에서는 존재하는 것으로 나타나는 오류로, 이것을 '오류긍정 (false positive)' 이라고 부른다. 진단이나 선발을 위하여 사용되는 검사와 척도의 준거타당도는 이러한 오류를 얼마나 적게 발생시키는가를 의미하는 개념이다. 예를 들어, 교도행정을 담당한 정부부서에서 폭력초범 재소자들을 대상으로 재범위험성을 판별하기 위한 심리검사를 개발하였다고 가정하자. 폭력사범의 판별을 위한 재범위험성검사는 폭력조직과 관련성 등에 관한 문항으로 구성되는데, 이 재범위험성검사는 0 ~ 20 점까지 점수범위를 가진다. 이 심리검사의 준거타당도를 검증하기 위하여 폭력초범자 480 명을 재범위험성검사로 측정하였고, 그 초범 재소자들이 석방된 후 그들 중에 다시 재범한 사람을 조사한 결과 <표 2-4> 와 같은 결과를 얻었다고 가정하자.

〈 **표 2-4** 〉 가상적인 재범위험성 분류 자료

	실제 재범 여부		
재범위험성 점수	비재범자	재범자	전체
0	1	0	1
1	0	0	0
2	2	0	2
3	2	0	2
4	8	0	8
5	11	1	12
6	19	1	20
7	17	5	22
8	30	7	37
9	32	16	48
10	25	22	47
11	29	27	56
12	23	31	54
13	16	32	48
14	15	45	60
15	5	22	27
16	3	9	12
17	2	8	10
18	0	8	8
19	0	3	3
20	0	3	3
전체	240	240	480

<표 2-4> 의 자료에서 만약 재범위험성 점수 12 점을 절단점으로 정하여 그 이상의 점수가 나온 사람은 재범위험이 있는 우범자로 분류한다고 가정하면, <표 2-5> 와 같은 이원교차분할표를 만들 수 있다.

〈 **표 2-5** 〉 절단점이 12 점인 경우의 실제 재범 여부에 따른 재범위험성 분류 결과

	재범위험성 분류 (검사 판정)		
실제 재범 여부 (준거)	비우범자	우범자	전체
비재범자	176	64	240
재범자	79	161	240

<표 2-5> 의 자료에서 실제로는 재범하지 않을 비재범자 중에 검사에서 우범자로 잘못 분류된 조건비율은 64/240 = 0.267 인데, 이것은 오류긍정비율이다. 실제로 재범할 사람 중에 검사에서 재범위험이 없는 비우범자로 잘못 분류된 조건비율은 79/240 = 0.329 인데, 이것은 오류부정비율이다. 그런데 오류부정비율을 1 에서 뺀 것을 '민감성 (sensitivity)' 이라고 부르는데, 이 민감성은 곧 실제로 재범할 재범자 중에 검사에서도 재범위험이 있는 우범자로 옳게 분류된 조건비율 161 / 240 = 0.671 을 말한다. 민감성은 통계학의 영가설 검증에서 '통계적 검증력 (statistical power)' 이라 부르는 조건확률과 동일한 개념이다.

일반적으로 진단이나 선발을 위한 검사 혹은 척도의 절단점을 낮출수록 오류부정비율은 줄어들지만 '민감성' 과 오류긍정비율은 늘어난다. 극단적인 예를 들어, 재범위험성검사에서 최고점인 20 점을 절단점으로 사용하여 그것보다 더 높은 점수를 획득한 사람을 우범자로 분류하면 실제로 재범하는 재범자가 모두 비우범자로 잘못 분류되므로 오류부정비율은 1 이 되고 민감성은 0 이 되며, 실제로 재범하지 않을 비재범자가 모두 비우범자로 옳게 분류되므로 오류긍정비율은 0 이 된다. 반면에 절단점을 20 점에서부터 점차로 감소시키면 오류부정비율은 점차로 감소하지만 민감성과 오류긍정비율은 점차로 증가한다.

동일한 자료에 대하여 절단점을 변화시키면 두 가지 조건비율인 민감성과 오류긍정비율도 변화하는데, 이 두 가지 조건비율을 서로 대비하여 그래프로 표현한 것을 '반응특성곡선 (receiver operating characteristic curve)' 혹은 간단히 'ROC 곡선' 이

라고 부른다. <표 2-4> 의 가상적인 재범위험성검사 자료에서 ROC 곡선은 [그림 2-2] 와 같다.

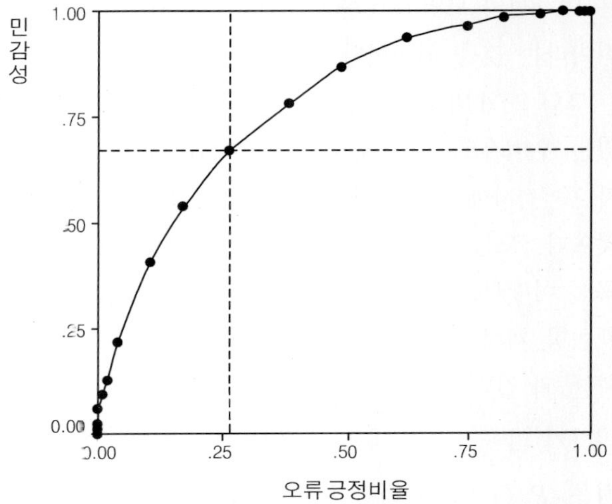

[그림 2-2] 가상적인 재범위험성 분류 자료의 ROC 곡선

[그림 2-2] 에서 점선은 절단점이 12 점일 때의 민감성 (0.671) 과 오류긍정비율 (0.267) 을 나타내고, ROC 곡선에 의해 연결된 점들은 절단점이 변화함에 따라 변화하는 민감성과 오류긍정비율의 교차지점이다. [그림 2-2] 와 같은 ROC 곡선에서 '곡선 아랫부분의 면적 (area under the ROC curve)' 이 넓을수록 검사 혹은 척도의 변별력 혹은 준거타당도가 우수하다는 것을 의미한다. 따라서 ROC 곡선 아랫부분의 면적을 '분할력 (separation power)' 이라고 부르기도 한다. 이것은 검사 혹은 척도가 준거의 범주들을 분할하는 능력이라는 의미다. 예를 들어, [그림 2-2] 의 ROC 곡선이 도면의 왼쪽 상단 모서리에 맞닿아 있는 경우는 특정한 절단점을 사용하였을 때 민감성 (실제로 재범할 재범자 중에 재범위험성검사에 의해서도 재범위험이 있는 우범자로 옳게 분류되는 조건비율) 이 1 이고, 오류긍정비율 (실제로는 재범하지 않을 비재범자 중에 재범위험성검사에서 재범위험이 있는 우범자로 잘못 분류되는 조건비율) 이 0 이라는 것을 의미한다. 따라서 전체 도면의 면적에서 ROC 곡선 아랫부분의 면적이 차지하는 비율이 1 일 때는 검사 혹은 척도의 준거타당도가 완벽한 것

을 의미하고, 전체 도면의 면적에서 ROC 곡선 아랫부분의 면적이 차지하는 비율이 1 보다 작을수록 검사 혹은 척도의 준거타당도가 낮다는 것을 의미한다. 만약 ROC 곡선이 도면의 왼쪽 하단 모서리와 오른쪽 상단 모서리를 직선으로 연결하는 대각선의 모양('/') 을 보이면, 검사 혹은 척도점수는 준거와 완전히 서로 독립적이라는 것을 의미한다.

[그림 2-2] 의 ROC 곡선은 실제로 재범할 재범자 중에 검사에서도 재범위험이 있는 우범자로 옳게 분류된 조건비율(민감성) 을 실제로는 재범하지 않을 비재범자 중 검사에서 우범자로 잘못 분류된 조건비율(오류긍정비율) 의 함수로 표기한 것이다. 모든 가능한 절단점에서 민감성이 오류긍정비율에 비하여 클수록 ROC 곡선 아랫부분의 면적은 넓어진다. 따라서 ROC 곡선 아랫부분의 면적은 '실제로 재범할 재범자의 검사점수가 실제로 재범하지 않을 비재범자의 검사점수보다 클 확률' 과 같다. 즉, 실제로 재범할 재범자의 검사점수를 x_1 로 표기하고, 실제로 재범하지 않을 비재범자의 검사점수를 x_0 으로 표기하면, ROC 곡선 아랫부분의 면적은 $Pr(x_1 > x_0)$ 과 같다. 왜냐하면 이 확률이 클수록 민감성이 오류긍정비율보다 커지기 때문이다. 두 범주의 점수분포가 서로 많이 격리될수록 $Pr(x_1 > x_0)$ 은 커지고, 따라서 ROC 곡선 아랫부분의 면적이 넓어진다.

ROC 곡선 아랫부분의 면적은 $Pr(x_1 > x_0)$ 와 같으므로, 면적을 구하기 위해서는 <표 2-4> 의 자료를 이용하여 모든 비재범자와 재범자를 각각 한 사람씩 쌍을 만들고, 각 쌍에서 비재범자의 검사점수와 재범자의 검사점수를 비교한 후, 재범자의 검사점수가 비재범자의 검사점수보다 큰 쌍의 개수를 모든 가능한 쌍의 개수로 나누어 주면 된다. 이와 같이 계산하였을 때, [그림 2-2] 의 ROC 곡선 아랫부분의 면적은 0.778 이다.

5 승산비에 의한 독립성 검증

이원교차분할표를 구성하는 범주변인들의 상호독립성(independence) 을 검증하는 또 다른 방법은 승산비(odds ratio) 를 이용하는 것이다. 승산비는 각종 범주변인분석에서 매우 중요한 역할을 하는 개념이다.

① 승산

승적다항분포가 가정되는 경우, 고정된 외곽빈도를 가지는 변인을 일반적으로 설명변인, 그리고 그 고정된 외곽빈도를 확률적으로 재분할하는 변인을 반응변인으로 지칭한다고 하였다. 예를 들어, 어떤 새로운 약의 효과를 검증하기 위하여 N명의 환자를 동일한 인원수의 두 집단으로 무작위 할당하고, 한 집단(실험집단)의 환자에게는 새로운 약을 투여하고, 다른 집단(통제집단)의 환자에게는 위약(placebo)을 투여한 후, 일정한 기간이 지난 뒤에 그들 중 몇 명이 완쾌되었는지 셈하여 정리하면 <표 2-6>과 같은 2 × 2 이원교차분할표를 얻을 수 있다. <표 2-6>의 예에서는 연구자가 설정한 '처치 여부'가 설명변인이고, '완쾌 여부'가 반응변인이 될 수 있다. 설명변인의 각 범주(실험집단과 통제집단) 내에서 그 범주의 고정된 외곽빈도가 반응변인의 각 범주로 분할되는 조건확률은 반응변인에 대한 설명변인의 효과에 의해 영향을 받는다. 설명변인(처치 여부)의 각 범주에서 완쾌 환자와 미완쾌 환자의 조건비율을 각각 구하면 <표 2-6>과 같다.

〈표 2-6〉 처치집단의 각 범주에서 완쾌 환자와 미완쾌 환자의 조건비율

	완쾌 여부		
처치 여부	완쾌	미완쾌	전체
실험집단	$p_{1\|1} = n_{11} / n_{1+}$	$1 - p_{1\|1} = n_{12} / n_{1+}$	1.00
통제집단	$p_{1\|2} = n_{21} / n_{2+}$	$1 - p_{1\|2} = n_{22} / n_{2+}$	1.00

설명변인(처치 여부)의 각 범주에서 성공비율 $p_{j|i}$와 실패비율 $1 - p_{j|i}$의 비율을 '승산(勝算, odds)'이라 하며, 이를 산출하면,

$$\text{실험집단에서의 완쾌 (성공) 승산: } \text{odds}_1 = \frac{p_{1|1}}{1 - p_{1|1}} = \frac{n_{11}}{n_{12}}$$

$$\text{통제집단에서의 완쾌 (성공) 승산: } \text{odds}_2 = \frac{p_{1|2}}{1 - p_{1|2}} = \frac{n_{21}}{n_{22}}$$

설명변인의 범주에서 승산의 값이 1.00 이면 완쾌(성공) 비율과 미완쾌(실패) 비율이 동일하다는 것을 의미한다. 반면에 승산의 값이 1.00 보다 크면 완쾌(성공) 비율이 미완쾌(실패) 비율보다 큰 것을 의미하고, 1.00 보다 작으면 완쾌(성공) 비율이 미완쾌(실패) 비율보다 작은 것을 의미한다. 따라서 <표 2-6> 의 예에서 승산은 완쾌 가능성을 나타내는 지수라고 할 수 있다. 만약 실험집단의 완쾌 비율이 0.6 이고 통제집단의 완쾌비율이 0.3 이라면, 실험집단의 승산은 0.6 / 0.4 = 1.50 이고, 통제집단의 승산은 0.3 / 0.7 = 0.43 이다. 승산은 0.00 과 $+\infty$ 사이의 값을 가진다. 또한 승산에서 성공비율은 <수식 2-4> 와 같이 역산될 수 있다.

$$p_{1|1} = \text{odds}_1 / (\text{odds}_1 + 1) \qquad p_{1|2} = \text{odds}_2 / (\text{odds}_2 + 1) \qquad \text{<수식 2-4>}$$

예를 들어, 실험집단의 승산이 $\text{odds}_1 = 1.50$ 이므로 이 집단의 완쾌(성공) 비율 $p_{1|1}$ 은 1.50 / 2.50 = 0.6 이고, 통제집단의 승산이 $\text{odds}_2 = 0.43$ 이므로 그 집단의 완쾌(성공) 비율 $p_{1|2}$ 는 0.43 / 1.43 = 0.3 이다.

② 승산비

승산이 완쾌(성공) 가능성을 나타내는 지수이므로, 만약 모집단에서 새로운 약을 투여한 환자의 완쾌(성공) 승산과 위약을 투여한 환자의 완쾌(성공) 승산이 동일하다면, 완쾌 여부는 처치 여부와 서로 독립적이라고 말할 수 있다. 따라서 모집단에서 승산들의 비율을 산출하면 이원교차분할표를 구성하는 두 개의 범주변인 사이의 독립성 여부를 판단할 수 있다. 이 승산들의 비율을 승산비라고 부른다.

$$\theta = \frac{\text{odds}_1}{\text{odds}_2} = \frac{\pi_{1|1}/(1-\pi_{1|1})}{\pi_{1|2}/(1-\pi_{1|2})} = RR\left(\frac{1-\pi_{1|1}}{1-\pi_{1|2}}\right) \qquad \text{<수식 2-5>}$$

<수식 2-5> 의 θ 는 모집단 승산비를 의미한다. 모집단의 성공확률 $\pi_{1|1}$ 과 $\pi_{1|2}$ 대신에 표본에서 산출된 성공비율 $p_{1|1}$ 과 $p_{1|2}$ 를 사용하면 모집단 승산비의 최대우도 추정치 $\hat{\theta}$ 를 구할 수 있다.

$$\hat{\theta} = \frac{p_{1|1}/(1-p_{1|1})}{p_{1|2}/(1-p_{1|2})} = \frac{n_{11}/n_{12}}{n_{21}/n_{22}} = \frac{n_{11}n_{22}}{n_{12}n_{21}} \qquad \text{<수식 2-6>}$$

승산비는 앞에서 설명한 상대위험 RR과 밀접한 관계를 가진다. 만약 $\theta = 1$이면, 실험집단과 통제집단의 완쾌승산이 동일하다 ($odds_1 = odds_2$) 는 것을 의미하고, 두 집단의 완쾌확률 또한 동일하다 ($\pi_{1|1} = \pi_{1|2}$) 는 것을 의미하므로, 상대위험 또한 $RR = 1$이 된다. 따라서 승산비 θ가 1보다 작거나 클수록 이원교차분할표를 구성하는 두 개의 범주변인이 높은 관계를 가진다는 것을 의미한다.

만약 두 개의 승산비가 있고, 이 승산비가 서로 역수의 관계를 가지면, 그 승산비는 동일한 정도 (strength) 의 관계를 나타내지만, 방향 (direction) 이 서로 반대인 관계를 나타낸다. 예를 들어, 어떤 승산비가 4.0 이고, 또 다른 승산비가 0.25 이면 이 승산비가 나타나는 범주변인 사이의 관계는 동일한 정도를 가지지만, 하나가 정적인 관계라면 다른 하나는 부적인 관계라는 것을 의미한다.

<표 2-6> 의 자료에서 만약 실험집단의 완쾌비율이 $p_{1|1} = 0.6$ 이고 통제집단의 완쾌비율이 $p_{1|2} = 0.3$ 이라면, 추정된 모집단 승산비는 $\hat{\theta} = 1.50 / 0.43 = 3.49$ 이다. 즉, 실험집단의 완쾌 (성공) 승산이 통제집단의 완쾌 (성공) 승산보다 3.49 배 더 크다는 것을 의미한다. 만약 반대로 실험집단의 완쾌비율이 $p_{1|1} = 0.3$ 이고 통제집단의 완쾌비율이 $p_{1|2} = 0.6$ 이라면, 추정된 모집단 승산비는 $\hat{\theta} = 0.43 / 1.50 = 0.287$ 혹은 $1 / 3.49 = 0.287$ 이다. 어떤 경우건, 완쾌 여부는 처치 여부와 관계를 가지는 것으로 보이지만, 이 추정된 승산비는 표본자료에 기초한 것이다. 모집단 승산비에 대한 보다 객관적인 판단을 위해서는 객관적인 확률적 기준이 설정되어야 한다. 즉, 승산비의 통계적 유의미도에 대한 추론의 문제다.

③ 모집단 승산비에 대한 통계적 추론

승산비는 최소값은 0 최대값은 ∞ 의 범위를 가지는 지수이므로 그 표집분포는 일반적으로 편포할 수밖에 없다. 다시 말해서, 모집단에서 <표 2-6> 과 같은 자료를 반복적으로 추출하여 각각의 표본자료에서 추정치 $\hat{\theta}$ 를 산출하면, 그 추정치는 실제 모집단의 θ보다 훨씬 클 수는 있지만, 훨씬 작아지기는 어렵다. 승산비 추정치 $\hat{\theta}$ 의 표집분포가 가지는 이러한 비대칭적인 편포성 때문에 모집단 승산비에 대한 통계적 추론은 $\hat{\theta}$ 를 자연로그를 이용하여 변환한 로그승산비 $ln(\hat{\theta})$ 를 활용한다. $\hat{\theta}$ 와는 달리 $ln(\hat{\theta})$ 는 하한계가 없는 표집분포를 가진다. 왜냐하면 $\hat{\theta}=0$ 일 때 $ln(\hat{\theta})=-\infty$ 이고, $\hat{\theta}=1$ 일 때 $ln(\hat{\theta})=0$ 이며, $\hat{\theta}=\infty$ 일 때 $ln(\hat{\theta})=\infty$ 이기 때문이다. 즉, 자연로그를 이용하여 변환한 로그승산비 $ln(\hat{\theta})$ 는 0 을 중심으로 좌우대칭적인 표집분포를 가지게 된다. 두 개의 $ln(\hat{\theta})$ 가 절대값이 같고 부호가 다르다면 (예를 들어, 1.3 과 −1.3), 이 두 개의 로그승산비는 동일한 정도의, 그러나 방향이 반대인 관계성을 의미한다. 만약 표본의 크기가 크다면, 모집단에서 같은 크기의 표본을 반복적으로 추출하여 각각의 표본자료에서 $ln(\hat{\theta})$ 를 산출하면 그 로그승산비 추정치의 표집분포는 그 평균이 모집단의 로그승산비 $ln(\theta)$ 이고, 정규분포하며, <수식 2-7> 과 같은 '점근적 표준오차 (asymptotic standard error: *ASE*)' 를 가진다.

$$ASE(ln(\hat{\theta}))=\sqrt{\frac{1}{n_{11}}+\frac{1}{n_{12}}+\frac{1}{n_{21}}+\frac{1}{n_{22}}} \qquad \text{<수식 2-7>}$$

'점근적 (asymptotic)' 이라는 형용사는 '표본의 크기 N 이 클수록' 이라는 의미다. <수식 2-7> 의 점근적 표준오차 (*ASE*) 는 셀빈도들 (n_{11}, n_{12}, n_{21}, n_{22}) 이 커질수록 작아진다는 것을 알 수 있다. $ln(\theta)$ 에 대한 95 % 신뢰구간은 <수식 2-8> 과 같이 정의된다.

$$ln(\hat{\theta})-1.96ASE(ln(\hat{\theta})) \leq ln(\theta) \leq ln(\hat{\theta})+1.96ASE(ln(\hat{\theta})) \qquad \text{<수식 2-8>}$$

예를 들어, 실험집단의 사례 수가 $n_{1+}=70$ 이고 완쾌비율이 $p_{1|1}=0.6$ 이며, 통제집단의 사례 수가 $n_{2+}=70$ 이고, 완쾌비율이 $p_{1|2}=0.3$ 이라면, 추정된 모집단 승산비는 $\hat{\theta}=1.50/0.43=3.49$ 이고, 추정된 로그승산비는 $ln(\hat{\theta})=1.250$ 이며, 로그승산비의 점근적 표준오차는 $ASE(ln(\hat{\theta}))=\sqrt{(1/42)+(1/28)+(1/21)+(1/49)}$ $=0.357$ 이다. 따라서 $ln(\theta)$ 에 대한 95 % 신뢰구간은 다음과 같다.

$$1.25-(1.96)(0.357) \leq ln(\theta) \leq 1.25+(1.96)(0.357)$$

즉, $ln(\theta)$ 에 대한 95 % 신뢰구간은 0.550 과 1.950 이다. 이 신뢰구간의 지수함수 (exponential function) 를 구하면 모집단 승산비 θ 에 대한 95 % 신뢰구간이 된다. $e^{0.550} = 1.733$ 이고, $e^{1.950} = 7.029$ 이므로 모집단 승산비 θ 에 대한 95 % 신뢰구간은 다음과 같다.

$$1.733 \leqq \theta \leqq 7.029$$

앞서 $\theta = 1$ 이면, 설명변인의 두 범주에서 반응변인의 성공승산이 동일하고 ($odds_1 = odds_2$) , 성공확률 또한 동일하므로 ($\pi_{1|1} = \pi_{1|2}$), 설명변인과 반응변인이 서로 독립적이라는 것을 설명하였다. 그런데 약 효과에 대한 가상적인 자료를 이용하여 산출된 모집단 승산비에 대한 95 % 신뢰구간은 $\theta = 1$ 을 포함하지 않는다. 즉, 모집단 승산비 θ 가 최소한 1.733 보다 크거나 같을 것으로 95 % 신뢰할 수 있다. 따라서 완쾌 여부가 처치 여부와 독립적이라는 영가설이 기각되고, 그 두 개의 범주변인은 서로 관계를 가진다고 판단된다. 만약 셀빈도들 (n_{11}, n_{12}, n_{21}, n_{22}) 중에 하나가 0 이면 모집단 승산비의 추정치 $\hat{\theta}$ 가 0 혹은 ∞ 가 되므로 로그승산비가 정의되지 않고, 따라서 모집단 승산비에 대한 신뢰구간을 산출할 수 없다. 이런 경우에는 모든 셀빈도에 0.5 를 더해 준 후 ($n_{ij}+0.5$) 동일한 절차를 거쳐서 범주변인들의 관계성에 대한 판단을 하면 된다.

④ 여과승산

'여과승산 (partial odds)' 이라는 개념은 승산의 기하평균 (geometric mean) 을 의미한다. <표 2-6> 의 예에서 승산은 완쾌 가능성을 나타내는 지수라고 할 수 있는데, 만약 실험집단의 완쾌비율이 0.6 이고 통제집단의 완쾌비율이 0.3 이라면, 실험집단의 승산은 0.6 / 0.4 = 1.50 이고 통제집단의 승산은 0.3 / 0.7 = 0.43 이다.

이 승산들의 기하평균을 구한 것을 여과승산이라고 부른다. 승산들의 기하평균은 다음과 같이 정의된다.

$$\overline{odds}_{geom} = \left(\prod_{i=1}^{I} odds_i \right)^{1/I}$$

만약 실험집단의 승산이 $odds_1 = 1.50$ 이고 통제집단의 승산이 $odds_2 = 0.43$ 이라면, 여과승산은 $[(1.50)(0.43)]^{1/2} = 0.803$ 이다. 기하평균은 대수평균 (arithmetic mean) 과 마찬가지로 중심경향성 (central tendency) 지수이다. 각 사례들의 값과 대수평균의 차이를 구한 '편차점수 (deviation score)' 를 구하고, 그 편차점수들을 모두 합하면 0 이 된다. 반면에 각 사례들의 값과 기하평균의 비율을 구하고, 그 비율들을 모두 곱하면 1 이 되는데, 이것이 기하평균의 공식적 정의다. 즉, <표 2-6> 의 예에서 실험집단 승산과 통제집단의 승산의 기하평균 (여과승산) 은 0.803 이므로, 이 기하평균에 대한 실험집단 승산의 비율 (1.50) / (0.803) 과 통제집단 승산의 비율 (0.43) / (0.803) 을 곱하면 다음과 같이 1 이 된다.

$$\frac{1.50}{0.803}\,\frac{0.43}{0.803} = 1$$

어떤 경우에 기하평균이 대수평균보다 더 적절한 중심경향성 지수인지를 이해하기 위하여 한 가지 예를 살펴보자. 어떤 TV 오락프로그램에서 물건 가격을 알아맞히는 게임을 방영하는데, 물건의 실제 가격에 더 근사치를 추정한 사람이 승리하는 게임이다. 실제 가격이 10 만원인 도자기 화병에 대하여 한 출연자는 1 만원이라고 추정하였고, 다른 출연자는 100 만원이라고 추정하였다면, 누가 승자가 되어야 할까? 만약 실제 가격과의 절대차이를 기준으로 승자를 결정한다면 당연히 1 만원을 제시한 출연자가 승자가 되어야 한다. 그러나 1 만원을 제시한 출연자는 실제 가격의 10 배를 과소평가하였고, 100 만원을 제시한 출연자 또한 실제 가격의 10 배를 과대평가하였다. 두 출연자는 도자기 화병의 실제 가격을 중심으로 동일한 배수만큼의 추정오류를 범한 것이다. 따라서 두 출연자의 추정치를 평균하면 도자기 화병의 실제 가격이 되어야 하는데, 이때 기하평균이 이 조건을 충족하는 평균치다. 두 출연자가 제시한 가격의 기하평균은 $[(1\text{ 만원})(100\text{ 만원})]^{1/2} =$ 10 만원이다. 일반적으로, '차이' 혹은 '합' 들이 관심의 대상인 경우에는 대수평균이 매우 유용한 중심경향성 지수가 되는 반면에, '비율' 혹은 '곱' 들이 관심의 대상인 경우에는 기하평균이 매우 유용한 중심경향성 지수가 된다. 승산은 비율지수이므로 승산들의 중심경향성은 그들의 기하평균에 더 잘 반영된다.

기하평균과 대수평균은 흥미로운 관계를 가진다. 기호들 a 와 b 가 각각 상수를 나타낼 때, 이 상수들의 곱의 자연로그는 각 상수의 자연로그의 합과 같다. 즉, $ln(ab) = ln(a) + ln(b)$ 이다. 또한 $ln(a/b) = ln(a) - ln(b)$ 이고, $ln(a^b) = b\,ln(a)$ 의 관계가 성립한다. 따라서 a 와 b 의 기하평균을 자연로그로 변환하면 a 의 자연로그와 b 의 자연로그의 대수평균이 된다.

$$ln((ab)^{1/2}) = \frac{1}{2}[ln(a) + ln(b)]$$

승산들의 기하평균인 여과승산의 유용성을 이해하기 위하여 또 다른 한 가지 가상적인 예를 살펴보자. 어떤 남녀공학 고등학교에서 비행이 적발되어 학교로부터 경고, 화장실 청소, 정학, 퇴학 등의 징계를 받은 학생들의 숫자가 <표 2-7> 과 같다고 가정하자.

〈 **표 2-7** 〉 남녀공학 고등학교에서 비행을 범하여 학교에서 징계를 받은 학생들의 숫자

	징계유형		
비행학생 성별	중징계	경징계	전체
여	1	10	11
남	60	40	100
전체	61	50	111

<표 2-7> 에서 남녀를 불문하고 비행이 적발되는 경우에 중징계를 받을 승산은 61 / 50 = 1.22 이다. 즉, 징계유형의 전체 빈도만을 보면 이 학교에서는 학생들의 비행이 적발되는 경우에 중징계를 할 가능성이 경징계를 할 가능성보다 높은 것으로 보인다. 그런데 비행여학생들의 경우는 중징계 승산이 1 / 10 = 0.1 이고, 비행남학생들의 경우는 중징계 승산이 61 / 50 = 1.5 이다. 따라서 여과승산 (승산의 기하평균) 은 $[(0.1)(1.5)]^{1/2} = 0.387$ 이다. 즉, 비행여학생과 비행남학생을 분리하여 승산을 파악한 후, 그 승산들의 기하평균을 구해 보면, 이 학교에서는 학생들의 비행이 적발되는 경우에 중징계를 할 가능성이 경징계를 할 가능성보다 더 낮은 것이 사실이다. 따라서 <표 2-7> 의 열 (징계유형) 외곽 전체 빈도에 의해 파악된 중징계 승산은 비행학생들에 대한 학교의 징계정책을 왜곡할 수 있는 위험이 있다는

것을 알 수 있다. 이와 같이 외곽빈도에 의해 산출된 승산과 여과승산이 완전히 상반된 결론을 유도하게 되는 이유는 비행남학생의 전체 숫자(100)가 비행여학생의 전체 숫자(11)에 비하여 월등히 많고, 따라서 열 외곽 전체 빈도(61과 50)에는 남학생들의 사례가 지나치게 편파적으로 많이 반영되기 때문이다.

6 Yule의 Q-지수

앞서 승산비는 최소값이 0, 최대값이 ∞의 범위를 가지는 지수고, 그것의 하한계를 극복하기 위하여 로그 변환된 승산비를 이용하여 두 변인의 관계성을 파악한다고 하였다. 그런데 2 × 2 교차분할표에 대한 승산비 θ를 최소값이 −1이고, 최대값이 +1인 지수로 변환한 것을 'Yule의 Q(Yule's Q)'라고 부른다(Yule, 1912).

$$Q = \frac{\theta - 1}{\theta + 1} = \frac{\pi_{11}\pi_{22} - \pi_{12}\pi_{21}}{\pi_{11}\pi_{22} + \pi_{12}\pi_{21}}$$

이 Q 공식에서 π_{ij}는 조건확률이 아니고 각 셀의 결합확률이라는 점을 유념해야 한다. 만약 승산비 θ가 1이면, Yule의 Q-지수의 값은 0이 된다. 따라서 Q = 0이면 2 × 2 이원교차분할표를 구성하는 변인들이 서로 독립적이라는 것을 의미한다. 만약 승산비 θ가 0이면, Yule의 Q-지수의 값은 −1이 된다. 반면 승산비 θ가 ∞이면, Yule의 Q-지수의 값은 +1이 된다. 따라서 Yule의 Q-지수는 0을 중심으로 −1과 +1의 범위를 가지는 지수며, 이 속성 때문에 마치 연속변인들 사이의 관계성을 나타내는 상관계수(correlation coefficient)와 같이 해석될 수 있다. <표 2-6>의 예에서 만약 실험집단의 사례 수가 $n_{1+} = 70$이고 완쾌비율이 $p_{1|1} = 0.6$이며, 통제집단의 사례 수가 역시 $n_{2+} = 70$이고 완쾌비율이 $p_{1|2} = 0.3$이라면, 추정된 모집단 승산비는 $\hat{\theta} = 1.50 / 0.43 = 3.49$이고, Yule의 Q-지수의 값은 $(3.49-1) / (3.49+1) = 0.55$이다.

7 카이자승 검증

이원교차분할표를 구성하는 범주변인들의 상호 독립성(independence)을 검증하는 세 번째 방법은 '카이자승분포(chi-squared distribution)'를 이용하는 것이다. 카이자승분포를 이용하여 상호 독립성을 검증하는 방법에는 두 가지가 있는데, 하나는 '피어슨 카이자승 통계치(Pearson chi-squared statistic)'를 이용하는 방법이고, 다른 하나는 우도비 카이자승 통계치(likelihood-ratio chi-squared statistic)'를 이용하는 방법이다. 이 두 가지 통계치는 모두 표본자료의 수 N이 증가할수록 이론적인 카이자승분포에 점점 더 근접하는 표집분포를 가지는 지수들이다. 표본자료의 수 N이 증가할수록 이론적인 카이자승분포에 점점 더 근접하는 속성을 '점근성(asymptcte)'이라고 부른다. 두 가지 카이자승 통계치는 모두 점근적 카이자승 통계치(asymptotic chi-squared statistics)들이다. 우선 이론적인 카이자승 분포가 무엇인지를 살펴보고, 두 가지 통계치를 이용한 상호 독립성 검증을 설명해 보겠다.

① 이론적인 카이자승분포

정규분포를 하는 표준변인을 z라고 표기하자. 표준변인 z의 모집단 평균은 0이고 모집단 표준편차는 1이며, 모집단에서 정규분포한다. 이 모집단에서 한 개의 사례를 무작위로 표집하여 그 사례의 z를 자승한 z^2을 구하였다고 가정하자. 이러한 표집($N=1$)을 무수히 반복하여 각 표본 사례의 z^2의 표집분포를 산출하면 그 분포를 자유도(degrees of freedom: df)가 1인 '중심카이자승분포(central chi-squared distribution)' 혹은 간단히 카이자승분포라고 부른다. 이제 역시 평균은 0이고 표준편차는 1이며, 정규분포하는 모집단에서 두 개의 사례를 무작위로 표집한다고 가정하자. 즉, $N=2$인 표본을 추출하는 것이다. 두 사례의 z 값을 각각 z_1과 z_2라고 표기하고, 그것들을 자승해서 더한 값 $z_1^2+z_2^2$을 구한다고 가정하자. 이와 같이 $N=2$인 표본을 반복적으로 추출하고, 각 표본에서 매번 $z_1^2+z_2^2$를 구하면, $z_1^2+z_2^2$의 표집분포가 생성되는데, 이 표집분포를 $df=2$인 카이자승분포라고 부른다. 일반적으로 $df=\mathrm{k}$인 카이자승분포는 <수식 2-9>와 같이 정의된다.

$$\chi_k^2 = z_1^2 + z_2^2 + z_3^2 + \cdots\cdots + z_k^2 \qquad \text{<수식 2-9>}$$

이론적인 카이자승분포는 자유도에 따라서 각기 다른 모양을 가진다. [그림 2-3] 은 몇 가지 이론적인 카이자승분포를 예시하고 있다. 그러나 모양이 어떠하든, 모든 이론적인 카이자승분포의 평균은 df 이고, 표준편차는 $\sqrt{2df}$ 이다. 이 이론적인 카이자승분포를 중심카이자승분포라고 지칭하는 이유는, 그 분포의 중심, 즉 평균이 확실하기 때문이다. 예를 들어, [그림 2-3] 의 $df = 5$ 인 이론적인 카이자승분포의 평균은 5 이고, 표준편차는 $\sqrt{10} = 3.16$ 이다.

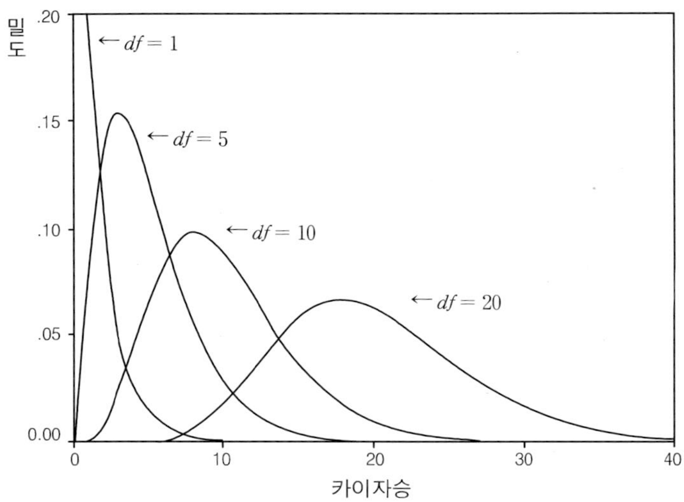

[그림 2-3] 몇 가지 (중심) 카이자승분포의 예

이론적인 카이자승분포의 평균은 df 와 같고, 표준편차는 $\sqrt{2df}$ 이므로 [그림 2-3] 을 보면 자유도가 큰 카이자승분포일수록 그 위치 (location) 가 오른쪽에 놓이고, 더 넓게 퍼지는 양상을 보이는 것을 알 수 있다. 따라서 각 분포에서 오른쪽 영역의 면적 5 % ($\alpha = 0.05$) 를 잘라내는 '임계카이자승 값 (critical chi-squared value)' 또한 자유도가 큰 분포일수록 커진다. 예를 들어, 자유도가 $df = 5$ 인 이론적인 카이자승분포에서 $\alpha = 0.05$ 수준의 임계치는 11.07 이고, 자유도가 $df = 20$ 인 이론적인 카이자승분포에서 $\alpha = 0.05$ 수준의 임계치는 31.41 이다.

이번에는 약간 상황을 바꾸어서, 변인 Z의 모집단 평균이 0 이 아니고, μ 라고 가정하자 (모집단 평균이 0 이 아닌 변인이므로 기호 z 대신 기호 Z로 표기하였다). 변인 Z의 모집단 표준편차는 여전히 1 이며, 모집단에서 정규분포한다. 이 모집단에서 한 개의 사례를 무작위로 표집하여 그 사례의 Z를 자승한 Z^2 을 구하였다고 가정하자. 이러한 표집 ($N=1$) 을 무수히 반복하여 각 표본사례의 Z^2 의 표집분포를 산출한 분포를 자유도가 $df=1$ 인 '비중심카이자승분포 (non-central chi-squared distribution)' 라고 부른다. 이 비중심카이자승분포는 그 분포의 위치 (location) 를 나타내는 모수를 가지는데, 그 모수를 '비중심성 모수 (non-centrality parameter)' 라고 부른다. 비중심성 모수는 다름 아닌 모집단 평균의 자승 μ^2 이다. 비중심성 모수가 분포의 위치를 나타내는 모수인 까닭은 비중심카이자승분포의 평균이 비중심성 모수 μ^2 과 자유도를 합한 $df+\mu^2$ 과 같기 때문이다. 이 이론적인 카이자승분포의 평균은 자유도뿐만 아니라 파악되지 않는 모집단 평균 μ 에 의해 정해지므로 그 분포의 중심 위치가 파악되지 않는다. 따라서 비중심카이자승분포라 부른다. 자유도가 $df=1$ 인 비중심카이자승분포의 변량은 $2(df+2\mu^2)$ 이다.

이제 평균이 μ_1 인 모집단에서 한 개의 사례를 무작위로 표집하고, 평균이 μ_2 인 다른 모집단에서 한 개의 사례를 무작위로 표집한다고 가정하자. 즉, 평균이 각기 다른 모집단에서 $N=2$ 인 표본을 추출하는 것이다. 두 사례의 Z 값을 각각 Z_1 과 Z_2 라고 표기하고, 이것들을 자승해서 더한 값 $Z_1^2+Z_2^2$ 을 구한다고 가정하자. 이와 같이 $N=2$ 인 표본을 각기 다른 모집단에서 반복적으로 추출하고, 각 표본에서 매번 $Z_1^2+Z_2^2$ 를 구하면, $Z_1^2+Z_2^2$ 의 표집분포가 생성되는데, 이 표집분포를 $df=2$ 인 비중심카이자승분포라고 부른다. $df=2$ 인 비중심카이자승분포의 비중심성 모수는 $\mu_1^2+\mu_2^2$ 이고, 평균은 $df+(\mu_1^2+\mu_2^2)$ 이며, 변량은 $2(df+2(\mu_1^2+\mu_2^2))$ 이다.

일반적으로 $df=k$ 인 비중심카이자승분포는 $\sum_{i=1}^{k} Z_i^2$ 으로 정의되고, 이 분포의 비중심성 모수는 $\sum_{i=1}^{k}\mu_i^2$ 으로 정의된다. 또한 비중심카이자승분포의 평균은 $df+\sum_{i=1}^{k}\mu_i^2$ 이고, 변량은 $2(df+2\sum_{i=1}^{k}\mu_i^2)$ 이다. 비중심카이자승분포는 1928년에 R. A. Fisher 에 의해 정의되었는데, 만약 비중심성 모수가 $\sum_{i=1}^{k}\mu_i^2=0$ 이면 중심카이자승분포가 된다. 즉, 이론적인 카이자승분포는 비중심성 모수의 값이 0 인 비중심카이자승분포의 일종이다. 만약 표집된 사례의 모집단 평균이 모두 진실로 0 이면, 이 사례의 점수 z 를 자승해서 더한 값은 중심카이자승분포를 하고, 표집된 사례의 모집단 평균이 모두 진실로 0 이 아니면, 비중심카이자승분포를 한다.

이제 표집된 5 개 사례의 모집단 평균이 모두 0 이라는 영가설을 검증한다고 가정하자. 이러한 영가설 검증의 첫 단계는 소위 영가설분포를 설정하고, 그 분포에서 임계치를 정하는 것이다. 이때의 영가설분포는 당연히 자유도가 $df = 5$ 인 중심카이자승분포다. 앞서 언급한 바와 같이 자유도가 $df = 5$ 인 중심카이자승분포에서 $\alpha = 0.05$ 수준의 임계치는 11.07 이다. 따라서 5 개 사례의 점수 z 를 모두 자승해서 합한 값, 즉 추정된 카이자승 값이 11.07 보다 크면, 영가설을 기각한다. 이때 $\alpha = 0.05$ 는 제 1 종 오류를 범할 확률 (옳은 영가설을 기각할 확률) 이다. 이런 경우에, 이 영가설 검증에 내재하는 '통계적 검증력 (statistical power)' 에 대해서 생각해 보자.

통계적 검증력이란 틀린 영가설을 제대로 기각하는 확률 (옳은 결정 확률) 이다. 통상적으로 이 확률을 $1-\beta$ 로 표기한다. 이 확률은 '틀린 영가설의 분포' 혹은 자유도가 $df = 5$ 이고, 평균이 $5 + \sum_{i=1}^{5} \mu_i^2$ 이며, 변량이 $2(5 + 2\sum_{i=1}^{5} \mu_i^2)$ 인 비중심카이자승분포에서 정의되는 확률이다. [그림 2-4] 에 묘사된 바와 같이 이 비중심카이자승분포는 평균이 5 보다 크므로, $df = 5$ 인 중심카이자승분포보다 더 오른쪽에 위치하는 분포다. 표집된 사례들의 모집단 평균을 알 수 없고, 따라서 비중심성 모수 $\sum_{i=1}^{5} \mu_i^2$ 를 알 수 없으므로, [그림 2-4] 에 묘사된 비중심카이자승분포는 가상적인 위치에 적당히 그려진 것이다. [그림 2-4] 에 표시된 수직선은 $df = 5$ 인 중심카이자승분포에서 $\alpha = 0.05$ 수준의 임계치 11.07 를 표시한다.

표집된 5 개 사례의 모집단 평균이 모두 0 이라는 영가설을 검증하는 경우에, 만약 연구자가 제 1 종 오류를 범할 확률 (α) 을 5 % 로 설정하였다면, 이 확률은 [그림 2-4] 의 중심카이자승분포에서 임계치 11.07 을 기준으로 오른쪽 영역의 면적 비율에 해당한다. 반면 이때의 통계적 검증력 $1-\beta$ 는 비중심카이자승분포에서 임계치 11.07 을 기준으로 오른쪽 영역의 면적비율에 해당한다. 왜냐하면 5 개 사례의 점수 z 를 모두 자승해서 합한 값이 실제로 비중심카이자승분포에 속하는 경우 (즉, 영가설이 진실로 틀린 경우), 그 카이자승 값이 11.07 보다 크면 영가설 (사례들의 모집단 평균이 모두 0 이라는 가설) 을 기각할 것이기 때문이다. 표집된 5 개

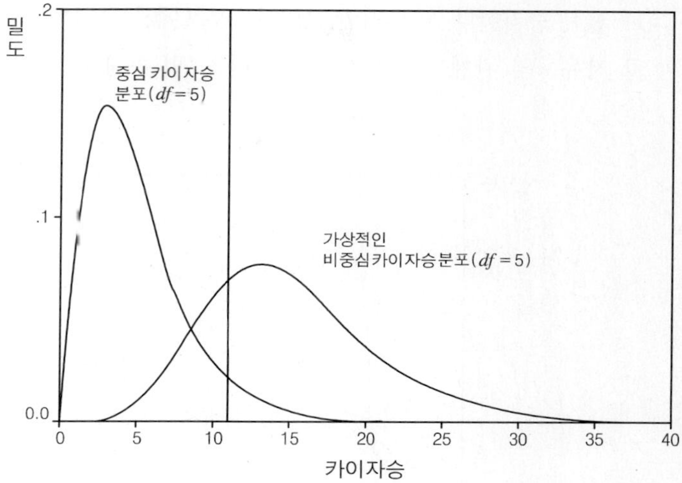

[그림 2-4] 자유도 $df=5$ 인 중심카이자승분포와 자유도 $df=5$ 인 가상적인 비중심카이자승분포

사례의 모집단 평균이 영가설이 가정하는 것과 다르면 다를수록 비중심카이자승분포는 점점 더 오른쪽으로 이동하게 되고, 따라서 통계적 검증력 $1-\beta$는 점점 더 커지게 된다.

이제 비중심카이자승분포에 관한 논의를 여기에서 하는 이유를 밝힐 때가 되었다. 표집된 사례의 점수 z를 모두 자승해서 합한 값이 실제로 속한 카이자승분포는 중심카이자승분포가 아니고 비중심카이자승분포라고 가정하자. 즉, 표집된 사례의 모집단 평균이 모두 0이 아니다. 그런데 영가설을 가정하는 중심카이자승분포의 평균은 df인 반면, 비중심카이자승분포의 평균은 $df+\sum_{i=1}^{k}\mu_i^2$이다. 이때 비중심성 모수 $\sum_{i=1}^{k}\mu_i^2$가 만약 고정되었다면, df가 증가할수록 중심카이자승분포의 평균과 비중심카이자승분포의 평균이 모두 증가하지만, 이 두 분포들은 점점 더 서로 겹쳐지게 된다. 중심카이자승분포와 비중심카이자승분포가 서로 많이 겹쳐질수록 통계적 검증력 $1-\beta$는 작아진다. 즉, 비중심성 모수가 고정되었을 때, 자유도가 커질수록 카이자승 검증의 통계적 검증력은 감소한다. 반면에 자유도가 고정되었을 때는 비중심성 모수 $\sum_{i=1}^{k}\mu_i^2$가 증가할수록 중심카이자승분포의 평균과 비중심카이자승분포의 평균이 점점 더 서로 격리되므로 통계적 검증력

$1-\beta$는 증가한다. 이론적인 카이자승분포에서 통계적 검증력, 비중심성 모수 그리고 자유도의 관계를 도표로 예시하면 [그림 2-5]와 같다.

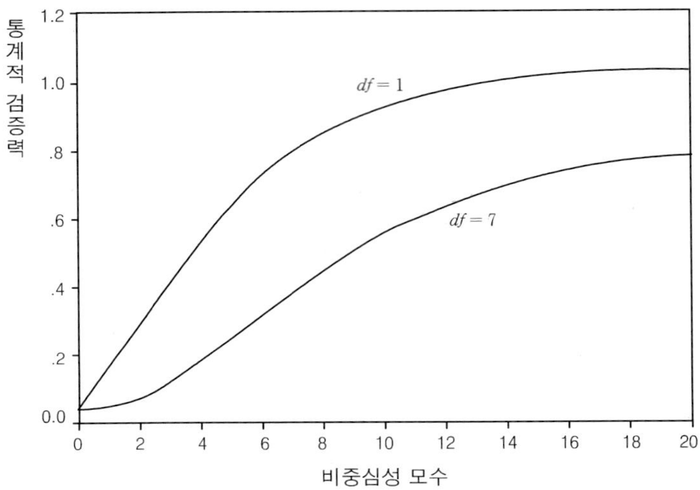

[그림 2-5] 이론적인 카이자승분포의 통계적 검증력(statistical power), 비중심성 모수(non-centrality parameter), 그리고 자유도(degrees-of-freedom)의 관계

결론을 말하자면, 카이자승 검증의 통계적 검증력(틀린 영가설을 제대로 기각할 확률)은 비중심성 모수에 의해 좌우된다. 비중심성 모수 $\sum_{i=1}^{k}\mu_i^2$의 크기는 카이자승 지수를 산출할 때 합산되는 자료의 개수(즉, μ_i^2의 개수)가 많아질수록 점점 증가한다. 그런데 대부분의 범주변인분석에서는 동일한 자료에 대하여 자유도가 각기 다른 모형들을 검증하고, 그 모형들의 카이자승 통계치를 비교하여 모형들에 대해 판단을 한다. 이때에는 각기 다른 모형들의 비중심성 모수는 모두 동일하므로, 자유도가 큰 모형일수록 통계적 검증력이 약한 모형이 된다. 즉, 동일한 자료에 대하여 자유도가 각기 다른 모형들을 검증하는 경우, 자유도가 큰 모형일수록 그 모형이 틀린 경우에 그것을 제대로 기각할 확률이 낮아진다.

② 피어슨 카이자승 통계치

Karl Pearson (1857~1936) 은 1900 년에 이원교차분할표의 셀빈도들을 이용하여 <수식 2-10> 과 같은 연산을 하면 그 값이 이론적인 카이자승분포와 거의 똑같은 모양의 분포를 한다는 것을 발견하였다 (Pearson, 1900). 따라서 이 수식을 '피어슨 카이자승 통계치 (Pearson chi-squared statistic)' 라고 부른다.

$$\text{피어슨 } \chi^2 = \sum \frac{(n_{ij} - \mu_{ij})^2}{\mu_{ij}} \qquad \text{<수식 2-10>}$$

피어슨 카이자승 통계치 χ^2 의 수식에서 n_{ij} 는 표본에서 집계되는 관찰된 셀빈도이고, μ_{ij} 는 독립성 영가설에 기초하여 예측된 셀빈도다. 결국 χ^2 은 관찰된 셀빈도와 독립성 영가설 사이의 합치도 (goodness of fit) 을 나타내는 지수다. 이원교차분할표의 모든 셀에서 $n_{ij} = \mu_{ij}$ 이면 χ^2 은 0 이 된다. 따라서 χ^2 이 0 보다 클수록 독립성 영가설이 관찰된 자료와 합치하지 않는 것을 의미하고, 독립성 영가설이 기각될 가능성이 높아지며, 결국 이원교차분할표를 구성하는 두 개의 범주변인이 서로 관계를 가진다는 결론에 이르게 될 가능성이 증가한다.

앞서 <표 2-2> 에서 살펴본 자료에서 법학 전공자 중에 재판에 대한 직접 경험을 가진 사람이 $n_{11} = 25$ 명이었고, 직접 경험이 없는 사람이 $n_{12} = 142$ 명이었다. 또한 기타 학문 전공자 중에 재판제도에 대한 직접 경험을 가진 사람이 $n_{21} = 41$ 명이었고, 직접 경험이 없는 사람이 $n_{22} = 182$ 명이었다. 따라서 법학 전공자의 외곽비율은 $p_{1+} = (25+142) / 390 = 0.428$ 이고, 기타 학문 전공자의 외곽비율은 $p_{2+} = (41+132) / 390 = 0.572$ 이며, 재판에 대한 직접 경험을 가진 사람의 외곽비율은 $p_{+1} = (25+41) / 390 = 0.169$ 이고, 재판에 대한 직접 경험이 없는 사람의 외곽비율은 $p_{+2} = (142+182) / 390 = 0.831$ 이다. 재판에 대한 직접 경험과 전공학문 분야가 서로 독립적이라면 (영가설이 옳다면), 각 셀의 예측빈도는 다음과 같이 정의된다.

$$\mu_{11} = (p_{1+} \times p_{+1}) N = (0.428 \times 0.169)390 = 28.21$$

$$\mu_{12} = (p_{1+} \times p_{+2}) N = (0.428 \times 0.831)390 = 138.71$$

$$\mu_{21} = (p_{2+} \times p_{+1}) N = (0.572 \times 0.169)390 = 37.70$$

$$\mu_{22} = (p_{2+} \times p_{+2})N = (0.572 \times 0.831)390 = 185.38$$

따라서 피어슨 카이자승 통계치는 다음과 같이 계산된다.

$$\chi^2 = \frac{(25-28.21)^2}{28.21} + \frac{(142-138.71)^2}{138.71} + \frac{(41-37.70)^2}{37.70} + \frac{(182-185.38)^2}{185.38} = 0.794$$

일반적으로 행의 수가 I 개이고, 열의 수가 J 개인 이원교차분할표에 대하여 산출된 피어슨 카이자승 통계치는 자유도가 $df = (I-1)(J-1)$ 인 카이자승분포를 한다. 이원교차분할표에서 산출되는 피어슨 카이자승 통계치의 자유도에 대해서 Karl Pearson 은 1900 년에 발표된 논문에서 셀의 수에서 1 을 뺀 값, 즉 $IJ-1$ 이라는 주장을 하였다. 피어슨 카이자승 통계치는 자유도가 $df = IJ-1$ 인 카이자승분포를 한다는 것이다. 그런데 1922 년에 Ronald A. Fisher (1890~1962) 는 자유도 개념을 기하학적으로 해석하면서, 이원교차분할표에서 산출되는 피어슨 카이자승 통계치의 자유도는 $df = (I-1)(J-1)$ 이라는 새로운 주장을 내놓았다. 자유도에 대한 이 논쟁에서 공격적인 성격의 소유자였던 Pearson 은 Fisher 에 대하여 대단한 비방과 모함을 한 것으로 전해지고 있는데, 결국 Fisher 는 영국의 왕립통계학회의 회원 자격을 박탈당하기에 이른다. 그러나 얼마 안 가서 피어슨 카이자승 통계치는 자유도가 $df = (I-1)(J-1)$ 인 카이자승분포를 한다는 Fisher 의 주장이 옳다는 것을 학계가 인정하게 된다. 자유도의 일반적인 의미는 다음과 같다 (자유도의 개념에 대해서는 박광배 (2003) 에 비교적 자세히 설명되어 있다).

df = (모집단에 대한 정보가치를 가진 자료의 수)

− (검증되는 모형의 모수의 수)

이원교차분할표에서 산출되는 피어슨 카이자승 통계치의 자유도는 두 가지 이유 때문에 $df = (I-1)(J-1)$ 가 된다. 첫째는 독립성 가설 혹은 영가설에 기초한 예측빈도를 산출하기 위해서 외곽비율들 (p_{1+}, p_{2+}, p_{+1}, p_{+2}) 이 사용되기 때문이고, 둘째는 전체 빈도 N 이 변수가 아니고 고정된 상수라고 전제되기 때문이다. 이원교차분할표에 대한 독립성 검증에서는 외곽비율들이 소위 '모형 (model)' 을 기술하는 모수추정치 (parameter estimate) 들이다. 이때의 모형은 다름 아닌 독립성 가설 혹은 영가설을 말한다. 독립성 모형이 옳다면, 셀비율들은 외곽비율들의 곱에 의해 결정되어야 한다 ($p_{11} = p_{1+}p_{+1}$, $p_{12} = p_{1+}p_{+2}$, $p_{21} = p_{2+}p_{+1}$, $p_{22} = p_{2+}p_{+2}$). 그런데 비율의 본질적 속성에 의하여 전체 비율은 항상 $p_{++} = 1$ 이 되어야 하므로 $I = 2$ 일 때 행의 외곽비율 중에서 한 개만 정해지면 나머지 한 개는 자동적으로 정해진다. 마찬가지로 $J = 2$ 일 때 열의 외곽비율 중에서 한 개만 정해지면 나머지 한 개는 자동적으로 정해진다. 따라서 2×2 이원교차분할표에 대한 독립성 모형 혹은 영가설의 모수는 행 외곽비율 중의 하나와 열 외곽비율 중의 하나뿐이다. 즉, 이원교차분할표에 대한 독립성 모형의 모수는 2 개다. 즉, 2 개의 모수만 정해지면 영가설에 기초한 모든 예측빈도를 산출할 수 있다.

이번에는 자료의 수를 생각해 보자. 이원교차분할표의 자료는 셀빈도들이다. 2×2 이원교차분할표에는 4 개의 셀빈도들이 있다. 그런데 전체 빈도 N이 고정된 상수라고 전제되므로 셀빈도 중의 1 개는 무선변인 (random variable) 이 아니고, 다른 셀빈도들에 종속적인 혹은 다른 셀빈도들이 정해지면 자동적으로 정해지는 숫자다. 결론적으로 2×2 이원교차분할표에는 모집단에 대한 정보가치를 가진 자료가 3 개고, 독립성 모형의 검증을 위하여 2 개의 모수가 사용된다. 자유도란 모집단에 대한 정보가치를 가진 자료의 수에서 모형모수의 수를 뺀 것을 말한다. 그런데 이원교차분할표에 대한 독립성 검증에서 자료의 수에서 모형모수의 수를 뺀 것은 $(I-1)(J-1)$ 과 같다.

만약 4×3 이원교차분할표에 대하여 독립성 검증을 한다면 모집단에 대한 정보가치를 가진 자료의 수는 $12-1 = 11$ 이고, 독립성 모형에 기초한 예측빈도는 3 개의 행 외곽비율과 2 개의 열 외곽비율들만 있으면 모두 산출될 수 있으므로, 결국 자유도는 $(IJ-1) - (I-1) - (J-1) = 11-3-2 = 6$ 이다. 그런데 이 자유도는 $(I-1)(J-1) = 3 \times 2 = 6$ 과 같다.

$$(IJ-1)-(I-1)-(J-1)=IJ-I-J+1=(I-1)(J-1)$$

[그림 2-3] 에 예시된 $df = 1$ 인 이론적인 카이자승분포는 밀도곡선 아랫부분의 전체 면적 중 $\chi^2 = 3.84$ 를 기준으로 오른쪽 영역이 5 % 가 된다. 따라서 $df = 1$

인 이론적인 카이자승분포에서는 $\chi^2 = 3.84$ 가 제 1 종 오류확률 (α) 0.05 를 위한 임계치 (critical value) 다. 재판제도에 대한 직접 경험과 전공학문 분야가 서로 독립적인지를 판단하기 위한 피어슨 카이자승 통계치의 값은 0.794 로 산출되었으므로, 모집단에서 영가설 (독립성 가설) 이 옳다고 가정하였을 때, 그 모집단에서 표본자료를 추출하여 피어슨 카이자승 통계치를 산출하면 그 값이 0.794 보다 크게 나올 확률 (p-value) 이 0.05 보다 크다. 즉, $p > 0.05$ 이다. 따라서 모집단에서 재판제도에 대한 직접 경험과 전공학문 분야가 서로 독립적이라는 영가설은 기각되지 않는다.

③ 우도비 카이자승 통계치

이원교차분할표를 구성하는 범주변인의 상호 독립성 (independence) 을 검증하는 네 번째 방법은 '우도비 카이자승 통계치 (likelihood-ratio chi-squared statistic)' 를 이용하는 것이다. 앞서 살펴본 배심재판제도에 대한 경험에 관한 자료에서 만약 셀빈도들이 다항확률 (multinomial probability) 에 따라 나타난다면 (즉, 셀빈도들의 표집분포가 다항분포를 한다면) 전체 표본크기 N 은 고정된 상수고, 반면에 특정한 n_{11}, n_{12}, n_{21}, n_{22} 의 셀빈도들은 표본에서 <수식 2-11> 과 같은 확률에 따라 나타난다.

$$Pr(n_{11}, n_{12}, n_{21}, n_{22}) = \frac{N!}{n_{11}!n_{12}!n_{21}!n_{22}!} \hat{\pi}_{11}^{n_{11}} \hat{\pi}_{12}^{n_{12}} \hat{\pi}_{21}^{n_{21}} \hat{\pi}_{22}^{n_{22}}$$

<수식 2-11>

<수식 2-11> 의 다항확률 식에서 기호 $\hat{\pi}_{ij}$ 는 '추정된 셀확률' 을 의미한다. 이 셀확률을 추정할 때 영가설 혹은 독립성 가정을 전제하여 추정하고, 이것을 다항확률 식에 대입하여 $Pr(\{n_{ij}\})$ 을 산출하면 ($\{n_{ij}\}$ 는 n_{11}, n_{12}, n_{21}, n_{22} 을 간단히 집합적으로 표기한 것인데, 각각의 n_{ij} 는 이원교차분할표에서 얻어진다), 그 다항확률 $Pr(\{n_{ij}\})$ 은 영가설 혹은 독립성 가정이 참일 최대우도가 된다. 영가설 혹은 독립성 가정을 전제하고 추정되는 셀확률은 다름 아닌 $\hat{\pi}_{ij} = p_{i+} p_{+j}$ 이다. 즉, 영가설이 참이라면 추정되는 셀확률은 이원교차분할표의 외곽비율의 곱이다. 이렇게 영가설 혹은 독립성 가정을 전제하고 추정된 셀확률 ($\hat{\pi}_{ij} = p_{i+} p_{+j}$) 을 다항확률 식에 대입하여 산출된 $Pr(\{n_{ij}\})$ 를 L_E 로 표기하자.

반면에 영가설이나 독립성 가정 없이 다항확률 $Pr(\{n_{ij}\})$ 을 산출하려면 추정된 셀확률 $\hat{\pi}_{ij}$ 을 셀빈도 n_{ij} 를 이용하여 산출하고, 이것을 다항확률 식에 대입하면 된다. 즉, 아무런 사전가설 없이 순수하게 자료에 의해서만 특정한 셀빈도들이 나타날 다항확률을 산출하기 위해서는 다항확률 식에 $\hat{\pi}_{ij} = n_{ij}/N$ 을 사용하면 된다. $\hat{\pi}_{ij} = n_{ij}/N$ 을 다항확률 식에 대입하여 산출된 다항확률 $Pr(\{n_{ij}\})$ 은 아무런 사전가설 없이 순수하게 자료에 의해서만 특정한 셀빈도들이 나타날 최대우도다. 이 최대우도를 L_O 로 표기하자.

영가설 혹은 독립성 가정을 전제하고 산출된 최대우도 L_E 와 아무런 사전가설 없이 순수하게 자료에 의해서만 특정한 셀빈도들이 나타날 최대우도 L_O 를 이용하여 $-2ln(L_E/L_O)$ 을 산출하면, 앞 장에서 설명하였듯이, 이것을 우도비 카이자승이라고 부른다. 기대되는 영가설우도 혹은 예측우도 L_E 가 최대관찰우도 L_O 에 근접할수록 우도비 카이자승은 0 에 가까워진다. 이런 경우는 영가설 혹은 독립성 모형이 관찰된 자료와 확률적으로 매우 흡사하다는 것이고, 따라서 영가설 혹은 독립성 모형이 관찰된 자료에 의해서 기각되지 않는다. 반면에 가설우도 L_E 가 최대관찰우도 L_O 와 차이를 크게 가질수록 우도비 카이자승은 점점 커지게 된다. 이런 경우는 영가설 혹은 독립성 모형이 관찰된 자료와 확률적으로 매우 다르다. 따라서 영가설 혹은 독립성 모형이 관찰된 자료에 의해서 기각될 수 있다. 그런데 우도비 카이자승 $-2ln(L_E/L_O)$ 을 <수식 2-12> 와 같이 보다 간편하게 산출할 수 있다.

$$G^2 = 2\sum n_{ij}\, ln\left(\frac{n_{ij}}{\mu_{ij}}\right) \qquad \text{<수식 2-12>}$$

<수식 2-12> 의 G^2 을 '우도비 카이자승 통계치' 라고 부른다. 예를 들어, 배심재판에 대한 경험에 관한 자료를 이용하여 우도비 카이자승 통계치를 산출하면 다음과 같다.

$$\begin{aligned} G^2 &= 2(25ln(25/28.21) + 142ln(142/138.71) + 41ln(41/37.70) + 182ln(182/185.38)) \\ &= 2[(-3.020) + (3.329) - (3.440) + (-3.349)] = 0.800 \end{aligned}$$

이 우도비 카이자승 통계치는 앞서 동일한 자료를 이용하여 산출한 피어슨 카이자승 통계치의 값 0.794 와 매우 흡사하다는 사실에 주목하라. 우도비 카이자승 통계치의 자유도는 피어슨 카이자승 통계치의 자유도와 같고, 따라서 영가설에 대한 기각 여부 판단을 위한 임계치도 동일하게 설정된다.

피어슨 카이자승 통계치 (피어슨 χ^2) 와 우도비 카이자승 통계치 (G^2) 는 이론적인 χ^2 분포에 근접하는 분포를 가지는 지수들이지만 이론적인 χ^2 지수 (제곱된 표준점수들의 합) 는 아니다. 피어슨 χ^2 과 G^2 의 표집분포는 공히 이원교차분할표의 셀의 수 (IJ) 에 비교하여 전체 사례 수 (N) 가 증가할수록 점점 더 이론적인 χ^2 의 표집분포에 근접한다. N/IJ 가 5 보다 작을 때는 특히 G^2 의 표집분포가 이론적인 χ^2 의 표집분포와 매우 다른 분포를 가질 수 있고, 따라서 영가설에 대해서 결론오류를 범할 가능성이 높은 것으로 알려져 있다 (Agresti, 1996). 따라서 모집단에서 이 지수들의 값이 df 와 같을 때 표본에서 표본자료를 이용하여 계산된 값 (예를 들어, 피어슨 $\chi^2 = 0.794$ 와 $G^2 = 0.800$) 보다 큰 값이 나타날 확률, 즉 p-value 를 이론적인 χ^2 분포에서 추정하여 소수점 이하 세 번째, 네 번째 자리까지 세밀하게 기술하는 것은 무의미한 일이다 (이 p-value 를 일부 통계분석 소프트웨어에서는 'asymptotic significance' 라고 부르기도 한다). 일반적으로 제 1 종 오류를 범할 확률을 $\alpha = 0.05$ 로 설정하므로 소수점 이하 두 번째 자리까지 판단하여 $p < 0.05$ 이면 영가설 혹은 독립성 가정을 기각한다.

8 Fisher 의 엄밀검증

이원교차분할표를 구성하는 범주변인 사이의 독립성을 검증하기 위한 분석절차 중에서 지금까지 설명된 것들은 모두 '큰 표본 (large sample)' 을 전제로 하는 절차들이다. 조건확률들의 차이 검증은 표본의 크기가 클 때 조건확률들의 차이 ($p_1 - p_2$) 의 표집분포가 정규분포한다는 중심극한 법칙에 기초한다. 승산비에 의한 독립성 검증에서는 추정된 로그승산비 $ln(\hat{\theta})$ 의 표집분포가 표본의 크기가 클 때,

정규분포에 근접한다는 속성을 이용하여 영가설에 대해 판단을 한다. 또한 피어슨 카이자승 통계치와 우도비 카이자승 통계치도 그것들의 표집분포가 표본의 크기가 커질수록 실제 카이자승 분포에 근접한다는 특성에 기초하여 독립성 가정에 대한 판단을 위하여 사용된다.

그런데 만약 표본의 크기가 작은 경우에는 표본자료에서 산출된 각종 통계치들의 표집분포가 정규분포나 카이자승 분포와 유사하지 않으므로 이러한 이론적인 확률분포들을 이용하여 영가설에 대한 확률적 판단을 할 수 없다(즉, 임계치를 설정하기 위하여 정규분포나 카이자승분포를 사용할 수 없다). 표본의 크기가 작은 경우에는 표본자료에서 산출되는 통계치들의 실제 표집분포를 이용하여 확률적 판단을 해야 한다. 이러한 통계적 검증들을 통칭하여 '엄밀검증(exact test)' 이라고 부른다.

Fisher는 1936년데 출판된 『The Design of Experiments』라는 제목의 책에서 이원교차분할표에 대한 독립성 검증을 위한 엄밀검증을 소개하였는데, 이것을 'Fisher의 엄밀검증(Fisher's exact test)' 이라고 부른다. Fisher의 여자 동료 중의 한 사람이 자기는 우유를 넣은 차(milk tea)의 맛을 보면, 차에 우유를 첨가한 것인지, 아니면 우유에 차를 첨가한 것인지를 구별할 수 있다고 주장하였다. 이 주장이 사실인지를 검증하기 위하여 Fisher는 그 여자 동료에게 8잔의 우유차를 무선적으로 정해진 순서에 따라 맛보게 하였는데, 4잔은 차에 우유를 첨가한 것이고 나머지 4잔은 우유에 차를 첨가한 것이었다. Fisher는 여자 동료에게 두 종류의 우유차가 각각 4잔씩이라는 사실을 사전에 말해 주었다. 이 실험의 결과는 <표 2-8>과 같이 나타났다.

<표 2-8> 자료의 한 가지 중요한 특징은 피험자가 두 종류의 우유차가 각각 4잔씩이라는 사실을 사전에 알고 있었으므로 모든 외곽빈도가 고정된 상수라는 것

〈**표 2-8**〉 Fisher의 우유차(milk tea) 시음실험

	판단된 첨가물		
실제 첨가물	차	우유	전체
차	$n_{11} = 3$	$n_{12} = 1$	4
우유	$n_{21} = 1$	$n_{22} = 3$	4
전체	4	4	8

이다. 이때에는 어떤 셀 하나의 빈도(예를 들어, n_{11})만 정해지면 다른 셀빈도는 모두 자동적으로 정해진다. 따라서 만약 피험자가 차가 첨가된 것이라고 판단하거나 혹은 우유가 첨가된 것이라고 판단하는 것이 무선적으로(randomly) 이루어진다면(즉, 피험자의 판단이 실제 첨가물과 독립적이라면), <표 2-8>의 실험상황은 앞서 설명한 초기하분포가 전제하는 표집상황이다(앞 장에서 설명한 초기하분포의 두 가지 전제를 기억하라). 이 초기하분포 상황에서 n_{11}의 빈도는 0, 1, 2, 3, 4 중의 하나다.

만약 피험자의 판단이 실제 첨가물과 독립적이라면, 셀빈도가 $n_{11} = 0$일 초기하확률은 0.014이고, $n_{11} = 1$일 초기하확률은 0.229이며, $n_{11} = 2$일 초기하확률은 0.514이고, $n_{11} = 3$일 초기하확률은 0.229이고, 마지막으로 $n_{11} = 4$일 초기하확률은 0.014이다. 그런데 실험결과 차가 첨가되었을 때 그것을 정확히 판단한 횟수(관찰빈도)는 $n_{11} = 3$으로 나타났다. 만약 피험자의 판단이 실제 첨가물과 독립적이라면, 차가 첨가되었을 때 그것을 정확히 판단하는 횟수가 3보다 클 확률은 얼마일까? 이 확률은 초기하분포에 의하면 $0.229 + 0.014 = 0.243$이다. 이 초기하확률이 바로 엄밀검증(일방검증)에서의 p-value이다. 이 초기하확률이 $\alpha = 0.05$보다 크므로 피험자의 판단이 실제 첨가물과 독립적이라는 영가설을 기각할 수 없다. 즉, 실험결과는 우유를 넣은 차(milk tea)의 맛을 보면 차에 우유를 첨가한 것인지, 아니면 우유에 차를 첨가한 것인지를 구별할 수 있다는 피험자의 주장을 뒷받침하지 않는 것이다. 피험자가 무선적으로 때려 맞히기를 하는 경우에도 n_{11}의 빈도가 3보다 크게 나올 확률이 너무 높기 때문이다. 그러나 만약 n_{11}의 관찰빈도가 3이 아니라 4로 나온 경우라면, p-value가 0.014로 $p < 0.05$의 상황이 되므로 우리는 영가설을 기각하고 피험자의 주장을 믿을 수 있다.

표본의 크기가 작은 경우에 표본자료에서 산출되는 통계치들의 실제 표집분포를 이용하여 독립성 가정에 대한 확률적 판단을 하기 위한 Fisher의 엄밀검증은 앞 장에서 기술한 초기하확률 식을 이용하므로 계산과정이 매우 복잡하다는 단점이 있다. 모든 계산을 수작업으로 해야 했던 시절에는 계산과정의 복잡성 때문에 Fisher의 엄밀검증을 수행하지 못하고, 그 대신 피어슨 카이자승 통계치를 이용하여 독립성 영가설을 검증하되, 그 통계치가 실제 카이자승분포에 더 근접하도록 수정하는 방안을 Yates(1934)가 제안한 바 있다. 이 방안을 'Yates 수정(Yates correction)' 이라고 부른다. 그러나 현대에 발전한 컴퓨터 기술에 의하여 계산과정의 복잡성은 더 이상 Fisher 의 엄밀검증의 단점이 아닌 것이 되었다. 따라서 작은 크기의 표본자료에 대하여 독립성 검증을 해야 하는 경우에는 Fisher 의 엄밀검증을 수행하면 된다.

Fisher 의 엄밀검증을 보다 확실히 이해하기 위하여, 이 엄밀검증이 엄밀하게 적합하지 않는 한 가지 예를 살펴보기로 하자. 일반적으로 범죄사건을 보도하는 언론들은 용의자를 진범으로 예단하는 암시를 강하게 내포하고 있다. 재판 전에 이러한 언론보도에 노출된 판사나 배심원은 재판에서 편파된 판결을 하게 될 개연성이 있다. 이러한 편파의 실재 여부를 파악하기 위하여 모의재판을 이용한 실험을 하였다. 한 조건에서는 배심원이 모의재판 전에 용의자가 범인임을 기정사실화하는 TV 뉴스를 관람하였고, 다른 조건에서는 배심원이 모의재판 전에 뉴스 대신 야생동물의 생태에 대한 짤막한 다큐멘터리 프로그램을 관람하였다. 모의재판의 내용과 형식을 포함한 실험의 다른 모든 요소는 두 조건에서 정확히 동일하도록 조작되었다. 모의재판이 끝난 후 배심원들은 무죄 혹은 유죄의 평결을 하였는데, 그 결과가 〈표 2-9〉 와 같다.

범죄뉴스를 관람한 배심원 중에 유죄를 판결하는 배심원의 수 n_{11} 은 0, 1, 2, ……, 8 의 값을 가지는 분포를 한다. 그러나 이 n_{11} 의 분포는 배심원의 판결이 실험 조건 (범죄뉴스 관람 vs. 다큐멘터리 관람) 과 무관한 경우에도 엄밀하게 초기하분포를 하는 것은 아니다. 왜냐하면 이 자료에서는 열 외곽빈도들 (유죄판결 빈도와 무죄판결 빈도) 이 고정된 것이 아니기 때문이다. 이 자료에 대해서는 초기하분포가 아니라 승적다항분포를 가정하는 것이 더 적절하다. 그러나 Agresti (1996)에 의하면 Fisher 의 엄밀검증이 매우 엄격한 검증인 까닭에 자료가 승적다항분포를 하

〈**표 2-9**〉 모의재판에서 배심원의 평결

실험 조건	배심평결		전체
	유죄	무죄	
범죄뉴스 관람	$n_{11} = 7$	$n_{12} = 1$	8
다큐멘터리 관람	$n_{21} = 2$	$n_{22} = 6$	8
전체	9	7	16

는 경우에도 (즉, 이원교차분할표의 행과 열 중에서 한쪽의 외곽빈도만 고정된 경우에도) 초기하분포를 가정하는 Fisher 의 엄밀검증에서 제 1 종 오류의 위험이 크게 증가하지는 않는다고 한다 (pp. 41−44). 따라서 이런 경우에도 Fisher 의 엄밀검증이 광범위하게 사용된다. 그러나 이러한 자료는 Fisher 의 엄밀검증을 위하여 최적의 자료는 아니라는 점을 염두에 두어야 한다.

배심원의 판결이 실험조건과 무관한 경우에 범죄뉴스를 관람한 배심원 중에 유죄를 판결하는 배심원의 수가 초기하분포를 한다고 가정하고 초기하확률을 산출하면 다음과 같다.

$$Pr(0) = 0.000 \qquad Pr(1) = 0.001 \qquad Pr(2) = 0.020$$
$$Pr(3) = 0.137 \qquad Pr(4) = 0.343 \qquad Pr(5) = 0.343$$
$$Pr(6) = 0.137 \qquad Pr(7) = 0.020 \qquad Pr(8) = 0.001$$

따라서 배심원의 판결이 실험조건과 무관한 것이 사실일 때 범죄뉴스를 관람한 배심원 중에 유죄를 판결하는 배심원의 수가 실험에서 나타난 7 명과 같거나 그보다 많을 확률은 $0.020 + 0.001 = 0.021$ 이다 (이 확률은 일방검증확률이다). 이 p-value 가 $\alpha = 0.05$ 보다 작으므로 가능성이 매우 희박하여 배심원의 판결이 실험조건과 무관하다는 영가설이 기각된다. 그러나 앞서 언급하였듯이 <표 2-9>의 자료는 Fisher 의 엄밀검증을 위한 최적의 자료가 아니므로 만약 p-value 가 0.05 보다 작지만, 그 기준에 근접해 있는 경우 (예를 들면, 0.04) 에는 영가설을 기각하는 판단에 대하여 다소 유보적인 해석이 필요할 것으로 생각된다.

9 단조연관

설명변인과 반응변인의 범주들이 서로 서열적인 의미를 가지는 $I \times J$ 이원교차분할표에서 설명변인의 범주가 증가할 때, 반응변인의 범주 또한 증가하는 경향이 있다면, 이때 설명변인과 반응변인은 '서열연관 (ordinal association)' 혹은 '단조연관 (monotonic association)' 을 가진다고 말한다. 예를 들어, 필자는 2003 년에 한국에서 대학 교수들과 대학생들 387 명을 대상으로 배심재판제도에 관한 의견을 알아보기 위한 조사를 하였는데, 이 조사에는 '한국에서 배심재판을 한다면, 배심에 참여하는 것은 시민의 신성한 의무다.' 라는 문항과 '내가 민사재판에서 배심원으로 호출된다면 기꺼이 봉사하겠다.' 라는 문항이 포함되었다. 첫 번째 문항을 '시민정신' 이라고 지칭하고, 두 번째 문항을 '봉사의지' 라고 지칭하자. 이 각 문항에 대하여 응답자는 '아니다', '아닌 편이다', '그런 편이다', '그렇다' 의 네 가지 응답범주 중에 하나로 응답하였다. 이런 경우, '시민정신' 문항에 대하여 긍정적 응답범주를 선택하는 응답자일수록 '봉사의지' 문항에 대해서도 긍정적 응답범주를 선택하는 경향이 있다면 이 경향을 일컬어 '시민정신' 과 '봉사의지' 가 단조연관을 가진다고 말한다. 이 조사에서 수집된 빈도자료가 <표 2-10> 에 요약되었다.

<표 2-10> 의 자료에 대하여 봉사의지 (반응변인) 가 시민정신 (설명변인) 과 관계를 가지는지를 파악할 목적으로 피어슨 카이자승 통계치를 산출할 수 있지만, 피어슨 카이자승 통계치는 각 변인의 반응범주가 가지는 서열적 특성을 반영하지 않는다. 다시 말해, <표 2-10> 에서 봉사의지 혹은 시민정신의 응답범주 중에서 '아니다' 와 '그렇다' 범주의 위치를 뒤바꾸어도 피어슨 카이자승 통계치나 우도비 카이자승 통계치는 변하지 않는다. 반면에 단조연관을 반영하는 각종 통계치들은 변인들의 범주가 가지는 서열적 특성을 고려하여, 과연 한 변인의 범주가 증가할 때 다른 변인의 범주가 함께 증가하는 경향이 있는지의 여부를 파악할 수 있는 측정치들이다. 여기에서는 그 측정치 중에 Goodman & Kruskal (1954) 에 의해 제안

〈 **표 2-10** 〉 우리나라의 배심재판제도에 대한 의견 자료

	봉사의지			
시민정신	아니다	아닌 편이다	그런 편이다	그렇다
아니다	6	2	1	4
아닌 편이다	4	22	25	13
그런 편이다	8	27	114	56
그렇다	1	6	22	76

시민정신: '한국에서 배심재판을 한다면, 배심에 참여하는 것은 시민의 신성한 의무다.'
봉사의지: '내가 민사재판에서 배심원으로 호출된다면 기꺼이 봉사하겠다.'

된 'γ(gamma)' 와 Kendall (1938, 1945) 에 의해 제안된 'Kendall 의 τ(Kendall's tau)' 그리고 Somers (1962) 에 의해 제안된 'Somers 의 d (Somers' d)' 를 살펴보고자 한다.

① 조화성

단조연관을 지수화하는 기본단위는 '조화성 (concordance)' 의 개념이다. 조화성이란 두 개의 사례로 이루어진 사례 쌍이 단조연관의 개념에 적합하도록 이원교차분할표에서 배치되어 있는지의 여부를 말한다. 즉, 한 변인에서 서열이 낮은 범주에 배치된 사례는 다른 변인에서도 서열이 낮은 범주에 배치되고, 한 변인에서 서열이 높은 범주에 배치된 사례는 다른 변인에서도 서열이 높은 범주에 배치되어 있다면, 이 두 개의 사례는 단조연관의 조화성을 충족하는 사례 쌍이다. 예를 들어, 응답자 무현이는 시민정신 문항과 봉사의지 문항에 대하여 공히 '아니다' 라는 응답을 하였고, 응답자 금실이는 두 문항에 대하여 공히 '아닌 편이다' 라는 응답을 하였다면, 무현이와 금실이는 조화로운 사례 쌍이된다. <표 2-10> 에서 시민정신 문항에 '아니다' 라고 응답을 하고, 봉사의지 문항에도 '아니다' 반응을 한 6 명의 사례는 그 두 문항에 각각 '아닌 편이다' 라고 응답을 한 22 명의 사례와 조화성을 가지는 $6 \times 22 = 132$ 개의 '조화 쌍 (concordant pair)' 을 이룰 수 있다. 반면에 시민정신 문항에 '아니다' 라고 응답을 하고, 봉사의지 문항에는 '아닌 편이다'라고 반응을 한 2 명의 사례는 시민정신 문항에 '아닌 편이다' 라고 응답을 하고, 봉사의지 문항에는 '아니다' 반응을 한 4 명의 사례와 조화성을 가지지 않는 $2 \times 4 = 8$ 개의 '불화 쌍 (discordant pair)' 을 이룰 수 있다. 이와 같은 원칙에 의하여 <표 2-10> 에서 모든 가능한 '조화 쌍' 의 개수(C)와 '불화 쌍' 의 개수(D)를 계산하면 다음과 같다.

$$\begin{aligned} C = {} & 6(22+25+13+27+114+56+6+22+76) + 2(25+13+114+56+22+76) \\ & + 1(13+56+76) + 4(27+114+56+6+22+76) + 22(114+56+22+76) \\ & + 25(56+76) + 8(6+22+76) + 27(22+76) + 114(76) = 25{,}465 \end{aligned}$$

$$\begin{aligned} D = {} & 2(4+8+1) + 1(4+22+8+27+1+6) + 4(4+22+25+8+27+114+1+6 \\ & +22) + 22(8+1) + 25(8+27+1+6) + 13(8+27+114+1+6+22) \\ & + 27(1) + 114(1+6) + 56(1+6+22) = 7{,}021 \end{aligned}$$

조화 쌍의 개수가 불화 쌍의 개수보다 많으므로, 즉 $C > D$ 이므로 시민정신 문항에 대하여 서열이 높은 범주의 응답을 한 사람일수록 봉사의지 문항에서도 역시 서열이 높은 범주의 응답을 하는 경향이 있다. 따라서 정적인 단조연관이 있다고 말할 수 있다.

② γ 지수

<표 2-10> 에서 산출된 조화 쌍의 개수는 $C = 25{,}465$ 이고, 불화 쌍의 개수는 $D = 7{,}021$ 이므로 모든 조화, 불화 쌍의 개수 중에 조화 쌍의 비율은 0.784 이고, 불화 쌍의 비율은 0.216 이다. 이 비율의 차이 $0.784 - 0.216 = 0.568$ 이 γ (gamma) 이다.

$$\gamma = \frac{C - D}{C + D}$$

이 γ 의 값 0.568 은 시민정신과 봉사의지 사이의 비교적 강한 단조연관을 나타낸다. 만약 2×2 이원교차분할표에서 γ 를 계산하면, 앞서 설명한 Yule 의 Q 와 같다. 따라서 2×2 이원교차분할표에 대해서는 Yule 의 Q 와 마찬가지로 γ 역시 승산비 θ 를 최소값이 -1 이고, 최대값이 $+1$ 인 지수로 변환한 것이다.

γ 지수는 다른 단조연관 지수에 비하여 그 의미해석이 간단하고 명료하다는 장점이 있다. 만약 교차분할표의 주대각선 (왼쪽 상단과 오른쪽 하단을 연결하는 대각선) 셀에만 빈도들이 존재하고 다른 셀에는 빈도가 존재하지 않을 때는 $\gamma = 1$ 이 된다.

만약 교차분할표의 부대각선 (오른쪽 상단과 왼쪽 하단을 연결하는 대각선) 셀에만 빈도가 존재하고 다른 셀에는 빈도가 존재하지 않을 때는 $\gamma = -1$ 이 된다.

③ Kendall 의 τ 지수

이원교차분할표를 구성하는 두 개의 변인들이 범주변인 (categorical variable) 이 아니고 연속변인 (continuous variable) 이고, 각 연속변인에서 동일한 값 (tied value) 을 가지는 사례들이 없다고 가정하자. 그러면 전체 사례 N 을 그 사례들의 첫 번째 연속변인의 값에 따라 1 부터 N 까지 서열화하고, 또한 두 번째 연속변인의 값에 따라 1 부터 N 까지 서열화할 수 있다. 즉, 연속변인을 서열변인으로 변환해 주는 것이다. 원래의 연속변인에서 동일한 값을 가지는 사례가 없으므로, 변환된 서열변인에서 동일한 서열을 가지는 사례도 존재하지 않는다. 이와 같이 변환된 서열변인 사이의 피어슨 상관계수를 계산한 것을 'Spearman 상관 (Spearman correlation)' 이라고 부른다. 그런데 변환된 서열변인을 이용하여 $N \times N$ 이원교차분할표를 구성하면, 동일한 서열을 가지는 사례가 존재하지 않으므로 각 셀의 빈도는 오직 1 이거나 0 이다. 이 $N \times N$ 이원교차분할표에 대하여 γ 를 계산한 것을 'Kendall 의 τ_a (Kendall's tau-a)' 라고 부른다. 그런데 변환된 서열변인에서 동일한 서열을 가지는 사례가 존재하지 않는 경우에는 모든 사례 쌍 $N(N-1)/2$ 이 조화 쌍이거나 혹은 불화 쌍이 된다. 따라서 이 경우에는 앞의 γ 공식에서 분모 $C + D$ 가 '모든 가능한 사례 쌍' 이 된다.

$$\text{Kendall 의 } \tau_a = \frac{C-D}{N(N-1)/2}$$

Kendall 의 τ_a 는 널리 쓰이는 단조연관 혹은 서열연관 지수지만, 본래 연속변인을 서열변인으로 변환한 경우에만 사용된다. 왜냐하면 이런 경우에는 각 연속변인에서 동일한 값을 가지는 사례들이 거의 발생하지 않고, 따라서 서열로 변환된 변인에서 서열이 동일한 사례들이 발생하지 않기 때문이다. 그러나 범주변인의 경우에는 동일한 범주에 속하는 사례들이 많기 때문에, Kendall 의 τ_a 는 범주변인들로 구성되는 일반적인 이원교차분할표에서는 사용할 수 없다. 예를 들어, <표 2-10> 에서 '아니다' – '아니다' 응답을 한 6 명과 '아닌 편이다' – '아니다' 응답을 한 4 명의 응답자들은 봉사의지 문항에서 모두 동일한 범주에 속하는 사례다. 이와 같이 한 개의 범주변인에서 동일한 범주에 속하는 사례들의 쌍은 단조연관의 개념에서 조화성을 가지는 사례 쌍들이므로 C 에 포함되어야 한다 (γ 의 계산에서는 이러한 사례 쌍이 제외된다). 반면에 두 개의 범주변인 모두에서 동일한 범주에 속하는 사례의 쌍 (예를 들면, '아니다' – '아니다' 응답을 한 6 명 사이의 쌍) 은 단조연관의 산출과정에서 제외되어야 한다. 이와 같은 점을 고려하여 Kendall 의 τ_a 를 서열적인 범주를 가지는 범주변인 사이의 단조연관을 반영하도록 수정한 것을 'Kendall 의 τ_b (Kendall's tau-b)' 라고 부른다.

$$\text{Kendall 의 } \tau_b = \frac{C-D}{\sqrt{(C+D+T_X)(C+D+T_Y)}}$$

이 Kendall 의 τ_b 공식에서 T_X 는 첫 번째 변인에서만 동일한 범주에 속하는 사례 쌍의 수이고, T_Y 는 두 번째 변인에서만 동일한 범주에 속하는 사례 쌍의 수다. <표 2-10> 의 자료에서 T_X 와 T_Y 는 각각 다음과 같이 계산된다.

$$\begin{aligned} T_X = {} & 6(2+1+4) + 2(1+4) + 1(4) + 4(22+25+13) + 22(25+13) + 25(13) \\ & + 8(27+114+56) + 27(114+56) + 114(56) + 1(6+22+76) \\ & + 6(22+76) + 22(76) = 16{,}371 \end{aligned}$$

$$\begin{aligned} T_Y = {} & 6(4+8+1) + 4(8+1) + 8(1) + 2(22+27+6) + 22(27+6) + 27(6) \\ & + 1(25+114+22) + 25(114+22) + 114(22) + 4(13+56+76) \\ & + 13(56+76) + 56(76) = 13{,}741 \end{aligned}$$

따라서 <표 2-10> 의 자료에 대하여 Kendall 의 τ_b 는 다음과 같다.

$$\text{Kendall 의 } \tau_b = \frac{25465-7021}{\sqrt{(25465+7021+16371)(25465+7021+13741)}} = 0.388$$

Kendall 의 τ_b 는 소위 '동점사례들 (tied cases)' 을 섬세하게 고려하여 범주변인 사이의 단조연관을 파악하기 위한 지수이고, 최소값 -1 과 최대값 $+1$ 의 범위를 가진다. 그러나 이원교차분할표의 행 범주의 수와 열 범주의 수가 동일하지 않을 때는 범위가 축소되는 특성을 가진다. 즉, 직사각형의 교차분할표에서는 Kendall 의 τ_b 의 값이 $+1$ 혹은 -1 이 될 수 없다.

따라서 직사각형의 교차분할표에서도 ± 1 의 범위를 가지도록 교정해 준 것을 'Kendall 의 τ_c (Kendall's tau-c)' 라고 부른다.

$$\text{Kendall 의 } \tau_c = \frac{2m(C-D)}{N^2(m-1)}$$

이 Kendall 의 τ_c 공식에서 m 은 교차분할표의 행 범주의 수 (r) 와 열 범주의 수 (c) 중에서 더 작은 수다. 즉, $m = \min(r, c)$ 이다. Kendall 의 τ_c 는 $r \neq c$ 인 교차분할표에서 단조연관을 파악하기 위한 적절한 지수다. <표 2-10> 은 $r = c$ 인 교차분할표다. 그러나 이를 이용하여 Kendall 의 τ_c 를 산출하면 다음과 같다.

$$\text{Kendall 의 } \tau_c = \frac{2(4)(25465-7021)}{387^2(4-1)} = 0.328$$

④ Somers 의 d 지수

단조연관을 파악하기 위한 γ 지수와 Kendall 의 τ 지수들도 피어슨 상관계수의 개념을 서열적인 범주로 구성된 범주변인에 적용한 것들이다. 따라서 이 지수들은 설명변인과 반응변인의 구별을 하지 않는다. 그러나 경우에 따라서는 단조형 관계 (monotonic relationship) 를 파악하되, 마치 회귀분석의 기울기 계수처럼 반응변인과 설명변인을 구별하고, 설명변인의 변화에 따른 반응변인의 변화를 파악하는 것이 필요할 수도 있다. 이런 목적으로 단조연관을 개념화한 것이 'Somers 의 d (Somers' d)' 이다.

$$\text{Somers 의 d} = \frac{C-D}{C+D+T_Y}$$

이 Somers 의 d 공식에 포함된 모든 기호의 의미는 앞에서 기술한 바와 같다. 특히, T_Y 는 반응변인 (Y) 에서만 동일한 범주에 속하는 사례 쌍의 수라는 점을 유념하라. <표 2-10> 에서 시민정신을 설명변인 (X) 으로, 봉사의지를 반응변인 (Y) 으로 간주하여 Somers 의 d 를 산출하면 다음과 같다.

$$\text{Somers 의 d} = \frac{25465-7021}{25465+7021+13741} = 0.399$$

10 포괄적 여과연관

Liu (1992) 는 중국의 8개 도시에서 흡연 여부와 폐암 여부에 관한 자료를 수집하고, 각 도시에서 2 × 2 이원교차분할표 (흡연 여부 × 폐암 여부) 를 작성하였다. 그런데 각 도시에서 표집된 사례 수는 매우 큰 폭으로 들쭉날쭉하였는데, 가장 표본이 큰 상하이 (Shanghai) 의 경우에는 2,900 명이 조사되었고, 가장 표본이 적은 타이유안 (Taiyuan) 의 경우에는 213 명이 조사되었다. 이와 같이 2 × 2 이원교차분할표가 K 개의 범주를 가지는 제 3 의 변인 (도시) 의 각 범주에서 각각 작성되는 경우, 이 이원교차분할표를 구성하는 변인들 (흡연 여부와 폐암 여부) 의 관계를 '여과연관 (partial association)' 혹은 '조건연관 (conditional association)' 이라고 부른다. 또한 이때 제 3 의 변인 (도시) 의 범주들을 '층 (strata)' 이라고 부른다. 여과연관과 조건연관의 의미와 분석방법에 대해서는 제 3 장에서 자세하고 구체적으로 설명할 것이다. 여기에서는 두 변인 사이의 관계에 관한 K 개의 여과연관을 한 개의 지수로 요약하는 방법을 설명하고자 한다.

필자가 2003 년도에 한국에서 교수들과 대학생들을 대상으로 수집한 재판제도에 관한 조사 자료에는 다음과 같은 문항이 포함되었다. "한국에서 배심재판을 한다면, 배심원에게 최종판결의 전권을 부여해야 한다." 이 문항을 '배심전권' 이라고 부르자. 이 문항에 대하여 응답자들은 '반대' 혹은 '찬성' 으로 응답하였다. 각 응답자 집단 (법대 학생, 법학 교수, 인문/사회대 학생, 인문/사회학 교수) 별로 배심전권 문항에 대한 남자와 여자의 응답을 2 × 2 이원교차분할표로 정리한 것이 <표 2-11> 이다.

<표 2-11> 에서 찬성비율 $p_{2|ik}$ 은 집단이 k 이고 성별이 i 인 조건에서 배심전권 문항에 찬성 ($j = 2$) 할 조건비율 (n_{i2k} / n_{i+k}) 이다. 추정된 승산비 $\hat{\theta}_k$ 는 집단 k 에서 여자가 찬성할 승산 (n_{22k} / n_{21k}) 에 대한 남자가 찬성할 승산 (n_{12k} / n_{11k}) 의 비율 ((n_{12k} / n_{11k}) / (n_{22k} / n_{21k})) 이고, $\hat{\mu}_{12k}$ 는 집단 k 에서 배심전권 문항에 대한 응답이 성별과 서로 독립적이라는 가정하에 남자 찬성자 ($i = 1,\ j = 2$) 의 예측빈도며, $V(n_{12k})$ 는 역시 집단 k 에서 2 × 2 이원교차분할표의 빈도들이 초기하분포의 확률에 따라 발생한다는 가정하에 산출되는 남자 찬성자 빈도 (n_{12k}) 의 표집분포변량이다. 초기하분포가 가정된다는 것은 각 2 × 2 이원교차분할표의 외곽빈도

〈 **표 2-11** 〉 한국의 배심원에게 판결의 전권을 부여하는 방안에 대한 의견 자료

집단	성별	배심전권 반대	배심전권 찬성	찬성비율 $p_{2\|ik}$	승산비 $(\widehat{\theta}_k)$	$\widehat{\mu}_{12k}$	$V(n_{12k})$
법대 학생	남	71	12	0.145	3.314	9.37	2.77
	여	39	2	0.049			
법학 교수	남	9	1	0.100	0.555	1.25	0.44
	여	5	1	0.167			
인문/사회학	남	52	7	0.119	1.627	6.56	1.07
교수	여	12	1	0.077			
인문/사회	남	79	11	0.122	1.986	9.26	2.83
대학생	여	43	3	0.065			

배심전권: '한국에서 배심재판을 한다면, 배심원에게 최종 판결의 전권을 부여해야 한다.'

들이 모두 고정되었다는 가정을 말한다. $V(n_{12k})$ 는 다음과 같이 산출된다.

$$V(n_{12k}) = \frac{n_{1+k}n_{2+k}n_{+1k}n_{+2k}}{n_{++k}^2(n_{++k}-1)}$$

<표 2-11> 의 승산비 $(\widehat{\theta}_k)$ 를 보면, 응답자 집단별로 차이를 보이는 것을 알 수 있다. 이러한 차이는 배심전권 문항에 대한 응답과 성별의 관계가 집단들에서 동일하지 않다는 것을 암시한다. 배심전권 문항에 대한 응답과 성별의 관계는 법대 학생 집단에서 가장 강하고 $(\widehat{\theta}_1 = 3.314)$, 법학 교수 집단의 경우에는 다른 집단들과 그 관계의 방향이 반대가 된다 $(\widehat{\theta}_2 = 0.555)$. 이러한 경우, 배심전권 문항에 대한 응답과 성별의 관계 (여과연관) 를 어떻게 한 개의 지수로 집약하여 전체적 혹은 포괄적으로 파악을 할 수 있는가가 현재 논의의 초점이다. 가장 손쉬운 방법은 K 개의 2×2 이원교차분할표를 모두 포개어 더해서 한 개의 2×2 이원교차분할표로 만들고, 그것에 대하여 피어슨 카이자승 검증 혹은 우도비 카이자승 검증을 하는 것이다. 그런데 이 방법의 한 가지 문제점은 K 개의 범주 층의 사례수가 다르다는 사실을 무시한다는 데 있다. <표 2-11> 의 빈도를 보면 대학생 집단의 사례 수가 교수 집단의 사례 수보다 월등히 많다는 것을 알 수 있다. 그

런데 K개의 2×2 이원교차분할표를 모두 포개어 더해서 한 개의 2×2 이원교차분할표로 만들고, 그것에 대하여 독립성 검증을 하는 것은 사례 수가 많은 범주층과 적은 범주층을 똑같이 취급하는 방법이다. 배심전권 문항에 대한 응답과 성별의 관계(여과연관)를 포괄적으로 파악할 때, 사례 수가 많은 집단에서 그 관계는 사례 수가 적은 집단의 관계보다 더 중요시되어야 하고, 더 가중되어야 한다. 이와 같이 각 K개 범주층의 사례 수를 고려하여 그 K개의 범주층으로 분리된 2×2 이원교차분할표들에서 그 분할표를 구성하는 변인들의 상호 독립성 여부 혹은 여과연관을 한 개의 포괄적인 지수로 산출하는 한 가지 방법이 Cochran (1954)과 Mantel & Haenszel (1959)에 의해 제시되었고, 이것을 Cochran-Mantel-Haenszel 통계치(CMH)라고 부른다.

$$\text{CMH} = \frac{\left(\sum_{k=1}^{K}(n_{12k} - \hat{\mu}_{12k})\right)^2}{\sum_{k=1}^{K} V(n_{12k})}$$

이 CMH 공식에서 확연히 보이지는 않지만, CMH 통계치는 K개의 범주층으로 분리된 2×2 이원교차분할표 각각에서 행 조건비율들의 차이($p_{2|1k} - p_{2|2k}$)를 구하고, 그것들을 각각 가중해서 평균한 것과 같다. 즉, 행 조건비율들 차이의 가중평균(weighted mean)이다. 이때 큰 사례 수를 가지는 범주층에서 산출된 행 조건비율들의 차이 $p_{2|1k} - p_{2|2k}$는 작은 사례 수를 가지는 범주층에서 산출된 사례 수보다 더 크게 가중된다. 앞서 본 장의 초두에서 2×2 이원교차분할표에서 산출되는 조건비율들의 차이는 이 이원교차분할표를 구성하는 변인들의 관계를 나타낸다고 하였다. 조건비율들이 차이가 없으면 두 변인은 서로 독립적이고, 조건비율들의 차이가 클수록 두 변인이 서로 높은 관계를 가진다는 것을 의미한다. CMH 통계치는 행 조건비율들 차이의 가중평균이므로, 그 값이 크면 K개의 범주층으로 분리된 2×2 이원교차분할표에서 그 분할표를 구성하는 변인의 여과연관이 포괄적으로 크다는 것을 의미한다.

CMH 통계치는 자유도가 $df = 1$인 카이자승분포를 하는 지수다. <표 2-11>의 빈도들을 이용하여 CMH 통계치를 계산하면 다음과 같다.

$$\text{CMH} = \frac{((12-9.37)+(1-1.25)+(7-6.56)+(11-9.26))^2}{2.77+0.44+1.07+2.83} = 2.925$$

산출된 CMH 의 값 2.925 는 자유도 $df=1$ 과 $\alpha=0.05$ 수준에서 유의미하지 않다. 따라서 전권부여 문항에 대한 응답과 응답자의 성별은 포괄적으로 서로 독립적이라고 판단된다.

'포괄적인 여과연관' 의 개념은 변인들의 관계의 정도가 K 개의 범주층들에서 동일하다는 암시를 가진다. 이와 같이 어떤 두 변인의 관계가 제 3 의 변인의 범주층들에서 동일할 때, 이 두 변인들은 K 개의 범주층들에서 '동질연관 (homogeneous association)' 을 가진다고 말한다. CMH 통계치는 동질연관을 가정하는 통계치다. 만약 2 × 2 이원교차분할표를 구성하는 변인들의 관계가 제 3 의 변인의 범주층에서 매우 크게 달라지는 경우에는 '포괄적 여과연관' 이라는 개념 자체가 부적절하고, 이 때에는 CMH 통계치도 부적절한 자료요약 혹은 자료분석 방법이 될 수밖에 없다.

요약하면, CMH 통계치는 K 개의 범주층들이 서로 매우 다른 사례 수를 가지고, 그 각 범주층에서 2 × 2 이원교차분할표를 구성하는 변인들의 관계가 범주층에 따라 크게 달라지지 않는 상황에서 매우 유용한 자료요약 방법이다. 특히, 포괄적 여과연관은 소위 '메타분석 (meta analysis)' 을 위하여 매우 유용한 방법으로 활용될 수 있다. 앞서 중국의 8 개 도시에서 흡연 여부와 폐암 여부에 관한 자료를 수집하여 포괄적 여과연관을 파악한 Liu (1992) 의 연구를 소개하였는데, 만약 각 도시에서 흡연 여부와 폐암 여부에 관한 자료가 별도의 연구들에 의해 이루어졌다면, 이 연구의 결과를 취합한 자료에 대한 CMH 통계치는 메타분석 통계치가 된다.

11 동질연관

앞서 어떤 두 변인의 관계가 제 3 의 변인의 범주층에서 모두 동일할 때, 그 두 변인들은 K 개의 범주층에서 '동질연관 (homogeneous association)' 을 가진다고 말한다고 하였다. 또한 포괄적 여과연관 지수인 CMH 통계치는 동질연관을 가정하는 통계치라는 점도 설명하였다. 여기에서는 동질연관의 여부를 명시적으로 검증하는 방법을 살펴보고자 한다.

<표 2-11> 의 승산비에서 암시되듯이, 만약 어떤 두 변인의 관계가 제 3 의 변인의 범주층에서 모두 동일하면, 그 K 개의 범주층에서 산출되는 승산비 또한 모두 동일해야 한다. 따라서 동질연관의 여부를 검증하기 위한 영가설은 K 개의 범주층에서 승산비가 모두 동일하다는 것이다.

$$\mathrm{H_0}:\ \theta_1 = \theta_2 = \theta_3 = \cdots\cdots = \theta_k = \theta_{MH}$$

이 영가설에서 θ_{MH} 는 K 개의 모든 범주층에서 동일한 공통승산비 (common odds ratio) 를 의미하는데, 그 추정치 $\hat{\theta}_{MH}$ 를 'Mantel-Haenszel 추정치 (Mantel-Haenszel estimator)' 라고 부른다 (Mantel & Haenszel, 1959).

$$\hat{\theta}_{MH} = \frac{\hat{m}_{12}/\hat{m}_{11}}{\hat{m}_{22}/\hat{m}_{21}} = \frac{\sum_{k=1}^{K}(n_{11k}\,n_{22k}/n_{++k})}{\sum_{k=1}^{K}(n_{12k}\,n_{21k}/n_{++k})}$$

Mantel-Haenszel 추정치 $\hat{\theta}_{MH}$ 공식의 가운데 항은 $\hat{\theta}_{MH}$ 의 정의다. 특정한 범주층 k 에서 2×2 이원교차분할표의 모집단 승산비 추정치는 그 이원교차분할표의 셀빈도들을 이용하여 $\hat{\theta}_k = (n_{12k}/n_{11k})/(n_{22k}/n_{21k})$ 로 정의된다. $\hat{\theta}_{MH}$ 는 K 개의 모든 범주층에서 동일한 공통승산비의 추정치이므로, 이 추정치를 정의하는 셀빈도들 $\hat{m}_{11}$, $\hat{m}_{12}$, $\hat{m}_{21}$, $\hat{m}_{22}$ 은 관찰빈도일 수 없다. 따라서 이것들은 일종의 동질연관 가정에 기초한 예측빈도들이다. 그런데 이 예측빈도들은 K 개의 모든 범주층에서 동일해야 한다. 다시 말해서, $\hat{\theta}_{MH}$ 를 만족시키는 한 세트의 예측빈도들이 존재할 것인데, 그 예측빈도들을 $\hat{m}_{11}$, $\hat{m}_{12}$, $\hat{m}_{21}$, $\hat{m}_{22}$ 로 표기할 수 있다. 즉, $\hat{m}_{11}$, $\hat{m}_{12}$, $\hat{m}_{21}$, $\hat{m}_{22}$ 는 K 개의 모든 범주층에서 동일한 공통승산비 혹은 동질연관을 가정한 예측빈도들이다. Mantel-Haenszel 추정치 $\hat{\theta}_{MH}$ 를 만족시키는 예측빈도들 $\hat{m}_{11}$, $\hat{m}_{12}$, $\hat{m}_{21}$, $\hat{m}_{22}$ 을 이용하여 다음과 같은 통계치를 계산하게 되는데, 이를

'Breslow-Day 통계치 (Breslow-Day statistic)' 라고 부른다 (Breslow & Day, 1980).

$$\mathrm{BD} = \sum_{ijk} \frac{(n_{ijk} - \widehat{m}_{ij})^2}{\widehat{m}_{ij}}$$

Breslow-Day 통계치는 IJK 의 모든 셀을 대상으로, 동질연관을 가정한 예측빈도들 $\widehat{m}_{11}$, $\widehat{m}_{12}$, $\widehat{m}_{21}$, $\widehat{m}_{22}$ 을 이용하여 계산된 일종의 피어슨 카이자승 통계치라는 것을 알 수 있다. 따라서 이 통계치의 값이 클수록 동질연관의 가정이 실제 관찰빈도와 합치하지 않는 것을 의미한다. 이 Breslow-Day 통계치는 각각의 2 × 2 이원교차분할표 내의 사례 수가 클 때 자유도 $df = K-1$ 인 카이자승분포를 한다.

<표 2-11> 의 자료에서 계산된 Breslow-Day 통계치의 값은 1.238 이고, 자유도 $df = 3$ 과 $\alpha = 0.05$ 수준에서 유의미하지 않다. 영가설 $\theta_1 = \theta_2 = \theta_3 = \theta_4$ 이 기각되지 않으므로 배심전권 문항에 대한 응답과 성별의 관계는 응답자 집단의 4 개 범주층에서 동질연관을 가진다고 판단된다.

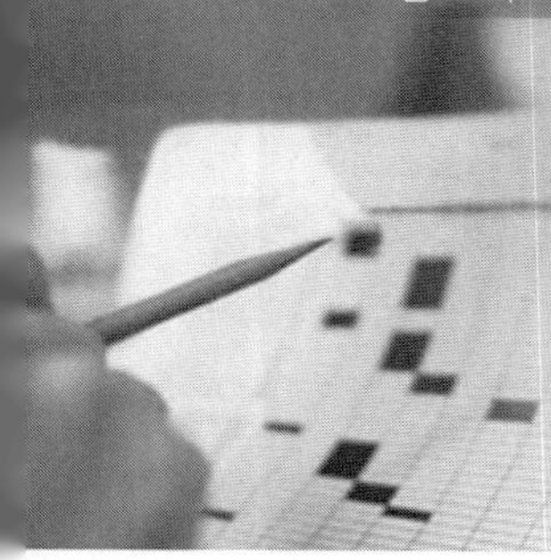

제 3 장
일반선형모형

'모형(model)'이란 현상들 사이의 관계성에 대한 수학적 정의를 말한다. 예를 들어, 심장질환이 수면 중에 코를 고는 정도와 관계가 있다고 생각하고, 심장질환의 심한 정도를 Y로 표기하고, 수면 중에 코를 고는 정도를 X로 표기한 후, 심장질환의 정도와 수면 중에 코를 고는 정도의 관계성을 $E(Y)=0.5+1.7X$라고 정의하였다면, 그 수학공식은 하나의 모형이다. $E(Y)$는 Y의 '기댓값(expected value)'을 의미하는데, 기댓값의 의미에 대해서는 잠시 후에 다시 설명할 것이다. 이러한 모형은 현상들 사이의 관계성을 과학적으로 이해하기 위한 한 가지 방법이며, 특정한 형태를 가져야 하는 것은 아니다. 심장질환의 정도와 수면 중에 코를 고는 정도의 관계성에 관한 모형은 $Y^2 = ln(X)$의 형태가 될 수도 있고, $ln(1/Y) = X^{37}/0.12$의 형태가 될 수도 있다. 그런데 세상의 복잡하고 다양한 현상들이 가지는 관계성을 파악하고 이해하고자 하는 과학은 이 현상들 속에서 가능하면 간단하고 일관된 법칙성을 발견하려고 노력한다. 예를 들어, 아인슈타인의 유명한 상대성원리는 에너지와 질량의 관계에 대한 하나의 모형인데, 세상에 존재하는 무수히 다양한 에너지와 질량의 관계를 $E=MC^2$이라는 간단한 수학공식으로 정의하고 있다. 모형은 복잡한 현상들을 간단명료하게 이해하기 위한 것이므로 복잡한 모형은 비록 그것이 진실을 표현한 것일지라도 유용성이 없다는 과학의 원칙을 '절약원칙(principle of parsimony)'이라고 부른다.

다양한 현상 사이의 관계에 대한 모형들에서 과학이 오랜 세월에 걸쳐서 그 유용성을 확인해 온 모형 중의 하나가 '일반선형모형(generalized linear model)'이다. 일반선형모형은 세상의 복잡하고 다양한 현상의 관계를 비교적 정확하면서도 간단하게 요약할 수 있는 유용한 기능을 가진다는 것이 오랜 세월에 걸쳐서 많은 과학자들에 의해 확인되었으므로 현대의 거의 모든 응용통계학적 수리모형은 일반선형모형에 기초한다. 에너지와 질량의 관계에 대한 아인슈타인의 유명한 공식 $E=MC^2$ 도 일반선형모형 중의 하나다. 또한, 연속적인 값을 가지는 종속변인과 독립변인들의 관계 혹은 효과를 파악하고 개념화하기 위한 중다회귀분석(multiple regression analysis)이나 변량분석(analysis of variance) 등의 응용통계학 모형들도 모두 일반선형모형에 기초하고 있고, 이 책에서 앞으로 설명할 모든 범주변인모형들도 일반선형모형에 속하는 것들이다. 일반선형모형은 그 개념이 사용되기 전에도 오차의 분포가 정규분포이고 그 오차의 변량이 상수라고 가정하는 중다회귀분석이나 변량분석 등의 형태로 많이 활용되어 왔으나, 기존의 이러한 분석방법들이 가지는 제한적 가정들과 부합하지 않는 다양한 종류의 자료들에도 광범위하게 응용되고 적용될 수 있는 형태로 일반화된 것은 1970년대 초에 Nelder & Wedderburn(1972)가 동명의 논문을 발표한 때부터다. 이 장에서는 일반선형모형이 무엇을 말하는 것인지를 이해하고, 그 중요한 핵심개념들을 살펴보고자 한다.

1 개 요

일반선형모형을 이해하기 위해서는 매우 초보적이지만 중요한 두 가지 사실을 반드시 염두에 두어야 한다. 첫째, 일반선형모형은 '무선적 성분(random component)'과 '체계적 성분(systematic component)'으로 구성된다는 사실이고, 둘째, 무선적 성분과 체계적 성분이 서로 연결되는 특정한 양상을 명시해야 한다는 것이다. 무선적 성분과 체계적 성분이 서로 연결되는 특정한 양상을 '연결함수(link function)'라고 부른다.

첫째로 일반선형모형은 수학적 모형이므로 특정한 현상을 나타내는 개별적인 사례들을 기술하는 것이 아니고 많은 사례에 존재하는 중심적인 경향성을 기술한다. 즉, 개별적인 사례들은 일반선형모형이 수학적으로 기술하는 경향성과 다른 양상을 나타낼 수 있다. 따라서 일반선형모형은 반드시 개별적인 사례들이 그 모형이 기술하는 전체적인 경향성으로부터 어떤 양상으로 달라질 수 있는지에 대한 이론적인 전제 혹은 개념적인 가정을 필요로 한다. 다시 말해서 일반선형모형은 '현상 X와 현상 Y는 이러이러한 수학적 관계를 가지는 경향이 있지만, 실제 개별적인 사례에서 나타나는 Y는 그 수학적 관계에서 이러이러한 양상으로 이탈된 모습을 보일 수 있다.'는 식으로 현상들 사이의 관계를 설명한다.

실제 개별적인 사례에서 나타나는 Y가 일반선형모형이 기술하는 수학적 관계에서 이탈하는 양상은 체계적으로 기술되는 부분이 아니고 확률적으로 추론되는 부분이며, 모형을 구체적으로 명시하기 이전에 전제되는 혹은 가정되는 부분이다. 예를 들어, 심장질환의 중증도(Y)와 수면 중에 코를 고는 정도(X)의 관계성을 $E(Y)=0.5+1.7X$라고 정의한 일반선형모형은 $X=3$이면 $E(Y)=5.6$이라는 것을 의미한다. 그러나 수면 중에 코를 고는 정도가 $X=3$인 모든 사람의 심장질환 중증도가 공히 $Y=5.6$일 리는 전혀 없고, 만약 일반선형모형이 이러한 전제를 한다면 이 모형은 결코 과학적인 모형이 아니다. 따라서 일반선형모형은 '수면 중에 코를 고는 정도가 $X=3$인 사람은 심장질환 중증도가 $Y=5.6$인 경향이 있지만, 수면 중에 코를 고는 정도가 $X=3$인 어떤 특정한 사람의 심장질환 중증도가 $Y=4.8$보다 가벼울 확률도 0.27 정도 될 것으로 추정된다.'는 식으로 X와 Y의 관계를 기술할 수 있어야 한다. 이때 '수면 중에 코를 고는 정도가 $X=3$인 사람은 심장질환 중증도가 $Y=5.6$인 경향이 있다.'로 기술되는 부분을 일반선형모형의 체계적 성분(systematic component)이라고 부르고, '그런데 수면 중에 코를 고는 정도가 $X=3$인 어떤 특정한 사람의 심장질환 중증도가 $Y=4.8$보다 가벼울 확률도 0.27 정도 될 것으로 추정된다.'로 기술되는 부분을 무선적 성분(random component)이라고 부른다.

일반선형모형의 무선적 성분에 포함되는 확률개념은 Y의 변산 혹은 분포에 대하여 그 모형이 가지는 특정한 전제 혹은 가정에 따라 정해지는데, 이 전제와 가정의 구체적 내용에 대해서는 뒤에서 자세히 설명할 예정이다. 여기에서 꼭 기억해야 할 것은 모든 일반선형모형은 반드시 체계적 성분과 무선적 성분으로 구성된다는 사실과 일반선형모형의 체계적 성분은 $0.5+1.7X$ 와 같은 수학공식의 형태로 명시되므로 언제나 그것을 분명하게 알아볼 수 있지만, $E(Y)$ 에 내재된 무선적 성분은 전제 혹은 가정되는 부분이므로 명시되지 않는다는 것이다. 특정한 일반선형모형을 이해하는 관건은 무선적 성분에 전제 혹은 가정되는 확률분포 개념을 파악하고 이해하는 것이다.

일반선형모형을 이해하기 위해서 염두에 두어야 할 두 번째 사실은 일반선형모형은 반응변인에 의해 정의되는 무선적 성분과 한 개 이상의 설명변인으로 구성되는 체계적 성분이 서로 연결되는 특정한 양상을 명시한다는 것이다. 특정한 양상이란 무선적 성분과 체계적 성분이 가지는 관계의 모양을 의미한다. '일반선형모형' 이라는 명칭의 핵심은 '선형 (linear)' 이라는 용어에 있다. 선형이라는 용어는 체계적 성분에 포함되는 현상들을 상수 (constant) 를 이용하여 조합하면 무선적 성분의 중심경향성이 도출된다는 의미다. 즉, 무선적 성분의 중심경향성 $E(Y)$ 는 다름 아닌 체계적 성분에 포함된 현상 (X) 에 상수를 곱해 주고, 상수를 더해 주어 변환한 후, 그것들을 합해 준 것에 불과하다. 일반선형모형은 이와 같이 체계적 성분에 포함된 현상에 상수를 곱해 주고 상수를 더해 주어 '선형조합 (linear composite)' 한 것을 무선적 성분의 중심경향성으로 기술하는 모형인데, 무선적 성분의 중심경향성과 상수들을 이용하여 조합된 체계적 성분이 1 : 1 의 직선형 관계를 가진다고 가정한다.

1 : 1 의 직선형 관계란 어떤 현상이 무한대로 증가하거나 감소하면 다른 현상 또한 무한대로 증가하거나 감소하는 관계를 말한다. 그러나 반응변인의 기댓값 $E(Y)$ 와 체계적 성분의 관계에 관한 일반선형모형의 이러한 가정이 모든 경우에 항상 적합한 것은 아니다. 따라서 일반선형모형은 상수들을 이용하여 설명변인들을 조합한 체계적 성분과 반응변인 사이의 포괄적 관계양상이 어떤 형태인지를 명시하여야 하는데, 그 포괄적 관계양상의 명시를 연결함수 (link function) 라고 부른다.

2 일반선형모형의 구조

특정한 반응변인과 설명변인의 관계를 정의하는 일반선형모형의 전형적인 형태는 <수식 3-1>과 같다.

$$g(\mu) = \alpha + \beta_1 x_1 + \beta_2 x_2 + \cdots\cdots + \beta_k x_k \quad \text{<수식 3-1>}$$

예를 들어, 무수히 많은 모집단의 사람들이 동전던지기대회에서 서로 경쟁한다고 가정하고, 각 사람의 동전던지기에서 앞면이 나왔는지 혹은 뒷면이 나왔는지의 여부를 Y라고 가정하자. 만약 앞면이 나왔다면 $Y=1$이고, 뒷면이 나왔다면 $Y=0$이다. 또한, 어떤 실없는 연구자가 동전던지기에서 앞면이 나오는 것은 동전던지기를 행하는 사람의 '염력(psychokinesises)'에 의해 좌우된다고 생각하여, 모집단에서 각 경쟁자의 염력을 점수화한 후, 그 염력점수를 설명변인(x_1)으로 이용하여 Y를 예측하기 위한 일반선형모형을 $g(\mu) = \alpha + \beta_1 x_1$과 같이 구성하였다고 가정하자. 이때 μ는 염력이 동일한 모든 사람의 모집단에서 Y의 중심경향성 혹은 모집단 평균을 의미한다. 그런데 Y가 0 아니면 1을 그 값으로 가지는 가부반응변인이므로 μ는 염력이 동일한 모든 사람의 동전던지기에서 앞면이 나온 사람들의 모집단 비율 혹은 확률이다. 따라서 이 경우에 일반선형모형 $g(\mu) = \alpha + \beta_1 x_1$은 '염력점수가 x_1인 사람이 동전던지기를 하면 앞면이 나올 확률이 μ이다.'는 진술과 같다. 만약 동전던지기의 결과가 염력에 의해 좌우된다는 연구자의 생각이 옳다면, μ는 염력점수에 따라서 값이 달라지는 변수다. 염력점수 x_1과 Y가 서로 정적인 관계를 가진다면, 염력점수가 높은 사람 중에는 동전 앞면이 나온 사람의 비율도 높을 것이므로, x_1이 클수록 그 염력점수를 가진 사람들의 Y의 평균, 즉 μ도 커질 것이고, 반대로 염력점수와 Y가 서로 부적인 관계를 가진다면 염력점수가 높은 사람 중에는 동전 앞면이 나온 사람의 비율도 낮을 것이므로 x_1이 클수록 그 염력점수를 가진 사람의 μ는 작아질 것이다.

① 체계적 성분

일반선형모형의 체계적 성분은 설명변인들을 전체적으로 정의하는 부분을 일컫는다. <수식 3-1> 의 일반선형모형에서 체계적 성분은 등호 오른쪽의 $\alpha+\beta_1x_1+\beta_2x_2+\cdots\cdots+\beta_kx_k$의 부분을 말한다. x_1, x_2, ……, x_k는 설명변인들이고, α와 β_1, β_2, ……, β_k는 상수들이다. 일반선형모형의 체계적 성분은 설명변인들에 상수를 곱해 준 것을 모두 합해서 다시 상수에 합해 주는 형태를 가진다. 이것을 '선형조합 (linear combination)' 이라고 부르고, 이를 위하여 이용되는 상수들 α와 β_1, β_2, β_3, ……, β_k를 '모수 (parameter)' 라고 부른다.

모수란 불특정의 무수히 많은 사례 혹은 관찰단위들로 구성된 모집단을 전제하는 상수라는 의미다. 일반선형모형의 모수들은 그 범위와 크기에 대하여 아무런 제약을 가지지 않는다. 다시 말해서, α와 β_1, β_2, β_3, ……, β_k가 가질 수 있는 값의 범위는 최소와 최대에서 모두 무한대이고, 그 값의 크기 또한 모든 가능한 실수가 될 수 있다. 일반선형모형에서 체계적 성분은 반응변인을 예측하는 부분인데, 반응변인의 예측을 위하여 모수들은 설명변인들을 위한 가중치 (weight) 의 역할을 한다. 따라서 모수들은 반응변인에 대한 설명변인의 효과, 관계, 설명력 혹은 예측력 등을 함축하는 중요한 지표가 되고, 많은 연구에서 연구의 초점이 되는 경우가 많다. 그러나 모집단에서의 이 상수들의 값, 즉 모수들의 값은 일반적으로 직접 파악되지 않는다. 그 대신 표본자료를 이용하여 추정되는데, 표본자료를 이용하여 추정된 상수들의 값을 '모수추정치 (parameter estimate)' 라고 부른다.

일반선형모형의 체계적 성분이란 개별적인 설명변인을 지칭하는 것이 아니고, 상수들을 이용하여 조합된 설명변인 전체를 의미한다. 체계적 성분에 포함된 각 설명변인들은 모든 가능한 숫자를 그 값으로 가질 수 있는 연속변인 (continuous variable) 이거나 이분변인 (dichotomous variable) 일 수 있고, 경우에 따라서 서로 수학적 관계를 가질 수 있다. 즉, $x_3=x_1x_2$ 이거나, $x_3=x_1^2$ 등이 가능하다. 만약 $x_3=x_1x_2$의 관계가 성립할 때에는 설명변인 x_1과 설명변인 x_2가 반응변인에 대하여 상호작용효과 (interaction effect) 를 가진다는 것을 나타내는 일반선형모형이 된다. 만약 $x_3=x_1^2$의 관계가 성립할 때에는 반응변인에 대하여 설명변인 x_1은 곡선형 관계 (curvilinear relationship) 를 가진다는 것을 나타내는 일반선형모형이 된다. 즉, 일반선형모형의 체계적 성분에 포함된 각 개별적인 요소들은 각 설명변인과 반응변인 사이의 관계가 가지는 양상을 정의하는 부분이다. 여기에서 한 가지 유념할 것은 일반선형모형의 체계적 성분은 선형조합에 의해 종합된 설명변인 전체를 지칭하므로 '반응변인과 각 개별적인 설명변인의 관계'는 잠시 후에 연결함수와 관련하여 논의될 '반응변인과 체계적 성분의 관계'와 매우 다른 개념이라는 사실이다. 반응변인과 체계적 성분의 관계는 선형조합에 의해 종합된 설명변인 전체와의 관계를 말한다.

② 무선적 성분

일반선형모형의 무선적 성분은 반응변인을 정의하는 부분을 일컫는데, <수식 3-1>의 일반선형모형에서 등호 왼쪽에 위치한 $g(\mu)$를 의미하고, 그 성분의 한 요소인 μ는 무선적 성분의 중심경향성을 의미한다. 앞서 언급하였듯이, μ는 설명변인들의 값이 모두 동일한 사례 혹은 관찰단위들의 반응변인 Y의 모집단 평균이다. 그런데 표본에서는 설명변인들의 값이 모두 동일한 사례 혹은 관찰단위들의 반응변인 Y의 표본평균이 모집단 평균 μ와 다를 수 있다. 예를 들어, 100명의 사람이 실제로 동전던지기를 하였다면, 그 표본에서 염력점수의 값이 동일한 사례의 Y 평균, 즉 앞면이 나온 사람의 표본비율은 모집단 확률 μ와 다를 수 있다. 반응변인 Y의 표본평균의 값이 모집단 중심경향성 μ와 달라지는 정도와 양상은 반응변인 Y의 표본평균의 발현을 지배하는 확률법칙이 무엇인가에 따라서 결정된다.

여기에서 예로 논의되는 동전던지기의 경우에는 제1장에서 살펴본 바와 같이 Y의 특정한 값(1 혹은 0)이 나오는 표본비율이 이항확률분포에 따라 발현할 것이다. 즉, 표본에서 염력이 동일한 사람들만 골라서 동전던지기를 하면 그 사람들 중에서 $Y=1$인 사람들의 비율은 모집단 확률 μ를 중심으로 이항분포를 하게 될 것이다. 예를 들어, 모집단에서 염력점수 x_1의 값이 15인 사람들 중에 동전 앞면이 나온 사람 $(Y=1)$의 모집단 비율(확률)이 $\mu=0.6$이라고 가정하자. 그런데 그 모집단에서 100명의 표본을 추출하여 염력을 측정한 결과 염력점수가 $x_1=15$인 사람이 10명이 있었다고 가정하자. 이런 경우, 일반선형모형은 $x_1=15$일 때 동전 앞면이 나올 모집단 확률이 $\mu=0.6$이므로, 염력점수 x_1의 값이

15 인 10 명의 사람들이 동전던지기를 하면 그 사람들에게서 앞면이 나오는 사람이 6 명일 것으로 예측한다. 동시에 일반선형모형은 모든 표본에서 모집단 확률이 실현될 것으로 기대하지는 않기 때문에, 표본에서 염력점수가 $x_1 = 15$ 인 10 명 중에서 동전 앞면이 나오는 사람이 2 명 이하일 확률도 이항분포에 의하여 다음과 같이 추정한다.

$$
\begin{aligned}
& Pr(0,10) + Pr(1,9) + Pr(2,8) \\
&= \frac{10!}{0!10!}0.4^0 0.6^{10} + \frac{10!}{1!9!}0.4^1 0.6^9 + \frac{10!}{2!8!}0.4^2 0.6^8 \\
&= 0.000 + 0.002 + 0.011 = 0.013
\end{aligned}
$$

염력점수 x_1 의 값이 15 인 사람들이 모두 동전던지기를 하면 앞면이 나오는 모집단 비율, 즉 확률이 $\mu = 0.6$ 이고, 표본에서 동전 앞면이 나오는 실제 비율이 이항분포를 한다면, 염력점수와 동전 앞면이 나오는 비율의 관계를 기술하는 일반선형모형 $g(\mu) = \alpha + \beta_1 x_1$ 은 '염력점수가 $x_1 = 15$ 인 사람들이 동전을 던지면 앞면이 나오는 비율이 0.6 일 것으로 예상하지만, 표본에 따라서 그 비율이 0.2 이하로 나올 확률도 0.013 정도 된다.' 는 결론을 보장한다. 이때 '표본에 따라서 그 비율이 0.2 이하로 나올 확률도 0.013 정도 된다.' 는 부분은 반응변인의 표본비율이 μ 를 중심으로 이항분포를 한다는 전제 혹은 가정에 기초한 것이고, 일반선형모형에 명시되는 것은 아니다. 그런데 반응변인 Y 와 그것의 중심경향성 μ 가 이항분포와 같은 특정한 확률분포를 구성하는 현상이라고 가정되기 때문에 이것을 일반선형모형의 무선적 성분이라고 부른다. 만약 반응변인 Y 가 동전던지기에서 앞면 혹은 뒷면이 나오는 여부가 아니라, 한국의 전국 고속도로에서 매달 교통사고로 사망하는 중학생 이하 아동의 수라고 한다면, 그 수는 설명변인의 값이 동일한 달들에서 사망한 아동 수의 평균 μ 를 중심으로 포아송분포를 하게 될 것으로 생각된다. 반면에 만약 반응변인 Y 가 신장 (키) 이라면 설명변인 (예를 들면, 단백질 섭취량) 의 값이 동일한 사람들의 그 값은 그 사람들의 모집단 평균 μ 를 중심으로 정규분포를 하게 될 것으로 생각된다. 결론적으로, <수식 3-1> 의 일반선형모형에 포함된 무선적 성분 μ 를 정확히 설명하자면 '반응변인 Y 의 발현을 지배하는 이항분포, 포아송분포, 정규분포 등의 특정한 확률분포들 중의 하나를 전제했을 때, 설명변인들의 값이 모두 동일한 사례 혹은 관찰단위들의 Y 분포의 중심경향성인데, 그 전제된 확률분포가 무엇인가는 Y가 어떤 속성을 가지는 변인인가에 따라서 결정된다.' 고 말할 수 있다.

③ 연결함수의 의미

앞에서 무선적 성분의 중심경향성은 다름 아닌 체계적 성분에 포함된 변인들에 상수를 곱해 주고 상수를 더해 주어 변환한 것에 불과하다고 하였다. <수식 3-1>의 일반선형모형에서 체계적 성분을 보면 설명변인들(x_1, x_2, ……, x_k)에 상수(β_1, β_2, ……, β_k)가 곱해지고 상수(α)가 더해지는 형태를 가지는데, 설명변인들의 값이나, 곱해지고 더해지는 상수의 범위와 크기에 대하여 아무런 제약이나 구속이 없다. 따라서 체계적 성분에서 상수들을 이용하여 설명변인들을 선형조합해서 나오는 값에 대해서도 아무런 제약이나 구속이 없으며, 모든 가능한 실수를 그 값으로 가질 수 있다. 결과적으로, $\alpha+\beta_1x_1+\beta_2x_2+\cdots\cdots+\beta_kx_k$는 모든 가능한 실수를 그 값으로 가질 수 있다. 그런데 문제는 일반선형모형은 이와 같은 선형조합에 의해서 만들어지는 체계적 성분을 곧 무선적 성분의 중심경향성과 동일시한다는 것이다. 이것이 문제가 될 수 있는 이유는, 선형조합에 의해 만들어지는 체계적 성분은 모든 가능한 실수를 그 값으로 가질 수 있는 반면, 경우에 따라서 무선적 성분의 중심경향성은 그 값의 범위가 제한되는 경우가 있기 때문이다. 예를 들어, 반응변인이 생사 여부, 취직 여부, 합격 여부 등과 같이 0과 1의 값을 가지는 이분변인 혹은 가부반응변인(quantal response variable : Morgan, 1992)인 경우에는 그 반응변인의 평균 μ는 0보다 작거나 1 보다 클 수 없다. 이런 경우에 설명변인들을 선형조합하고, 그 체계적 성분을 반응변인의 평균과 동일시하는 일반선형모형은 일부 영역에서는 반응변인을 잘 설명하는 모형이 될 수 있다고 하더라도, 그 영역 밖에서는 명백하게 옳지 않은 모형이 될 수밖에 없다. 다시 말해서 일반선형모형의 일반적 형태는 무선적 성분과 체계적 성분이 1 : 1의 직선형적 관계를 가진다고 가정하는데, 어떤 반응변인들에 대해서는 이러한 가정이 불합리한 것일 수 있다는 것이다.

반응변인과 체계적 성분이 1 : 1 의 직선형적 관계를 가지지 않는 경우에, 반응변인을 일정한 규칙을 사용해서 변환해 주면, 그 변환된 반응변인에 의해 정의되는 무선적 성분과 체계적 성분이 1 : 1 의 직선형적 관계를 가지게 되고, 따라서 일반선형모형을 적용하여 반응변인과 설명변인의 관계 혹은 반응변인에 대한 설명변인의 효과를 파악하기에 적합한 형태로 변하게 되는 경우가 있다. 이러한 반응변인의 변환을 위하여 사용되는 '일정한 규칙' 을 연결함수라고 부른다. <수식 3-1> 의 $g(\mu)$ 는 반응변인 Y 의 평균 μ 가 특정한 함수 $g(.)$ 에 의해 변환된 것을 의미한다. 반응변인 Y 의 중심경향성, 기댓값 혹은 평균을 변환하는 특정한 함수 $g(.)$ 가 연결함수다. 연결함수 $g(.)$ 는 일반선형모형의 반응변인과 체계적 성분이 서로 연결되는 양상을 정의하는 함수다. 이 때문에 일반선형모형의 체계적 성분 $\alpha+\beta_1x_1+\beta_2x_2+\cdots\cdots+\beta_kx_k$ 와 등식으로 직접 연결되는 $g(\mu)$ 를 '자연모수 (natural parameter)' 라고 부른다. 일반선형모형이 궁극적으로 예측하는 것은 μ 이지만, μ 는 일반선형모형의 체계적 성분으로부터 직접 예측되는 것이 아니고, 체계적 성분이 예측하는 자연모수 $g(\mu)$ 를 다시 연결함수 $g(.)$ 의 역함수를 이용하여 산출된다.

만약 반응변인 Y 를 원래의 변인 그대로 일반선형모형의 무선적 성분으로 간주한다면, $g(\mu)=\mu$ 가 될 것인데, 이것을 '동일 연결함수 (identity link function)' 라고 부른다. 동일 연결함수로 정의된 일반선형모형은 반응변인의 평균과 체계적 성분이 서로 1 : 1 의 직선형 (linear) 으로 연결된다는 것을 가정한다. 즉, 일반선형모형의 무선적 성분과 원래의 반응변인이 동일하다는 의미다. 동일 연결함수에 의해 정의된 일반선형모형은 다음과 같이 표현된다.

$$\mu=\alpha+\beta_1x_1+\beta_2x_2+\cdots\cdots+\beta_kx_k$$

일반적인 중다회귀모형 (multiple regression model) 과 변량분석모형 (analysis of variance model) 은 동일 연결함수를 사용하는 일반선형모형이다. 이러한 모형들에서는 μ 자체가 모형의 체계적 성분이 예측하는 자연모수다. 중다회귀모형과 변량분석모형의 반응변인 (즉, 종속변인) 은 연속변인이고, 연속변인은 모든 가능한 실수를 그 값으로 가질 수 있기 때문에 이러한 반응변인의 평균 혹은 중심경향성은 추가적인 조치 없이 본래의 형태 그대로 일반선형모형의 체계적 성분과 등식으로 연결될 수 있다.

중다회귀모형과 변량분석모형은 반응변인의 값이 모형이 예측하는 평균을 중심으로 정규분포 (normal distribution) 에 따라 발현한다고 가정한다. 이 가정을 '정규성 가정 (normality assumption)' 이라고 부른다. 일반선형모형에서 동일 연결함수가 사용되는 경우에 무선적 성분에 정규분포가 가정되는 이유는 무엇일까? 일반선형모형이 예측하는 반응변인의 값은 주어진 설명변인의 값을 전제했을 때 당연히 가능성 혹은 확률이 가장 높은 반응변인의 값이어야 한다. 앞서 설명한 바와 같이, 주어진 설명변인의 값을 가진 실제 사례들의 반응변인 값은 언제나 모형이 예측하는 값과 동일하지 않고 제각각 다르므로 어떤 형태로든 분포를 가지게 마련이다. 그런데 이 분포가 정규분포일 때는 반응변인 값의 대수평균이 가장 '밀도 (density)' 가 높은 값이고, 가장 가능성이 높은 값이다 (밀도의 정확한 개념은 제 1 장을 참조하라). 따라서 주어진 설명변인의 값을 가진 실제 사례들의 반응변인 분포가 정규분포라고 가정되는 경우에는 일반선형모형은 그 사례들의 대수평균을 예측하는 모형이 되어야 하고, 그 조건을 충족하기 위해서는 당연히 동일 연결함수가 사용되어야 한다.

중다회귀모형과 변량분석모형은 체계적 성분에 의하여 반응변인의 대수평균 (μ) 그 자체를 설명하는 일반선형모형이므로 그 모형들의 무선적 성분은 정규분포에 기초한다는 가정을 한다. 간단히 말해서 일반적인 중다회귀모형과 변량분석모형은 정규분포에 기초한 무선적 성분을 가지고, 무선적 성분의 대수평균과 체계적 성분이 1 : 1 로 서로 연결된다고 가정하는 일반선형모형의 일종이다.

주어진 설명변인의 값을 가진 실제 사례들의 반응변인 분포가 정규분포를 하지 않고 이항분포 혹은 포아송분포를 할 때는 그 분포들의 대수평균은 그 분포들에서 가장 밀도 혹은 가능성이 높은 값이 아니다. 따라서 이때에는 일반선형모형이 그 사례들의 대수평균을 예측하는 모형이 되어서는 안 된다. 이때는 그 사례들의 분포에서 가장 밀도가 높은 값을 예측하기 위하여 동일 연결함수 이외의 다른 연결함수들에 의하여 반응변인을 변환하는 일반선형모형이 사용되어야 한다. 또한, 이항분포 혹은 포아송분포를 하는 반응변인의 분포에서 밀도 (가능성) 가 가장 높은 값을 예측하기 위한 일반선형모형은 반응변인과 체계적 성분이 서로 비직선형

(nonlinear) 으로 연결될 수밖에 없다. 반응변인과 체계적 성분이 서로 비직선형으로 연결되는 경우에는 반응변인을 비직선형으로 변환하여 일반선형모형의 무선적 성분과 체계적 성분이 직선형의 관계를 가지게 만들기 위한 연결함수들이 사용된다. 반응변인을 비직선형으로 변환하는 대표적 연결함수들이 '로그 연결함수 (log link function)', '로짓 연결함수 (logit link function)' 그리고 '프로빗 연결함수 (probit link function)' 다. 이 절의 나머지 부분에서 이 연결함수들을 설명하고자 한다.

이들 세 가지 연결함수 중에 무선적 성분 $g(\mu)$ 에 포아송분포가 내재한다고 가정하는 로그선형분석 (loglinear analysis) 과 포아송 회귀분석 (Poisson regression) 은 로그 연결함수를 일반선형모형의 무선적 성분으로 사용한다. 로그 변환된 평균 $ln(\mu)$ 은 무선적 성분에 포아송분포를 가정하는 모형들의 자연모수다. 반면에 무선적 성분에 이항분포가 내재한다고 가정하는 로짓 분석 (logit analysis) 과 로지스틱 회귀분석 (logistic regression) 은 로짓 연결함수를 사용하여 범주적인 가부반응변인을 변환한다. 다음에 자세히 설명될 로짓 (logit) 은 무선적 성분에 이항분포를 가정하는 모형들의 자연모수다. 무선적 성분에 정규분포하는 잠재특질 (latent trait) 이 내재한다고 가정하고, 반응변인 자체가 아니라 그 이면의 잠재특질을 설명하기 위한 프로빗 분석 (probit analysis) 은 프로빗 연결함수를 사용하여 범주적인 가부반응변인을 변환한다. 따라서 프로빗은 무선적 성분에 정규분포하는 잠재특질이 내재한다고 가정하는 모형들의 자연모수다.

4 로그 연결함수

어떤 심리학자가 한국에서 여성에 의한 살인범죄의 발생이 여성 노동인구의 수와 관련이 있는지를 알아보기 위하여 20 년 동안 해마다 발생하는 여성에 의한 살인범죄의 발생 건수를 기록하고, 그 해의 여성 노동인구의 수를 기록한 후, 여성에 의한 살인범죄의 발생 건수를 반응변인으로 사용하고, 여성 노동인구의 수를 설명변인으로 사용하는 일반선형모형을 검증한다고 가정하자. 즉, 여성 노동인구의 수를 이용하여 여성에 의한 살인범죄의 발생 건수를 예측할 수 있는지를 파악하려는 것이다. 이러한 연구에서는 반응변인 (여성에 의한 살인범죄의 발생 건수) 이 빈도 (frequency) 혹은 횟수 (count) 다. 이와 같이 예측되는 반응변인 Y 가 빈도일 때, 그 반응변인을 비선형적으로 변환하기 위한 가장 간단하고 적절한 연결함수는 로그함수다. 빈도는 0 보다 작은 숫자일 수 없고, 로그함수 또한 0 보다 작은 숫자에 대해서는 정의되지 않는다. 로그 연결함수에 의하여 일반선형모형의 무선적 성분이 정의되면 $g(\mu) = ln(\mu)$ 를 의미하고, 일반선형모형은 다음과 같이 기술된다.

$$ln(\mu) = \alpha + \beta_1 x_1 + \beta_2 x_2 + \cdots\cdots + \beta_k x_k$$

일반적으로 말해서 포아송분포를 하는 빈도가 일반선형모형에 반응변인으로 이용될 때는 그 반응변인을 로그 연결함수로 변환하여 일반선형모형의 무선적 성분을 정의한다. 이러한 일반선형모형을 일컬어 '포아송 회귀모형 (Poisson regression model)' 이라고 부른다.

포아송분포를 하는 빈도란 어떤 빈도일까? 제 1 장에서 포아송분포는 전체 시행의 수 혹은 표집 수 N 이 무한대이거나 불확정적인 베르누이 시행에서 희귀한 현상이 발생하는 빈도의 확률분포라는 것을 설명하였다. 특히, 일반선형모형에서 반응변인이 포아송분포를 할 것으로 가정되는 경우는 모형이 '빈도' 를 직접적으로 예측하려는 경우다. 포아송분포는 전체 시행의 수 혹은 표집 수 N 이 무한대이거나 불확정적이라고 가정하므로 포아송분포를 하는 빈도는 비율로 변환될 수 없다. 강우량이나 온도에 의하여 어떤 논두렁에서 생기는 네잎클로버의 개수를 예측하는 경우가 그 예다. 이런 경우에는 그 논두렁에서 생기는 모든 클로버의 정확한 개수를 알 수 없고, 고정시킬 수 없으므로 일반선형모형에 의하여 네잎클로버의 비율을 예측할 수 없다. 따라서 전체 시행의 수 혹은 표집 수 N 이 확정되지 않아서 반응변인의 빈도가 비율르 변환될 수 없는 경우는 그 반응변인의 빈도는 포아송분포를 할 것으로 가정하는 것이 합리적이다.

포아송분포를 하는 빈도가 반응변인으로 이용되는 일반선형모형에서는 로그 연결함수가 사용되는 이유는 무엇일까? 제 1 장에서 설명한 바와 같이 포아송분포를 하는 빈도 변인은 그 표집분포의 평균과 변량이 동일하다는 특징을 가지기 때문이다. 이 특징이 로그 연결함수를 사용하는 이유가 되는 까닭을 이해해 보자. 예를 들어, 온도에 의하여 어떤 논두렁에서 생기는 네잎클로버의 평균 개수를 예측하는 일반선형모형이 $g(\mu) = \alpha + \beta_1 x_1$ 라고 가정하자. 이 모형에서 μ 는 특정한 온도 (x_1) 에서 생기는 네잎클로버의 평균 개수다. 만약 온도와 네잎클로버의 발생이 정적인 관계를 가진다면, 온도 (x_1) 가 높은 경우에는 높은 μ 가 예측되고, 온도가 낮은 경우에는 낮은 μ 가 예측된다. 그런데 일반선형모형의 공식에는 표현되지 않지만, μ 는 그 주변에 네잎클로버 개수의 포아송분포를 동반한다. 예를 들어, 어떤 날의 온도가 26℃ 일 때 일반선형모형은 $\mu = 12$ 일 것으로 예측하지만, 실제 네잎클로버의 개수 Y 는 15 개일 수도 있고, 11 개일 수도 있다. 온도가 $x_1 = 26$℃ 일 때, 실제 네잎클로버의 실제 개수 Y 가 얼마인가는 $\mu = 12$ 를 중심으로 존재하는 포아송분포의 확률에 따라 결정된다. 이 포아송분포의 변산이 크면 실제 네잎클로버의 개수 Y 가 모형이 예측하는 $\mu = 12$ 에서 크게 이탈할 확률이 크고, 포아송분포의 변산이 작으면 실제 네잎클로버의 개수 Y 가 모형이 예측하는 $\mu = 12$ 에서 크게 이탈할 확률이 작다. 따라서 μ 를 중심으로 존재하는 포아송분포의 변산은 모형의 예측정확성에 대한 하나의 준거가 된다. 예측되는 네잎클로버의 평균 μ 를 중심으로 하는 포아송분포의 변산이 큰 것으로 추정되는 일반선형모형 $g(\mu) = \alpha + \beta_1 x_1$ 은 예측정확성이 낮은 모형이 되고, 그 포아송분포의 변산이 작은 것으로 추정되는 일반선형모형은 예측정확성이 높은 모형이 된다.

그런데 포아송분포를 하는 빈도 변인은 그 표집분포의 평균과 변량이 동일하다는 특징을 가지는 까닭에, 만약 온도와 네잎클로버의 발생이 정적인 관계를 가진다면, 온도 x_1 이 높은 영역에서는 예측되는 네잎클로버의 평균 개수 μ 또한 크고, 그 예측되는 평균 μ 를 중심으로 존재하는 포아송분포의 변산도 크다. 반면에 온도 x_1 이 낮은 영역에서는 예측되는 네잎클로버의 평균 개수 μ 또한 낮고, 그 예측되는 평균 μ 를 중심으로 존재하는 포아송분포의 변산도 역시 작다. 이와 같이 모형에 의하여 예측되는 평균 μ 를 중심으로 존재하는 포아송분포의 변산이 설명변인 x_1 의 값이 큰 영역과 작은 영역에서 달라지기 때문에 반응변인이 포아송분포를 하는 빈도인 경우에는 그 반응변인을 예측하기 위한 일반선형모형 $g(\mu) = \alpha + \beta_1 x_1$ 의 예측정확성을 판단하기 위하여 어떤 기준을 사용해야 하는지가 모호해진다는 문제가 발생한다. 이런 경우에 로그 연결함수를 이용하여 반응변인 Y 를 로그 변환하고, 일반선형모형을 $ln(\mu) = \alpha + \beta_1 x_1$ 으로 정의하면, 설명변인 x_1 의 모든 영역에서 $ln(Y)$ 의 변산이 균일해지는 효과가 생길 수 있다. 이 점을 이해하기 위하여 [그림 3-1] 의 산포도를 살펴보자.

x_1	Y	$ln(Y)$
1	1	0.00
1	2	0.69
1	3	1.10
1	4	1.39
1	5	1.61
2	2	0.69
2	4	1.39
2	6	1.79
2	8	2.08
2	10	2.30
3	4	1.39
3	7	1.95
3	10	2.30
3	13	2.56
3	16	2.77
4	7	1.95
4	11	2.40
4	15	2.71
4	19	2.94
4	24	3.18
5	11	2.40
5	16	2.77
5	21	3.04
5	26	3.26
5	31	3.43

(a) x_1과 Y의 산포도 (b) x_1과 $ln(Y)$의 산포도

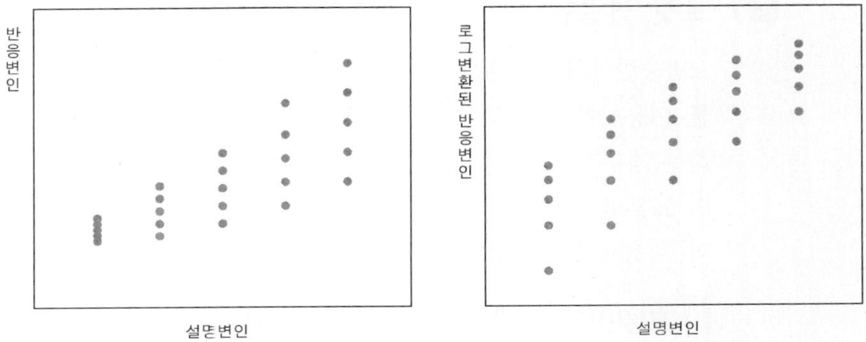

[그림 3-1] 예측되는 평균을 중심으로 포아송분포를 하는 빈도자료의 변산에 대하여 로그 변환이 미치는 영향

[그림 3-1] 의 (a) 는 포아송분포를 하는 반응변인 Y와 설명변인 x_1 의 산포도를 작도한 것인데, 반응변인 Y와 설명변인 x_1 이 서로 정적인 관계를 가지는 까닭에 x_1 의 값이 커질수록 Y의 변산이 증가하는 것을 보여 주고 있다 (만약 포아송분포를 하는 반응변인 Y와 설명변인 x_1 이 서로 부적인 관계를 가지는 경우에는 x_1 의 값이 커질수록 Y의 변산이 감소한다). 이런 경우에는 반응변인에 대한 설명변인의 예측 정확성을 판단하기 위한 기준을 위하여 설명변인의 어떤 영역에서 Y 변산을 이용해야 하는지가 모호해지는 문제가 발생한다. 그런데 반응변인 Y를 로그 변환하여 작도한 산포도 (b) 에서는 x_1 의 모든 영역에서 $ln(Y)$ 의 변산이 훨씬 더 일관성을 가지는 것을 알 수 있다. 이것을 '변량의 균질성 (homogeneity of variance)' 이라고 부른다. 이와 같이 반응변인이 포아송분포를 하는 빈도인 경우에는 로그 연결함수를 이용하여 반응변인 Y를 로그 변환하고, 일반선형모형을 $ln(\mu) = \alpha + \beta_1 x_1$ 로 정의하면, 설명변인 x_1 의 모든 영역에서 $ln(Y)$ 의 변산이 훨씬 더 균질적이 되는

효과가 생기므로 일반선형모형의 예측정확성을 판단하기 위한 비교적 일관된 기준을 사용할 수 있다는 장점이 있다.

5 로짓 연결함수

반응변인의 표본빈도가 이항분포를 하는 경우에 일반선형모형은 로짓 연결함수를 이용하여 무선적 성분을 정의한다. 우선 반응변인의 표본빈도가 이항분포를 하는 경우가 어떤 경우인지를 살펴보고, 로짓이 무엇인지를 설명한 후, 반응변인의 표본빈도가 이항분포를 하는 경우에 일반선형모형이 로짓 연결함수를 이용하여 무선적 성분을 정의하는 이유를 설명하고자 한다.

(1) 표본빈도가 이항분포를 하는 반응변인

표본빈도가 이항분포에 따라서 나타날 것으로 예상되는 반응변인의 예는 동전던지기를 10 번 시도하는 경우에 각 시도에서 앞면 혹은 뒷면이 나타났는지의 여부, 20 명의 암 환자를 치료했을 때 각 환자가 결국 완쾌되었는지 혹은 사망했는지의 여부, 법과대학 출신자 15 명이 사법고시에 응시했을 때 각 응시자가 합격했는지 혹은 불합격했는지의 여부, 자폐증 아동 30 명을 놀이치료를 이용하여 사회적 상호작용 훈련을 하였을 때 각 아동의 사회성이 개선되었는지 혹은 아닌지의 여부 등이다. 이 반응변인들의 공통적인 특징은 모두 시도 수, 관찰 수 혹은 표집 수가 한정적으로 고정되어 있다는 것이고, 각 시도, 관찰 혹은 표집에서 두 가지 중의 한 가지 현상이 발생한다는 것이다. 앞서 제 1 장에서 이항분포는 시도 혹은 관찰의 수가 N번으로 한정적이고 고정된 베르누이 시행에서 두 가지 사상 (event) 중에 하나의 사상이 나타나는 빈도의 확률분포라고 하였다. 이항분포는 그 고정된 수만큼의 시도, 관찰, 표집에서 특정한 현상이 발생하는 빈도의 확률분포다. 예를 들어, 수많은 병원에서 각각 20 명의 암환자를 같은 방법으로 치료하였을 때 각 병원에서 결국 완쾌되는 환자의 빈도는 병원마다 조금씩 다를 것인데, 이 빈도들의 분포는 이항분포를 할 것으로 예상된다.

좀 더 구체적인 예를 들어 보자. 어떤 심리학자가 남성호르몬이 공격성을 유발하는지를 알아보기 위하여 100 마리의 암토끼를 이용한 실험을 하였는데, 암토끼들을 20 마리씩 5 집단으로 무작위 할당한 후, 각 집단의 암토끼들에게 각기 다른 양의 테스토스테론(testosterone)을 주입하고, 각 암토끼를 새끼토끼와 짝지어 우리 속에 가두어 둔 후, 암토끼가 새끼토끼를 공격하는 행동을 보이는지를 하루 동안 관찰하였다고 가정하자. 이 실험의 설명변인(x_1)은 '투여된 테스토스테론의 양'이고, 반응변인(Y)은 '공격행동의 유무' 다. 심리학자는 이 실험에서 나온 결과를 분석하여 공격행동의 유무가 투여된 테스토스테론에 의하여 설명되는지 혹은 예측되는지의 여부를 일반선형모형을 이용하여 검증하려고 한다. 실험에서 나온 가상적인 자료가 <표 3-1>과 같다고 가정하자.

〈**표 3-1**〉 남성호르몬이 공격성을 유발하는지를 알아보기 위한 가상적인 암토끼 실험

x_1: 테스토스테론의 양	Y: 공격행동		전체	승산	로짓	프로빗
	유	무				
0 mg	2	18	20	0.11	−2.21	−1.28
2 mg	3	17	20	0.18	−1.71	−1.04
4 mg	8	12	20	0.67	−0.40	−0.25
6 mg	11	9	20	1.22	0.20	0.13
8 mg	17	3	20	5.67	1.74	1.04

'유' = 공격행동을 보인 암토끼의 수, '무' = 공격행동을 보이지 않은 암토끼의 수

이 가상적인 연구 상황에서 우선 주목해야 할 것은 연구자가 검증하려는 일반선형모형에서 반응변인 혹은 예측되는 변인 Y가 '공격행동의 유무' 라는 이분반응변인(dichotomous response variable) 혹은 가부반응변인(quantal response variable)이라는 사실이다. 이것은 앞서 포아송분포를 하는 변인을 위한 일반선형모형의 경우와 매우 다른 상황이다. 포아송분포를 하는 반응변인을 위한 일반선형모형에서는 그 모형의 반응변인 Y는 빈도이고, 그것의 평균 μ는 당연히 빈도의 평균이라는 것을 설명하였고, 이런 경우에는 반응변인 Y가 포아송분포를 할 것으로 가정될 수밖에 없는 이유도 또한 설명하였다. 반면에 <표 3-1>의 실험상황에서 심리학자는 투여된 테스토스테론에 의하여 공격행동의 유무가 설명되는지 혹은 예측되는지를 알고 싶어 한다. 따라서 이 실험에서 반응변인 Y는 0과 1을 그 값으로 가지는

가부반응변인이고, 투여된 테스토스테론에 의하여 공격행동의 유무가 설명되는지를 검증하기 위한 일반선형모형 $g(\mu) = \alpha + \beta_1 x_1$ 의 무선적 성분에 포함된 μ 는 0 과 1 의 값을 가지는 반응변인 Y 의 평균이므로 곧 특정한 양의 테스토스테론을 투여한 암토끼 중에 $Y = 1$ 의 값 (공격행동 유무 = '유') 을 가지는 사례의 비율이다. 즉, 이 실험의 자료를 분석하기 위한 일반선형모형은 특정한 양의 테스토스테론을 투여한 암토끼 중에 공격행동을 보이는 암토끼의 모집단 비율 (μ) 을 예측하는 모형이다.

<표 3-1> 의 가상적인 연구 상황에서 두 번째로 주목해야 할 것은 반응변인 Y 는 그것의 표본빈도가 이항분포를 하는 변인이라는 사실이다. 예를 들어, 모집단에 4 mg 의 테스토스테론이 투여된 암토끼들이 무수히 많다고 가정하고, 어떤 일반선형모형이 그 모집단에서 공격행동을 보이는 암토끼의 모집단 비율이 $\mu = 0.3$ 일 것으로 예측한다고 가정하자. 이 일반선형모형이 옳다면, 만약 모집단에서 20 마리를 무작위로 추출하여 그 표본에서 공격행동을 보이는 암토끼의 수를 세어 보면 $\mu N = (0.3)20 = 6$ 마리가 나타날 것으로 기대된다. μN 은 이항분포를 하는 변인의 특정한 사상 ($Y = 1$) 에 대하여 일반선형모형이 예측하는 빈도다. 앞서 일반선형모형은 가부반응변인의 평균 (비율) μ 를 예측한다고 하였다. 그런데 이 가부반응변인이 이항분포를 한다면 N 이 한정적이고 고정적인 상수이므로, 반응변인의 특정한 사상 ($Y = 1$) 의 비율 μ 를 예측하는 것은 그 사상의 빈도 μN 을 예측하는 것과 같다.

모집단에 4 mg 의 테스토스테론이 투여된 암토끼가 무수히 많고, 어떤 일반선형모형이 그 모집단에서 공격행동을 보이는 암토끼의 모집단 비율이 $\mu = 0.3$ 이며, 따라서 $N = 20$ 인 표본의 빈도는 $\mu N = 6$ 일 것으로 예측한다고 가정하고, 더 나아가서 이러한 예측을 하는 일반선형모형은 옳은 혹은 정확한 모형이라고 가정하자. 이런 경우에도 실제 표본자료에서는 <표 3-1> 의 실험과 같이, 4 mg 의 테스토스테론이 투여된 암토끼 20 마리 중에 8 마리가 공격행동을 보이는 경우가 생길 수 있다. 이와 같이 실제 자료에서 관찰되는 표본빈도 n_1 은 일반선형모형이 예측하는 빈도 μN 과 다를 수 있는데, 실제 표본자료의 빈도 n_1 이 모형이 예측하는 빈도 μN 에서 이탈되는 양상은 이항분포에 따라 나타나게 된다. 요약하자면, 특정한 양의 테스토스테론을 투여한 암토끼의 수는 모두 20 으로 한정되었고, 반

응변인 Y는 공격행동을 보이거나 보이지 않는 여부이므로, 특정한 양의 테스토스테론을 투여한 20 마리의 암토끼 중에 공격행동을 보이는 암토끼의 표본빈도 n_1 은 일반선형모형이 예측하는 μN을 중심경향성으로 가지는 이항분포에 따라 나타날 것으로 예상된다. 이것을 일반적으로 표현하자면, 일반선형모형이 예측하는 μ가 비율이고, 따라서 비율을 평균으로 가지는 반응변인 Y가 가부반응변인이며, 표집 수 N이 한정적이고 고정되어 있을 때는 표본자료에서 관찰된 빈도 n_1 은 일반선형모형이 예측하는 μN을 중심으로 이항확률에 따라 발현할 것으로 가정된다.

(2) 로짓

반응변인의 표본빈도가 이항분포를 하는 일반선형모형의 경우에 가장 적절한 연결함수는 로짓 연결함수다. 로짓 (logit) 이라는 용어는 '로지스틱 확률단위 (logistic probability unit)' 의 약칭이다 (Berkson, 1944).

앞서 제 2 장에서 승산 (odds) 의 개념을 살펴보았다. 승산은 시도 수, 관찰 수, 혹은 표집 수 N이 한정적이고 고정되어 있고, 각 시도, 관찰, 표집에서 두 가지 중의 한 가지 현상이 나타날 수 있을 때, N번의 시도, 관찰, 표집에서 집계된 두 가지 현상의 빈도 비율 n_1/n_0 을 의미한다. 즉, 승산은 이항분포를 전제하는 개념이다. 예를 들어, <표 3-1> 에서 $x_1 = 4$ mg 인 실험집단의 승산은 $n_1/n_0 = 8/12 = 0.667$ 이다. 보통 승산을 계산할 때 분자로 이용되는 빈도를 '성공빈도' 라고 부르고, 분모로 이용되는 빈도를 '실패빈도' 라고 부른다. <표 3-1> 에는 각 실험집단의 승산이 기재되어 있다. <표 3-1> 에 기재된 승산들은 공격행동을 보이는 경우를 '성공 (분자)' 으로, 그것을 보이지 않는 경우를 '실패 (분모)' 로 간주하여 계산된 것들이다.

승산은 0.00 과 $+\infty$ 사이의 값을 가진다. 승산의 값이 1.00 이면 성공빈도와 실패빈도가 동일하다는 것을 의미한다. 반면에 승산의 값이 1.00 보다 크면, 성공빈도가 실패빈도보다 큰 것을 의미하고, 1.00 보다 작으면 성공빈도가 실패빈도보다 작은 것을 의미한다. 따라서 <표 3-1> 의 예에서 승산은 공격행동 (성공) 가능성을 나타내는 지수라고 할 수 있다. 또한, 승산에서 성공비율은 $p = odds/(odds+1)$ 과 같이 산출될 수 있다. 예를 들어, $x_1 = 4$ mg 인 실험집단의 성공비율 (공격행동을 보이는 암토끼의 비율) 은 0.67/1.67 = 0.40 이다.

승산은 그 의미가 매우 분명하여 유용한 지수지만, 성공빈도와 실패빈도가 동일한 경우 (승산 = 1.00) 를 중심으로 비대칭적인 범위를 가진다는 단점이 있다. 왜냐하면 성공비율이 최소값 0 인 경우 승산은 0.00 이고, 성공비율이 최대값인 1 인 경우 승산은 $+\infty$ 가 되는데, 성공비율이 중간값인 0.5 인 경우에 승산은 1.00 이 되기 때문이다. 그런데 승산을 로그 변환하면 이러한 비대칭성이 사라지는 장점이 있다. 승산을 자연로그 (natural logarithm) 로 변환한 것이 로짓이다.

$$logit = ln(odds) = ln\left(\frac{n_1}{n_0}\right) \qquad \text{<수식 3-2>}$$

이 로짓 수식에서 기호 'ln' 은 자연상수 e (2.718······) 를 기수 (基數) 로 하는 자연로그를 의미한다. 만약 승산이 1.00 이면, 로짓은 0.00 이 된다. 만약 승산이 0.00 이면 로짓은 $-\infty$ 가 되고, 승산이 $+\infty$ 이면 로짓도 $+\infty$ 가 된다 (∞ 는 '정의되지 않는다' 는 의미이기도 하다).

승산이 이항분포를 전제하는 개념이므로 로짓도 또한 당연히 이항분포를 전제하는 개념이다. <표 3-1> 에는 각 실험집단의 로짓이 기재되어 있다. 설명변인의 값이 $x_1 = 4$ mg 인 실험집단의 로짓이 0 보다 크므로 이 실험집단에서 공격행동을 보이는 암토끼의 수가 공격행동을 보이지 않는 암토끼의 수보다 많다는 것을 알 수 있다. 즉, 로짓은 각 실험조건에서 실패빈도 혹은 실패비율에 대하여 상대적인 성공빈도 혹은 성공비율의 높낮이를 지수화한 것이며, 각 실험조건 내에서 '공격행동 여부' 라는 가부반응변인이 함축하는 '可否' 정보를 연속적인 값으로 변환해 준 숫자다.

(3) 이항분포를 하는 반응변인의 로짓 변환

앞서 표본빈도가 이항분포를 하는 가부반응변인을 예측하기 위한 일반선형모형 $g(\mu) = \alpha + \beta_1 x_1 + \cdots\cdots + \beta_k x_k$ 에서 μ 는 설명변인들이 특정한 값을 가질 때 가부반응변인 Y 의 평균을 의미하는데, 반응변인 Y 가 0 과 1 을 그 값으로 가지므로 μ 는 결국 설명변인들이 특정한 값을 가질 때 $Y = 1$ 인 사례들의 비율이라는 점을 설명하였다. 이 비율을 p 로 표기하면, $g(\mu) = g(p)$ 이다. 즉, 표본빈도가 이항분포를 하는 가브반응변인을 반응변인으로 가지는 일반선형모형은 그 반응변인에서 특정한 값 ($Y=1$) 을 가지는 사례들의 비율을 예측하는 모형이다.

비율은 0 보다 작거나 1 보다 클 수 없다. 따라서 비율 p는 설명변인들의 선형조합에 의해 만들어지는 체계적 성분 $\alpha+\beta_1x_1+\cdots\cdots+\beta_kx_k$와 비직선형의 관계를 가질 수밖에 없다. 왜냐하면 $\alpha+\beta_1x_1+\cdots\cdots+\beta_kx_k$는 모든 가능한 실수를 그 값으로 가질 수 있지단, 비율 p는 반드시 0 보다 크고, 1 보다 작아야 되기 때문이다. 그러나 일반선형모형은 언제나 체계적 성분과 무선적 성분의 중심경향성이 직선형적 관계를 가지는 것으로 가정하므로, 일반선형모형을 이용하여 비율을 예측하기 위한 모형을 구성하기 위해서는 무선적 성분을 비선형적으로 변환해 주어야 한다. 무선적 성분의 중심경향성이 비율인 경우에 체계적 성분과 무선적 성분의 중심경향성이 직선형적 관계를 가지도록 무선적 성분을 변환해 주는 가장 적절한 연결함수가 로짓 연결함수다.

비율을 예측하는 일반선형모형의 무선적 성분에 대한 가장 적절한 연결함수가 로짓인 이유는 무엇일까? 그 이유를 이해하기 위해서 우선 비율과 로짓의 관계를 생각해 보자. <수식 3-2> 에 제시된 로짓의 정의에 의하면 $logit=ln(n_1/n_0)$ 이다. 그런데 $n_1+n_0=N$ 이므로 n_1/n_0 의 분자와 분모를 각각 N으로 나누어 주면 $logit=ln(p/(1-p))$ 로 표기할 수 있고, 이 로짓의 정의를 p에 대하여 재구성하면 다음과 같은 관계가 성립한다.

$$\frac{p}{1-p}=e^{logit} \text{ 이므로, } p=\frac{e^{logit}}{1+e^{logit}}=\frac{1}{1+e^{-logit}}$$

예를 들어, <표 3-1> 의 예에서 $x_1=6\,\text{mg}$ 인 실험집단에서 공격행동을 보인 암토끼의 비율 p는 $11/20=0.55$ 이다. 그런데 이 비율 $p=0.55$ 는 그 실험집단의 로짓 0.20 으로부터 다음과 같이 역산될 수 있다.

$$p=\frac{1}{1+e^{-logit}}=\frac{1}{1+e^{-0.20}}=\frac{1}{1.819}=0.55$$

즉, 비율 p와 로짓은 서로 비선형적인 'S-자형 관계(ogive-shaped relationship)' 혹은 단조형 관계(monotonic relationship)를 가진다. 그렇다면 p가 제3의 다른 변인 X와 S-자형 관계를 가지는 경우에 로짓은 X와 직선형 관계를 가지게 될 것이다. 이것을 그림으로 확인하면 [그림 3-2]와 같다.

X	p	$logit$
−1.60	.04	−3.20
−1.42	.06	−2.84
−1.24	.08	−2.49
−1.07	.11	−2.13
−.89	.14	−1.78
−.71	.19	−1.42
−.53	.26	−1.07
−.36	.33	−.71
−.18	.41	−.36
.00	.50	.00
.18	.59	.36
.36	.67	.71
.53	.74	1.07
.71	.81	1.42
.89	.86	1.78
1.07	.89	2.13
1.24	.92	2.49
1.42	.94	2.84
1.60	.96	3.20

(a) X와 p의 관계 (b) X와 $logit$의 관계

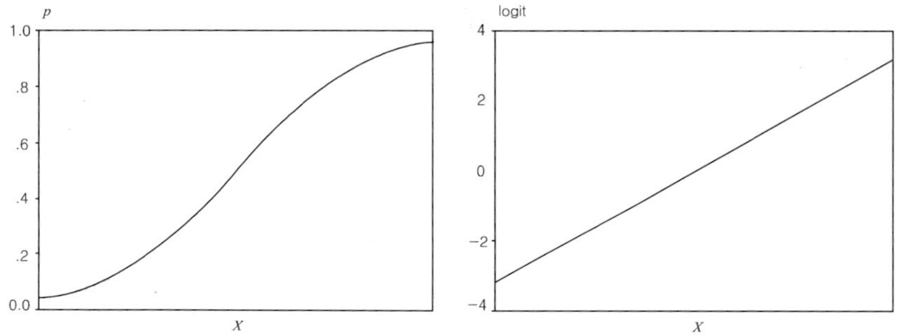

$logit = ln(p/(1-p))$

[그림 3-2] 어떤 변인 X와 비율 p의 관계와 p를 로짓으로 변환했을 때의 변인 X와 로짓의 관계

[그림 3-2]의 (a)를 보면 제3의 변인 X와 비율 p는 S-자형 관계를 가진다. 제3의 변인 X가 모든 가능한 실수를 그 값으로 가질 수 있을 때, [그림 3-2]의 (a)와 같은 관계 양상은 불가피한 것인데, 그 이유는 비율 p의 값이 $0 \leq p \leq 1$의 범위에서만 가능하기 때문이다. [그림 3-2]의 (b)는 $logit = ln(p/(1-p))$의 로짓 정의를 이용하여 p를 로짓으로 변환한 후, 그 로짓과 변인 X와의 관계를 표현한 것이다. 로짓과 변인 X는 직선형 관계를 가진다는 것이 확실히 보이고 있다.

결론적으로, 표본빈도가 이항분포를 하는 가부반응변인을 예측하는 일반선형모형은 결국 비율을 예측하는 모형인데, 이러한 모형에서 로짓 연결함수가 이용되는 이유는 제한된 범위의 값을 가지는 비율이 모든 가능한 실수를 값으로 가지는 체계적 성분과 직선형 관계를 가지지 않고 비선형적인 단조형 관계를 가지므로 그 비율을 로짓 연결함수로 변환해 주어 모형의 무선적 성분이 체계적 성분과 직

선형 관계를 가지도록 하기 위해서다. 로짓 연결함수에 의한 일반선형모형은 다음과 같이 기술된다.

$$ln\left(\frac{p}{1-p}\right) = \alpha + \beta_1 x_1 + \cdots\cdots + \beta_k x_k$$

로짓 연결함수에 의한 일반선형모형은 로짓을 예측하는 모형이다. 그러나 앞에서 설명한 바와 같이 로짓은 매우 간단히 비율 p로 변환될 수 있으므로 로짓을 예측하는 일반선형모형의 의미는 비율 p에 대하여 해석될 수 있다. 예를 들어, <표 3-1>의 실험 자료를 이용하여 일반선형모형 $ln(p/(1-p)) = \alpha + \beta_1 x_1$ 을 검증한 결과, 테스토스테론의 양이 $x_1 = 5\,\text{mg}$ 일 때 로짓이 -0.15로 예측되었다면, 이 결과는 곧 테스토스테론의 양이 $x_1 = 5\,\text{mg}$ 일 때 암토끼가 공격행동을 보일 확률은 $p = 1/(1+e^{0.15}) = 0.463$ 으로 예측한다는 것으로 해석된다.

6 프로빗 연결함수

반응변인의 표본빈도가 이항분포를 하는 경우에 일반선형모형은 로짓 연결함수를 이용하여 무선적 성분을 정의하는 것이 일반적이다. 그러나 특수한 경우에는 로짓 연결함수 대신에 프로빗 연결함수를 이용하여 무선적 성분을 정의할 수도 있다. 우선 프로빗이 무엇인지를 설명한 후 반응변인의 표본빈도가 이항분포를 하는 경우에 일반선형모형이 프로빗 연결함수를 이용하여 무선적 성분을 정의하는 특수한 경우가 어떤 경우인지를 살펴보고, 프로빗 연결함수와 로짓 연결함수의 차이점을 설명하고자 한다.

(1) 프로빗

프로빗(probit)이라는 용어는 '확률단위(probability unit)'의 약칭이다(Bliss, 1934). 프로빗은 로짓과 마찬가지로 이항분포를 전제하는 개념인데, 시도 수, 관찰 수 혹은 표집 수 N이 한정적으로 고정되어 있고, 각 시도, 관찰, 표집에서 두 가지 중의 한 가지 현상이 나타날 수 있을 때, 그중의 한 가지 현상이 발생하는 비율을 표준정규분포의 누적확률(cumulative probability)로 간주하고, 이 누적확률에 해당하는 표준점수(z)로 그 비율을 변환한 것이다. 프로빗은 흔히 z_p로 표기한다.

예를 들어, <표 3-1> 에서 $x_1 = 6\,\text{mg}$ 인 실험집단에서 공격행동을 보인 암토끼의 비율 p 는 11/20 = 0.55 이다. 이 비율을 [그림 3-3] 과 같은 표준정규분포의 누적확률로 간주하면 이 누적확률에 해당하는 z_p 는 0.13 이다.

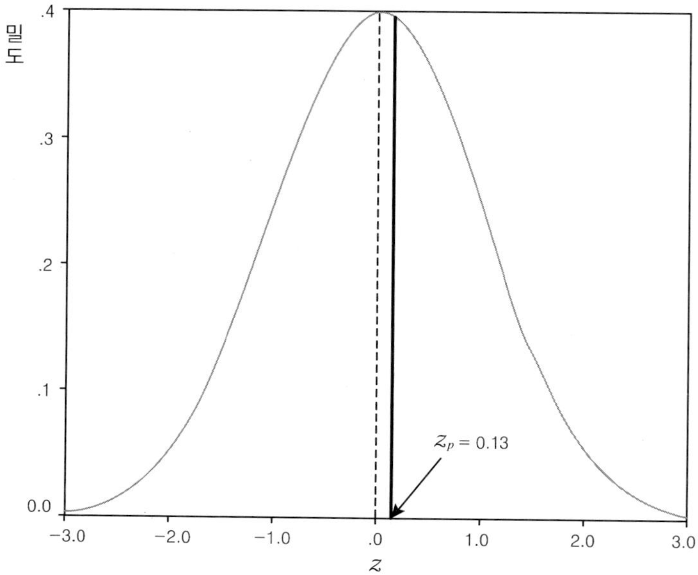

[그림 3-3] 표준정규분포에서 누적확률 0.55 에 해당하는 프로빗 (z_p = 0.13)

(2) 이항분포를 하는 반응변인의 프로빗 변환

<표 3-1> 에는 각 실험집단의 프로빗이 기재되어 있다. 앞서 로짓 연결함수에 관한 설명에서 비율 p 와 로짓이 서로 비선형적인 S-자형 관계 혹은 단조형 관계를 가진다는 것을 살펴보았다. 마찬가지로, 비율 p 와 프로빗도 서로 비선형적인 S-자형 관계 혹은 단조형 관계를 가진다. 그 이유는 표준정규분포의 누적확률은 표준점수 z 와 S-자형 관계를 가지는데, 프로빗 변환에서는 비율 p 를 표준정규분포의 누적확률로 간주하기 때문이다. 따라서 로짓 연결함수의 경우와 마찬가지로, 비율 p 가 제 3 의 다른 변인 X 와 S-자형 관계를 가지는 경우에 프로빗은 X 와 직선형 관계를 가지게 된다.

(3) 프로빗 변환에 의한 일반선형모형의 의미

표본빈도가 이항분포를 하는 가부반응변인을 예측하는 일반선형모형은 결국 비율을 예측하는 모형인데, 이러한 모형에서 프로빗 연결함수가 이용되는 이유는 로짓 연결함수가 이용되는 이유와 같다. 즉, 제한된 범위의 값을 가지는 비율이 모든 가능한 실수를 값으로 가지는 체계적 성분과 직선형 관계를 가지지 않고 비선형적인 단조형 관계를 가지므로 그 비율을 프로빗 연결함수로 변환해 주어 일반선형모형의 무선적 성분이 체계적 성분과 직선형 관계를 가지도록 하기 위해서다. 프로빗 연결함수가 이용된 일반선형모형은 다음과 같이 기술된다.

$$z_p = \alpha + \beta_1 x_1 + \cdots\cdots + \beta_k x_k$$

예를 들어, <표 3-1> 에 기재된 프로빗을 반응변인으로 가지고, 투여된 테스토스테론의 양 (x_1) 을 설명변인으로 가지는 일반선형모형 $z_p = \alpha + \beta_1 x_1$ 은 프로빗 연결함수에 의해 정의된 일반선형모형이다. 즉, 무선적 성분이 프로빗 연결함수에 의해 정의된 일반선형모형은 설명변인들에 의하여 프로빗을 예측하는 모형이다.

로짓 변환의 경우에는 비율 p가 간단한 공식에 의하여 로짓으로 변환되므로, 로짓으로부터 비율 p를 역산해 내는 것 또한 비교적 간단히 이루어진다. 따라서 로짓 변환에 의한 모형의 경우에는 그 모형의 의미를 비율 p에 대하여 해석하는 것도 앞에서 설명한 바와 같이 비교적 간단하다. 그러나 프로빗에서 비율 p를 역산하는 것은 그리 간단한 일이 아니다. 프로빗은 비율 p를 표준정규분포의 누적확률로 간주하고 산출되므로, 표준정규밀도함수 (standard normal density function) 를 $-\infty$ 부터 프로빗 z_p 까지의 영역에서 적분하면 비율 p를 역산할 수 있다.

$$p = \int_{-\infty}^{z_p} \frac{1}{\sqrt{2\pi}} e^{-z^2/2}$$

이와 같이 비율 p와 프로빗 z_p의 수학적 관계가 매우 복잡하므로, 프로빗 변환을 이용하는 모형의 경우에는 그 모형의 의미를 비율 p에 대하여 해석하기 어렵다. 프로빗 변환을 이용하는 모형의 경우에는, 비율 p에 대하여 모형의 의미를 해석하기보다는 프로빗 자체에 대하여 해석하는 것이 더 일반적이다. 이러한 이유 때문에 프로빗 연결함수에 의하여 프로빗을 예측하는 일반선형모형은 독특한 해석방식을 가진다. 이 독특한 해석방식이 로짓 연결함수를 이용하는 일반선형모형과 프로빗 연결함수를 이용하는 일반선형모형 사이의 중요한 차이점이다. 프로빗을 예측한다는 것은 어떤 의미를 가지는 것일까? 이 물음에 대한 해답은 프로빗 연결함수가 비율 p를 표준정규분포의 누적확률로 간주한다는 사실에서 찾을 수 있다.

<표 3-1> 에 의하면 테스토스테론 6 mg 이 투여된 암토끼 20 마리 중에서 55 % 인 11 마리가 공격행동을 보였다. 그런데 표준정규분포에서는 표준점수 (z) 가 0.13 보다 작은 영역의 면적 비율이 55 % 이므로 이 표준점수 0.13 이 테스토스테론 6 mg 이 투여된 집단의 프로빗 z_p 이다. <표 3-1> 의 실험상황과 개념적 맥락에서 '표준점수 (z) 가 0.13 보다 작은 영역' 이란 어떤 의미를 가지는 영역일까? 프로빗 연결함수에서는 표준점수 (z) 가 $z_p = 0.13$ 보다 작은 영역의 비율, 즉 누적확률과 공격행동을 보인 암토끼의 비율을 동일시하므로 표준정규분포에서 $z_p = 0.13$ 을 기점으로 그 왼쪽 영역에는 테스토스테론 6 mg 이 투여된 암토끼 중에서 공격행동을 보이는 55 % 가 존재하고, 그 오른쪽 영역에는 공격행동을 보이지 않는 45 % 가 존재한다고 상상할 수 있다. 그렇다면 이 상상의 표준정규분포의 횡축에 해당하는 표준점수 z 를 '공격행동에 대한 저항력 (tolerance)' 이라고 생각할 수 있다. 즉, 공격행동에 대한 저항력이 $z_p = 0.13$ 보다 낮은 암토끼들은 모두 공격행동을 보이고, 그 저항력이 $z_p = 0.13$ 보다 높은 암토끼들은 모두 공격행동을 보이지 않았다고 생각할 수 있다. 만약 이러한 상상이 타당하다면, 프로빗 z_p 는 소위 '임계저항력 (tolerance threshold)' 으로 해석할 수 있다.

<표 3-1> 을 보면 테스토스테론의 투여량이 증가할수록 프로빗이 증가하는 것을 알 수 있다. 이러한 경향성은 테스토스테론의 투여량이 증가할수록 공격행동을 보이지 않기 위해서는 공격행동에 대한 높은 저항력이 요구되는 것으로 해석된다. <표 3-1> 에서 테스토스테론 4 mg 이 투여된 집단의 프로빗은 −0.25 이다. 만약 [그림 3-3] 의 표준정규분포의 횡축에 있는 표준점수 z 를 저항력 변인이라고 해석하고, 표준정규분포는 저항력분포인데, 어떤 암토끼의 저항력이 $z = 0$ 라고 가정하자. 이 암토끼에게 테스토스테론 4 mg 을 투여하면 이 암토끼는 공격행동을 보이지 않을 것이다. 왜냐하면 이 암토끼는 테스토스테론 4 mg 이 투여되었

을 때 공격행동을 보이지 않기 위하여 요구되는 임계저항력 혹은 최소한의 저항력 −0.25 보다 높은 저항력을 가졌기 때문이다. 그러나 이 암토끼에게 테스토스테론 6 mg 을 투여한다면 이 암토끼는 공격행동을 보이게 될 것이다. 왜냐하면 이 암토끼는 테스토스테론 6 mg 이 투여되었을 때 공격행동을 보이지 않기 위하여 요구되는 임계저항력 0.13 보다 낮은 저항력을 가졌기 때문이다.

테스토스테론의 양에 의하여 공격행동에 대한 임계저항력, 즉 프로빗 z_p 를 예측하는 일반선형모형이 $z_p = \alpha + \beta_1 x_1$ 과 같이 기술되었다면, 예측된 임계저항력이 $z_p = 0$ 일 때 공격행동을 보이는 암토끼의 비율이 0.5 가 된다. 따라서 $z_p = 0$ 을 예측하는 설명변인 x_1 의 값을 '중앙효과 함량 (median effect dose)' 이라고 부르고, 흔히 ED_{50} 라고 표기한다. 설명변인 x_1 의 값이 ED_{50} 보다 커지면, 반응변인에서 공격행동을 보이는 암토끼의 수가 공격행동을 보이지 않는 암토끼의 수보다 많아지고, 설명변인 x_1 의 값이 ED_{50} 보다 작아지면, 반응변인에서 공격행동을 보이는 암토끼의 수가 공격행동을 보이지 않는 암토끼의 수보다 적어진다. 중앙효과 함량 ED_{50} 를 독극물학 (toxicology) 에서는 '치사량 (fatal dose 혹은 lethal dose)' 이라고 지칭하기도 하는데, 특정 독극물의 투여량이 ED_{50} 를 분기점으로 그보다 많아지면, 사망할 확률이 사망하지 않을 확률보다 높아진다는 의미다.

요약하면, 프로빗 연결함수가 이용된 일반선형모형은 설명변인들에 의하여 프로빗을 예측하는 모형인데, 프로빗은 특정한 설명변인의 값 (x_1) 에서 이항분포에 기초한 반응변인의 특정한 값 ($Y = 1$) 의 비율을 표준정규분포의 누적확률로 간주하고, 그 누적확률에 허당하는 표준점수를 구한 것이다. 이때 표준정규분포는 저항력분포로 해석되고, 그 표준정규분포를 구성하는 표준점수 (z) 는 저항력 변인이며, 프로빗 z_p 는 특정한 설명변인 값의 임계저항력으로 해석된다. 즉, 프로빗 연결함수에 의한 일반선형모형은 설명변인들에 의하여 임계저항력을 예측하기 위한 모형이다.

(4) 프로빗과 로짓의 비교

[그림 3-4] 에서 확인할 수 있듯이 표본빈도가 이항분포에 따라 발현하는 반응변인의 비율을 로짓 연결함수를 이용하여 변환하면 프로빗 연결함수를 이용하여

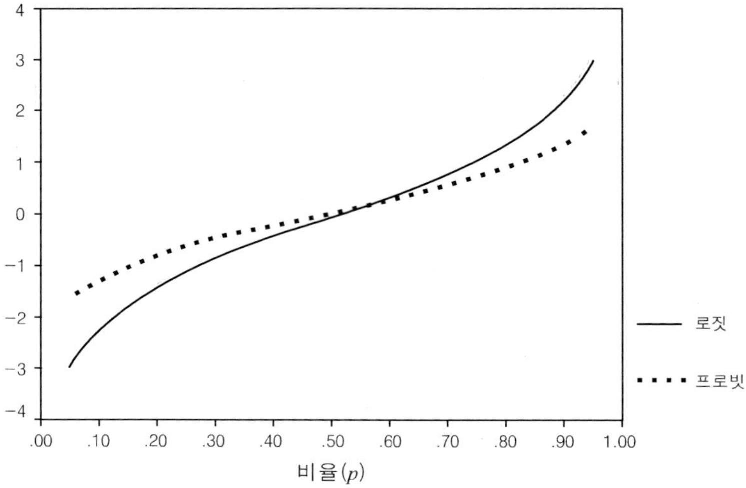

[그림 3-4] 동일한 비율을 각각 로짓으로 변환했을 때와 프로빗으로 변환했을 때의 차이

변환하는 것에 비하여 절대값이 다소 커지는데, 이러한 차이는 비율이 작아지거나 커질수록 더 크게 나타난다.

<표 3-1> 에 제시된 로짓과 프로빗도 [그림 3-4] 와 같은 양상을 보여 주고 있다. 그러나 그 두 가지 연결함수는 거의 모든 자료분석을 위하여 동일한 결과를 산출한다. 다만, 프로빗 연결함수는 로짓 연결함수에 비하여 더 제한적인 용도를 가진다. 왜냐하면 프로빗 연결함수는 이항분포에 준하여 발현하는 표본빈도의 이면에 실제로는 연속적인 분포인 저항력의 정규분포가 내재한다는 가정을 가지기 때문이다. 생화학이나 의학 등의 분야에서는 프로빗 연결함수의 이 가정이 유용한 경우도 많다. 그러나 이 가정이 매우 특수한 가정이기 때문에 역사적으로는 프로빗 연결함수가 로짓 연결함수보다 약 10 년 정도 먼저 개발되었으나, 대부분의 가부반응분석들에서는 프로빗 연결함수보다는 로짓 연결함수를 이용하여 일반선형모형의 무선적 성분을 정의한 후 분석에 활용하는 경우가 더 많다.

7 보충적 로그-로그 연결함수

앞에서 프로빗을 저항력 분포에서의 임계저항력으로 해석한다는 것을 설명하였다. 그런데 프로빗은 정규분포하는 잠재변인이다. 프로빗분포가 정규분포하는 임계저항력 분포라는 것은 다음과 같은 속성을 암시한다. 어떤 독극물이 있다고 가정하자. 이 독극물의 양이 극소할 때는 그것에 견디기 위한 임계저항력이 매우 낮고, 사망확률이 거의 0 이다. 즉, 이때의 임계저항력은 정규분포하는 프로빗분포의 왼쪽 극단에 위치하고, 그 임계저항력까지의 누적확률 (정규분포의 면적) 이 거의 0 이다. 이제 독극물의 양이 서서히 증가하면, 그것에 견디기 위한 임계저항력도 증가한다. 임계저항력이란 그것보다 낮은 저항력을 가진 사람이나 동물은 사망할 수 있다는 의미다. 임계저항력이 증가하면 사망확률, 즉 정규분포에서 임계저항력까지의 누적확률도 서서히 증가한다. 그런데 정규분포는 좌우대칭이라는 특성이 있으므로, 사망확률 (임계저항력까지의 누적확률) 이 0 에서부터 시작하여 임계저항력의 증가와 함께 증가하는 속도는 처음에는 매우 느리고, 임계저항력이 정규분포의 중간 부분에 이르렀을 때 증가속도가 가장 빠르며, 사망확률이 1 에 근접할 때 다시 사망확률이 0 에서 출발할 때와 같은 속도로 증가가 느려진다. 간단히 말해서, 프로빗분포는 좌우대칭성을 가지는 정규분포이고, 이것의 누적확률 분포는 180° 회전대칭적인 S-자형 곡선이다.

그런데 모든 독극물이 그 양과 사망확률의 관계가 프로빗분포가 가정하는 것처럼 대칭적인 것은 아니다. 예를 들어, 독극물의 양이 적은 범위에서는 양의 증가에 따른 사망확률의 증가가 매우 느리지만, 독극물의 양이 많은 범위에서는 양의 증가에 따라서 서서히 확률 1 에 도달하는 것이 아니고 갑자기 확률이 1 이 되어 버리는 경우가 많다. 이러한 현상은 독극물과 사망확률뿐만 아니라 다른 많은 경우에서도 발견된다. 강철봉의 강도를 시험하기 위하여 압축기로 압력을 가하면 압력이 약할 때는 압력증가에 따른 임계저항력이 증가하면서 절단확률이 서서히 증가하지만 압력이 강해지면 어떤 시점에서 절단확률이 갑자기 1 이 된다. 시끄러운 아내의 바가지와 인내심 많은 남편의 고함도 이러한 양상을 보이는 경우가 많다. 아내의 바가지가 증가하면 남편의 임계저항력도 증가하지만 처음에는 남편이 고함을 지를 확률이 급격히 높아지지 않는다. 그런데 아내의 바가지가 점차로 증가하고, 그에 따라 남편의 임계저항력이 높아지는 상황에서는 인내심 많은 남편들까지도 돌발적으로 고함을 지르는 상황이 갑자기 발생할 수 있다. 즉, 바가지 수준이 낮을 때 아내가 한마디 더 하는 것은 남편의 고함칠 확률을 거의 증가시키지 않지만, 바가지 수준이 이미 높을 때 아내가 한마디 더 하는 것은 남편이 고함칠 확률을 급격하게 증가시킬 수 있다. 이와 같은 양상을 가진 저항력 분포를 이론화한 것이 '검벨분포 (Gumbel distribution)' 다. 검벨분포의 밀도함수와 누적확률함수는 다음과 같다.

$$f(u) = \frac{1}{k}e^{(u-c)/k}exp(-e^{(u-c)/k}) \quad p = \int_{-\infty}^{d} f(u)du = 1 - exp(-e^{(d-c)/k})$$

왼쪽 밀도함수식에서 $f(u)$는 밀도이고, u는 '저항력' 으로 해석되는 변인이고, k는 검벨분포의 변산을 정의하는 모수인데 항상 $k > 0$을 만족해야 하고, c는 검벨분포의 위치 (정확하게는 최빈치) 를 정의하는 모수인데 $-\infty < c < \infty$의 범위를 가진다. 간단히 말해서, 정규분포가 평균 μ와 표준편차 σ로 정의되는 표준변인 z의 분포이듯이 검벨분포는 최빈치 c와 변산 k로 정의되는 저항력 u의 분포다. 오른쪽의 누적확률함수 식에서 p는 누적확률이고, d는 프로빗 z_p와 마찬가지로 임계저항력이다. 즉, 왼쪽의 누적확률함수 식은 검벨분포에서 u가 $-\infty$부터 d에 이르는 지점까지의 면적을 의미한다. 이해를 돕기 위하여 $k = 1$이고, $c = 0$인 검벨분포의 밀도함수와 누적확률함수를 그림으로 표현하면 [그림 3-5] 와 같다.

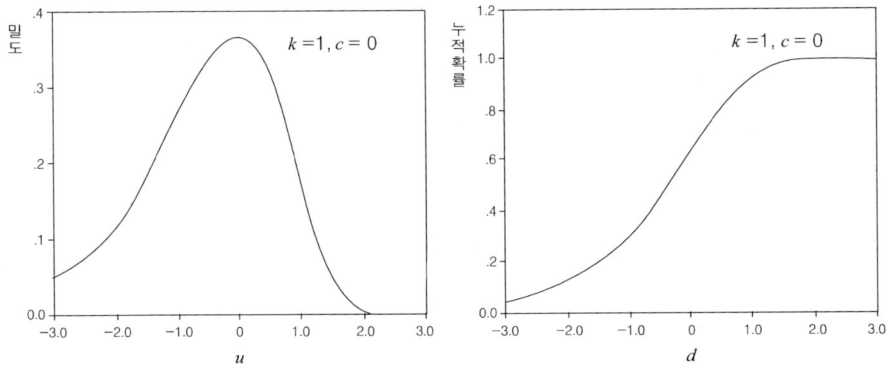

[그림 3-5] $k = 1$이고, $c = 0$인 검벨분포의 밀도함수와 누적확률함수

[그림 3-5] 의 밀도함수를 보면 검벨분포가 좌우비대칭 분포라는 것을 알 수 있고, 누적확률함수를 보면 임계저항력 d가 높은 영역에서 누적확률이 갑자기 1 이 되어 버리는 양상을 알 수 있다. 왼쪽의 밀도함수 곡선에서 밀도가 가장 높은 지점 (즉, 최빈치) 의 u가 상수 c이다. [그림 3-5] 의 검벨분포는 $c=0$ 을 가정하고 그린 것이므로 $u=0$ 이 그 분포의 최빈치다. 모든 검벨분포의 변량 (variance) 는 $1.645\,k^2$ 이다. [그림 3-5] 의 검벨분포는 $k=1$ 을 가정하고 그린 것이므로 [그림 3-5] 의 검벨분포의 변량은 1.645 이다.

이제 검벨분포의 누적확률함수 식을 이용하여 확률 p와 임계저항력 d의 관계를 살펴보자. $p=1-exp(-e^{(d-c)/k})$ 이므로, $1-p=exp(-e^{(d-c)/k})$ 이고 $-ln(1-p)=e^{(d-c)/k}$ 이며, 결국

$$ln(-ln(1-p))=-\frac{c}{k}+\frac{1}{k}d$$

만약 어떤 현상 (독극물 중독에 의한 사망, 강철봉의 절단, 남편의 고함) 이 검벨분포를 한다면, 그 특정한 검벨분포에서 k와 c가 상수이므로 결국 그 현상이 발생할 확률 p를 연거푸 로그 변환하면 임계저항력 d가 된다는 것을 알 수 있다. 확률 p를 $ln(-ln(1-p))$ 로 변환하는 것을 '보충적 로그-로그 변환 (complementary log-log transformation)' 이라고 부른다. 이 변환을 약칭 CLL 로 지칭하자. 이것은 확률에 대한 로그 변환을 확률이 1 이 되는 부분에서 부분적으로 조절하기 위하여 다시 한 번 로그 변환하였다는 뜻이다.

CLL 변환 $ln(-ln(1-p))$ 는 확률 p를 검벨분포를 하는 임계저항력으로 변환하는 것이다. 확률은 0 과 1 의 범위를 가지는 반면, 그것을 CLL 로 변환하면 범위가 $-\infty$ 와 ∞ 로 확장되고, 따라서 일반선형모형의 무선적 성분으로 사용될 수 있다. 그러나 CLL 변환은 대칭성을 가지지 않는다. $p=0.5$ 일 때 CLL 은 0 이 아니라 $ln(-ln(0.5))=-0.3665$ 가 된다. CLL 변환이 일반선형모형에서 연결함수로 사용되는 가상적인 예를 통하여 보충적 로그-로그 연결함수를 설명하고자 한다.

노벨상 수상 야심이 있는 어떤 심리학자가 시끄러운 아내의 바가지에 의한 인내심 많은 남편의 고함을 예측하는 모형을 구성하기 위하여 매우 많은 수의 부부

를 대상으로 몰래카메라를 이용하여 하루 동안 관찰하였다. 관찰된 부부 중에는 아내가 바가지를 긁는 경우도 다수 있었는데, 심리학자는 아내의 바가지를 그 정도에 따라 0 점부터 9 점까지 점수화하였다. 그런 후, 바가지 점수를 기준으로 각 점수당 50 쌍의 부부를 무작위로 표집하여 각 부부 쌍에서 남편이 고함을 지르는지의 여부를 0 과 1 로 코딩하였다. 이와 같은 놀라운 연구를 수행한 결과 <표 3-2> 와 같은 자료가 수집되었다.

〈 **표 3-2** 〉 아내의 바가지 점수와 남편의 고함 유무에 관한 가상적인 자료

아내의 바가지 점수	남편의 고함		전체	비율	로짓	프로빗	*CLL*
	유	무					
0	2	48	50	0.04	−3.18	−1.75	−3.20
1	1	49	50	0.02	−3.89	−2.05	−3.90
2	10	40	50	0.20	−1.39	−0.84	−1.50
3	4	46	50	0.08	−2.44	−1.41	−2.48
4	12	38	50	0.24	−1.15	−0.71	−1.29
5	30	20	50	0.60	0.41	0.25	−0.09
6	22	28	50	0.44	−0.24	−0.15	−0.55
7	35	15	50	0.70	0.85	0.52	0.19
8	48	2	50	0.96	3.18	1.75	1.17
9	49	1	50	0.98	3.89	2.05	1.36

<표 3-2> 에는 아내의 바가지 점수에 따른 남편의 고함빈도 및 비율과 더불어 그 비율을 로짓, 프로빗, 그리고 *CLL* 로 변환한 값이 제시되었다. 비율이 낮을 때는 로짓과 *CLL* 이 거의 동일한데, 비율이 높을 때는 *CLL* 이 로짓보다 월등히 낮다는 것을 알 수 있다. 남편이 고함칠 확률이 검벨분포를 할 것으로 생각하는 심리학자는 '아내의 바가지 점수' 를 설명변인 x_1 으로, '남편의 고함 유무'를 반응변인 Y 로 정하고, *CLL* 연결함수를 사용하여 다음과 같은 일반선형모형을 검증할 수 있다.

$$CLL = ln(-ln(1-p)) = \alpha + \beta_1 x_1$$

앞의 일반선형모형을 검증하여 모수들 α 와 β_1 의 추정치가 구해지면, 이 모형은 아내의 바가지 점수에 따른 남편의 고함확률을 예측하기 위해 다음과 같이 활용될 수 있다.

$$p = 1 - exp(-e^{\alpha + \beta_1 x_1})$$

만약 모수 α 의 값이 -3.2531 로 추정되고 β_1 의 값이 0.5164 로 추정되었다면, 아내의 바가지 점수가 $x_1 = 7$ 일 때 남편이 고함칠 확률은 $1 - exp(-e^{-3.2531 + 0.5164(7)}) = 0.7621$ 로 예측된다. 같은 방법에 의하여 모든 x_1 값에 대해 모형에 의해 예측된 확률을 구하면 [그림 3-6] 과 같은 확률그래프가 그려진다. [그림 3-6] 에서 산포되어 있는 점들은 실제 자료에서 계산된 비율들이고, 곡선은 *CLL* 연결함수를 사용하여 추정된 일반선형모형이다.

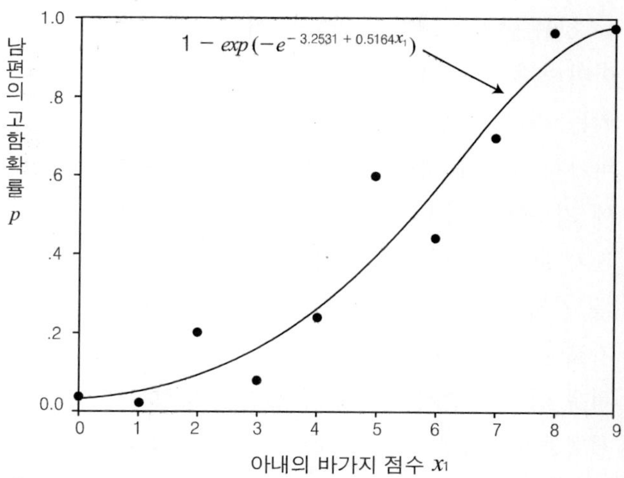

[그림 3-6] 아내의 바가지 점수에 따른 남편의 고함확률을 예측하기 위한 가상적인 자료와 추정된 모형

추정된 일반선형모형 $CLL = -3.2531 + 0.5164x_1$ 이 아내의 바가지 점수에 따른 남편의 고함확률을 정확히 기술하는 올바른 모형이라면, $x_1 = 7$ 일 때는 남편

이 고함칠 확률이 0.7621 이고, 고함치지 않고 평온이 유지될 확률은 1 − 0.7621 = 0.2379 로 예측된다. 반면에 $x_1 = 8$ 일 때 평온이 유지될 확률은 1 − 0.9099 = 0.0901 이다. 그런데 $x_1 = 8$ 일 때 평온이 유지될 확률 0.0901 은 $x_1 = 7$ 일 때 평온이 유지될 확률 0.2379 를 $exp(0.5164)$ 만큼 제곱해 준 것이다. 즉, 0.0901 = $0.2379^{exp(0.5164)}$ 이다. 일반적으로, *CLL* 연결함수를 이용하는 많은 연구에서 설명변인의 값이 한 단위 증가하면 현상 (status quo) 이 유지될 확률, 생존확률, 부서지지 않을 확률, 국가가 전복되지 않을 확률, 터지지 않을 확률, 감염되지 않을 확률, 아무 일도 안 일어날 확률 등이 $exp(\beta_1)$ 제곱만큼 감소한다. 이러한 이유로 *CLL* 연결함수를 이용하는 일반선형모형을 '비율적 위험성 모형 (proportional hazards model)' 이라고 부른다. 설명변인의 값이 증가할수록 한 상태에서 다른 상태로 변화할 가능성 혹은 '항상성이 깨질 위험성 (hazards)' 이 기하급수적으로 증가하는 모형이라는 의미다.

그런데 [그림 3-6] 을 보면, 아내의 바가지 수준이 낮을 때 아내가 한마디 더 하는 것은 남편의 고함칠 확률을 거의 증가시키지 않는 반면, 아내의 바가지 수준이 이미 높을 때 아내가 한마디 더 하는 것은 남편이 고함칠 확률을 급격하게 증가시키는 비대칭적인 확률변화가 뚜렷하게 보이지 않는다. 즉, [그림 3-6] 은 아내의 바가지 수준에 따른 남편의 고함확률의 변화가 대칭적인 저항력 분포 (정규분포) 에 기초한 변화인지, 아니면 비대칭적인 저항력 분포 (검벨분포) 에 기초한 변화인지가 논란이 될 수 있는 양상을 보이고 있다. 이러한 논란이 중요한 이론적 의미를 가지는 경우에는 *CLL* 연결함수를 이용하는 일반선형모형과 더불어 동일한 자료에 대하여 로짓 연결함수를 사용하는 모형과 프로빗 연결함수를 사용하는 모형을 함께 검증하여 다음에 설명된 모형−자료의 합치도가 가장 우수한 모형을 선택한다. *CLL* 연결함수를 이용하는 일반선형모형은 확률이 높은 영역에서 확률변화의 양상이 이론적으로 논란이 되는 경우에 자주 고려되는 모형인 까닭에 이 모형을 '극단값모형 (extreme value model)' 이라고 부르기도 한다.

3 일반선형모형의 모수추정

<수식 3-1> 에 제시된 일반선형모형의 체계적 성분은 등호 오른쪽의 부분을 말하는데, 이 체계적 성분에 포함되는 상수들 α 와 β_1, β_2, ……, β_k 를 모수라고 부른다. 이 모수들은 무수히 많은 사례로 구성된 모집단을 전제하는 개념인데, 그 모수들의 값은 일반적으로 직접 파악되지 않고 표본자료를 이용하여 추정된다. 표본자료를 이용하여 모수들의 값을 추정하는 것을 '모수추정 (parameter estimation)' 이라고 부르고, 이렇게 추정된 값들을 '모수추정치 (parameter estimate)' 라고 부른다. 표본자료를 이용하여 산출된 모수추정치들은 $\hat{\alpha}$, $\hat{\beta}_1$ 등으로 표기된다.

① 최소자승 추정방법

앞서 일반선형모형은 무선적 성분 $g(\mu)$ 에 정규분포, 포아송분포, 이항분포 등의 다양한 확률분포를 가정할 수 있다는 것을 자세히 살펴보았다. 만약 무선적 성분 $g(\mu)$ 에 정규분포가 가정되는 경우에는 일반선형모형의 모수추정치들을 표본자료를 이용하여 비교적 간단하게 수학적으로 산출할 수 있다. 무선적 성분 $g(\mu)$ 에 정규분포가 가정되는 경우에 일반선형모형의 모수추정을 위하여 널리 사용되는 방법을 '최소자승 추정방법 (least square estimation method)' 이라고 부른다. 최소자승 추정방법을 사용하여 모수추정을 하는 대표적인 일반선형모형이 회귀모형과 변량분석모형이다. 최소자승 추정방법의 수학적 과정은 회귀분석이나 변량분석에 관한 대부분의 참고서에 매우 상세히 잘 설명되어 있으므로 여기에서는 자세한 설명을 유보한다. 그러나 최소자승 추정방법이 가지는 두 가지 가정은 일반선형모형의 이해를 위하여 매우 중요하므로, 여기에서는 이 두 가지 가정을 가능한 자세히 이해해 보고자 한다.

최소자승 추정방법은 두 가지의 가정을 요구하는 모수추정 방법인데, 첫째는 일반선형모형에 의해 예측되는 무선적 성분의 중심경향성 μ 를 중심으로 모집단에서 사례들이 정규분포한다는 가정이고, 둘째는 그 정규분포의 변산 (변량) 이 설명변인의 전 영역 혹은 범위에서 균일하다는 변량의 균질성 가정이다. 최소자승 추정방법에 전제되는 이 두 가지 가정을 각종 참고서에서 흔히 '$N(\mu, \sigma^2)$' 라고 표기하기도 한다. 이는 무선적 성분의 실제 사례들의 반응변인 값이 평균이 μ 이고, 한 개의 변량 σ^2 에 의해 정의되는 정규분포 (*N*ormal distribution) 를 한다는 뜻이다. 이 두 가지 가정을 그림으로 표현하면 [그림 3-7] 과 같다.

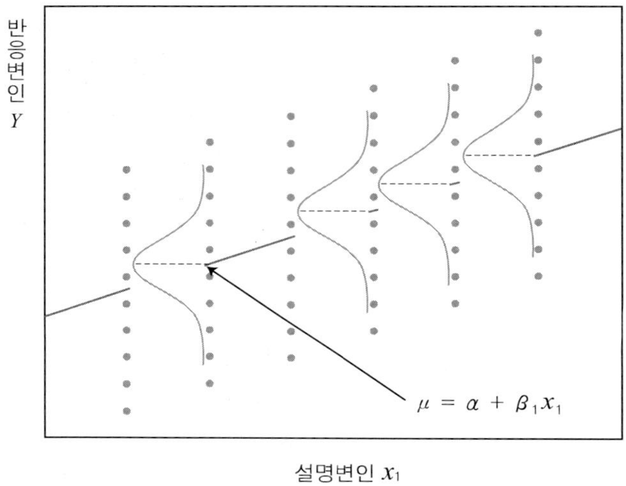

[그림 3-7] 최소자승 추정방법의 정규성 가정과 변량의 균질성 가정

[그림 3-7] 은 설명변인의 특정한 값에서 반응변인이 정규분포하고, 그 정규분포의 변산이 설명변인의 모든 범위에서 균일하다는 것을 보여 준다.

최소자승 추정방법에 의한 일반선형모형이 무선적 성분에 대하여 정규분포를 가정하는 이유는 다음과 같다. [그림 3-7] 의 화살표가 나타내듯이 모수추정을 위하여 최소자승 추정방법을 사용하는 일반선형모형이 예측하는 μ 는 동일한 설명변인 값을 가진 사례들의 반응변인 값의 대수평균이다. 왜냐하면 모수추정을 위한 최소자승 추정방법은 무선적 성분의 중심경향성 μ (예측된 반응변인) 를 중심으로 분포하는 사례들이 중심경향성 μ 와 가지는 차이, 즉 $Y-\mu$ 의 자승 합이 최소가 되는 μ 를 예측하는 방법인데, 동일한 설명변인 값을 가지는 각 사례들의 반응변인 값들의 대수평균이 바로 그러한 속성 (최소자승 합) 을 가지는 μ 이기 때문이다. 그런데 앞서 이 장의 초두에서 일반선형모형이 예측하는 반응변인의 값 (μ) 은 주어진 설명변인의 값을 전제했을 때 당연히 가능성 혹은 확률이 가장 높은 반응변인의 값이어야 한다는 점을 환기하였고, 반응변인의 분포가 중심경향성 μ를 중심으로 정규분포일 때는 반응변인 값의 대수평균이 가장 '밀도(density)'가 높은 값이고, 가장 가능성이 높은 값이라는 점을 설명하였다. [그림 3-7]은 동일한 설명변인 값을 가진 사례들의 반응변인분포가 정규분포일 때는, 최소자승 추정방법에 의한 일반선형모형이 예측하는 반응변인의 값(μ)은 그 분포에서 가장 밀도가 높은 값이라는 것을 보여 준다. 결론적으로 최소자승 추정방법을 사용하는 일반선형모형이 예측하는 μ는 동일한 설명변인 값을 가진 사례들의 반응변인 값의 대수평균인데, 반응변인의 대수평균이 가장 가능성 혹은 밀도가 높은 예측치가 되기 위해서는 반응변인의 분포가 반드시 정규분포이어야 한다.

최소자승 추정방법이 변량의 균질성을 가정하는 이유는 반응변인에 대한 설명변인의 예측정확성을 판단하기 위한 일관된 기준을 사용해야 하기 때문이다. 앞서 로그 연결함수와 관련하여 변량의 균질성 가정을 설명하였고, 반응변인에 대한 로그 변환이 변량의 이질성을 교정할 수 있다는 것을 예시한 바 있다. 그런데 최소자승 추정방법을 사용하는 일반선형모형은 동일한 설명변인 값을 가지는 사례들의 반응변인 값들의 대수평균을 예측하므로 반응변인을 변환하지 않는 동일 연결함수를 사용한다. 다라서 반응변인 값들이 중심경향성 μ(예측된 반응변인 값)를 중심으로 산포한 정도, 즉 변산이 설명변인의 값에 따라 달라지는 경우에 최소자승 추정방법에 의해 모수추정을 하는 일반선형모형에는 그 변량의 이질성을 수정 혹은 교정하는 메커니즘이 존재하지 않는다. 즉, 최소자승 추정방법이 변량의 균질성을 가정한다는 것은 그 방법에 의해 모수추정을 하는 일반선형모형에 변량의 이질성을 수정 혹은 교정하는 메커니즘이 존재하지 않는다는 의미다.

2 최대우도 추정방법

일반선형모형의 무선적 성분에 대하여 포아송분포나 이항분포가 가정되는 경우에는 최소자승 추정방법이 모수추정을 위한 적절한 방법이 아니다. 과거에는 무선적 성분에 대하여 정규분포를 가정할 수 없는 경우에 프로빗 변환과 같이 그 무선적 성분을 정규분포하도록 변환시킨 후에 최소자승 추정방법에 의해서 모수들의 값을 추정하기도 하였다. 그러나 비정규분포를 정규분포하도록 변환하는 거의 대부분의 방법은 변량의 균질성을 훼손하는 부작용을 초래한다. 따라서 일반선형모형의 모수들은 최소자승 추정방법 대신에 제 1 장에서 설명한 최대우도 추정방법에 의해 추정되는 것이 일반적이다. 최대우도 추정방법은 정규분포의 여부에 구속되지 않고, 또한 변량의 균질성을 가정할 필요가 없는 모수추정 방법이기 때문이다.

일반선형모형의 모수를 추정하는 최대우도 추정방법은 1935 년에 R. A. Fisher 에 의해 창안되었는데, 프로빗 연결함수를 사용하는 일반선형모형에 적용되었던 그 방법을 'Fisher 채점방법 (Fisher scoring method)' 이라고 부른다 (Box, 1978). Fisher 의 채점방법은 나중에 이항분포와 포아송분포를 가정하는 일반선형모형의 모수추정 방법으로 일반화되었는데 (Nelder & Wedderburn, 1972), 그 일반화된 최대우도 추정방법을 'Newton-Raphson 알고리듬 (Newton-Raphson algorithm)' 이라고 부른다. 앞서 제 1 장에서 이론적인 모형의 모수에 대한 최대우도 추정치를 산출하기 위해서는 포아송분포이건 다항분포이건 혹은 어떤 다른 분포이건 간에 반드시 이론적인 확률분포가 가정되어야 하고, 이 이론적인 분포들의 확률 식을 '우도함수 (likelihood function)' 라고 부른다고 하였다. 여기에서는 대표적으로 포아송분포를 가정하는 Newton-Raphson 알고리듬을 설명하고자 한다.

예를 들어, 온도에 의하여 어떤 논두렁에서 생겨나는 네잎클로버의 평균 개수를 예측하는 일반선형모형이 $ln(\mu) = \alpha + \beta_1 x_1$ 이라고 가정하자. 이 모형에서 μ 는 특정한 온도 (x_1) 에서 생겨나는 네잎클로버의 평균 개수다. 즉, 온도가 동일한 날들에서 네잎클로버의 개수를 세었다면 그것의 평균이 μ 라는 것이다. 만약 이 일반선형모형이 옳다면, 네잎클로버의 평균 개수 μ 는 온도 x_1 에 따라 변하는 변수다. 하루 중 평균온도가 11~15℃ ($x_1 = 1$) 인 날은 그 논두렁에서 평균적으로 μ_1 개의 네잎클로버가 피어나고, 16~20℃ ($x_1 = 2$) 인 날은 평균적으로 μ_2 개, 21~25℃ ($x_1 = 3$) 인 날은 평균적으로 μ_3 개 그리고 26~30℃ ($x_1 = 4$) 인 날은 평균적으로 μ_4 개가 피어난다고 가정하자. 여기에서 설명변인인 온도를 범주화하는 것은 특별한 이유가 있기 때문이 아니고 단지 설명변인 값의 개수를 줄여서 예를 단순화하여 논의를 쉽게 진행하기 위한 것에 불과하다. 연구 및 모형의 필요에 따라서 x_1 은 측정된 온도 자체가 될 수도 있다. $x_1 = 1$ 인 날이 여러 날 있을 것인데, 그런 날들에 피어나는 네잎클로버의 실제 개수 Y 는 날마다 각기 다를 것이다. 논두렁에 피어난 모든 클로버의 개수가 미지수이므로, $x_1 = 1$ 인 날에 피어난 네잎클로버의 실제 개수 Y는 그날들의 평균 μ_1 을 중심으로 포아송분포를 할 것으로 예상된다. 이러한 예상은 $x_1 = 2$ 이거나, 3 이거나, 4 인 날들에서도 마찬가지다.

일반선형모형 $ln(\mu) = \alpha + \beta_1 x_1$ 에서 모수들의 추정치 $\widehat{\alpha}$와 $\widehat{\beta}_1$ 를 산출하기 위하여 논두렁에 피어난 네잎클로버의 개수를 4 일에 걸쳐서 매일 한 번씩 세었고, 그날의 평균온도를 측정하였다고 가정하자. 만약 네잎클로버의 개수가 모집단 평균들 μ_1, μ_2, μ_3, μ_4 를 중심으로 포아송분포를 한다면, $x_1 = 1$ 인 어떤 특정한 날에 $Y = 7$ 개의 네잎클로버가 실제로 피어나고, $x_1 = 2$ 인 어떤 특정한 날에 $Y = 1$ 개의 네잎클로버가 피어나고, $x_1 = 3$ 인 어떤 특정한 날에 $Y = 2$ 개의 네잎클로버가 피어나고, $x_1 = 4$ 인 어떤 특정한 날에 $Y = 6$ 개의 네잎클로버가 피어날 포아송결합확률 (joint Poisson probability) 은 제 1 장에서 설명한 포아송확률분포의 정의에 의하여 다음과 같이 정의된다.

$$Pr(7, 1, 2, 6) = \frac{e^{-\mu_1}\mu_1^7}{7!} \times \frac{e^{-\mu_2}\mu_2^1}{1!} \times \frac{e^{-\mu_3}\mu_3^2}{2!} \times \frac{e^{-\mu_4}\mu_4^6}{6!} \quad \text{<수식 3-3>}$$

<수식 3-3> 에서 기호 μ_1, μ_2, μ_3, μ_4 는 각각 네 개의 x_1 에 해당하는 모집단 평균 혹은 기대빈도 μ 의 값들이다. 그런데 x_1 의 값은 1, 2, 3 혹은 4 이므로 일반선형모형 $ln(\mu) = \alpha + \beta_1 x_1$ 에 의하여, 각 x_1 에 해당하는 모집단 평균 혹은 기대빈도 μ_1, μ_2, μ_3, μ_4 는 각각 다음과 같이 정의된다.

$$\mu_1 = e^{\alpha + \beta_1 1}, \quad \mu_2 = e^{\alpha + \beta_1 2}, \quad \mu_3 = e^{\alpha + \beta_1 3}, \quad \mu_4 = e^{\alpha + \beta_1 4} \quad \text{<수식 3-4>}$$

따라서 <수식 3-3> 의 포아송 확률 식에 포함된 μ 에 <수식 3-4> 의 일반선형모형을 각각 대입하면 <수식 3-3> 은 우도함수가 된다. 이 우도함수를 L_E 로 표기하자. 기호 L 은 우도를 나타내는 likelihood 의 약자고, 아래첨자 E 는 모형이 예측하는 (expected) 우도라는 의미다. 그러면 <수식 3-3> 은 다음과 같은 우도함수로 표기된다.

$$L_E = \prod_{i=1}^{4} \frac{e^{-exp(\alpha+\beta_1 x_{i1})}(exp(\alpha+\beta_1 x_{i1}))^{Y_i}}{Y_i!} \qquad \text{<수식 3-5>}$$

<수식 3-5>는 <수식 3-3>에 <수식 3-4>를 대입한 것에 불과하다. <수식 3-5>의 x_{i1}은 x_1의 각 값($x_{11}=1,\ x_{21}=2,\ x_{31}=3,\ x_{41}=4$)을 나타내고, Y_i는 특정한 날에 나타나는 네잎클로버의 개수($Y_1=7,\ Y_2=1,\ Y_3=2,\ Y_4=6$)를 나타낸다. 또한 <수식 3-5>의 우도함수에서 $\prod$는 곱셈기호다.

만약 온도에 의하여 어떤 논두렁에서 생겨나는 네잎클로버의 평균 개수가 $ln(\mu)=\alpha+\beta_1 x_1$으로 결정되고, 또한 네잎클로버의 실제 개수가 모집단 평균들 $\mu_1,\ \mu_2,\ \mu_3,\ \mu_4$를 중심으로 포아송분포를 한다면, $x_1=1$인 어떤 특정한 날에 $Y=7$개의 네잎클로버가 실제로 피어나고, $x_1=2$인 어떤 특정한 날에 $Y=1$개의 네잎클로버가 피어나고, $x_1=3$인 어떤 특정한 날에 $Y=2$개의 네잎클로버가 피어나고, $x_1=4$인 어떤 특정한 날에 $Y=6$개의 네잎클로버가 피어날 '우도'는 α와 β_1에 따라서 [그림 3-8]과 같이 변화한다.

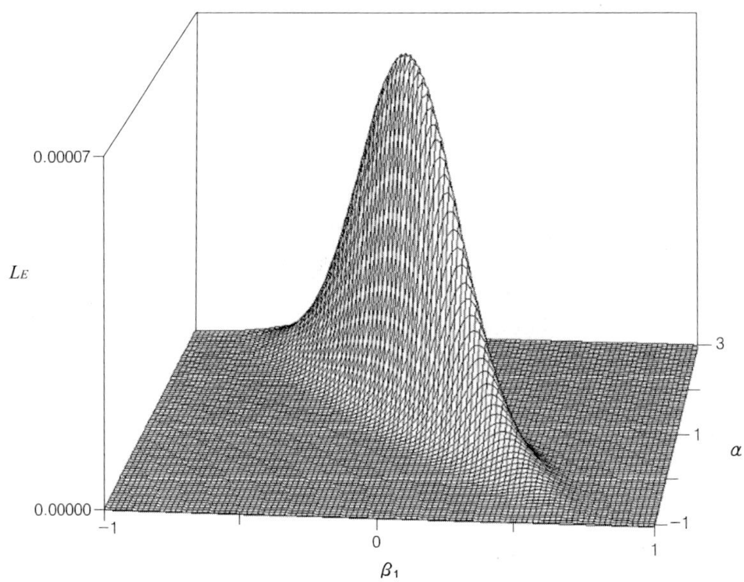

[그림 3-8] <수식 3-5>에서 $x_{11}=1,\ x_{21}=2,\ x_{31}=3,\ x_{41}=4$와 $Y_1=7,\ Y_2=1,\ Y_3=2,\ Y_4=6$을 이용하여 작도된 네잎클로버 예의 우도함수

[그림 3-8] 은 온도에 의하여 어떤 논두렁에서 생겨나는 네잎클로버의 평균 개수가 $ln(\mu) = \alpha + \beta_1 x_1$ 으로 결정되고, 또한 네잎클로버의 실제 개수가 모집단 평균들 μ_1, μ_2, μ_3, μ_4 를 중심으로 포아송분포를 한다면 $Y_1 = 7$, $Y_2 = 1$, $Y_3 = 2$, $Y_4 = 6$ 의 관찰된 자료가 나타날 우도 (가능성) 는 대략 $\alpha = 1.5$ 와 $\beta_1 = 0$ 이 만나는 부근에서 최대가 된다는 것을 보여 준다.

<수식 3-5> 의 우드함수 L_E 를 로그 변환한 로그우도함수 (log likelihood function) 를 $ln(L_E)$ 라고 표기하자. 로그우도함수 $ln(L_E)$ 는 모수들 α 와 β_1 에 대하여 ∩-형의 함수이므르 최대값이 존재한다. 여기에서 예로 사용되는 네잎클로버의 경우에서 $\alpha = 1.51$ 을 가정하고, <수식 3-5> 의 우도함수 L_E 와 그것을 로그 변환한 $ln(L_E)$ 의 함수를 그림으로 표현한 것이 [그림 3-9] 다.

우도함수 L_E 가 0 과 1 사이의 값을 가지는 확률이기 때문에 이 경우의 로그우도함수 $ln(L_E)$ 는 언제나 0 보다 작다. [그림 3-9] 는 α 의 값이 1.51 로 고정되었을 때, β_1 의 값에 따라서 변하는 우도함수 L_E 와 로그우도함수 $ln(L_E)$ 를 보여 주는데, 그림의 점선은 함수가 최대가 되는 β_1 값을 표시한다. [그림 3-9]

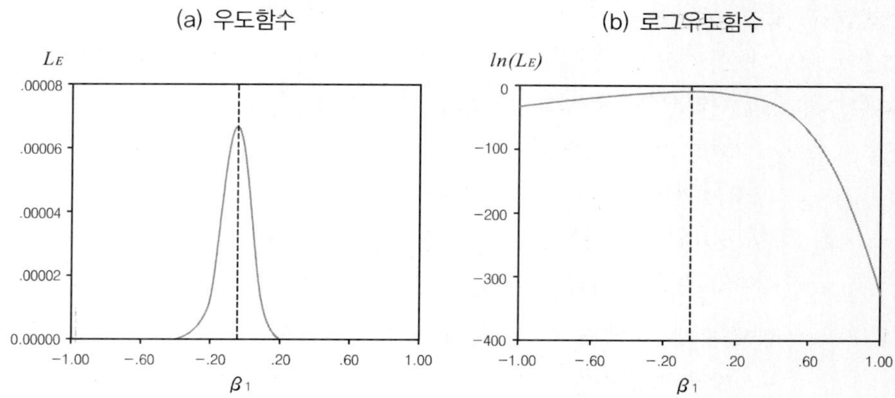

이 함수들은 〈수식 3-5〉 에서 $\alpha = 1.51$ 을 가정하고, $x_{11} = 1$, $x_{21} = 2$, $x_{31} = 3$, $x_{41} = 4$ 와 $Y_1 = 7$, $Y_2 = 1$, $Y_3 = 2$, $Y_4 = 6$ 을 이용하여 작도된 것이다. 점선은 각 함수가 최대가 되는 지점을 표시한다.

[그림 3-9] 네잎클로버의 예에서 α = 1.51 을 가정한 우도함수와 로그우도함수

에서 두 가지 사실에 주목할 필요가 있다. 첫째는 우도함수가 최대가 되는 β_1 의 지점에서 로그우도함수도 역시 최대가 된다는 것이고, 둘째는 우도함수 L_E 보다 그것을 로그 변환한 로그우도함수 $ln(L_E)$ 가 수학적으로 더 단순한 함수라는 것이다. 우도함수 L_E 는 로그우도함수 $ln(L_E)$ 보다 곡률의 변화가 더 많은 복잡한 형태를 가진다. 따라서 최대우도 추정방법은 우도함수 대신에 수학적으로 더 단순한 로그우도함수를 이용하여 그것을 최대가 되게 하는 모수의 값 $\widehat{\beta}_1$ 를 산출하는데, 그것이 모수 β_1 에 대한 최대우도 추정치다. 즉, 최대우도 추정치는 정해진 모형을 전제했을 때 주어진 자료가 발현할 확률(우도) 혹은 반대로 주어진 자료를 전제했을 때 모형이 참일 확률(우도)을 최대가 되게 하는 모수추정치다.

Newton-Raphson 알고리듬에 의한 최대우도 추정방법은 로그우도함수 $ln(L_E)$ 에 포함된 미지수, 즉 모수 중에서 우선 α 에 적당한 임의의 초기값(initial value)을 대입한 후, 미분방정식에 의하여 $ln(L_E)$ 의 값을 최대가 되게 하는 $\widehat{\beta}_1$ 의 값을 찾는다. 로그우도함수 $ln(L_E)$ 는 모수들 α 와 β_1 에 대하여 ∩-형의 함수이기 때문에 최대값이 존재하게 마련이다. 로그우도함수 $ln(L_E)$ 에 포함된 한 모수 α 에 적당한 임의의 초기값을 대입하였을 때 그 로그우도함수를 최대가 되게 하는 $\widehat{\beta}_1$ 는 $\widehat{\beta}_1$ 에 대한 정확한 추정치가 아니다. 왜냐하면 α 에 대입된 초기값이 정확한 모수값이 아니기 때문이다. 그러나 어쨌든 $ln(L_E)$ 의 값을 최대가 되게 하는 $\widehat{\beta}_1$ 의 값을 찾은 후에는 그 값을 로그우도함수에 대입한 후, 이번에는 같은 방식에 의하여 $ln(L_E)$ 의 값을 최대가 되게 하는 $\widehat{\alpha}$ 의 값을 다시 찾는다. 이때, $\widehat{\alpha}$ 는 처음에 임의로 대입한 초기값 α 보다 실제 모수 α 에 더 근접한다. 두 번째로 찾은 $\widehat{\alpha}$ 값을 다시 로그우도함수에 대입하고 같은 방법에 의하여 두 번째의 $\widehat{\beta}_1$ 값을 재추정한다. 이 재추정된 $\widehat{\beta}_1$ 값 역시 첫 번째 추정치보다 실제 모수 β_1 에 더 근접한다. 이와 같은 절차를 순환적으로 반복하여 모수추정치 $\widehat{\alpha}$ 와 $\widehat{\beta}_1$ 가 더 이상 변화하지 않을 때, 그때의 $\widehat{\alpha}$ 와 $\widehat{\beta}_1$ 값을 모수추정치로 확정한다.

만약 일반선형모형의 무선적 성분에 이항분포가 가정된다면, <수식 3-5> 의 로그우도함수는 이항분포 확률 식(〈수식 1-4〉)에 의해서 정의된다. 일반선형모형의 무선적 성분에 가정되는 확률분포는 모수추정을 위한 우도함수를 정의하므로 무선적 성분에 어떤 확률분포가 가정되는가에 따라서 모수추정을 위한 우도함수는 각기 다르게 정의된다. 그러나 일단 정의된 우도함수를 이용하여 모수추정치를 산출하는 순환과정은 어떤 확률분포가 가정되건 모두 동일한 절차에 의해서 이루어진다.

③ 가중최소자승 방법

경우에 따라서는 로그우도함수 $ln(L_E)$를 그 함수의 형태와 동일한 곡선형태를 가지면서, 로그함수가 포함되지 않은 다항회귀방정식(polynomial regression equation)으로 변환하고, 그 다항회귀방정식을 이용하여 모수추정치를 산출하기도 한다. '다항(polynomial)'이라는 용어는 방정식에 포함된 변인들이 $x_3 = x_1^2$ 혹은 $x_3 = x_1^3$의 관계를 가지는 것을 의미한다. 곡선형태를 가지는 많은 함수는 다항회귀방정식으로 정의할 수 있다. 그런데 로그우도함수 $ln(L_E)$를 미분하는 것보다 그것과 동일한 곡선을 나타내는 다항회귀방정식을 미분하는 것이 더 쉽고 간단한 경우가 많다. 로그우도함수를 그 함수의 형태와 동일한 곡선형태를 가지면서 로그함수가 포함되지 않은 다항회귀방정식으로 변환하고, 그 다항회귀방정식을 미분하여 방정식의 값이 최대가 되는 모수추정치를 앞에서 설명한 것과 동일한 Newton-Raphson 알고리듬의 순환절차에 의하여 산출하는 방법을 '가중최소자승 방법(weighted least square method)'이라고 부른다. 이것은 로그우도함수를 다항회귀방정식으로 변환하는 과정이 회귀분석에서 회귀계수들을 유도하는 것과 같은 최소자승 방법에 의해 이루어지기 때문에 붙은 이름이다. 그런데 앞에서 언급한 바와 같이 최소자승 방법에 의한 모수추정은 일반적으로 '변량의 균질성'을 요구한다. 반면에 일반선형므형으로 개념화되는 자료와 현상들은 변량의 균질성 가정에 부합하지 않는 경우가 많다. 따라서 가중최소자승 방법은 변량의 이질성을 고려하는 한 가지 방편으로 각 사례에 각기 다른 가중치를 주어 모수들을 추정하는데, 설명변인의 특정한 값을 가진 사례들이 반응변인의 값에서 작은 변산을 가지는 경우에는 그 사례들을 상대적으로 크게 중요시하여 큰 가중치를 부여하고, 반응변인의 값에서 큰 변산을 가지는 경우에는 그 사례들을 덜 중요시하여 작은 가중치를 부여해서 다항회귀방정식의 모수들이 추정된다. 가중최소자승 방법은 로그우도함수를 그 함수의 형태와 동일한 곡선형태를 가지면서, 미분이 간편하도록 로그함수가 포함되지 않은 다항회귀방정식으로 변환하여 모수를 추정하는 것이므로, 그렇게 산출된 모수추정치도 결국 우도를 최대가 되게 하는 최대우도 추정치다. 그런데 컴퓨터가 발전한 현대에 들어서는 미분을 간편하게 한다는 것이 전혀 장점이 되지 않으므로 로그우도함수 자체를 최대가 되게 하는 일반적인 최대우도 추정방법과 그것을 다시 미분이 간편한 다항회귀방정식으로 변환하여 모수추정을 하는 가중최소자승 방법은 실질적인 차이가 거의 없다.

4 일반선형모형의 모수 해석

일반선형모형의 모수추정치를 구하면 그 추정치들을 이용하여 반응변인과 설명변인 사이의 관계에 대한 구체적 해석이 가능해진다. 예를 들어, 네잎클로버의 예에서 모형이 $ln(\hat{\mu}) = 1.51 - 0.05x_1$ 로 추정되었는데, 이 모형방정식은 다음과 같이 기술될 수도 있다.

$$\hat{\mu} = e^{1.51 - 0.05x_1} = e^{1.51}(e^{-0.05})^{x_1}$$

이 방정식은 x_1 에서 한 단위 변화가 μ 에서 $e^{-0.05} = 0.951$ 배만큼의 변화를 유발할 것으로 예측된다는 것을 의미한다. 즉, $x_1 = 1$ 일 때 (11~15℃) 네잎클로버의 개수는 평균적으로 $e^{1.51-0.05(1)} = 4.31$ 개일 것으로 예측되고, $x_1 = 2$ 일 때 (16~20℃) 네잎클로버의 개수는 평균적으로 $e^{1.51-0.05(2)} = 4.10$ 개일 것으로 예측되므로 $x_1 = 2$ 일 때는 $x_1 = 1$ 일 때에 비하여 4.10/4.31 = 0.951 배만큼 더 많은(더 적은) 네잎클로버가 피어날 것으로 예측된다. 만약 $\hat{\beta}_1$ 가 0 으로 추정되었다면, $e^0 = 1$ 이므로 x_1 의 한 단위 변화가 μ 에서 변화를 유발하지 않을 것으로 예측될 것이다. 만약 일반선형모형이 동일 연결함수(identity link function)에 의해 $\mu = \alpha + \beta_1 x_1$ 으로 정의되었다면, $\hat{\beta}_1$ 의 의미는 x_1 에서의 한 단위 변화가 μ 에서 $\hat{\beta}_1$ 만큼의 변화를 유발할 것으로 예측된다는 것이다. 예를 들어, 동일 연결함수에 의해 정의된 모형 $\mu = \alpha + \beta_1 x_1$ 에서 $\hat{\beta}_1$ 이 −0.05 이고, $x_1 = 1$ 일 때 $\mu = 8$ 이 기대된다면, $x_1 = 2$ 일 때는 $\mu = 7.95$ 가 기대된다. 따라서 x_1 에서 한 단위가 증가하면 μ 에서 -0.05 가 증가(감소) 한다.

만약 일반선형모형이 로짓 연결함수에 의해서 $ln(p/(1-p)) = \alpha + \beta_1 x_1$ 으로 정의되었다면, $p = 1/(1+e^{-(\alpha+\beta_1 x_1)})$ 이므로, x_1 의 한 단위 변화가 p 에서 비선형적인 변화를 유발할 것으로 기대된다. 즉, x_1 의 값이 작은 영역에서 그것의 한 단위 변화가 유발하는 p 의 변화와 중간 정도 영역의 p 변화, 그리고 큰 영역의 p 변화가 각기 다르다는 것이다. 모수추정치 $\widehat{\beta}_1$ 에 대한 이러한 해석은 매우 난해한 해석이 되는 까닭에 로짓 연결함수로 정의된 일반선형모형의 경우에는 모수추정치의 해석이 확률 p 에 대해서 이루어지기보다는 '승산($odds$)' 에 대해서 이루어지는 것이 더 보편적이다. 즉, 로짓 연결함수에 의해 정의된 일반선형모형은 다음과 같이 기술할 수 있다.

$$\text{승산 }(odds) = \frac{p}{1-p} = e^{\alpha+\beta_1 x_1}$$

따라서 로짓 연결함수로 정의된 일반선형모형의 $\widehat{\beta}_1$ 는 x_1 의 한 단위 변화가 '승산' 에서 e^{β_1} 배만큼의 변화를 유발할 것으로 기대된다고 해석된다. 모형 $ln(p/(1-p)) = \alpha + \beta_1 x_1$ 에서 $\widehat{\beta}_1$ 가 -0.05 이고, $x_1 = 1$ 일 때 승산이 $odds = 1.5$ 로 기대된다면, $x_1 = 2$ 일 때는 승산이 1.5 의 $e^{-0.05} = 0.951$ 배인 $odds = 1.43$ 으로 기대된다. 만약 일반선형모형이 프로빗 연결함수에 의하여 $z_p = \alpha + \beta_1 x_1$ 으로 정의되었다면, 프로빗 z_p 는 특정한 설명변인의 값의 '임계저항력' 이라는 의미를 가지므로 이 모형의 $\widehat{\beta}_1$ 의 의미는 x_1 에서의 한 단위 변화가 임계저항력에서 $\widehat{\beta}_1$ 만큼의 변화를 유발할 것으로 기대된다는 것을 의미한다. 만약 모형 $z_p = \alpha + \beta_1 x_1$ 에서 $\widehat{\beta}_1$ 가 -0.05 이고, $x_1 = 1$ 일 때 z_p 가 1.5 로 기대된다면, $x_1 = 2$ 일 때는 z_p 가 1.45 로 기대된다. 그런데 임계저항력의 의미를 가지는 프로빗 z_p 는 표준정규분포를 하는 표준변인이므로 표준정규분포의 누적확률을 이용하여 이러한 z_p 의 변화를 확률의 변화로 재해석할 수 있다. 즉, 표준정규분포에서 $z_p = 1.5$ 일 때는 누적확률이 0.933 이고, $z_p = 1.45$ 일 때는 누적확률이 0.926 이므로, $x_1 = 2$ 일 때는 $x_1 = 1$ 일 때에 비하여 반응변인 Y 의 특정한 값이 나타날 확률이 평균적으로 0.933 − 0.926 = 0.007 만큼 줄어든다고 해석할 수 있다. 다만, 로짓 연결함수로 정의된 일반선형모형과 마찬가지로 프로빗 z_p와 표준정규분포의 누적확률은 비선형적인 관계를 가지는 까닭에 x_1의 값이 작은 영역에서 한 단위 변화가 유발하는 확률의 변화와 중간 정도의 영역에서 확률의 변화, 그리고 큰 영역에서 확률의 변화가 각기 다르다.

5 일반선형모형의 모수추정치에 대한 통계적 검증

일반선형모형의 모수추정치에 대한 '통계적 검증(statistical test)'이란 모집단의 모수에 대한 확률적 판단을 말한다. 일반선형모형은 일반적으로 반응변인과 설명변인의 관계를 정의하는 모형이고, 모형에 포함된 모수들은 그 관계의 구체적 양상을 나타내는 지수들이다. 예를 들어, 네잎클로버의 예에서 모형이 $ln(\hat{\mu}) = 1.51 - 0.05x_1$으로 추정되었는데, 이 추정된 모형은 범주화된 온도(x_1)의 한 단위 변화가 네잎클로버의 개수에서 $e^{-0.05} = 0.951$ 배만큼의 변화를 유발할 것으로 예측된다는 것을 의미한다. 그런데 이러한 추정은 네 번의 관찰로 수집된 표본자료에 의해 이루어진 것이다. 만약 무수히 많은 관찰을 하고, 그 무수히 많은 관찰로부터 수집된 온도(x_1)와 네잎클로버 개수(Y)를 이용하여 모수의 값을 산출하는 경우에도 온도에 따라서 네잎클로버의 개수가 작건 크건 간에 변화한다는 결론이 나올 것인가? 이것이 통계적 검증의 문제다. 이때 '무수히 많은 관찰'은 모집단을 의미한다.

모수추정치에 대한 통계적 검증은 모집단에서는 모수의 값이 0이라는 소위 '영가설(null hypothesis)'로 시작된다. 즉, 일반선형모형 $ln(\mu) = \alpha + \beta_1 x_1$에서 $\beta_1 = 0$이라는 가설이다. 앞서 설명한 바와 같이, 만약 일반선형모형 $ln(\mu) = \alpha + \beta_1 x_1$에서 $\beta_1 = 0$이면, 모집단에서 범주화된 온도(x_1)의 한 단위 변화가 네잎클로버의 평균 개수(μ)에서 변화를 유발하지 않는다는 것을 의미한다. 이 영가설의 진위에 대한 확률적 판단이 모수추정치에 대한 통계적 검증이다. 일반선형모형의 모수추정치에 대한 통계적 검증을 수행하는 일반적 방법은 세 가지가 있다. 첫째는 'Wald 통계치 (Wald statistic)' 을 활용하는 것이고, 둘째는 제 1 장과 제 2 장에서 자세히 설명한 우도비 카이자승을 활용하는 방법이며, 셋째는 소위 '점수 통계치 (score statistic)' 를 활용하는 방법이다.

① Wald 통계치 검증

Wald 통계치는 표본자료를 이용하여 산출된 모수추정치를 그것의 '점근적 표준오차 (asymptotic standard error: ASE)' 로 나눈 것을 말한다. Wald 통계치는 흔히 z 로 표기한다.

$$z = \widehat{\beta}_1 / ASE$$

점근적 표준오차 ASE 는 앞서 제 2 장에서 로그승산비와 관련하여 설명한 바 있다. '점근적 (asymptotic)' 이라는 형용사는 '표본의 크기 N 이 클수록' 혹은 '표본자료를 구성하는 관찰의 수가 많을수록' 이라는 의미다. Wald 통계치를 이용한 통계적 검증의 논리는 다음과 같다.

무수히 많은 학자들이 똑같은 목적을 가지고 어떤 논두렁에서 피어나는 네잎클로버의 개수와 온도의 관계를 파악하기 위하여 똑같은 일반선형모형 $ln(\mu) = \alpha + \beta_1 x_1$ 을 각자 독립적으로 검증하여 β_1 을 추정하려고 하는데, 각 학자는 모두 똑같은 횟수의 관찰에서 얻은 표본자료를 가지고 있다고 가정하자. 각 학자는 자신이 확보한 표본자료를 이용하여 최대우도 추정방법에 의한 모수추정치 $\widehat{\beta}_1$ 를 산출할 것인데, 각 학자가 산출한 최대우도 추정치 $\widehat{\beta}_1$ 는 각기 다른 표본자료에 기초한 것이므로 모두 제각각 그 값이 다를 것이므로, 모든 학자가 독립적으로 산출한 $\widehat{\beta}_1$ 들은 어떤 분포를 형++성하게 된다. 이 분포를 $\widehat{\beta}_1$ 의 표집분포 (sampling distribution) 라고 부른다. 각 학자는 표본자료를 수집하기 위하여 동일한 횟수의 관찰을 수행하였는데, 만약 그 횟수가 클 때는 각 학자가 산출한 최대우도 추정치 $\widehat{\beta}_1$ 의 표집분포는 실제 모수 β_1 을 중심으로 정규분포에 근접한다. 다시 말해서 최대우도 추정치 $\widehat{\beta}_1$ 의 표집분포는 그 추정치가 산출된 표본자료에 포함된 관찰의 수 혹은 표본의 수가 크면 클수록 점점 더 실제 모수 β_1 을 중심으로 정규분포하는 속성을 가진다. 이 $\widehat{\beta}_1$ 의 표집분포의 표준편차를 점근적 표준오차 (ASE) 라고 부른다. 점근적 표준오차 ASE의 산출은 해당 일반선형모형이 무선적 성분에 대하여 어떤 확률분포를 가정하는가에 따라서 다르게 이루어지므로 이 책의 각 장에서 특정한 모형들과 관련하여 개별적으로 설명될 것이다.

관찰의 수 혹은 표본의 수가 클 때 최대우도 추정치 $\widehat{\beta}_1$의 표집분포는 정규분포에 근접하고, 표준편차가 ASE이므로 만약 모형이 옳다면, 실제 모수 β_1을 중심으로 $\pm 1.96ASE$의 범위 안에 약 95%의 $\widehat{\beta}_1$들이 위치하게 된다. 따라서 특정한 한 학자의 자료에서 산출된 $\widehat{\beta}_1$를 중심으로 $\pm 1.96ASE$의 범위 안에 실제 모수 β_1이 존재할 확률도 또한 약 0.95가 된다. 이 사실에 의하여 특정한 한 학자의 자료에서 산출된 $\widehat{\beta}_1$를 중심으로 $\pm 1.96ASE$의 범위를 설정하고, 그 범위 안에 0이 포함되면 실제 모수 β_1의 값이 0이라는 영가설을 기각할 수 없다. 반면에 특정한 한 학자의 자료에서 산출된 $\widehat{\beta}_1$를 중심으로 $\pm 1.96ASE$의 범위를 설정하고, 그 범위 안에 0이 포함되지 않으면 제 1 종 오류를 범할 확률 $\alpha = 0.05$를 감수하고 실제 모수 $\widehat{\beta}_1$의 값이 0이라는 영가설을 기각한다. 앞의 Wald 통계치는 특정한 한 학자의 자료에서 산출된 $\widehat{\beta}_1$가 영가설이 가정하는 실제 모수 β_1의 값 (0) 으로부터 몇 개의 ASE만큼 떨어져 있는지를 수치화한 것이다. 즉, 앞의 Wald 통계치는 $z = (\widehat{\beta}_1 - 0) / ASE$와 같다. 따라서 Wald 통계치의 값 z의 절대값이 1.96보다 크면 $\beta_1 = 0$이라는 영가설을 기각한다. 반면에 Wald 통계치의 값 z의 절대값이 1.96 보다 작으면 그 영가설을 기각하지 않는다.

Wald 통계치를 자승한 z^2은 자유도 $df = 1$의 카이자승분포를 하는 지수다. 따라서 산출된 z^2이 $df = 1$의 카이자승분포에서 제 1 종 오류를 범할 확률 $\alpha = 0.05$의 임계치인 3.84보다 크면 영가설 $\beta_1 = 0$을 기각한다.

② 우도비 카이자승 검증

일반선형모형의 모수추정치에 대한 통계적 검증을 수행하는 두 번째 방법은 우도비 카이자승을 이용하는 것이다. 우도비 카이자승의 개념은 제 1 장과 제 2 장에서 자세히 설명한 바 있으므로 여기에서는 그것을 이용한 통계적 검증의 원리를 간단히 살펴보고자 한다. 네잎클로버의 예에서 일반선형모형 $ln(\mu) = \alpha + \beta_1 x_1$의 모수 추정치들은 <수식 3-5>의 우도 L_E를 최대가 되게 하는 추정치들이다. 따라서 산출된 $\hat{\alpha}$ 와 $\hat{\beta}_1$ 로 기술되는 모형 $ln(\hat{\mu}) = 1.51 - 0.05x_1$ 을 <수식 3-5> 에 대입하여 산출되는 우도 L_E 는 네잎클로버의 개수가 온도에 따라 좌우된다는 모형이 옳은 모형일 최대 가능성 혹은 최대 확률이다. 산출된 모형 $ln(\hat{\mu}) = 1.51 - 0.05x_1$ 을 <수식 3-5> 에 대입하여 계산된 우도 L_E 를 편의상 '모형우도' 라고 부르고 L_{E1} 으로 표기하자. 반면에 영가설 $\beta_1 = 0$ 이 옳다면 네잎클로버의 개수와 온도의 관계를 정의하는 일반선형모형은 $ln(\mu) = \alpha$ 가 된다. 즉, 이 모형은 네잎클로버의 개수가 온도에 따라 좌우되지 않는다는 영가설 모형이다. 영가설 $\beta_1 = 0$ 을 전제한 영가설 모형 $ln(\mu) = \alpha$ 의 모수 α 도 앞에서 설명한 모수추정 방법과 같은 방법에 의해 추정할 수 있고, 이때의 최대우도를 L_{E0} 라고 표기하자. 그러면 두 개의 우도가 다음과 같이 정의되는데, 하나는 검증되는 모형에 기초한 모형우도 L_{E1} 이고, 다른 하나는 $\beta_1 = 0$ 이라는 영가설에 기초한 영가설 우도 L_{E0} 이다.

$$L_{E1} = \prod_{i=1}^{4} \frac{e^{-exp(\hat{\alpha} + \hat{\beta}_1 x_{i1})}(exp(\hat{\alpha} + \hat{\beta}_1 x_{i1}))^{Y_i}}{Y_i!}$$

$$L_{E0} = \prod_{i=1}^{4} \frac{e^{-exp(\hat{\alpha})}(exp(\hat{\alpha}))^{Y_i}}{Y_i!}$$

모형우도 L_{E1} 은 영가설 우도 L_{E0} 보다 항상 더 많은 모수에 의해 정의되므로 L_{E1} 은 언제나 L_{E0} 보다 크거나 같다. L_{E1} 이 L_{E0} 보다 크면 클수록, 검증되는 모형 $ln(\hat{\mu}) = 1.51 - 0.05x_1$ 이 영가설 모형 $ln(\mu) = \alpha$ 보다 더 가능성 (likelihood) 이 높은 모형이 되는데, 이 차이가 특정한 임계치를 초과하면 $\beta_1 = 0$ 이라는 영가설을 기각한다. 영가설을 기각하기 위한 임계치는 다음과 같은 우도비 카이자승에 의해 확률적으로 결정된다.

$$-2ln\left(\frac{L_{E0}}{L_{E1}}\right) = 2ln\left(\frac{L_{E1}}{L_{E0}}\right) \approx \chi^2$$

우도비 카이자승은 다름 아닌 $\beta_1 = \hat{\beta}_1$ 인 모형의 로그우도함수값 $ln(L_{E1})$ 과 $\beta_1 = 0$ 인 모형의 로그우도학수값 $ln(L_{E0})$ 의 차이에 불과하다.

$$2ln\left(\frac{L_{E1}}{L_{E0}}\right) = 2[\,ln(L_{E1}) - ln(L_{E0})]$$

3 점수 통계치 검증

일반선형모형의 모수추정치에 대한 통계적 검증을 수행하는 세 번째 방법은 점수 통계치를 이용하는 것인데, 점수 통계치를 이용하여 모수추정치에 대한 통계적 검증을 하는 것을 '효율적 점수 검증(efficient score test)'이라고 부른다(Rao, 1947). 어떤 일반선형모형 $g(\mu) = \alpha + \beta_1 x_1$ 이 있고, 그 모형의 모수 β_1 에 따라서 로그우도함수 $ln(L_E)$ 가 [그림 3-10]과 같이 정의된다고 가정하자.

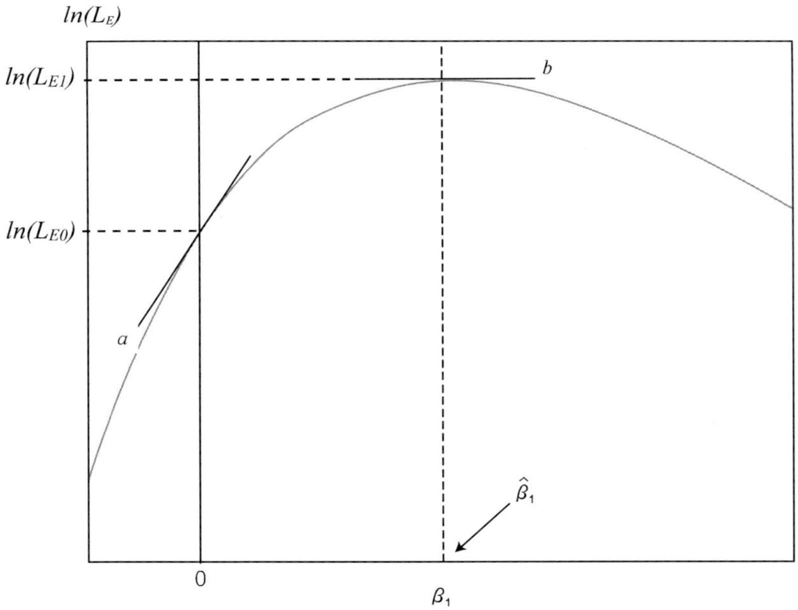

[그림 3-10] Wald 통계치, 우도비 카이자승, 점수 통계치의 관계

[그림 3-10]은 로그우도함수 $ln(L_E)$ 가 최대인 지점의 β_1 이 그것의 최대우도 추정치 $\hat{\beta}_1$ 라는 것을 표현하고 있다. 로그우도함수 $ln(L_E)$ 를 미분하여 그 미분

값이 0 이 되는 β_1 이 그것의 추정치 $\widehat{\beta}_1$ 이다. 왜냐하면 로그우도함수를 미분한 값은 그 함수에서 접선의 기울기를 나타내고, 로그우도함수가 최대가 되는 지점에서는 접선 b 의 기울기가 0 이 되기 때문이다. 앞서 Wald 통계치를 살펴보았는데, Wald 통계치를 산출할 때 사용되는 점근적 표준오차 ASE 는 로그우도함수가 최대가 되는 지점을 중심으로 그 부근에서 곡선의 곡률 혹은 평평한 정도를 반영하는 지수다. 로그우도함수의 최대 지점을 중심으로 그 부근이 가파르게 뾰족한 모양을 가지면 ASE 는 작고, 그것이 평평한 모양을 가지면 ASE 는 크다. 따라서 점근적 표준오차 ASE 가 작다는 것은 로그우도함수의 최대지점의 정확한 위치가 확실하다는 것을 의미한다. 즉, 점근적 표준오차 ASE 는 최대우도 추정치 $\widehat{\beta}_1$ 에 대한 정보량(amount of information)의 역개념이다. 이러한 이유로 산출된 최대우도 추정치 $\widehat{\beta}_1$ 를 ASE 로 나누어 준 Wald 통계치 z 의 절대값이 정규분포에서 제 1 종 오류확률 $\alpha = 0.05$ 의 임계치인 1.96 보다 크면 산출된 최대우도 추정치 $\widehat{\beta}_1$ 의 확실성이 높고, 따라서 β_1 이 산출된 $\widehat{\beta}_1$ 가 아니고 0 이라는 영가설을 기각한다.

그런데 [그림 3-10] 에서 $\beta_1 = 0$ 의 지점에서는 접선 a 의 기울기의 절대값이 0 보다 크다는 것을 알 수 있다. 영가설이 가정하는 $\beta_1 = 0$ 지점의 접선 a 의 기울기(즉, $\beta_1 = 0$ 에서의 $ln(L_E)$ 의 미분값)를 그 지점의 ASE 로 나누어 주고, 그 비율을 자승해 준 것을 점수 통계치라고 부른다. 이 점수 통계치는 자유도가 $df = 1$ 인 카이자승분포를 하는 지수다. 점수 통계치의 값은 $\beta_1 = 0$ 지점에서의 접선 a 의 기울기가 클수록, 그리고 그 지점의 ASE 가 작을수록 커진다. 그런데 $\beta_1 = 0$ 지점이 로그우도함수의 최대지점부터 멀리 떨어져 있을수록 접선 a 의 기울기는 그 절대값이 점점 커진다. 따라서 점수 통계치의 값이 크다는 것은 $\beta_1 = 0$ 인 지점이 로그우도함수의 최대지점에서 멀리 떨어져 있다는 것을 의미하고, 또한 그것이 확실하다(ASE 가 작다)는 것을 의미하므로 이때에는 $\beta_1 = 0$ 이라는 영가설을 기각하게 된다. 구체적으로는 점수 통계치의 값이 $df = 1$ 인 카이자승분포에서 제 1 종 오류확률 $\alpha = 0.05$ 의 임계치 3.84 보다 더 커지면 영가설을 기각한다.

4 모수추정치에 대한 통계적 검증의 종합

일반선형모형의 모수추정치에 대한 통계적 검증을 수행하는 일반적 방법 세 가지를 살펴보았다. 이 세 가지 방법은 모두 [그림 3-10]에 묘사된 로그우도함수에 기초한다. Wald 통계치는 로그우도함수가 최대가 되는 지점의 위치($\widehat{\beta}_1$)와 그 부근의 정보량(ASE)에 기초한 통계적 검증방법이고, 점수 통계치는 영가설이 가정하는 지점($\beta_1 = 0$)의 접선의 기울기($ln(L_E)$의 미분값)와 그 부근의 정보량(ASE)에 기초한 통계적 검증방법이며, 우도비 카이자승 검증은 [그림 3-10]에 표현된 $\widehat{\beta}_1$의 로그우도함수값 $ln(L_{E1})$와 $\beta_1 = 0$의 로그우도함수값 $ln(L_{E0})$의 차이에 기초한 통계적 검증방법이다.

Wald 통계치의 자승(z^2), 우도비 카이자승, 점수 통계치는 모두 관찰의 수 혹은 표본의 크기가 매우 클 때 카이자승분포를 하는 지수들이다. 또한, 이들은 모두 동일한 로그우도함수에 기초하는 까닭에 관찰의 수 혹은 표본의 크기가 매우 큰 자료에서 산출된 경우에는 그 크기가 거의 같고, 모수추정치의 통계적 유의미도에 대하여 동일한 결론을 유도하게 된다. 특히, 무선적 성분에 정규분포를 가정하고 동일 연결함수를 사용하는 회귀분석모형과 변량분석모형 등의 일반선형모형에서는 세 가지 지수가 항상 동일하다. 그러나 많은 실제 연구에서 분석되는 보편적인 크기의 표본자료에 대하여는 일반적으로 우도비 카이자승이 Wald 통계치보다 더 신뢰할 수 있는 것으로 알려져 있다(Lloyd, 1999, p. 45; Agresti, 1996, p. 89). 또한 만약에 세 가지 지수들의 값이 매우 큰 폭으로 서로 차이가 날 때는 최대우도 추정치 $\widehat{\beta}_1$의 표집분포가 정규분포하지 않을 가능성이 높다고 한다. 추정치 $\widehat{\beta}_1$의 표집분포가 정규분포하지 않을 때는 세 가지 지수에 의한 통계적 판단이 모두 타당하지 않을 뿐만 아니라 추정치 $\widehat{\beta}_1$의 정확성 자체를 신뢰할 수 있는 이론를 근거를 상실한다. 이런 경우에는 큰 표본의 크기를 요구하는 최대우도 추정방법이 아닌 다른 방법에 의하여 모형의 모수를 추정하는 것이 바람직한 것으로 알려져 있다.

'최대우도 추정방법이 아닌 다른 방법'의 가장 대표적인 것이 최소자승 추정방법이다. 예를 들어, 일반선형모형 $ln(\mu) = \alpha + \beta_1 x_1$의 모수추정치들 $\widehat{\alpha}$와 $\widehat{\beta}_1$를 최소자승 추정방법으로 산출하기 위해서는 반응변인 Y를 로그 변환한 $ln(Y)$

를 종속변인으로 사용하고 x_1 을 독립변인으로 사용하여 일반적인 회귀분석하면 된다. 회귀분석에서 산출되는 절편 계수가 $\widehat{\alpha}$ 이고, 기울기 계수가 $\widehat{\beta}_1$ 이다. 그러나 회귀분석에 의하여 산출된 $\widehat{\alpha}$ 와 $\widehat{\beta}_1$ 은 Y가 μ를 중심으로 정규분포하고 균질의 변산을 가진다는 가정을 하고 산출되는 것이므로, 만약 이 가정들이 타당하지 않을 때는 모수추정치의 값이나 그들의 통계적 유의미도가 부정확할 수 있다는 점을 염두에 두어야 한다.

결론적으로, 표본의 크기가 작아서 최대우도 추정방법에 의해 산출되는 모수추정치들을 신뢰할 수 없을 때는 더 많은 자료를 수집하거나 제 2 장에서 설명된 '피어슨의 엄밀검증' 등으로 모형을 획기적으로 바꾸지 않는 한, '다른 방법' 에 의하여 그들을 산출하여도 더 나아지는 것이 없다고 생각된다.

6 일반선형모형의 합치도 검증

방금 앞서 일반선형모형의 모수추정치에 대한 통계적 판단을 살펴보았다. 여기에서는 개별 모수추정치들이 아니고 추정된 모형 전체에 대한 판단을 살펴보고자 한다. 일반선형모형에 대한 판단은 모형이 예측하는 반응변인의 평균 $\widehat{\mu}$ 와 실제 관찰에 의하여 수집된 반응변인 자료 Y의 합치도(goodness-of-fit)에 대한 판단이다. 모형과 자료 사이의 합치도에 대한 판단은 제 2 장에서 자세히 설명한 두 가지 카이자승 지수에 의해 이루어질 수 있다.

$$\text{피어슨 } \chi^2 = \sum \frac{(Y_i - \widehat{\mu}_i)^2}{\widehat{\mu}_i} \qquad G^2 = 2\sum Y_i ln\left(\frac{Y_i}{\widehat{\mu}_i}\right)$$

앞에서 설명된 Newton-Raphson 알고리듬에 의하여 일반선형모형의 모수가 추정되면, 이 모수추정치에 의하여 모형의 체계적 성분이 기술된다. 예를 들어, 네잎클로버의 개수에 대한 일반선형모형 $ln(\mu) = \alpha + \beta_1 x_1$ 에 대하여 Newton-Raphson 알고리듬에 의한 모수추정에서 $\widehat{\alpha} = 1.51$ 이고, $\widehat{\beta}_1 = -0.05$ 로 산출되었다면, 온도에 따른 네잎클로버 개수의 변화를 예측하는 일반선형모형은 $ln(\widehat{\mu}) = 1.51 - 0.05x_1$ 로 기술된다. 이 모형에 의하면, $\mu = e^{\alpha + \beta_1 x_1}$ 이므로 $x_1 = 1$ 일 때 (11~15℃) 네잎클로버의 개수는 평균적으로 $\widehat{\mu}_1 = e^{1.51 - 0.05(1)} = 4.31$ 개일 것으로 기대되고, $x_1 = 2$ 일 때 (16~20℃) 네잎클로버의 개수는 평균적으로 $\widehat{\mu}_2 = e^{1.51 - 0.05(2)} = 4.10$ 개일 것으로 기대되며, $x_1 = 3$ 일 때 (21~25℃) 네잎클로버의 개수는 평균적으로 $\widehat{\mu}_3 = e^{1.51 - 0.05(3)} = 3.90$ 개일 것으로 기대되고, $x_1 = 4$ 일 때 (26~30℃) 네잎클로버의 개수는 평균적으로 $\widehat{\mu}_4 = e^{1.51 - 0.05(4)} = 3.71$ 개일 것으로 기대된다. 반면에 실제 자료에서는 $x_1 = 1$ 일 때 $Y_1 = 7$ 개의 네잎클로버가 관찰되었고, $x_1 = 2$ 일 때 $Y_2 = 1$ 개의 네잎클로버가 관찰되었으며, $x_1 = 3$ 일 때 $Y_3 = 2$ 개의 네잎클로버가 관찰되었고, $x_1 = 4$ 일 때 $Y_4 = 6$ 개의 네잎클로버가 관찰되었다.

일반선형모형의 합치도 검증이란 모형이 예측하는 반응변인의 평균 ($\widehat{\mu}_1 = 4.31$, $\widehat{\mu}_2 = 4.10$, $\widehat{\mu}_3 = 3.90$, $\widehat{\mu}_4 = 3.71$) 과 실제 자료에서 관찰된 반응변인 값 ($Y_1 = 7$, $Y_2 = 1$, $Y_3 = 2$, $Y_4 = 6$) 사이에 존재하는 괴리가 표본추출 과정에서 개입되는 우연적인 표집오차에 불과한 것인지, 아니면 모형이 예측하는 반응변인의 평균들 ($\widehat{\mu}_1$, $\widehat{\mu}_2$, $\widehat{\mu}_3$, $\widehat{\mu}_4$) 이 실제 모집단의 평균들 (μ_1, μ_2, μ_3, μ_4) 과 틀린 것인지의 여부에 대한 판단을 말한다. 만약 모형과 자료 사이의 괴리가 작아서 피어슨 카이자승 지수와 우도비 카이자승 지수가 정해진 자유도에서 제 1 종 오류확률의 임계치를 초과하지 않으면 이 괴리는 우연적인 표집오차에 불과하다고 판단한다. 따라서 모형이 자료를 잘 반영 혹은 설명한다고 판단한다. 반면에 모형과 자료 사이의 괴리가 커서 피어슨 카이자승 지수와 우도비 카이자승 지수가 정해진 자유도에서 제 1 종 오류확률의 임계치를 초과하면 이 괴리는 모형이 예측하는 반응변인의 평균들 ($\widehat{\mu}_1$, $\widehat{\mu}_2$, $\widehat{\mu}_3$, $\widehat{\mu}_4$) 이 실제 모집단의 평균 (μ_1, μ_2, μ_3, μ_4) 과 틀리기 때문에 발생한 것으로 판단 모형을 기각한다. 물론, 이때 한 가지 중요한 전제가 존재하는데, 이는 표본자료 (Y_1, Y_2, Y_3, Y_4) 는 실제 모집단 평균 (μ_1, μ_2, μ_3, μ_4) 에 대한 대표성을 가진다는 전제다.

제 4 장
로그선형모형

교차분할표 내의 셀빈도들의 크기에 영향에 주는 요인에 대하여 이론적 모형을 구성하고, 그 모형을 검증하는 대표적인 분석방법이 로그선형분석 (log-linear analysis) 이며, 이때 검증되는 이론적 모형을 로그선형모형 (log-linear model) 이라고 부른다. 셀빈도들의 크기 변화에 영향을 주는 요인을 흔히 설명요인 혹은 설명변인이라고 부르는데, 말 그대로 이론적으로 셀빈도들의 크기를 설명한다고 생각되는 요인 혹은 변인이다.

앞서 제 3 장에서 예측되는 혹은 설명되는 반응변인이 빈도일 때, 이 반응변인을 비선형적으로 변환하기 위한 가장 간단하고 적절한 연결함수는 로그함수라는 것을 설명하였다. 이것이 로그선형모형의 명칭에 '로그' 라는 용어가 사용되는 이유다. 즉, 로그선형모형은 교차분할표 내의 셀빈도들을 그 교차분할표를 구성하는 변인들로 설명하기 위한 모형이고, 따라서 로그함수를 연결함수로 사용하는 일반선형모형이다.

로그선형모형의 명칭에서 '로그' 라는 용어와 '선형' 이라는 용어가 조합된 이유는 다음과 같다. N 명의 사례들이 행이 I 개이고, 열이 J 개인 교차분할표의 각 셀에 할당된다고 가정하자. 만약 교차분할표의 행을 구성하는 변인과 열을 구성하는 변인이 서로 독립적이라면 각 셀의 결합확률 (π_{ij}) 은 그 셀의 행 외곽확률 (π_{i+}) 과 열 외곽확률 (π_{+j}) 의 곱과 같다. 즉, 행을 구성하는 변인과 열을 구성하는 변인이 서로 독립적이라면, $\pi_{ij} = \pi_{i+}\pi_{+j}$ 가 성립한다. 전체 빈도, 셀빈도, 행 외곽빈도 그리고 열 외곽빈도들을 각각 N, μ_{ij}, μ_{i+}, μ_{+j} 로 표기하면, 결합확률과 외곽확률들의 관계를 다음과 같이 빈도 개념으로 나타낼 수 있다.

$$\mu_{ij} = N\pi_{ij} = N\pi_{i+}\pi_{+j} = (N\pi_{i+})(N\pi_{+j})/N = \mu_{i+}\mu_{+j}/N$$

결국 교차분할표의 행을 구성하는 변인과 열을 구성하는 변인이 서로 독립적이라면, 셀빈도 (μ_{ij}) 는 외곽빈도들의 곱 ($\mu_{i+}\mu_{+j}$) 을 전체 빈도 (N) 로 나눈 것과 같다. 따라서 셀빈도는 외곽빈도들의 곱셈적 함수다. 셀빈도들과 외곽빈도들의 이 등호관계는 등호 양쪽을 공히 자연로그로 변환하여도 변하지 않는다.

$$ln(\mu_{ij}) = ln(\mu_{i+}\mu_{+j}/N) = ln(\mu_{i+}) + ln(\mu_{+j}) - ln(N)$$

셀빈도를 자연로그로 변환하면, 셀빈도를 설명하는 독립성모형을 로그 변환된 외곽빈도들의 선형함수 (linear function) 로 나타낼 수 있다. 즉, 독립성모형이 참인 경우, 셀빈도들은 외곽빈도들의 곱셈적 함수 (multiplicative function) 지만, 로그 변환된 셀빈도는 로그 변환된 외곽빈도들의 합산적 함수 (additive function) 다. 합산적 함수는 곱셈적 함수보다 수학적으로 더 간단한 함수이므로 개념적으로 이해하기 쉽고, 자료분석을 위하여 활용하기가 더 용이하며, 모수들의 값 등을 산출하는 절차가 훨씬 간단하다는 여러 가지 장점을 가진다. 그뿐만 아니라 셀빈도 μ_{ij} 는 하한값이 0 이고, 상한값이 $+\infty$ 이다. 셀빈도 μ_{ij} 가 0 보다 작은 값을 가질 수 없기 때문에 이것을 설명하는 설명변인들의 선형함수로 모형화하기 어렵다. 반면에 로그 변환된 빈도는 $-\infty$ 와 $+\infty$ 의 값을 가질 수 있으므로 설명변인들의 선형함수로 개념화하는 데 무리가 없다. 로그선형모형이라는 명칭은 이와 같이 로그 변환된 셀빈도를 이론적 모수들의 합산적 함수 (즉, 선형함수) 의 형태로 기술하는 모형이라는 의미를 함축한다.

로그선형모형은 범주변인들 사이의 관계 (association) 혹은 상호작용 (interaction) 을 개념화하기 위한 가장 대표적인 분석모형 중의 하나인데, 이러한 관계와 상호작용은 '효과 (effect)' 라는 개념을 중심으로 모형화된다. 우선 효과의 개념을 살펴보고, 로그선형모형을 구성하는 방법과 분석절차를 설명하고자 한다.

1 효 과

로그선형모형의 효과 개념은 '이유'의 의미를 가지는 개념이다. 특정한 사상 (event) 이 나타나는 이유에 대한 설명과 이해를 효과라고 부른다. 예를 들어, 어떤 특정한 셀에서 90 이라는 빈도가 존재한다면 그 셀에 해당하는 사상이 90 의 빈도 만큼 발생하는 이유를 설명하는 것이 효과의 개념이다.

어떤 초등학교에 새로 입학한 1 학년 학생들이 140 명인데, 교장선생님은 이 신입생들을 두 개의 반으로 분반하기로 결정하였다고 가정하자. 140 명을 어떻게 두 개의 반으로 나눌 것인가는 분반하는 '이유'가 무엇인가에 달려 있다. 만약 단지 1 학년용 교실이 두 개이기 때문이라면, 그리고 다른 이유가 없다면 한 반에 70 명씩 분반할 것이다. 그런데 만약 교실이 두 개라는 이유와 더불어, 한 교실이 다른 교실보다 조금 크기 때문에 90 명과 50 명으로 구성된 두 개의 반으로 분반하였다고 가정하자. 이 분반과정을 다음과 같이 기술할 수 있다. 신입생이 한 반에는 90 명이고, 다른 반에는 50 명으로 배정된 이유는 두 가지다.

① 교실이 두 개이기 때문인데, 이 이유에 의해서 각 반에 70 명씩 배정되었다.
② 교실의 크기가 다르기 때문인데, 이 이유 때문에 작은 교실에 −20 명이 추가되고, 큰 교실에 +20 명이 추가되었다.

이 예에서 신입생이 한 반에는 90 명이고, 다른 반에는 50 명으로 배정된 첫 번째 이유는 교실의 개수인데, 다시 말해서 전체 빈도 (140) 가 분할되는 범주의 개수다. 이것을 로그선형모형에서는 '상수효과 (constant effect)' 라고 부르고, λ 로 표기한다. 상수효과는 단지 범주변인이 가지는 범주의 개수 때문에 셀빈도에 생기는 효과를 말한다. 이 효과를 '상수' 라는 용어로 지칭하는 이유는 이 효과의 크기 혹은 정도가 모든 셀의 빈도에 대하여 동일하기 때문이다. 이 예에서 신입생이 한 반에는 90 명이고, 다른 반에는 50 명으로 배정된 두 번째 이유는 '교실 크기' 다. '교실 크기' 라는 설명변인을 A 라고 표기하자. 설명변인 A 는 두 개의 범주를 가지는데, 하나는 '큰 교실' 이고, 다른 하나는 '작은 교실' 이다. 설명변인 A 의 범주들을 $A(i)$ 로 표기하자. 즉, '큰 교실' 범주를 $A(1)$ 로 표기하고, '작은 교실' 범주를 $A(2)$ 로 표기한다. 교실 크기와 같은 설명변인의 효과를 로그선형모형에서는 $\lambda_{A(i)}$ 로 표기한다. 즉, 크기가 큰 교실의 효과는 $\lambda_{A(1)}$ 라고 표기하고, 크기가 작은 교실의 효과는 $\lambda_{A(2)}$ 라고 표기한다. 그런데 한 개의 설명변인이 가지는 범주들의 효과는 서로 상쇄되는 효과들이다. 예를 들어, '큰 교실' 의 효과가 셀빈도를 증가시키는 효과라면, '작은 교실' 의 효과는 셀빈도를 감소시키는 효과다. 따라서 범주변인 '교실 크기' 의 범주효과들을 합하면 $\lambda_{A(1)} + \lambda_{A(2)} = 0$ 이 된다.

2 기본 개념

로그선형모형은 로그 변환된 셀빈도 $ln(\mu_i)$ 를 상수효과 (λ) 와 설명변인효과 $(\lambda_{A(i)})$ 의 선형적 (합산적) 조합으로 기술하는 모형이다. 설명변인이 한 개인 로그선형모형의 기본 구조는 <수식 4-1> 과 같다.

$$ln(\mu_i) = \lambda + \lambda_{A(i)} \qquad \text{<수식 4-1>}$$

<수식 4-1> 의 μ_i 는 모형이 예측하는 셀빈도 (예측빈도) 이며, 관찰빈도 n_i 가 아니라는 사실을 유념하자. 그러나 이 예에서는 <수식 4-1> 의 로그선형모형이 포화모형 (saturated model) 이 되므로 관찰빈도와 예측빈도가 같다. 포화모형의 의미는 앞으로 설명할 것이다. <수식 4-1> 의 기본 모형에서 상수효과 λ 의 수학적 정의는 다음과 같다.

$$\lambda = \frac{\sum_{i=1}^{I} ln(\mu_i)}{I}$$

즉, 상수효과 λ 는 로그 변환된 셀 예측빈도의 평균이다. 신입생의 반 배정 자료를 이용하여 상수효과를 추정하면 $\hat{\lambda} = (ln(90) + ln(50))/2 = 4.206$ 이다 (모든 연산에서 반올림에 의한 극소한 오차를 감안하라).

<수식 4-1> 의 기본 모형에서 설명변인의 효과 $\lambda_{A(i)}$ 는 로그 변환된 셀빈도에

서 상수효과를 제거한 부분이다. 다시 말하면 로그 변환된 셀빈도에서 상수효과가 설명하지 못하는 부분이 바로 설명변인이 설명하는 부분이라는 지극히 당연한 의미다. 그러나 이 당연한 의미는 또한 로그선형모형에서 매우 중요한 의미이기도 하다. 중요한 의미란 설명변인의 효과 $\lambda_{A(i)}$ 를 추정하기 위해서는 상수효과 λ 가 먼저 추정되어야 한다는 것이다. 설명변인의 효과 $\lambda_{A(i)}$ 의 수학적 정의는 다음과 같다.

$$\lambda_{A(i)} = ln(\mu_i) - \lambda$$

이와 같이 로그선형모형의 효과모수들은 위계적 순서에 따라 추정된다. 교실 크기(A)의 두 가지 범주 중 '큰 교실' 범주의 효과는 $\hat{\lambda}_{A(1)} = ln(90) - 4.206 = 0.294$ 이고, '작은 교실' 범주의 효과는 $\hat{\lambda}_{A(2)} = ln(50) - 4.206 = -0.294$ 이다. 앞서 언급한 바와 같이, 한 설명변인의 범주들의 효과를 합하면 $\hat{\lambda}_{A(1)} + \hat{\lambda}_{A(2)} = 0$ 이 된다. 따라서 $\hat{\lambda}_{A(1)}$ 와 $\hat{\lambda}_{A(2)}$ 중에서 한 개만 추정되면, 나머지는 +, − 부호만 바꿔 주어 자동적으로 산출된다. 만약 설명변인의 범주가 3 개라면 두 개의 범주효과만 추정하면 되고, 나머지 한 개의 범주효과는 산출된 두 개의 범주효과를 0 에서 빼 주면 된다. 이 원칙을 일반적으로 기술하면 다음과 같다.

$$\sum_{i=1}^{I} \hat{\lambda}_{A(i)} = 0$$

결론적으로, 신입생이 한 반에는 90 명이고, 다른 반에는 50 명으로 배정된 이유를 설명하는 로그선형모형은 다음과 같이 추정된다.

$$ln(\hat{\mu}_1) = \hat{\lambda} + \hat{\lambda}_{A(1)} = 4.206 + 0.294 = 4.500$$
$$ln(\hat{\mu}_2) = \hat{\lambda} + \hat{\lambda}_{A(2)} = 4.206 - 0.294 = 3.912$$

신입생 140 명을 90 명과 50 명으로 이루어진 두 개의 반으로 분반한 이유를 설명하는 모형 $ln(\mu_i) = \lambda + \lambda_{A(i)}$ 은 큰 교실의 로그 변환한 빈도 $ln(\hat{\mu}_1)$ 가 4.500 일 것으로 예측하고, 작은 교실의 로그 변환한 빈도 $ln(\hat{\mu}_2)$ 가 3.912 일 것으로 예측한다. 따라서 모형이 예측하는 큰 교실의 예측빈도는 $\hat{\mu}_1 = exp(4.500) = 90$ 이고, 작은 교실의 예측빈도는 $\hat{\mu}_2 = exp(3.912) = 50$ 이다. $exp(.)$ 는 $e^{(.)}$ 를 간단히 표기한 지수함수다. 신입생 분반의 예에서는 <수식 4-1> 이 포화모형이므로 모형이 예측하는 셀빈도들은 실제 관찰빈도와 같다. 즉, $\hat{\mu}_1 = n_1 = 90$ 이고, $\hat{\mu}_2 = n_2 = 50$ 이다.

3 포화모형

앞서 신입생 140 명을 두 개의 반으로 분반하는 예에서 분반 대상이 되는 전체 사례 수 N 은 고정된 혹은 '주어진 (given)' 빈도다. 이런 경우에는 두 개의 관찰빈도 중에 한 개가 측정되면 나머지 한 개의 관찰빈도는 측정하지 않아도 자동적으로 정해진다. 결과적으로 신입생을 두 개의 반으로 분반하는 예에서 확률적인 (stochastic) 관찰빈도 (확률분포에 따라 나타나는 관찰빈도) 는 1 개다. 나머지 한 개의 관찰빈도는 비확률적으로 결정된다. 일반적으로, 로그선형모형은 자료의 관찰빈도 중에 셀의 개수에서 1 을 뺀 수만큼의 관찰빈도를 확률적 관찰빈도로 간주한다. 여기에는 전체 빈도 N 이 고정된 숫자라고 가정하는 전제가 있다는 것을 유념하자. 만약 설명변인이 1 개고, 그 변인이 I 개의 범주로 구성되었다면, 자료에 존재하는 확률적 관찰빈도의 개수는 $I-1$ 이다.

이제 자료의 관찰빈도들을 설명하기 위한 로그선형모형을 생각해 보면, 모형 $\lambda + \lambda_{A(i)}$ 는 두 개의 효과 항을 가진다. 그런데 상수효과 λ 는 로그 변환된 셀빈도들의 평균이다. 따라서 그 효과의 크기 혹은 정도가 모든 셀의 빈도에 대하여 동일하므로 셀빈도들의 차이를 설명할 수 없다. 셀빈도들의 차이를 설명하는 효과는 $\lambda_{A(i)}$ 이다. 설명변인의 범주가 두 개이므로 셀빈도들의 차이를 설명하는 효과 $\lambda_{A(i)}$ 는 두 개 (i = 1과 i = 2) 가 있으나, 앞서 설명한 바와 같이 $\hat{\lambda}_{A(1)} + \hat{\lambda}_{A(2)} = 0$ 의 조건을 충족해야 하므로 그중에 한 개만 산출되면 된다. 결국 신입생을 두 개의 반으로 분반한 자료를 설명하기 위한 로그선형모형의 효과모수 (parameter) 는 1 개 ($\lambda_{A(1)}$ 혹은 $\lambda_{A(2)}$) 다.

자료에 존재하는 확률적인 관찰빈도의 수와 모형에 존재하는 효과모수의 수가 동일한 모형을 '포화모형(saturated model)'이라고 부른다. 즉, 포화모형은 자유도가 0인 모형을 일컫는데, '포화'라는 용어의 의미는 자유도를 모두 소모하였다는 의미다. 포화모형은 언제나 관찰빈도를 정확히 예측한다. 즉, 포화모형의 경우에는 언제나 $n_i = \hat{\mu}_i$이다.

반면에 자료에 존재하는 확률적인 빈도의 수보다 모형에 존재하는 모수의 수가 적은 모형을 '불포화모형(unsaturated model)'이라고 부른다. 불포화모형이 예측하는 셀빈도는 관찰빈도와 일치하지 않는다. 예를 들어, 신입생을 두 개의 반으로 분반한 자료를 설명하기 위한 로그선형모형이 다음과 같다고 가정하자.

$$ln(\mu_i) = \lambda$$

이 모형의 경우에는 자료에 존재하는 확률적인 빈도의 수는 여전히 1이지만, 모형에 존재하는 모수의 수(셀빈도들의 차이를 설명하는 효과모수)는 0이므로 불포화모형이다. 그런데 상수효과 λ는 범주의 개수 때문에 셀빈도에 생기는 효과이므로 로그선형모형 $ln(\mu_i) = \lambda$가 예측하는 셀빈도는 두 개의 범주에서 각각 $\hat{\mu}_1 = 70$이고 $\hat{\mu}_2 = 70$이다. 이 예측빈도들은 실제 관찰빈도($n_1 = 90$과 $n_2 = 50$)들과 일치하지 않는다. 불포화모형이 예측하는 셀빈도들과 실제 관찰빈도들의 일치 여부가 모형이 자료를 설명하는 정도에 대한 판단, 즉 소위 '모형검증(model testing)'의 기준이 된다. 포화모형이 예측하는 셀빈도들은 언제나 관찰빈도와 정확히 일치하므로, 포화모형은 모형검증의 대상이 될 수 없다.

4 모형합치도 검증

불포화모형이 예측하는 셀빈도는 관찰빈도와 일치하지 않으므로, 그 불일치의 정도를 모형과 자료의 '합치도(goodness-of-fit)'라고 부르고, 이 합치도가 모형의 질 혹은 유용성을 판단하는 기준이 된다. 로그선형모형의 합치도는 우도비 카이자승 지수 G^2과 피어슨 카이자승 지수 χ^2으로 요약된다.

$$G^2 = 2\sum n_i \, ln\left(\frac{n_i}{\hat{\mu}_i}\right) \qquad \chi^2 = \sum\frac{(n_i - \hat{\mu}_i)^2}{\hat{\mu}_i} \qquad \text{<수식 4-2>}$$

우도비 카이자승 지수 G^2 은 앞서 제 1 장에서 설명한 바와 같이, 이론적 모형(로그선형모형) 이 참일 최대우도(최대 가능성) 와 오로지 관찰된 자료에 의해서만 산출된 최대우도의 비율을 로그 변환한 것이다. 이 최대우도들이 산출되는 과정은 다음의 이원교차분할표에 대한 로그선형분석에서 자세히 설명될 것이다. 로그선형모형의 합치도를 나타내는 우도비 카이자승 지수와 피어슨 카이자승 지수의 자유도는 공히 자료에 존재하는 확률적인 관찰빈도의 수에서 모형에 존재하는 효과모수의 수를 뺀 것이다.

df = (자료에 존재하는 확률적인 빈도의 수) − (모형에 존재하는 효과모수의 수)

포화모형의 경우에는 자유도가 $df = 0$ 이고, 모든 셀에서 $n_i = \hat{\mu}_i$ 이므로 두 가지 합치도 지수의 값이 모두 0 이 되어 모형의 합치도를 검증할 수 없다. 반면에 불포화모형은 자유도가 0 보다 크므로($df > 0$), 우도비 카이자승 지수와 피어슨 카이자승 지수를 이용하여 모형검증을 할 수 있다. 신입생 분반의 예를 위한 불포화모형 $ln(\mu_i) = \lambda$ 의 경우에는 그 자유도가 $df = 1 - 0 = 1$ 이고, 우도비 카이자승 지수와 피어슨 카이자승 지수는 각각 다음과 같다.

$$G^2 = 2\sum n_i \, ln\left(\frac{n_i}{\hat{\mu}_i}\right) = 2[90ln(90/70) + 50ln(50/70)] = 11.588$$

$$\chi^2 = \sum\frac{(n_i - \hat{\mu}_i)^2}{\hat{\mu}_i} = (90-70)^2/70 + (50-70)^2/70 = 11.429$$

모형 $ln(\mu_i) = \lambda$ 가 참일 때(신입생 140 명이 두 개의 반으로 분반된 이유가 교실이 두 개이기 때문이고, 다른 이유가 실제로 존재하지 않을 때), 자유도가 $df = 1$ 인 카이자승분포에서 11.588 보다 큰 G^2 값을 얻을 확률(p-value) 과 11.429 보다 큰 χ^2 을 얻을 확률(p-value) 은 0.05 보다 작다. 따라서 모형 $ln(\mu_i) = \lambda$ 는 실제 관찰빈도와 합치하지 않는다고 판단되어 기각된다. 즉, 신입생 140 명이 두 개의 반으로 분반된 이유가 교실이 두 개이기 때문이라는 것말고도 또 다른 것이 존재한다는 결론을 내리게 된다.

5 이원교차분할표

지금까지 범주변인이 한 개인 경우를 상정하고 로그선형분석의 기본 개념을 설명하였다. 범주변인이 두 개 이상인 경우에도 그것이 한 개인 경우에 설명된 기본 개념이 모두 공히 적용된다. 이 절에서는 이원교차분할표를 구성하는 범주변인들의 관계와 상호작용을 파악하기 위한 로그선형분석을 살펴보고, 다음 절에서 3 개 이상의 범주변인들의 관계와 상호작용을 파악하기 위한 로그선형분석을 살펴보고자 한다.

이원교차분할표를 구성하는 범주변인들의 관계와 상호작용을 파악하기 위한 로그선형분석을 설명하기 위하여 앞서 제 2 장에서 사용하였던 <표 2-9> 의 자료를 다시 한 번 살펴보기로 하자. 그 실험의 한 조건 (범죄뉴스 관람) 에서는 배심원이 모의재판 전에 용의자가 범인임을 기정사실화하는 TV 뉴스를 관람하였고, 다른 조건 (다큐멘터리 관람) 에서는 배심원이 모의재판 전에 야생동물의 생태에 대한 짤막한 다큐멘터리 프로그램을 관람하였다. 모의재판이 끝난 후 배심원들은 피고인에 대하여 무죄 혹은 유죄의 평결을 하였는데, 재판 전에 범죄뉴스를 관람한 조건의 배심원들은 8 명 중에 7 명이 유죄평결을 하였고, 다큐멘터리를 관람한 조건의 배심원들은 8 명 중에 2 명이 유죄평결을 하였다.

이 실험에서 반응변인은 '배심평결' 이며, '유죄' 와 '무죄' 의 두 가지 범주를 가진다. 또한, 이 실험에서 연구자가 정한 설명변인은 '실험조건' 이며, '범죄뉴스 관람' 과 '다큐멘터리 관람' 의 두 가지 범주를 가진다. 그런데 연구자가 설정한 반응변인과 설명변인이 무엇이건 간에 로그선형분석은 두 가지 범주변인을 모두 설명변인으로 간주하고, 셀빈도들 자체를 반응변인으로 간주한다는 매우 중요한 특징을 가진다. 로그선형분석을 이해하기 위해서는 이 특징을 반드시 기억해야 한다. 앞에서도 설명한 바와 같이, 로그선형분석은 셀빈도들의 크기를 설명하기 위한 분석이다. 이때 설명하는 변인은 이원교차분할표를 구성하는 범주변인들이고, 설명되는 것은 셀빈도들이다. 로그선형모형에서 설명되는 반응변인이 셀빈도이므로 로그선형분석은 무선적 성분에 포아송분포를 가정하는 일반선형모형이다. 다시 말해서 로그선형모형은 범주변인들의 효과에 의해 셀빈도들이 반응한다는 전제를 하는 모형이다. 반면에 나중에 설명하게 될 '포아송 회귀모형 (Poisson regression model)'도 무선적 성분에 포아송분포를 가정하는 일반선형모형이지만, 교차분할표를 구성하는 범주변인들을 설명변인과 반응변인으로 구별하는 모형이다. 이때의 효과 개념은 셀빈도에 대한 효과가 아니라, 반응변인에 대한 설명변인의 효과다.

① 독립성모형

I 개의 범주를 가지는 범주변인 A 와 J 개의 범주를 가지는 범주변인 B 로 구성되는 $I \times J$ 이원교차분할표에 대한 로그선형모형 중에 가장 간단한 모형은 범주변인들 A 와 B 가 서로 독립적이라는 가정을 하는 모형이다. 이 독립성모형은 <수식 4-3> 과 같이 기술된다.

$$ln(\mu_{ij}) = \lambda + \lambda_{A(i)} + \lambda_{B(j)} \qquad \text{<수식 4-3>}$$

<수식 4-3> 에서 μ_{ij} 는 범주변인 A 의 i 번째 범주와 범주변인 B 의 j 번째 범주에 해당하는 셀의 예측빈도다. λ 는 앞서 범주변인이 한 개인 경우와 마찬가지로 상수효과이며, $I \times J$ 개의 로그 변환된 셀 예측빈도들의 평균이고, 오로지 셀의 개수가 셀빈도에 영향을 주는 효과다. $\lambda_{A(i)}$ 는 범주변인 A 의 i 번째 범주의 효과이고, $\lambda_{B(j)}$ 는 범주변인 B 의 j 번째 범주의 효과다. 이 독립성모형이 가지는 효과들의 수학적 정의는 각각 다음과 같다.

$$\lambda = \frac{\sum_{ij} ln(\mu_{ij})}{IJ}, \qquad \lambda_{A(i)} = \frac{\sum_{j=1}^{J} ln(\mu_{ij})}{J} - \lambda, \qquad \lambda_{B(j)} = \frac{\sum_{i=1}^{I} ln(\mu_{ij})}{I} - \lambda$$

$$\text{단, } \sum_i \lambda_{A(i)} = 0, \ \sum_j \lambda_{B(j)} = 0$$

앞서 한 개의 변인이 가지는 범주들의 효과는 서로 상쇄되는 효과들이라고 하였다. 이 원칙은 모든 로그선형모형에 공히 적용되는 원칙이다. 따라서 범주변인 A의 범주효과들은 그 합이 0이 되어야 하고, 범주변인 B의 범주효과들 또한 그 합이 0이 되어야 한다. 배심평결 실험의 예를 적용하면, '실험조건'이 범주변인 A이고, '배심평결'이 범주변인 B이며, 실험에서 산출된 자료는 <표 4-1>과 같이 요약할 수 있다.

〈**표 4-1**〉 모의재판에서 배심원의 평결

실험조건 (A)	배심평결 (B)		전체
	유죄 ($j=1$)	무죄 ($j=2$)	
범죄뉴스 관람 ($i=1$)	$n_{11}=7$	$n_{12}=1$	$n_{1+}=8$
다큐멘터리 관람 ($i=2$)	$n_{21}=2$	$n_{22}=6$	$n_{2+}=8$
전체	$n_{+1}=9$	$n_{+2}=7$	$N=16$

만약 독립성모형이 참이라면, 앞서 설명한 바와 같이 각 셀의 예측빈도는 외곽빈도들의 곱을 전체 빈도로 나누어서 구할 수 있다. 즉, 범주변인들이 서로 독립적이라면, $\mu_{ij}=\mu_{i+}\mu_{+j}/N$ 이므로 독립성모형이 예측하는 셀빈도들은 다음과 같이 추정된다.

$$\hat{\mu}_{11}=n_{1+}n_{+1}/N=(8)(9)/16=4.5$$

$$\hat{\mu}_{12}=n_{1+}n_{+2}/N=(8)(7)/16=3.5$$

$$\hat{\mu}_{21}=n_{2+}n_{+1}/N=(8)(9)/16=4.5$$

$$\hat{\mu}_{22}=n_{2+}n_{+2}/N=(8)(7)/16=3.5$$

이원교차분할표의 셀빈도들에 대한 독립성모형은 불포화모형이므로, 독립성모형에 의해 예측된 셀빈도들은 관찰된 셀빈도들과 다를 수 있다. 그러나 예측빈도들로 계산되는 '예측된 외곽빈도(expected marginal frequency)'는 관찰된 외곽빈도와 일치해야 한다. 예를 들어, $\hat{\mu}_{1+} = \hat{\mu}_{11} + \hat{\mu}_{12} = 4.5 + 3.5 = 8 = n_{1+}$ 이다. 이 원칙을 '충분치 (sufficient statistic)' 라고 부른다. 충분치에 대해서는 조금 뒤에서 다시 자세히 설명하고자 한다. 이 예측빈도들을 이용하여 '실험조건' 과 '배심평결' 이 서로 독립적이라는 가정을 하는 로그선형모형의 효과모수들을 추정하면 다음과 같다.

$$\hat{\lambda} = \frac{\sum_{ij} ln(\hat{\mu}_{ij})}{IJ} = \frac{ln(4.5) + ln(3.5) + ln(4.5) + ln(3.5)}{4} = 1.378$$

$$\hat{\lambda}_{A(1)} = \frac{\sum_{j=1}^{J} ln(\hat{\mu}_{1j})}{J} - \hat{\lambda} = \frac{ln(4.5) + ln(3.5)}{2} - 1.378 = 0.000$$

$$\hat{\lambda}_{B(1)} = \frac{\sum_{i=1}^{I} ln(\hat{\mu}_{i1})}{I} - \hat{\lambda} = \frac{ln(4.5) + ln(4.5)}{2} - 1.378 = 0.126$$

실험조건의 범주 중에 '다큐멘터리 관람' 범주의 효과 $\hat{\lambda}_{A(2)}$ 와 배심평결의 범주 중에 '무죄' 범주의 효과 $\hat{\lambda}_{B(2)}$ 는 자연적으로 각각 -0.000 과 -0.126 이 된다. 따라서 <표 4-1> 의 자료에 대하여 실험조건과 배심평결이 서로 독립적이라는 가정을 하는 추정된 로그선형모형은 다음과 같다.

$$ln(\hat{\mu}_{11}) = 1.378 + 0.000 + 0.126 \qquad ln(\hat{\mu}_{12}) = 1.378 + 0.000 - 0.126$$

$$ln(\hat{\mu}_{21}) = 1.378 - 0.000 + 0.126 \qquad ln(\hat{\mu}_{22}) = 1.378 - 0.000 - 0.126$$

앞에서 추정된 상수효과 $\hat{\lambda}$ 는 모든 셀의 예측빈도를 로그 변환하여 평균을 구한 것이다. 그런데 앞서 제 2 장에서 여과승산 (partial odds) 과 관련하여 설명한 바와 같이, 예측빈도를 로그 변환하여 대수평균 (arithmetic mean) 을 구한 것은 예측빈도들의 기하평균 (geometric mean) 을 구한 후 그것을 로그 변환한 것과 같다.

$$\hat{\lambda} = \frac{\sum_{ij} ln(\hat{\mu}_{ij})}{IJ} = ln\left(\prod_{ij} \hat{\mu}_{ij}\right)^{1/ij} = ln((4.5)(3.5)(4.5)(3.5))^{1/4} = 1.378$$

즉, 추정된 상수효과 $\hat{\lambda}$ 는 곧 예측빈도들의 기하평균을 로그 변환한 것이다. 이 특성이 바로 상수효과 $\hat{\lambda}$ 의 의미를 해석하는 핵심이 된다. 즉, 로그선형모형의 추정된 상수효과는 일종의 셀 예측빈도들의 평균치다.

범주변인 A 의 추정된 주효과 $\hat{\lambda}_{A(i)}$ 는 A 의 i 번째 범주에 있는 두 개의 예측빈도들($\hat{\mu}_{11}$ 와 $\hat{\mu}_{12}$ 혹은 $\hat{\mu}_{21}$ 와 $\hat{\mu}_{22}$)을 각각 로그 변환한 후, 그것들의 대수평균을 구하고, 그 대수평균으로부터 상수효과 $\hat{\lambda}$를 빼 준 것이다. 따라서 $\hat{\lambda}_{A(i)}$ 는 A 의 i 번째 범주에 있는 예측빈도들의 기하평균을 구해서 로그 변환한 후, 그 로그 변환된 기하평균으로부터 추정된 상수효과 $\hat{\lambda}$를 빼 준 것과 같다. 이 특성이 바로 범주변인 A 의 추정된 주효과 $\hat{\lambda}_{A(i)}$ 의 의미를 해석하는 핵심이 된다. 즉, $\hat{\lambda}_{A(i)}$ 는 범주변인 A 의 i 번째 범주에 있는 예측빈도들의 일종의 평균치와 전체 셀의 예측빈도 평균치의 차이다. 즉, 변량분석(analysis of variance)에서 독립변인의 주효과가 그 독립변인의 외곽평균과 전체 평균의 차이로 정의되는 것과 동일한 개념이다.

범주변인 B 의 추정된 주효과 $\hat{\lambda}_{B(j)}$ 는 B 의 j 번째 범주에 있는 두 개의 예측빈도들($\hat{\mu}_{11}$ 와 $\hat{\mu}_{21}$ 혹은 $\hat{\mu}_{12}$ 와 $\hat{\mu}_{22}$)을 각각 로그 변환한 후, 그것들의 대수평균을 구하고, 그 대수평균으로부터 추정된 상수효과 $\hat{\lambda}$를 빼 준 것이다. 따라서 $\hat{\lambda}_{B(j)}$ 는 B 의 j 번째 범주에 있는 예측빈도들의 기하평균을 구해서 로그 변환한 후, 그 로그 변환된 기하평균으로부터 추정된 상수효과 $\hat{\lambda}$를 빼 준 것과 같다. 이 특성이 바로 범주변인 B 의 추정된 주효과 $\hat{\lambda}_{B(j)}$ 의 의미를 해석하는 핵심이 된다. 즉, $\hat{\lambda}_{B(j)}$ 는 범주변인 B 의 j 번째 범주에 있는 예측빈도들의 평균치와 전체 셀의 예측빈도 평균치의 차이다.

$$\hat{\lambda} = ln(\text{모든 셀 예측빈도들의 기하평균})$$

$$\hat{\lambda}_{A(i)} = ln(A\text{의 } i \text{ 번째 범주에 있는 예측빈도들의 기하평균}) - \hat{\lambda}$$

$$\hat{\lambda}_{B(j)} = ln(B\text{의 } j \text{ 번째 범주에 있는 예측빈도들의 기하평균}) - \hat{\lambda}$$

결국 '로그 변환'이라든가, '기하평균' 등의 거추장스러운 수학적 개념들을 모두 무시하고, 간단히 말하면 상수효과 $\hat{\lambda}$ 는 모든 셀의 예측빈도들의 전체 평균이고,

범주변인들의 주효과들 $\hat{\lambda}_{A(i)}$ 와 $\hat{\lambda}_{B(j)}$ 는 그 변인들의 외곽평균과 전체 평균의 차이다.

독립성모형과 자료의 합치도는 앞서 범주변인이 한 개인 경우와 마찬가지로 우도비 카이자승이나 피어슨 카이자승에 의해 판단된다.

$$G^2 = 2\sum n_{ij}\, ln\left(\frac{n_{ij}}{\hat{\mu}_{ij}}\right)$$

$$= 2[7ln(7/4.5) + 1ln(1/3.5) + 2ln(2/4.5) + 6ln(6/3.5)] = 6.904$$

$$\chi^2 = \sum \frac{(n_{ij} - \hat{\mu}_{ij})^2}{\hat{\mu}_{ij}}$$

$$= (7-4.5)^2/4.5 + (1-3.5)^2/3.5 + (2-4.5)^2/4.5 + (6-3.5)^2/3.5$$

$$= 6.349$$

이 카이자승 검증들을 위한 자유도는 자료에 존재하는 확률적인 관찰빈도의 수와 모형에 존재하는 효과모수의 수에 의해 결정되는데, 자료에 존재하는 확률적인 관찰빈도의 수는 셀수(IJ) 에서 1 을 빼 준 값, 즉 $IJ-1$ 이고, 모형에 존재하는 효과모수의 수는 범주변인 A 의 효과모수의 개수(I) 에서 1 을 뺀 값과 범주변인 B 의 효과모수의 개수(J) 에서 1 을 뺀 값을 합한 $(I-1) + (J-1)$ 이다.

$$\text{독립성모형의 자유도: } df = (IJ-1) - [(I-1) + (J-1)]$$

<표 4-1> 의 예에서는 자료에 존재하는 확률적인 관찰빈도의 수가 $IJ-1 = 4-1 = 3$ 이고, 모형에 존재하는 효과모수의 수가 $(I-1) + (J-1) = (2-1) + (2-1) = 2$ 이므로 결국 독립성모형의 자유도는 $df = 3-2 = 1$ 이다. 자유도가 $df = 1$ 인 카이자승 분포에서 추정된 우도비 카이자승 값 6.904 의 p-value 는 0.009 이고, 추정된 피어슨 카이자승 값 6.349 의 p-value 는 0.011 이다. 따라서 우도비 카이자승(G^2) 을 합치도 지수로 사용하건, 피어슨 카이자승(χ^2) 을 합치도 지수로 사용하건 상관 없이 독립성모형은 제 1 종 오류를 범할 확률 $\alpha = 0.05$ 수준에서 기각된다.

로그선형모형에 대한 지금까지의 설명에서는 예측빈도들이 먼저 추정되고, 그 예측빈도들에 의해서 효과모수들이 추정되었다. 그런데 모형합치도의 검증은 오로지 예측빈도들과 관찰빈도들에 의해서만 이루어진다. 따라서 독자들은 로그선형모형의 효과모수들을 추정하는 이유가 무엇인지에 대하여 의문을 가지게 되는 것이 당연하다. 실제의 로그선형분석에서는 효과모수들에 의하여 예측빈도들이 추정된다. 독립성모형의 경우에 예측빈도들은 이미 추정된 효과모수들에 의하여 다음과 같이 추정된다.

$$\widehat{\mu}_{ij} = exp(\widehat{\lambda} + \widehat{\lambda}_{A(i)} + \widehat{\lambda}_{B(j)})$$

예를 들어, $ln(\widehat{\mu}_{11}) = 1.378+0.000+0.126 = 1.504$ 이므로, $\widehat{\mu}_{11} = exp\,(1.504) = 4.5$ 이다. 따라서 실제로는 효과모수들이 먼저 추정되고, 그 효과모수들에 의하여 예측빈도들이 추정되며, 그 예측빈도들에 의하여 합치도 검증이 이루어지는 것이 정상적이다. 과거에는 소위 '순환비율합치 (iterative proportional fitting)' 라는 방법에 의하여 교차분할표에서 직접 예측빈도들을 추정하고, 그 추정된 예측빈도들에 의하여 효과모수들을 추정하였다 (Deming & Stephan, 1940). 그러나 컴퓨터 기술이 발달한 현대에는 예측빈도들이 추정되지 않은 상태에서 효과모수들이 최대우도 추정방법에 의해 먼저 추정되는데, 이 최대우도 추정방법은 나중에 자세히 설명될 것이다. 여기에서는 로그선형모형의 각 요소에 대한 이해를 하는 것이 중요하므로 효과모수들이 추정되기 전에 예측빈도들을 쉽게 추정할 수 있는 이례적인 상황 (포화모형과 독립성모형) 을 이용하여 로그선형모형이 설명되고 있다는 것을 염두에 두자.

② 상호작용효과모형

I 개의 범주를 가지는 범주변인 A 와 J 개의 범주를 가지는 범주변인 B 로 구성되는 $I \times J$ 이원교차분할표에 대한 로그선형모형 중에 상호작용효과모형은 범주변인들 A 와 B 가 서로 관계 (association) 를 가진다는 것을 가정하는 모형이다. 이 상호작용효과모형은 <수식 4-4> 와 같이 기술된다.

$$ln(\mu_{ij}) = \lambda + \lambda_{A(i)} + \lambda_{B(j)} + \lambda_{AB(ij)} \quad \text{<수식 4-4>}$$

<수식 4-4> 에 포함된 μ_{ij}, λ, $\lambda_{A(i)}$, $\lambda_{B(j)}$ 의 의미는 모두 앞서 독립성모형에서 기술한 바와 동일하다. 상호작용효과모형은 독립성모형에 상호작용효과 모수 $\lambda_{AB(ij)}$ 가 추가된 모형이다. 상호작용효과는 로그 변환된 셀빈도에서 범주변인들의 주효과 ($\lambda_{A(i)}$, $\lambda_{B(j)}$) 와 상수효과 (λ) 로 설명되지 않는 부분을 일컫는다. 따라서 상호작용효과의 수학적 정의는 다음과 같다.

$$\lambda_{AB(ij)} = ln(\mu_{ij}) - \lambda_{A(i)} - \lambda_{B(j)} - \lambda \qquad \text{단, } \sum_{ij}\lambda_{AB(ij)} = 0$$

상호작용효과는 범주변인들이 (외곽빈도가 아니라) 셀 내부빈도들에 대해 가지는 효과다. 그런데 전체 빈도 N 이 고정된 경우에는, 상호작용효과에 의하여 한 셀의 빈도가 증가한다면, 다른 셀에서는 반드시 빈도가 감소해야 한다. 따라서 모든 셀빈도에 대한 상호작용효과의 총합은 0 이 되어야 한다. 즉, $\sum_{ij}\lambda_{AB(ij)} = 0$ 의 조건이 언제나 충족되어야 한다. 이 조건은 2×2 이원교차분할표에서는 다음의 두 조건과 같다.

① 동일한 행에 속한 셀빈도들에 대한 상호작용효과는 그 합이 0 이 되어야 한다. 즉, $\lambda_{AB(11)} + \lambda_{AB(12)} = 0$ 이고, $\lambda_{AB(21)} + \lambda_{AB(22)} = 0$ 이다.

② 동일한 열에 속한 셀빈도들에 대한 상호작용효과도 그 합이 0 이 되어야 한다. 즉, $\lambda_{AB(11)} + \lambda_{AB(21)} = 0$ 이고, $\lambda_{AB(12)} + \lambda_{AB(22)} = 0$ 이다.

결과적으로, 2×2 이원교차분할표에서는 4 개의 상호작용효과 모수 중에서 한 개만 추정되면 다른 3 개의 상호작용효과 모수는 모두 자동적으로 결정된다. 일반적으로, $I \times J$ 이원교차분할표에 대하여 상호작용효과모형을 검증하는 경우에 추정되어야 하는 상호작용효과 모수 $\lambda_{AB(ij)}$ 의 개수는 $(I-1)(J-1)$ 이다.

이원교차분할표의 자료에 대한 상호작용효과모형은 포화모형이다. 그 이유는 확률적인 관찰빈도의 수가 $IJ-1$ 이고, 범주변인 A 의 주효과 모수의 개수가 $I-1$ 이며, 범주변인 B 의 주효과 모수의 개수가 $J-1$ 이고, 상호작용효과 모수의 개수는 $(I-1)(J-1)$ 이므로, 확률적인 관찰빈도의 수와 모형에 존재하는 모수의 개수가 동일하기 때문이다.

$$(I-1)+(J-1)+(I-1)(J-1) = IJ-1$$

이원교차분할표의 자료에 대한 상호작용효과모형은 포화모형이므로, 상호작용효과모형의 예측빈도들은 관찰빈도들과 같다. 이러한 속성을 배심평결 실험의 예 <표 4-1> 에 적용하면, 상호작용효과모형의 각 효과모수들은 다음과 같이 추정된다.

$$\hat{\lambda} = \frac{\sum_{ij} ln(\hat{\mu}_{ij})}{IJ} = \frac{ln(7)+ln(1)+ln(2)+ln(6)}{4} = 1.108$$

$$\hat{\lambda}_{A(1)} = \frac{\sum_{j=1}^{J} ln(\hat{\mu}_{1j})}{J} - \hat{\lambda} = \frac{ln(7)+ln(1)}{2} - 1.108 = -0.135$$

$$\hat{\lambda}_{B(1)} = \frac{\sum_{i=1}^{I} ln(\hat{\mu}_{i1})}{I} - \hat{\lambda} = \frac{ln(7)+ln(2)}{2} - 1.108 = 0.212$$

$$\hat{\lambda}_{AB(11)} = ln(\hat{\mu}_{11}) - \hat{\lambda}_{A(1)} - \hat{\lambda}_{B(1)} - \hat{\lambda} = ln(7) + 0.135 - 0.212 - 1.108$$

$$= 0.761$$

상호작용효과의 수학적 정의가 말해 주듯이 상호작용효과는 상수효과와 주효과가 추정된 후에야 비로소 추정될 수 있는 효과다. 앞서도 언급하였듯이 로그선형분석은 제일 먼저 상수효과를 추정하고, 그 상수효과를 이용하여 주효과를 추정한 다음, 최종적으로 상호작용효과를 추정하는 위계적 절차에 의해 효과모수들을 추정한다.

앞서 제 2 장에서 로그승산비는 이원교차분할표를 구성하는 두 개의 범주변인 사이의 관계 정도 (strength of association) 를 나타내는 지수라고 하였다. 이원교차분할표에 대한 로그선형모형 (포화모형) 의 상호작용효과 $\lambda_{AB(ij)}$ 는 로그승산비 ($ln(\theta)$) 와 밀접한 관련성이 있다.

$$ln(\theta) = ln\left(\frac{\mu_{11}\mu_{22}}{\mu_{12}\mu_{21}}\right) = ln(\mu_{11}) + ln(\mu_{22}) - ln(\mu_{12}) - ln(\mu_{21})$$

$$= (\lambda + \lambda_{A(1)} + \lambda_{B(1)} + \lambda_{AB(11)}) + (\lambda + \lambda_{A(2)} + \lambda_{B(2)} + \lambda_{AB(22)})$$

$$- (\lambda + \lambda_{A(1)} + \lambda_{B(2)} + \lambda_{AB(12)}) - (\lambda + \lambda_{A(2)} + \lambda_{B(1)} + \lambda_{AB(21)})$$

$$= \lambda_{AB(11)} + \lambda_{AB(22)} - \lambda_{AB(12)} - \lambda_{AB(21)}$$

즉, 상호작용효과 도수들 $\lambda_{AB(11)}$, $\lambda_{AB(22)}$, $\lambda_{AB(12)}$, $\lambda_{AB(21)}$의 값이 모두 0이면, 로그승산비($ln(\theta)$)는 0이고, 승산비 θ는 1이 된다. 이원교차분할표에서 로그승산비가 0이거나 승산비가 1이면, 범주변인들이 서로 독립적이라는 것을 의미한다. 따라서 상호작용효과 $\lambda_{AB(ij)}$의 크기는 곧 이원교차분할표를 구성하는 두 개의 범주변인 사이의 관계 정도(strength of association)를 나타내는 지수다.

3 충분치

앞서 잠시 언급되었듯이, 이원교차분할표에 대한 독립성모형의 검증에서 모형에 의하여 예측된 셀빈도들($\hat{\mu}_{ij}$)은 관찰된 셀빈도들(n_{ij})과 다르지만, 예측된 셀빈도들로부터 계산되는 '예측된 외곽빈도'는 관찰된 외곽빈도와 동일하다($\hat{\mu}_{1+} = n_{1+}$, $\hat{\mu}_{2+} = n_{2+}$, $\hat{\mu}_{+1} = n_{+1}$, $\hat{\mu}_{+2} = n_{+2}$). 그 이유는 독립성모형에 포함된 효과모수들 중에 가장 상위의 모수들 $\lambda_{A(i)}$와 $\lambda_{B(j)}$가 각각 행 외곽과 열 외곽의 빈도 차이를 설명하는 주효과 모수들이기 때문이다. 반면에 상호작용효과모형에 의하여 예측된 셀빈도들은 관찰된 셀빈도들과 동일하다. 그 이유는 상호작용효과모형에 포함된 효과모수들 중에 가장 상위의 모수들 $\lambda_{AB(ij)}$가 셀빈도들의 차이를 설명하는 효과모수들이기 때문이다.

이와 같이 로그선형모형은 그 모형에 포함된 효과모수들 중에서 가장 상위의 효과모수가 설명하는 빈도를 완벽하게 예측해야 한다는 개념 혹은 원칙을 '충분치' 혹은 '충분성(sufficiency)'이라고 부른다. 이원교차분할표에 대한 독립성모형의 충분치는 외곽빈도들이고, 상호작용효과모형의 충분치는 셀빈도들이다.

앞서 로그선형모형의 효과모수들은 최대우도 추정방법에 의해 추정된다고 언급하였다. 이렇게 추정된 효과모수들에 의하여 예측빈도들이 산출된다. 효과모수들이 어떤 방법에 의하여 추정되건 상관없이, 추정된 효과모수들에 의해 산출되는 예측빈도들은 반드시 충분치를 충족해야 한다. 이 원칙이 효과모수들을 추정하기 위한 최대우도 추정방법의 기준이다. 다시 말해서 독립성모형의 효과모수들을 추정하기 위한 최대우도 추정방법은 예측된 외곽빈도들이 관찰된 외곽빈도들과 일치하도록 효과모수들을 추정해야 하고, 상호작용효과모형의 효과모수들을 추정하기 위한 최대우도 추정방법은 예측된 셀빈도들이 관찰된 셀빈도들과 일치하도록 효과모수들을 추정해야 한다.

④ 효과모수의 최대우도 추정

앞서 제 1 장에서 이론적인 모형의 모수에 대한 최대우도 추정치를 산출하기 위해서는 포아송분포이건 다항분포이건, 혹은 어떤 다른 분포이건 간에 반드시 이론적인 확률분포가 가정되어야 하고, 이 이론적인 분포들의 확률 식을 '우도함수 (likelihood function)' 라고 부른다고 하였다. 우도함수를 이용하여 로그선형모형의 효과모수를 추정하는 최대우도 추정방법은 제 3 장에서 설명된 Newton-Raphson 방법이다. 최대우도 추정방법에 의하여 로그선형모형의 효과모수들 (λ, $\lambda_{A(i)}$, $\lambda_{B(j)}$, $\lambda_{AB(ij)}$) 을 추정하기 위해서는 포아송분포, 다항분포, 승적다항분포가 가장 일반적으로 가정된다.

셀빈도들이 포아송분포의 확률에 따라 나타나는 빈도들이라고 가정될 수 있는 경우는 교차분할표의 모든 빈도 (셀빈도와 외곽빈도 그리고 전체 빈도) 가 고정되지 않은 경우다. 예를 들어, 어떤 공원을 1 시간 동안 산책하였더니, 기혼남자 3 명, 기혼여자 7 명, 미혼남자 15 명, 미혼여자 2 명과 지나쳤다면, 전체 빈도 N이 불확정적이고, 따라서 가변할 수 있으므로 (즉, 다음날 다시 산책을 할 때는 달라질 수 있으므로) 이 빈도들은 포아송분포의 확률에 따라 나타나는 빈도들이라고 가정할 수 있다. 이 빈도들에 대하여 결혼 여부와 성별이 상호작용효과를 가진다고 가정하는 로그선형모형이 있다면, 그 모형의 효과모수들은 포아송분포에 기초한 최대우도 추정방법에 의하여 추정될 수 있다. 그러나 만약 전체 빈도 N이 고정된 빈도인 경우에는 다항분포를 가정하는 것이 적절하다. 셀빈도가 다항분포의 확률에 따라 나타난다는 가정이 적절한 경우의 가장 대표적인 예는 전화조사를 위하여 무작위로 1,000 명을 표집한 후, 응답자들의 결혼 여부와 성별의 이원교차분할표를 작성한 경우다. 이때에는 $N = 1{,}000$ 이 고정된 빈도이고, 나머지 모든 빈도는 확률적 빈도들이다. 이 빈도들에 대하여 결혼 여부와 성별이 상호작용효과를 가진다고 가정하는 로그선형모형이 있다면, 그 모형의 효과모수들은 다항분포에 기초한 최대우도 추정방법에 의하여 추정될 수 있다. 반면에 행 외곽빈도나 열 외곽빈도 중의 하나가 고정된 빈도인 경우에는 승적다항분포의 가정이 적절하다. 연구자에 의해 조작되는 독립변인이 한 개이고, 독립변인의 각 수준에 미리 정해진 수의 피험자들이 할당되며, 측정되는 종속변인이 이분변인인 실험의 결과를 요약한 이원교차분할표의 경우에는 각 셀빈도들이 승적다항분포의 확률에 따라 나타난다는 가정이 가장 적절하다.

그런데 교차분할표에 대한 로그선형분석을 위해서는 셀빈도들에 대하여 어떤 이론적인 확률분포를 가정하건 동일한 효과모수가 산출된다. 따라서 일반적으로 로그선형모형은 무선적 성분에 포아송확률분포를 가정하는 일반선형모형으로 이해된다. 여기에서도 대표적으로 포아송분포를 가정하는 최대우도 추정방법을 설명하고자 한다. 배심평결 실험 자료 <표 4-1> 에 대하여 상호작용효과모형을 적용하면, 자료에서 집계된 셀빈도들 $n_{11} = 7$, $n_{12} = 1$, $n_{21} = 2$, $n_{22} = 6$ 이 관찰될 포아송결합확률 (joint Poisson probability) 은 다음과 같이 정의된다.

$$Pr(7,1,2,6) = \frac{e^{-\mu_{11}}\mu_{11}^{7}}{7!} \times \frac{e^{-\mu_{12}}\mu_{12}^{1}}{1!} \times \frac{e^{-\mu_{21}}\mu_{21}^{2}}{2!} \times \frac{e^{-\mu_{22}}\mu_{22}^{6}}{6!}$$

<수식 4-5>

<수식 4-5> 에서 기호 μ_{11}, μ_{12}, μ_{21}, μ_{22} 는 각 해당 셀의 예측빈도다. 그런데 상호작용효과를 가정하는 로그선형모형에 의하면 각 셀의 예측빈도는 다음과 같이 정의된다.

$$\mu_{ij} = exp(\lambda + \lambda_{A(i)} + \lambda_{B(j)} + \lambda_{AB(ij)})$$

<수식 4-6>

따라서 <수식 4-5> 의 μ_{ij} 에 <수식 4-6> 을 각각 대입하면 우도함수가 만들어진다. 그 우도함수를 L_E 로 표기하자.

$$L_E = \prod_{i=1}^{I} \prod_{j=1}^{J} \frac{e^{-exp(\lambda + \lambda_{A(i)} + \lambda_{B(j)} + \lambda_{AB(ij)})} exp(\lambda + \lambda_{A(i)} + \lambda_{B(j)} + \lambda_{AB(ij)})^{n_{ij}}}{n_{ij}!}$$

<수식 4-7>

<수식 4-7> 의 우도함수에서 $\prod$ 는 곱셈기호다. 우도함수 L_E 를 로그 변환한 로그우도함수 (log likelihood function) 를 $ln(L_E)$ 라고 표기하자. 로그우도함수는 다음과 같이 풀어서 기술할 수 있다.

$$ln(L_E) = N\lambda + \sum_{i=1}^{I} n_{i+} \lambda_{A(i)} + \sum_{j=1}^{J} n_{+j}\lambda_{B(j)} + \sum_{i=1}^{I} \sum_{j=1}^{J} n_{ij}\lambda_{AB(ij)}$$
$$- \sum_{i=1}^{I} \sum_{j=1}^{J} exp(\lambda + \lambda_{A(i)} + \lambda_{B(j)} + \lambda_{AB(ij)}) \qquad \text{<수식 4-8>}$$

최대우도 추정방법은 <수식 4-8> 에 포함된 미지수 중에서 우선 λ 를 제외한 다른 미지수들 $\lambda_{A(i)}$, $\lambda_{B(j)}$, $\lambda_{AB(ij)}$ 에 적당한 임의의 초기값 (initial value) 을 대입한 후, $ln(L_E)$ 의 값을 최대가 되게 하는 λ 의 값을 찾는다. $ln(L_E)$ 의 값을 최대가 되게 하는 λ 의 값을 찾은 후에는 같은 방식에 의하여 $ln(L_E)$ 의 값을 최대가 되게 하는 $\lambda_{A(i)}$, $\lambda_{B(j)}$, $\lambda_{AB(ij)}$ 의 값을 차례로 찾는다. $ln(L_E)$ 의 값이 λ 와 $\lambda_{B(1)}$ 의 값에 따라 달라지는 것을 도표로 예시한 것이 [그림 4-1] 이다. [그림 4-1] 을 작도하기 위하여 로그우도함수에 포함되어 관찰된 빈도들은 배심평결 실험 자료에서 집계된 셀빈도들 $n_{11} = 7$, $n_{12} = 1$, $n_{21} = 2$, $n_{22} = 6$ 을 이용하였다. [그림 4-1] 에서 볼 수 있는 것과 같이, <수식 4-8> 의 로그우도함수는 효과모수들에 대하여 ∩-형의 함수이기 때문에 최대값이 존재하게 마련이고, 최대우도 추정방법의 목적은 그 최대값을 결정하는 효과모수들의 값을 찾아내는 것이다.

$ln(L_E)$ 의 값을 최대가 되게 하는 λ 의 값을 찾기 위해서는 우선 <수식 4-8> 의 λ 를 제외한 다른 미지수들 $\lambda_{A(i)}$, $\lambda_{B(j)}$, $\lambda_{AB(ij)}$ 에 적당한 임의의 초기값 (initial value) 을 대입한 후, 그 로그우도함수 식을 미분하여 λ 에 대한 미분방정식

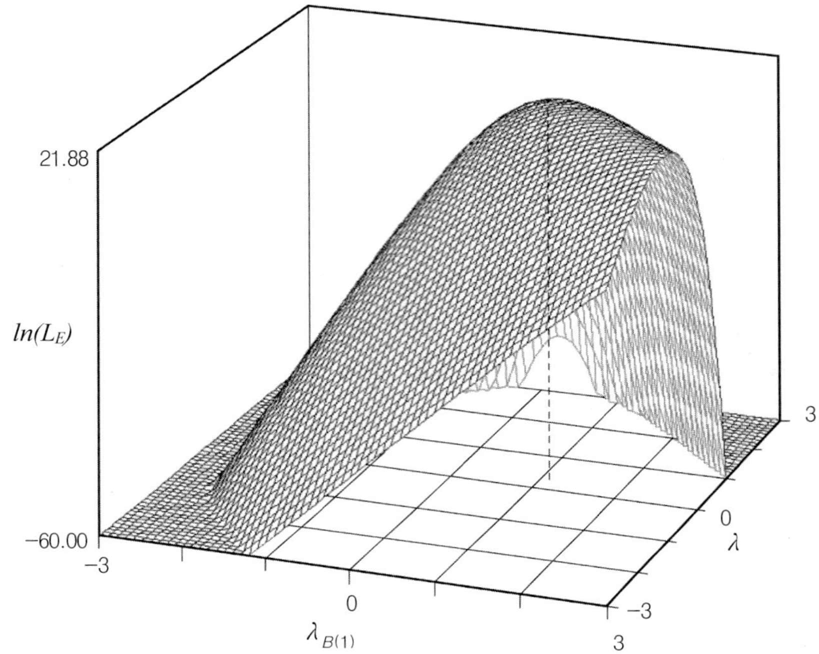

[그림 4-1] 배심평결 실험 자료에 대한 상호작용효과모형의 상수효과(λ)와 배심평결 변인(B)의 '유죄' 범주(j=1)의 주효과($\lambda_{B(1)}$)에 따른 로그우도함수 $ln(L_E)$의 변화

을 유도한다. 동일한 절차를 반복하여 각 효과모수에 대한 미분방정식을 각각 유도한다. 이와 같은 순환절차에 의하여 <수식 4-8>의 로그우도함수에 대한 다음과 같은 4개의 미분방정식이 유도된다.

$$\frac{\delta ln(L_E)}{\delta\lambda} = N - \sum_{i=1}^{I}\sum_{j=1}^{J} exp(\lambda + \lambda_{A(i)} + \lambda_{B(j)} + \lambda_{AB(ij)})$$

$$\frac{\delta ln(L_E)}{\delta\lambda_{A(i)}} = n_{i+} - \sum_{j=1}^{J} exp(\lambda + \lambda_{A(i)} + \lambda_{B(j)} + \lambda_{AB(ij)})$$

$$\frac{\delta ln(L_E)}{\delta\lambda_{B(j)}} = n_{+j} - \sum_{i=1}^{I} exp(\lambda + \lambda_{A(i)} + \lambda_{B(j)} + \lambda_{AB(ij)})$$

$$\frac{\delta ln(L_E)}{\delta\lambda_{AB(ij)}} = n_{ij} - exp(\lambda + \lambda_{A(i)} + \lambda_{B(j)} + \lambda_{AB(ij)}) \qquad \text{<수식 4-9>}$$

<수식 4-9> 의 미분방정식들이 모두 0 이 되는 효과모수들 (λ, $\lambda_{A(i)}$, $\lambda_{B(j)}$, $\lambda_{AB(ij)}$) 의 값을 연립적으로 풀면 효과모수들의 최대우도 추정치들이 구해진다. $exp(.)$ 부분은 다름 아닌 각 셀의 예측빈도 μ_{ij} 이다. 따라서 <수식 4-9> 의 마지막 방정식을 0 이 되게 하는 효과모수들을 산출하면 상호작용효과모형의 충분치 $n_{ij} = \hat{\mu}_{ij}$ 가 충족되는 것을 알 수 있다 (Birch, 1963).

<수식 4-9> 의 미분방정식들의 값이 모두 0 이 되는 효과모수들 (λ, $\lambda_{A(i)}$, $\lambda_{B(j)}$, $\lambda_{AB(ij)}$) 의 값, 즉 최대우도 추정치들이 구해지면, 그 값들을 <수식 4-7> 이나 <수식 4-8> 에 대입하여 로그선형모형의 로그우도함수의 값 $ln(L_E)$ 를 구한다. 반면에 <수식 4-5> 에서 기호 μ_{11}, μ_{12}, μ_{21}, μ_{22} 들에 관찰빈도들 $n_{11} = 7$, $n_{12} = 1$, $n_{21} = 2$, $n_{22} = 6$ 을 대입하면 관찰된 자료에 의해서 추정되는 최대우도 L_O 가 산출되고, 그것을 로그 변환하면 관찰된 자료에 의해서 추정되는 로그우도함수의 값 $ln(L_O)$ 가 구해진다. 로그선형모형의 로그우도함수의 값과 관찰된 자료에 의해서 추정되는 로그우도함수의 값을 이용하여 $-2(ln(L_E) - ln(L_O))$ 를 구하면 그것이 우도비 카이자승 지수 (G^2) 이고, 이 카이자승 지수에 의하여 로그선형모형과 자료의 합치도가 판단된다.

6 다원교차분할표

로그선형모형의 유용성은 특히 세 개 이상의 범주변인들에 의해 구성된 교차분할표에 대하여 범주변인들의 다양한 관계를 파악하는 데 있다. 범주변인이 3 개인 경우, 매우 다양한 로그선형모형을 검증할 수 있는데, 그중에서 포화모형은 <수식 4-10> 과 같다.

$$ln(\mu_{ijk}) = \lambda + \lambda_{A(i)} + \lambda_{B(j)} + \lambda_{C(k)} + \lambda_{AB(ij)} + \lambda_{AC(ik)} + \lambda_{BC(jk)} + \lambda_{ABC(ijk)}$$

<수식 4-10>

<수식 4-10> 의 로그선형모형을 $[ABC]$ 로 간편하게 표기할 수도 있다. 즉, 삼원상호작용효과모형이라는 의미다. 로그선형모형의 효과모수들은 위계적으로 추정되므로, 삼원상호작용효과를 가지는 모형은 모든 이원상호작용효과와 모든 주효과들을 포함하여야 한다. 따라서 모형이 삼원상호작용효과를 위한 모수를 포함하고 있다는 것은 그 효과를 구성하는 변인들의 모든 이원상호작용효과와 주효과 모수들이 모형에 포함된다는 것을 암시한다. <표 4-2> 는 동일한 방식에 의하여 각종 로그선형모형을 간편하게 표기하는 방법을 몇 가지 예시하고 있다.

〈표 4-2〉 로그선형모형의 표기를 위한 간편 표기법의 몇 가지 예

모형	간편 표기법
$ln(\mu_{ij}) = \lambda + \lambda_{A(i)} + \lambda_{B(j)}$	$[A][B]$
$ln(\mu_{ij}) = \lambda + \lambda_{A(i)} + \lambda_{B(j)} + \lambda_{AB(ij)}$	$[AB]$
$ln(\mu_{ijk}) = \lambda + \lambda_{A(i)} + \lambda_{B(j)} + \lambda_{C(k)} + \lambda_{AB(ij)}$	$[AB][C]$
$ln(\mu_{ijk}) = \lambda + \lambda_{A(i)} + \lambda_{B(j)} + \lambda_{C(k)} + \lambda_{AB(ij)} + \lambda_{AC(ik)}$	$[AB][AC]$
$ln(\mu_{ijk}) = \lambda + \lambda_{A(i)} + \lambda_{B(j)} + \lambda_{C(k)} + \lambda_{AB(ij)} + \lambda_{AC(ik)} + \lambda_{BC(jk)} + \lambda_{ABC(ijk)}$	$[ABC]$

다원교차분할표에 대한 로그선형모형에 포함된 효과모수들의 의미를 해석하기 위해서는 '여과연관(partial association)' 의 개념과 몇 가지 다양한 '독립성(independence)' 의 개념을 이해할 필요가 있다. 그 개념들을 설명하기 위하여 <표 4-3> 의 자료를 예로 사용하고자 한다. <표 4-3> 의 자료는 미국의 플로리다 주에서 1976 년과 1977 년도에 살인범으로 기소된 326 명의 피고인에 대한 판결 유형을 피고인의 인종과 피해자의 인종에 따라 분류한 것이다. 이 자료는 Radelet(1981) 이 미국의 형사재판에서 인종차별이 존재하는지의 여부를 파악하기 위한 목적으로 수행한 연구에서 보고된 것이다.

이러한 자료는 전체 빈도 N 이 사전에 고정된 것이 아니므로 각 셀의 관찰빈도가 포아송분포의 확률에 따라 나타난다고 가정할 수 있는 대표적인 자료다.

〈 **표 4-3** 〉 미국 플로리다 주에서 1976~1977 년에 살인범으로 기소된 피고인에 대한 판결 유형 자료 (Radelet, 1981)

피고인 인종 (A)	피해자 인종 (B)	판결 유형 (C) 사형 (k=1)	징역 (k=2)	사형판결 비율
백인 (i=1)	백인 (j=1)	19	132	12.6 %
	흑인 (j=2)	0	9	0 %
흑인 (i=2)	백인 (j=1)	11	52	17.5 %
	흑인 (j=2)	6	97	5.8 %

① 상호독립성

세 변인 A, B, C 로 이루어진 삼원교차분할표에서 각 셀의 결합확률이 세 변인들의 외곽확률들의 곱과 같으면, 그 세 개의 변인들은 '상호독립성 (mutual independence)' 을 가진다고 말한다. 즉, 다음과 같은 관계가 모든 셀에서 성립하면 변인들 A, B, C 는 상호독립적이다.

$$\pi_{ijk} = \pi_{i++}\,\pi_{+j+}\,\pi_{++k}$$

예를 들어, 피고인이 백인이고, 피해자가 백인이며, 사형판결을 받을 확률 (π_{ijk}) 이 피고인이 백인일 확률 (π_{i++}) 과 피해자가 백인일 확률 (π_{+j+}), 그리고 사형판결을 받을 확률 (π_{++k}) 의 곱과 같으면, 피고인 인종 (A) 과 피해자 인종 (B), 그리고 판결 유형 (C) 은 상호독립적이다. 상호독립성을 로그선형모형으로 표현하면, $ln(\mu_{ijk}) = \lambda + \lambda_{A(i)} + \lambda_{B(j)} + \lambda_{C(k)}$ 혹은 $[A][B][C]$ 이다. 즉, 상호독립성이란 상호작용효과항이 전혀 없는 로그선형모형을 일컫기도 한다.

② 결합독립성

<표 4-3> 의 자료에서 피고인 인종 (A) 과 피해자 인종 (B) 을 조합하여 4개의 범주를 가지는 한 개의 범주변인 '인종조합' 을 구성하고, 그 새로운 조합변인과 판결 유형 (C) 을 이용하여 4×2 이원교차분할표를 만들면 <표 4-4> 와 같다.

〈 **표 4-4** 〉 피고인과 피해자의 인종조합에 따른 판결 유형

인종조합	판결 유형 (C)		사형판결 비율
	사형 (k=1)	징역 (k=2)	
백인 피고인-백인 피해자 (i=1, j=1)	19	132	12.6 %
백인 피고인-흑인 피해자 (i=1, j=2)	0	9	0 %
흑인 피고인-백인 피해자 (i=2, j=1)	11	52	17.5 %
흑인 피고인-흑인 피해자 (i=2, j=2)	6	97	5.8 %

<표 4-4> 에서 인종조합과 판결 유형 (C) 이 서로 독립적이면, 판결 유형 (C) 은 피고인 인종 (A) 및 피해자 인종 (B) 과 '결합독립성 (joint independence)' 을 가진다고 말한다. 즉, 다음의 관계가 모든 셀에서 성립하면 C 는 A 및 B 와 결합독립성을 가진다.

$$\pi_{ijk} = \pi_{ij+} \pi_{++k}$$

결합독립성은 변인 A 와 B 의 상호작용과 변인 C 가 서로 독립적이라는 것을 의미한다. 결합독립성을 로그선형모형으로 표현하면, $ln(\mu_{ijk}) = \lambda + \lambda_{A(i)} + \lambda_{B(j)} + \lambda_{C(k)} + \lambda_{AB(ij)}$ 혹은 $[AB][C]$ 이다. 만약 변인 A, B, C 사이에 상호독립성이 성립하면, 이 세 변인들은 또한 결합독립성을 가진다.

③ 여과연관과 조건독립성

<표 4-3> 은 세 개의 범주변인 A, B, C 로 구성된 $2 \times 2 \times 2$ 교차분할표다. 그 교차분할표는 피고인 인종 (A) 의 범주들을 이용해서 두 개의 2×2 교차분할표로 분할될 수 있다. 피고인 인종 (A) 의 범주들을 이용해서 분할된 두 개의 부분분할표들은 각각 피해자 인종 (B) 과 판결 유형 (C) 에 의해 교차분할된 빈도들을 보여 준다. 이와 같이 한 변인의 범주들에 의해 분리된 교차분할표를 '여과분할표 (partial table)' 라고 부른다. 이러한 $B - C$ 여과분할표 내의 빈도들에 대해서는 그것들을 분리한 변인 (피고인 인종, A) 이 효과를 가질 수 없다. 왜냐하면 각각

의 $B-C$ 여과분할표에 있는 셀빈도들에 대하여 그들을 분리한 변인 A는 더 이상 '변인(variable)'이 아니고 '상수(constant)'이기 때문이다. 이때 피해자 인종(B)과 판결 유형(C)에 의해 교차분할된 각각의 $B-C$ 여과분할표에서 피고인 인종(A)의 효과는 통제(control)된다고 말한다.

만약 변인 B의 범주들에 의해 분리된 여과분할표에서 변인 A와 변인 C가 관계(association)를 가지면, 변인 A와 변인 C는 변인 B의 효과가 통제된 '여과연관(partial association)'을 가진다고 말한다. 반면에 만약 변인 B의 범주들에 의해 분리된 여과분할표의 j 수준에서 변인 A와 변인 C가 독립적이면, 변인 A와 변인 C는 변인 B의 j 수준에서 '조건독립성(conditional independence)'을 가진다고 말한다. 즉, 여과연관과 조건독립성은 서로 반대의 개념이다. 조건독립성의 개념은 '지역독립성(local independence)'이라 부르기도 하는데, 이는 변인 B의 특정한 범주(지역)에서 변인 A와 변인 C가 독립적이라는 의미다. 즉, 다음의 관계가 성립하면 변인 A와 변인 C는 변인 B의 j 수준에서 조건독립성을 가진다.

$$\pi_{ik|j} = \pi_{i+|j}\pi_{+k|j}$$

만약 변인 B의 모든 범주(수준)에서 변인 A와 변인 C가 조건독립성을 가지는 경우에는 다음의 관계가 성립한다.

$$\pi_{ijk} = \pi_{ij+}\pi_{+jk} / \pi_{+j+}$$

변인 B의 범주(수준)에서 변인 A와 변인 C가 조건독립성을 가지는 경우를 로그선형모형으로 표현하면 $ln(\mu_{ijk}) = \lambda + \lambda_{A(i)} + \lambda_{B(j)} + \lambda_{C(k)} + \lambda_{AB(ij)} + \lambda_{BC(jk)}$ 혹은 $[AB][BC]$이다. 즉, 변인 B를 고려하면(변인 B의 효과가 통제되면) 변인 A와 변인 C는 상호작용효과를 가질 수 없다는 것을 나타내는 모형이다.

만약 피고인 인종(A)이 피해자 인종(B) 및 판결 유형(C)과 결합독립성을 가지면, 피해자 인종(B)의 수준에서 피고인 인종(A)과 판결 유형(C)은 조건독립성을 가지고, 또한 판결 유형(C)의 수준에서 피고인 인종(A)과 피해자 인종(B)은 조건독립성을 가진다.

④ 외곽독립성

$I \times J \times K$ 삼원교차분할표를 분리한 두 개의 $B-C$ 여과분할표를 서로 포개어 동일한 셀에 있는 빈도들을 합한다고 가정해 보자. 말하자면 피고인 인종(A)의 범주 구분을 붕괴시키는(collapse) 것이다. 혹은 피고인 인종(A)이라는 변인은 아예 처음부터 존재하지 않았던 것처럼 취급하여 모든 자료를 피해자 인종(B)과 판결 유형(C)에 의해서만 교차분할하는 것을 말한다. 그러면 피해자 인종(B)과 판결 유형(C)에 의해 교차분할된 한 개의 2×2 이원교차분할표가 만들어진다. 이 교차분할표를 '$B-C$ 외곽분할표(marginal table)'라고 부른다. 각 셀빈도는 피고인 인종(A)의 범주들을 포개서 합해진 외곽빈도들이라는 의미다. 즉, $B-C$ 외곽분할표 내의 n_{jk}는 원래의 삼원교차분할표에서 n_{+jk}에 해당한다. 이 $B-C$ 외곽분할표의 셀빈도들에 대해서는 피고인 인종(A)의 효과가 통제되지 않는다. 즉, $B-C$ 외곽분할표는 셀빈도들에 대한 피고인 인종(A)의 효과를 무시하고, 혹은 고려하지 않고, 혹은 통제하지 않고 집계된 것들이다.

$B-C$ 여과분할표와 $B-C$ 외곽분할표는 동일한 변인들(B와 C)사이의 관계에 관한 정보를 함축하고 있지만, 이 두 종류의 분할표들은 변인들의 관계에 대하여 매우 다른 결론을 유도할 수 있다. 예를 들기 위하여, <표 4-3>의 자료를 피해자 인종(B)으로 분리한 두 개의 $A-C$ 여과분할표들과 그것들을 합한 $A-C$ 외곽분할표를 살펴보자.

<표 4-5>의 외곽분할표를 보면, 피고인이 백인인 경우에 비해서 피고인이 흑인인 경우에 사형판결을 받는 비율이 더 낮다(19/160 vs. 17/166). 따라서 외곽분할표만 보면 흑인 피고인들이 재판에서 차별받는다는 증거를 찾을 수 없다. 그러나 여과분할표를 보면 재판에서 흑인 피고인들이 백인 피고인들에 비해서 사형판결을 받는 비율이 더 높다는 것을 알 수 있다. 피해자가 백인일 때, 흑인 피고인이 사형판결을 받는 비율(11/63)은 백인 피고인이 사형판결을 받는 비율(19/151)보다 약 5% 가량 더 높다. 또한, 피해자가 흑인일 때도 흑인 피고인이 사형판결을 받는 비율(6/103)은 백인 피고인이 사형판결을 받는 비율(0/9)보다 약 6% 가량 더 높

〈**표 4-5**〉 $A-C$ 여과분할표와 $A-C$ 외곽분할표

피고인 인종(A)	여과분할표: 백인 피해자 (j=1) 사형 (k=1)	여과분할표: 백인 피해자 (j=1) 징역 (k=2)	여과분할표: 흑인 피해자 (j=2) 사형 (k=1)	여과분할표: 흑인 피해자 (j=2) 징역 (k=2)	외곽분할표 사형 (k=1)	외곽분할표 징역 (k=2)
백인 (i=1)	19	132	0	9	19	141
흑인 (i=2)	11	52	6	97	17	149

다. 이 예에서 피고인 인종(A)과 판결 유형(C)의 관계는 외곽분할표와 여과분할표에서 그 방향이 반대로 나타났다. 이와 같이 외곽분할표와 여과분할표에서 변인들 사이의 관계 방향이 상반되게 나타나는 경우를 'Simpson 의 모순 (Simpson's paradox)' 이라고 부른다 (Simpson, 1951; Upton, 1978). 이러한 Simpson 의 모순이 발생하는 이유는 외곽분할표에 나타나는 셀빈도들에는 제 3 의 변인 (피해자 인종, B) 의 효과가 혼합되어 있기 때문이다.

만약 변인 B의 범주들이 붕괴된 (collapsed) 외곽분할표에서 변인 A와 변인 C가 독립적이면, 변인 A와 변인 C는 변인 B의 외곽 (margin) 에서 '외곽독립성 (marginal independence)' 을 가진다고 말한다. 변인 B의 범주들이 붕괴되면, 그것은 곧 변인 B의 존재가 없어지는 것과 같다. 따라서 변인 B의 외곽 (margin)에서 변인 A와 변인 C가 외곽독립성을 가지는 모형은 더 이상 $ln(\mu_{ijk})$을 예측하는 형태로 표기될 수 없다. 왜냐하면 그 모형은 $ln(\mu_{ik})$를 예측하는 모형이 되기 때문이다. 따라서 변인 B의 외곽 (margin) 에서 변인 A와 변인 C가 외곽독립성을 가지는 모형은 $ln(\mu_{ik}) = \lambda + \lambda_{A(i)} + \lambda_{C(k)}$ 혹은 $[A][C]$로 표기된다. 만약 변인 A가 B 및 C와 결합독립성을 가지면, A와 C는 B의 외곽에서 외곽독립성을 가지고, A와 B는 C의 외곽에서 외곽독립성을 가진다.

5 독립성 개념의 요약

세 개의 변인들 A, B, C로 구성되는 $I \times J \times K$ 삼원교차분할표에 대하여 검증될 수 있는 로그선형모형의 전형적인 예가 <표 4-6> 에 요약되었다.

〈 **표 4-6** 〉 삼원교차분할표에 대하여 검증될 수 있는 로그선형모형의 전형적인 예

$ln(\mu_{ijk})=$	간편 표기법	모형 명칭
$\lambda+\lambda_{A(i)}+\lambda_{B(j)}+\lambda_{C(k)}$	$[A][B][C]$	상호독립성모형
$\lambda+\lambda_{A(i)}+\lambda_{B(j)}+\lambda_{C(k)}+\lambda_{AB(ij)}$	$[AB][C]$	결합독립성모형
$\lambda+\lambda_{A(i)}+\lambda_{B(j)}+\lambda_{C(k)}+\lambda_{AB(ij)}+\lambda_{AC(ik)}$	$[AB][AC]$	조건독립성모형
$\lambda+\lambda_{A(i)}+\lambda_{B(j)}+\lambda_{C(k)}+\lambda_{AB(ij)}+\lambda_{AC(ik)}+\lambda_{BC(jk)}+\lambda_{ABC(ijk)}$	$[ABC]$	포화모형

상호독립성모형 $[A][B][C]$는 모든 변인이 서로 독립적이며, 셀빈도들에 대하여 어떠한 상호작용효과도 가지지 않는다는 것을 전제하는 모형이다. 상호독립성모형에 포함된 주효과 모수들은 각 변인의 범주들에서 존재하는 외곽빈도들의 차이를 반영한다. 예를 들어, $\lambda_{A(i)}$는 $\widehat{\mu}_{1++}$, $\widehat{\mu}_{2++}$, ……, $\widehat{\mu}_{i++}$ 사이의 차이를 반영한다.

결합독립성모형 $[AB][C]$는 셀빈도에 대한 변인 C의 효과가 통제되었을 때 변인 A와 변인 B가 상호작용효과를 가지고 (즉, 여과연관을 가지고), A와 C는 서로 독립적이며 ($\lambda_{AC(ik)}$ 혹은 $[AC]$의 부재), B와 C 또한 서로 독립적이라는 것을 나타낸다 ($\lambda_{BC(jk)}$ 혹은 $[BC]$의 부재). 또한, 결합독립성모형 $[AB][C]$는 변인 A와 B의 상호작용과 변인 C가 서로 독립적이라는 것을 의미하므로 삼원상호작용효과 ($\lambda_{ABC(ijk)}$ 혹은 $[ABC]$) 도 존재하지 않는다고 전제된다.

조건독립성모형 $[AB][BC]$는 변인 C의 효과를 통제하면 변인 A와 변인 B가 상호작용효과 혹은 여과연관을 가지고, 변인 A의 효과를 통제하면 변인 B와 변인 C가 상호작용효과 혹은 여과연관을 가지지만, 변인 B의 효과를 통제하면, 변인 A와 변인 C는 상호작용효과 혹은 여과연관을 가지지 않는다는 것을 나타내는 모형이다.

결합독립성 $[BC][A]$가 성립하면, 변인 B와 변인 C의 여과연관은 변인 A의 범주들이 붕괴된 (collapsed) 외곽분할표에서 변인 B와 변인 C의 관계와 같다. 이 조건을 '붕괴가능성 (collapsibility)'이라고 부른다. 만약 변인 A가 통제되었을 때 변인 B와 변인 C의 여과연관 (즉, 모형 $[BC][A]$에서의 $\lambda_{BC(jk)}$의 크기) 이 변인 A를 통제하지 않았을 때의 두 변인의 관계 (즉, 모형 $[BC]$에서의 $\lambda_{BC(jk)}$의

크기) 와 동일하다면, 굳이 변인 A 를 고려하는 분석을 수행할 필요가 없다. 이때는 마치 변인 A 가 존재하지 않는 것처럼 취급하여 변인 B 와 변인 C 만으로 이루어진 이원교차분할표를 구성하고, 보다 간단한 분석을 수행하여 변인 B 와 변인 C 의 관계를 파악한 후에 그 결과를 보고하는 것이 분석과정에 대한 이해 가능성을 높이고, 결과에 대한 해석 가능성을 높이는 바람직한 분석방법이다. 이와 같이 분석 결과에 영향을 주지 않는 변인(A)을 파악하여, 그 변인(A)의 외곽분할표를 구성하는 것을 일컬어서 변인 A 의 범주를 붕괴(collapse) 한다고 말한다.

6 위계분석

다원교차분할표에 대한 로그선형모형의 검증은 위계적인 절차에 의해 이루어진다. 위계적인 절차란 서로 위계적인 관계를 가지는 모형들의 합치도를 서로 비교하여 각종 효과에 대한 판단을 하는 방법을 말한다. 한 모형이 다른 모형에 포함된 모든 효과모수를 포함하고, 더불어서 추가적인 효과모수를 포함할 때, 이 두 개의 모형은 '서로 위계적인 관계를 가지는 모형' 이라고 말한다. 예를 들어, 다음의 두 모형은 서로 위계적인 관계를 가지는 모형이다.

위계모형 1:

$$ln(\mu_{ijk}) = \lambda + \lambda_{A(i)} + \lambda_{B(j)} + \lambda_{C(k)} + \lambda_{AB(ij)} + \lambda_{AC(ik)} + \lambda_{BC(jk)}$$

위계모형 2:

$$ln(\mu_{ijk}) = \lambda + \lambda_{A(i)} + \lambda_{B(j)} + \lambda_{C(k)} + \lambda_{AB(ij)} + \lambda_{AC(ik)} + \lambda_{BC(jk)} + \lambda_{ABC(ijk)}$$

앞의 위계모형 2 는 위계모형 1 에 포함된 모든 모수를 포함하고, 더불어서 삼원상호작용효과 모수 $\lambda_{ABC(ijk)}$ 를 추가적으로 포함한다. 따라서 위계모형 1 과 위계모형 2 는 서로 위계적인 관계를 가지는 모형이다. 두 개의 모형이 서로 위계적인 관계를 가질 때는 모수를 더 많이 가진 큰 모형의 합치도가 언제나 작은 모형의 합치도보다 더 우수하게 마련이다. 예를 들어, 큰 모형의 우도비 카이자승이 G_2^2 이고, 작은 모형의 우도비 카이자승이 G_1^2 이라면, 이 두 개의 모형이 위계적인 관계를 가질 때 반드시 $G_1^2 > G_2^2$ 의 부등식이 성립한다. 또한, 두 모형의 자유도도 당연히 $df_1 > df_2$ 의 관계를 가진다.

앞서 제 1 장에서 두 개의 우도비 카이자승들의 차이는 또 하나의 우도비 카이자승이라고 하였다. 서로 위계적인 관계를 가지는 로그선형모형들의 우도비 카이자승들의 차이 ($G_1^2 - G_2^2$) 는 또 하나의 우도비 카이자승 (G_{1-2}^2) 이다. 이 '차이 우도비 카이자승' (G_{1-2}^2) 의 자유도는 두 모형의 자유도 차이 (df_{1-2}) 이다. G_{1-2}^2 은 서로 위계적인 관계를 가지는 두 모형의 합치도 차이, 즉 자료에 대한 설명력에서 차이를 나타낸다. 만약 G_{1-2}^2 의 크기가 크면, 두 개의 모형 중에 더 큰 모형 (위계모형 2) 의 합치도가 작은 모형 (위계모형 1) 의 합치도보다 월등히 우수하다는 것, 즉 자료를 더 잘 설명한다는 것을 의미한다. 따라서 이때에는 더 큰 모형이 암시하는 효과를 중심으로 자료에 대한 해석을 하여야 한다. 반면에 만약 G_{1-2}^2 의 크기가 0 에 가까울수록 두 개의 모형이 자료에 대하여 서로 유사한 합치도 혹은 서로 유사한 설명력을 가진다는 것을 의미한다. 따라서 이때에는 더 간단한 모형, 즉 작은 모형이 암시하는 효과를 중심으로 자료에 대한 해석을 하여야 한다. 이러한 위계적인 절차에 의하여 자료에 대한 해석과 판단을 하는 것을 '위계분석 (hierarchical analysis)' 혹은 '위계적 로그선형분석 (hierarchical loglinear analysis)' 이라고 부른다.

모든 로그선형모형의 해석은 그 모형에 포함된 최상위의 효과를 중심으로 이루어진다. 예를 들어, 앞의 위계모형 1 은 3 개의 이원상호작용효과 모수들 ($\lambda_{AB(ij)}$, $\lambda_{AC(ik)}$, $\lambda_{BC(jk)}$) 을 가지므로 그 모형에서 주효과 모수들은 모두 해석의 의미가 없다. 왜냐하면 모형에 이원상호작용효과 모수가 포함되는 경우, 주효과 모수들의 추정치는 어떤 이원상호작용효과 모수들이 모형에 포함되는가에 따라서 극적으로 달라질 수 있기 때문이다. 주효과 모수들의 추정치가 어떤 이원상호작용효과 모수들이 모형에 포함되는가에 따라서 극적으로 달라지는 이유는 예측빈도가 극적으로 다르게 추정되기 때문이다. 마찬가지로 만약 모형에 삼원상호작용효과 모수가 포함되는 경우에는 모든 주효과 모수들과 이원상호작용효과 모수들은 해석의 의미가 없다. 바로 이 점이 로그선형모형의 검증은 위계분석에 의해 이루어져야 하는 한 가지 이유다. 예를 들어, 앞의 위계모형 2 에는 변인 A 와 변인 B 의 이원상호작용효과 모수 $\lambda_{AB(ij)}$ 가 포함되지만, 이 모형에 삼원상호작용효과 모수 $\lambda_{ABC(ijk)}$ 가 존재하므로 이 모형에서는 $\lambda_{AB(ij)}$ 를 해석할 수 없다. 여기에서는 위계분석을 통하여 효과모수에 대한 해석을 하는 일반적 방법을 설명하고자 한다.

앞의 위계모형 1 을 '동질연관모형 (homogeneous association model)' 이라고 부른다. 위계모형 1 은 변인 C가 통제되었을 때 변인 A와 변인 B가 여과연관을 가지고, 변인 B가 통제되었을 때 변인 A와 변인 C가 여과연관을 가지며, 변인 A가 통제되었을 때 변인 B와 변인 C가 여과연관을 가진다고 가정하는 모형이다. 여기에서 변인 B가 통제되었을 때 변인 A와 변인 C가 여과연관을 가진다는 개념을 한 가지 예로써 자세히 고찰해 보자. 이것은 앞서 설명한 바와 같이 변인 B의 범주들 ($j = 1, 2, 3, \cdots\cdots, J$) 에 의해 분리된 여과분할표에서 변인 A 와 변인 C가 관계 (association) 를 가진다는 개념이다. 그런데 위계모형 1 은 삼원상호작용효과 모수를 포함하지 않으므로 그 모형이 암시하는 $A - C$ 여과연관은 변인 B의 모든 범주에서 그 정도가 동일하다는 암시를 내포한다. 바로 이것이 삼원상호작용효과 모수가 포함되지 않은 위계모형 1 을 동질연관모형으로 지칭하는 이유다. 마찬가지로 위계모형 1 은 $A - B$ 여과연관이 변인 C의 모든 범주에서 동질이고, $B - C$ 여과연관 또한 변인 A의 모든 범주에서 동질이라는 암시를 내포한다.

반면에 위계모형 2 는 삼원상호작용효과 모수 $\lambda_{ABC(ijk)}$ 를 포함하는데, 이 삼원상호작용효과 모수는 두 변인의 이원상호작용효과의 크기가 나머지 한 변인의 각 범주들에서 동일하지 않다는 것을 의미하는 모수다. 따라서 위계모형 1 과 위계모형 2 의 비교에 의한 위계분석은 셀빈도들에 대한 이원상호작용효과 혹은 두 변인 사이의 여과연관이 존재한다는 전제에서 그 여과연관들이 제 3 의 변인 범주들에서 크기가 동일한 것인지, 아니면 달라지는 것인지에 대한 판단을 할 수 있게 해준다.

위계분석을 좀 더 명확히 이해하기 위하여 <표 4-3> 을 분석해 보자. <표 4-3> 의 삼원교차분할표 자료에 대하여 7 개의 모형을 검증하였다. 즉, [A][C], [A][B][C], [AB][C], [AC][B], [AB][BC], [AB][AC][BC], [ABC] 이 일곱 모형의 자유도와 우도비 카이자승 (G^2) 이 <표 4-7> 에 요약되었다.

모형 [A][C] 는 피고인 인종 (A) 과 판결 유형 (C) 의 외곽독립성모형이다. 즉, 이 모형은 피해자 인종 (B) 에 대한 자료가 존재하지 않는다고 전제하고, 셀빈도에 대하여 피고인 인종과 판결 유형이 서로 독립적이라는 가정을 하는 모형이다.

〈 **표 4-7** 〉 미국 플로리다 주에서 1976~1977 년에 살인범으로 기소된 피고인에 대한 판결 유형 자료 (Radelet, 1981) 에 대한 모형 검증

모형	df = (확률적인 빈도자료의 수) − (효과모수의 수)	G^2
$[A][C]$	$1 = 3 - 2$	0.22
$[A][B][C]$	$4 = 7 - 3$	137.93
$[AB][C]$	$3 = 7 - 4$	8.13
$[AC][B]$	$3 = 7 - 4$	137.71
$[AB][BC]$	$2 = 7 - 5$	1.88
$[AB][AC][BC]$	$1 = 7 - 6$	0.70
$[ABC]$	$0 = 7 - 7$	0

이 모형의 합치도는 $G^2 = 0.22$ 이고, 이 우도비 카이자승은 자유도 $df = 1$ 과 $\alpha = 0.05$ 수준에서 유의미하지 않다. 따라서 피해자 인종(B)을 고려하지 않았을 때, 혹은 피해자 인종의 효과를 통제하지 않았을 때, 판결 유형은 피고인 인종에 따라서 달라지지 않는다는 결론이 유도된다. 이 결론은 곧 플로리다 주의 형사재판에서 인종차별이 존재하지 않는다는 결론과 같다. 그러나 앞서 설명한 바와 같이 외곽독립성모형은 실제 변인들의 관계에 대하여 왜곡된 결론을 유도할 수 있으므로 자료가 허용하는 범위에서 좀 더 세밀한 추가적인 분석이 고려되어야 한다.

모형 $[A][B][C]$는 상호독립성모형이다. 이 모형의 합치도는 $G^2 = 137.93$ 이고, 이 우도비 카이자승은 자유도 $df = 4$ 와 $\alpha = 0.01$ 수준에서 유의미하다. 따라서 모형 $[A][B][C]$는 통계적으로 기각되어, 세 변인 A, B, C 사이에는 어떤 형태로든 관계가 존재한다고 판단된다.

모형 $[AB][C]$는 판결 유형(C)이 피고인 인종(A) 및 피해자 인종(B)과 결합적으로 서로 독립이라고 가정하는 결합독립성모형이다. 즉, 이 모형은 판결 유형이 피고인 인종과도 서로 독립적이고, 피해자 인종과도 서로 독립적이라고 가정하는 모형이다. 또한, 이 모형은 판결 유형(C)이 통제되었을 때 피고인 인종(A)과 피해자 인종(B)이 여과연관을 가진다고 가정하는 모형이기도 하다.

이 모형의 합치도는 $G^2 = 8.13$ 이고, 이 우도비 카이자승은 자유도 $df = 3$ 과 $\alpha = 0.05$ 수준에서 유의미하다. 따라서 모형 $[AB][C]$ 는 통계적으로 기각된다. 이 모형의 기각은 매우 다양한 의미를 가지기 때문에 그 자체로는 어떠한 해석도 불가능하다. 구체적으르 이 모형의 기각은 ① 판결 유형이 피고인 인종과 관계를 가지거나, ② 판결 유형이 피해자 인종과 관계를 가지거나, ③ 판결 유형이 이 두 개의 변인과 모두 관계를 가지거나, ④ 판결 유형이 통제되었을 때 피고인 인종과 피해자 인종이 여과연관을 가지지 않거나, ⑤ 그 가능성들 중에 두 가지 이상의 가능성이 참이라는 것을 암시한다.

모형 $[AC][B]$ 는 피해자 인종 (B) 이 피고인 인종 (A) 및 판결 유형 (C) 과 결합적으로 서로 독립이라고 가정하는 결합독립성모형이다. 즉, 이 모형은 피해자 인종이 피고인 인종과도 서로 독립적이고, 판결 유형과도 서로 독립적이라고 가정하는 모형이다. 또한, 이 모형은 피해자 인종 (B) 이 통제되었을 때 피고인 인종 (A) 과 판결 유형 (C) 이 여과연관을 가진다고 가정하는 모형이기도 하다. 이 모형의 합치도는 $G^2 = 137.71$ 이고, 이 우도비 카이자승은 자유도 $df = 3$ 과 $\alpha = 0.01$ 수준에서 유의미하다. 따라서 모형 $[AC][B]$ 는 통계적으로 기각된다. 이 모형의 기각도 $[AB][C]$ 모형의 경우와 마찬가지로 매우 다양한 의미를 가지기 때문에 그 자체로는 어떠한 해석도 불가능하다. 구체적으로, 이 모형의 기각은 ① 피해자 인종이 피고인 인종과 관계를 가지거나, ② 피해자 인종이 판결 유형과 관계를 가지거나, ③ 피해자 인종이 이 두 개의 변인과 모두 관계를 가지거나, ④ 피해자 인종이 통제되었을 때 피고인 인종과 판결 유형이 여과연관을 가지지 않거나, ⑤ 그 가능성 중에 두 가지 이상의 가능성이 참이라는 것을 암시한다.

모형 $[AB][BC]$ 는 피해자 인종 (B) 의 효과가 통제되었을 때 피고인 인종 (A) 과 판결 유형 (C) 이 독립적이라고 가정하는 조건독립성모형이다. 또한 이 모형은 판결 유형 (C) 이 통제되었을 때 피고인 인종 (A) 과 피해자 인종 (B) 이 여과연관을 가지고, 피고인 인종 (A) 이 통제되었을 때 피해자 인종 (B) 과 판결 유형 (C) 이 여과연관을 가진다는 것을 가정하기도 한다. 이 모형의 합치도는 $G^2 = 1.88$ 이고, 이 우도비 카이자승은 자유도 $df = 2$ 와 $\alpha = 0.05$ 수준에서 유의미하지 않다. 따라서 모형 $[AB][BC]$ 는 통계적으로 기각되지 않는다. 모형 $[AB][BC]$ 가 통계적으로 기각되지 않는다는 사실 또한 매우 다양한 가능성을 의미하므로 그 자체로는 의미 해석이 불가능하다.

모형 $[AB][AC][BC]$는 판결 유형(C)이 통제되었을 때 피고인 인종(A)과 피해자 인종(B)이 여과연관을 가지고, 피해자 인종(B)이 통제되었을 때 피고인 인종(A)과 판결 유형(C)이 여과연관을 가지며, 피고인 인종(A)이 통제되었을 때 피해자 인종(B)과 판결 유형(C)이 여과연관을 가진다고 가정하는 모형이다. 또한, 이 모형은 여과연관들이 통제되는 변인의 모든 범주에서 크기가 모두 동일하다는 가정을 하는 동질연관모형이기도 하다. 이 모형의 합치도는 $G^2 = 0.70$이고, 이 우도비 카이자승은 자유도 $df = 1$과 $\alpha = 0.05$ 수준에서 유의미하지 않다. 따라서 모형 $[AB][AC][BC]$는 통계적으로 기각되지 않는다. 모형 $[AB][AC][BC]$가 통계적으로 기각되지 않는다는 사실 또한 매우 다양한 가능성을 의미하므로 그 자체로는 의미 해석이 불가능하다.

마지막으로 모형 $[ABC]$는 셀빈도들에 대하여 세 개의 변인이 삼원상호작용효과를 가진다고 가정하는 모형인데, 피고인 인종(A)의 범주에서 피해자 인종(B)과 판결 유형(C)의 여과연관이 각기 동일하지 않고, 피해자 인종(B)의 범주에서 피고인 인종(A)과 판결 유형(C)의 여과연관이 각기 동일하지 않으며, 판결 유형(C)의 범주에서 피고인 인종(A)과 피해자 인종(B)의 여과연관이 각기 동일하지 않다고 가정하는 모형이다. 이 모형은 포화모형이므로 $G^2 = 0$이고, 자유도 또한 $df = 0$이다.

<표 4-3>의 삼원교차분할표 자료에 대한 7개의 모형을 살펴보았는데, 그 외에도 더 다양한 여러 가지 모형이 검증될 수 있다. 예로 기술된 7개의 모형에 대한 앞의 설명에서 한 가지 주목할 사항은 상호작용효과 모수가 포함된 모형들의 검증 결과는 예외 없이 여러 가지 중첩된 의미들을 함축한다는 사실이다.

이제, 연구자가 파악하고 싶은 것이 판결 유형(C)이 피고인 인종(A)과 여과연관을 가지는지의 여부라고 가정하자. 연구자는 <표 4-7>의 어떤 모형을 이용하여 이 물음에 대한 결론을 유도할 수 있을까? 앞에서 살펴본 바와 같이, <표 4-7>의 각 모형에 대한 검증 결과는 여러 가지 중첩된 의미들을 함축하므로 한 개의 모형을 검증하여 이 물음에 대한 결론을 유도할 수 없다. 판결 유형(C)이 피고인 인종(A)과 여과연관을 가지는지의 여부는 위계분석을 통하여 파악된다.

상호독립성모형 $[A][B][C]$ 와 결합독립성모형 $[AC][B]$ 는 서로 위계적인 관계를 가지는 모형들이다. 모형 $[AC][B]$ 는 모형 $[A][B][C]$ 에 포함된 모든 효과모수를 포함하고 더불어서 피고인 인종(A) 과 판결 유형(C) 의 상호작용효과 모수 $\lambda_{AC(ik)}$ 가 추가된 것이다. 모형 $[A][B][C]$ 는 피고인 인종(A), 피해자 인종(B), 그리고 판결 유형(C) 이 모두 서로 독립적이라고 가정하는 모형이다. 반면에 모형 $[AC][B]$ 는 피해자 인종(B) 이 피고인 인종(A) 과 서로 독립적이고, 판결 유형(C) 과도 서로 독립적이지만, 피해자 인종(B) 이 통제되었을 때 피고인 인종(A) 과 판결 유형(C) 이 여과연관을 가진다고 가정하는 모형이다. 따라서 두 모형의 차이는 바로 피고인 인종(A) 과 판결 유형(C) 의 여과연관에 대한 가정 여부다. 따라서 두 모형의 차이를 파악하면 피고인 인종과 판결 유형의 여과연관이 존재하는지의 여부를 판단할 수 있다. 두 모형의 자유도 차이는 $df_{1-2} = 1$ 이고, 합치도 차이는 $G^2_{1-2} = 137.93 - 137.71 = 0.22$ 이다. 그런데 이 '차이 우도비 카이자승'은 자유도 $df_{1-2} = 1$ 과 $\alpha = 0.05$ 수준에서 통계적으로 유의미하지 않다. 즉, 상호독립성모형 $[A][B][C]$ 와 결합독립성모형 $[AC][B]$ 는 자료에 대한 설명력 혹은 합치도에서 거의 동일하다고 판단된다. 따라서 이때에는 더 간단한 모형(효과모수의 수가 더 적은 모형) $[A][B][C]$ 가 선택되고, 결국 피해자 인종(B) 이 통제되었을 때 피고인 인종(A) 과 판결 유형(C) 이 여과연관을 가지지 않는다는 결론이 유도된다.

그런데 판결 유형(C) 이 피고인 인종(A) 과 여과연관을 가지는지의 여부는 다른 모형을 비교하는 위계분석에 의해서도 파악될 수 있다. 모형 $[AB][BC]$ 와 모형 $[AB][AC][BC]$ 는 서로 위계적인 관계를 가지는 모형들이다. 모형 $[AB][AC][BC]$ 는 모형 $[AB][BC]$ 에 포함된 모든 효과모수를 포함하고 더불어서 피고인 인종(A) 과 판결 유형(C) 의 상호작용효과 모수 $\lambda_{AC(ik)}$ 를 포함한다. 모형 $[AB][BC]$ 는 피해자 인종(B) 의 효과가 통제되었을 때 피고인 인종(A) 과 판결 유형(C) 이 독립적이라고 가정하는 조건독립성모형이며, 이 모형은 판결 유형이 통제되었을 때 피고인 인종과 피해자 인종이 여과연관을 가지고, 피고인 인종이 통제되었을 때 피해자 인종과 판결 유형이 여과연관을 가진다는 것을 가정한다. 반면에 모형 $[AB][AC][BC]$ 는 판결 유형이 통제되었을 때 피고인 인종과 피해자 인종이 여과연관을 가지고, 피해자 인종이 통제되었을 때 피고인 인종과 판결 유형이 여과연관을 가지며, 피고인 인종이 통제되었을 때 피해자 인종과 판결 유형이 여과연관을 가진다고 가정하는 모형이다. 따라서 두 모형의 차이는 바로 피해자 인종의 효과가 통제되었을 때 피고인 인종과 판결 유형이 독립적이라는 가정을 하는가 (모형 $[AB][BC]$), 아니면 여과연관을 가진다고 가정을 하는가 (모형 $[AB][AC][BC]$) 의 여부다. 두 모형의 자유도 차이는 $df_{1-2} = 1$ 이고, 합치도 차이는 $G^2_{1-2} = 1.88 - 0.70 = 1.18$ 이다. 그런데 이 '차이 우도비 카이자승' 은 자유도 $df_{1-2} = 1$ 과 $\alpha = 0.05$ 수준에서 통계적으로 유의미하지 않다. 즉, 조건독립성모형 $[AB][BC]$ 와 모형 $[AB][AC][BC]$ 는 자료에 대한 설명력 혹은 합치도에서 거의 동일하다고 판단된다. 따라서 이때에는 더 간단한 조건독립성모형 $[AB][BC]$ 가 선택되고, 결국 피해자 인종 (B) 이 통제되었을 때 피고인 인종과 (A) 판결 유형 (C) 이 여과연관을 가지지 않는다는 결론이 유도된다. 판결 유형이 피고인 인종과 여과연관을 가지는지의 여부를 판단하기 위하여 모형 $[AC][B]$ 와 모형 $[A][B][C]$ 를 비교하는 위계분석을 일명 '전진선택방식 (forward selection method)' 이라고 부르기도 한다 (Brown, 1976). 반면에 모형 $[AB][BC]$ 와 모형 $[AB][AC][BC]$ 를 비교하는 방식을 '후진제거방식 (backward elimination method)' 이라고 부르기도 한다 (Birch, 1964, 1965; Goodman, 1971). 여과연관의 여부를 판단하기 위한 전진선택방식은 상호작용효과 모수를 포함하지 않는 상호독립성모형에서 시작하여 검증하고자 하는 상호작용효과 모수를 하나씩 모형에 추가하는 방식을 말하고, 후진제거방식은 모든 상호작용효과 모수가 포함된 모형에서 시작하여 검증하고자 하는 상호작용효과 모수를 하나씩 모형에서 제거하는 방식을 말한다. <표 4-3> 의 자료에 대해서는 두 가지 방식이 동일한 결론을 유도하였으므로 갈등의 소지가 없다. 일반적으로는 두 가지 방식을 모두 사용하여 그중에서 연구자가 확인하고자 하는 여과연관의 존재가 확인되는 방식을 채택하면 된다.

7 정보준거

위계분석을 통한 모형의 선택을 위해서는 두 가지 준거가 이용된다. 첫째는 모형에 의해서 예측된 셀빈도들과 실제 관찰된 셀빈도들이 일치해야 하고, 둘째는 모형이 간단하게 기술되어야 한다. 우도비 카이자승의 비교는 첫 번째 준거를 이용하는 것이다. 두 번째 준거는 소위 '절약원칙 (principle of parsimony)' 이라고 부르는데, 설

명력이 동일하다면 간단한 모형이 복잡한 모형보다 유용하다는 과학철학의 일반원칙이다. 자료에 대한 설명력이 동일할 때 간단한 모형이 복잡한 모형보다 더 유용한 이유는 모형에 포함된 각각의 모수들이 함축하는 단위정보(정보비트)의 양이 모형이 간단할수록 더 증가하기 때문이다(Attneave, 1959; Miller, 1964; Hagenaars, 1990). 예를 들어, 모형 $[A][B][C]$ 와 모형 $[ABC]$ 의 설명력이 동일하다면 모형 $[A][B][C]$ 의 각 모수들은 모형 $[ABC]$ 의 각 모수들보다 더 많은 설명력을 가진다는 것을 의미한다. 즉, 전체 모형의 설명력이 동일할 때, 복잡한 모형의 모수들에 비하여 간단한 모형의 모수들은 각각 더 많은 정보를 가지는 것이다. 이와 같은 정보(information)의 개념에 기초하여 모형 선택을 위한 지수들이 제안되었는데, 이러한 지수들을 통칭하여 '정보준거(information criterion)' 라고 부른다.

첫째 정보준거는 Goodman(1971)에 의해 제안된 G^2/df 이다. 카이자승지수 G^2 의 기댓값은 그것의 자유도(df)와 같으므로, 모형이 참일 때, 이 Goodman 정보준거는 표본의 크기가 커질수록 1에 근접한다. 따라서 모형에서 계산되는 Goodman 정보준거의 값이 1에 가까울수록 선호되는 모형이다. 예를 들어, <표 4-7>의 모형 $[AB][BC]$ 에서 Goodman 정보준거는 $1.88/2 = 0.94$ 이고, 모형 $[AB][AC][BC]$ 에서 Goodman 정보준거는 $0.70/1 = 0.70$ 이다. 따라서 1에 더 가까운 Goodman 정보준거를 가지는 모형 $[AB][BC]$ 가 모형 $[AB][AC][BC]$ 보다 선호된다.

둘째 정보준거는 Akaike(1973, 1987)에 의해 제안된 'Akaike 정보준거(Akaike information criterion: AIC)'다. 로그선형모형의 AIC 는 다음과 같이 정의된다.

$$AIC = G^2 - 2(df)$$

모형에서 계산되는 Akaike 정보준거의 값이 작을수록 선호되는 모형이다. 예를 들어, <표 4-7>의 모형 $[AB][BC]$ 의 AIC 는 $1.88 - 2(2) = -2.12$ 이고, 모형 $[AB][AC][BC]$ 의 AIC 는 $0.70 - 2(1) = -1.30$ 이다. 따라서 더 작은 AIC 를 가지는 모형 $[AB][BC]$ 가 모형 $[AB][AC][BC]$ 보다 선호된다.

셋째 정보준거는 Schwarz(1978)와 Raftery(1986)에 의해 제안된 '베이즈 정보준거(Bayesian information criterion: BIC)'다. 베이즈 정보준거 BIC 는 다음과 같이 정의된다.

$$BIC \cong G^2 - ln(N)(df)$$

BIC의 정의에서 G^2은 모형의 우도비 카이자승이고, N은 전체 빈도며, df는 모형의 자유도다. 모수를 많이 가지는 복잡한 모형의 자유도는 간단한 모형의 자유도보다 작다. 따라서 전체 빈도가 N인 동일한 자료에 대하여 두 개의 모형이 검증된 경우에, 만약 두 모형의 G^2이 동일하다면, 복잡한 모형의 BIC는 간단한 모형의 BIC보다 크다. 따라서 더 작은 BIC를 산출하는 모형일수록 선호되는 모형이다. 예를 들어, <표 4-7>의 모형 $[AB][BC]$의 BIC는 $1.88 - ln(326)(2) = -9.69$이고, 모형 $[AB][AC][BC]$의 BIC는 $0.70 - ln(326)(1) = -5.09$이다. 따라서 더 작은 BIC를 가지는 모형 $[AB][BC]$가 모형 $[AB][AC][BC]$보다 선호된다.

8 영빈도의 문제

<표 4-3>의 자료를 보면 피고인 인종이 백인($i=1$)이고, 피해자 인종이 흑인($j=2$)이며, 판결 유형이 사형($k=1$)인 셀의 관찰빈도가 $n_{121}=0$이다. 관찰빈도가 0인 셀이 존재하면 로그선형분석에서 장애를 초래할 수 있다. 예를 들어, 포화모형 $[ABC]$의 경우에는 각 셀의 관찰빈도 n_{ijk}가 효과모수의 추정을 위한 충분치(sufficient statistic)이고, 따라서 예측빈도가 관찰빈도와 동일하도록 추정되어야 한다. 그런데 로그선형모형은 효과모수들에 의해서 로그 변환된 예측빈도, 즉 $ln(\hat{\mu}_{121})$를 예측하는 모형이므로 만약 예측빈도 $\hat{\mu}_{121}$가 0이면 $ln(\hat{\mu}_{121}) = \infty$가 되어 해당 셀에 대해서 로그선형모형이 정의되지 않는 문제가 발생한다. 다원교차분할표에는 이러한 영빈도를 가지는 셀이 발생하는 경우가 종종 있게 마련이다.

영빈도가 발생하는 이유는 두 가지가 있다. 하나는 성별의 범주가 '남자'이고 임신 여부의 범주가 '임신'인 경우와 같이 특정한 셀에 빈도가 발생하는 것이 논리적으로 불가능한 경우다. 이러한 논리적 불가능성 때문에 발생하는 영빈도를 '구조적 영(structural zero)'이라고 부른다. 영빈도가 발생하는 두 번째 이유는 표집오차(sampling error) 때문에 생기는 것이다. 즉, 모집단에서는 특정한 셀에 해당하

는 사례가 존재하지만, 표집과정에서 이러한 사례가 우연히 추출되지 않은 경우다. 표집오차 때문에 우연히 발생하는 영빈도를 '무선적 영(random zero)'이라고 부른다.

만약 자료에 영빈도가 존재하고, 그 영빈도가 구조적 영빈도라고 믿어지는 경우에는 영빈도가 나타난 셀을 분석에서 제외하는 것이 타당하다. 영빈도가 나타난 셀을 분석에서 제외하는 것은 그 영빈도에 대하여 아무런 조치를 하지 않으면 자연히 이루어진다. 왜냐하면 그 영빈도가 나타난 셀에 대하여 로그선형모형이 정의되지 않기 때문이다. 그러나 영빈도를 구조적 영빈도로 간주할 때 잊어서는 안 되는 중요한 사항이 한 가지 있는데, 모형의 자유도가 영빈도를 가진 셀의 수만큼 줄어들어야 한다는 것이다. 예를 들어, $2 \times 2 \times 2$ 삼원교차분할표에 영빈도를 가진 셀이 2개 있고, 이러한 교차분할표에 대하여 $[AB][C]$의 모형을 검증한다고 가정하자. 만약 영빈도들이 구조적 영빈도라면 확률적 자료의 수는 $8-1=7$이 아니라 $8-1-2=5$이다. 반면에 효과모수의 수는 $(I-1)+(J-1)+(K-1)+(I-1)(J-1)=4$개다. 따라서 이 모형의 자유도는 $df=7-4=3$이 아니라 $df=5-4=1$이 된다. 이와 같은 자유도의 조정은 모형 합치도의 판단을 위한 우도비 카이자승의 임계치를 설정할 때 결정적인 중요성을 가지므로 영빈도를 구조적 영으로 간주할 때는 이 점을 절대로 간과해서는 안 된다.

영빈도가 무선적 영빈도라고 믿어지는 경우에는 영빈도가 나타난 셀을 분석에서 제외하는 것은 타당하지 않다. 이때에는 모든 셀빈도에 0.5를 더해 준 후에 로그선형분석을 수행하는 것이 관행이다. Goodman(1970, 1971)이 제안한 이 관행은 모든 셀빈도에 대하여 상수가 더해지는 것이므로 상수효과모수 λ의 추정에는 왜곡이 발생하지만, 그 밖의 다른 효과모수들에는 크게 영향을 주지 않는다. 그러나 만약 셀의 개수가 많을 때는 각각의 셀빈도에 더해진 0.5는 전체 빈도 N을 큰 폭으로 증가시킬 수도 있다. 셀빈도의 증가에 비하여 전체 빈도 N이 상대적으로 많이 증가하면 각 셀의 예측빈도들 사이의 차이가 줄어드는 효과가 생길 수 있는데, 이러한 현상을 자료가 '평평해진다(smoothing)'고 말한다. 자료가 평평해지면 당연히 효과모수 추정치들의 크기가 작아진다. 이러한 인식에 기초하여 Agresti(1990)는 무선적 영빈도가 발생하는 경우에 모든 셀빈도에 0.5를 더해 주는 대신 그보다 훨씬 작은 수(예를 들면, 10^{-8})를 더해 줄 것을 제안하였다.

7 경로모형의 검증

때로는 다원교차분할표를 구성하는 범주변인들이 서로 시간적인 서열관계를 가지거나 혹은 논리적인 경로(paths)를 가지는 경우가 있다. 이런 경우에는 로그선형모형을 이용하여 인과모형(causal model) 혹은 경로모형(path model)을 검증할 수 있다. 예를 들어, Thornes & Collard(1979)는 영국에서 혼전/혼외 성경험이 이혼 여부에 영향을 주는지를 파악하기 위하여 결혼경험이 있는 1,036명의 성인 남녀를 조사하였다. 이 자료에는 4개의 중요변인이 포함되었는데, 첫 번째 변인은 응답자의 성별(gender: G)이고, 두 번째 변인은 혼전 성경험(premarital sex: P) 여부, 세 번째 변인은 혼외 성경험(extramarital sex: E) 여부, 네 번째 변인은 이혼 여부(divorce status: D)이다. 이 변인들은 그 결정시점이 서열적인 순서를 가진다. 예를 들어, [그림 4-2]와 같은 인과모형 혹은 경로모형을 구성할 수 있다.

[그림 4-2]의 인과모형을 검증하기 위한 로그선형분석은 모형의 구성요소들을 소위 '인과사슬(causal chain)'로 분리하여 검증한 후, 그 결과들을 취합하여 전체 인과모형의 타당성을 판단한다. 첫 번째 인과사슬은 혼전 성경험(P)에 대한 성별(G)의 영향이고, 두 번째 인과사슬은 혼외 성경험(E)에 대한 성별과 혼전 성경험의 영향이며, 세 번째 인과사슬은 이혼 여부(D)에 대한 혼전 성경험과 혼외 성경험의 영향이다. 일반적으로 인과모형 혹은 경로모형에서 인과사슬의 개수는 모형에 포함된 변인 중에서 다른 변인의 영향을 받는 것으로 설정된 변인의 개수와 같다. [그림 4-2]에는 4개의 변인이 포함되어 있는데, 그중에서 다른 변인의 영향을 받는 것으로 설정된 변인은 P, E, D의 세 가지다. 따라서 [그림 4-2]의

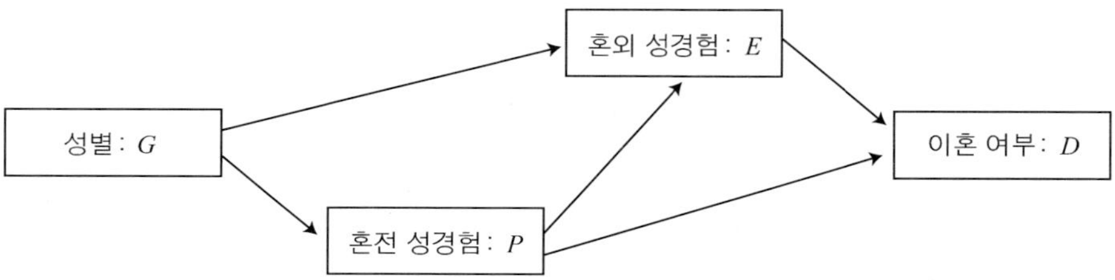

[그림 4-2] 이혼 여부에 대한 혼전/혼외 성경험의 영향에 관한 경로모형

모형은 3 개의 인과사슬로 연결된 모형이다.

첫 번째 인과사슬에 관한 검증은 $[G][P]$ 모형에 의해 가능하다. 모형 $[G][P]$는 외곽독립성모형이다. 즉, 자료를 성별과 혼전 성경험에 의해서만 구성되는 이원교차분할표라고 가정하고 검증되는 모형이다. 만약 모형 $[G][P]$가 기각되면 성별과 혼전 성경험이 관계 (association) 를 가진다는 것을 의미한다. 물론 이 관계가 인과관계를 의미하는 것은 아니다. 인과관계 혹은 경로의 방향은 이론적, 논리적으로 유추되는 것이고, 경험적으로 확인되는 것은 아니다. 인과관계에서 원인은 결과보다 그 결정시점이 시간적으로 선행되어야 한다. 따라서 만약 성별과 혼전 성경험이 인과관계를 가진다면 성별이 원인이고 혼전 성경험이 결과일 것으로 유추되고, 그 반대의 경로방향은 논리적으로 유추되기 어려우므로 $[G][P]$ 가 기각되어 성별과 혼전 성경험이 관계 (association) 를 가진다는 것이 확인되면, 그 관계를 [그림 4-2] 가 묘사하는 인과관계 $(G \rightarrow P)$ 로 해석할 수 있다.

두 번째 인과사슬에 관한 검증은 $G \rightarrow P$의 경로가 존재한다는 조건에서 $G \rightarrow E$ 경로와 $P \rightarrow E$ 경로를 확인하는 것이 골자다. 이를 위해서는 $[PE][GP]$, $[GE][GP]$, $[GE][PE][GP]$의 세 가지 모형을 검증하면 된다. $G \rightarrow E$ 경로에 대한 판단은 모형 $[GE][PE][GP]$와 모형 $[PE][GP]$의 합치도 차이에 의해 이루어지고, $P \rightarrow E$ 경로에 대한 판단은 모형 $[GE][PE][GP]$와 모형 $[GE][GP]$의 합치도 차이에 의해 이루어진다.

세 번째 인과사슬에 관한 검증은 G, P, E의 삼원상호작용의 조건에서 $E \rightarrow D$ 경로와 $P \rightarrow D$ 경로를 확인하는 것이 골자다. 이를 위해서는 $[GPE][ED]$, $[GPE][PD]$, $[GPE][ED][PD]$의 세 가지 모형을 검증하면 된다. $E \rightarrow D$ 경로에 대한 판단은 모형 $[GPE][ED][PD]$와 모형 $[GPE][PD]$의 합치도 차이에 의해 이루어지고, $P \rightarrow D$ 경로에 대한 판단은 모형 $[GPE][ED][PD]$와 모형 $[GPE][ED]$의 합치도 차이에 의해 이루어진다.

미국 플로리다 주의 형사재판에서 인종차별이 존재하는지의 여부를 파악하기 위한 <표 4-3> 의 자료에 대하여 [그림 4-3] 과 같은 경로모형을 검증해 보자.

[그림 4-3] 의 경로모형은 2 개의 인과사슬로 연결된 인과모형인데, 첫 번째 인과사슬은 피해자 인종 (B) 에 대한 피고인 인종 (A) 의 영향이다. 이 인과사슬의 검증은 $[A][B]$ 모형의 검증에 의해서 가능하다. 모형 $[A][B]$는 외곽독립성

[그림 4-3] 미국 플로리다 주의 형사재판 판결모형

모형인데, 만약 이 모형이 기각되면 피고인 인종과 피해자 인종이 관계를 가진다는 것을 의미한다. 그러나 모형 $[A][B]$의 검증에 의하여 인과관계의 방향이 $A \to B$인지, 아니면 $A \leftarrow B$인지를 판단할 수는 없다. 인과관계의 방향은 자료에 대한 분석이 이루어지기 전에 이론적인 관점에서 선험적으로 결정되어야 한다. 예를 들면, 특정한 범죄자가 특정한 피해자를 선택한다는 근거가 있으면 $A \to B$의 인과관계 방향을 설정할 수 있을 것이고, 특정한 피해자가 특정한 인종의 사람들에 대하여 더 경계하거나 덜 경계한다는 근거가 있으면 $A \leftarrow B$의 관계 방향을 설정할 수 있을 것이다. 두 번째 인과사슬은 판결 유형(C)에 대한 피해자 인종(B)과 피고인 인종(A)의 영향이다. 이 두 번째 인과사슬에 관한 검증은 $A \to B$ 경로가 존재한다는 조건에서 $B \to C$ 경로와 $A \to C$ 경로를 확인하는 것이 골자다. 따라서 $[AB][AC][BC]$, $[AB][AC]$, $[AB][BC]$의 세 가지 모형을 검증하면 된다. 이 모형들을 검증한 결과가 <표 4-8>에 요약되었다.

모형 $[A][B]$의 우도비 카이자승 $G_1^2 = 129.80$은 $df = 1$과 $\alpha = 0.05$ 수준에서 통계적으로 유의미하다. 따라서 외곽독립성모형 $[A][B]$는 기각된다. 즉, 첫

〈**표 4-8**〉 형사재판 판결 자료에 대한 경로모형 분석

모형	df = (확률적인 빈도자료의 수) − (효과모수의 수)	G^2
1. $[A][B]$	1 = 3 − 2	129.80
2. $[AB][AC]$	2 = 7 − 5	7.91
3. $[AB][BC]$	2 = 7 − 5	1.88
4. $[AB][AC][BC]$	1 = 7 − 6	0.70

번째 인과사슬인 $A \rightarrow B$ 경로는 통계적으로 존재한다고 판단된다. 모형 [AB][AC] 와 모형 [AB][AC][BC] 의 우도비 카이자승 차이는 $G_2^2 - G_4^2 = 7.91 - 0.70 = 7.21$ 인데, 이 차이 우도비 카이자승은 자유도 $df_{2-4} = 2 - 1 = 1$ 과 $\alpha = 0.05$ 수준에서 통계적으로 유의미하다. 따라서 $B \rightarrow C$ 경로가 포함된 모형 [AB][AC][BC] 가 그 경로가 없는 것으로 가정된 모형 [AB][AC] 보다 자료를 더 잘 설명하는 모형이다. 마지막으로 모형 [AB][BC] 와 모형 [AB][AC][BC] 의 우도비 카이자승 차이는 $G_3^2 - G_4^2 = 1.88 - 0.70 = 1.18$ 인데, 이 차이 우도비 카이자승은 자유도 $df_{3-4} = 2 - 1 = 1$ 과 $\alpha = 0.05$ 수준에서 통계적으로 유의미하지 않다. 따라서 $A \rightarrow C$ 경로가 없는 것으로 가정된 더 간단한 모형 [AB][BC] 가 모형 [AB][AC][BC] 에 비하여 더 선호된다.

결론적으로 [그림 4-3] 의 경로모형은 자료에 의하여 지지되지 못하였다. 그 대신 여기에서 수행된 로그선형분석은 $A \rightarrow B \rightarrow C$ 의 경로모형을 암시하였다. 즉, 판결 유형(C) 에 대한 피고인 인종(A) 의 효과를 피해자 인종(B) 이 매개하는 '매개모형(mediator model)' 이 자료와 더 잘 부합하는 것으로 판단된다. 그러나 이 결론은 인과관계의 방향을 나타내는 화살표의 방향에 대한 선험적인, 이론적인 혹은 논리적인 가정의 타당성에 따라 그 진위가 결정된다는 것을 유념하여야 한다. 또한, 매개모형이 자료와 잘 부합하였다고 해서 이것이 <표 4-3> 의 자료를 가장 잘 설명하는 모형이라는 보장은 없다. 검증되지 않은 다른 모형 중에 더 좋은 모형이 존재할 가능성은 언제나 상존한다.

참고로 판결 유형(C) 에 대한 피고인 인종(A) 과 피해자 인종(B) 의 상호작용효과모형이 매개모형보다 더 좋은 모형일 수도 있는데, 이것을 확인하기 위해서는 셀빈도들에 대하여 C 와 AB 상호작용이 관계를 가지는지를 파악해야 한다. C 와 AB 상호작용의 관계는 곧 ABC 삼원상호작용을 의미한다. ABC 삼원상호작용효과를 포함하는 모형은 자유도가 0 인 포화모형이므로, 모형 [AB][AC][BC] 의 우도비 카이자승 $G_4^2 = 0.70$ 이 바로 ABC 삼원상호작용효과를 반영한다. 그런데 이 G_4^2 은 자유도 $df = 1 - 0 = 1$ 과 $\alpha = 0.05$ 수준에서 유의미하지 않으므로 결국 판결 유형(C) 에 대한 피고인 인종(A) 과 피해자 인종(B) 의 상호작용효과모형보다는 앞서 판단된 매개모형이 더 선호된다.

8 잔여분석

로그선형모형에 대한 합치도 검증의 결과는 그 모형에 대한 전반적인 평가를 가능하게 해 준다. 반면에 모형에 대한 보다 세밀한 평가를 위하여 교차분할표의 각 셀에서 모형에 의해서 예측된 빈도($\hat{\mu}_{ijk}$)와 실제 관찰빈도(n_{ijk})의 차이를 분석하는 '잔여분석(residual analysis)'이 유용하게 활용될 수도 있다.

① 표준잔여

교차분할표의 각 셀에서 모형에 의해서 예측된 빈도($\hat{\mu}_{ijk}$)와 실제 관찰빈도(n_{ijk})의 단순 빈도차이 $n_{ijk} - \hat{\mu}_{ijk}$는 예측빈도의 크기가 큰 셀에서 크게 나타나는 경향이 있기 때문에 잔여분석을 위한 적절한 지표가 아니다. 제 1 장에서 설명하였듯이 포아송분포의 확률에 따라 나타나는 셀 관찰빈도 n_{ijk}의 표집분포변량은 바로 그 빈도의 모평균인데, 그 셀빈도의 모평균은 μ_{ijk}이다. 이 셀 관찰빈도 n_{ijk}의 표집분포변량의 추정치 혹은 모평균 μ_{ijk}의 추정치가 바로 로그선형모형이 예측하는 셀빈도 $\hat{\mu}_{ijk}$이다. 셀빈도의 모평균 μ_{ijk}가 큰 셀에서는 셀 관찰빈도 n_{ijk}의 표집분포변량이 커지므로 표본이 달라지면 표본자료에서 관찰되는 n_{ijk}가 크게 가변하는 경향이 생기게 되고, 결국 이러한 셀에서는 빈도잔여 $n_{ijk} - \hat{\mu}_{ijk}$가 크게 나타나는 경향을 가지게 된다. 빈도잔여가 가지는 이러한 편파성을 교정하는 한 가지 방법이 '표준잔여(standardized residual)'를 산출하는 것이다. 표준잔여는 다음과 같이 정의된다.

$$e_{ijk} = \frac{n_{ijk} - \hat{\mu}_{ijk}}{\sqrt{\hat{\mu}_{ijk}}} \qquad \text{<수식 4-11>}$$

즉, 표준잔여는 빈도잔여 $n_{ijk} - \hat{\mu}_{ijk}$를 셀빈도 표집분포의 표준편차 추정치 $\sqrt{\hat{\mu}_{ijk}}$로 나누어 준 것이다. <수식 4-11>에 제시된 표준잔여의 정의를 주의 깊게 살펴보면, 각 셀에서 표준잔여의 자승 e_{ijk}^2을 구하고, 모든 셀의 자승된 표준잔여를 더하면, 로그선형모형의 합치도를 판단하기 위해 계산되는 피어슨 카이자승지수가 된다는 것을 알 수 있다. 이 이유 때문에 <수식 4-11>의 e_{ijk}를 '피어슨 잔여 (Pearson residual)' 라고 부르기도 한다. <표 4-3> 의 자료에 대하여 $[AC][BC]$ 모형을 검증하고, $[AB][AC][BC]$ 모형을 검증하는 경우의 빈도잔여와 표준잔여가 <표 4-9> 에 제시되어 있다.

모형이 참일 때 (즉, $\mu_{ijk} = \hat{\mu}_{ijk}$ 일 때), 표준잔여 e_{ijk} 의 표집분포는 평균이 0 이고 정규분포하는 속성을 가진다. 크기가 큰 표준잔여를 가지는 셀의 빈도는 설정된 로그선형모형에 의해 특히 잘 설명되지 않는 빈도다. 예를 들어, 흑인 피고인, 흑인 피해자, 그리고 징역에 해당하는 마지막 셀에는 $n_{222} = 97$ 개의 사례가 존재하는데, 이 사례들이 존재하는 이유는 피고인 인종과 피해자 인종이 서로 독립적이라고 가정하는 조건독립성모형 $[AC][BC]$ 에 의해 잘 설명되지 않는 사례들이다 ($e_{ijk} = 5.76$). 반면에 동일한 셀의 97 개 사례들은 피고인 인종과 피해자 인종이 서로 여과연관을 가진다고 가정하는 모형 $[AB][AC][BC]$ 에 의해 매우 잘 설명된다 ($e_{ijk} = -0.03$). 즉, 그 셀에 97 개의 사례가 존재하는 이유는 피고인 인종이 판결 유형과 관계가 있고, 피해자 인종이 또한 판결 유형과 관계가 있기 때문이라

〈**표 4-9**〉 형사재판 판결 자로에 대한 모형 $[AC][BC]$ 와 모형 $[AB][AC][BC]$ 의 빈도잔여 ($n_{ijk} - \hat{\mu}_{ijk}$) 와 표준잔여 (e_{ijk})

교차분할 셀				모형 $[AC][BC]$			모형 $[AB][AC][BC]$		
A	B	C	n_{ijk}	$\hat{\mu}_{ijk}$	$n_{ijk}-\hat{\mu}_{ijk}$	e_{ijk}	$\hat{\mu}_{ijk}$	$n_{ijk}-\hat{\mu}_{ijk}$	e_{ijk}
백인	백인	사형	19	15.83	3.17	0.80	18.67	0.33	0.08
		징역	132	89.46	42.54	4.50	132.33	−0.33	−0.03
	흑인	사형	0	3.17	−3.17	−1.78	0.33	−0.33	−0.57
		징역	9	51.54	−42.54	−5.93	8.67	0.33	0.11
흑인	백인	사형	11	14.17	−3.17	−0.84	11.33	−0.33	−0.10
		징역	52	94.54	−42.54	−4.38	51.67	0.33	0.05
	흑인	사형	6	2.83	3.17	1.88	5.67	0.33	0.14
		징역	97	54.46	42.54	5.76	97.33	−0.33	−0.03
피어슨 χ^2					131.46			0.70	

A = 피고인 인종, B = 피해자 인종, C = 판결 유형

는 이유와 더불어서, 피고인 인종과 피해자 인종이 서로 관계가 있기 때문이다. 백인 범죄자들은 주로 백인을 대상으로 범죄를 범하는 경향이 있고, 흑인 범죄자들은 주로 흑인을 대상으로 범죄를 범하는 경향이 있다는 사실이 그 셀에 비교적 많은 97 개의 사례가 존재하는 중요한 이유라고 할 수 있다.

② 조정된 잔여

모형이 참일 때, 표준잔여 e_{ijk} 의 표집분포는 평균이 0 이고 정규분포하는 속성을 가지지만, 표준편차 (표준오차) 가 1 인 표준정규분포 (standard normal distribution) 를 하지는 않는다. 표준잔여의 이 속성을 풀어서 설명하면 다음과 같다.

어떤 연구자가 크기가 N 인 표본자료를 이용하여 $I \times J \times K$ 교차분할표를 구성하고, 그 교차분할표에 대하여 특정한 로그선형모형을 검증한 결과, 어떤 셀 (예를 들어, $i=1$, $j=2$, $k=1$) 의 표준잔여가 e_{121} 로 산출되었다고 가정하자. 만약 이 연구자가 동일한 변인들에 대하여 새로운 표본자료를 수집하여 동일한 로그선형모형을 검증하면 그 셀의 표준잔여는 앞서 구한 표본자료의 표준잔여와 달라질 것이다. 만약 새로운 표본자료를 수집하여 동일한 셀의 표준잔여를 구하는 것을 무한히 여러 번 반복한다면, 그 셀에 해당하는 무한히 많은 e_{121} 을 얻을 수 있는데, 이 e_{121} 들의 분포가 표준잔여의 표집분포다. 이 표준잔여의 표집분포는 평균이 0 이고, 정규분포하지만, 표준편차 (표준오차) 는 1 보다 작다.

표준잔여를 그것의 표집분포의 표준오차로 나눈 것을 '조정된 잔여 (adjusted residual)' 라고 부른다. 모형이 참일 때, 이 조정된 잔여의 표집분포는 평균이 0 이고, 표준편차 (표준오차) 가 1 인 표준정규분포를 하는 속성을 가진다. 표준잔여의 표준오차는 모형에 따라 다르게 정의되므로 조정된 잔여의 수학적 정의를 하나의 일반적 수식으로 표기하면 너무 난해한 수식이 된다. 삼원교차분할표에 대해서 검증되는 몇 가지 모형의 경우에 조정된 잔여의 정의는 <표 4-10> 과 같다 (Agresti, 1990).

모형이 참일 때, 조정된 잔여 ($adjusted-e_{ijk}$) 의 표집분포는 평균이 0 이고, 표준편차 (표준오차) 가 1 인 표준정규분포를 하는 속성을 가지므로, 특정한 셀에서 조정된 잔여의 절대값이 대략 2 보다 클 때는 그 셀의 빈도에 대한 설명모형으로 설정된

〈 **표 4-10** 〉 몇 가지 로그선형모형에서 조정된 잔여의 정의(Agresti, 1990)

모형	조정된 잔여 ($adjusted-e_{ijk}$)
$[A][B][C]$	$\dfrac{n_{ijk}-\widehat{\mu}_{ijk}}{\sqrt{\widehat{\mu}_{ijk}(1-p_{i++}p_{+j+}-p_{i++}p_{++k}-p_{+j+}p_{++k}+2p_{i++}p_{+j+}p_{++k}}}$
$[AB][C]$	$\dfrac{n_{ijk}-\widehat{\mu}_{ijk}}{\sqrt{\widehat{\mu}_{ijk}(1-p_{ij+})(1-p_{++k})}}$
$[AB][AC]$	$\dfrac{n_{ijk}-\widehat{\mu}_{ijk}}{\sqrt{\widehat{\mu}_{ijk}\left(1-\dfrac{n_{ij+}}{n_{i++}}\right)\left(1-\dfrac{n_{i+k}}{n_{i++}}\right)}}$

로그선형모형이 기각된다. 즉, 각 셀의 빈도-모형 합치도에 대한 통계적 검증이 가능한 것이다. <표 4-3>의 자료에 대하여 $[AC][BC]$ 모형을 검증하고, $[AB][AC][BC]$ 모형을 검증하는 경우의 조정된 잔여($adjusted-e_{ijk}$)가 <표 4-11>에 제시되어 있다.

<표 4-11>을 보면, 모형 $[AC][BC]$의 경우에는 모든 셀에서 조정된 잔여의 절대값이 2보다 크다. 따라서 모든 셀에서 모형이 기각된다. 특히, 조건독립

〈 **표 4-11** 〉 형사재판 판결 자료에 대한 모형 $[AC][BC]$와 모형 $[AB][AC][BC]$의 조정된 잔여($adjusted-e_{ijk}$)

교차분할 셀				모형 $[AC][BC]$		모형 $[AB][AC][BC]$	
A	B	C	n_{ijk}	$\widehat{\mu}_{ijk}$	$adj-e_{ijk}$	$\widehat{\mu}_{ijk}$	$adj-e_{ijk}$
백인	백인	사형	19	15.83	2.84	18.67	0.61
		징역	132	89.46	10.38	132.33	−0.61
	흑인	사형	0	3.17	−2.84	0.33	−0.61
		징역	9	51.54	−10.38	8.67	0.61
흑인	백인	사형	11	14.17	−2.84	11.33	−0.61
		징역	52	94.54	−10.38	51.67	0.61
	흑인	사형	6	2.83	2.84	5.67	0.61
		징역	97	54.46	10.38	97.33	−0.61

A = 피고인 인종, B = 피해자 인종, C = 판결 유형

성모형 $[AC][BC]$는 징역판결을 받는 사례들을 설명하지 못하는 것으로 판단된다. 예를 들어, 피고인이 백인이고 피해자가 흑인이며, 판결 유형이 징역인 셀의 관찰빈도는 $n_{122} = 9$인데, 모형 $[AC][BC]$는 이 셀의 빈도가 51.54일 것으로 예측하였다. 이러한 빗나간 예측은 조건독립성모형 $[AC][BC]$가 백인 범죄자들은 흑인을 대상으로 범죄를 범하는 경향이 적다는 사실을 도외시하는 것이기 때문에 발생한다.

모형 $[AB][AC][BC]$의 경우에는 모든 셀에서 조정된 잔여의 절대값이 모두 동일하다. 즉, 모형 $[AB][AC][BC]$가 모든 셀의 빈도를 유사한 정도로 잘 설명한다고 말할 수 있다. 일반적으로 모형이 많은 수의 모수를 가질수록 각 셀에서의 조정된 잔여는 같은 값이 반복되는 양상을 보이고, 모형이 적은 수의 모수를 가질수록 각 셀에서 조정된 잔여는 다양하게 각기 서로 다른 값을 가진다.

9 선형 × 선형 연관

지금까지 살펴본 로그선형분석은 범주변인의 척도속성이 명명척도(nominal scale)라고 전제하며, 범주변인의 범주들이 서열적인 속성을 가지는 경우에 그 서열적 속성을 반영하지 않는다. 예를 들어, 로그선형분석을 이용하여 서열적인 범주들을 가지는 두 개의 범주변인 A와 B가 서로 관계를 가지는지를 파악하기 위해서는 모형 $[A][B]$와 모형 $[AB]$를 비교하는 위계분석을 하여 셀빈도에 대한 그 서열적인 범주변인들의 상호작용효과를 검증해야 한다. 그런데 이원교차분할표의 행에 위치한 범주변인 A의 범주들의 위치를 서로 맞바꾸거나, 열에 위치한 범주변인 B의 범주들의 위치를 서로 맞바꾸어도 앞에서 설명한 위계분석에 의해 파악되는 상호작용효과에는 변화가 없다. 즉, 지금까지 살펴본 로그선형분석은 각 범주변인이 가지는 범주들의 순서와 서열을 전혀 고려하지 않는 혹은 고려할 필요가 없는 분석방법들이다. 그러나 어떤 자료에서는 범주들의 서열적인 속성이 분석의 핵심적 초점이 되는 경우가 있고, 그런 경우에는 지금까지 설명된 것과는 다른 로그선형모형을 이용해야 한다.

청소년보호위원회에서는 2001 년 8 월에 청소년 대상 성범죄자 168 명의 신상을 공개하였는데, 그들의 범죄에서 가해자와 피해자의 연령대를 교차분할하면 <표 4-12> 와 같다.

〈 **표 4-12** 〉 청소년 대상 성범죄자와 피해자의 연령

가해자 연령 (A)	피해자 연령 (B)			
	10세 이하	11~13세	14~15세	16~18세
20대	5	4	11	26
30대	7	17	13	27
40대	13	7	7	11
50대	12	2	0	1
60대	5	0	0	0

출처: 청소년보호위원회, 2001

<표 4-12> 의 자료에서 가해자 연령과 피해자 연령의 관계에 대한 일차적 관심은 가해자 연령이 증가할 때 피해자 연령이 선형적으로 증가하거나 혹은 선형적으로 감소하는 경향이 있는지에 관한 것이다. 이 관심에 답하기 위하여 지금까지 살펴본 로그선형모형을 이용하자면 모형 $[A][B]$ 와 모형 $[AB]$ 를 비교하는 위계분석을 하여 셀빈도에 대한 가해자 연령 (A) 과 피해자 연령 (B) 의 상호작용 효과를 검증해야 할 것이다. <표 4-12> 의 자료에서 산출되는 모형 $[A][B]$ 의 피어슨 카이자승은 $\chi^2 = 60.755$ 이고, 우도비 카이지승은 $G^2 = 59.702$ 이다. 이 카이자승 통계치들은 모두 자유도 $df = 12$ 와 $\alpha = 0.05$ 수준에서 유의미하다. 모형 $[AB]$ 는 자유도가 $df = 0$ 인 포화모형이므로 모형 $[A][B]$ 에서 산출된 카이자승들이 바로 셀빈도에 대한 가해자 연령과 피해자 연령의 상호작용효과다. 이 상호작용효과가 유의미하므로 가해자 연령과 피해자 연령은 서로 관계를 가진다고 판단된다.

그러나 이와 같이 검증되는 상호작용효과는 가해자 연령과 피해자 연령의 관계를 반영하기는 하지만 선형적인 관계 (linear relationship) 만 의미하는 것은 아니다. 예를 들어, 피해자 연령의 범주 중에 '10세 이하' 와 '16~18세' 의 위치를 서로 맞바

꾸어도 모형 $[A][B]$ 와 모형 $[AB]$ 를 비교하는 위계분석에 의해 파악되는 상호작용효과에는 변화가 없다. 이것이 의미하는 바는 모형 $[A][B]$ 와 모형 $[AB]$ 를 비교하는 위계분석에 의해 파악되는 상호작용효과는 가해자 연령과 피해자 연령의 선형적 관계뿐만 아니라 비선형적인 온갖 유형의 관계를 모두 혼합하여 반영한다는 것이다. 구체적으로 말하면, 모형 $[AB]$ 의 상호작용효과 항 $\lambda_{AB(ij)}$ 는 $(I-1)(J-1)$ 개의 모수를 의미한다. 즉, <표 4-12> 의 자료에서는 $4 \times 3 = 12$ 개의 상호작용효과 모수가 존재할 수 있다는 것이고, 가해자 연령과 피해자 연령 사이의 관계가 최대 12 종류가 가능하다는 것을 의미한다.

범주변인의 범주들이 서열적인 속성을 가지는 경우에, 로그선형모형은 그 서열적인 범주변인 사이의 선형적 관계를 개념화하고, 셀빈도에 대한 선형적 관계의 효과를 파악하기 위하여 이용될 수 있는데, 이때 로그선형모형에 의해서 파악되는 선형적 관계를 '선형×선형 연관(linear-by-linear association)' 이라고 부른다. 여기에서는 로그선형모형을 이용하여 이원교차분할표에서 선형×선형($L \times L$) 연관을 산출하고 검증하는 방법을 설명하고자 한다.

범주변인 A 의 범주들을 임의의 숫자들 $a_1, a_2, \cdots\cdots, a_i$ 를 이용하여 코딩하고, 또한 범주변인 B 의 범주들을 임의의 숫자들 $b_1, b_2, \cdots\cdots, b_j$ 를 이용하여 코딩하였다고 가정하자. 단, 이때 필히 각 코딩 숫자들은 점차로 커지도록 정해 준다. 즉, $a_1 \leq a_2 \leq \cdots\cdots, \leq a_i$ 이고, $b_1 \leq b_2 \leq \cdots\cdots, \leq b_j$ 의 관계가 성립하는 숫자들을 이용하여 범주들을 코딩해 준다. 또한, 필수적인 규칙은 아니지만, 관행적으로 $\sum a_i = 0$ 과 $\sum b_j = 0$ 를 만족하도록 코딩 숫자들을 정해 준다. 예를 들어, <표 4-12> 에서 가해자 연령 범주를 $-2, -1, 0, 1, 2$ 로 코딩하고, 피해자 연령 범주를 $-3, -1, 1, 3$ 으로 코딩할 수 있다. 이와 같이 범주변인들의 범주들을 임의의 숫자들을 할당하여 코딩하였다면, 선형×선형 연관모형은 다음과 같이 기술된다.

$$ln(\mu_{ij}) = \lambda + \lambda_{A(i)} + \lambda_{B(j)} + \beta a_i b_j \qquad \text{<수식 4-12>}$$

<수식 4-12> 의 선형×선형 연관모형을 간편 표기법으로는 $[L \times L]$ 로 표기하기로 하자. 이 모형 $[L \times L]$ 은 로그 변환된 셀빈도가 범주변인들 사이의 두 종류 관계에 의해 결정된다는 것을 나타낸다. 한 가지는 상호독립성($\lambda + \lambda_{A(i)} +$

$\lambda_{B(j)}$) 이고, 또 한 가지는 선형×선형 연관성 ($\beta a_i b_j$) 이다. 따라서 이 모형 [$L \times L$] 은 다음과 같이 간단히 기술할 수도 있다.

$$ln(\mu_{ij}) = \text{독립성} + \beta a_i b_j$$

간단히 기술된 모형 [$L \times L$] 을 주의 깊게 살펴보면, 일반회귀모형 (regression model) 의 형태를 가진다는 것을 알 수 있다. 예를 들어, 피해자 연령 (B) 의 범주 중에서 −3 으로 코딩된 첫 번째 범주 ('10세 이하') 에서 앞의 간단히 기술된 모형 [$L \times L$] 은 다음과 같은 형태를 가진다.

$$ln(\mu_{ij}) = \text{독립성} - 3\beta a_i$$

즉, 피해자 연령 (B) 의 범주 중에서 −3 으로 코딩된 첫 번째 범주에서 모형 [$L \times L$] 은 a_i (숫자로 코딩된 가해자 연령) 를 이용하여 로그 변환된 셀빈도 $ln(\mu_{ij})$ 를 예측하는 회귀모형 (regression model) 이다. 이때, '독립성' 부분은 회귀모형의 절편계수에 해당하고, -3β 는 기울기 계수 (slope) 에 해당한다. 즉, 피해자 연령의 코드 숫자가 −3 인 범주 ('10 세 이하') 에서 가해자 연령 범주의 코드 숫자 (a_i) 가 1 증가할 때, 로그 변환된 셀빈도는 -3β 만큼 증가한다는 것을 의미한다. 따라서 -3β 는 피해자 연령의 코드 숫자가 −3 인 범주에서 숫자로 코딩된 가해자 연령 (a_i) 과 로그 변환된 셀빈도의 선형적 관계를 나타내는 계수 (coefficient) 다. 마찬가지로, 예를 들어 가해자 연령 (A) 의 범주 중에서 2 로 코딩된 다섯 번째 범주 ('60 대') 에서 모형 [$L \times L$] 은 ' $ln(\mu_{ij}) = \text{독립성} + 2\beta b_j$ ' 의 형태가 되는데, 이때 2β 는 가해자 연령의 코드 숫자가 2 인 범주에서 b_j (숫자로 코딩된 피해자 연령) 와 로그 변환된 셀빈도의 선형적 관계를 나타내는 계수 (coefficient) 다. 즉, 모형 [$L \times L$] 의 $\beta a_i b_j$ 항은 로그 변환된 셀빈도 $ln(\mu_{ij})$ 에서 독립성모형에 의해 예측되지 않는 잔여 부분인데, 이 잔여 부분 ($ln(\mu_{ij})$ − 독립성) 은 변인 A 의 범주가 고정되었을 때 변인 B 와 선형적 관계를 가지고, 또한 변인 B 의 범주가 고정되었을 때 변인 A 와 선형적 관계를 가진다. 이러한 이유로 앞의 모형 [$L \times L$] 을 '선형×선형 연관모형' 이라고 부른다.

선형×선형 연관모형의 모수 β 는 범주변인들 사이의 선형적 관계의 강도

(strength) 와 방향 (direction) 을 나타낸다. 만약 $\beta > 0$ 이면, 한 범주변인의 코드 숫자가 증가할 때, 다른 범주변인의 코드 숫자 또한 증가하는 경향이 있다는 것을 의미한다. 즉, 두 변인이 정적인 관계를 가진다는 것을 의미한다. 반면에 $\beta < 0$ 이면, 한 범주변인의 코드 숫자가 증가할 때, 다른 범주변인의 코드 숫자는 감소하는 경향이 있다는 것을 의미한다. 즉, 두 변인이 부적인 관계를 가진다는 것을 의미한다. $\beta = 0$ 이면 선형×선형 연관모형은 독립성모형이 되고, 따라서 범주변인들 사이의 선형적 관계가 없다는 것을 의미한다.

선형×선형 연관의 정도는 독립성모형 $[A][B]$ 와 선형×선형 연관모형 $[L \times L]$ 의 위계분석에 의해 파악된다. <표 4-12> 의 자료에 대하여 독립성모형 $[A][B]$ 의 우도비 카이자승은 $G^2 = 59.702$ 이고, 자유도는 $df = 19 - (3 + 4) = 12$ 이다. 반면에, 선형×선형 연관모형 $[L \times L]$ 의 우도비 카이자승은 $G^2 = 20.153$ 이고, 자유도는 독립성모형보다 1 이 작은 $df = 19 - (3 + 4) - 1 = 11$ 이다. 따라서 두 모형의 우도비 카이자승 차이는 $59.702 - 20.153 = 39.549$ 이며, 이 차이 카이자승의 자유도는 $12 - 11 = 1$ 이다. 우도비 카이자승 차이 39.549 는 자유도 $df = 1$ 과 $\alpha = 0.05$ 수준에서 유의미하므로 선형×선형 연관모형 $[L \times L]$ 이 독립성모형 $[A][B]$ 보다 로그 변환된 셀빈도들을 의미 있게 더 많이 설명한다고 판단되고, 결론적으로 가해자 연령과 피해자 연령은 선형적 관계를 가진다는 판단이 유도된다. <표 4-12> 를 보면, 가해자 연령이 높아질수록 어린 피해자의 숫자가 나이가 많은 피해자의 숫자보다 상대적으로 많아지는 것을 알 수 있다.

물론 가해자 연령과 피해자 연령의 선형적 관계에 관한 이 결론은 2001 년에 우리나라에서 발생한 모든 청소년 대상 성범죄의 경우로 일반화해서는 안 된다. 왜냐하면 <표 4-12> 의 자료는 우리나라의 청소년보호위원회가 특정한 정책적 의도를 가지고 모든 청소년 대상 성범죄 중에서 가해자의 신분을 공개하기 위하여 세심하게 선별한 자료이기 때문이다. 그러나 이 결론은 청소년보호위원회의 특정한 정책적 의도 (그것이 무엇인지는 모르겠으나) 에 부합하는 성범죄 사례들로 일반화할 수 있다. 따라서 연령이 높은 가해자에게 성범죄 피해를 당하는 청소년은 연령이 낮은 경향이 있다는 선형×선형 연관분석 결과는 우리나라에서 발생하는 청소년 대상 성범죄의 속성을 말해 주기보다는 2001 년 당시의 청소년보호위원회의 의도와 정책적 속성에 대하여 더 많은 것을 시사하는 것일 수도 있다.

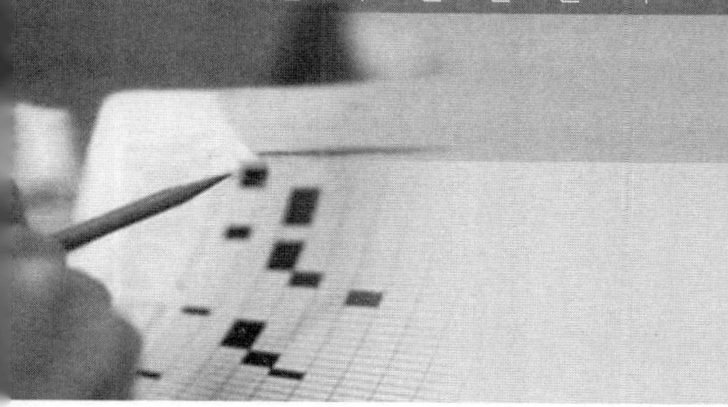

제 5 장 포아송 회귀모형

앞서 로그선형모형은 셀빈도의 차이를 설명하기 위한 모형이고, 교차분할표를 구성하는 모든 변인을 설명변인으로 취급하는 분석모형이라는 것을 살펴보았다. 빈도의 차이를 설명하기 위한 또 하나의 대표적 분석모형이 '포아송 회귀모형(Poisson regression model)' 다. 그러나 로그선형모형과는 달리 포아송 회귀모형은 설명변인을 이용하여 반응변인의 빈도(frequency) 혹은 횟수(count)를 설명 혹은 예측하기 위한 일반선형모형이다. 예를 들어, 사과나무 잎을 100개 채취하여 각각의 잎에 붙어 있는 진딧물의 개체 수를 세고, 그 개체 수가 잎의 크기와 사과나무의 종류에 따라서 달라지는지를 파악하고자 한다면 포아송 회귀모형을 활용할 수 있다.

포아송 회귀모형은 모형에 의해 예측되는 혹은 설명되는 빈도 혹은 횟수가 제1장에서 살펴본 포아송확률분포에 따라 발현하는 변인이라고 가정한다. 포아송확률분포는 전체 시행의 수 혹은 표집 수 N이 무한대이거나 불확정적인 베르누이 시행에서 상대적으로 희귀한 현상이 발생하는 빈도의 확률분포라는 것을 설명하였다. 포아송확률분포는 전체 시행의 수 혹은 표집 수 N이 무한대이거나 불확정적이라고 가정하므로 포아송확률분포를 하는 빈도는 비율로 변환될 수 없다. 사과나무 잎에 붙어 있는 진딧물의 개체 수, 건포도 식빵에 박혀 있는 건포도의 개수, 과잉행동장애를 가진 아동이 하루 동안에 보이는 이해할 수 없는 행동의 빈도, 담배를 못 끊는 사람이 하루에 피우는 담배 개피의 수 등이 포아송확률분포를 하는 빈도 혹은 횟수의 대표적인 예다.

포아송 회귀모형의 '관찰단위(observation unit)'는 하루, 일 년 등의 특정한 시간 간격이나 사과나무 잎, 건포도 식빵 등의 특정한 공간범위가 되는 경우가 많다. 포아송확률분포를 하는 빈도가 일반선형모형에 반응변인으로 이용될 때는 그 반응변인을 로그 연결함수로 변환하여 일반선형모형의 무선적 성분을 정의한다. 즉, 자연로그로 변환된 반응변인의 평균 $ln(\mu)$가 포아송 회귀모형의 자연모수다.

포아송확률분포는 '음이항확률분포(negative binomial probability distribution)'와 밀접한 관련성이 있다. 포아송확률분포는 평균과 변량이 동일하다고 가정되는 이론적 분포인 반면, 음이항확률분포는 평균과 변량이 서로 다른 이론적 분포다. 자료의 속성에 따라서 포아송 회귀모형은 때때로 무선적 성분의 표집분포가 포아송분포라고 가정하는 대신 음이항분포라고 가정하는 경우가 있다. 음이항확률분포가 어떤 이론적 분포인지, 어떤 경우에 무선적 성분의 표집분포가 음이항분포라고 가정되는지, 그리고 무선적 성분에 음이항분포가 가정되는 모형의 모수추정이 어떻게 이루어지는지를 함께 살펴보고자 한다.

1 단순 포아송 회귀모형

단순 포아송 회귀모형을 설명하기 위하여 미국 일리노이 주 사형위원회(Governor's commission on capital punishment)의 자료(Ryan, 2002)를 분석해 보고자 한다. 일리노이 주 사형위원회의 자료에 의하면 1982년부터 2000년까지 미국 일리노이 주에서 해마다 인구 100,000명당 발생한 살인범죄 건수와 각 연도에 이루어진 사형선고의 빈도는 <표 5-1>과 같다.

① 모형

'단순 포아송 회귀모형(simple Poisson regression model)'은 한 개의 설명변인을 가지는 포아송 회귀모형이다. 단순 포아송 회귀모형은 <수식 5-1>과 같이 정의된다.

〈표 5-1〉 1982 년부터 2000 년까지 미국 일리노이 주에서 해마다 발생한 인구 100,000 명당 살인범죄 건수와 각 연도에 이루어진 사형선고 빈도

연도	인구 100,000 명당 살인범죄 건수	사형선고 빈도	연도	인구 100,000 명당 살인범죄 건수	사형선고 빈도
1982	8.6	15	1992	11.6	16
1983	9.5	17	1993	11.8	13
1984	9.1	15	1994	11.9	12
1985	8.2	18	1995	10.1	7
1986	9.1	25	1996	9.9	11
1987	8.5	10	1997	9.3	7
1988	8.6	17	1998	8.6	16
1989	9.6	16	1999	7.8	10
1990	10.3	13	2000	7.3	7
1991	11.4	8			

$$ln(\mu) = b_0 + b_1 X_1$$ <수식 5-1>

<표 5-1> 에서 해마다 인구 100,000 명당 발생한 살인범죄 건수는 일종의 '비례 (rate)' 변인이고, 사형선고 빈도는 단순 빈도변인이다. 살인 등과 같은 강력범죄가 많이 발생할 때는 형사재판의 배심원들이 사형을 더 쉽게 선고하는 경향을 가질 수 있다. 따라서 <표 5-1> 에 대하여 살인범죄가 많이 발생할수록 형사재판에서 사형선고가 많아지는지를 검증하고자 한다면, 해마다 인구 100,000 명당 발생한 살인범죄 건수를 설명변인 (X_1) 으로, 그리고 사형선고 빈도를 반응변인 (Y) 으로 가지는 포아송 회귀모형 $ln(\mu) = b_0 + b_1 X_1$ 을 검증할 수 있다. 이때 μ 는 X_1 이 특정한 값을 가질 때 Y 의 평균을 의미한다. 포아송 회귀모형 $ln(\mu) = b_0 + b_1 X_1$ 을 직접 μ 를 예측하는 모형의 형태로 기술하면 <수식 5-2> 와 같다.

$$\mu = exp(b_0 + b_1 X_1)$$ <수식 5-2>

예를 들어, <표 5-1> 을 보면 1982 년, 1988 년, 1998 년에 모두 살인범죄 발생률이 8.6 이다. 그 연도들에서는 살인범죄 발생률이 동일하지만 사형선고 빈도는 모두 다르다. 이와 같이 설명변인의 값이 특정하게 고정된 경우에도 반응변인의 값은 제각기 달라질 수 있는데, 포아송 회귀모형은 설명변인의 값이 특정하게 고정되었을 때의 반응변인의 평균 (μ) 을 예측하는 모형이다. 즉, 포아송 회귀모형은 설명변인의 값에 따라서 반응변인의 평균이 변하는 것을 정의하는 일반선형모형이다.

② 모수추정

포아송 회귀모형은 반응변인이 상대적으로 희귀한 현상의 빈도를 나타내는 변인일 때, 설명변인의 특정하게 고정된 값에서 반응변인 (Y) 의 값 (빈도) 이 평균 (μ) 을 중심으로 <수식 5-3> 과 같은 포아송확률에 따라서 나타나는 것으로 가정한다.

$$Pr(Y) = \frac{e^{-\mu}\mu^{Y}}{Y!} \qquad \text{<수식 5-3>}$$

살인범죄 발생률에 의해 사형선고 빈도를 예측하는 포아송 회귀모형 $ln(\mu) = b_0 + b_1X_1$ 을 예로 들면, $Pr(Y)$ 는 특정한 사형선고 빈도 Y가 나타날 포아송확률을 의미하고, μ 는 살인범죄 발생률이 특정한 값일 때의 사형선고 빈도의 평균이다. <수식 5-2> 를 <수식 5-3> 에 대입하면 모수추정을 위한 <수식 5-4> 와 같은 포아송확률함수가 만들어진다.

$$\frac{e^{-exp(b_0+b_1X_1)}exp(b_0+b_1X_1)^{Y}}{Y!} \qquad \text{<수식 5-4>}$$

<수식 5-4> 의 포아송확률함수에 자료에 존재하는 설명변인 (X_1) 의 특정한 값과 그에 상응하는 반응변인 (Y) 의 특정한 값을 대입하면 포아송 회귀모형이 자료와 합치하는 모형이라는 전제 (즉, 반응변인이 포아송확률분포를 한다는 전제) 하에 그 특정한 자료가 나타날 포아송확률을 정의하는 함수식이 된다. 예를 들어,

<표 5-1> 에서 1982 년에 살인범죄 발생률이 8.6 이고, 사형선고 빈도가 15 이므로 <표 5-1> 의 1982 년도 자료가 나타날 포아송확률은 다음과 같다.

$$\frac{e^{-exp(b_0+b_1 8.6)} exp(b_0+b_1 8.6)^{15}}{15!}$$

다른 연도의 자료도 동일한 방식으로 그 자료가 나타날 포아송확률을 정의할 수 있다. 각 연도의 자료가 나타날 포아송확률을 모두 곱하면 <표 5-1> 과 같은 자료 전체가 나타날 확률을 정의하는 함수, 즉 우도함수 (likelihood) 가 된다.

$$L = \frac{e^{-exp(b_0+b_1 8.6)} exp(b_0+b_1 8.6)^{15}}{15!} \times \frac{e^{-exp(b_0+b_1 9.5)} exp(b_0+b_1 9.5)^{17}}{17!}$$

$$\times \frac{e^{-exp(b_0+b_1 9.1)} exp(b_0+b_1 9.1)^{15}}{15!} \times \cdots\cdots$$

$$\times \frac{e^{-exp(b_0+b_1 7.3)} exp(b_0+b_1 7.3)^{7}}{7!} \qquad \text{<수식 5-5>}$$

<수식 5-5> 의 우도함수가 최대가 되는 b_0 와 b_1 을 구하면 그것들이 포아송 회귀모형 $ln(\mu) = b_0 + b_1 X_1$ 의 최대우도 추정치 $\hat{b}_0$ 와 $\hat{b}_1$ 이다. 우도함수 L 을 최대가 되게 하는 $\hat{b}_0$ 와 $\hat{b}_1$ 를 산출하는 것은 우도함수 L 을 로그 변환한 로그우도 $ln(L)$ (log likelihood) 를 최대가 되게 하는 $\hat{b}_0$ 와 $\hat{b}_1$ 를 산출하는 것과 같다.

$$ln(L) = \sum_{i=1}^{n} (Y(b_0 + b_1 X_1) - exp(b_0 + b_1 X_1)) \qquad \text{<수식 5-6>}$$

포아송 회귀모형의 로그우도함수인 <수식 5-6> 의 i 는 각 관찰단위 (각 사례)를 의미한다. 로그우도함수 $ln(L)$ 은 두 개의 미지수 b_0 와 b_1 의 값에 따라서 ∩ 자형의 곡선모양을 그리는 함수이고, 따라서 최대값이 존재한다. <표 5-1> 의 자료에 대한 모형 $ln(\mu) = b_0 + b_1 X_1$ 의 로그우도 $ln(L)$ 은 $\hat{b}_0$ 와 $\hat{b}_1$ 의 값에 따라서 [그림 5-1] 과 같은 모양을 가지는 함수다.

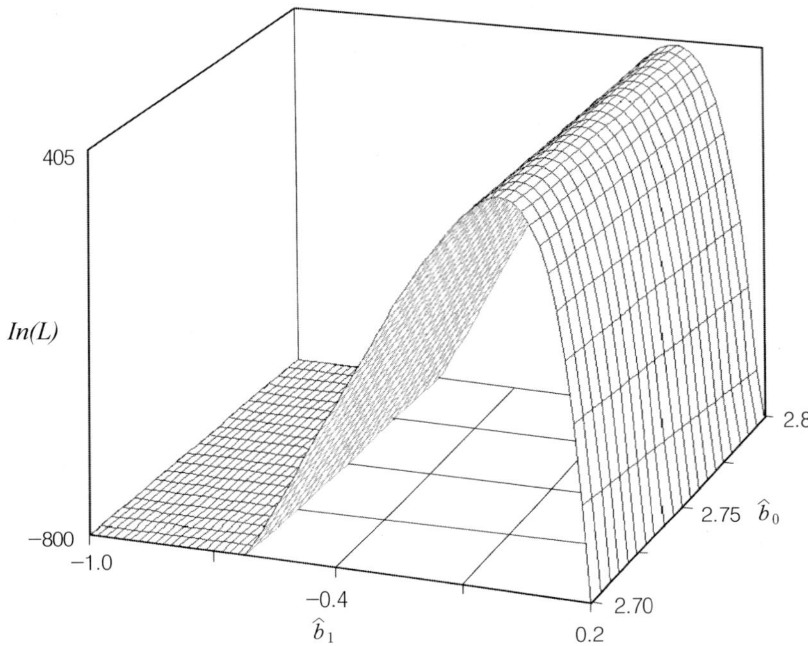

[그림 5-1] <표 5-1> 의 자료에 대한 모형 $ln(\mu) = b_0 + b_1 X_1$ 에서 $\hat{b}_0$ 와 $\hat{b}_1$ 의 값에 따른 로그우도 (<수식 5-6>) 의 변화

[그림 5-1] 은 $\hat{b}_0 = 2.7528$ 와 $\hat{b}_1 = -0.017$ 일 때 로그우도 $ln(L)$ 가 최대(402.07) 가 된다는 것을 보여 준다. 즉, 모든 가능한 $\hat{b}_0$ 와 $\hat{b}_1$ 의 값들 중에서 $ln(L)$ 을 최대가 되게 하는 쌍이 최대우도 추정치들이다. <표 5-1> 의 자료에 대하여 산출된 최대우도 추정치는 <표 5-2> 와 같다.

〈표 5-2〉 일리노이 주의 살인범죄 발생률에 의해 사형선고 빈도를 예측하는 포아송 회귀모형 $ln(\mu) = b_0 + b_1 X_1$ 의 최대우도 모수추정치

모수	추정치	*ASE*	Wald	*df*	***p***
b_0	2.752	0.457	6.022	1	0.00
b_1	−0.017	0.047	−0.362	1	0.72

$\widehat{b}_0 = 2.752$ 이고, $\widehat{b}_1 = -0.017$ 일 때, 로그우도함수 $ln(L)$ 는 최대가 되는데, [그림 5-1] 에 나타난 것과 같이 그 최대로그우도 값은 402.07 이다. 그런데 [그림 5-1] 을 자세히 보면, 로그우도함수 $ln(L)$ 를 최대가 되게 하는 $\widehat{b}_1$ 는 용이하게 구별되는 반면, 로그우도함수 $ln(L)$ 를 최대가 되게 하는 $\widehat{b}_0$ 는 잘 구별이 되지 않는다는 것을 알 수 있다. 즉, 로그우도함수 $ln(L)$ 가 그 최고지점 부근에서 $\widehat{b}_1$ 에 따라서는 크게 변하는 반면, $\widehat{b}_0$ 에 따라서는 거의 변화하지 않는다. 이러한 이유로 <표 5-2> 에 제시된 $\widehat{b}_0$ 의 ASE는 값 (0.457) 이 크고, $\widehat{b}_1$ 의 ASE 는 값 (0.047) 이 작게 산출되었다. 앞서 제 3 장에서 모수추정치의 점근적 표준오차는 로그우도가 최대인 지점에서의 로그우도함수 곡선의 곡률 혹은 평평한 정도를 반영하는 지수라는 것을 설명하였다. 다시 말해서, 모수추정치의 표준오차 (ASE) 는 최대우도 지점에서의 모수추정치의 불확실성을 나타내는 지수다.

<표 5-1> 의 자료에 대하여 살인범죄 발생률을 설명변인으로 가지고, 사형선고 빈도를 반응변인으로 가지는 포아송 회귀모형은 $ln(\widehat{\mu}) = 2.752 - 0.017X_1$ 으로 추정되었다. 절편모수 $\widehat{b}_0 = 2.752$ 는 살인범죄 발생률이 $X_1 = 0$ 일 때의 '예측된 (혹은 평균) 로그 사형선고 빈도($ln(\widehat{\mu}_0)$)' 다. 따라서 살인범죄 발생률이 $X_1 = 0$ 일 때의 예측된 (혹은 평균) 사형선고 빈도 $\widehat{\mu}_0$ 는 $e^{2.752} = 15.67$ 이다.

모수추정치 $\widehat{b}_1 = -0.017$ 은 설명변인 X_1 이 한 단위 증가할 때 로그 변환된 반응변인의 평균 $ln(\mu)$ 가 -0.017 변화한다는 것을 의미하고, 반응변인의 평균 μ 가 $e^{-0.017} = 0.983$ 배만큼 변한다는 것을 의미한다. 예를 들어, 설명변인의 값이 $X_1 = 0$ 이고 $X_1 = 1$ 일 때 포아송 회귀모형 $ln(\mu) = b_0 + b_1X_1$ 은 각각 다음과 같이 기술된다.

$$ln(\mu_0) = b_0 \qquad ln(\mu_1) = b_0 + b_1$$

따라서 $b_1 = ln(\mu_1) - ln(\mu_0) = ln(\mu_1/\mu_0)$ 이다. 또한, $e^{b_1} = \mu_1/\mu_0$ 이다. 모수추정치 $\widehat{b}_1$ 는 설명변인 X_1 에서 한 단위 변화에 따른 로그 변환된 반응변인 평균 $ln(\mu)$ 의 단순 차이를 의미하고, $e^{\widehat{b}_1}$ 는 설명변인 X_1 의 한 단위 변화에 따른 반응변인 평균 μ 의 '배수' 변화를 의미한다. 즉, 살인범죄 발생률이 1 만큼 증가할 때 예측된 사형선고 빈도 혹은 사형선고 빈도의 평균은 0.983 배만큼 변화한다. 예를 들어, 살인범죄 발생률이 $X_1 = 1$ 이면 예측된 (혹은 평균) 로그 사형선고 빈도는 $ln(\hat{\mu}_1) = 2.752 - 0.017 = 2.735$ 가 되고, 예측된 (혹은 평균) 사형선고 빈도는 $\hat{\mu}_1 = e^{2.735} = 15.41$ 이 된다. $ln(\hat{\mu}_0)$ 와 $ln(\hat{\mu}_1)$ 의 단순차이가 $\hat{b}_1 = 2.735 - 2.752 = -0.017$ 이고, $\hat{\mu}_0$ 에 대한 $\hat{\mu}_1$ 의 비율이 $e^{\hat{b}_1} = 15.41 / 15.67 = 0.983$ 이다.

그런데 $e^{b_1} = \mu_1/\mu_0$ 은 또한 제 2 장에서 살펴본 '상대위험 (relative risk)' 의 개념이라는 사실을 주목할 필요가 있다. 포아송 회귀모형의 모수 b_1 은 바로 상대위험을 나타내는 지수다. 따라서 $e^{\hat{b}_1} = 0.983$ 은 살인범죄 발생률이 1 만큼 더 적을 때에 비해서 그것이 1 만큼 더 높을 때 사형선고의 상대적인 위험성이 0.983 이라는 것을 의미한다. 즉, 살인범죄 발생률이 높아질수록 사형선고 위험성이 더 낮아진다.

<표 5-2> 의 Wald 통계치는 모수추정치를 ASE 로 나눈 것이고, Wald 통계치를 자승하면 자유도 $df = 1$ 의 카이자승분포를 하는 지수가 된다. 따라서 <표 5-2> 의 $\hat{b}_1$ 에 대한 카이자승은 $\chi^2 = (-0.362)^2 = 0.131$ 이고, 이 카이자승은 $df = 1$ 과 $\alpha = 0.05$ 에서 임계치를 초과하지 않으므로 통계적으로 유의미하지 않다 ($p = 0.72$). 즉, 모집단에서 b_1 값이 0 이라는 영가설을 기각할 수 없으므로 사형선고 빈도 (Y) 에 대하여 살인범죄 발생률 (X_1) 은 모집단에서 통계적인 예측력을 가지지 않는다는 결론을 내리게 된다.

살인범죄 발생률이 사형선고 빈도에 대하여 통계적인 예측력을 가지지 않는다는 것은 매우 중요한 발견이다. 왜냐하면 사형판결이 가능한 각각의 재판에서 피고인의 생명을 좌우하는 배심원들의 판결이 당해 사건과 무관한 당시의 일반적인 범죄 발생상황에 의해 영향받지 않는다는 것을 암시하기 때문이다. 포아송 회귀모형에 의한 이 발견이 매우 중요한 이유는 사형제도를 옹호하는 사람들의 가장 핵심적인 주장이 사형제도가 범죄억지력을 가진다는 것이기 때문이다. 만약 실제 재판의 배심원들이 사형선고에 의하여 범죄 발생을 억제하려는 가치관을 가졌다면, 살인범죄 발생률이 높은 시기에는 사형선고가 많이 이루어질 가능성이 높다. 만약에 그렇다면 사형선고를 받는 피고인은 다른 사람들에 의해 저질러진 살인범죄 때문에 극형을 선고받는 것과 마찬가지의 부당함이 발생하는 것이다. 사형제도가 잠재적 범죄자의 마음속에서 범죄억지력을 가지건 그렇지 않건 간에 사형제도가 배심원의 마음속에서 범죄를 억제하기 위한 도구로 사용되어서는 안 된다. 왜냐하면 만약 배심원들의 판결이 각각의 재판사건에서 직접적인 증거에 기초하

여 공정하고 정의롭게 이루어진다면, 개개의 재판사건에서 사형선고 여부는 당연히 당해 사건과 무관한 당시의 살인범죄 발생률에 따라 좌우되어서는 안 될 것이기 때문이다. 일리노이 주의 사형선고 자료에 대한 포아송 회귀모형 분석은 극형제도와 관련하여 배심재판제도가 합리적으로 운영되고 있다는 것을 암시하는 매우 중요한 결과다. 학계에서는 통계적으로 유의미하지 않은 분석 결과를 도외시하는 경향이 있으나, 통계적으로 유의미하지 않은 결과가 현실에서 매우 중요할 수 있다는 점을 간과해서는 안 된다.

<표 5-1> 의 자료에 대한 포아송 회귀모형은 $ln(\widehat{\mu}) = 2.752 - 0.017X_1$ 으로 추정되었다. 이 모형은 로그 변환되지 않은 사형선고 빈도의 평균을 예측하는 모형 $\widehat{\mu} = exp(2.752 - 0.017X_1)$ 로 기술될 수 있다. 이 추정된 모형에 설명변인의 값 X_1 을 대입하면 '예측된 사형선고 빈도' $\widehat{\mu}$ 이 산출된다. 설명변인 X_1 의 각 값에 대한 관찰된 사형선고 빈도와 예측된 사형선고 빈도를 그래프로 표시하면 [그림 5-2] 와 같다.

[그림 5-2] 는 모형이 예측하는 사형선고 빈도의 경향성 (예측빈도) 이 살인범죄 발생률에 따라 크게 변하지 않는다는 것을 보여 준다. 앞에서 살펴본 $\widehat{b}_1$ 에 대한

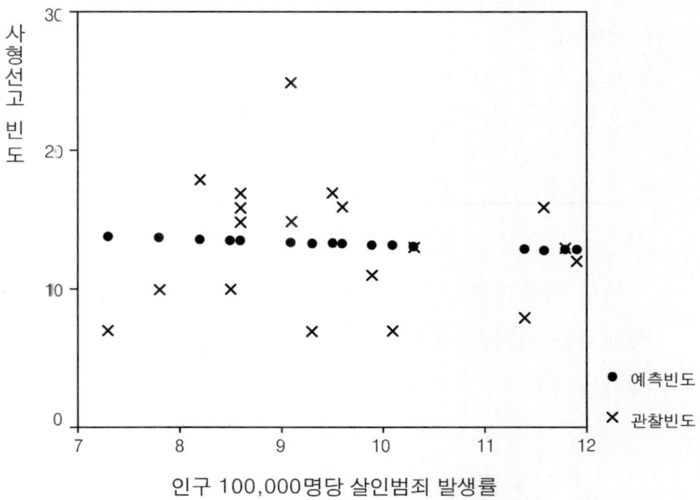

[그림 5-2] 살인범죄 발생률 (X_1) 에 따른 사형선고의 관찰빈도 (Y) 와 모형 $\widehat{\mu} = exp(2.752 - 0.017X_1)$ 에 의한 예측빈도

통계적 검증은 이 경향을 나타낸다.

③ 합치도

<표 5-3> 은 해마다 일리노이 주에서 실제로 이루어진 사형선고 빈도(Y) 와 추정된 포아송 회귀모형에 의해 예측된 빈도($\hat{\mu}$) 를 제시하고 있다.

〈 **표 5-3** 〉 1982 년부터 2000 년까지 미국 일리노이 주에서 해마다 이루어진 실제 사형선고 빈도와 포아송 회귀모형 $\hat{\mu} = exp(2.752 - 0.017X_1)$ 에 의해 예측된 사형선고 빈도

연도	실제 사형선고 빈도(Y)	예측된 사형선고 빈도($\hat{\mu}$)	연도	실제 사형선고 빈도(Y)	예측된 사형선고 빈도($\hat{\mu}$)
1982	15	13.54	1992	16	12.87
1983	17	13.34	1993	13	12.83
1984	15	13.43	1994	12	12.80
1985	18	13.63	1995	7	13.20
1986	25	13.43	1996	11	13.25
1987	10	13.57	1997	7	13.38
1988	17	13.54	1998	16	13.54
1989	16	13.31	1999	10	13.73
1990	13	13.16	2000	7	13.84
1991	8	12.91			

실제 반응변인 빈도(Y) 와 모형에 의해 예측된 반응변인 빈도($\hat{\mu}$) 를 이용하여 산출되는 피어슨 카이자승 지수와 우도비 카이자승 지수가 모형과 자료의 합치도 (goodness of fit) 를 나타내는 지수다.

$$\chi^2 = \sum \frac{(Y_i - \hat{\mu}_i)^2}{\hat{\mu}_i}$$

$$= \frac{(15-13.54)^2}{13.54} + \frac{(17-13.34)^2}{13.34} + \cdots + \frac{(7-13.84)^2}{13.84} = 28.95$$

$$G^2 = 2\sum Y_i ln\left(\frac{Y_i}{\hat{\mu}_i}\right)$$

$$= 2(15)ln\left(\frac{15}{13.54}\right) + 2(17)ln\left(\frac{17}{13.34}\right) + \cdots + 2(7)ln\left(\frac{7}{13.84}\right) = 29.00$$

우도비 카이자승 지수 G^2 을 '일탈지수(deviance)' 라고 부르기도 한다(제 3 장 참고). 이는 숫자가 클수록 검증된 모형이 자료로부터 일탈한다는 의미다. 이 합치도 지수들 χ^2 과 G^2 의 자유도는 '사례 수' 에서 예측된 빈도를 산출하기 위하여 사용된 포아송 회귀모형의 모수의 수를 빼 준 것이다. <표 5-3> 의 사례 수는 19 이고, 예측된 빈도를 산출하기 위하여 사용된 포아송 회귀모형은 두 개의 모수 b_0 와 b_1 을 가지므로 합치도 지수 χ^2 과 G^2 의 자유도는 $df = 19 - 2 = 17$ 이다. 자유도가 $df = 17$ 인 이론적인 카이자승분포에서 $\alpha = 0.05$ 의 임계치는 27.587 이다. 따라서 추정된 포아송 회귀모형 $\hat{\mu} = exp(2.752 - 0.017X_1)$ 은 자료와 잘 합치하지 않는, 자료를 잘 설명하지 못하는 혹은 자료에서 일탈한 모형이다.

4 과도변산

앞서 제 1 장에서 포아송확률분포와 관련하여 과도변산(over-dispersion) 의 문제를 설명하였다. 포아송확률분포의 중요한 특징은 분포의 평균과 변량이 동일하다는 것이다. 그러나 포아송확률분포를 할 것으로 생각되는 빈도변인의 실제 분포에서 평균보다 큰 변량이 발견되는 경우가 종종 있는데, 이 현상을 일컬어 과도변산이라고 부른다. 예를 들어, 일정한 크기의 사과나무 잎에 붙어 있는 진딧물의 개체 수는 포아송확률분포를 할 것으로 생각된다. 따라서 똑같은 크기의 사과나무 잎을 수만 개 채취하여 각 잎에 붙어 있는 진딧물의 개체 수를 세어 보면 그 개체 수의 변량이 개체 수의 평균보다 큰 경우가 생길 수 있다. 이와 같은 과도변산이 발생하는 이유는 여러 가지가 있을 수 있는데, 그중 한 가지는 사과나무 잎에 붙어 있는 진딧물의 개체 수를 결정하는 요인이 잎의 크기 이외에도 다른 많은 것들이 존재하기 때문이다. 만약 사과나무의 아래쪽에 늙은 잎이 많고, 위쪽에 어린잎이 많은데, 진딧물이 어린잎을 좋아하여 주로 사과나무의 위쪽에 많이 집결되어 있다면, 똑같은 크기의 사과나무 잎을 채취하여도 사과나무의 어떤 위치에서 채취하였는가에 따라서 진딧물의 개체 수는 크게 가변할 것이고, 따라서 각 잎에 붙어 있는 진딧물의 개체 수는 포아송확률분포가 가정하는 변량($\sigma^2 = \mu$)보다 큰 변량을 가지게 된다.

포아송 회귀모형과 관련하여 과도변산의 문제가 중요하게 다루어지는 이유는 반응변인의 실제 분포가 평균보다 큰 변량을 가지는 경우에, 평균과 변량이 동일하다는 가정하에 산출되는 모수추정치($\hat{b}_1$)의 ASE는 실제의 표준오차보다 작아지므로, 모수추정치의 통계적 유의미도에 관한 판단에서 제 1 종 오류를 범할 확률이 연구자가 정한 $\alpha = 0.05$ 보다 더 커질 수 있기 때문이다. 반응변인의 실제 분포가 평균보다 큰 변량을 가지는 경우, 평균과 변량이 동일하다는 가정하에 산출되는 모수추정치의 ASE가 실제의 표준오차보다 작아지는 이유는 다음과 같다.

① 과도변산이란 반응변인 빈도의 실제 분포가 평균(μ)을 중심으로 이론적인 포아송확률분포보다 더 넓게 퍼진 모양을 가지는 것을 말한다.

② 따라서 과도변산이 존재할 때는 설명변인의 각 값에서 특정한 반응변인 빈도가 나타날 실제 확률(밀도)은 포아송확률분포에 의해 정의되는 확률(밀도)보다 낮다.

③ 각각의 자료가 나타날 실제 확률이 포아송확률보다 낮으므로, 이때에는 또한 주어진 자료 전체가 나타날 우도 L 또한 <수식 5-5>에 의해 정의되는 것보다 실제로는 당연히 더 낮을 수밖에 없다.

④ 우도함수가 낮으면 로그우도함수도 또한 낮게 마련이므로 실제 자료의 로그우도함수는 [그림 5-1]의 함수보다 훨씬 완만한 혹은 주저앉은 모양의 곡선을 그리게 된다.

⑤ 결과적으로 과도변산이 존재할 때는 실제 자료의 로그우도는 그 최대값 지점이 포아송확률에 의해 정의되는 로그우도함수의 그것보다 훨씬 더 평평한 모양을 가지게 되고, 따라서 실제의 표준오차는 포아송 회귀모형에서 산출되는 ASE보다 더 크다.

과도변산이 존재하는 경우에는 포아송 회귀모형에서 산출되는 $\hat{b}_1$의 점근적 표준오차 ASE가 $\hat{b}_1$의 실제 표준오차보다 작아지는 결과가 초래되는 것 이외에 또 한 가지의 결과가 초래되는데, 모형이 자료와 잘 합치하는 경우에도 합치도 지수로 이용되는 피어슨 카이자승(χ^2)이 기대되는 것보다 더 커진다는 것이다. 앞서 제 3 장에서 자세히 설명하였듯이 모집단에서 모형과 자료가 잘 합치하는 경우에 카이자승분포의 기댓값은 그 분포의 자유도(df)와 같다. 그런데 과도변산이 존재할 때는 포아송 회귀모형의 합치도를 반영하는 피어슨 카이자승이 평균적으로 df보다 커진다. 따라서 과도변산이 존재할 때는 피어슨 카이자승과 우도비 카이자승은 실제의 합치도를 과소평가하고, 실제로는 합치도가 우수한 모형을 기각하게 되는 오류를 범할 수 있다.

더 정확하게 말해서 모집단에서 모형이 자료와 실제로는 잘 합치하는 경우에 표집분포에 존재하는 과도변산의 정도는 χ^2/df과 비례한다. 만약 반응변인이 실제로 포아송확률분포와 일치하는 분포를 가지고, 따라서 그 실제 분포에서 변량이 평균과 같고, 또한 모형이 자료와 잘 합치한다면 $\chi^2/df = 1$이 되고, 변량이 평균의 두 배만큼 크면 $\chi^2/df = 2$가 되며, 변량이 평균의 세 배만큼 크면 $\chi^2/df = 3$이 된다. 이러한 이유로 χ^2/df을 '비례성 상수(proportionality constant)'라고 부른다. 앞서 사형선고에 관한 자료의 분석에서 피어슨 카이자승은 $\chi^2 = 28.95$로 산출되었고, 자유도는 $df = 17$이었다. 따라서 비례성 상수는 28.95 / 17 = 1.70이다. 즉, 모형이 자료와 잘 합치한다면, 사형선고에 관한 자료의 각 설명변인(살인범죄 발생률) 값에서 사형선고 빈도의 변량은 평균의 1.7배만큼 더 클 것으로 추정된다.

비례성 상수는 과도변산 때문에 생기는 ASE의 왜곡을 교정하는 상수로 사용된다. 과도변산이 존재할 때 $\hat{b}_1$의 실제 표준오차는 ASE가 아니라 $ASE\sqrt{\chi^2/df}$로 교정되어야 한다. <표 5-2>를 보면 $\hat{b}_1$의 점근적 표준오차는 $ASE = 0.047$로 산출되었다. 따라서 만약 반응변인 분포에 과도변산이 존재한다면(즉, 비례성 상수의 값이 1이 아니고 1.70인 이유가 모형이 자료와 합치되지 않기 때문이 아니고 과도변산 때문이라면), $\hat{b}_1$의 실제 표준오차는 $0.047\sqrt{28.95/17} = 0.061$로 교정되어야 한다. 이때에는 $\hat{b}_1$의 Wald 통계치 또한 -0.362가 아니라 $-0.017 / 0.061 = -0.279$로 교정된다.

그런데 χ^2/df을 1보다 커지게 만드는 요인이 과도변산뿐만 아니라 다른 것도 존재한다는 데 문제의 복잡성이 있다. 첫째는 모형에 의해 예측된 반응변인 빈도($\hat{\mu}$)들 중에 크기가 작은 것들이 다수 존재할 때에도 피어슨 카이자승(χ^2)은 자유도(df)보다 커지기 쉽다. 둘째는 검증된 모형 자체가 자료를 설명하지 못하는 잘못된 모형인 경우에도 피어슨 카이자승(χ^2)은 자유도(df)보다 커진다. 예를 들어, 포아송 회귀모형의 자연모수 $ln(\mu)$와 설명변인(X_1)이 실제로는 비선형적 관계를 가지는 경우에, 이 둘 사이에 직선형 관계가 있는 것으로 가정하는 모형 $ln(\mu) = b_0 + b_1X_1$ 은 자료와 제대로 합치될 수 없고, 결과적으로 매우 큰 피어슨 카이자승을 초래할 수밖에 없다. 셋째로 극소수의 자료가 기록오류 등으로 인하여 엉뚱한 숫자로 입력된 경우에도 피어슨 카이자승은 커진다. 넷째로 모집단에서 다소 예외적인 표본이 추출된 경우에도 피어슨 카이자승은 커질 수 있다.

이와 같이 $\chi^2/df > 1$ 을 초래하는 요인들은 과도변산 이외에도 다수가 존재하므로 피어슨 카이자승이 자유도보다 크다고 해서 언제나 과도변산이 존재하는 것으로 속단해서는 안 된다. 만약 과도변산 이외에 다른 요인 때문에 χ^2/df 이 1 보다 커졌다면, $\hat{b}_1$ 의 표준오차를 $ASE\sqrt{\chi^2/df}$ 로 교정하는 것은 오히려 표준오차를 왜곡하는 것이다. 따라서 $\chi^2/df > 1$ 인 경우에는 우선 최소한 여기에서 설명된 네 가지 가능한 요인들을 점검하고, 이 네 가지 가능한 요인들이 모두 배제되면 과도변산의 문제를 고려하여 $\hat{b}_1$ 의 표준오차를 교정하고, 그에 따라서 분석결과를 해석해야 한다. 일리노이 주의 사형선고 자료의 경우에는 $\chi^2/df = 1.7$ 인 이유가 작은 크기의 예측된 빈도가 존재한다거나 모형지정의 오류가 있다거나 기록오류 혹은 표집오차 때문은 아닌 것으로 판단된다. 그보다는 사형선고의 빈도에 영향을 주는 요인들이 매우 많기 때문에 실제로 사형선고 빈도의 분포는 포아송확률분포보다 더 큰 변량을 가지는 것으로 판단된다. 따라서 이 경우에는 $\chi^2/df = 1.7$ 이 과도변산의 존재를 나타내는 것으로 판단되므로 표준오차의 교정이 바람직하다.

2 비례지수모형

사형선고와 같은 어떤 현상이 발생하는 빈도를 예측하거나 설명하는 것이 아니라 그 현상이 발생하는 속도지수 (speed index) 혹은 비례지수 (rate index) 를 예측하거나 설명하려는 모형을 통칭하여 '비례지수모형 (rate model)' 이라고 부른다. 예를 들어, 특정한 시간 간격 t 동안에 사형선고가 Y 건 이루어졌다면, Y/t 는 단위시간에 이루어진 사형선고 건수, 즉 사형선고의 속도를 나타내는 속도지수가 된다. 또한, 예를 들어 각 국가에서 발생하는 교통사고 사망자 수 Y 를 해당 국가의 총인구 수 M으로 나눈 Y/M는 '인구 1인당 교통사고 사망자 수', 즉 교통사고 사망자의 인구비례를 나타내는 비례지수가 된다. '인구 100,000 명당 교통사고 사망률'은 $Y/(M/100\ 000)$로 산출되는 비례지수다. 이와 같은 속도지수 혹은 비례지수를 다른 설명변인을 이용하여 예측하거나 설명하기 위한 일반선형모형도 실상 빈도를 예측하는 포아송 회귀모형의 일종이다.

① 모형

<표 5-4>의 자료를 이용하여 비례지수모형을 살펴보자. <표 5-4>의 자료는 60 개국의 1998 년도 교통사고 사망자 수, 경제협력개발기구(Organization for Economic Cooperation and Development: OECD) 가입 여부, 100,000 평방킬로미터(km^2)로 환산된 국토 총면적, 100,000 명 단위로 환산된 총인구수, 인구밀도를 UN 산하 세계보건기구, 미국의 중앙정보국(Central Intelligence Agency: CIA) 그리고 경제협력개발기구의 자료에서 발췌한 것이다. 인구밀도는 총인구수를 국토 총면적으로 나누어서 환산한 것인데, 1 km^2 당 사람 수를 그 단위로 가진다. 예를 들어, <표 5-4>에 의하면 한국(South Korea)의 인구밀도는 477.94 인데, 이것은 1998 년에 1 km^2 당 477.94 명이 살았다는 것을 의미한다.

<표 5-4>의 자료에 대하여 교통사고 사망자 수를 Y로 표기하고, 100,000 평방킬로미터(km^2)로 환산된 국토 총면적을 t로 표기하며, 인구밀도를 X_1으로 표기하면, 100,000 km^2 당 교통사고 사망률(Y/t)을 인구밀도(X_1)로 예측하기 위한 비례지수모형은 <수식 5-7>과 같이 기술된다.

$$ln(\mu/t) = b_0 + b_1X_1 \qquad \text{<수식 5-7>}$$

<수식 5-7>의 μ는 특정한 인구밀도를 가진 국가들에서의 교통사고 사망자 수의 평균이다. 따라서 <수식 5-7>의 모형은 인구밀도(X_1)가 증가하면 단위면적당 발생하는 교통사고 사망자의 평균(μ/t)이 변화한다는 것을 나타내는 모형이다. <수식 5-7>의 비례지수모형은 <수식 5-8>과 같이 기술될 수도 있다.

$$ln(\mu) - ln(t) = b_0 + b_1X_1 \qquad \text{<수식 5-8>}$$

〈 표 5-4 〉 전 세계 60 개국의 1998 년도 교통사고 사망자 수[1], OECD 가입 여부[2], 국토 총면적[3], 총인구[4], 인구밀도[5]

국가	OECD	교통사고 사망자	국토 총면적	총인구	인구 밀도	국가	OECD	교통사고 사망자	국토 총면적	총인구	인구 밀도
Russia	0	29443	169.96	1437.83	8.46	Lithuania	0	881	0.65	37.02	56.95
USA	1	42191	91.62	2702.98	29.50	UK	1	3387	2.42	592.36	244.78
Canada	1	2761	90.94	302.49	3.33	Panama	0	544	0.76	30.01	39.49
Australia	1	1714	76.18	187.31	2.46	Hungary	1	1366	0.92	101.14	109.93
Kazakhstan	0	1862	26.70	150.73	5.65	Bulgaria	0	834	1.11	82.57	74.39
Mexico	1	10170	19.23	958.22	49.83	Belize	0	96	0.23	2.17	9.43
Venezuela	0	4178	8.82	232.42	26.35	Estonia	0	300	0.43	14.50	33.72
Colombia	0	6154	10.39	432.52	41.63	Nicaragua	0	390	1.20	53.60	44.67
Chile	0	1799	7.49	148.24	19.79	Slovakia	0	945	0.49	53.91	110.02
Spain	1	6154	5.00	393.71	78.74	Austria	1	837	0.82	80.78	98.51
France	1	8191	5.46	588.53	107.79	Ireland	1	439	0.69	37.05	53.70
Ukraine	0	5736	6.04	500.48	82.86	Costa Rica	0	595	0.51	38.42	75.33
Italy	1	8033	2.94	575.88	195.88	Dominican	0	1274	0.48	88.33	184.02
Belarus	0	1861	2.08	101.92	49.00	El Salvador	0	1509	0.21	65.88	313.71
New Zealand	1	520	2.69	37.93	14.10	Moldova	0	511	0.33	36.53	110.70
Japan	1	11953	3.75	1252.52	334.01	Czech	1	621	0.77	102.96	133.71
Turkmenistan	0	332	4.88	47.08	9.65	Azerbaijan	0	399	0.86	79.13	92.01
Uzbekistan	0	1638	4.25	239.54	56.36	Croatia	0	304	0.56	45.01	80.37
Greece	1	2324	1.31	105.10	80.23	Denmark	1	475	0.42	53.02	126.24
Ecuador	0	1406	2.77	135.15	48.79	Georgia	0	194	0.70	41.30	59.00
Romania	0	2778	2.30	225.03	97.84	Slovenia	0	287	0.20	19.74	98.70
Germany	1	6450	3.49	820.29	235.04	Kuwait	0	326	0.18	20.27	112.61
Norway	1	360	3.08	44.31	14.39	Netherlands	1	988	0.34	157.08	462.00
South Korea	1	11357	0.98	468.38	477.94	Macedonia	0	143	0.25	20.08	80.32
Finland	1	393	3.04	51.54	16.95	Albania	0	202	0.27	33.55	124.26
Sweden	1	463	4.11	88.51	21.54	Armenia	0	211	0.28	37.94	135.50
Cuba	0	1751	1.11	111.15	100.14	Israel	0	337	0.20	59.71	298.55
Latvia	0	664	0.64	24.49	38.27	Luxembourg	1	53	0.03	4.27	142.33
Kyrgyzstan	0	401	1.91	46.67	24.43	Mauritius	0	157	0.02	11.24	562.00
Portugal	1	1730	0.92	99.69	108.36	Singapore	0	164	0.01	31.75	3175.00

1. 단위: 1 명. 출처: World Health Organization (UN).
2. 0 = 비회원국, 1 = 회원국. 출처: Organization for Economic Cooperation and Development.
3. 늪지와 하천, 호수 등을 제외한 육지 면적. 단위: 100,000 km^2. 출처: 미국 Central Intelligence Agency.
4. 단위: 100,000 명. 출처: World Health Organization (UN).
5. 총인구 / 총면적. 단위: 명 / km^2.

<수식 5-8> 을 다시 로그 변환된 교통사고 사망자 수를 예측하는 일반적인 포아송 회귀모형의 형태로 기술하면 <수식 5-9> 와 같다.

$$ln(\mu) = b_0 + b_1X_1 + ln(t) \qquad \text{<수식 5-9>}$$

<수식 5-9> 는 로그 변환된 교통사고 사망자 수를 예측하는 일반적인 포아송 회귀모형이면서 동시에 비례지수모형이라는 점을 유념하자. <수식 5-7> 과 <수식 5-9> 는 동일한 모형이다. 따라서 <수식 5-9> 의 모수 b_1 은 X_1 에서 한 단위 변화에 따라 로그 변환된 교통사고 사망률(rate)의 변화를 의미하는 모수며, 로그 변환된 교통사고 사망자 수의 변화를 의미하는 모수가 아니다.

<수식 5-9> 의 $ln(t)$ 항을 'offset' 이라고 부른다. Offset 을 한국어로 번안하면 '상쇄', '상계', '벌충', '조절' 등의 다소 까다로운 의미를 가지는 용어인데, 간단히 말해서 비례지수를 산출하기 위해서 사용되는 분모를 자연로그로 변환한 것이다. 이 책에서는 편의상 '오프셋' 으로 지칭하고자 한다.

<수식 5-7> 의 등호 양쪽을 지수함수로 변환하면 $\mu/t = exp(b_0 + b_1X_1)$ 이 되므로, 비례지수모형을 다시 교통사고 사망자 수를 예측하는 형태로 변형하면 <수식 5-10> 과 같다.

$$\mu = t \cdot exp(b_0 + b_1X_1) \qquad \text{<수식 5-10>}$$

<수식 5-10> 은 특정한 X_1 값의 평균(μ)이 t에 대하여 비례관계를 가진다는 것을 나타낸다. 예를 들어, 특정한 X_1 값에서 국토 총면적(t)이 두 배로 증가하면 그 X_1 값의 교통사고 사망자 수 평균(μ)도 두 배가 증가한다.

② 모수추정

비례지수모형의 모수들 b_0 와 b_1 을 추정하기 위한 우도함수는 앞서 단순 포아송 회귀모형과 관련하여 살펴본 동일한 논리에 의하여 포아송확률함수에 <수식 5-10> 을 대입하여 다음과 같이 정의된다.

$$L = \prod_{i=1}^{n} \frac{e^{-t \cdot exp(b_0 + b_1 X_1)}(t \cdot exp(b_0 + b_1 X_1))^{Y}}{Y!} \qquad \text{<수식 5-11>}$$

<수식 5-11> 의 우도함수에서 i 는 관찰단위 (예를 들면, <표 5-4> 의 각 국가) 를 의미한다. <수식 5-11> 의 우도함수를 자연로그로 변환한 로그우도함수는 <수식 5-12> 와 같다.

$$ln(L) = \sum_{i=1}^{n} (Y\,ln(t) - ln(Y!) + Y(b_0 + b_1 X_1) - t \cdot exp(b_0 + b_1 X_1))$$

<수식 5-12>

<수식 5-12> 의 로그우도함수를 최대가 되게 하는 b_0 와 b_1 의 값을 산출하면 그것들이 비례지수모형의 모수추정치들 $\hat{b}_0$ 와 $\hat{b}_1$ 이다. <표 5-4> 의 자료에 대한 비례지수모형 $ln(\mu) = b_0 + b_1 X_1 + ln(t)$ 의 최대우도 모수추정치들은 <표 5-5> 와 같다.

<표 5-5> 에 의하면 추정된 모형은 $ln(\hat{\mu}/t) = 5.7181 + 0.0023\,X_1$ 이다. 이 모형은 $\hat{\mu}/t = exp(5.7181 + 0.0023X_1)$ 과 같다. 즉, 인구밀도가 1 단위 (1 km^2 당 1 명) 증가하면 로그 변환된 단위면적당 교통사고 사망률은 0.0023 증가하고, 로그 변환되지 않은 단위면적당 교통사고 사망률은 $exp(0.0023) = 1.002$ 배 증가할 것으로 예측한다.

〈표 5-5〉 인구밀도에 의해 단위면적당 교통사고 사망률을 예측하는 비례지수모형 $ln(\mu) = b_0 + b_1 X_1 + ln(t)$ 의 최대우도 모수추정치

모수	추정치	*ASE*	Wald	*df*	*p*
b_0	5.7181	0.0023	2454.41	1	0.00
b_1	0.0023	0.0000	508.11	1	0.00

③ 합치도

추정된 모형 $\widehat{\mu}_i/t = exp(5.7181 + 0.0023X_1)$ 를 이용하여 몇 개 국가의 예측된 단위면적당 교통사고 사망률 $(\widehat{\mu}/t)$ 과 실제로 관찰된 단위면적당 교통사고 사망률 (Y/t) 을 대비하면 <표 5-6> 과 같다.

〈표 5-6〉 추정된 모형 $\widehat{\mu}/t = exp(5.7181 + 0.0023X_1)$ 을 이용하여 산출된 몇 개 국가의 예측된 단위면적당 교통사고 사망률 $(\widehat{\mu}/t)$ 과 실제로 관찰된 단위면적당 교통사고 사망률 (Y/t).

국가	관찰된 단위면적당 교통사고 사망률[1]	예측된 단위면적당 교통사고 사망률[2]	국가	관찰된 단위면적당 교통사고 사망률	예측된 단위면적당 교통사고 사망률
Russia	173.23	310.31	Lithuania	1355.38	346.92
USA	460.50	325.69	UK	1399.59	534.37
Canada	30.36	306.66	Panama	715.79	333.26
Australia	22.50	306.05	Hungary	1484.78	391.88
.	.	.	.	.	.
.	.	.	.	.	.
New Zealand	193.31	314.36	Moldova	1548.48	392.57
Japan	3187.47	656.10	Czech	806.49	413.91
.	.	.	.	.	.
.	.	.	.	.	.
South Korea	11588.78	913.57	Macedonia	572.00	366.07
.	.	.	.	.	.
.	.	.	.	.	.
Kyrgyzstan	209.95	321.92	Mauritius	7850.00	1108.43
Portugal	1880.43	390.46	Singapore	16400.00	451621.63

1. (교통사고 사망자 수) / (국토 총면적). 단위: 명 / 100,000 km^2
2. $\widehat{\mu}/t = exp(5.7181 + 0.0023X_1)$, X_1 = 인구밀도, μ = 평균 교통사고 사망자수, t = 국토 총면적. 단위: 명/100,000 km^2

<표 5-6> 을 보면 Russia, Canada, Australia, Singapore 등의 국가에서는 인구밀도로 예측되는 단위면적 (100,000 km^2) 당 교통사고 사망률보다 실제로 관찰되는 단위면적당 교통사고 사망률이 훨씬 낮다. 반면에 USA, Japan, South Korea, UK 등의 국가에서는 인구밀도로 예측되는 단위면적당 교통사고 사망률보다 실제로 관찰되는 단위면적당 교통사고 사망률이 훨씬 높다. 특히, 한국 (South Korea) 의 경우에는 인구밀도로 교통사고 사망률을 예측하는 경우에 100,000 km^2 당 913.57 명이 교통

사고로 사망할 것으로 예측되지만, 실제로는 그 12 배가 넘는 100,000 km^2 당 11588.78 명이 교통사고로 사망한다. 즉, 인구밀도가 높으면 교통사고 사망자도 많이 발생하는 것이 당연하지만, 한국의 경우에는 인구밀도로 이해되는 수준을 훨씬 초과하는 (12 배가 넘는) 교통사고 사망자가 발생한다는 것이다. 단위면적당 발생하는 교통사고 사망률에 대한 앞의 분석은, 특히 한국의 경우에 매우 놀라운 결과를 보여 준다. 그러나 이러한 결과는 검증된 모형 $ln(\hat{\mu}/t) = 5.7181 + 0.0023X_1$ 이 자료와 잘 합치하는 좋은 모형일 때만 타당하다.

예측된 단위면적당 교통사고 사망률 $(\hat{\mu}/t)$ 에 국토 총면적 t 를 곱해 주면 모형이 예측하는 교통사고 사망자 수 $\hat{\mu}$ 가 산출된다. 관찰된 교통사고 사망자 수 Y 와 모형이 예측하는 교통사고 사망자 수 $\hat{\mu}$ 를 이용하여 검증된 모형과 자료의 합치도를 나타내는 피어슨 카이자승 지수 (χ^2) 와 우도비 카이자승 지수 (G^2) 를 산출하면 각각 다음과 같다.

$$\chi^2 = \sum \frac{(Y_i - \hat{\mu}_i)^2}{\hat{\mu}_i} = 370367.20 \qquad G^2 = 2\sum Y_i ln\left(\frac{Y_i}{\hat{\mu}_i}\right) = 240998.70$$

앞의 피어슨 카이자승 지수 (χ^2) 와 우도비 카이자승 지수 (G^2) 의 자유도는 공히 $df = 58$ 이다. 왜냐하면 자료의 수가 60 이고, 검증된 모형 $ln(\hat{\mu}/t) = 5.7181 + 0.0023X_1$ 이 두 개의 모수를 가지기 때문이다. 피어슨 카이자승 지수와 우도비 카이자승 지수는 모형의 자유도에 비하여 매우 크므로 두 개의 합치도 지수는 공히 모형의 합치도가 매우 불량하다는 것을 말해 준다.

④ 과도변산의 진단과 대처

앞서 카이자승 지수를 자유도로 나눈 것을 비례성 상수 (proportionality constant) 라고 부른다고 하였다. 모형의 합치도가 좋으면 비례성 상수는 1 에 가까운 수치를 보여 주어야 한다. 비례성 상수를 커지게 하는 요인으로서 ① 과도변산, ② 크기가 작은 예측된 반응변인 빈도 $(\hat{\mu})$, ③ 반응변인과 설명변인의 관계를 제대로 반영하지 못하는 잘못된 모형, ④ 전체적인 경향에서 이탈된 특이한 사례, ⑤ 편중된 표본 등이 있을 수 있다는 것을 설명하였다. <표 5-4> 의 자료에 대한 모형

$ln(\widehat{\mu}/t) = 5.7181 + 0.0023X_1$ 에서 매우 큰 비례성 상수가 산출되는 이유로는 과도변산 문제, 전체적인 경향에서 이탈한 특이한 사례의 문제, 반응변인과 설명변인의 관계를 제대로 반영하지 못하는 잘못된 모형의 문제를 의심해 볼 수 있다. 앞서도 강조한 바와 같이 비례성 상수가 커지는 원인이 과도변산 때문인 것으로 결론 내리기 위해서는 다른 가능성을 배제할 수 있어야 한다. 여기에서는 다른 가능성을 배제하는 방식과 과도변산 문제를 해결하는 방식을 예시하고자 한다.

예를 들어, Singapore 의 경우에는 도시국가라는 특수성 때문에 다른 국가에 비하여 인구밀도 (설명변인) 가 매우 높고 (<표 5-4>), 또한 단위면적당 교통사고 사망률 (반응변인) 도 매우 높다 (<표 5-6>). [그림 5-3] 은 모형 $ln(\widehat{\mu}/t) = 5.7181 + 0.0023X_1$ 에 의해 예측되는 $ln(\widehat{\mu}/t)$ 와 실제 자료에서 계산된 $ln(Y/t)$ 를 인구밀도와 대비하여 그래프로 나타낸 것이다. [그림 5-3] 의 직선은 모형에 의해서 예측된, 로그 변환된 단위면적당 교통사고 사망률을 나타내고, □ 표시는 관찰된, 로그 변환된 단위면적당 교통사고 사망률을 나타낸다. [그림 5-3] 을 보면 Singapore 가 다른 국가의 경향성과 매우 동떨어져 있다는 것을 알 수 있다. 이러한 특수한 사례를 제외하고 재분석하면 모수추정치와 합치도가 많이 달라질 가능성이 높다.

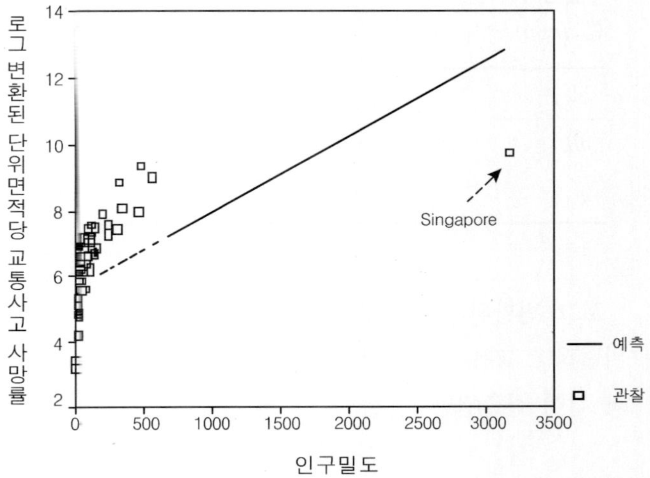

[그림 5-3] <표 5-4>의 자료에 대하여 모형 $ln(\widehat{\mu}/t) = 5.7181 + 0.0023X_1$ 에 의해 예측되는 $ln(\widehat{\mu}/t)$와 실제 자료에서 계산된 $ln(Y/t)$

또한, [그림 5-3] 을 보면 로그 변환된 단위면적당 교통사고 사망률이 실제로는 인구밀도와 비직선형 관계 (nonlinear relationship) 혹은 '단조형 관계 (monotonic relationship)' 를 가지지만, 검증된 모형 $ln(\widehat{\mu}/t) = 5.7181 + 0.0023X_1$ 은 이것들이 서로 직선형 관계를 가진다고 가정하므로 모형과 실제 자료가 잘 합치하지 않는다는 것을 확연히 보여 준다. [그림 5-3] 은 실제 자료에서 계산된 (관찰된) $ln(Y/t)$ 의 산포는 로그 변환된 단위면적당 교통사고 사망률이 인구밀도 (X_1) 와 로그함수 관계를 가진다는 것을 강하게 암시한다. 즉, 로그 변환된 인구밀도 ($ln(X_1)$) 를 설명변인으로 가지는 <수식 5-13> 과 같은 비례지수모형이 자료와 더 잘 합치하는 모형일 가능성이 높다.

$$ln(\mu/t) = b_0 + b_1 ln(X_1) \text{ 혹은 } ln(\mu) = b_0 + b_1 ln(X_1) + ln(t)$$

<수식 5-13>

다른 사례들의 경향성과 동떨어진 한 사례 (Singapore) 를 분석에서 제외하고, 로그 변환된 인구밀도를 설명변인으로 가지는 비례지수모형을 검증한 결과 <표 5-7> 과 같이 모수추정치들이 산출되었다.

〈표 5-7〉 로그 변환된 인구밀도에 의해 단위면적당 교통사고 사망률을 예측하는 비례지수모형 $ln(\mu) = b_0 + b_1 ln(X_1) + ln(t)$ 의 최대우도 모수추정치

모수	추정치	*ASE*	Wald	*df*	*p*
b_0	2.9402	0.0072	408.73	1	0.00
b_1	0.9127	0.0017	527.17	1	0.00

로그 변환된 인구밀도를 설명변인으로 가지는 새로운 모형에 의해 예측된 단위면적당 교통사고 사망률 ($\widehat{\mu}/t$) 과 예측된 교통사고 사망자 수 ($\widehat{\mu}$) 는 각각 다음과 같이 산출된다.

$$\widehat{\mu}/t = exp(2.9420 + 0.9127 ln(X_1))$$

$$\widehat{\mu} = t \cdot exp(2.9420 + 0.9127 ln(X_1))$$

예측된 교통사고 사망자 수 $\hat{\mu}$ 와 관찰된 교통사고 사망자 수 Y를 이용하여 산출되는 피어슨 카이자승과 우도비 카이자승은 각각 $\chi^2 = 23751.53$ 과 $G^2 = 23113.77$ 이다. 이 카이자승 지수들의 자유도는 $df = 57$ 이다 (Singapore 가 분석에서 제외되었으므로). 이 카이자승 지수들은 로그 변환된 인구밀도 ($ln(X_1)$) 를 설명변인으로 사용하는 모형이 로그 변환되지 않은 인구밀도 (X_1) 를 사용하는 모형보다 합치도가 월등히 좋기는 하지만 아직도 자료를 충분히 잘 설명하지 못한다는 것을 암시한다. 그 이유를 파악하기 위하여 로그 변환된 인구밀도 ($ln(X_1)$) 에 따라 로그 변환된 단위면적당 교통사고 사망률을 산포도로 나타낸 것이 [그림 5-4] 이다.

[그림 5-4] 를 보면 모형 $ln(\hat{\mu}/t) = 2.9420 + 0.9127\, ln(X_1)$ 은 로그 변환된 단위면적당 교통사고 사망률과 로그 변환된 인구밀도의 실제 관계를 정확히 반영하는 옳은 모형인 것으로 판단된다. 전체적인 경향성과 매우 동떨어져 있는 특수한 사례를 제외하였고, 실제 관계를 잘 반영하는 모형을 적용하였음에도 불구하고 비례성 상수 (χ^2/df 과 G^2/df) 의 값이 여전히 매우 큰 것은 과도변산 때문인 것으로 판단된다. [그림 5-5] 에 제시된 단위면적당 교통사고 사망률과 인구밀도 (X_1) 의 관계를 보면 과도변산 문제가 존재한다는 것을 짐작할 수 있다.

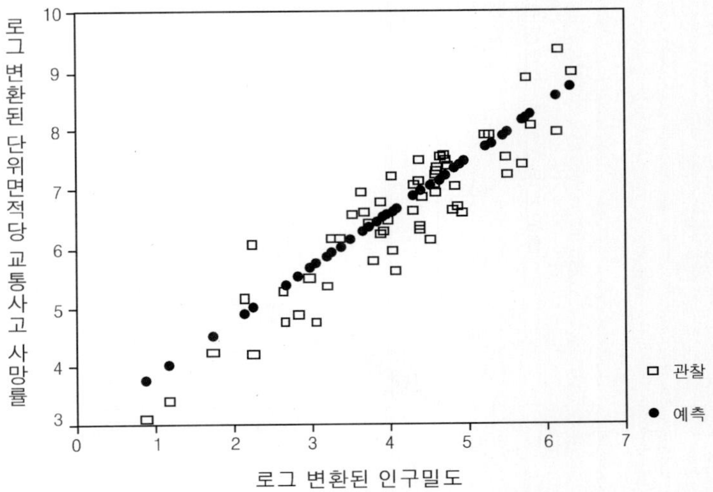

[그림 5-4] 모형 $ln(\hat{\mu}/t) = 2.9420+0.9127\, ln(X_1)$ 에 의해 예측되는 $ln(\hat{\mu}/t)$ 와 실제 자료에서 계산된 $ln(Y/t)$

[그림 5-5]를 보면 인구밀도가 커질수록 예측된 단위면적당 교통사고 사망률 $\hat{\mu}/t$의 증가폭은 조금씩 둔화되는 반면, 관찰된 단위면적당 교통사고 사망률 Y/t의 변산(variability)은 가속적으로 확대된다는 것을 알 수 있다. 만약 모형 $ln(\hat{\mu}/t) = 2.9420 + 0.9127\,ln(X_1)$이 옳은 모형이라면 $\hat{\mu}/t$는 각 인구밀도의 단위면적당 교통사고 사망률의 모집단 평균이다. 그런데 인구밀도가 커질수록 $\hat{\mu}/t$의 증가폭은 조금씩 둔화되고 있으므로, 만약 단위면적당 교통사고 사망률 Y/t가 $\hat{\mu}/t$를 중심으로 포아송분포를 한다면 인구밀도가 증가함에 따라서 그 변산(Y/t의 변산)의 증가폭도 조금씩 감소하는 양상을 보여야 한다. 그러나 [그림 5-5]는 인구밀도가 증가함에 따라 Y/t의 변산은 가속적으로 증가하는 양상을 나타내고 있다. 인구밀도가 증가함에 따라 Y/t의 변산이 가속적으로 증가하기 때문에 특히 인구밀도가 높은 사례들에서는 [그림 5-5]에 표시된 한국(South Korea)과 같이 $\hat{\mu}/t$와 Y/t의 절대차이, 즉 잔여(residual)가 매우 커질 수 있다. 바로 이것이 피어슨 카이자승 지수와 우도비 카이자승 지수를 커지게 하는 주된 요인이고, 비례성 상수를 커지게 하는 요인이다.

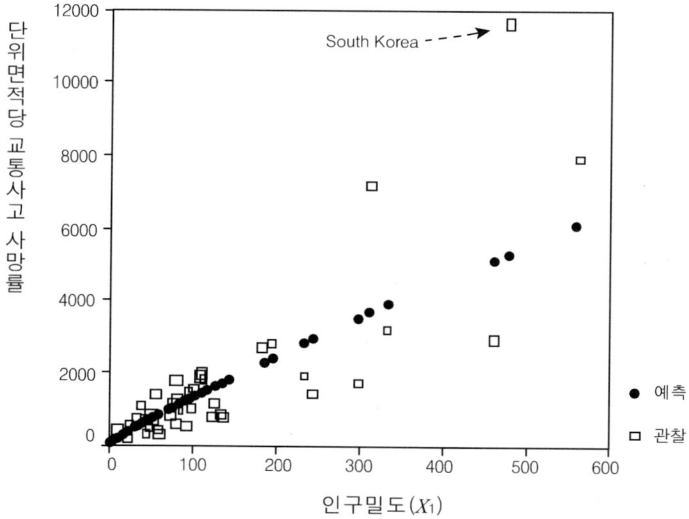

[그림 5-5] 모형 $ln(\hat{\mu}/t) = 2.9420+0.9127\,ln(X_1)$에 의해 예측되는 $\hat{\mu}/t$와 실제 자료에서 계산된 Y/t

과도변산이 존재할 때는 피어슨 카이자승 지수와 우도비 카이자승 지수는 타당한 합치도 지수가 아니다. 더 정확히 말해서, 연구자가 과도변산의 존재를 인정하는 것은 모형이 자료와 합치한다는 것을 전제하는 것이고, 피어슨 카이자승 지수와 우도비 카이자승 지수가 자유도에 비해서 큰 정도는 과도변산의 규모를 반영한다고 가정하는 것이다. 모형 $ln(\hat{\mu}/t) = 2.9420 + 0.9127\, ln(X_1)$ 에 대하여 피어슨 카이자승 지수로 산출된 비례성 상수는 $\chi^2/df = 23751.53 / 57 = 416.69$ 이다. 이 비례성 상수를 이용하여 과도변산 때문에 초래된 ASE 의 왜곡을 교정 $(ASE\sqrt{\chi^2/df})$ 하면 모수추정치들 $\hat{b}_0$ 와 $\hat{b}_1$ 의 통계적 유의미도는 <표 5-8> 과 같다.

<표 5-8> 을 보면 과도변산을 교정한 후에도 $\hat{b}_1$ 는 $\alpha = 0.01$ 수준에서 매우 유의미하다. 즉, 로그 변환된 인구밀도는 단위면적당 교통사고 사망률에 대하여 매우 높은 예측력 혹은 설명력을 가진다.

〈 **표 5-8** 〉 비례지수모형 $ln(\mu) = b_0 + b_1 ln(X_1) + ln(t)$ 의 최대우도 모수추정치의 과도변산 효과가 교정된 유의미도

모수	추정치	ASE	Wald	df	p
b_0	2.9402	0.1470	20.01	1	0.00
b_1	0.9127	0.0347	26.30	1	0.00

앞서, 자료에서의 관계와 괴리된 잘못된 모형 $ln(\hat{\mu}/t) = 5.7181 + 0.0023\, X_1$ 으로 단위면적당 교통사고 사망률을 예측할 때는 한국 (South Korea) 의 경우에 100,000 km^2 당 913.57 명이 교통사고로 사망할 것으로 예측되었고, 반면에 실제로는 그 12 배가 넘는 100,000 km^2 당 11588.78 명이 교통사고로 사망하였으므로, 한국에서는 인구밀도 때문에 발생할 수 있는 교통사고 사망자보다 12 배가 넘는 사망자가 발생한다는 대우 놀라운 결론이 도출되었다. 반면에 자료에서 관계를 잘 반영하는 모형 $ln(\hat{\mu}/t) = 2.9420 + 0.9127\, ln(X_1)$ 으로 단위면적당 교통사고 사망률을 예측할 때는 한국의 경우에 100,000 km^2 당 5286.37 명이 교통사고로 사망할 것으로 예측된다. 따라서 실제로 단위면적당 교통사고로 사망하는 사람의 수는 인구밀도로 예측되는 것보다 약 2 배 정도 더 많다. 인구밀도가 높아서 발생하

는 교통사고는 자연적인 현상이라고 볼 수도 있다. 물론 한국에서 자연적으로 발생할 수 있는 교통사고 사망자 수보다 2 배가 넘는 사망자가 발생한다는 것은 운전자 및 보행자의 안전의식이나 도로체계 등의 문제점이 분명히 존재하는 것으로 짐작된다. 그러나 잘못된 모형을 적용하여 인구밀도 때문에 발생할 수 있는 교통사고 사망자보다 12 배가 넘는 사망자가 발생한다는 결론과 더 좋은 모형을 적용하여 인구밀도 때문에 발생할 수 있는 교통사고 사망자보다 2 배가 넘는 사망자가 발생한다는 결론은 엄청나게 다른 결론이다. 이 예에서 '잘못된 모형'과 '더 좋은 모형'의 차이는 단지 설명변인인 인구밀도 (X_1) 를 로그 변환하는가 아닌가의 차이에 불과하다. 이 예는 자료분석에서 연구자가 얼마나 세심하게 모형구성을 해야 하는지를 매우 극적으로 보여 주고 있다.

5 음이항분포모형

'음이항분포 (negative binomial distribution)'는 '파스칼분포 (Pascal distribution)'라고 부르기도 하는데, 특정한 횟수의 성공을 성취할 때까지 소요되는 시도의 수 혹은 특정한 횟수의 성공을 성취할 때까지 감수해야 하는 실패의 수에 대한 이론적인 확률분포다. 예를 들어, 어떤 축구선수가 페널티 킥을 10 번 성공시키기 위해서 페널티 킥을 15 번 이하로 시도해야 할 확률을 추정하거나 페널티 킥을 10 번 성공시킬 때까지 실패를 5 번 이하로 범할 확률 등을 추정하는 경우에 음이항분포의 누적확률이 활용된다. 앞서 제 1 장에서 이항분포는 시도의 수가 N 번으로 한정적이고 고정된 베르누이 시행에서 두 가지 사상 (event) 중에 하나의 사상이 나타나는 빈도의 확률분포라고 하였다. 예를 들면, 동전 10 번 던지기를 하는 경우에 앞면이 7 번 나올 확률 혹은 4 번 나올 확률 등을 개념화한 것이 이항확률분포다. 반면에 음이항분포는 특정한 사상 (성공) 이 특정한 횟수만큼 발생할 때까지 필요한 시도의 수에 대한 확률분포다. 예를 들어, 동전던지기에서 앞면이 7 번 나오기 위하여 10 번 시도를 해야 할 확률 혹은 14 번 시도를 해야 할 확률 등을 개념화한 것이 음이항밀도함수다. 즉, 음이항분포와 이항분포는 서로 상반되는 현상의 확률분포다. 이러한 음이항확률의 추정은 효율성을 극대화해야 하는 상황에서 매우 유용한 경우가 많다. 예를 들어, 전쟁에서 적의 폭격기가 10 대 출현하여 아군의 전투기 5 대가 급히 출격해야 하는데, 전투기 한 대당 평균 2 대의 폭격기를 격추

해야 하므로 요격미사일을 몇 개씩 탑재하고 출격해야 하는지 등을 결정하는 데 매우 유용하게 사용될 수 있다.

페널티 킥을 5 번 성공하기 위해서 어떤 때는 6 번 시도해야 하고, 어떤 때는 20 번 시도해야 하는 경우가 있을 것이다. 그런데 페널티 킥을 100 번 성공할 때까지 시도되는 페널티 킥의 횟수는 그것을 10 번 성공할 때까지 시도되는 횟수보다 훨씬 더 크게 가변한다. 이러한 원리 때문에 유능한 운동선수가 소위 '슬럼프' 에 빠졌다고 하는 경우가 종종 생겨난다. 즉, 유능한 선수는 성공 횟수가 많은 선수인데, 같은 횟수의 성공을 하기 위해서 요구되는 시도의 수가 엄청나게 많아야 하는 경우가 쉽게 생길 수 있기 때문이다. 필요한 횟수만큼의 성공을 거두기 위하여 요구되는 시도 수 혹은 실패 수의 표집분포, 즉 음이항분포는 평균보다 변량이 클 수 있다고 가정하는 분포다. 반면에 포아송확률분포는 평균과 변량이 동일하다고 가정하는 매우 특수한 이론적 분포다. 그런데 실제 빈도자료의 경우에는 그 표집분포의 변량이 평균보다 큰 경우가 자주 있다. 포아송모형에서는 이러한 경우를 일컬어 과도변산이라고 지칭하였다. 포아송모형에서 과도변산이 존재한다고 판단될 때는 모수추정은 포아송확률분포에 기초하여 이루어지지만 (즉, 우도함수가 포아송확률분포에 의해 정의되지만), 모수추정치의 표준오차를 비례성 상수를 이용해서 교정한 후에 그 추정치에 대한 통계적 판단을 한다. 앞에서 예시한 이 방법은 빈도자료의 표집분포가 가지는 변량이 그 분포의 평균보다 큰 데도 불구하고, 여전히 빈도자료의 표집분포가 포아송분포라고 가정하는 방법이다. 그러나 엄밀히 말해서 표집분포의 변량이 평균보다 크면 그 분포는 더 이상 포아송분포가 아니고 음이항분포가 된다.

포아송확률분프의 밀도함수 $Pr(Y) = e^{-\mu}\mu^{Y}/Y!$ 는 모집단 평균 μ 가 고정되었다고 가정한다. 그런데 모집단 평균 μ 가 고정되지 않고 확률적으로 변화하는 경우에는 그것도 또한 어떤 평균 m 을 중심으로 표집분포를 가지게 된다. 이런 경우에는 빈도 Y 의 표집분포는 μ 에 대해서 오직 조건적으로만 (즉, 특정한 μ 에 대하여) 포아송분포를 가지고, 평균 m 을 중심으로 표집분포를 하는 모든 μ 에 대해서 무조건적으로 포아송분포를 가지지 않는다. Y 의 모집단 평균 μ 가 다시 어떤 평균 m 을 중심으로 확률적인 분포를 가지는 경우에 Y 의 표집분포는 다음과 같은 평균과 변량을 가지게 된다.

$$E(Y) = E(\mu) = m \qquad Var(Y) = m + Var(\mu)$$

즉, Y의 모집단 평균 μ가 다시 어떤 평균 m을 중심으로 확률적인 분포를 가지는 경우에는 Y의 표집분포의 변량은 그것의 평균 m(혹은 기대되는 μ) 보다 커지는데, 이 커지는 정도는 μ의 변량과 같다. 어떤 평균 m을 중심으로 나타나는 μ의 표집분포는 이론적으로 '감마분포(gamma distribution)' 라고 부르는 확률분포인데, 여기에서는 복잡함을 피하기 위하여 감마분포에 관한 설명은 생략하고자 한다. 간단히 말해서 μ를 변화시키는 요인이 존재할 때 Y의 표집분포는 그것의 평균 m보다 큰 변량을 가지는데, 그 변량은 바로 μ의 변량만큼 m보다 커진다. 이와 같은 상황에서 빈도 Y의 표집분포를 음이항분포라고 부르고, 그 밀도함수는 <수식 5-14> 와 같이 정의된다.

$$Pr(Y) = \frac{\Gamma(\frac{1}{\eta^2} + Y)}{\Gamma(Y+1)\Gamma(\frac{1}{\eta^2})}\left(\frac{\eta^2\mu}{\eta^2\mu+1}\right)^{Y}\left(\frac{1}{\eta^2\mu+1}\right)^{\frac{1}{\eta^2}} \qquad \text{<수식 5-14>}$$

<수식 5-14> 의 음이항분포 밀도함수식에서 $\Gamma(\ \ )$는 '감마함수(gamma function)' 인데, 양의 정수뿐만 아니라 소수를 포함한 0보다 큰 모든 실수(real number), 그리고 음의 정수를 제외한 모든 음수에 대하여 '계승(factorial)' 혹은 '순차곱셈' 을 구하기 위한 함수다. 기호 x가 양의 정수일 때, 감마함수는 $\Gamma(x) = (x-1)!$ 을 의미한다. 예를 들어, $\Gamma(4) = 3! = 3\times2\times1 = 6$ 이다(감마함수는 박광배(2003) 에 비교적 자세히 설명되어 있다).

<수식 5-14> 의 η^2은 '과도변산 모수(over-dispersion parameter)' 라고 부르는 상수인데, 과도변산의 정도를 나타내는 모수다. 즉, 음이항확률분포의 밀도함수는 포아송확률분포의 밀도함수보다 모수가 한 개 더 많은 함수다. <수식 5-14> 의 밀도함수로 정의되는 음이항분포의 조건평균(설명변인의 특정한 값에서 이론적인 반응변인 분포의 평균) 은 μ이고, 조건변량(설명변인의 특정한 값에서 이론적인 반응변인 분포의 변량) 은 $\mu(1+\eta^2\mu)$ 이다. 따라서 만약 과도변산 모수의 값이 $\eta^2 = 0$ 이면, 음이항분포의 평균과 변량이 동일해지고, 음이항분포는 포아송분포가 된다. 반면에 $\eta^2 > 0$ 이면 음이항분포의 변량은 평균보다 커진다.

과도변산을 가지는 빈도 반응변인을 예측하기 위한 일반선형모형을 검증하는 경우에는 과도변산을 전제하지 않는 포아송 회귀모형 대신에 음이항분포모형을 사용하는 것이 한 가지 대안이다. 예를 들어, 단위면적당 교통사고 사망률(Y/t)을 로그 변환된 인구밀도($ln(X_1)$)로 예측하기 위한 비례지수모형을 검증하고자 하는데, 단위면적당 교통사고 사망률(Y/t)의 표집분포가 과도변산을 가진다고 생각되는 경우에는 모형 $ln(\mu/t) = b_0 + b_1\,ln(X_1)$ 의 무선적 성분을 구성하는 확률분포가 포아송분포가 아니라 음이항분포라고 가정하는 것이다. 이때에는 포아송확률분포의 밀도함수 대신에 <수식 5-14> 에 제시된 음이항분포의 밀도함수식을 이용하여 우도함수를 정의하고(즉, <수식 5-14> 의 밀도함수식에서 μ 대신에 모형 $\mu = t \cdot exp(b_0 + b_1\,ln(X_1))$ 을 대입하고), 그 우도함수를 최대가 되게 하는 모수추정치들을 산출한다. 모수들에 대한 최대우도 추정과정에서 <수식 5-14> 의 과도변산 모수 η^2 은 모형이 가지는 모수들 b_0 와 b_1 과 같은 하나의 모수로 간주되어 함께 추정된다. 모형의 무선적 성분에 대하여 음이항확률분포를 가정하는 모형의 로그우도함수는 <수식 5-15> 와 같이 정의된다.

$$ln(L) = \sum_{i=1}^{n}\left[Y\,ln(\eta^2\mu) - \left(Y + \frac{1}{\eta^2}\right)ln\,(1 + \eta^2\mu) + ln\left(\frac{\Gamma\left(Y + \frac{1}{\eta^2}\right)}{\Gamma(Y+1)\Gamma\left(\frac{1}{\eta^2}\right)}\right)\right]$$

<수식 5-15>

<수식 5-15> 의 μ 에 모형방정식 $t \cdot exp(b_0 + b_1\,ln(X_1))$ 을 대입하고, $ln(L)$ 를 최대가 되게 하는 모수들 b_0 와 b_1 의 값을 산출하면 그들이 최대우도 추정치들이다. <표 5-4> 의 자료에서 Singapore 를 제외한 나머지 59 개국에 대하여 단위면적당 교통사고 사망률(Y/t)을 로그 변환된 인구밀도($ln(X_1)$)로 예측하기 위한 비례지수모형을 검증하되, Y/t 의 표집분포가 음이항분포를 한다고 가정하는 모형방정식 $t \cdot exp(b_0 + b_1\,ln(X_1))$ 를 <수식 5-15> 의 로그우도함수에 μ 대신 대입하고, 그 로그우도함수를 최대가 되게 하는 모수추정치들을 산출하면 <표 5-9> 와 같다.

<표 5-9> 에 제시된 모수추정치들과 그들의 표준오차(ASE)는 Y/t 의 표집분

〈**표 5-9**〉 비례지수모형 $ln(\mu) = b_0 + b_1 ln(X_1) + ln(t)$ 의 무선적 성분에 대하여 음이항분포를 가정한 모수추정치

모수	추정치	*ASE*	Wald	*df*	*p*
b_0	2.7204	0.2291	11.87	1	0.00
b_1	0.9612	0.0532	18.07	1	0.00
과도변산 (η^2)	0.2205	0.0399	5.53		

포가 포아송분포를 한다고 가정하고, 그 대신 비례성 상수를 이용하여 과도변산을 교정한 <표 5-8> 의 지수들과 유사하다는 점을 주목하라.

과도변산이 존재할 때 비례성 상수를 이용하여 과도변산을 교정한 포아송 회귀모형과 음이항확률분포의 밀도함수를 우도함수로 사용하는 음이항분포모형은 합치도 지수에서 큰 차이를 보인다. 무선적 성분이 음이항분포에 기초한다고 가정된 모형의 합치도를 나타내는 피어슨 카이자승 지수는 <수식 5-16> 과 같이 정의된다.

$$\chi^2 = \sum_{i=1}^{n} \frac{(Y-\hat{\mu})^2}{\widehat{var}(Y)} = \sum_{i=1}^{n} \frac{(Y-\hat{\mu})^2}{\hat{\mu}(1+\eta^2\hat{\mu})} \qquad \text{<수식 5-16>}$$

<수식 5-16> 을 '일반 피어슨 통계치 (generalized Pearson statistic)' 라고 부르기도 한다 (McCullagh & Nelder, 1989). 이 피어슨 통계치는 모든 관찰단위 (이 경우에는 국가) 의 '피어슨 잔여자승 (Pearson squared residual)' 을 합한 것이다. $\hat{\mu}$ 는 모형이 예측하는 반응변인 (Y) 의 조건평균이고, $\widehat{var}(Y)$ 는 모형이 예측하는 반응변인의 조건변량이다 (반응변인의 조건평균과 조건변량은 설명변인의 각 값에서 이론적인 반응변인분포의 평균과 변량이라는 의미다). 또한 η^2 은 추정된 과도변산 모수다. 그런데 앞에서 반응변인이 설명변인의 각 값에서 음이항분포를 하는 경우, 이 음이항분포의 변량은 $\mu(1+\eta^2\mu)$ 라고 하였다. 따라서 모형이 예측하는 반응변인의 조건변량은 $\widehat{var}(Y) = \hat{\mu}\,(1+\eta^2\hat{\mu})$ 이다.

예를 들어, <표 5-4> 에 의하면 한국 (South Korea) 의 경우에 교통사고 사망자 수 $Y = 11357$ 명이고, 인구밀도 $X_1 = 477.94$ 명, 국토 총면적 $t = 0.98$ 이므로 추정된 음이항분포모형 $ln(\mu) = 2.7204 + 0.9612\, ln(X_1) + ln(t)$ 에 의해 예측된 교통사고 사망자 수는 $\hat{\mu} = exp(2.7204 + 0.9612 ln(477.94) + ln(0.98)) = 5599.32$ 이다. 그리고 <표 5-9> 에 의하면 추정된 과도변산 모수는 $\eta^2 = 0.2205$ 이다. 따라서 한국의 피어슨 잔여자승은 다음과 같다.

$$\frac{(Y - \hat{\mu})^2}{\hat{\mu}(1 + \eta^2 \hat{\mu})} = \frac{(11357 - 5599.32)^2}{5599.32(1 + 0.2205\,(5599.32))} = 4.79$$

모든 국가의 이와 같은 피어슨 잔여자승을 모두 합하면 피어슨 카이자승 지수 χ^2 이 된다. 무선적 성분에 음이항분포를 가정한 비례지수모형 $ln(\mu) = 2.7204 + 0.9612\, ln(X_1) + ln(t)$ 에서 산출된 피어슨 카이자승 지수의 값은 $\chi^2 = 67.88$ 이다. 이 카이자승 지수는 자유도 $df = 57$ 에서 유의미하지 않다. 따라서 음이항분포가 가정된 모형 $ln(\mu/t) = 2.7204 + 0.9612\, ln(X_1)$ 은 자료를 매우 잘 설명하는 혹은 자료와 잘 합치하는 모형이다.

음이항분포모형의 합치도를 나타내는 또 하나의 지수인 우도비 카이자승 지수 (일탈지수: deviance) 는 <수식 5-17> 과 같이 정의된다.

$$G^2 = 2 \sum_{i=1}^{n} \left[Y\, ln\left(\frac{Y}{\hat{\mu}}\right) - \left(Y + \frac{1}{\eta^2}\right) ln\left(\frac{Y + \frac{1}{\eta^2}}{\hat{\mu} + \frac{1}{\eta^2}}\right) \right] \qquad \text{<수식 5-17>}$$

무선적 성분에 음이항분포를 가정한 비례지수모형 $ln(\mu) = 2.7204 + 0.9612\, ln(X_1) + ln(t)$ 에서 산출된 우도비 카이자승 지수의 값은 $G^2 = 61.82$ 이다. 이 카이자승 지수는 자유도 $df = 57$ 에서 유의미하지 않고, 따라서 모형합치도에 대하여 피어슨 카이자승 지수에 의한 것과 동일한 결론이 유도된다.

3 포아송 중다회귀모형

'포아송 중다회귀모형 (Poisson multiple regression model)' 은 설명변인이 2개 이상 포함된 포아송 회귀모형을 말한다. 이러한 포아송 중다회귀모형의 주된 일반적인 목적은 반응변인에 대한 특정한 설명변인의 효과를 검증하되, 그 설명변인과 공변하는 다른 '가외변인 (extraneous variable)' 들의 영향을 수학적으로 통제하기 위한 것이다. 그 밖에도 포아송확률분포에 기초한 빈도 반응변인에 대하여 일반적인 중다회귀모형 (multiple regression model) 의 광범위한 기능을 적용할 수 있는 모형이다.

① 모형

기호 μ를 모든 설명변인 값들의 조합 내에서 반응변인(Y) 분포의 평균이라고 하면, 포아송 중다회귀모형은 <수식 5-18> 과 같이 정의된다.

$$ln(\mu) = b_0 + b_1X_1 + b_2X_2 + \cdots\cdots + b_kX_k$$ <수식 5-18>

포아송 중다회귀모형의 모수들을 추정하기 위한 로그우도함수 $ln(L)$ 은 설명변인이 한 개인 경우 (<수식 5-6>) 와 마찬가지로 다음과 같이 정의된다.

$$ln(L) = \sum(Y(b_0 + b_1X_1 + \cdots\cdots + b_kX_k) - exp(b_0 + b_1X_1 + \cdots\cdots + b_kX_k))$$

반면에 설명변인 값들의 조합 내에서 반응변인(Y) 의 분포가 과도변산을 가지는 경우에는 <수식 5-18> 의 포아송 중다회귀모형을 <수식 5-14> 의 음이항확률분포 밀도함수에 대입하고, 이것을 로그 변환하여 로그우도함수 (<수식 5-15>) 를 구성한다.

포아송 중다회귀모형의 모수들 b_1, b_2, $\cdots\cdots$, b_k는 로지스틱 중다회귀모형의 모수들과 마찬가지로 다른 설명변인들의 값이 모두 고정되었을 때 반응변인 빈도에 대한 해당 설명변인의 효과를 나타낸다. 포아송 중다회귀모형의 모수 b_1 은 다른 설명변인이 모두 고정되었을 때 해당 설명변인의 상대위험 (relative risk) 을 나타내는 지수다. 예를 들어, 모수추정치 $\hat{b}_1$ 은 다른 설명변인들이 모두 고정되었을 때, 설명변인 X_1 에서의 한 단위 변화에 따라 로그 변환된 반응변인 평균 $ln(\mu)$ 의 단순 차이를 의미하고, $e^{\hat{b}_1}$ 은 설명변인 X_1 에서 한 단위 변화에 따른 반응변인 평균 μ 의 '배수' 변화를 의미한다.

② 가외변인의 통제

<표 5-4>를 보면 한국에서 1998 년의 인구 100,000 명당 교통사고 사망률은 11,357 / 468.38 = 24.25 명으로 당시 OECD 회원국 중에서 가장 높다는 것을 알 수 있다. 그리고 전 세계적으로는 Mexico 와 인접한 인구 이십만의 Belize 와 구 소련 연방에 속했던 Latvia 에 이어서 제 3 위를 차지하고 있다. 또한, 2004 년 4 월 8 일의 세계보건기구(WHO: World Health Organization) 보고서에 의하면 지난 2001 년 한국에서 교통사고로 인한 남성 사망률은 인구 100,000 명당 34.1 명이었고, 여성 사망률은 12.7 명이었다.

WHO 에서 이러한 통계지수들이 발표되는 이면에는 각 국가의 인구 차이를 통제하면 그 국가들에서 발생하는 교통사고 사망자의 수를 서로 비교할 수 있다는 암시가 존재한다. 인구가 2 억 명인 국가에서 교통사고로 100 명이 사망하는 것과 인구가 5 천 명인 국가에서 교통사고로 100 명이 사망하는 것은 결코 동일한 것이 아니다. 따라서 이 두 가지 경우를 인구 100,000 명당 교통사고 사망자 수로 전환하면 전자(인구 2 억)의 경우에는 0.05 명이 교통사고로 사망하는 것이고, 후자(인구 5천 명)의 경우에는 2,000 명이 교통사고로 사망하는 것이다. 따라서 WHO 에서 각 국가의 인구수를 통제하고 교통사고 사망률을 비교하는 것은 매우 타당한 통계적 절차다.

그런데 각 국가의 인구 차이를 통제하면 그 국가들에서 발생하는 교통사고 사망자의 수를 서로 비교할 수 있다는 암시는 교통사고 사망자의 수가 국토면적과는 무관하다 혹은 인구와 국토면적이 매우 높은 상관관계를 가지므로 인구를 통제하면 국토면적에 따른 교통사고 사망자 수의 차이는 자연히 통제된다는 암시이기도 하다. 과연 그럴까? 각 국가의 인구수가 모두 동일하다고 가정하였을 때, 미국이나 러시아, 중국과 같이 국토면적이 광활한 국가들에서 교통사고로 100 명이 사망하고, 한국이나 오스트리아와 같이 국토면적이 좁은 국가들에서 교통사고로

100 명이 사망하였다면, 교통사고에 의한 사망이 동일한 정도로 발생한다는 해석이 타당한 것일까?

<표 5-4> 의 자료에 대하여 인구수가 통제되었을 때 (즉, 인구수가 동일한 경우에), 교통사고 사망자의 수가 국토면적에 따라 달라지는지를 검증하기 위하여 포아송 중다회귀모형을 사용할 수 있다. 만약에 인구수가 통제되었을 때, 교통사고 사망자의 수가 국토면적에 따라 달라진다면, 국가 간에 교통사고 사망자의 수를 공정하게 비교평가하기 위해서는 인구뿐만 아니라 국토면적도 통제되어야 한다. 이런 경우에는 '인구 100,000 명당 교통사고 사망자 수' 를 이용하여 국가 간의 비교를 하는 것은 공정하지 못한 비교가 될 것이고, 예를 들면 '인구밀도 (인구/면적) 당 교통사고 사망자 수' 를 이용하여 국가 간의 비교를 하여야 한다. 반면에 인구수가 통제되었을 때, 교통사고 사망자의 수가 국토면적에 따라 달라지지 않는다면, '인구 100,000 명당 교통사고 사망자 수' 를 이용하여 국가 간의 교통사고 사망률을 비교하는 것은 공정한 비교가 될 수 있다.

교통사고 사망자의 수를 Y 로 표기하고, 총인구수 (단위: 100,000 명) 를 X_1 으로 표기하며, 국토의 총면적 (단위: 100,000 km^2) 을 X_2 로 표기하면, 인구수가 통제되었을 때, 교통사고 사망자의 수가 국토면적에 따라 달라지는지 혹은 국토면적이 통제되었을 때 (즉, 국토면적이 동일한 경우에), 교통사고 사망자의 수가 인구수에 따라 달라지는지를 파악하기 위한 포아송 중다회귀모형은 $ln(\mu) = b_0 + b_1 X_1 + b_2 X_2$ 와 같이 정의될 수 있다. 그런데 이 모형은 인구수 (X_1) 와 국토면적 (X_2) 이 각각 로그 변환된 교통사고 사망자 수의 평균 ($ln(\mu)$) 과 직선적인 관계를 가진다고 가정한다. 이 가정이 타당한지를 검토하기 위하여 로그 변환된 교통사고 사망자 수 $ln(Y)$ 와 인구수 X_1 의 산포도를 그려 보면 [그림 5-6] 과 같고, 로그 변환된 교통사고 사망자 수 $ln(Y)$ 와 국토면적 X_2 의 산포도를 그려 보면 [그림 5-7] 과 같다.

[그림 5-6] 과 [그림 5-7] 을 보면, 총인구수 (X_1) 와 국토면적 (X_2) 이 각각 로그 변환된 교통사고 사망자 수의 평균 ($ln(\mu)$) 과 직선적인 관계를 가지지 않고, 로그 함수적인 관계를 가진다는 것을 알 수 있다. 따라서 [그림 5-6] 과 [그림 5-7] 의 횡축변인들 (총인구수와 국토면적) 을 또한 각각 로그 변환하면 산포도가 직선형 관계를 가지게 될 것으로 예상된다. 총인구수와 국토면적을 각각 로그 변환하여 로그 변환된 교통사고 사망자 수 $ln(Y)$ 와 로그 변환된 인구수 $ln(X_1)$ 의 산포도를

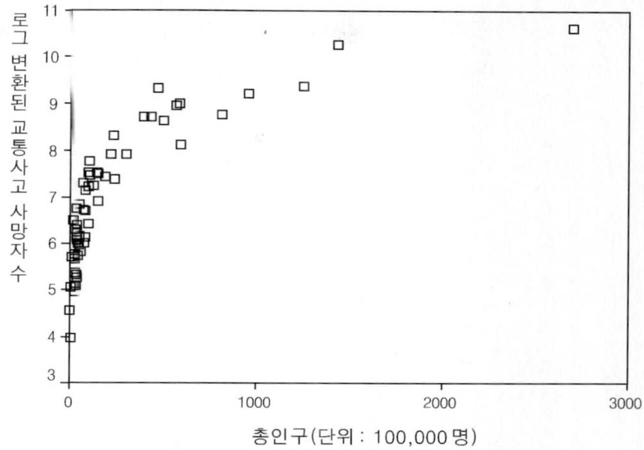

[그림 5-6] 로그 변환된 교통사고 사망자 수 $ln(Y)$와 총인구 X_1의 산포도

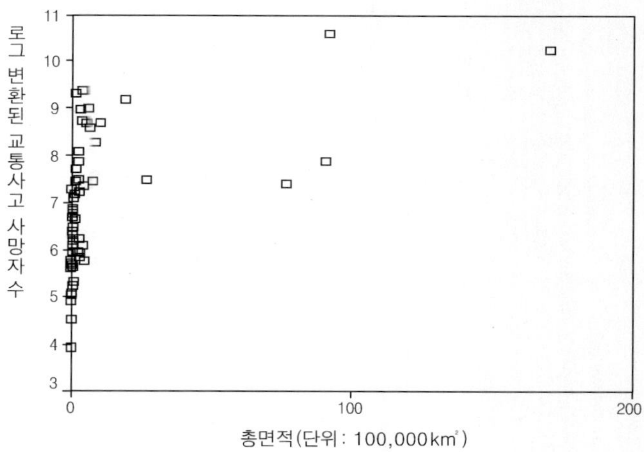

[그림 5-7] 로그 변환된 교통사고 사망자 수 $ln(Y)$와 총면적 X_2의 산포도

그려 보면 [그림 5-8]과 같고, 로그 변환된 교통사고 사망자 수 $ln(Y)$와 로그 변환된 국토면적 $ln(X_2)$의 산포도를 그려 보면 [그림 5-9]와 같다.

[그림 5-8]과 [그림 5-9]는 로그 변환된 인구수와 로그 변환된 국토면적이 각각 로그 변환된 교통사고 사망자 수의 평균 $ln(\mu)$와 직선형 관계를 가진다는 것을

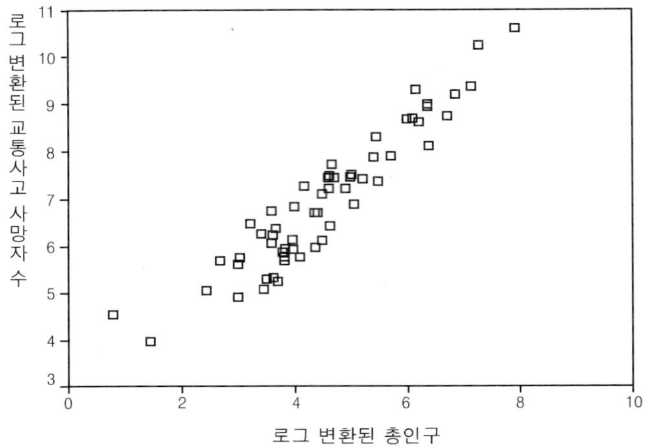

[그림 5-8] 로그 변환된 교통사고 사망자 수 $ln(Y)$ 와 로그 변환된 총인구수 $ln(X_1)$ 의 산포도

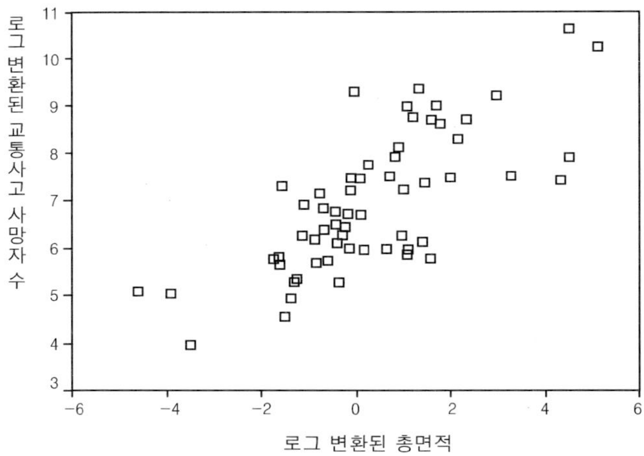

[그림 5-9] 로그 변환된 교통사고 사망자 수 $ln(Y)$ 와 로그 변환된 국토면적 $ln(X_2)$ 의 산포도

암시한다. 따라서 인구수가 통제되었을 때, 교통사고 사망자의 수가 국토면적에 따라 달라지는지 혹은 국토면적이 통제되었을 때 (즉, 국토면적이 동일한 경우에), 교통사고 사망자의 수가 인구수에 따라 달라지는지를 파악하기 위한 포아송 중다회귀모형은 <수식 5-19> 와 같이 정의될 수 있다.

$$ln(\mu) = b_0 + b_1 ln(X_1) + b_2 ln(X_2) \qquad \text{<수식 5-19>}$$

<수식 5-19> 로 정의된 모형의 무선적 성분에 대하여 포아송분포와 음이항분포를 각각 가정하고 모수추정치를 산출한 것이 <표 5-10> 에 제시되었다.

<표 5-10> 을 보면 무선적 성분에 대하여 포아송분포를 가정하는 경우와 음이항분포를 가정하는 경우에 모수추정치들은 서로 매우 유사한 값을 보이지만, 그 모수추정치들의 표준오차는 서로 매우 다르고, 따라서 각 모수추정치에 대한 통계적 판단(유의도 판단) 도 무선적 성분에 어떤 확률분포를 가정하는가에 따라 크게 달라진다는 것을 알 수 있다. 모형합치도 지수들(χ^2, G^2) 에 의하여 포아송분포를 가정하는 모형은 기각된다. 따라서 인구수가 통제되었을 때(즉, 인구수가 동일한 경우에), 교통사고 사망자의 수가 국토면적에 따라 달라지는지에 대한 판단은 음이항분포를 가정하는 모형에서 산출된 결과에 준하여 이루어져야 한다.

<표 5-10> 의 음이항분포를 가정한 모형의 모수추정치와 그들의 Wald 통계치를 보면, 로그 변환된 교통사고 사망자의 수 $ln(Y)$ 에 대한 로그 변환된 국토면적 $ln(X_2)$ 의 효과를 나타내는 모수추정치 $\widehat{b}_2 = 0.03$ 이 통계적으로 유의미하

〈표 5-10〉 로그 변환된 인구수 $ln(X_1)$ 와 로그 변환된 국토면적 $ln(X_2)$ 로 교통사고 사망자 수(Y)를 예측하기 위한 중다회귀모형 $ln(\mu) = b_0 + b_1 ln(X_1) + b_2 ln(X_2)$ 의 모수추정치와 합치도 지수

가정된 분포	모수	추정치	ASE	Wald	모수 df	p	모형 df	χ^2	G^2
포아송	b_0	2.53	0.02	126.5	1	0.00			
분포	b_1	0.98	0.00	326.7	1	0.00	56	23771.42	22159.69
	b_2	0.08	0.00	40.0	1	0.00			
음이항	b_0	2.94	0.28	10.5	1	0.00			
분포	b_1	0.91	0.06	15.2	1	0.00	56	62.29	61.44
	b_2	0.03	0.05	0.6	1	0.55			
	η^2	0.2[illegible]	0.04	5.25					

지 않다. 그런데 이 $\widehat{b}_2$ 는 로그 변환된 총인구수 $ln(X_1)$ 의 효과가 통제된 로그 변환된 국토면적 $ln(X_2)$ 의 효과를 나타낸다. 다시 말해서, 모수추정치 $\widehat{b}_2$ 는 인구가 동일한 국가들에서 로그 변환된 교통사고 사망자의 수 $ln(Y)$ 에 대한 로그 변환된 국토면적 $ln(X_2)$ 의 효과를 나타내는 지수다. 반면에 모수추정치 $\widehat{b}_1$ 는 국토면적이 동일한 국가들에서 로그 변환된 교통사고 사망자의 수 $ln(Y)$ 에 대한 로그 변환된 총인구수 $ln(X_1)$ 의 효과를 나타내는 지수다. 결론적으로, 인구수가 동일하다면 국토면적은 교통사고 사망자 수에 대하여 영향을 주지 않는다고 판단된다.

그런데 총인구(X_1)를 분석에서 제외하고, 로그 변환된 국토면적 $ln(X_2)$ 에 의해서만 로그 변환된 교통사고 사망자 수를 예측하는 음이항분포 모형 $ln(\mu) = b_0 + b_2 ln(X_2)$ 를 검증하면 로그 변환된 국토면적의 모수는 $\widehat{b}_2 = 0.63$ 으로 산출되고, 이 모수추정치는 통계적으로 유의미하다($ASE = 0.08$, Wald = 7.88, $p = 0.00$). 이와 같이 총인구(X_1)의 효과를 통제하지 않았을 때는 교통사고 사망자 수에 대한 국토면적의 효과가 통계적으로 유의미하지만, 총인구(X_1)의 효과를 통제하면 그것이 유의미해지지 않는 이유는 [그림 5-10]에서 알 수 있는 바와 같이 로그 변환된 국토면적과 로그 변환된 총인구수가 서로 매우 높은 상관관계($r = 0.742$)를 가지기 때문이다.

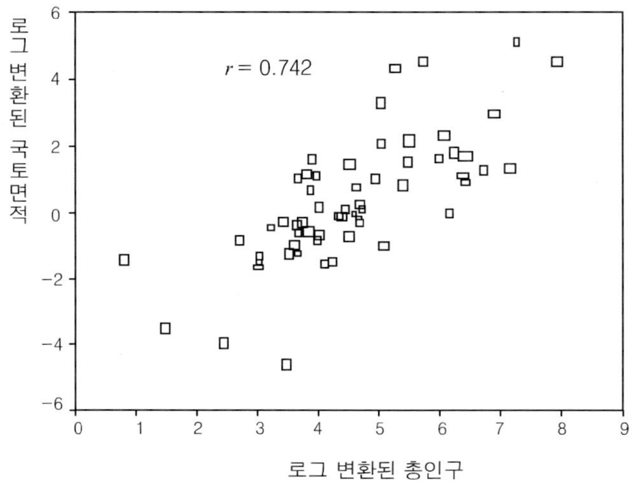

[그림 5-10] 로그 변환된 국토면적과 로그 변환된 총인구의 관계

결론적으로 총인구 (X_1) 를 분석에서 제외하고, 국토면적 X_2 에 의해서만 교통사고 사망자 수를 예측하는 음이항분포 모형 $ln(\mu) = b_0 + b_2 ln(X_2)$ 에서 로그 변환된 국토면적의 모수 $\hat{b}_2 = 0.63$ 이 통계적으로 유의미한 것은 국토면적이 교통사고 사망자 수에 대하여 간접적 효과를 가지기 때문이고, 이 간접적 효과를 총인구수가 매개 (mediate) 하는 것으로 판단된다. 총인구수가 통제되었을 때 (X_1 이 분석에 포함되었을 때), 교통사고 사망자의 수가 국토면적에 따라 달라지지 않으므로 '인구 100,000 명당 교통사고 사망자 수' 를 이용하여 국가 간의 교통사고 사망률을 비교하는 것은 공정한 비교가 될 수 있다.

이상의 분석에 의하여 국토면적 (X_2) , 총인구수 (X_1), 그리고 교통사고 사망자 수 (Y) 는 [그림 5-11] 과 같은 경로의 인과관계를 가진다고 추정된다.

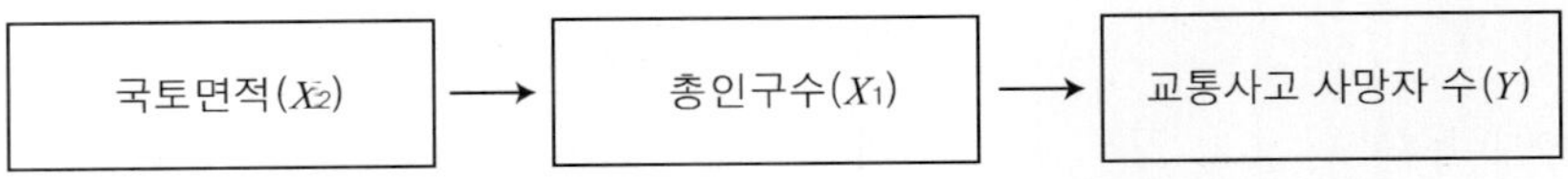

[그림 5-11] 국토면적 (X_2), 총인구수 (X_1), 교통사고 사망자 수 (Y) 의 추정된 경로

[그림 5-11] 과 같은 모형을 '매개모형 (mediator model)' 이라고 부른다. 변인 Y 에 대한 변인 X_2 의 효과를 제 3 의 변인 X_1 이 중간에서 매개한다는 의미다. 이런 경우 '매개변인 X_1 이 X_2 와 Y 의 관계를 설명한다.' 고 말한다. 즉, 매개모형은 변인들 사이의 관계를 설명하는 제 3 의 매개변인을 찾아낼 목적으로 검증되는 모형이다. 따라서 X_2 와 Y 가 모형 $ln(\mu) = b_0 + b_2 ln(X_2)$ 에 의해 서로 관계를 가지는 것으로 파악되지 않는 경우 매개모형을 검증하는 것은 무의미한 일이다.

③ 곡선형 관계

포아송 중다회귀모형의 또 한 가지 기능은 곡선형 관계를 검증하기 위한 것이다. 곡선형 관계의 검증을 위한 포아송 중다회귀모형을 살펴보기 위하여 다시 각 국가의 교통사고 자료를 예로 사용하고자 한다. <표 5-11> 은 전 세계의 60 개 국가의 1998 년도 자료 중 일부를 보여 주고 있다.

〈표 5-11〉 1998년도에 교통사고로 사망한 14세 미만 아동의 수[1], 국토 총면적[2], 개인 총소득 (GDP/capita)[3]

국가	교통사고로 사망한 14세 미만의 아동의 수 (Y)	국토 총면적 (t)	GDP /capita (X)	국가	교통사고로 사망한 14세 미만의 아동의 수 (Y)	국토 총면적 (t)	GDP /capita (X)
Russia	1580	169.96	8.9	Lithuania	47	0.65	11.2
USA	2566	91.62	37.8	UK	198	2.42	27.7
Canada	152	90.94	29.7	Panama	39	0.76	6.3
Australia	110	76.18	28.9	Hungary	41	0.92	13.9
.				.			
.				.			
New Zealand	52	2.69	21.6	Moldova	38	0.33	1.8
Japan	386	3.75	28.0	Czech	26	0.77	15.7
.				.			
.				.			
South Korea	779	0.98	17.7	Macedonia	12	0.25	6.7
.				.			
.				.			
Latvia	33	0.64	10.1	Luxembourg	3	0.03	55.1
Kyrgyzstan	46	1.91	1.6	Mauritius	9	0.02	11.4
Portugal	91	0.92	18.0	Singapore	5	0.01	23.7

1. 단위: 1 명. 출처: UN, World Health Organization.
2. 늪지와 하천, 호수 등을 제외한 육지 면적. 단위: 100,000 km^2. 출처: 미국 Central Intelligence Agency.
3. 단위: 1,000 US$. 출처: 미국 Central Intelligence Agency.

총 60개의 국가 중에서 Luxembourg의 경우에는 개인 총소득이 다른 국가에 비하여 지나치게 높은 일종의 '이탈치(out-lier)'의 경향을 보이고 있다. 따라서 Luxembourg를 제외한 총 59개 국가의 자료를 이용하여 각 국가에서 단위면적당 교통사고로 사망하는 14세 미만 아동의 수가 개인 총소득(GDP/capita)과 관계를 가지는지, 관계를 가진다면 어떤 형태의 관계를 가지는지를 파악하기 위한 모형을 검증해 보자. 이를 위하여 교통사고로 사망하는 14세 미만 아동의 수를 Y로 표기하고, 국토 총면적을 t로 표기하며, 개인 총소득을 X로 표기하자. 따라서 단위면적당 교통사고로 사망하는 14세 미만 아동의 수는 Y/t로 표기된다.

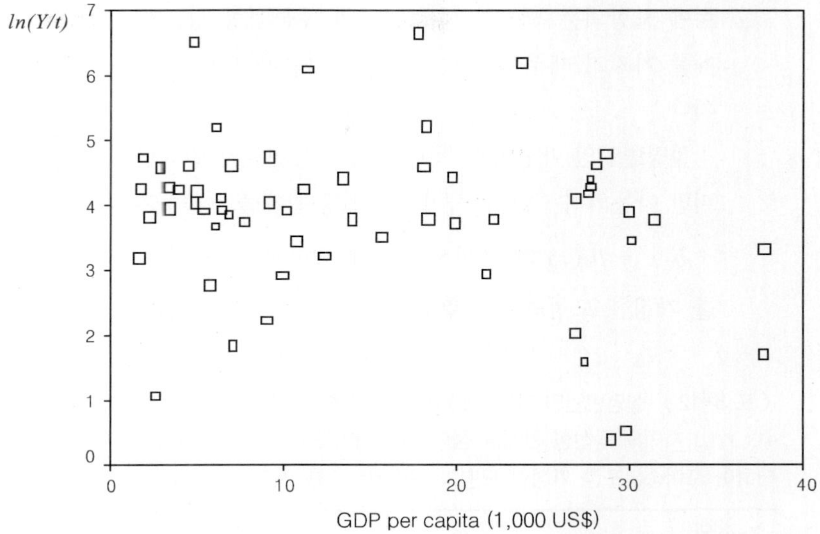

[그림 5-12] 단위면적당 교통사고로 사망한 14 세 미만 아동의 수를 로그 변환 ($ln(Y/t)$) 한 것을 개인 총소득과 대비한 산포도

[그림 5-12] 는 총 59 개국에서 1998 년도에 단위면적당 교통사고로 사망한 14 세 미만 아동의 수를 로그 변환 ($ln(Y/t)$) 한 것을 개인 총소득과 대비한 산포도다. [그림 5-12] 는 단위면적당 교통사고로 사망한 14 세 미만 아동의 수를 로그 변환 ($ln(Y/t)$) 한 것이 개인 총소득에 대한 포물선형 함수라는 것을 강하게 시사한다.

따라서 설명변인인 개인 총소득 (X) 과 반응변인인 단위면적당 교통사고로 사망한 14 세 미만 아등의 수 (Y/t) 사이의 관계를 검증하기 위한 모형은 X 를 '편차점수 (deviation score)' 로 변환한 후 <수식 5-20> 과 같은 비례지수모형으로 정의될 수 있다.

$$ln(\mu/t) = b_0 + b_1x + b_2x^2 \quad \text{혹은} \quad ln(\mu) = b_0 + b_1x + b_2x^2 + ln(t)$$

<수식 5-20>

<수식 5-20> 에서 x 는 X 를 편차점수로 변환한 것, 즉 $x = X - \overline{X}$ 를 의미한다. 기호 $\overline{X}$ 는 X 의 전체 평균이다. 설명변인을 편차점수로 변환하는 이유는 모

형에 포함되는 직선형 성분(X)과 포물선형 성분(X^2)이 서로 너무 높은 상관관계를 가지기 때문에 생길 수 있는 '다중공선성 (multicollinearity)'을 예방하기 위한 조치다.

설명변인인 개인 총소득(X)과 반응변인인 단위면적당 교통사고로 사망한 14세 미만 아동의 수(Y/t) 사이의 곡선형 관계를 검증하기 위한 모형 $ln(\mu) = b_0 + b_1 x + b_2 x^2 + ln(t)$의 무선적 성분에 대하여 포아송분포를 가정한 모형과 음이항분포를 가정한 모형의 모수추정치와 합치도 지수는 <표 5-12>와 같이 산출된다.

〈표 5-12〉 설명변인인 개인 총소득과 반응변인인 단위면적당 교통사고로 사망한 14세 미만 아동의 수(Y/t) 사이의 곡선형 관계를 검증하기 위한 모형 $ln(\mu) = b_0 + b_1 x + b_2 x^2 + ln(t)$의 무선적 성분에 대하여 포아송분포를 가정한 모형과 음이항분포를 가정한 모형의 모수추정치와 합치도 지수

가정된 분포	모수	추정치	ASE	Wald	모수 df	p	모형 df	χ^2	G^2
포아송 분포	b_0	2.684	0.017	157.9	1	.00			
	b_1	−0.054	0.002	−27.0	1	.00	56	65285.83	16790.40
	b_2	0.003	0.000	30.0	1	.00			
음이항 분포	b_0	4.847	0.208	23.3	1	.00			
	b_1	−0.001	0.015	−0.1	1	.93	56	108.01	69.17
	b_2	−0.004	0.001	−4.0	1	.00			
	η^2	1.013	0.169	6.0					

<표 5-12>를 보면, 모형 $ln(\mu) = b_0 + b_1 x + b_2 x^2 + ln(t)$의 무선적 성분에 대하여 포아송분포를 가정한 모형과 음이항분포를 가정한 모형은 서로 매우 다른 결과를 보여 준다. 포아송분포가 가정된 모형의 경우에는 직선형 경향성(b_1)과 포물선형 경향성(b_2)이 모두 유의미한 반면, 음이항분포가 가정된 모형의 경우에는 포물선형 경향성만 유의미한 것으로 나타났다. 그런데 포아송분포를 가정한 모형은 모형합치도(χ^2와 G^2)가 매우 불량한 것으로 판단되고, 특히 과도변산 모수 η^2이 0보다 상당히 크게 추정되었으므로 과도변산의 존재를 고려하지 않는

포아송분포 모형보다 그것을 고려하는 음이항분포 모형이 더 타당한 것으로 판단된다.

[그림 5-13] 은 추정된 음이항분포 모형 $ln(\hat{\mu}/t) = 4.847 - 0.001x - 0.004x^2$ 에 의해 예측되는 $ln(\hat{\mu}/t)$ 를 도표로 그린 것이다.

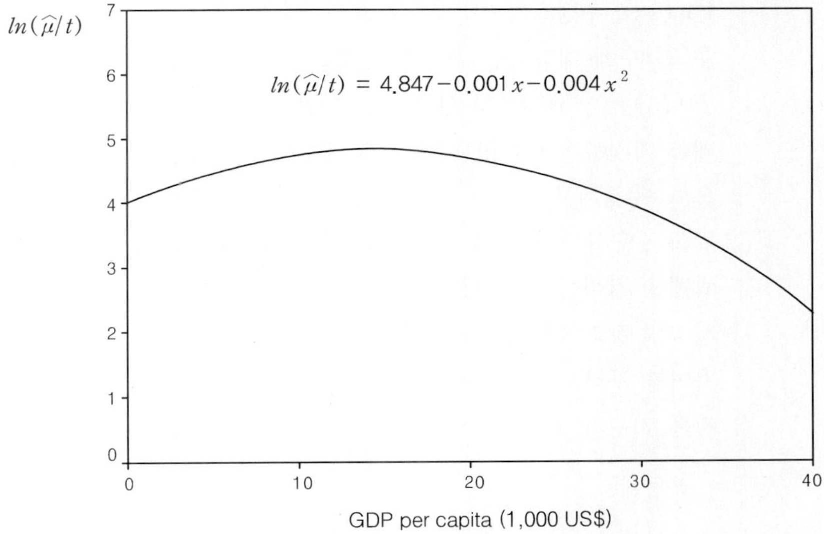

[그림 5-13] 추정된 고형 $ln(\hat{\mu}/t) = 4.847-0.001x-0.004x^2$ 에 의해 예측되는 개인 총소득과 로그 변환($ln(Y/t)$) 된 단위면적당 교통사고로 사망한 14 세 미만 아동의 수 관계

[그림 5-13] 에 제시된 추정된 모형 $ln(\hat{\mu}/t) = 4.847 - 0.001x - 0.004x^2$ 에 의하면 경제 수준이 낮거나 높은 국가들에 비하여 경제 수준이 중간 정도인 국가들에서 단위면적당 교통사고로 사망하는 14 세 미만 아동의 수가 높게 나타나는 경향이 있음을 알 수 있다. 이와 같은 곡선형 관계의 이유를 밝히기 위해서는 보다 풍부한 자료에 기초하여 세밀한 분석을 해야 하지만, 경제 수준이 낮은 국가에는 자동차 등의 교통수단이 많지 않고, 경제 수준이 높은 국가에는 도로안전시설이 잘 정비되어 있는 반면에, 경제 수준이 중간 정도인 국가에서는 교통수단이 많은데 도로안전시설 등의 설비가 제대로 잘 갖추어지지 않았기 때문일 것으로 추정해 볼 수 있다.

곡선형 관계가 존재하는지 여부를 판단하기 위한 또 한 가지 방법은 직선형 관계만 가정하는 모형 $ln(\mu) = b_0 + b_1 x + ln(t)$ 와 곡선형 관계를 가정하는 모형 $ln(\mu) = b_0 + b_1 x + b_2 x^2 + ln(t)$ 의 상대적 '가능성', 즉 최대우도를 서로 비교하는 것이다. <표 5-11> 의 자료에 대하여 직선형 관계만 가정하는 음이항분포모형은 $ln(\hat{\mu}) = 4.4647 - 0.0173x + ln(t)$ 으로 추정되고, 과도변산 모수는 $\eta^2 = 1.1001$ 로 추정된다. 이 추정치들의 <수식 5-15> 의 음이항분포모형을 위한 로그우도함수에 대입하면 직선형 관계만 가정하는 음이항분포모형의 최대로그우도는 $ln(L_1) = -347.82$ 로 산출된다. 반면에 <표 5-12> 에 제시된 바와 같이 곡선형 관계를 가정하는 음이항분포모형은 $ln(\hat{\mu}) = 4.8473 - 0.0013x - 0.0040x^2 + ln(t)$ 으로 추정되고, 과도변산 모수는 $\eta^2 = 1.0132$ 로 추정된다. 이 추정치들의 역 역시 <수식 5-15> 의 음이항분포모형을 위한 로그우도함수에 대입하면 곡선형 관계를 가정하는 음이항분포모형의 최대로그우도는 $ln(L_2) = -344.43$ 이다. 앞서 제 1 장과 3 장에서 설명한 바와 같이 두 개의 모형에서 산출된 최대로그우도의 차이를 구하고, 그 차이에 -2 를 곱해 주면 카이자승분포에 근접하는 분포를 가지는 지수가 되는데, 이 지수를 우도비 카이자승 지수라고 부른다.

$$\chi^2 = -2[ln(L_1) - ln(L_2)] = -2ln\left(\frac{L_1}{L_2}\right)$$

따라서 직선형 관계만 가정하는 모형과 곡선형 관계를 가정하는 모형의 최대로그우도 차이에 대한 우도비 카이자승은 $\chi^2 = -2[(-347.82) - (-344.43)] = 6.78$ 이고, 이 우도비 카이자승의 자유도는 $df = 1$ 이다. 자유도가 $df = 1$ 인 이유는 두 모형이 각각 가지는 모수의 개수 차이가 1 이기 때문이다. 자유도가 $df = 1$ 인 카이자승 분포에서 $\chi^2 = 6.78$ 은 $\alpha = 0.01$ 수준에서 유의미하다. 즉, 곡선형 관계를 가정하는 모형 $ln(\hat{\mu}) = 4.8473 - 0.0013x - 0.0040x^2 + ln(t)$ 의 가능성 (최대우도) 이 직선형 관계만 가정하는 모형 $ln(\hat{\mu}) = 4.4647 - 0.0173x + ln(t)$ 의 가능성 (최대우도) 보다 통계적으로 유의미하게 더 높다. 결론적으로 로그 변환 ($ln(Y/t)$) 된 단위면적당 교통사고로 사망한 14 세 미만 아동의 수는 개인 총소득 (GDP per capita) 에 대하여 곡선형의 함수라고 판단된다.

④ 다항설명변인

설명변인 X가 세 개 이상의 범주들로 구성된 범주변인인 경우 X의 각 범주들에 할당되는 숫자들은 임의로 결정되고, 이 값들은 명명척도(nominal scale)의 속성을 가지게 되며, 이 값들의 상대적인 차이는 의미가 없다. 예를 들어, 설명변인 X가 '종교'라면, 어떤 종교를 어떤 숫자로 표시할 것인가는 완전히 연구자의 임의적 선택에 따라서 결정된다. 즉, 범주적인 설명변인은 그 값의 의미를 결정해 주는 체계적인 구조를 가지지 않는다. 따라서 설명변인 X가 세 개 이상의 범주들로 구성된 범주변인인 경우에는 그 변인을 그대로 사용하여 모수추정을 하거나 해석을 하는 것은 무의미하다. 이때에는 로짓 분석과 관련하여 살펴본 참조코딩, 효과코딩 혹은 대비코딩 방식에 의하여 설명변인 X를 그것의 범주 수보다 하나 적은 수만큼의 인위적인 변인들로 변환해 준 후에 이 인위적인 변인들을 설명변인들로 사용하는 포아송 중다회귀모형을 검증해야 한다.

실험자료를 이용하여 다항설명변인이 이용된 포아송 중다회귀모형을 살펴보자. 심리학의 '정박편파(anchoring bias)' 개념은 양(quantity)에 관한 판단에서 최종판단이 최초에 제시된 양에 의해 왜곡되는 현상을 의미한다. 예를 들어, 사람들에게 신간 서적을 한 권 제시해 주고 "이 책의 가격은 2만원보다 쌉니다. 책 가격이 얼마일까요?" 라고 질문하는 경우보다 "이 책의 가격은 20만원보다 쌉니다. 책 가격이 얼마일까요?" 라고 질문하는 경우에 사람들은 책 가격을 평균적으로 더 높게 추정하는 경향을 보인다. 즉, 책 가격의 추정이 제시된 액수(2만원 혹은 20만원) 쪽으로 이동하는 현상이다. 이러한 정박편파는 제시된 액수가 누가 보아도 비현실적인 경우에도 발생한다. 예를 들어, "이 책의 가격은 2억원보다 쌉니다. 책 가격이 얼마일까요?" 라고 질문하는 경우에도 책 가격에 대한 판단은 제시된 액수에 정박(碇泊)되는 현상이 나타난다. Guthrie, Rachlinski & Wistrich (2001)는 미국에서 행정판사(magistrate judge)들을 대상으로 수행한 연구에서 판단 전문가들인 행정판사들의 판단에도 정박편파가 나타난다는 것을 발견하였다(행정판사는 간단한 사건의 약식재판에서 판사 역할을 하는 법원공무원을 말한다). 필자는 다른 연구자들과 함께 개인들의 판단이 아닌 집단판단에서도 이러한 정박편파가 나타날지를 알아보기 위하여 400명의 대학생을 대상으로 간단한 실험을 하였다(박광배 · 김상준 · 한미영, 2005).

총 400 명의 대학생 (남자 214 명, 여자 186 명) 을 다시 5 명씩 무작위로 총 80개의 판단집단으로 재분할한 후, 집단판단에서도 정박편파가 나타날지를 알아보기 위하여 각 판단집단을 세 개의 실험조건에 무작위로 할당하였다. 각 실험조건에 할당된 판단집단은 재판 사실에 대한 시나리오를 읽고, 시나리오에 묘사된 사건의 쟁점에 대하여 마치 5 명으로 구성된 배심원단처럼 10 분간의 평의를 하여 만장일치된 결정을 하였다. '무 정박점' 조건에 할당된 26 개의 판단집단에게는 교통사고 상황에서 피해자의 피해 사실을 구체적으로 명시하고 피해자가 가해자에게 손해배상을 청구하였다는 내용이 기술되었다. 그러나 '무 정박점' 조건의 시나리오에는 피해자가 청구한 손해배상액은 명시하지 않았다. '저 정박점' 조건에는 27 개의 판단집단이 할당되었는데, 이 조건의 판단집단이 읽은 시나리오는 첫 번째 시나리오와 모든 내용이 동일하고, 다만 마지막에 피해자가 가해자에게 제시한 터무니없이 낮은 액수의 손해배상금 청구금액이 함께 명시되었다. 그리고 27 개의 판단집단이 할당된 '고 정박점' 시나리오는 '저 정박점' 시나리오와 대조적으로 피해 사실에 비추어 터무니없이 높은 청구금액이 명시되었다. 시나리오를 읽은 판단집단은 10 분간의 토론을 거쳐서 가해자가 피해자에게 지불해야 할 적정한 손해배상액을 결정하였다. <표 5-13> 은 각 실험조건에서 판단집단이 결정한 적정 손해배상액의 평균과 표준편차다.

〈 **표 5-13** 〉 집단들이 판단한 적정 손해배상액의 평균과 표준편차

실험조건	집단 수	평균	표준편차	실험조건에 대한 참조코딩	
				R_1	R_2
저 정박점	27	10.13	6.58	0	1
무 정박점	26	88.01	144.55	0	0
고 정박점	27	1059.98	1759.81	1	0

평균과 표준편차의 단위는 100 만원임.

판단집단들이 결정한 손해배상액(Y) 에 대한 실험조건(X) 의 효과를 검증하기 위한 일반선형모형은 $\mu = b_0 + b_1 X$ 로 기술될 수 있다. μ 는 각 실험조건 내에서 판단집단들이 결정한 손해배상액(Y) 의 평균이다. 그러나 이때 두 가지 중

요한 사항에 대한 고려가 있어야 한다. 첫째는 일반선형모형 $\mu = b_0 + b_1X$ 의 무선적 성분(판단된 손해배상액)에 가정되는 확률분포에 대한 고려이고, 둘째는 설명변인인 실험조건(X)이 세 개의 범주를 가지는 다항변인이므로 이 변인을 모형에 어떤 형태로 개념화할 것인가에 대한 고려다.

<표 5-13>의 평균과 표준편차를 보면 평균이 커질수록 표준편차 또한 커지는데, 표준편차를 자승한 변량은 평균에 비하여 매우 많이 커지는 경향을 가진다는 것을 알 수 있다. 즉, 설명변인(실험조건)의 각 값에서 반응변인(집단이 판단한 적정 손해배상액)의 변량은 그것의 평균과 비례적으로 변하는데, 평균과 변량이 1 : 1의 관계를 가지는 것이 아니라 변량이 평균보다 큰 과도변산이 존재한다. 또한, [그림 5-14]의 히스토그램에서 알 수 있는 바와 같이, 반응변인인 손해배상액(Y)은 설명변인인 실험조건(X)의 각 범주 내에서 좌우가 비대칭적인 분포를 가진다. 따라서 집단이 판단한 적정 손해배상액은 각 실험조건 내에서 평균을 중심으로 포아송분포 혹은 음이항분포를 하는 변인일 가능성이 매우 높다.

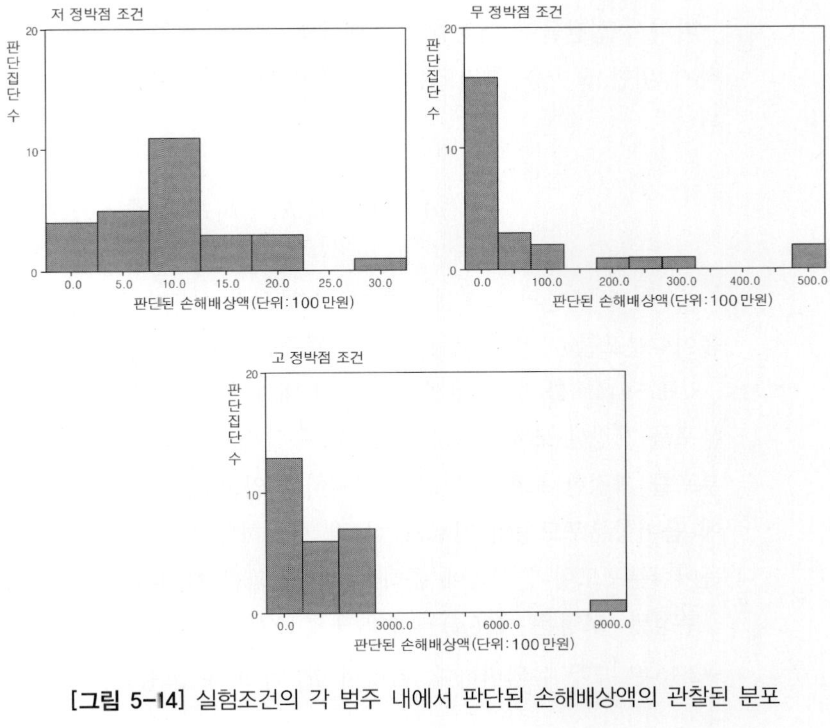

[그림 5-14] 실험조건의 각 범주 내에서 판단된 손해배상액의 관찰된 분포

비록, 반응변인인 손해배상액(Y)이 빈도변인은 아니지만, 만약 이것이 설명변인의 각 범주 내에서 포아송분포 혹은 음이항분포를 하는 변인이라면, 정규분포를 가정하는 변량분석모형(analysis of variance model)이나 회귀분석모형(regression analysis model)을 사용하여 판단집단들이 결정한 손해배상액(Y)에 대한 실험 조건(X)의 효과를 검증하기보다는 포아송 회귀모형이나 음이항분포모형을 고려하는 것이 더 적절할 수 있다.

일반선형모형 $\mu = b_0 + b_1 X$를 검증하기 위하여 두 번째로 고려해야 할 사항은 설명변인인 실험조건(X)이 범주변인이라는 것이다. 설명변인인 실험조건(X)이 세 개의 범주를 가지는 다항변인이므로 <표 5-13>에 제시된 바와 같이 참조코딩(reference coding)을 하여 두 개의 참조변인 R_1과 R_2를 일반선형모형의 설명변인들로 사용하는 것이 한 방법이다. <표 5-13>에 제시된 방식의 참조코딩은 두 개의 참조변인들 R_1과 R_2에 모두 0으로 코딩된 실험조건('무 정박점' 조건)을 참조범주(reference category)로 사용하여 다른 실험조건들을 이 참조범주와 비교하기 위한 방식이다.

따라서 집단들이 결정한 손해배상액(Y)에 대한 실험조건(X)의 효과를 검증하기 위한 포아송 회귀모형 혹은 음이항분포모형은 <수식 5-21>과 같이 기술된다.

$$ln(\mu) = b_0 + b_1 R_1 + b_2 R_2 \qquad \text{<수식 5-21>}$$

<수식 5-21>의 모형에 대하여 그 무선적 성분에 포아송분포를 가정한 모형과 음이항분포를 가정한 모형을 각각 검증한 결과는 <표 5-14>와 같다.

<표 5-14>를 보면 무선적 성분에 대하여 포아송분포를 가정한 모형과 음이항분포를 가정한 모형의 모수추정치는 동일하고, 표준오차가 다르다. 그런데 포아송분포를 가정한 모형은 자료와 합치하지 않고($\chi^2 = 82010.55$, $G^2 = 51260.33$), 반면에 음이항분포모형이 자료와 더 잘 합치하였다($\chi^2 = 110.54$, $G^2 = 93.33$). 따라서 음이항분포모형의 결과에 준하여 실험결과를 해석하는 것이 좋다.

추정된 모형은 $ln(\hat{\mu}) = 4.48 + 2.49 R_1 - 2.16 R_2$이고, $b_1 = 2.49$와 $b_2 = -2.16$은 모두 유의미하다. 따라서 R_1에 '1'로 코딩된 '고 정박점' 조건과 참조범

〈**표 5-14**〉 모형 $ln(\mu) = b_0 + b_1R_1 + b_2R_2$ 의 무선적 성분에 대하여 포아송분포를 가정한 모형과 음이항분포를 가정한 모형의 모수추정치와 합치도 지수

가정된 분포	모수	추정치	*ASE*	Wald	모수 *df*	*p*	모형 *df*	χ^2	G^2
포아송	b_0	4.48	0.02	224.0	1	0.00			
분포	b_1	2.49	0.02	124.5	1	0.00	77	82010.55	51260.33
	b_2	−2.16	0.06	−36.0	1	0.00			
음이항	b_0	4.48	0.23	19.5	1	0.00			
분포	b_1	2.49	0.32	7.8	1	0.00	77	110.54	93.33
	b_2	−2.16	0.33	−6.5	1	0.00			
	η^2	1.35	0.19	7.1					

주인 '무 정박점' 조건에서 집단들이 결정한 손해배상액이 유의미한 차이를 보이고, R_2 에 '1' 로 코딩된 '저 정박점' 조건과 참조범주인 '무 정박점' 조건에서 집단들이 결정한 손해배상액도 또한 유의미한 차이를 가진다. 각 실험조건에서 추정된 모형에 의해 예측된 반응변인의 평균은 다음과 같다.

$$\text{'저 정박점' 조건: } \hat{\mu} = exp(4.48 + 2.49(0) - 2.16(1)) = 10.18$$

$$\text{'무 정박점' 조건: } \hat{\mu} = exp(4.48 + 2.49(0) - 2.16(0)) = 88.23$$

$$\text{'고 정박점' 조건: } \hat{\mu} = exp(4.48 + 2.49(1) - 2.16(0)) = 1064.22$$

모형에 의해 예측된 실험조건 평균들은 <표 5-13> 의 관찰된 평균들에 매우 근접해 있음을 알 수 있다. 결국 추정된 모형에 의하면, R_2 에 '1' 로 코딩된 '저 정박점' 의 평균은 참조범주인 '무 정박점' 의 평균보다 $exp(b_2) = exp(-2.16) = 0.104$ 배만큼 낮을 것으로 예상되고, R_1 에 '1' 로 코딩된 '고 정박점'의 평균은 참조범주인 '무 정박점'의 평균보다 $exp(b_1) = exp(2.49) = 12.061$ 배만큼 높을 것으로 예상된다.

<표 5-14> 의 모형자유도가 $df = 77$ 인 이유는 전체 사례 수 (판단집단 수) 가

80 이고, 검증된 모형 $ln(\mu) = b_0 + b_1 R_1 + b_2 R_2$ 가 3 개의 모수 (b_0, b_1, b_2) 를 가지기 때문이다. 음이항분포모형의 합치도를 판단하기 위한 피어슨 카이자승 지수는 80 개의 판단집단에 대하여 다음과 같이 계산된 것이다. 이 피어슨 카이자승 지수를 '일반 피어슨 통계치 (generalized Pearson statistic)' 라고 부른다 (McCullagh & Nelder, 1989: 34).

$$\chi^2 = \sum_{i=1}^{n} \frac{(Y - \widehat{\mu})^2}{\widehat{\mu}(1+\eta^2\widehat{\mu})}$$

$$= \frac{(2-10.18)^2}{10.18(1+1.35(10.18))} + \cdots + \frac{(40-88.23)^2}{88.23(1+1.35(88.23))} + \cdots$$

$$+ \frac{(200-1064.22)^2}{1064.22(1+1.35(1064.22))} = 110.54$$

이 일반 피어슨 통계치 공식에서 분모 $\widehat{\mu}(1+\eta^2\widehat{\mu})$ 는 반응변인의 조건변량 (설명변인의 특정한 값에서 반응변인의 이론적인 표집분포의 변량) $\widehat{var}(Y)$ 를 의미한다. 만약 반응변인의 표집분포가 포아송분포인 경우에는 $\eta^2 = 0$ 이므로 이 일반 피어슨 통계치는 피어슨 카이자승 지수가 된다.

각 실험조건 내에서 반응변인 (손해배상액) 의 평균과 변량이 동일하다고 가정하는 포아송분포모형의 피어슨 카이자승 지수는 $\chi^2 = \sum_{i=1}^{n} (Y - \widehat{\mu})^2/\widehat{\mu} = 82010.55$ 로 계산된 것이다. <표 5-14> 를 보면 과도변산 모수가 $\eta^2 = 1.35$ 로 추정되었다. 따라서 실험조건 내에서 반응변인 (손해배상액) 의 평균과 변량이 동일하다는 가정은 자료와 부합하지 않는 가정이고, 포아송분포 모형의 피어슨 카이자승 지수는 모형과 자료의 합치도를 제대로 반영하지 않는다고 판단된다.

■ 참 고

다음은 이탈리아 사람들의 연봉 (단위: 백만 리라) 과 여행자 신용카드의 소지 여부를 조사한 자료다. n 은 표집된 사례 수이고, '소지자' 는 여행자 신용카드를 소지한 사람의 수다.

연봉	소지자	n	연봉	소지자	n	연봉	소지자	n	연봉	소지자	n
24	0	1	34	1	7	48	0	1	70	3	5
27	0	1	35	1	1	49	0	1	79	0	1
28	2	5	38	1	3	50	2	10	80	0	1
29	0	3	39	0	2	52	0	1	84	0	1
30	1	9	40	0	5	59	0	1	94	0	1
31	1	5	41	0	2	60	2	5	120	6	6
32	0	8	42	0	2	65	6	6	130	1	1
33	0	1	45	1	1	68	3	3			

이 자료를 이용하여 여항자 신용카드를 소지하는 것이 연봉 수준과 관계가 있는지를 파악하기 위한 SAS 프로그램이 다음과 같이 예시되었다. 나머지 자료를 입력하여 분석하고 결과를 기술하라.

```
data cards;
input income ccards cnumber;
cards;
 24 0 1
 27 0 1
 . . .
 . . .
120 6 6
130 1 1
;
run;
```

```
proc genmod data=cards;
 model ccards = income / dist = poisson
                         link = log
                         offset = cnumber;
proc genmod data=cards;
 model ccards = income / dist = negbin
                         link = log
                         offset = cnumber;
run;
```

제 6 장
로지스틱 회귀모형

일반적인 회귀분석모형(regression analysis model)이나 변량분석모형(analysis of variance model)과 같이 연구자가 사전에 설명변인과 반응변인을 구별하고, 반응변인에 대한 설명변인의 효과를 검증하기 위한 분석모형들을 통칭하여 '반응분석모형(response analysis model)'이라고 부른다. 회귀분석모형에서는 일반적으로 반응변인을 예측되는 변인(predicted variable) 혹은 종속변인(dependent variable)이라고 부르고, 설명변인을 예측하는 변인(predictor variable) 혹은 독립변인(independent variable)이라고 부른다. 회귀분석모형에서 반응변인은 언제나 값의 가능성 범위가 무한대인 연속변인(continuous variable)이라고 가정되고, 설명변인은 연속변인이거나 혹은 범주변인(categorical variable)이다.

예측되는 변인이 이분(二分)된 범주변인(dichotomized categorical variable)인 경우, 이러한 변인을 '가부(可否) 반응변인(quantal response variable)'이라고 부르고, 가부반응변인에 대한 설명변인들의 효과를 검증하는 통계적 모형(반응분석모형)들을 '가부반응분석모형(quantal response analysis model)'이라고 부른다(Haberman, 1978). 예를 들면, 성공 여부, 유무죄 판결, 생사 여부, 취업 여부, 완쾌 여부, 입학 여부 등이 가부반응변인이 될 수 있다.

예측되는 변인이 세 개 이상의 범주들로 구성된 범주변인인 경우, 이러한 변인을 '범주반응변인(categorical response variable)'이라고 부르고, 범주반응변인에 대한 독립변인들의 효과를 검증하는 통계적 모형들을 '범주반응분석모형(categorical response analysis model)'이라고 부른다. 예를 들면, 종교, 직업, 좋아하는 음식 등의 명명척도(nominal scale) 속성을 가지는 변인들과 석차, 출생서열, 인기순위 등의 서열척도(ordinal scale) 속성을 가지는 변인들이 범주반응변인이 될 수 있다. 범주반응변인은 가부반응변인을 포함하는 개념이다. 즉, 범주가 두 개인 범주반응변인을 가부반응변인이라고 부른다.

가부반응분석과 범주반응분석에 속하는 대표적 분석모형들에는 로짓 분석(logit analysis), 프로빗 분석(probit analysis), 로지스틱 회귀분석(logistic regression) 등이 있다. 이러한 범주반응분석들은 다시 설명변인의 속성에 따라서 두 종류의 부류로 구별될 수 있다. 로짓 분석은 설명변인이 범주변인인 경우에, 범주적인 반응변인에 대한 범주적인 설명변인의 효과를 검증하는 대표적 분석 모형이다. 반면에 프로빗 분석과 로지스틱 회귀분석은 설명변인이 연속변인 혹은 서열변인인 경우에 범주적인 반응변인에 대한 설명변인의 효과를 검증하는 분석 모형들이다.

1 로지스틱 회귀모형의 기본 구조

반응변인이 두 개의 범주를 가지는 가부반응변인이고, 설명변인(X)이 연속변인이거나 서열변인인 경우에 로지스틱 회귀모형은 <수식 6-1>과 같이 기술된다.

$$\widehat{logit} = b_0 + b_1 X \qquad \text{<수식 6-1>}$$

예를 들어, 자신과 자신의 삶에 대한 의미 부여를 거부하는 경향인 '인지적 몰락(cognitive de-construction)'이 자살시도의 경험이 있는 사람과 이러한 경험이 없는 사람을 예측할 수 있는지를 검증하기 위하여 303명의 응답자를 대상으로 조사를 하였고, 그 자료가 <표 6-1>에 요약되었다고 가정하자. 조사된 303명 중 42명이 자살시도의 경험이 있고, 나머지 261명은 자살시도의 경험이 없다고 응답하였다. 인지적 몰락(X)은 15문항으로 이루어진 심리척도로 측정된 점수이고, 자살시도의 유무는 시도자가 1로, 비시도자가 0으로 코딩된 가부반응변인이다. 반응변인인

〈표 6-1〉 자살시도 유무와 인지적 몰락점수 자료

인지적 몰락점수(X)	자살시도 유무(Y)		승산	로짓 ($logit$)
	유	무		
0	0	12	0.0000	$-\infty$
1	1	17	0.0588	−2.8336
2	0	13	0.0000	$-\infty$
3	0	14	0.0000	$-\infty$
4	3	17	0.1765	−1.7344
5	2	16	0.1250	−2.0794
6	0	20	0.0000	$-\infty$
7	3	19	0.1579	−1.8458
8	5	22	0.2273	−1.4815
9	3	17	0.1765	−1.7344
10	4	15	0.2667	−1.3216
11	1	18	0.0556	−2.8896
12	7	14	0.5000	−0.6931
13	3	18	0.1667	−1.7916
14	6	14	0.4286	−0.8472
15	4	15	0.2667	−1.3216
전체	42	261		

자살시도 유무가 범주적인 가부반응변인이므로 그 변인에 대한 인지적 몰락의 효과는 로지스틱 회귀모형에 의해 검증될 수 있다.

가부반응변인인 자살시도 유무(Y)에 대하여 연속변인인 인지적 몰락(X)이 효과를 가지는지 혹은 예측력이 있는지의 여부를 로지스틱 회귀모형을 이용하여 검증하는 경우에 로지스틱 회귀모형은 로짓 연결함수를 사용하여 가부반응변인을 변환하는 일반선형모형의 일종이므로 설명변인 X가 연속변인인 경우에도 그 설명변인의 각 값이 하나의 범주로 간주된다. 다시 말해서 로지스틱 회귀분석을 수행하기 위해서는 우선 설명변인(인지적 몰락)의 각 값에서 로짓이 산출될 필요가 있고, 원 자료가 <표 5-1>과 같은 형태로 정리되어야 한다. 이 자료 정리의 핵심은 설명변인(인지적 몰락)의 각 값을 가지는 사례 중에 반응변인(자살시도 유무)

의 한 범주(유)에 속하는 사례의 수와 반응변인의 다른 범주(무)에 속하는 사례 수를 산출하는 것이다.

원 자료가 <표 6-1>과 같은 형태로 정리되면, 로지스틱 회귀분석은 원 자료를 사용하지 않고, <표 6-1>과 같이 정리된 자료를 사용하여 회귀계수 b_0와 b_1을 산출한다. 즉, 로지스틱 회귀모형의 설명변인 혹은 예측하는 변인 X의 값은 각 응답자의 인지적 몰락점수가 아니라 <표 6-1>에 제시된 0부터 15까지 점수범주다. 또한, 로지스틱 회귀모형의 종속변인은 원래의 가부반응변인 Y가 아니라 <표 6-1>에 제시된 로짓이다. 따라서 <표 6-1>의 자료에 대한 로지스틱 회귀분석에서 분석에 사용된 자료의 수는 303이 아니라 16이다.

<표 6-1>에 정리된 자료를 이용하여 회귀분석을 하여 회귀계수들 b_0와 b_1이 산출되면, 이들에 대한 해석은 일반적인 회귀계수의 해석과 동일한 원칙에 의해 이루어진다. 즉, b_0의 값은 인지적 몰락(X)의 값이 0일 때 예측된 로짓이다. 또한, b_1은 인지적 몰락점수가 1점 증가하거나 감소할 때, 그에 따라 증가하거나 감소하는 로짓의 예측치다. 예측되는 종속변인이 로짓이기 때문에 회귀계수들의 의미도 그에 따라 다분히 추상화되는 경향이 있다. 그런데 다행히도 추정된 로지스틱 회귀모형은 반응변인의 특정한 범주 비율을 예측하는 모형으로 매우 쉽게 전환될 수 있다.

$$\widehat{logit} = ln\left(\frac{\hat{p}}{1-\hat{p}}\right) = b_0 + b_1X$$

이므로,

$$\frac{\hat{p}}{1-\hat{p}} = e^{(b_0 + b_1X)}$$

이고, 따라서

$$\hat{p} = \frac{1}{1+e^{-(b_0+b_1X)}}$$

이 등식에서 $\hat{p}$ 는 특정한 X 의 값에서 $Y = 1$ 인 사례의 예측된 확률이다. 로지스틱 회귀모형의 회귀계수들 b_0 와 b_1 이 산출되면 이 등식에 의해서 설명변인이 특정한 값을 가질 때 연구자가 관심을 가지는 반응 ($Y=1$) 의 예측된 확률 $\hat{p}$ 를 산출할 수 있다. 자살시도와 같이 연구자가 관심을 가지는 반응을 '성향 (propensity)' 이라고 부르기도 한다 (Rosenbaum & Rubin, 1983). 다시 말해서 로지스틱 회귀모형은 주어진 설명변인 값 (X) 에 의하여 반응변인의 특정한 (연구자의 관심 대상인) 성향이 나타날 확률 $\hat{p}$ 를 추정하는 모형으로 이해할 수 있다. 다만, 앞의 마지막 등식이 보여 주듯이, 이 성향확률 $\hat{p}$ 와 독립변인 X 의 관계는 직선형 관계 (straight line relationship) 가 아니고, 로그함수 관계 혹은 S 자형 관계 (ogive relationship) 라는 사실을 유념하여야 한다.

요약하자면, 로지스틱 회귀모형은 두 가지 형태로 개념화될 수 있다. 첫째는 로짓을 예측하는 선형모형이라는 것이다. 이 경우의 로지스틱 회귀모형은 로짓과 설명변인의 관계가 직선형이라고 가정한다. 로지스틱 회귀모형의 둘째 형태는 특정한 반응의 확률을 예측하는 비직선형 모형이다. 이 경우의 로지스틱 회귀모형은 특정한 성향비율 $\hat{p}$ 와 설명변인 X 의 관계가 S 자형 혹은 오자이브 (ogive) 형이라고 가정한다. 이 두 가지 형태의 로지스틱 회귀모형은 별개의 모형들이 아니고, 동일한 모형을 다르게 표현하는 것뿐이라는 사실을 유념하여야 한다. [그림 6-1] 의 두 모형은 동일한 자료를 설명하는 동일한 로지스틱 회귀모형이다.

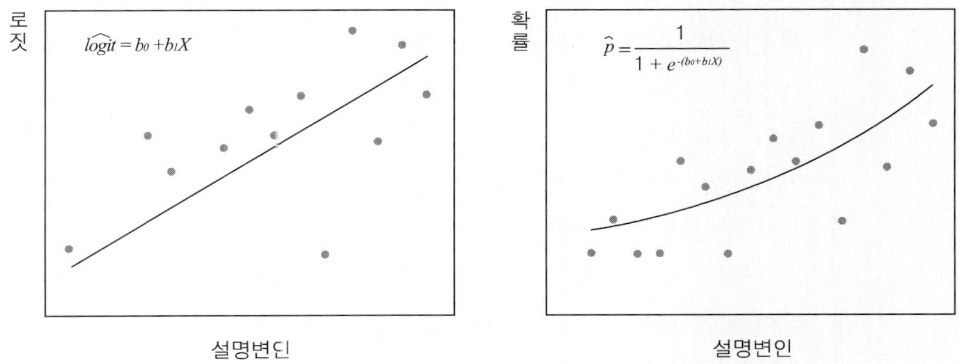

[그림 6-1] 로지스틱 회귀모형의 두 가지 형태

2 모수추정

로지스틱 회귀분석은 반응변인을 로짓으로 변환하는 것 이외에 또 다른 한 가지 면에서 일반적인 회귀분석과 차이를 가진다. 그것은 회귀계수(모수) 추정이 최소자승 방법에 의해 이루어지지 않고, 최대우도 추정방법에 의해 이루어진다는 것이다. 그 이유는 첫째로 앞서 제 3 장에서 자세히 설명한 바와 같이 일반선형모형의 일종인 로지스틱 회귀모형의 무선적 성분이 정규분포에 기초하지 않고, 둘째로 모형이 예측하는 $\hat{p}$ 를 중심으로 비율의 표집분포가 균질의 변량을 가지지 않기 때문이다. 이 두 가지 이유 이외에 로지스틱 회귀분석에서는 소위 '영(零) 빈도(zero frequency)의 문제' 라고 부르는 현상이 자주 발생하기 때문에 최소자승 방법에 의해 모수를 정확히 추정하기 어렵다.

① 반응변인의 표집분포

로지스틱 회귀모형의 반응변인은 일반적으로 이항분포 혹은 다항분포를 하는 변인이다. 이항분포는 시도 혹은 관찰의 수가 N번으로 한정적이고 고정된 베르누이 시행에서 두 가지 사상(event) 중에 하나의 사상이 나타나는 빈도의 확률분포다. 예를 들어, <표 6-1> 의 인지적 몰락과 자살시도의 관계에 대한 예에서 인지적 몰락점수가 8 점인 사람의 전체 수는 $N = 27$ 명인데, 그 사람들을 한 명씩 관찰해 본 결과 자살시도의 경험이 있는 사람이 5 명, 즉 18.5 % 이었다. 만약에 다른 표본에서 다시 인지적 몰락점수가 8 점인 사람 27 명을 관찰하면 자살시도의 경험이 있는 사람의 숫자가 바뀔 것이다. 실제 모집단에서 인지적 몰락점수가 8 점인 사람 중에 자살시도의 경험이 있는 사람의 모집단 비율이 p 라면, 27 명으로 구성된 표본들의 표본비율은 p 를 중심으로 이항분포를 할 것이고, 27 명으로 구성된 표본들의 자살시도자 수는 $27p$ 를 중심으로 이항분포할 것이다. 이와 같이 로지스틱 회귀모형의 반응변인은 그 표집분포가 정규분포를 하지 않기 때문에 정규분포를 가정하는 최소자승 방법에 의하여 모수추정을 하는 것이 부적절하다.

② 변량의 균질성 가정

앞서 제 3 장에서 최소자승 방법에 의한 회귀분석의 가정 중에 변량의 균질성 가정이 있다는 것을 설명한 바 있다. 변량의 균질성 가정 (homogeneity of variance assumption) 은 회구분석과 변량분석을 비롯하여 최소자승 방법을 사용하는 통계모형이 공히 가지는 매우 중요한 가정이다. 그런데 로지스틱 회귀분석에서는 설명변인의 모든 값이 범주로 간주되고, 설명변인의 각 범주에서 반응변인의 로짓이 산출되어 분석의 종속변인으로 이용되는 특성 때문에 이 가정이 지켜지기 매우 어렵다. 설명변인의 각 값 범주에서의 로짓의 변량은 그 범주의 전체 사례 수를 n_i 로 표기하고, 토짓의 분자에 해당하는 빈도를 n_{i1}, 로짓의 분모에 해당하는 빈도를 n_{i0} 라고 표기하면 다음과 같이 정의된다.

$$\text{설명변인 범주 } i\text{의 로짓 변량 } V_i = \frac{n_i}{n_{i1}n_{i0}}$$

다시 말해서 로짓의 변량 V_i 는 범주 i 의 사례 수 n_i 에 의해서 직접적으로 달라진다. 일반적으로 로짓변량 V_i 는 범주 i 의 사례 수 n_i 와 역의 관계를 가진다. 앞의 자살시도에 관한 예에서 인지적 몰락점수가 1 인 범주의 로짓변량은 18 / (1) (17) = 1.059 인 반면, 인지적 몰락점수가 8 인 범주의 로짓변량은 27 / (5) (22) = 0.245 이다.

설명변인의 각 값을 가지는 사례 수가 모두 동일하도록, 즉 설명변인의 빈도분포가 균일분포 (uniform distribution) 하도록 연구자가 조작하는 경우를 제외하면, 설명변인의 각 수준어서 종속변인인 로짓의 변량이 큰 폭으로 달라지는 것이 일반적이므로 로지스틱 희귀분석에서는 최소자승 방법에 의해 회귀계수를 산출하기 위한 중요한 가정을 충족하지 못하는 경우가 매우 많아지게 된다. 일반적으로 로지스틱 회귀분석에서는 변량의 동질성 가정이 충족되리라고 기대할 수 없다.

③ 영빈도

로지스틱 회귀모형의 계수들이 최소자승 방법으로 추정될 수 없는 또 다른 이유는 <표 6-1> 의 자살시도 예에서 명확히 나타나고 있다. <표 6-1> 의 예에서 인지적 몰락점수가 0점, 2점, 3점, 6점인 사람들은 모두 자살 비시도자들이다. 즉, 이들의 경우에는 반응이 반응변인의 한 범주에 모두 몰려 있고, 반응변인의 또 다른 범주에는 빈도가 0이다. 이와 같이 반응변인의 한 범주가 0 빈도를 가지는 경우에는 로짓이 정의되지 않는다. 왜냐하면 이런 경우의 로짓은 $-\infty$ 혹은 $+\infty$이기 때문이다.

이와 같이 영빈도가 존재하면 두 가지 중 한 가지 방식에 의하여 처리된다. 첫째는 그것을 소위 '구조적 영(structural zero)'으로 간주하는 것인데, 말하자면 본질적으로 빈도가 나타날 수 없는 반응범주로 간주하는 것이다. 예를 들어, 성별과 임신 여부로 2×2 교차분할표를 작성하면, '남자'이면서 '임신'이라는 반응범주에는 언제나 영빈도가 나타날 수밖에 없다. 이러한 범주에서 나타나는 영(0) 빈도를 구조적 영이라고 한다. 만약 어떤 범주의 영빈도가 구조적 영이라고 간주되면, 이 범주는 분석에서 제외된다. 앞의 예에서 인지적 몰락점수가 0점, 2점, 3점, 6점인 사례들을 분석에서 모두 제외한다면, 영빈도를 구조적 영으로 간주하는 것이다.

영빈도를 처리하는 두 번째 방식은 그것을 소위 '무선적 영(random zero)'으로 간주하는 것이다. 즉, 모집단에서는 그 범주에 사례가 존재하지만, 표본에서는 우연에 의하여 사례가 나타나지 않았다고 간주하는 것이다. 이때에는 영빈도를 아주 작은 숫자의 인위적인 빈도로 교체한다.

로지스틱 회귀분석의 설명변인은 흔히 연속변인이고, 연속변인은 매우 많은 수의 값을 가지게 마련이다. 따라서 독립변인의 각 값을 가지는 사례들의 수가 작은 경우가 자주 발생하고, 이 작은 사례들이 반응변인의 특정한 반응범주에 모두 몰리게 되어, 결과적으로 영빈도를 가지는 반응범주가 자주 나타나는 경향이 있다. 이러한 영빈도를 구조적 영빈도로 간주하건, 아니면 무선적 영빈도로 간주하건, 최소자승 방법에 의해 산출되는 계수들은 그러한 인위적인 조작에 따라서 크게 달라질 수 있다. 특히, 영빈도가 실제로 무선적 영빈도인 경우에는 다른 표본자료를 이용하여 추정된 모수들은 매우 다른 양상을 나타낼 수 있다. 간단히 말해서 영빈도의 문제를 가진 자료를 이용하여 최소자승 방법에 의해 모수추정을 하면 추정된 모수가 극도로 불안정하다는 문제를 가진다.

④ 최대우도 추정방법

최대우도 추정방법은 특정한 우도함수 (likelihood function) 을 설정하고, 이 함수를 최대화하는 모수값들을 순환과정을 거쳐 산출한다. 이때 우도란 특정한 로지스틱 회귀모형이 모집단에서 참이라는 가정하에 자료의 빈도 혹은 비율들이 발생할 확률을 의미한다. 예를 들어, <표 6-1> 에서 인지적 몰락점수가 8 인 경우에 27 명 중 5 명이 자살시도의 경험이 있고, 22 명이 그러한 경험이 없다. 앞서 언급한 것처럼 만약에 다른 표본에서 다시 인지적 몰락점수가 8 점인 사람 27 명을 관찰하면 자살시도의 경험이 있는 사람의 숫자가 바뀔 것이고, 표본마다 달라지는 이러한 숫자는 이항분포를 할 것이다. 특정한 X 값을 가진 사례 n_i 중에서 $Y=1$ 을 가진 사례의 빈도 n_{i1} 과 $Y=0$ 을 가진 사례의 빈도 n_{i0} 는 이항분포를 한다고 생각되므로 그 확률은 제 1 장에서 설명한 이항확률 식에 의하여 <수식 6-2> 와 같이 정의된다.

$$Pr(n_{i0}, n_{i1}) = \frac{n_i!}{n_{i0}!\,n_{i1}!} p_{i0}^{n_{i0}} p_{i1}^{n_{i1}} \qquad \text{<수식 6-2>}$$

<수식 6-2> 의 이항확률 식에서 $Pr(n_{i0}, n_{i1})$ 는 '특정한 표본에서 $Y=1$ 인 사례의 빈도는 n_{i1} 이고, $Y=0$ 인 사례의 빈도는 n_{i0} 일 확률' 을 의미하고, p_{i0} 와 p_{i1} 은 각각 모집단에서 그 사례의 비율이다. 예를 들어, 인지적 몰락점수가 8 인 사람들 27 명을 관찰했을 때 자살시도자가 5 명, 비시도자가 22 명으로 나타날 확률은 $Pr(22, 5) = (27!/(22!)(5!))p_{i0}^{22}\,p_{i1}^{5}$ 이다. 설명변인 X 의 각 값에서 n_{i0} 와 n_{i1} 이 나타날 확률이 <수식 6-2> 와 같이 정의되므로 설명변인 X 의 모든 범주에서 각각 이항확률을 구하고, 이 확률들을 모두 곱하면 <표 6-1> 의 자료 전체가 나타날 확률이 된다. 이 주어진 표본자료 전체가 나타날 확률이 우도 (likelihood) 다.

$$\text{우도} = \prod_{i=1}^{I} \frac{n_i!}{n_{i0}!\,n_{i1}!} p_{i0}^{n_{i0}} p_{i1}^{n_{i1}} \qquad \text{<수식 6-3>}$$

<수식 6-3> 의 우도는 설명변인 X 의 모든 범주의 수(I) 만큼의 이항확률들을 모두 곱해 준 것이므로 제 1 장에서 설명한 승적다항확률이다. 우도가 승적다항확률이므로 곱셈의 형태를 가지는데, 그것을 로그 변환하면 덧셈의 형태를 가지는 함수식이 되고, 수학적인 처리가 간편해지는 장점이 있다.

$$ln(L) = \sum_{i=1}^{I} ln\left(\frac{n_i!}{n_{i0}!\,n_{i1}!}\, p_{i0}^{n_i}\, p_{i1}^{n_i}\right) \qquad \text{<수식 6-4>}$$

그런데 로지스틱 회귀모형에 의하여 특정한 X 의 값에서 $Y=1$ 인 사례의 비율은 $\hat{p}= 1/(1+e^{-(b_0+b_1X)})$ 로 예측되고, 특정한 X 의 값에서 $Y=0$ 인 사례의 비율은 $1-\hat{p}$ 로 예측된다. 따라서 이 로지스틱 회귀모형을 <수식 6-4> 의 p_{i0} 와 p_{i1} 에 각각 대입하고, 수식을 정리하면 <수식 6-5> 와 같은 로그우도함수가 생성된다.

$$ln(L) = \sum_{i=1}^{I} ln\left(\frac{n_i!}{n_{i0}!\,n_{i1}!}\left(1-\frac{1}{1+e^{-(b_0+b_1X)}}\right)^{n_{i0}}\left(\frac{1}{1+e^{-(b_0+b_1X)}}\right)^{n_{i1}}\right)$$

<수식 6-5>

<수식 6-5> 의 로그우도함수식에서 n_i 는 설명변인 범주 i 의 전체 사례 수이고, ln 은 자연로그이며, e 는 자연상수 2.718…… 이다. 그런데 <수식 6-5> 의 로그우도함수식을 풀어서 재정리하면 <수식 6-6> 의 형태로 단순화할 수 있다.

$$ln(L) = -\sum_{i=1}^{I} n_i ln(1+exp(b_0+b_1X)) + \sum_{i=1}^{I} n_{i1}(b_0+b_1X) \qquad \text{<수식 6-6>}$$

로지스틱 회귀분석은 <수식 6-6> 의 로그우도함수 $ln(L)$ 를 최대가 되게 하는 b_0 와 b_1 의 값을 제 3 장에서 설명한 Newton-Raphson 알고리듬에 의하여 순환적으로 산출하고, 이렇게 산출된 $\hat{b}_0$ 와 $\hat{b}_1$ 가 b_0 와 b_1 의 최대우도 추정치다.

<표 6-1> 의 자료 (n_i, n_{i0}, n_{i1}, X) 를 <수식 6-6> 에 대입하고, $\hat{b}_0$ 와 $\hat{b}_1$ 의 값을 바꾸어 가면서 연속적으로 산출한 $ln(L)$ 의 값들을 그래프로 작도하면 [그림 6-2] 와 같은 로그우도함수 곡면이 그려진다. [그림 6-2] 는 <표 6-1> 의 인지적 몰락점수와 자살시도 자료에 대하여 설정된 로지스틱 회귀모형의 로그우도는 $\hat{b}_0 = -3.16$ 과 $\hat{b}_1 = 0.14$ 부근에서 최대가 된다는 것을 보여 준다. 즉, <표 6-1> 의 자료에 대한 모형 $\widehat{logit} = b_0 + b_1 X$ 에서 $\hat{b}_0 = -3.16$ 과 $\hat{b}_1 = 0.14$ 가 최대우도 추정치들이다.

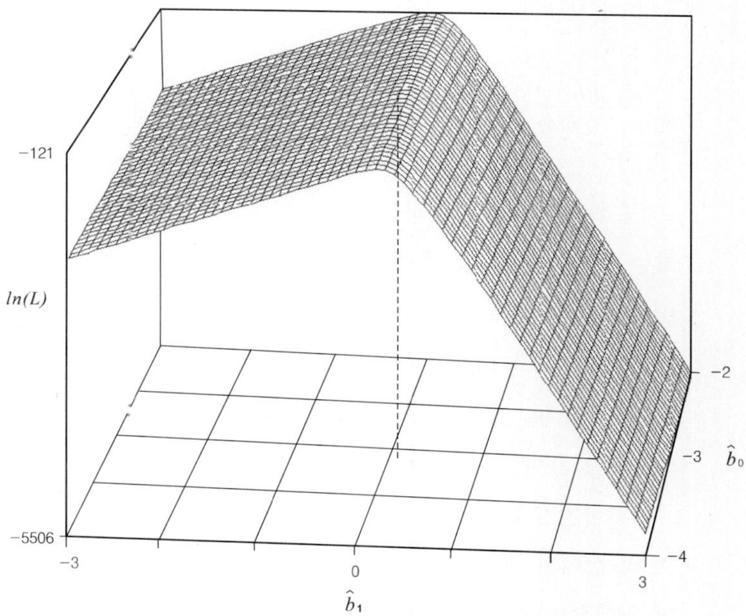

[그림 6-2] <표 6-1>의 자료에 대한 로지스틱 회귀모형 $\widehat{logit} = b_0 + b_1 X$ 의 로그우도함수 곡선

5 충분치

앞서 로그선형도형과 관련하여 충분치 (sufficient statistics) 의 개념을 언급한 바 있다. 충분치는 모형에 포함된 모수 중에서 가장 상위의 모수가 설명하려는 관찰빈도를 오차 없이 완벽하게 예측해야 한다는 개념이다. 모수추정치는 충분치를

충족하도록 추정되어야 한다. 그렇다면 로지스틱 회귀모형의 모수추정치들이 충족해야 할 충분치가 무엇인지 살펴보자.

로지스틱 회귀모형의 모수추정치들은 <수식 6-6> 의 로그우도함수를 최대가 되게 하는 b_0 와 b_1 의 값인데, 이 값들은 로그우도함수를 미분하였을 때 그 미분방정식의 값이 0 이 되게 하는 값들이다. <수식 6-6> 을 b_0 와 b_1 에 대하여 각각 미분하면 다음과 같은 두 개의 미분방정식을 얻을 수 있다.

$$\frac{\delta ln(L)}{\delta b_0} = -\sum_{i=1}^{I} n_i\left(\frac{1}{1+e^{-(b_0+b_1x_i)}}\right)+\sum_{i=1}^{I} n_{i1} = 0 \qquad \text{<수식 6-7>}$$

$$\frac{\delta ln(L)}{\delta b_1} = -\sum_{i=1}^{I} n_i x_i\left(\frac{1}{1+e^{-(b_0+b_1x_i)}}\right)+\sum_{i=1}^{I} n_{i1}x_i = 0 \qquad \text{<수식 6-8>}$$

<수식 6-7> 을 충족하는 b_0 가 최대우도 추정치 $\hat{b}_0$ 이고, <수식 6-8> 을 충족하는 b_1 이 최대우도 추정치 $\hat{b}_1$ 이다. 기호 n_i 는 설명변인 X 의 각 범주의 전체 빈도다. 즉 <표 6-1> 과 같이 정리된 자료에서 행 외곽빈도다. 기호 n_{i1} 은 설명변인의 범주 i 에서 반응변인에 $Y=1$ 의 반응을 한 빈도다. 예를 들면, <표 6-1> 에서 $n_{81}=5$ 이다. 마지막으로 x_i 는 설명변인의 범주 i 의 설명변인 값이다. 예를 들어, <표 6-1> 에서 x_9 은 X 의 9 번째 범주의 값 8 이다.

미분방정식 <수식 6-7> 과 <수식 6-8> 의 괄호 안의 수식은 다름 아닌 특정한 X 의 값에서 $Y=1$ 인 사례의 예측된 확률이다. 이 확률을 $\hat{p}_i$ 로 표기하자. 그러면 최대우도 추정치 $\hat{b}_0$ 와 $\hat{b}_1$ 가 구해졌다고 가정하였을 때 두 개의 미분방정식에 의하여 다음의 관계가 성립한다.

$$-\sum_{i=1}^{I} n_i\hat{p}_i+\sum_{i=1}^{I} n_{i1} = 0 \qquad -\sum_{i=1}^{I} n_i x_i\hat{p}_i+\sum_{i=1}^{I} n_{i1}x_i = 0 \qquad \text{<수식 6-9>}$$

이제 $n_i\hat{p}_i$ 를 생각해 보면, 설명변인의 특정한 범주 i 에서 $Y=1$ 의 반응을 할 확률추정치 $\hat{p}_i$ 를 범주 i 의 전체 빈도 n_i 에 곱해 준 것이다. 따라서 $n_i\hat{p}_i$ 는 설명변인의 특정한 범주 i 에서 모형이 예측되는 $Y=1$ 반응의 예측빈도다. 그 예측빈도를 $\hat{n}_{i1}$ 로 표기하자. 그러면 <수식 6-9> 의 첫 번째 수식은 $\sum_{i=1}^{I} n_{i1} = \sum_{i=1}^{I} \hat{n}_{i1}$ 가 된다. 즉, <표 6-1> 자료의 경우, 모형이 예측하는 자살시도자의 예측빈도 전체 합 $\sum_{i=1}^{I} \hat{n}_{i1}$ 는 자살시도자의 관찰빈도 전체 합 (42) 과 같아야 한다. 따라서 당연히 자살 비시도자의 예측빈도 전체 합은 자살 비시도자의 관찰빈도 전체 합 (261) 과 같아야 한다. 간단히 말해서 <표 6-1> 과 같이 정리된 자료에서 관찰빈도와 예측빈도를 각각 위에서 아래로 모두 더하였을 때 관찰빈도의 합과 예측빈도의 합이 같아야 한다는 것이다. 결국 로지스틱 회귀모형의 첫 번째 충분치는 열 외곽빈도 혹은 반응변인에서 $Y=1$ 반응을 한 사례의 전체 빈도와 $Y=0$ 반응을 한 사례의 전체 빈도다.

<수식 6-9> 의 두 번째 방정식은 이와 동일한 이유에 의하여 $\sum_{i=1}^{I} n_{i1}x_i = \sum_{i=1}^{I} \hat{n}_{i1}x_i$ 로 기술된다. 설명변인 X 의 각 값에 해당하는 사례들에게 그 X 의 값 x_i 에 반응변인 Y 의 값을 곱한 것을 '점수' 로 간주한다고 가정하자. 예를 들어, 인지적 몰락점수가 5 점인 어떤 사례가 자살시도자라면 그 사례의 점수는 (5)(1) = 5 이고, 그 사례가 자살 비시도자라면 그 사례의 점수는 (5)(0) = 0 이다. 이와 같이 모든 사례에게 점수를 할당한 후 모든 사례의 점수를 합하면 $\sum_{i=1}^{I} n_{i1}x_i$ 가 된다. 이 '점수' 의 총합이 관찰빈도 n_{i1} 으로 계산하였을 때와 모형이 예측하는 예측빈도 $\hat{n}_{i1}$ 로 계산하였을 때 같아야 한다는 것이 로지스틱 회귀모형의 두 번째 충분치다.

로지스틱 회귀모형의 모수 b_0 는 첫 번째 충분치를 충족하도록 추정되어야 하고, 모수 b_1 은 두 번째 충분치를 충족하도록 추정되어야 한다. 그런데 지금까지 충분치에 관한 설명이 자명하게 증명하고 있듯이 <수식 6-6> 의 로그우도함수를 최대가 되게 하는 최대우도 추정치 $\hat{b}_0$ 와 $\hat{b}_1$ 는 이 충분치들을 충족하는 추정치들이다.

3 추정된 로지스틱 회귀모형의 해석

<표 6-1> 의 자료에 대하여 최대우도 추정방법에 의해 산출된 로지스틱 회귀계수들의 추정치 값은 $\hat{b}_0 = -3.1551$ 과 $\hat{b}_1 = 0.1483$ 이다. 따라서 자살시도와 인지적 몰락 사이의 관계는 다음과 같이 추정되었다.

$$\widehat{logit} = -3.1551 + 0.1483X \qquad \hat{p} = \frac{1}{1 + e^{-(-3.1551 + 0.1483X)}}$$

인지적 몰락점수(X)가 0 일 때, 자살시도의 로짓은 -3.1551 일 것으로 예측되고, 인지적 몰락점수가 1 점 증가하면 그 로짓이 0.1483 증가할 것으로 예측된다. 그런데 로짓은 그 의미가 추상적이므로 모수추정치들의 의미를 로짓 개념으로 해석하는 것보다 승산 개념으로 해석하는 것이 더 유용한 경우가 많다. 로지스틱 회귀모형은 다음과 같이 승산 개념으로 기술할 수 있다.

$$\widehat{odds} = \frac{\hat{p}}{1-\hat{p}} = e^{b_0 + b_1 X}$$

따라서 제 3 장에서 설명한 바와 같이 로짓 연결함수로 정의된 로지스틱 회귀모형의 $\hat{b}_1$ 는 X 의 한 단위 변화가 '승산(odds)' 에서 $e^{\hat{b}_1}$ 배만큼의 변화를 유발할 것으로 기대된다고 해석된다. 모수추정치 $\hat{b}_0$ 가 -3.1551 이고, $\hat{b}_1$ 가 0.1483 이므로 인지적 몰락점수가 $X = 9$ 인 경우에 자살시도의 승산은 $\widehat{odds} = e^{-3.1551 + 0.1483(9)} = 0.162$ 로 예측된다. 반면에 인지적 몰락점수가 $X = 10$ 인 경우에 자살시도의 승산은 그것의 $e^{0.1483} = 1.16$ 배인 $\widehat{odds} = e^{-3.1551 + 0.1483(10)} = 0.188$ 로 예측된다.

로지스틱 회귀모형의 모수추정치들 $\hat{b}_0$ 와 $\hat{b}_1$ 는 예측된 확률 $\hat{p}$ 에 대해서는 어떤 의미를 가지는 것일까? 예측된 확률 $\hat{p}$ 에 대해서 정의된 로지스틱 회귀모형은 선형모형이 아니기 때문에 그 모수들에 대한 해석이 비교적 복잡하다. $\hat{b}_0$ 는 X 의 값이 0 일 때 반응변인에서 $Y = 1$ 인 사례가 나타날 확률이 $\hat{p} = 1/(1 + e^{-b_0})$ 라는 것을 의미한다. 따라서 인지적 몰락점수가 0 점인 사람이 자살시도를 할 확률은 $\hat{p} = 1/(1 + e^{3.1551}) = 1/24.455 = 0.04$ 이다.

모수추정치 $\hat{b}_1$ 는 X 의 값에 따라서 변하는 예측된 확률 $\hat{p}$ 의 '변화율(rate of change)' 을 의미한다. 우선 $\hat{b}_1$ 의 부호가 + 이면 X 가 증가함에 따라 $\hat{p}$ 가 증가한다는 것을 의미하고, 부호가 − 이면 X 가 증가함에 따라 $\hat{p}$ 가 감소한다는 것을 의미하며, $\hat{b}_1 = 0$ 이면 X 의 값에 따라서 예측된 확률 $\hat{p}$ 가 변화하지 않는다는 것을 의미한다. $b_1 = 0$ 일 때는 모든 X 에 대하여 동일한 확률 $\hat{p} = 1/(1+e^{-b_0})$ 가 예측된다. 모수추정치 $\hat{b}_1$ 의 의미를 보다 자세히 파악하기 위하여 <표 6-1> 의 자료 $\hat{p}$ 와 X 의 관계를 [그림 6-3] 에 제시하였다.

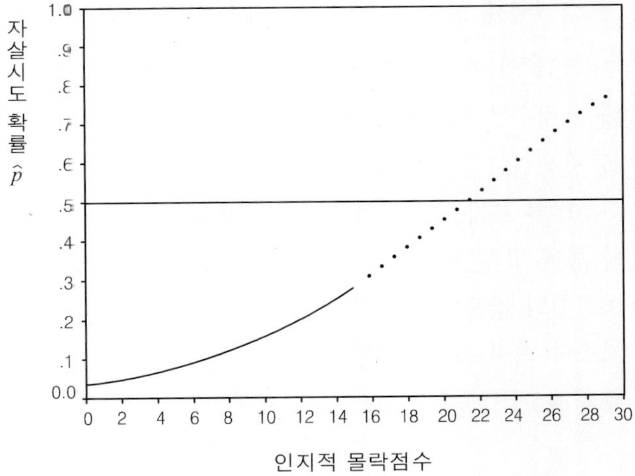

[그림 6-3] 인지적 몰락점수와 자살시도 확률의 관계

[그림 6-3] 에서 점선으로 표현된 곡선은 인지적 몰락점수가 15 보다 더 큰 경우가 실제 자료에는 존재하지 않지만 추정된 로지스틱 회귀모형을 이용하여 확장해서 그린 것이다. [그림 6-3] 의 로지스틱 회귀모형의 곡선에서 접선의 기울기가 $\hat{b}_1 \hat{p}_X (1-\hat{p}_X)$ 이다. 기호 $\hat{p}_X$ 는 특정한 X 값에서의 $\hat{p}$ 를 의미한다. 예를 들어, 인지적 몰락점수가 $X = 11$ 일 때 로지스틱 회귀모형은 다음과 같이 자살시도를 할 확률 $\hat{p} = 0.179$ 를 예측한다.

$$\hat{p} = \frac{1}{1+e^{-(-3.1551+0.1483(11))}} = 0.179$$

따라서 [그림 6-3] 의 $X = 11$ 인 지점에서 모형곡선에 접선을 그리면 그 접선의 기울기가 $\hat{b}_1 \hat{p}_{X=11} (1 - \hat{p}_{X=11}) = (0.1483)(0.179)(1-0.179) = 0.02$ 가 된다. 일반적으로 말해서 예측된 확률 $\hat{p}$ 가 0.5 인 지점에서는 접선의 기울기가 $\hat{b}_1 (0.5)(0.5) = 0.25 \hat{b}_1$ 이고, 예측된 확률 $\hat{p}$ 가 0.3 혹은 0.7 인 지점에서는 접선의 기울기가 $\hat{b}_1 (0.3)(0.7) = 0.21 \hat{b}_1$ 이고, 예측된 확률 $\hat{p}$ 가 0.1 혹은 0.9 인 지점에서는 접선의 기울기가 $\hat{b}_1 (0.1)(0.9) = 0.09 \hat{b}_1$ 이다. 모형곡선의 특정 지점에서 접선의 기울기가 크면 그 부근에서는 설명변인의 작은 변화가 큰 확률 차이를 초래한다는 것을 의미하는데, 접선의 기울기는 언제나 $\hat{p}$ 가 0.5 인 지점에서 가장 크다. 예측된 확률 $\hat{p}$ 가 0.5 인 지점에서 접선의 기울기는 $0.25 \hat{b}_1$ 이므로 모수추정치 $\hat{b}_1$ 는 흔히 $\hat{p}$ 가 0.5 인 지점에서의 설명변인과 반응변인의 관계의 정도를 나타내는 지수로 해석된다. 모수추정치 $\hat{b}_1$ 이 클수록 $\hat{p}$ 가 0.5 인 지점에서 설명변인과 반응변인은 밀접한 관계를 가진다.

추정된 로지스틱 회귀모형은 특정한 설명변인의 값이 주어졌을 때 반응이 나타날 확률 $\hat{p}$ 를 예측하기 위하여 사용될 수도 있고, 특정한 확률 $\hat{p}$ 를 예측하는 설명변인의 값을 파악하기 위한 목적으로 이용될 수도 있다. 예를 들어, 추정된 로지스틱 회귀모형이 자살시도 확률을 예측하는 정확한 모형이라면, 자살시도를 할 확률 0.5 를 예측하는 인지적 몰락점수는 다음과 같다.

$$X = \frac{ln\left(\frac{\hat{p}}{1-\hat{p}}\right) - \hat{b}_0}{\hat{b}_1} = \frac{ln\left(\frac{0.5}{0.5}\right) + 3.1551}{0.1483} = 21.275$$

이 수식을 주의 깊게 살펴보면, $\hat{p} = 0.5$ 일 때 예측된 로짓은 0 이므로, 반응확률 $\hat{p} = 0.5$ 를 예측하는 독립변인의 값은 다름 아닌 $-\hat{b}_0/\hat{b}_1$ 라는 것을 알 수 있다. 따라서 어떤 사례를 인지적 몰락척도로 측정한 결과 그 사례의 점수가 21.275 보다 높을 때는 그 사례가 자살시도를 할 확률이 하지 않을 확률보다 높을 것으로 예측되고, 인지적 몰락점수가 21.275 보다 낮다면 그 사례는 자살시도를 할 확률이 하지 않을 확률보다 낮을 것으로 예측할 수 있다. 특정한 반응확률 $\hat{p} = 0.5$ 를 예측하는 설명변인의 값을 '중앙효과수준(median effective level)' 이라고 부르고 EL_{50} 로 표기한다. 중앙효과수준은 $EL_{50} = -\hat{b}_0/\hat{b}_1$ 로 정의된다.

중앙효과수준 EL_{50} 는 일종의 '역치 (threshold)' 로 해석되는 경우가 종종 있다. 자살시도를 위한 인지적 몰락점수의 EL_{50} 는 21.275 이다. EL_{50} 를 역치로 해석할 때는 인지적 몰락점수의 크기가 21.275 를 넘으면 자살시도가 발생할 것으로 해석하는 것이다. 그런데 $EL_{50} = -\widehat{b}_0/\widehat{b}_1$ 이므로 $\widehat{b}_1$ 가 클수록 EL_{50} 는 작아진다. 예를 들어, 만약 로지스틱 회귀모형에서 매우 큰 $\widehat{b}_1$ 가 산출되었다면, 그것은 설명변인에 의한 반응의 역치가 낮다는 것을 의미한다. 따라서 설명변인이 대표하는 현상이 조금만 발생하여도 자살 등과 같은 반응현상이 쉽게 나타날 수 있다는 것을 의미한다.

그런데 [그림 6-3] 을 보면, 자살시도의 여부를 판가름하는 인지적 몰락점수의 EL_{50} 가 실제로 가능한 점수의 범위를 넘어서는 영역에서 설정되는 것을 알 수 있다. 이것은 인지적 몰락을 측정하는 척도가 자살시도 위험이 비교적 낮은 사람들을 변별하기 위한 목적으로 개발된 것이라는 점을 암시한다. EL_{50} 가 실제로 가능한 점수의 범위를 넘어서는 영역에서 설정되므로 산출된 EL_{50} 에 대한 해석은 매우 신중하게 이루어져야 한다.

4 추정치에 대한 통계적 검증

① 모수추정치에 대한 검증

로지스틱 회귀모형의 모수추정치에 대한 검증은 앞서 제 3 장에서 설명한 Wald 통계치, 우도비 카이자승, 그리고 점수 통계치에 의해 이루어진다. 모수추정치 $\widehat{b}_1$ 에 대한 통계적 검증은 영가설 $H_0 : b_1 = 0$ 에 대한 판단이다. 이 판단을 위한 Wald 통계치는 다음과 같다.

$$z = \widehat{b}_1 / ASE$$

제 3 장에서 설명되었듯이 점근적 표준오차 ASE 는 <수식 6-6> 의 로그우도함

수가 최대가 되는 지점을 중심으로 그 부근에서의 함수곡선의 곡률 혹은 평평한 정도를 나타내는 지수며, ASE 의 역수는 최대우도 추정치 $\hat{b}_1$ 의 확실성을 나타내는 '정보량' 의 개념이다. 영가설 $b_1 = 0$ 이 참이고, $\hat{b}_1$ 가 큰 표본자료에서 최대우도 추정방법에 의해 산출되는 경우에, 여러 개의 큰 표본에서 산출되는 Wald 통계치 z 는 0 을 중심으로 정규분포를 한다. 또한, 이러한 조건들이 충족되었을 때 z^2 은 $df = 1$ 인 카이자승분포를 한다. z 에 근거한 판단과 z^2 에 근거한 판단은 언제나 동일하다. 제 1 종 오류확률을 $\alpha = 0.05$ 로 사용하는 경우에 z 의 절대값이 1.96 보다 크거나, z^2 이 3.84 보다 크면 영가설 H_0 : $b_1 = 0$ 을 기각한다. 이런 까닭에 z^2 을 Wald 통계치라고 부르기도 한다.

앞서 제 3 장에서 표본의 크기가 매우 크지 않은 자료에서는 Wald 통계치보다 우도비 카이자승에 의한 통계적 검증이 더 신뢰할 수 있다고 하였다. 더 나아가서, Menard (1995) 는 시뮬레이션 연구를 통하여 로지스틱 회귀모형의 모수추정치 $\hat{b}_1$ 의 크기와 그것의 점근적 표준오차 ASE 의 크기가 정적인 상관관계를 가지는 경향이 있다는 것을 발견하였다. 따라서 $\hat{b}_1$ 가 크면 Wald 통계치는 작아지는 경향이 있다. 일반적으로 반응변인에 대한 설명변인의 효과가 클 때 $\hat{b}_1$ 가 크게 산출되는데, 이때 Wald 통계치는 오히려 작아지므로 설명변인의 효과에 대하여 잘못된 판단을 할 수 있다. 따라서 특히 우도비 카이자승과 Wald 통계치가 서로 불일치하는 경우에는 우도비 카이자승에 근거하여 모수추정치의 통계적 유의미도에 대한 판단을 하는 것이 바람직하다.

주어진 자료에 대하여 모형 $\widehat{logit} = b_0 + b_1 X$ 의 최대우도를 L_{E1} 으로 표기하고, 같은 자료에 대하여 영가설 H_0 : $b_1 = 0$ 을 가정하는 모형 $\widehat{logit} = b_0$ 의 최대우도를 L_{E0} 로 표기하면, 우도비 카이자승은 $\chi^2 = -2(ln(L_{E0}) - ln(L_{E1}))$ 이고, 우도비 카이자승의 자유도는 각 모형이 가지는 모수 개수의 차이다. <표 6-1> 의 자료에 대하여 모형 $\widehat{logit} = b_0 + b_1 X$ 의 최대로그우도는 $ln(L_{E1}) = -6.698$ 이고, 영가설 H_0 : $b_1 = 0$ 을 가정하는 모형 $\widehat{logit} = b_0$ 의 최대로그우도는 $ln(L_{E0}) = -121.939$ 이다. 따라서 영가설 H_0 : $b_1 = 0$ 을 검증하기 위한 우도비 카이자승은 $\chi^2 = -2[(-121.939) - (-6.698)] = 230.482$ 이고, 이 카이자승 값은 $df = 1$ 인 카이자승분포에서 $\alpha = 0.05$ 의 임계치 3.84 를 초과한다. 따라서

영가설 $H_0 : b_1 = 0$ 은 기각된다.

<수식 6-6> 의 로그우도함수 곡선에서 영가설이 가정하는 $b_1 = 0$ 지점의 접선의 기울기 (즉, $b_1 = 0$ 에서 $ln(L)$ 의 미분값) 를 그 지점의 평평한 정도 ASE 로 나누어 주고, 그 비율을 자승한 것을 '점수 통계치 (score statistic)' 라고 부른다. 점수 통계치의 값은 로그우도함수의 $b_1 = 0$ 지점에서 접선의 기울기가 클수록 커진다. 점수 통계치의 값이 크다는 것은 $b_1 = 0$ 인 지점이 로그우도함수의 최대지점으로부터 멀리 떨어져 있다는 것을 의미한다. 따라서 영가설 $H_0 : b_1 = 0$ 이 참일 가능성 (우도) 이 낮다는 것을 의미한다. 점수 통계치는 자유도가 $df = 1$ 인 카이자승분포를 하는 지수이므로 그 값이 $df = 1$ 인 카이자승분포에서 제 1 종 오류확률 $\alpha = 0.05$ 의 임계치 3.84 보다 더 커지면 영가설을 기각한다.

② 확률추정치에 대한 통계적 판단

로지스틱 회귀모형 $\hat{p} = 1/(1 + e^{-(b_0 + b_1 X)})$ 에 의해 <표 6-1> 의 자료를 분석한 결과, $\hat{b}_0$ 는 -3.1551 로 추정되었고, $\hat{b}_1$ 은 0.1483 으로 추정되어, 인지적 몰락 점수가 $X = 11$ 일 때 자살시도를 할 확률이 $\hat{p} = 0.179$ 일 것으로 예측되었다. 과연 모집단에서 인지적 몰락점수가 $X = 11$ 인 사람들이 자살시도를 할 확률이 실제로 $p = 0.179$ 일까? 상식적으로도 표본자료에 의해 추정된 $\hat{p}$ 와 실제 모집단에서의 p 는 서로 다를 것이 확실하다. 로지스틱 회귀모형에 의해 추정된 확률 $\hat{p}$ 는 모집단에서의 확률 p 에 대한 '점 추정치 (point estimate)' 다. 여기에서는 모집단에서의 확률 p 에 대한 '구간추정 (interval estimate)' 을 살펴보고자 한다. 모집단에서의 확률 p 에 대한 구간추정이란 p 의 가능한 값에 대한 95 % 신뢰구간을 말한다. 즉, p 가 존재할 확률이 0.95 인 구간이 95 % 신뢰구간이다.

로지스틱 회귀모형은 로짓을 예측하는 형태일 수도 있고, 확률을 예측하는 형태일 수도 있는데, 로짓을 예측하는 형태가 수학적으로 더 간단한 형태이므로 모형 $\widehat{logit} = b_0 + b_1 X$ 를 이용하여 특정한 X 의 모집단 로짓의 95 % 신뢰구간을 구하고, 이 구간을 확률 p 의 95 % 신뢰구간으로 변환하는 것이 쉬운 방법이다. 이를 위해 우선 큰 표본에서 최대우도 추정방법에 의하여 추정된 로지스틱 회귀모형에 의해 예측된 로짓 $\widehat{logit}$ 의 표집변량은 <수식 6-10> 과 같이 정의된다. 참고로 앞서 이 장의 초두에서 언급된 로짓변량 V_i 는 모형의 설정 없이 단순히 표본 빈도들을 이용하여 계산되는 소위 '관찰된 로짓' 의 변량이다. 여기에서 논의되는 예측된 로짓 $\widehat{logit}$ 의 표집변량은 최대우도 추정방법에 의해 예측된 혹은 추정된 로짓의 표집변량을 의미한다. 최대우도 추정방법에 의해 예측된 혹은 추정된 로짓의 표집변량은 언제나 V_i 보다 작다.

$$Var(\widehat{logit}) = Var(\hat{b}_0 + \hat{b}_1 X)$$
$$= Var(\hat{b}_0) + X^2 Var(\hat{b}_1) + 2XCov(\hat{b}_0, \hat{b}_1) \qquad \text{<수식 6-10>}$$

$Var(\hat{b}_0)$, $Var(\hat{b}_1)$, $Cov(\hat{b}_0, \hat{b}_1)$ 는 각각 모수추정치들 $\hat{b}_0$ 와 $\hat{b}_1$ 의 변량들과 공변량을 의미하는데, 이 지수들의 값은 로지스틱 회귀분석이 가능한 대부분의 소프트웨어들에서 쉽게 구할 수 있다. 예를 들어, 인지적 몰락점수가 $X=11$ 일 때 예측된 로짓은 $\widehat{logit} = -3.1551 + 0.1483(11) = -1.524$ 이다. 또한, $Var(\hat{b}_0) = 0.209$ 이고, $Var(\hat{b}_1) = 0.002$ 이며, $Cov(\hat{b}_0, \hat{b}_1) = -0.018$ 로 산출되었다. 따라서 인지적 몰락점수가 $X=11$ 일 때 예측된 로짓의 변량은 $Var(\widehat{logit}) = (0.209) + (11^2)(0.002) + 2(11)(-0.018) = 0.055$ 이다. 이 예측된 로짓변량의 제곱근 $\sqrt{0.055} = 0.235$ 이 예측된 로짓 $\widehat{logit}$ 의 점근적 표준오차 ASE 이다.

예측된 로짓 $\widehat{logit}$ 의 점근적 표준오차 ASE 를 이용하여 모집단 로짓의 95% 신뢰구간은 $\widehat{logit} \pm (1.96) ASE$ 로 설정된다. 인지적 몰락점수가 $X=11$ 일 때 예측된 로짓은 $\widehat{logit} = -1.524$ 이므로, 모집단에서 $X=11$ 인 사람들의 모집단 로짓은 $(-1.524) \pm (1.96)(0.235)$ 의 구간 내에 존재할 확률이 0.95 이다. 이 구간은 $-1.9846 \leqq logit \leqq -1.0634$ 의 구간을 의미한다. 인지적 몰락점수가 $X=11$ 일 때 모집단 로짓에 대한 95% 신뢰구간의 하한계가 -1.9846 이므로 이때의 확률 p 는 $p = 1/(1+e^{-logit})$ 에 의하여 0.121 이 된다. 또한, 인지적 몰락점수가 $X=11$일 때 모집단 로짓에 대한 95% 신뢰구간의 상한계가 -1.0634 이므로, 이때의 확률 p 는 0.257 이다. 결론적으로 인지적 몰락점수가 $X=11$ 일 때 자살시도를 할 모집단 확률 p 의 95% 신뢰구간은 $0.121 \leqq p \leqq 0.257$ 이다.

5 모형의 합치도 검증

앞에서 로지스틱 회귀모형의 모수추정치와 확률추정치에 대한 통계적 검증을 살펴보았는데, 여기에서는 모형 전체가 주어진 자료와 얼마나 부합하는지 혹은 자료를 잘 설명하는지를 판단하는 방법을 살펴보고자 한다.

① 모형과 전체 자료의 합치도

모형의 합치도 (goodness of fit) 는 자료에 제공된 관찰된 빈도와 모형에 의해 예측된 빈도의 합치도를 말한다. 예를 들어, 모형 $\widehat{logit} = b_0 + b_1 X$ 는 인지적 몰락 점수가 $X = 11$ 일 때 로짓은 $\widehat{logit} = -3.1551 + 0.1483\,(11) = -1.524$ 일 것으로 예측하고, 자살시도를 할 확률은 $\hat{p} = 0.179$ 일 것으로 예측한다. 그런데 <표 6-1> 의 자료에는 인지적 몰락점수가 $X = 11$ 인 사람이 총 $n_i = 19$ 명이 존재하므로 산출된 모형은 그 19 명 중에 $\hat{p}\,n_i = (0.179)\,(19) = 3.40$ 명이 자살시도자일 것으로 예측한다. 그런데 실제로는 인지적 몰락점수가 $X = 11$ 인 19 명 중에 1 명이 자살시도자다. 모형에 의해서 예측된 빈도와 실제 관찰된 빈도의 이러한 차이는 산출된 모형 $\widehat{logit} = -3.1551 + 0.1483X$ 가 모집단에서의 인지적 몰락과 자살시도의 관계를 잘 반영하지만 표본자료에 표집오차가 개입하여 생기는 것일 수도 있고, 모형이 실제 모집단의 인지적 몰락과 자살시도의 관계를 잘 반영하지 않는것이기 때문일 수도 있다. 만약 후자라면 산출된 모형 전체를 기각해야 한다. 산출된 모형 $\widehat{logit} = -3.1551 + 0.1483X$ 를 이용하여 추정된 '예측된 빈도' 가 <표 6-2> 에 제시되었다.

모형과 자료의 합치도는 <표 6-2> 에 제시된 관찰된 빈도와 예측된 빈도를 이용하여 제 2 장에서 설명된 피어슨 카이자승 통계치를 산출하거나 우도비 카이자승 통계치를 산출하는 것이다.

$$\text{피어슨 } \chi^2 = \sum \frac{(n_{ij} - \hat{n}_{ij})^2}{\hat{n}_{ij}} \qquad G^2 = 2\sum n_{ij} ln\left(\frac{n_{ij}}{\hat{n}_{ij}}\right) \qquad \text{<수식 6-11>}$$

〈표 6-2〉 관찰된 자살시도 빈도와 로지스틱 회귀모형에 의해 예측된 자살시도 빈도

인지적 몰락 점수(X)	관찰된 자살시도 유무 빈도		예측된 자살시도 유무 빈도		예측된 로짓 ($\widehat{logit}$)
	유	무	유	무	
0	0	12	0.49	11.51	−3.16
1	1	17	0.85	17.15	−3.01
2	0	13	0.71	12.29	−2.86
3	0	14	0.87	13.13	−2.71
4	3	17	1.43	18.57	−2.56
5	2	16	1.48	16.52	−2.41
6	0	20	1.88	18.12	−2.27
7	3	19	2.36	19.64	−2.12
8	5	22	3.31	23.69	−1.97
9	3	17	2.79	17.21	−1.82
10	4	15	3.00	16.00	−1.67
11	1	18	3.40	15.60	−1.52
12	7	14	4.24	16.76	−1.38
13	3	18	4.76	16.24	−1.23
14	6	14	5.07	14.93	−1.08
15	4	15	5.37	13.63	−0.93
전체	42	261	42	261	

<수식 6-11>에서 n_{ij}는 관찰된 빈도이고, $\hat{n}_{ij}$는 예측된 빈도인데, 아래첨자 i는 인지적 몰락의 범주를 나타내고, 아래첨자 j는 자살시도 유무의 범주를 나타낸다. <표 6-2>의 자료에서 계산된 피어슨 카이자승은 13.81이고, 우도비 카이자승은 14.42이다. 이 카이자승 지수들의 자유도는 모두 설명변인의 범주의 개수에서 2를 뺀 값이다.

$$df = (\text{설명변인의 범주의 개수}) - 2$$

설명변인의 각 범주에서 로짓이 예측되므로 설명변인의 범주의 개수는 모형추

정을 위하여 사용된 자료의 수와 같다. 자료의 수에서 2를 빼는 것이 합치도 검증을 위한 자유도가 되는 이유는 예측된 빈도를 산출한 모형이 2개의 모수(b_0 와 b_1)를 가진 모형인데, 동일한 자료가 이 2개의 모수를 추정하기 위해 사용되었으므로 자료가 가지고 있는 정보 중에 모형의 모수추정치들과는 독립적이다. 따라서 그 추정된 모형의 합치도를 검증하기 위하여 사용할 수 있는 정보는 그만큼 줄어든다. <표 6-2>의 자료에서는 로짓이 정의되는 설명변인의 범주는 16개다. 따라서 피어슨 카이자승과 우도비 카이자승의 자유도는 16 − 2 = 14다. 두 개의 카이자승 지수들은 공히 $df = 14$ 와 $\alpha = 0.05$ 수준에서 통계적으로 유의미하지 않다.

두 개의 카이자승 지수들이 통계적으로 유의미하지 않다는 것은 관찰된 빈도와 예측된 빈도의 차이가 통계적인 의미를 가지지 않는다는 뜻이고, 따라서 모형과 자료가 서로 잘 합치한다는 것을 의미한다. 결국 <표 6-2>의 자료에서 발견되는 관찰빈도와 예측빈도의 차이는 표본자료에 표집오차가 개입하여 생긴 것에 불과하고, 모집단에서도 인지적 몰락이 자살시도와 관련이 있을 것으로 판단한다.

모형의 합치도를 판단하기 위하여 피어슨 카이자승이나 우도비 카이자승 검증을 하기 위해서는 설명변인의 값이 비교적 한정된 수의 범주로 간주될 수 있어야 한다. 만약 설명변인이 연속변인이고, 자료가 많은 개수의 설명변인 값을 포함하는 경우에는 피어슨 카이자승이나 우도비 카이자승 검증이 합치도 검증을 위하여 적절하지 않을 수도 있다. 설명변인이 많은 개수의 값으로 구분되고, 그 각각이 하나의 범주처럼 취급되는 경우에는 각 범주에 포함되는 사례들의 빈도가 희박해지기 쉽다. 그런 경우에는 빈도 0을 포함하는 범주가 많아질 수 있고, 빈도 1 혹은 2를 가지는 범주들이 많아질 수 있는데, 이러한 범주들이 많으면 우도비 카이자승 지수는 물론이고, 피어슨 카이자승 지수도 실제 이론적인 카이자승 분포에서 벗어날 가능성이 매우 높다. 따라서 Hosmer & Lemeshow (1989)는 설명변인이 많은 개수의 값을 가지는 연속변인인 경우에 그 값들을 10개 안팎의 범주들로 묶어서 피어슨 카이자승 검증을 하는 방법을 제안하였는데, 그것을 'Hosmer & Lemeshow 검증'이라고 부른다. 이 방법의 유용성은 설명변인의 값들을 묶어서 범주화할 때 최대한으로 각 범주의 사례 수(n_i)가 동일하도록 묶는다는 것이다.

즉, 자료에서 설명변인이 최대한 균일분포(uniform distribution) 하도록 그 값들을 범주화한다. 이 유용성 때문에 대부분의 통계소프트웨어는 이 방법을 구비하여 연구자가 설명변인을 범주화하는 수고를 덜어 주고 있다.

② 잔여

피어슨 카이자승과 우도비 카이자승에 의한 모형의 합치도 검증을 수행한 결과 합치도가 만족스럽지 않다는 판단이 이루어지면 그 이유에 대한 일종의 진단적인 분석이 필요할 수 있다. 이러한 진단적인 분석 목적을 위하여 잔여(residual)에 관한 검토가 이루어진다. 앞에서 살펴본 피어슨 카이자승 지수를 세부적으로 기술하면 다음과 같다.

$$\text{피어슨 } \chi^2 = \frac{(n_{11}-\hat{n}_{11})^2}{\hat{n}_{11}} + \frac{(n_{12}-\hat{n}_{12})^2}{\hat{n}_{12}} + \frac{(n_{21}-\hat{n}_{21})^2}{\hat{n}_{21}} + \cdots\cdots + \frac{(n_{IJ}-\hat{n}_{IJ})^2}{\hat{n}_{IJ}}$$

피어슨 카이자승은 각 빈도에 대하여 관찰된 빈도와 예측된 빈도의 차이 자승을 구하고 그것을 예측된 빈도로 나누어 준 후, 모든 빈도에서 계산된 요소들을 합한 것이다. 피어슨 카이자승을 구성하는 각 요소들은 각각의 빈도에서 모형과 자료의 합치도 혹은 차이를 반영한다. 반응변인에서 연구의 주관심이 되는 범주($Y=1$ 혹은 자살시도에서 '유' 범주)에서 관찰된 빈도와 예측된 빈도의 차이를 구하고, 그것을 관찰된 빈도의 추정된 표준편차로 나누어 준 것을 '피어슨 잔여(Pearson residual)'라고 부른다.

$$e_i = \frac{n_{i1}-\hat{n}_{i1}}{\sqrt{n_{i1}\hat{p}_{i1}(1-\hat{p}_{i1})}}$$

이 피어슨 잔여 공식에서 n_{i1}은 설명변인 X의 범주 i에서 $Y=1$의 반응을 보인 사례의 관찰된 빈도이고, $\hat{p}_{i1}$는 같은 사례에 대해서 로지스틱 회귀모형이 예측하는 확률이다. 피어슨 잔여 공식의 분모는 반응변인 Y가 이항분포를 하는 변인인 경우에, 설명변인 X의 범주 i에서 $Y=1$의 반응을 보이는 사례들의 관찰된 빈도는 이항확률에 따라 표본마다 다르게 나타날 것인데, 그 표집분포의 추정된 표준편차다. 따라서 반응변인 Y가 이항분포가 아닌 다른 분포를 하는 경우에는 피어슨 잔여의 분모는 약간 다르게 정의된다. 반응변인이 포아송분포를 하는 경우의 피어슨 잔여는 제 4 장에서 로그선형모형과 관련하여 설명되었다. 분모에 표준편차가 사용되는 까닭에 피어슨 잔여는 '표준잔여'라고 부르기도 한다. 예를 들어, 인지적 몰락점수가 $X=11$인 범주에서 자살시도자의 관찰된 빈도는 1 이고 예측된 빈도는 3.40 이며, 로지스틱 회귀모형은 그 범주에서 자살시도자가 나타날 확률을 $\hat{p}=0.179$일 것으로 예측하므로 $X=11$의 피어슨 잔여는 $(1-3.40)/\sqrt{1(0.179)(0.821)}=-6.26$이다. 피어슨 잔여 e_i는 설명변인의 각 범주의 전체 빈도 n_i가 크면 표준정규분포에 근접하는 표집분포를 가진다. 다만, e_i의 표집분포의 표준편차는 표준정규분포의 표준편차인 1 보다 약간 작다. 따라서 피어슨 잔여의 절대값이 대략 2 보다 더 큰 설명변인 범주에서는 검증된 로지스틱 회귀모형이 그 범주의 빈도와 합치되지 않는다고 판단한다.

6 로지스틱 회귀모형의 엄밀추정

로지스틱 회귀모형의 모수들을 추정하기 위하여 사용되는 최대우도 추정방법은 많은 수의 표본자료를 전제한다. 모형이 가지는 모수의 개수에 비하여 표본의 관찰단위 수가 작을 때는 최대우도 추정방법에 의한 모수추정과 그 모수추정치들에 대한 통계적 검증이 부정확할 가능성이 있다. 이런 경우에는 모형의 모수들을 최대우도 추정방법으로 추정하는 대신에 '조건최대우도 추정방법 (conditional maximum likelihood estimation method)'에 의해 추정하는 경우가 있는데, 이것을 '엄밀추정 (exact inference)'이라고 부른다.

엄밀추정의 핵심은 추정해야 할 모수의 개수를 줄이는 것이다. 예를 들어, 모형 $\widehat{logit}=b_0+b_1X$에서 모수 b_0는 아무런 용도가 없는 경우가 많다. 모수 b_0의 용도가 전혀 없는 경우에는 그것을 추정하는 것이 모수추정 과정의 효율성을 저하시키는 것이 될 수 있다. 왜냐하면 주어진 자료가 함축하는 정보 중에 쓸데없는 모수 b_0 를 추정하기 위하여 사용된 정보는 중요한 모수 b_1 을 추정하기 위해서는 사용될 수 없기 때문이다. 또한, 쓸데없는 모수 b_0 를 추정하기 위하여 우도함수가 복잡하게 정의되고, Newton-Raphson 알고리듬의 순환과정에서 순환 횟수가 증가하는 것도 모수추정 과정의 효율성을 저하시키는 것이다. 이러한 이유로 b_0 와 같은 모수를 '성가신 모수(nuisance parameter)' 라고 부른다. 따라서 모형이 가지는 모수의 개수에 비하여 표본의 관찰단위 수가 적을 때는 자료의 정보를 성가신 모수 b_0 를 추정하는 데 낭비하는 대신, 그것을 추정하지 않고 중요한 모수만 추정하는 방법이 필요하게 된다.

일반적인 최대우도 추정방법은 주어진 모형에 대하여 모든 가능한 b_0 와 b_1 의 값 중에서 우도를 최대가 되게 하는 값들을 찾는 방법이다. 그런데 만약 성가신 모수 b_0 의 값 중에서 그것의 충분치를 충족하는 것들만 고려하여 그때의 우도를 최대가 되게 하는 b_1 의 추정치를 찾는다면, 주어진 자료의 정보를 성가신 모수 b_0 의 값을 추정하기 위하여 낭비하지 않아도 될 것이다. 이것이 조건최대우도 추정방법의 논리다. 이 방법을 구체적으로 이해하기 위하여 앞서 살펴본 로지스틱 회귀모형의 충분치들을 다시 기술하면 다음과 같다.

$$b_0 \text{ 추정을 위한 충분치: } \sum_{i=1}^{I} n_{i1} \qquad b_1 \text{ 추정을 위한 충분치: } \sum_{i=1}^{I} n_{i1}x_i$$

n_{i1} 은 설명변인 X 의 범주 i 에서 반응변인에 $Y=1$ 의 반응을 보인 사례들의 빈도다. x_i 는 설명변인 X 의 범주 i 의 값이다(예를 들면, 인지적 몰락점수). 모수 b_0 추정을 위한 충분치는 설명변인 X 의 각 범주에서 반응변인에 $Y=1$ 의 반응을 보인 사례들의 빈도를 모두 합한 것이므로 반응변인에 $Y=1$ 의 반응을 보인 사례들의 전체 빈도다. b_0 추정을 위한 충분치의 개념은 반응변인에서 $Y=1$ 의 반응을 보인 사례들의 전체 빈도에 대하여 관찰빈도와 모형이 예측하는 예측빈도가 동일해야 한다는 것이다. 모수 b_1 의 추정을 위한 충분치는 각 사례의 설명변인 값(x_i)과 반응변인 값(0 혹은 1)을 곱한 후, 모든 사례의 그것을 합한 것이다.

만약 어떤 사례의 반응변인 값이 $Y = 1$ 이면 그 사례에게 자신의 설명변인 값을 점수로 주고, $Y = 0$ 이면 그 사례에게 0 점을 점수로 준다고 가정하였을 때, 모수 b_1 의 추정을 위한 충분치는 그 '점수' 의 총합이다. 이 b_1 추정을 위한 충분치 공식은 다만 그 총합을 설명변인의 각 값 범주에서 $Y = 1$ 의 반응을 보인 사례들의 빈도를 이용하여 산출하는 것이다. 관찰된 빈도 n_{i1} 대신에 모형에 의해 예측된 빈도 $\hat{n}_{i1}$ 를 사용하면 예측된 점수 총합을 구할 수 있다. b_1 추정을 위한 충분치의 개념은 그 '점수' 의 관찰된 총합과 모형에 의해 예측된 총합이 동일해야 한다는 것이다. 모수 b_1 의 추정을 위한 충분치를 편의상 T 로 표기하자.

예를 들어, 전체 사례의 수가 $N = 4$ 라고 하면 각 사례가 반응변인 Y 에서 보일 수 있는 반응의 모든 가능한 경우를 생각해 보면 0000, 0001, 0010, 0011, 0100, 0101, 0110, 0111, 1000, 1001, 1010, 1011, 1100, 1101, 1110, 1111 의 16 개다. 그런데 반응변인에서 $Y = 1$ 의 반응을 보인 사례의 수가 실제 자료에서 2 라고 하면, 모수 b_0 추정을 위한 충분치를 충족하는 반응패턴은 0011, 0101, 0110, 1001, 1010, 1100 의 6 개다. 따라서 이 6 개의 가능성만 고려하여 b_1 의 추정치를 산출하면 b_0 의 충분치는 저절로 충족될 것이다. 이 과정을 일컬어 '모수추정을 b_0 의 충분치에 조건화한다.' 고 한다. 모수추정을 b_0 의 충분치에 조건화하고 b_1 의 추정치를 산출하면, 성가신 모수 b_0 의 추정치는 산출되지 않지만, 그 값이 무엇이건 간에 그것의 충분치는 충족한다.

전체 사례의 수가 $N = 4$ 일 때, 반응변인 Y 와 설명변인 X 에 대하여 <표 6-3> 과 같은 자료가 구해졌고, 이 자료에 대하여 로지스틱 회귀모형 $\widehat{logit} = b_0 + b_1 X$ 를 추정하려고 한다고 가정하자.

〈**표 6-3**〉 반응변인 Y 와 설명변인 X 에 관한 $N = 4$ 인 가상적 자료

사례	Y	X
1	0	1
2	1	1
3	0	2
4	1	0

<표 6-3> 과 같은 자료에서 실제의 반응패턴은 0101 이다. 따라서 b_0 의 추정을 위한 충분치는 $\sum_{i=1}^{I} n_{i1} = 2$ 이다 ($X = 0$ 일 때 $n_{01} = 1$, $X = 1$ 일 때 $n_{11} = 1$, $X = 2$ 일 때 $n_{21} = 0$). 또한, 실제 자료의 반응패턴이 0101 인 경우에 b_1 추정을 위한 충분치는 $T = (1)(0) + (1)(1) + (0)(2) = 1$ 이다. 같은 방식에 의하여 $N = 4$ 일 때의 가능한 모든 반응패턴에서 모수 b_0 추정을 위한 충분치와 b_1 추정을 위한 충분치를 계산하면 <표 6-4> 와 같다.

<표 6-4> 의 모든 가능한 반응패턴 중에 반응변인에 $Y = 1$ 의 반응을 보인 사례수가 2 가 될 수 있는 경우, 즉 주어진 <표 6-3> 의 자료에서 모수 b_0 추정을 위한 실제의 충분치를 충족하는 반응패턴은 16 가지의 모든 가능한 반응패턴 중에 6 가지 (0011, 0101, 0110, 1001, 1010, 1100) 다. 모수 b_0 의 충분치를 충족하는 6 개의

〈표 6-4〉 $N = 4$ 일 때의 가능한 모든 반응패턴에서 모수 b_0 추정을 위한 충분치와 b_1 추정을 위한 충분치

$N = 4$ 일 때의 모든 가능한 반응패턴	$\sum_{i=1}^{I} n_{i1}$	$T = \sum_{i=1}^{I} n_{i1} x_i$
0000	0	0
0001	1	0
0010	1	2
0011	2	2
0100	1	1
0101	2	1
0110	2	3
0111	3	3
1000	1	1
1001	2	1
1010	2	3
1011	3	3
1100	2	2
1101	3	2
1110	3	4
1111	4	4

반응패턴만 보면, 그중에서 b_1 의 충분치가 $T=1$ 일 확률은 2/6 이고, 2 일 확률도 2/6 이며, 3 일 확률도 2/6 이다. 이 확률들은 어떤 이론적인 분포를 가정한 확률이 아니고, 모수 b_0 의 충분치를 충족하는 모든 반응패턴 중에서 b_1 의 충분치가 $T=t$ 가 될 '엄밀확률(exact probability)' 이다.

모수 b_0 의 충분치를 충족하는 반응패턴 중에서 b_1 의 충분치가 $T=1$ 이 될 확률을 최대가 되게 하려면 b_1 은 얼마이어야 할까? 이 질문은 b_1 의 조건최대우도 추정치를 묻는 질문이다. 이 b_1 의 조건최대우도 추정치를 산출하기 위해서는 T 의 확률분포를 알아야 하는데, T 분포의 밀도함수 식은 Cox (1970) 에 의하여 다음과 같이 규명되었다.

$$Pr(T=t|\Sigma n_{i1}) = \frac{Pr(T=t)}{Pr(\Sigma n_{i1})} = \frac{C(t, \Sigma n_{i1})e^{b_1 t}}{\sum_{u=0}^{U} C(u, \Sigma n_{i1})e^{b_1 u}} \quad \text{<수식 6-12>}$$

<수식 6-12> 에서 $Pr(T=t|\Sigma n_{i1})$ 는 모수 b_0 의 충분치 $\sum_{i=1}^{I} n_{i1}$ 을 충족하는 반응패턴 중에서 b_1 의 충분치가 $T=t$ 가 될 확률을 의미한다. <표 6-3> 의 예에서는 모수 b_0 의 충분치를 충족하는 6 개의 반응패턴 중에서 b_1 의 충분치가 $T=1$ 일 확률을 의미하므로 $Pr(T=1|\Sigma n_{i1}=2)$ 로 표기된다.

<수식 6-12> 에서 $Pr(T=t)$ 는 모든 가능한 반응패턴에서 b_1 의 충분치가 $T=t$ 가 될 확률을 의미한다. 예에서는 <표 6-4> 를 보면 16 개의 반응패턴 중에 $T=1$ 인 경우가 4 개이므로 $Pr(T=1) = 4/16$ 이다. <수식 6-12> 에서 $Pr(\Sigma n_{i1})$ 는 모든 가능한 반응패턴에서 b_0 의 충분치가 Σn_{i1} 일 확률을 의미한다. 여기에서의 예에서는 <표 6-4> 를 보면 16 개의 반응패턴 중에 $\Sigma n_{i1} = 2$ 인 경우가 6 개이므로 $Pr(\Sigma n_{i1}=2) = 6/16$ 이다.

<수식 6-12> 에서 $C(t, \Sigma n_{i1})$ 는 모든 가능한 반응패턴 중에서 b_0 의 충분치가 Σn_{i1} 이고 b_1 의 충분치가 $T=t$ 인 경우의 개수를 의미한다. 여기에서의 예에서는 <표 6-4> 를 보면 b_0 의 충분치가 $\Sigma n_{i1} = 2$ 인 경우 중에 b_1 의 충분치가 $T=1$ 인 경우는 두 개이므로 $C(t=1, \Sigma n_{i1}=2) = 2$ 이다. 마지막으로 $C(u, n_{i1})$ 는 모든 가능한 반응패턴 중에서 b_1 의 충분치가 $T=u$ 이고 b_0 의 충분치가

Σn_{i1} 인 경우의 개수를 의미한다. 기호 u 와 t 의 차이는 u 는 모든 가능한 T 의 값을 의미하고, t 는 주어진 자료에서 T 의 값을 의미한다. <표 6-4> 에는 $T = 0$ 이고, $\Sigma n_{i1} = 2$ 인 경우가 없으므로 $C(u=0, n_{i1}=2) = 0$ 이다. 마찬가지로 $C(u=1, n_{i1}=2) = 2$ 이고, $C(u=2, n_{i1}=2) = 2$ 이며, $C(u=3, n_{i1}=2) = 2$ 이고, $C(u=4, n_{i1}=2) = 0$ 이다.

따라서 <표 6-3> 의 가상적인 자료에 대해서는 <수식 6-12> 의 함수는 <수식 6-13> 과 같이 정의된다.

$$Pr(T=1|\Sigma n_{i1}=2) = \frac{C(t=1, \Sigma n_{i1}=2)e^{b_1(1)}}{\sum_{u=0}^{4} C(u, \Sigma n_{i1}=2)e^{b_1 u}}$$

$$= \frac{(2)e^{b_1(1)}}{(0)e^{b_1(0)} + (2)e^{b_1(1)} + (2)e^{b_1(2)} + (2)e^{b_1(3)} + (0)e^{b_1(4)}}$$

<수식 6-13>

<수식 6-13> 의 T 분포 밀도함수 식은 주어진 자료 <표 6-3> 의 조건확률함수 식이다. 즉, b_0 의 충분치가 $\Sigma n_{i1} = 2$ 일 때 b_1 의 충분치가 $T = 1$ 일 확률을 나타낸다. 이 조건확률을 최대가 되게 하는 b_1 을 찾으면 그것이 '엄밀모수 추정치 (exact parameter estimate)' 혹은 조건최대우도 추정치 $\hat{b}_1$ 이다. T 분포 밀도함수식 <수식 6-12> 를 우도함수로 이용하여 b_0 의 충분치에 조건화된 b_1 의 추정치를 산출하는 구체적 알고리듬은 '다변량 전환 알고리듬 (multivariate shift algorithm)' 이라는 명칭으로 Hirji, Mehta & Patel (1987) 에 의해 개발되었다.

그런데 불행히도 <수식 6-12> 는 언제나 최대값이 존재하는 것은 아니다. 실제로 <표 6-3> 의 자료에 기초하여 유도된 <수식 6-13> 의 밀도함수 $Pr(T=1|\Sigma n_{i1}=2)$ 는 [그림 6-4] 에서 알 수 있듯이 최대값이 존재하지 않고 확률 1 에 무한히 근접하는 양상을 가진다.

[그림 6-4] 와 같은 경우에는 T 분포 밀도함수 식을 최대가 되게 하는 $\hat{b}_1$ 를 추정할 수 없다. 특히, Lloyd (1999) 에 의하면, 이유가 명확하지는 않지만 설명변인 X 가 진정한 연속변인이고, 따라서 그 값이 모두 정수가 아니고 소수점을 가지는

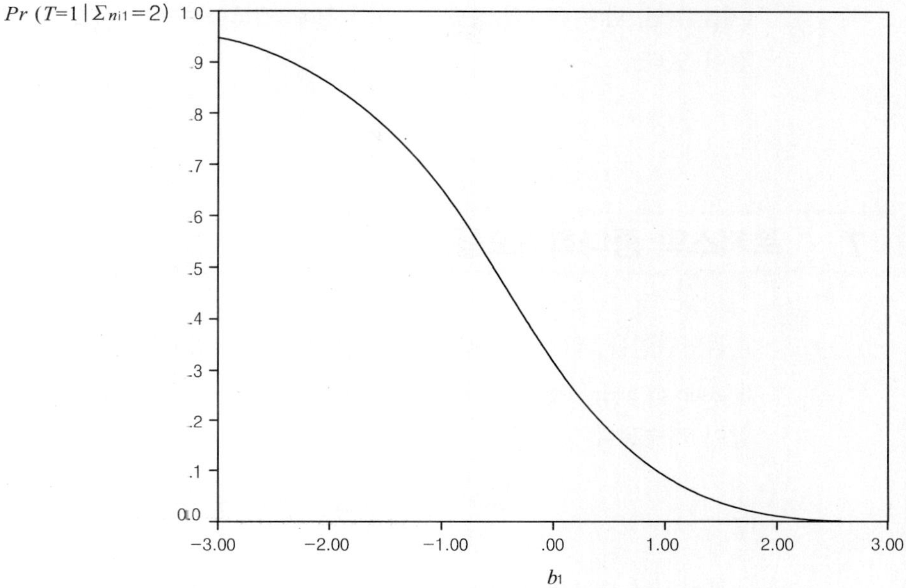

[그림 6-4] <표 6-4>의 가상적인 자료에서 b_0 의 충분치 (Σn_{i1} = 2) 에 조건화된 b_1 의 충분치 T = 1 의 조건확률분포의 밀도함수

소수인 경우에 이와 같이 '수렴하지 않는 (degenerate)' 상황이 쉽게 발생한다고 한다. 이러한 문제점 때문에 많은 학자는 조건최대우도 추정방법에 의한 로지스틱 회귀모형의 엄밀검증에 대하여 불안감을 가지고 있다. Hirji, Tsiatis & Mehta (1989)는 모수 b_1 의 충분치 T 의 조건확률분포의 밀도함수가 최대값에서 수렴하지 않는 경우에는 그 함수를 최대가 되게 하는 $\hat{b}_1$ 를 추정하는 대신 그 함수의 값, 즉 조건확률 $Pr(T=t|\Sigma n_{i1})$ 가 0.5 가 되게 하는 $\hat{b}_1$ 를 추정할 것을 권고하였다. '중앙비편중 추정치 (median unbiased estimate)' 라고 부르는 이 권고를 [그림 6-4] 에 적용하면 $\hat{b}_1 = -0.5$ 부근에서 $Pr(T=t|\Sigma n_{i1})$ 가 0.5 가 된다. 그러나 이 권고의 타당성에 대해서는 더 많은 연구가 필요하다.

해법이 존재하지 않는 상황이 생길 수 있다는 문제점에도 불구하고, T 분포 밀도함수 식이 최대값을 가지는 경우에는 조건최대우도 추정방법에 의한 엄밀검증은 표본의 크기가 작은 자료에 대하여 안정적인 모수추정을 가능하게 해 주는 장점과 더불어 일반적인 최대우도 추정방법에 의해 모수추정이 불가능한 경우

(예를 들면, 반수 이상의 셀빈도가 0인 경우)에도 모수추정치를 산출할 수 있는 장점이 있다.

7 로지스틱 중다회귀모형

설명변인을 두 개 이상 가진 로지스틱 회귀모형을 '로지스틱 중다회귀모형(logistic multiple regression model)'이라고 부른다. 로지스틱 중다회귀모형은 다음과 같이 기술된다.

$$\widehat{logit} = b_0 + b_1X_1 + b_2X_2 + \cdots\cdots + b_kX_k$$

로지스틱 중다회귀모형의 $\widehat{logit}$은 설명변인이 한 개인 모형에서와 마찬가지로 정의된다. 즉, 모든 설명변인으로 교차분할된(cross-classified) 범주에서 반응변인에 $Y=1$의 반응을 한 사례의 비율을 p라고 표기하면 모형에 의해 예측된 로짓은 $\widehat{logit} = ln(\hat{p}/(1-\hat{p}))$이다. 설명변인들 X_1, X_2, ……, X_k는 그 값이 등간척도(interval scale)의 속성을 가지는 연속변인이거나 서열척도(ordinal scale)의 속성을 가지는 서열변인이거나 혹은 이분변인일 수 있다. 만약 설명변인이 명명척도(nominal scale)의 속성을 가지는 범주변인인 경우에는 그 변인이 가지는 범주의 수보다 하나 적은 개수의 더미변인들(dummy variables)을 만들어서 그 더미변인들을 설명변인으로 사용한다.

① 모수추정치의 의미

로지스틱 중다회귀모형의 모수들 b_1, b_2, ……, b_k는 다른 설명변인들의 값이 모두 고정되었을 때 로짓에 대한 해당 설명변인의 효과를 나타낸다. 따라서 만약 승산 개념으로 모수들을 해석한다면 b_1은 X_1을 제외한 다른 모든 설명변인의 값이 특정한 값에 고정된 경우에 X_1의 한 단위 변화에 따라서 승산 $\hat{p}/(1-\hat{p})$가 e^{b_1} 배만큼 변한다는 것을 의미한다. 로지스틱 중다회귀모형의 가장 큰 특징

중의 하나는 모수의 해석이 다른 설명변인들의 효과가 통제 혹은 고정되었다는 전제에서 이루어진다는 것이다.

예를 들기 위하여 여성 재소자에 관한 <표 6-5> 의 자료를 살펴보자. <표 6-5> 의 자료는 여성 재소자 중에 남편을 살해하여 수감된 재소자들이 다른 범죄로 수감된 재소자들에 비하여 범행 전에 남편에게 학대받았던 경우가 더 많은지를 알아보기 위하여 수감 전에 기혼상태에 있었던 224 명을 조사한 자료에서 발췌한 것이다. 발췌된 자료에는 네 개의 변인이 포함되었는데, 범죄 유형이 남편 살해인지의 여부 (Y), 남편에게 학대를 받았는지의 여부 (X_1), 전과 유무 (X_2) 그리고 결혼생활에서의 경제적 상황 (X_3) 이었다. Y, X_1, X_2 는 모두 이분변인인데, 긍정이면 1 로 코딩하고, 부정이면 0 으로 코딩하였다. 결혼생활에서의 경제적 상황 X_3 는 1 부터 5 까지 값을 가지도록 코딩하였는데, 값이 높을수록 상류층임을 나타낸다. 분석의 초점은 여성들이 남편을 살해하는 행동이 상황적 요소 (학대) 에 의하여 더 많이 설명되는지, 아니면 범죄성과 같은 여성 자신의 개인적 요소 (전과) 에 의하여 더 많이 설명되는지를 짐작하기 위한 것이다. 그리고 경제적 상황은 통제를 위한 공변인 (covariate) 으로 사용되었다.

<표 6-5> 의 자료에 대하여 로지스틱 중다회귀모형을 검증한 결과, 다음과 같은 모형이 추정되었다. 다음의 모형에 의해 추정된 로짓 $\widehat{logit}$ 과 남편 살해 재소자일 예측된 확률 $\hat{p}_1$, 예측된 빈도 $\hat{n}_1$ 도 또한 <표 6-5> 에 제시되었다.

$$\widehat{logit} = -1.500 + 2.299X_1 - 2.009X_2 + 0.097X_3$$

$$\hat{p} = \frac{1}{1 + e^{-(-1.500 + 2.299X_1 - 2.009X_2 + 0.097X_3)}}$$

만약 검증된 모형이 옳은 모형이라면, 학대 유무 X_1 의 모수추정치 $\hat{b}_1 = 2.299$ 는 전과 유무 X_2 와 경제 수준 X_3 가 동일한 사례에서 학대 경험이 있는 여성 재소자의 예측된 로짓이 학대 경험이 없는 여성 재소자의 예측된 로짓보다 2.299 만큼 높다는 것을 의미한다. 또한, $\hat{b}_1 = 2.299$ 는 전과 유무 X_2 와 경제 수준 X_3 가 동일한 사례에서 학대 경험이 있는 여성 재소자의 범죄 유형이 남편 살해일 예측된 승산이 학대 경험이 없는 여성 재소자의 승산보다 평균적으로 $e^{2.299} = 9.964$ 배

〈표 6-5〉 여성 재소자들의 경제 수준, 전과 유무, 피학대 경험의 유무, 범죄 유형 자료

경제 수준 X_3	전과 유무 X_2	학대 유무 X_1	남편 살해(Y) 무	남편 살해(Y) 유	$\widehat{logit}$	$\hat{p}_1$	$\hat{n}_1$
1	0	0	4	1	−1.403	0.197	0.985
		1	4	6	0.896	0.710	7.100
	1	0	5	0	−3.412	0.032	0.160
		1	4	0	−1.113	0.247	0.988
2	0	0	7	0	−1.306	0.213	1.491
		1	6	18	0.993	0.730	17.520
	1	0	7	1	−3.315	0.035	0.280
		1	2	1	−1.016	0.266	0.798
3	0	0	21	11	−1.209	0.230	7.360
		1	9	41	1.090	0.748	37.400
	1	0	21	2	−3.218	0.038	0.874
		1	8	0	−0.919	0.285	2.280
4	0	0	14	0	−1.112	0.247	3.458
		1	5	13	1.187	0.766	13.788
	1	0	6	1	−3.121	0.042	0.294
		1	0	1	−0.822	0.305	0.305
5	0	0	4	0	−1.015	0.266	1.064
		1	0	1	1.284	0.783	0.783
	1	0	0	0	−3.024	0.046	0.000
		1	0	0	−0.725	0.326	0.000

만큼 높다는 것을 의미한다.

모수추정치 $\hat{b}_1$ 의 의미 해석은 '전과 유무 X_2 와 경제 수준 X_3 이 동일한 사례에서' 라는 전제를 가지는데, 이 전제를 정확하게 이해할 필요가 있다. <표 6-5> 에서 경제 수준이 $X_3 = 1$ 이고, 전과 유무가 $X_2 = 0$ 인 경우를 보면, 학대 유무가 $X_1 = 0$ 인 경우에는 예측된 로짓이 $\widehat{logit} = -1.403$ 이고, 학대 유무가 $X_1 = 1$ 인 경우에는 그것이 $\widehat{logit} = 0.896$ 이다. 따라서 경제 수준이 $X_3 = 1$ 이고 전과 유무가 $X_2 = 0$ 인 경우, 즉 전과 유무와 경제 수준이 동일한 사례에서 학대 경험이 있

는 여성 재소자의 예측된 로짓은 학대 경험이 없는 여성 재소자의 그것보다 2.299 만큼 높다. 이와 같이 학대 경험이 있는 경우와 학대 경험이 없는 경우의 예측된 로짓의 차이를 경제 수준과 전과 유무로 구성되는 5 × 2 의 모든 교차분할표 내의 각 셀(범주)에서 살펴보면, 그 차이가 예외 없이 모두 2.299 라는 것을 알 수 있다. 이것이 모수추정치 $\widehat{b}_1$ 의 의미 해석은 '전과 유무 X_2 와 경제 수준 X_3 가 동일한 사례에서' 라는 전제를 가진다는 말의 의미다.

반면에 검증된 모형이 옳은 모형이라면, 전과 유무 X_2 의 모수추정치 $\widehat{b}_2 = -2.009$ 는 범죄 유형이 남편 살해인 여성 재소자들은 다른 범죄로 수감 중인 여성 재소자들에 비하여 전과를 가진 사람이 더 적다는 것을 의미한다. 구체적으로는 학대 경험 X_1 과 경제 수준 X_3 가 동일한 사례들에서 전과가 있는 여성 재소자의 예측된 로짓이 전과가 없는 여성 재소자의 그것보다 평균적으로 2.009 만큼 낮다는 것을 의미한다. 이것을 승산 개념으로 해석하면, 학대 경험 X_1 과 경제 수준 X_3 가 동일한 사례들에서 전과가 있는 여성 재소자의 범죄 유형이 남편 살해일 승산이 전과가 없는 여성 재소자의 승산보다 평균적으로 $e^{2.009} = 7.455$ 배 만큼 낮다 혹은 $e^{-2.009} = 0.134$ 배만큼 낮다는 것을 의미한다.

추정된 모수들에 대한 Wald 통계치가 <표 6-6> 에 제시되었다. <표 6-6> 의 Wald 통계치는 모수추정치를 그것의 점근적 표준오차(ASE)로 나누어 준 후 그것을 자승한 것(z^2)이다. 따라서 <표 6-6> 의 Wald 통계치는 카이자승분포를 하는 지수다. 앞서 설명한 바와 같이 점근적 표준오차 ASE 는 로그우도함수가 최대가 되는 지점의 곡률을 반영하는 것이고, 이 함수의 값이 최대가 되는 지점의 정확한 위치에 대한 불확실성 혹은 정보의 양을 지수화한 것이다.

〈**표 6-6**〉 여성 재소자 자료에서 추정된 모수들의 Wald 통계치

변인	$\widehat{b}$	ASE	Wald	df	p
상수(절편)	−1.500	0.647	5.373	1	0.021
학대 유무	2.299	0.359	41.011	1	0.000
전과 유무	−2.009	0.497	16.338	1	0.000
경제 수준	0.097	0.185	0.275	1	0.599

<표 6-6> 에 제시된 모수추정치들의 통계적 의미를 보면, 여성 재소자의 범죄 유형이 남편 살해일 확률에 대하여 학대 유무와 전과 유무의 효과 혹은 예측력이 제 1 종 오류를 범할 확률 $\alpha = 0.05$ 수준에서 통계적으로 유의미하다. 그런데 전과 유무의 모수추정치 $\widehat{b}_2$ 는 부적인 값을 보여 주므로, 학대 경험의 유무와 경제적 수준이 동일한 경우에, 전과가 있는 여성 재소자일수록 그녀의 범죄 유형이 남편 살해일 확률이 낮아지는 경향성을 가진다는 것을 의미한다. 따라서 검증된 모형이 옳은 모형이라면, 남편을 살해하는 행동은 범죄성과 같은 여성 재소자 자신의 개인적 요소 (전과) 에 의하여 설명되지 않고, 상황적 요소 (학대) 에 의하여 더 잘 설명되는 것으로 판단된다.

분석되는 자료의 구조에 따라서 이항확률 밀도함수에 기초하여 정의되는 로그우도함수에 최대값이 존재하지 않는 경우가 있다. 이런 경우에는 물론 모수들에 대한 최대우도 추정이 불가능하다. 모수들에 대한 최대우도 추정이 불가능한 자료의 구조에 대해서는 제 7 장의 로짓 분석모형과 함께 자세히 설명하고자 한다.

2 모형검증

모형검증은 두 가지의 관점에서 이루어질 수 있다. 첫째는 여성 재소자들의 모집단에서도 학대 유무, 전과 유무, 경제 수준이 그 재소자들의 범죄 유형이 남편 살해일 확률에 대하여 예측력을 가지는지를 판단하는 영가설 검증의 관점이고, 둘째는 검증된 모형이 주어진 자료와 얼마나 잘 합치하는지를 판단하는 합치도 검증의 관점이다.

(1) 전반적 검증

모형 $\widehat{logit} = b_0 + b_1X_1 + b_2X_2 + b_3X_3$ 에 포함된 세 개의 설명변인들이 모집단에서도 예측력을 가지는지를 판단하는 검증의 영가설은 $H_0: b_1 = b_2 = b_3 = 0$ 이다. 즉, 세 개의 설명변인들이 모집단에서는 설명력, 예측력 혹은 효과가 전혀 없다는 가정이다. 이 영가설을 가정하는 모형은, 즉 $\widehat{logit} = b_0$ 를 말한다. 이 영가설에 대한 검증을 '모수추정치들에 대한 전반적 검증 (omnibus test for model coefficient)' 이라고 부르는데, 이는 우도비 카이자승 검증이다.

여성 재소자들의 모집단에서 범죄 유형이 남편 살해일 확률에 대하여 학대 유무, 전과 유무, 경제 수준이 전혀 설명력이 없다는 것을 가정하는 영가설 모형에서 b_0 의 값은 -0.269 로 추정되었다. 따라서 이항확률분포에 기초한 로그우도함수는 $\hat{b}_0 = -0.269$ 에서 최대값을 가진다. 모형 $\widehat{logit} = b_0$ 를 위한 로그우도함수의 최대값은 다음과 같다.

$$ln(L_0) = -\sum_{i=1}^{I} n_i ln(1+exp(-0.269)) + \sum_{i=1}^{I} n_{i1}(-0.269) = -153.25$$

$ln(L_0) = -153.25$ 는 영가설 모형 $\widehat{logit} = b_0$ 가 참일 최대확률(L_0)을 로그 변환한 것이다. 반면에 모형 $\widehat{logit} = b_0 + b_1X_1 + b_2X_2 + b_3X_3$ 에서 최대로그우도는 $ln(L_1) = -108.34$ 로 산출된다. 이 두 가지 최대로그우도를 이용하여 우도비 카이자승을 다음과 같이 산출한다.

$$\text{우도비 카이자승} = -2(ln(L_0) - ln(L_1))$$

$$= -2((-153.25) - (-108.34)) = 89.82$$

이것을 우도비 카이자승이라 부르는 이유는 $ln(L_0) - ln(L_1) = ln(L_0/L_1)$ 가 성립하기 때문이다. 즉, 최대우도들의 비율(우도비)을 로그 변환하여 -2를 곱한 것이다. 우도비 카이자승의 자유도는 두 모형에 포함된 모수의 개수 차이와 같다. 따라서 여성 재소자들에 관한 모형 검증에서는 $df = 3$ 이다. 카이자승 89.82는 자유도 $df = 3$ 을 가지는 카이자승 분포에서 $\alpha = 0.05$ 의 임계치를 초과한다. 따라서 영가설 $H_0 : b_1 = b_2 = b_3 = 0$ 은 기각된다. 결론적으로 학대 유무, 전과 유무, 그리고 경제적 수준은 여성 재소자들의 모집단에서 범죄 유형이 남편 살해일 확률에 대하여 예측력, 설명력, 효과를 가진다고 판단된다.

(2) 합치도 검증

모형 $\widehat{logit} = b_0 + b_1X_1 + b_2X_2 + b_3X_3$ 와 자료의 합치도는 <표 6-5> 에 제시된 예측된 빈도와 관찰된 빈도의 합치도를 말한다. 이 합치도 검증을 위해서는

<수식 6-11> 의 피어슨 카이자승(피어슨 χ^2) 이나 우도비 카이자승(G^2) 이 이용된다. <표 6-5> 의 자료에 대하여 산출된 피어슨 카이자승은 $\chi^2 = 24.89$ 이고 우도비 카이자승은 $G^2 = 32.44$ 이다. 이 두 가지 카이자승의 자유도는 모든 설명변인을 교차분할하여 생기는 범주의 개수에서 모형의 모수 개수를 뺀 것과 같다.

$$df = (\text{설명변인의 범주 수}) - (\text{모수의 개수})$$

<표 6-5> 의 자료에는 설명변인들로 구성되는 총 20 개의 범주들이 있다. 그런데 마지막 두 개의 범주들에는 전혀 빈도가 존재하지 않는다. 빈도가 존재하지 않는 범주는 그 범주 자체가 존재하지 않는 것과 같다. 따라서 <표 6-5> 의 자료에 대한 합치도 검증의 자유도는 $df = 18 - 4 = 14$ 이다. 피어슨 $\chi^2 = 24.89$ 와 $G^2 = 32.44$ 는 모두 $df = 14$ 인 카이자승분포에서 $\alpha = 0.05$ 의 임계치를 초과한다. 따라서 여성 재소자들의 남편 살해 행동은 전과 유무, 학대 유무, 그리고 경제수준에 의해 설명된다고 가정하는 모형은 자료에 의하여 기각된다.

합치도 검증에 의하여 모형 $\widehat{logit} = b_0 + b_1X_1 + b_2X_2 + b_3X_3$ 는 주어진 자료를 잘 설명하지 못하는 것으로 판단되었다. 그런데 합치도 검증에서 이러한 결론에 대해서 잘못된 해석이 이루어지는 경우가 많다. 합치도 검증에서 피어슨 카이자승과 우도비 카이자승에 의해 모형과 자료가 합치하지 않는 것으로 판단되는 경우에 그 결과를 설명변인들이 반응변인에 대하여 효과가 없는 것으로 해석해서는 안 된다. 모형과 자료가 합치하지 않는 것은 모형에 포함된 설명변인들이 반응변인을 충분히 설명하기에 부족하다는 것을 의미하고, 반응변인을 설명하는 다른 중요한 변인들이 더 존재한다는 것을 의미한다. 예를 들어, 여성 재소자들의 남편 살해 행동은 남편과 아내 이외의 제 3 자의 존재, 범죄 발생 당시에 우연히 주변에 흉기가 있었는지의 여부 등 매우 많은 변인에 의해 좌우될 수 있다. 그런데 검증된 모형에는 그 많은 요인 중에 극히 일부가 포함되었으므로, 비록 그 포함된 요인들은 진정으로 반응변인에 효과를 가지는 요인들일지라도 자료를 충분히 설명하지 못할 수 있다. 즉, 합치도 검증은 반응변인을 완벽하게 설명하는 것으로 생각되는 완결된 설명모형을 검증하는 경우에 의미를 가지는 검증이다. 예를 들어, 연구자가 여성 재소자들의 남편 살해 행동은 전과 유무, 학대 유무, 그리고 경제

수준에 의해 설명되고, 그것을 설명하는 다른 중요한 변인은 존재하지 않는다고 생각한다면 연구자는 합치도 검증에 의하여 자신의 생각을 검증하는 것이 중요하다. 그러나 연구자의 관심이 자신이 생각하는 설명변인들이 반응변인에 대하여 크건 작건 간에 효과 혹은 설명력을 가지는지의 여부를 판단하는 것일 때는 합치도 검증보다는 앞서 설명한 우도비 카이자승에 의한 영가설 검증(전반적 검증)을 수행하는 것이 더 바람직하다.

(3) 일탈지수

모형 $\widehat{logit} = b_0 + b_1X_1 + b_2X_2 + b_3X_3$ 는 여성 재소자의 범죄 유형이 남편 살해일 확률에 대하여 세 개의 설명변인들이 합산적 효과를 가지며, 곱셈적 효과, 즉 상호작용효과를 가지지 않는다고 가정하는 모형이다. 만약 상호작용효과의 존재를 가정하는 모형을 검증하고자 한다면 상호작용을 할 것으로 생각되는 설명변인들을 서로 곱해서 그것을 하나의 설명변인으로 모형에 추가하면 된다. 여성 재소자의 예에서는 네 개의 상호작용효과가 가정될 수 있는데, 세 개의 이원상호작용효과 X_1X_2, X_1X_3, X_2X_3 와 한 개의 삼원상호작용효과 $X_1X_2X_3$ 가 그것들이다. 이 네 개의 상호작용효과들 전부 혹은 일부가 모형에 추가되면 모형은 상호작용효과모형이 된다. 그런데 모든 가능한 상호작용효과들이 모형에 포함되는 경우, 이 모형을 '포화모형(saturated model)'이라고 부른다.

연구자는 합산적 모형을 검증하기를 원한다고 가정하고, 그 합산적 모형에서 산출된 최대로그우도를 $ln(L_M)$ 로 표기하자. 또한, 연구자의 합산적 모형에서 정해진 설명변인들로 구성할 수 있는 포화모형을 검증하는 경우에 산출되는 최대로그우도를 $ln(L_S)$ 라고 표기하자. 그러면 이 두 개의 최대로그우도들로 산출되는 우도비 카이자승 통계치를 '일탈지수(deviance)'라고 부른다.

$$deviance = -2(ln(L_M) - ln(L_S))$$

일탈지수의 자유도는 두 모형에 포함된 설명변인들의 개수 차이와 같다. 일탈지수는 연구자의 합산적 모형에서 누락된 상호작용효과들의 중요성을 가늠하는 지수다. 만약 일탈지수가 통계적으로 유의미하면 자료를 보다 잘 설명하기 위해서는 모형에 상호작용효과가 포함되어야 한다는 것을 의미한다. 반면에 일탈지수가 통계적으로 유의미하지 않으면 보다 간단한 연구자의 모형이 더 선호된다는 것을 의미한다.

그런데 연구논문이나 보고서 등에서 '일탈지수 (deviance)' 라는 용어는 포화모형과의 차이뿐만 아니라, 앞에서 설명한 전반적 검증에서처럼 서로 위계적인 관계를 가지는 두 모형에서 산출되는 우도비 카이자승을 통틀어 지칭하는 용어로 쓰이기도 하므로 독자는 맥락을 잘 살펴서 이 용어의 의미를 파악해야 한다.

(4) 중다상관

'중다상관 (multiple correlation)' 은 중다회귀모형에서 실제 관찰된 종속변인 (Y) 과 예측된 종속변인 ($\widehat{Y}$) 의 상관을 말하고, 흔히 기호 R 로 표기한다. 이것을 중다상관이라고 부르는 이유는 중다회귀모형에서 예측된 종속변인 ($\widehat{Y}$) 은 독립변인들의 선형조합이기 때문이다. 따라서 실제 관찰된 종속변인과 예측된 종속변인의 상관은 Y 와 여러 개의 독립변인들 전체와의 상관과 같으므로 중다상관이라고 부른다. 또한, '결정계수 (coefficient of determination)' 라고 부르는 R^2 은 한 변인의 변산 중에 다른 변인에 의해 설명되는 부분의 비율 (%) 의 의미를 가지는 지수다. 로지스틱 중다회귀모형에서도 이와 유사한 지수를 산출할 수 있는데, 각 사례의 반응변인 Y 와 예측된 확률 $\widehat{p}_1$ 사이의 상관이 그것이다. 로지스틱 회귀모형에서 각 사례의 반응변인은 0 혹은 1 의 값을 가지는 이분변인이다. 확률을 예측하는 로지스틱 중다회귀모형에 그 사례의 설명변인들 값을 대입하면 각 사례의 예측된 확률 $\widehat{p}_1$ 이 구해진다. 예를 들어, <표 6-5> 에 의하면 학대 경험이 있고 ($X_1 = 1$) 전과는 없으며 ($X_2 = 0$), 경제 수준이 $X_3 = 2$ 인 사례가 남편을 살해한 재소자일 확률은 0.73 으로 예측된다. 이와 같이 모든 사례의 예측된 확률 $\widehat{p}_1$ 을 추정된 모형에 의해 산출하고, 그것을 각 사례의 반응변인 Y 와 더불어 피어슨 적률상관을 구하면 중다상관 R 이 구해진다.

중다상관 R 은 반응변인 Y 에 대한 설명변인 전체의 예측력을 반영하는 지수이기는 하지만, 로지스틱 중다회귀모형은 무선적 성분에 정규분포를 가정하는 일반적인 중다회귀모형처럼 정교하게 정의된 의미를 가지지는 않는다. 예를 들면, 중다회귀모형의 경우에는 독립변인이 추가되면 중다상관 R 은 반드시 증가하지만 로지스틱 중다회귀모형에서는 그렇지 않다. 따라서 로지스틱 중다회귀모형에서 산출되는 중다상관 자승 R^2 은 분할성이 없다. 즉, 설명변인의 수가 많은 로지스틱 중다회귀모형과 적은 모형의 비교를 위하여 중다상관 자승 R^2 이 사용될 수 없다. 또한, 로지스틱 중다회귀모형의 반응변인 Y가 한정된 범위 $(0, 1)$ 를 가지는 이분변인이고, 예측된 확률 $\hat{p}_1$ 역시 한정된 범위를 가지기 때문에 로지스틱 중다회귀모형에서 산출되는 중다상관 R 의 최대 가능한 값은 1 보다 작다. 따라서 로지스틱 회귀모형에서 산출되는 중다상관 R 은 반응변인에 대한 설명변인들의 예측력을 대략적으트 가늠하는 지표로 사용된다.

제 7 장
로짓 분석모형

앞 장에서 살펴본 로지스틱 회귀모형은 가부반응변인을 설명하고 분석하기 위한 가장 대표적인 분석모형이다. 로지스틱 회귀모형의 설명변인은 등간척도 (interval scale) 의 속성을 가지는 연속변인이거나, 서열척도 (ordinal scale) 의 속성을 가지는 서열변인이거나, 명명척도 (nominal scale) 의 속성을 가지는 범주변인일 수 있다. 로지스틱 회귀모형의 모든 설명변인이 명명척도의 속성을 가지는 범주변인일 때, 그 로지스틱 회귀모형에 의한 분석을 '로짓 분석 (logit analysis)' 이라고 부른다. 로짓 분석모형은 로지스틱 회귀모형의 한 종류이므로 설명변인에 대한 연구자의 개념 구성을 제외하고 다른 모든 면에서 앞 장에서 설명된 로지스틱 회귀모형의 원리와 동일한 원리에 의해 추정되고 해석된다. 로짓 분석모형은 로지스틱 회귀모형과 마찬가지로 로짓 연결함수에 의한 일반선형모형의 일종이다. 따라서 로짓 분석모형은 다음과 같이 정의된다.

$$\widehat{logit} = b_0 + b_1 X$$ <수식 7-1>

<수식 7-1> 의 모형에서 설명변인 X가 세 개 이상의 범주들로 구성된 범주변인인 경우 X의 각 범주들에 할당되는 숫자들은 임의적으로 결정되고, 그 값들은 명명척도 (nominal scale) 의 속성을 가지게 되며, 그 값들의 상대적인 차이는 의미가 없다. 예를 들어, 설명변인 X가 '종교' 라면, 어떤 종교를 어떤 숫자로 표시할 것인가는 완전히 연구자의 임의적인 선택에 따라서 결정된다. 즉, 범주적인 설명변인은 그 값의 의미를 결정해 주는 체계적인 구조를 가지지 않는다. 따라서 설명

변인 X가 세 개 이상의 범주들로 구성된 범주변인인 경우에는 <수식 7-1> 의 모형을 그대로 사용하여 모수추정을 하거나 해석을 하는 것은 무의미하다. 설명변인 X의 값에 대한 코딩방식은 완전히 임의적인 것인데, 이 코딩방식이 달라지면 모수추정치들이 달라지기 때문이다.

우선 설명변인이 두 개의 범주를 가지는 이분변인인 경우를 살펴보고, 설명변인이 세 개 이상의 범주를 가지는 범주변인인 경우와 두 개 이상의 설명변인이 포함되는 '중다로짓 분석모형 (multiple logit analysis model)'을 차례로 살펴보고자 한다. 이해를 도울 수 있는 예를 사용하기 위하여 미국의 National Center for State Courts (NCSC) 에서 법무성 (United States Department of Justice) 의 재정지원에 의하여 2000 년도와 2001 년도에 미국 내 네 개 지역의 법원에서 조사한 재판자료를 사용하고자 한다. 이 자료는 원자료 (raw data) 의 형태로 2003 년에 공개되었다 (Hannaford-Agor, Hans, Mott, & Munsterman, 2003). 이 조사는 법원에서 이루어진 실제 배심재판에서 판사, 변호사, 배심원을 대상으로 재판과정과 배심평의 과정에 관한 심층자료를 수집한 것인데, 여기에서는 그중에서 증거제시와 증언청취 등의 재판과정이 모두 종료된 후, 배심원들이 배심평의를 시작할 때 각 개인

〈 **표 7-1** 〉 Hannaford-Agor et al. (2003) 조사에서 나타난 배심원의 판단

		최종판단		
평결원칙	초기판단	유죄결정	무죄결정	전체
다수결	유죄결정	728	122	850
	무죄결정	129	481	610
	미결정	93	97	190
	전체	950	700	1650
만장일치	유죄결정	351	50	401
	무죄결정	45	189	234
	미결정	55	26	81
	전체	451	265	716

세 변인 (평결원칙, 초기판단, 최종판단) 에 모두 유효한 자료를 제공한 배심원의 실제 숫자는 2433 명이다. 최종판단에서 미결정인 배심원이 총 67 명 있으나 예를 단순화하기 위하여 제외시켰다. 최종판단에서 확실한 결정을 내리지 못한 배심원 67 명 중 15 명은 초기판단에서는 유죄판단을 하였고, 25 명은 무죄판단을 하였으며, 27 명은 초기판단에서도 미결정이었다.

배심원이 피고인의 유무죄 여부에 대하여 가지고 있던 초기판단과 배심평의가 모두 끝난 후의 최종판단 그리고 해당 재판에서 배심평결의 원칙이 다수결 원칙이었는지 아니면 만장일치 원칙이었는지에 관한 자료를 살펴보고자 한다. 이 자료는 <표 7-1> 과 같다.

1 이분설명변인

<수식 7-1> 의 로짓 분석모형에서 설명변인 X가 이분변인인 경우에는 그 이분변인의 범주들은 흔히 0 과 1 로 코딩된다. 이런 경우 '반응변인에 대한 설명변인의 효과' 란 설명변인 X에 0 으로 코딩된 범주의 예측된 로짓과 1 로 코딩된 범주의 예측된 로짓 사이의 차이를 의미한다. 그런데 로짓은 승산 (odds) 을 로그 변환한 것이므로 로짓의 차이는 승산의 차이를 반영한다. 이 점을 이해하는 것이 로짓 분석모형을 이해하는 핵심이다. 예를 들어, <표 7-1> 의 자료에 대하여 배심재판의 평결원칙이 개인 배심원들의 최종판단에 영향을 주는지를 검증한다고 가정하자. 그러면 <표 7-1> 은 <표 7-2> 와 같이 재구성할 수 있다.

〈 **표 7-2** 〉 평결원칙에 따른 개인 배심원의 최종판단

	최종판단 (Y)			
평결원칙 (X)	유죄결정	무죄결정	전체	유죄로짓
다수결	950	700	1650	0.305
만장일치	451	265	716	0.532
전체	1401	965	2366	

유죄로짓은 최종판단에서 유죄결정 빈도를 분자로, 무죄결정 빈도를 분모로 사용하여 계산된 로짓이다.

반응변인 Y는 '최종판단' 인데, 무죄결정이면 0 으로 코딩되었고, 유죄결정이면 1 로 코딩되었다. 그런데 로짓 분석에서는 로지스틱 회귀분석에서와 마찬가지로 반응변인 Y가 분석에 직접 이용되는 것이 아니고 로짓 연결함수에 의해 변환되

어 이용되므로 숫자들 0 과 1 을 이용하여 코딩하건 1 과 2 를 이용하여 코딩하건 아무런 차이가 생기지 않는다. 다만, 정확한 해석을 위하여 반응변인 Y의 어떤 범주가 로짓의 분자로 사용되었는지를 분명히 파악하고 있어야 한다. <표 7-2>에 제시된 로짓은 반응변인인 최종판단에서 유죄결정 빈도를 분자로, 무죄결정 빈도를 분모로 사용하여 계산된 로짓이다.

설명변인 X는 평결원칙인데, 평결원칙이 다수결이면 $X = 0$으로 코딩되고, 만장일치이면 $X = 1$로 코딩되었다고 가정하자. 그리고 평결원칙이 다수결인 범주의 유죄로짓(유죄 빈도를 분자로 사용하여 계산된 로짓)을 $logit_0$로 표기하고, 평결원칙이 만장일치인 범주의 유죄로짓을 $logit_1$으로 표기하자. <표 7-2>는 $logit_0 = ln(950/700) = 0.305$이고, $logit_1 = ln(451/265) = 0.532$라는 것을 보여 준다.

<표 7-2>의 자료에 대한 로짓 분석모형 $\widehat{logit} = b_0 + b_1X$의 모수 b_0는 평결원칙이 다수결인 범주($X = 0$)의 예측된 로짓 $\widehat{logit}_0$와 같다. 왜냐하면 $X = 0$일 때 모형은 $\widehat{logit}_0 = b_0 + b_1(0) = b_0$가 되기 때문이다. 반면에 $X = 1$일 때 모형은 $\widehat{logit}_1 = b_0 + b_1(1) = b_0 + b_1 = \widehat{logit}_0 + b_1$이 되므로 모수 b_1은 평결원칙이 만장일치인 범주($X = 1$)의 예측된 로짓 $\widehat{logit}_1$와 그것이 다수결인 범주($X = 0$)의 로짓 $\widehat{logit}_0$ 사이의 차이다.

$$b_1 = \widehat{logit}_1 - \widehat{logit}_0$$

즉, 이분설명변인 X의 범주들이 0 과 1 로 코딩된 로짓 분석모형의 모수 b_0는 X에 0 으로 코딩된 범주의 예측된 로짓이고, 모수 b_1은 X에 1 로 코딩된 범주의

〈표 7-3〉 최종판단에 대한 평결원칙의 효과를 검증하기 위한 로짓모형의 모수추정치

설명변인	모수추정치	*ASE*	Wald	*df*	*p*
절편	0.305	0.050	37.586	1	0.000
평결원칙	0.227	0.092	6.048	1	0.014

예측된 로짓과 0 으로 코딩된 범주의 로짓 사이의 차이다. <표 7-2> 의 자료에 대한 로짓 분석모형 $\widehat{logit} = b_0 + b_1 X$ 에서 산출되는 모수추정치들은 <표 7-3> 과 같다.

로짓 분석모형 $\widehat{logit} = b_0 + b_1 X$ 의 영가설은 모집단에서 반응변인에 대하여 설명변인이 효과를 가지지 않는다는 것이다. <표 7-2> 의 자료에 대해서는 최종판단(Y)에 대하여 평결원칙(X)이 효과가 없다는 것이 영가설이다. 따라서 영가설은 H_0: $b_1 = 0$ 으로 기술된다. 로짓 분석모형 $\widehat{logit} = b_0 + b_1 X$ 를 <표 7-2> 의 자료에 적용하여 산출된 최대로그우도 $ln(L_{E1})$ 는 제 6 장의 <수식 6-6> 에 의하여 다음과 같이 계산된다.

$$
\begin{aligned}
ln(L_{E1}) &= -\sum_{i=1}^{I} n_i ln(1 + exp(b_0 + b_1 X)) + \sum_{i=1}^{I} n_{i1}(b_0 + b_1 X) \\
&= -((1650)\, ln(1 + exp(0.305 + 0.227(0))) \\
&\quad + (716)\, ln(1 + exp(0.305 + 0.227(1)))) \\
&\quad + ((950)(0.305 + 0.227(0)) + (451)(0.305 + 0.227(1))) \\
&= -1596.072
\end{aligned}
$$

반면에 같은 자료에 대하여 영가설 모형 $\widehat{logit} = b_0$ 를 검증해서 산출되는 최대로그우도는 $ln(L_{E0}) = -1599.120$ 이다. 따라서 로짓 분석모형 $\widehat{logit} = b_0 + b_1 X$ 의 우도비 카이자승은 $-2(ln(L_{E0}) - ln(L_{E1})) = 6.096$ 이다. 이 카이자승 값은 $df = 1$ 인 카이자승분포에서 $\alpha = 0.05$ 의 임계치 3.84 를 훨씬 초과하므로 영가설 H_0: $b_1 = 0$ 은 기각된다. 결국 모집단에서 배심재판의 평결원칙은 개인 배심원의 최종판단에 대하여 통계적인 효과를 가지는 것으로 판단된다.

<표 7-3> 을 보면 $\hat{b}_1 = 0.227$ 로 산출되고, 그 모수추정치의 Wald 통계치는 앞서 살펴본 영가설 검증을 위한 우도비 카이자승과 유사한 6.048 이며, 자유도

$df = 1$ 과 제 1 종 오류를 범할 확률 $\alpha = 0.05$ 수준에서 통계적으로 유의미하다. 즉, 영가설 H_0: $b_1 = 0$ 에 대하여 모수추정치를 이용한 검증(Wald 통계치 검증)의 결론은 우도비 카이자승에 의한 검증의 결론과 동일하다.

그런데 앞서 이분설명변인 X 의 범주들이 0 과 1 로 코딩된 로짓 분석모형의 모수 b_0 는 X 에 0 으로 코딩된 범주의 예측된 로짓이고, 모수 b_0 는 X 에 1 로 코딩된 범주의 예측된 로짓과 0 으로 코딩된 범주의 예측된 로짓 사이의 차이라고 하였다. 이 설명을 <표 7-3> 에 제시된 분석결과를 이용하여 확인해 보자. <표 7-3> 을 보면 $\hat{b}_0 = 0.305$ 인데, 이것은 <표 7-2> 의 다수결 범주($X = 0$) 의 로짓과 같다는 것을 알 수 있다. 또한, $\hat{b}_1 = 0.227$ 로 산출되었는데, 이것은 <표 7-2> 에 제시된 다수결 범주($X = 0$) 의 로짓과 만장일치 범주($X = 0$) 의 로짓 차이 $0.532 - 0.305 = 0.227$ 과 같다는 것을 알 수 있다.

결론적으로, 배심재판에서 배심평결을 위하여 만장일치의 원칙을 사용하는 경우는 다수결 원칙을 사용하는 경우보다 배심원 개인의 최종판단에서 유죄로짓이 $\hat{b}_1 = 0.227$ 만큼 더 높다. 그런데 로짓의 차이는 승산비(odds ratio) 와 다음과 같은 관계를 가진다.

$$logit_1 - logit_0 = ln(odds_1) - ln(odds_0) = ln\left(\frac{odds_1}{odds_0}\right)$$

따라서 만장일치의 원칙을 사용하는 경우에 다수결 원칙을 사용하는 경우보다 유죄로짓이 0.227 만큼 높다는 것은 전자의 유죄승산이 후자의 유죄승산보다 $e^{0.227} = 1.255$ 배만큼 더 높다는 것을 의미한다. 배심재판에서 만장일치 원칙을 배심원들의 평결원칙으로 적용하면 다수결 원칙을 적용하는 경우에 비하여 개인 배심원들에서 유죄결정이 내려질 가능성(승산) 이 1.255 배만큼 더 증가한다.

승산이 1.255 배 증가하는 것은 확률이 얼마나 증가하는 것일까? 제 6 장에서 로짓을 예측하는 일반선형모형은 확률을 예측하는 모형으로 간단히 전환될 수 있다는 것을 설명하였다. 동일한 원칙이 로짓 분석모형에도 그대로 적용된다. 다수결 원칙을 사용하는 배심재판($X = 0$) 에서 개인 배심원들이 유죄결정을 할 예측된 확률($\hat{p}_0$) 과 만장일치 원칙을 적용하는 배심재판($X = 1$) 에서 개인 배심원들이 유죄결정을 할 예측된 확률($\hat{p}_1$)은 추정된 로짓 분석모형에 의하여 각각 다음과 같이 정의된다.

$$\hat{p}_0 = \frac{1}{1+e^{-(0.305+0.227(0))}} = 0.576 \qquad \hat{p}_1 = \frac{1}{1+e^{-(0.305+0.227(1))}} = 0.630$$

2 다항설명변인

설명변인 X의 범주가 세 개 이상일 때는 X의 각 범주에 할당되는 숫자들은 임의적으로 결정되고, 그 값들은 명명척도의 속성을 가지게 되며, 그 값들의 상대적인 차이는 의미가 없기 때문에 로짓 분석모형의 핵심은 범주적인 설명변인이 체계적이고 일관된 구조를 가지도록 그것을 변환하는 데 있다. 일반적으로 g개의 범주들로 구성된 설명변인은 $g-1$개의 보다 체계적인 '더미변인(dummy variable)'들로 변환된다. '더미변인'이라는 용어는 인위적으로 만들어진 변인이라는 의미다. g개의 범주들로 구성된 설명변인을 $g-1$개의 더미변인들로 변환하면 원래의 설명변인이 가지는 모든 정보가 남거나 모자람이 없이 $g-1$개의 더미변인들로 옮겨질 수 있다. g개의 범주들로 구성된 설명변인을 $g-1$개의 더미변인들로 변환하는 방식은 무수히 많을 수 있는데, 그중에서 세 가지 방식이 가장 일반적으로 사용된다. 첫째는 '대비코딩(contrast coding)' 방식이고, 둘째는 '참조코딩(reference coding)' 방식이며, 셋째는 '효과코딩(effect coding)' 방식이다.

① 대비코딩

'대비(contrast)'란 평균들의 차이를 지칭하는 개념이다. 예를 들어, 어떤 변인 Y에서 두 개의 집단이 가지는 평균 차이는 $\overline{Y}_1 - \overline{Y}_2$라고 기술할 수 있다. 그런데 이 집단 간 평균 차이를 평균들의 '가중합(weighted sum)'으로 볼 수도 있다. 즉, 두 집단의 평균 차이 $\overline{Y}_1 - \overline{Y}_2$는 첫 번째 집단의 평균 $\overline{Y}_1$에는 가중치 1을 곱하고, 두 번째 집단의 평균 $\overline{Y}_2$에는 가중치 -1을 곱한 후, 가중된 평균들을 합산한 것 $(1)\overline{Y}_1 + (-1)\overline{Y}_2$와 같다. 이때 가중치들(1과 -1)의 합은 0 이다. 이와 같이 합이 0 인 가중치들을 이용하여 평균들의 차이를 평균들의 가중합으로 개념화한 것이 대비다. 특정한 대비 Ψ_k 의 정의는 <수식 7-2> 와 같은 수학적 함수다.

$$\Psi_k = \sum_{i=1}^{g} c_{ki}\overline{Y_i} \quad \text{단, } \sum_{i=1}^{g} c_{ki} = 0 \qquad \text{<수식 7-2>}$$

예를 들어, 세 개의 집단이 있고, 각 집단의 평균이 각각 $\overline{Y}_1 = 17.8$, $\overline{Y}_2 = 1.0$, $\overline{Y}_3 = 35.8$ 이라면, 다음과 같은 대비를 만들 수 있다.

$$\Psi_1 = (1)17.8 + (-1)1.0 + (0)35.8 = 16.8$$

$$\Psi_2 = (1)17.8 + (0)1.0 + (-1)35.8 = -18$$

$$\Psi_3 = (0)17.8 + (1)1.0 + (-1)35.8 = -34.8$$

$$\Psi_4 = (0.5)17.8 + (0.5)1.0 + (-1)35.8 = -26.4$$

$$\Psi_5 = (0.5)17.8 + (-1)1.0 + (0.5)35.8 = 25.8$$

$$\Psi_6 = (-1)17.8 + (0.5)1.0 + (0.5)35.8 = 0.6$$

첫 번째 대비 Ψ_1 은 첫 번째 집단과 두 번째 집단의 평균 차이를 의미하고, 두 번째 대비 Ψ_2 는 첫 번째 집단과 세 번째 집단의 평균 차이며, 세 번째 대비 Ψ_3 는 두 번째 집단과 세 번째 집단의 평균 차이다. 반면에 나머지 세 개의 대비는 두 개의 집단을 하나로 묶어서 나머지 한 집단과 비교하는 대비인데, 네 번째 대비 Ψ_4 는 첫 번째와 두 번째 집단을 통합한 집단과 세 번째 집단의 평균 차이다. 다섯 번째 및 여섯 번째 대비도 동일한 방식으로 그 의미를 해석할 수 있다. 모든 대비는 결국 두 집단 간 평균 차이를 의미한다. 다만, '두 집단' 이 원래의 여러 개 집단을 두 개의 집단으로 통합한 것일 수 있다. 원래의 실험집단을 두 개로 통합하건, 아니면 원래의 실험집단 중에서 두 개의 집단을 선택하건 모든 대비는 결국 두 개의 집단 사이의 평균 차이를 지칭하는 개념이다.

'직교대비 (orthogonal contrast)' 란 동일한 실험집단에 대하여 구성된 일련의 대비 중 서로 독립적인 관계에 있는 대비를 말한다. 독립적인 관계란 두 개의 대비가 서로 공유하는 집단 간 차이 (변량) 가 없는 것을 말한다. 두 개의 대비가 서로 '직교적' 이라는 말의 보다 엄밀한 정의는 그들의 가중치 사이의 상관계수를 구하면 0 이라는 것을 의미한다. 다시 말해서 상관계수가 서로 0 인 가중치를 가지는 두 개의 대비는 서로 직교적이다. '직교적' 이라는 용어와 '독립적 (independent)' 이라는 용어는 매우 유사하게 사용되지만 반드시 동일한 의미로 쓰이는 것은 아니다. '직교적' 이라는 용어는 기하학에 근원을 두는 용어인데 보다 이론적이고 원칙적인 현상에 적용되는 개념인 반면, '독립적' 이라는 용어는 통계적인 용어인데 보다 자료적이고 현실적인 현상을 지칭한다. 예를 들어, 성별 (남녀) 과 인종 (흑백) 으로 네 집단을 구성하였다면, 성별이라는 변인과 인종이라는 변인이 서로 직교적으로 교차되었다고 말한다. 그런데 그 두 변인이 서로 독립적인지의 여부는 각 집단에 동수의 사람들이 존재하는지, 아니면 집단마다 사람 수가 다른지에 따라 좌우된다. 따라서 두 변인은 서로 직교적이면서 동시에 비독립적일 수 있다. 그리고 그 반대도 성립한다.

대비들을 구성하여 평균 차이를 검토하되, 각 대비들이 서로 직교적이 되도록 구성하면 각 대비에 대한 해석이 서로 독립적으로 이루어질 수 있다는 장점이 있다. 다시 말하면 한 대비에 대한 해석을 위하여 다른 대비의 의미를 고려할 필요가 없다는 것이다. 두 개의 대비 계산할 때 사용된 대비가중치가 $\Sigma c_{1i} c_{2i} = 0$ 을 충족하면 그 두 대비는 서로 직교적이다. 예를 들어, 앞에서 열거한 여섯 개의 대비들 중에 Ψ_1 과 Ψ_2 는 서로 직교적이 아니다. 왜냐하면 Ψ_1 의 대비가중치들 (1, −1, 0) 과 Ψ_2 의 대비가중치들 (1, 0, −1) 을 서로 곱해서 합하면 0 이 아니기 때문이다. 반면에 Ψ_1 과 Ψ_4 는 서로 직교적이다. 왜냐하면 Ψ_1 의 대비가중치들 (1, −1, 0) 과 Ψ_4 의 대비가중치들 (0.5, 0.5, −1) 을 서로 곱해서 합하면 (1) (0.5) + (−1) (0.5) + (0) (−1) = 0 이기 때문이다.

대비를 구하기 위하여 집단 평균들에 곱해 줄 대비가중치를 만드는 것을 대비코딩이라고 부르고, 그와 같은 코딩에 의하여 인공적으로 생성된 변인을 대비변

〈표 7-4〉 대비코딩에 의한 대비변인의 생성

집단	평균	C_1	C_2	C_1C_2
1	$\overline{Y}_1$	0.5	1	0.5
2	$\overline{Y}_2$	0.5	−1	−0.5
3	$\overline{Y}_3$	−1	0	0
합		0	0	0

인이라고 부른다. <표 7-4> 는 세 개의 집단들의 평균들로부터 대비를 구하기 위하여 인공적으로 생성된 두 개의 대비변인들의 예를 보여 주고 있다. 대비변인 C_1 의 코딩값을 집단의 평균들에 곱한 후 그것을 모두 더하면 ($(0.5)\overline{Y}_1+(0.5)\overline{Y}_2+(-1)\overline{Y}_3$) 첫 번째 대비 Ψ_1 이 구해진다. 또한, 대비변인 C_2 의 코딩 값을 집단의 평균들에 곱한 후 그것을 모두 더하면 ($(1)\overline{Y}_1+(-1)\overline{Y}_2+(0)\overline{Y}_3$) 두 번째 대비 Ψ_2 가 구해진다. 대비변인들은 결국 여러 개의 집단을 두 개의 집단으로 재구성하는 변인들이다.

g 개의 집단 평균들에 대해서 만들 수 있는 서로 직교적인 대비는 $g-1$ 개다. 즉, 집단의 수가 세 개면 두 개의 직교대비에 의해 집단 평균들이 비교될 수 있고, 집단의 수가 네 개면 세 개의 직교대비들에 의해 집단 평균들이 비교될 수 있다. <표 7-4> 에서 두 개의 대비변인들은 서로 직교적인데, 이들과 직교적인 세 번째 대비변인은 존재하지 않는다. 왜냐하면 집단의 수가 세 개이기 때문이다. 따라서 원래의 변인이 g 개의 집단을 구분하는 범주변인인 경우에 그 범주변인은 두 개의 집단을 구분하는 $g-1$ 개의 직교적인 대비변인들로 변환될 수 있다.

로짓 분석에서 설명변인의 범주가 세 개 이상일 때, 그 설명변인을 범주의 수보다 한 개 적은 직교대비변인들로 변환할 수 있다. 이 대비변인들이 서로 직교적이기 위해서는 다음의 두 가지 조건이 충족되도록 대비변인들을 코딩해 주어야 한다.

① 각 대비변인이 가지는 코딩값의 합이 0 이어야 한다.

② 대비변인들의 코딩값을 서로 곱한 후, 그 곱한 값들을 모두 더하면 0 이 되어야 한다.

예를 들어, <표 7-1> 의 자료에서 세 개의 범주들로 구성된 범주변인 '초기판단'을 서로 직교적인 두 개의 대비변인들로 <표 7-5> 와 같이 변환할 수 있다.

〈 **표 7-5** 〉 세 개의 범주들로 구성된 범주변인 '초기판단' 의 직교대비코딩

	대비코딩방식 1		대비코딩방식 2	
초기판단	C_1	C_2	C_1	C_2
유죄결정	0.5	1	1	0
무죄결정	0.5	−1	−0.5	1
미결정	−1	0	−0.5	−1
합	0	0	0	0

<표 7-5> 에는 '초기판단' 에 대한 두 가지 대비코딩방식이 제시되어 있다. 대비코딩방식 1 에서는 첫 번째 대비변인 C_1 에 의하여 확실한 결정을 한 경우 (유죄, 무죄) 와 그렇지 않은 경우 (미결정) 를 구분하고, 두 번째 대비변인 C_2 에 의하여 유죄결정을 한 경우와 무죄결정을 한 경우를 구분한다. 반면에 대비코딩방식 2 에서는 첫 번째 대비변인 C_1 에 의하여 유죄결정을 한 경우와 그렇지 않은 경우 (무죄, 미결정) 를 구분하고, 두 번째 대비변인 C_2 에 의하여 무죄결정을 한 경우와 미결정의 경우를 구분한다. 만약 연구자가 배심원 판단의 단호성 (decisiveness) 여부에 관하여 심리학적 관심이 있다면 대비코딩방식 1 이 초기판단에 대한 적절한 변환이다. 반면에 연구자가 법적인 유무죄 판결 여부에 관심을 가진다면 대비코딩방식 2 가 초기판단에 대한 적절한 변환인데, 그 이유는 무죄추정원칙에 의하여 미결정은 무죄결정과 거의 동일한 법적 의미를 가지기 때문이다. 이와 같이 세 개 이상의 범주들로 구성된 설명변인을 직교대비코딩에 의하여 각각 두 집단을 구분하는 직교대비변인들로 변환하는 방식은 여러 개가 존재할 수 있다. 그 방식 중에 어떤 방식을 선택할 것인가는 분석의 목적이 무엇인가에 달려 있다. 연구자는 자신의 분석목적을 명확히 설정하고, 그 목적에 부합하는 방식으로 세 개 이상의 범주들로 구성된 설명변인을 각각 두 집단을 구분하는 직교대비변인들로 변환하여 반응변인에 대한 직교대비변인들의 효과를 검증한다.

설명변인 '초기판단'을 두 개의 대비변인 C_1과 C_2로 변환하고, '최종판단'을 반응변인(무죄결정 = 0, 유죄결정 = 1)으로 설정하여 로짓 분석모형을 구성하면 다음과 같다.

$$\widehat{logit} = b_0 + b_1 C_1 + b_2 C_2 \qquad \text{<수식 7-3>}$$

<수식 7-3>의 로짓모형의 영가설은 최종판단에 대하여 초기판단이 효과가 없다는 것이다. 그런데 초기판단이 두 개의 직교대비변인 C_1과 C_2로 변환되었으므로 영가설은 $H_0: b_1 = b_2 = 0$으로 기술된다. <수식 7-3>의 로짓모형을 <표 7-1>의 자료에 적용하여 산출된 최대로그우도는 $ln(L_{E1}) = -1117.014$이다. 반면에 같은 자료에 대하여 영가설 모형 $\widehat{logit} = b_0$를 검증하여 산출되는 최대로그우도는 $ln(L_{E0}) = -1599.120$이다. 따라서 <수식 7-3>의 로짓모형의 우도비 카이자승은 $-2[ln(L_{E0}) - ln(L_{E1})] = 964.212$이다. 이 카이자승 값은 $df = 2$인 카이자승분포에서 $\alpha = 0.05$의 임계치 3.84를 훨씬 초과한다. 따라서 영가설 $H_0: b_1 = b_2 = 0$은 기각된다. 결국 모집단에서 초기판단은 최종판단에 대하여 통계적인 효과를 가지는 것으로 판단된다.

<수식 7-3>의 모형에 대하여 직교대비변인 C_1과 C_2를 <표 7-5>의 대비코딩방식 1에 준하여 코딩하고, 제 6 장에서 설명한 로지스틱 회귀모형의 최대우도 추정방식에 의하여 모수들을 추정하면 모수추정치들은 <표 7-6>과 같다.

〈 표 7-6 〉 최종판단에 대한 초기판단의 효과를 검증하기 위한 로짓모형의 모수추정치 (직교대비코딩)

직교대비변인	모수추정치	*ASE*	Wald	*df*	*p*
절편	0.224	0.057	15.695	1	0.000
C_1	0.039	0.090	0.189	1	0.663
C_2	1.592	0.059	725.384	1	0.000

<표 7-6>을 보면 직교대비변인 C_1은 최종판단에 대하여 효과가 없는 것으로

판단된다. 즉, 초기판단에서 확실한 결정을 한 집단(유죄, 무죄)과 그렇지 않은 집단(미결정)은 최종판단에서 유죄 혹은 무죄를 결정하는 경향이 동일하다고 판단된다. 반면에 직교대비변인 C_2는 최종판단에 대하여 큰 효과를 가지는 것으로 판단된다. 즉, 초기판단에서 유죄결정을 한 집단과 무죄결정을 한 집단은 최종판단에서 유죄 혹은 무죄를 결정하는 경향이 서로 매우 다르다는 것을 의미한다. 이러한 결과를 좀 더 구체적으로 이해하기 위하여 <표 7-1>을 <표 7-7>과 같이 재구성하였다.

〈 **표 7-7** 〉 배심원의 초기판단과 최종판단

초기판단	최종판단 유죄결정	최종판단 무죄결정	전체	유죄로짓
유죄결정	1079	172	1251	1.836
무죄결정	174	670	844	−1.348
미결정	148	123	271	0.185
전체	1401	965	2366	

유죄로짓은 최종판단에서 유죄결정 빈도를 분자로, 무죄결정 빈도를 분모로 사용하여 계산된 로짓이다.

직교대비변인 C_2는 최종판단에 대하여 큰 효과를 가지는 것으로 판단되었는데, <표 7-7>을 보면 초기판단에서 유죄결정을 한 배심원들은 최종판단에서도 유죄결정을 하는 경향이 두드러지고, 초기판단에서 무죄결정을 한 배심원들은 최종판단에서도 무죄결정을 하는 경향이 두드러지는 것을 알 수 있다. 다시 말해서 초기판단에서 유죄결정을 한 배심원들과 무죄결정을 한 배심원들은 최종판단의 '유죄승산'에서 큰 차이를 보인다. 초기판단에서 유죄결정을 한 배심원들의 최종판단에서의 유죄승산은 $1079 / 172 = 6.273$인 반면, 초기판단에서 무죄결정을 한 배심원들의 최종판단에서의 유죄승산은 $174 / 670 = 0.260$이다. 즉, 초기판단에서 유죄결정을 한 집단이 무죄결정을 한 집단에 비하여 최종판단에서 유죄결정을 할 가능성이 월등히 높다. 이와 같이 로짓 분석모형에서 산출되는 모수추정치의 의미는 승산의 차이로 해석되는 것이 일반적이다.

직교대비변인 C_1 의 모수추정치 $\widehat{b}_1 = 0.039$ 는 통계적으로 유의미하지 않다. 따라서 C_1 은 최종판단에 대하여 효과가 없는 것으로 판단되었다. 이것이 의미하는 바는 초기판단에서 확실한 결정을 한 집단(유죄, 무죄)과 그렇지 않은 집단(미결정)은 최종판단의 유죄승산에서 거의 차이를 가지지 않는다는 것이다. 초기판단에서 확실한 결정을 한 집단(유죄, 무죄)은 최종판단의 유죄승산이 $(1079+174)/(172+670)=1.488$ 이고, 그렇지 않은 집단(미결정)은 최종판단의 유죄승산이 $148/123=1.203$ 이다.

모형 $\widehat{logit} = b_0 + b_1C_1 + b_2C_2$ 를 검증하되, <표 7-5> 의 대비코딩방식 2 에 준하여 설명변인인 초기판단을 직교대비변인들로 변환한 경우에도 로그우도와 우도비 카이자승 등의 전체 모형에 대한 지수는 대비코딩방식 1 에 준하여 설명변인을 직교대비변인들로 변환한 경우와 동일하게 산출된다. 예를 들어, 모형의 영가설 검증을 위한 우도비 카이자승은 대비코딩방식 2 에 준하여 설명변인을 직교대비변인들로 변환한 경우에도 대비코딩방식 1 에 준하여 변환한 경우와 마찬가지로 $-2(ln(L_{E0}) - ln(L_{E1})) = 964.212$ 이다. 왜냐하면 직교대비변인 C_1 과 C_2 를 어떻게 코딩하건 결국은 동일한 설명변인인 초기판단을 변환한 것이고, 모형은 최종판단에 대한 초기판단의 효과를 정의하고 있기 때문이다. 그러나 직교대비변인 C_1 과 C_2 를 코딩하는 방식에 따라서 모수추정치들은 물론 달라진다. 직교대비변인 C_1 과 C_2 를 대비코딩방식 2 에 준하여 코딩하는 경우에는 $\widehat{b}_0 = 0.224$, $\widehat{b}_1 = 1.612$, $\widehat{b}_2 = -0.767$ 로 산출되고, 이 모수추정치들은 모두 통계적으로 유의미하다. 이 모수추정치들의 의미는 앞에서 설명한 모수추정치의 해석방법과 동일한 방법에 의하여 해석된다.

② 참조코딩

참조코딩도 대비코딩과 마찬가지로 설명변인의 범주의 수 g 보다 한 개 적은 수 $g-1$ 만큼의 참조변인을 만들어서 설명변인의 범주들을 코딩해 준다. 그런데 범주적인 설명변인의 범주들에 대한 참조코딩의 한 가지 특징은 코딩에 사용되는 숫자가 0 과 1 의 두 가지뿐이라는 것이다. 참조코딩의 또 한 가지 중요한 특징은 소위 '참조범주(reference category)' 를 연구자가 임의로 정하는 것인데, 참조범주는 모든 참조변인의 값이 0 인 설명변인 범주를 말한다.

〈 **표 7-8** 〉 세 가의 범주들로 구성된 범주변인 '초기판단' 의 참조코딩

	참조코딩방식 1		참조코딩방식 2	
초기판단	R_1	R_2	R_1	R_2
유죄결정	1	0	0	0
무죄결정	0	1	1	0
미결정	0	0	0	1

<표 7-8> 에서 참조코딩방식 1 의 경우에는 초기판단에서 미결정 집단이 참조범주이고, 참조코딩방식 2 의 경우에는 초기판단에서 유죄결정 집단이 참조범주다. 따라서 설명변인에 대하여 참조코딩을 하는 방식은 연구자가 설명변인의 어떤 범주를 참조범주로 하여 설명변인의 다른 범주들을 그 참조범주와 비교하기를 원하는가에 따라 달라진다. 설명변인인 초기판단이 <표 7-8> 의 참조코딩방식 중의 하나에 의하여 참조변인들 (R_1, R_2) 로 변환되면, 최종판단에 대한 초기판단의 효과를 가정하는 로짓 분석모형은 <수식 7-4> 와 같이 정의된다.

$$\widehat{logit} = b_0 + b_1 R_1 + b_2 R_2 \qquad \text{<수식 7-4>}$$

예를 들어, 설명변인 초기판단이 <표 7-8> 의 참조코딩방식 1 에 준하여 참조변인들 (R_1, R_2) 로 변환된 경우 모수들 b_0, b_1, b_2 의 의미가 어떻게 규정되는지를 살펴보자. 초기판단의 세 가지 범주 중에서 유죄결정 범주의 로짓을 $logit_1$ 으로 표기하고, 무죄결정 범주의 로짓을 $logit_2$ 로 표기하고, 미결정 범주의 로짓을 $logit_3$ 로 표기하면, 이 로짓들의 예측치들은 <수식 7-4> 에 의하여 다음과 같이 정의된다.

$$\widehat{logit}_3 = b_0 + b_1(0) + b_2(0) = b_0$$

$$\widehat{logit}_2 = b_0 + b_1(0) + b_2(1) = \widehat{logit}_3 + b_2$$

$$\widehat{logit}_1 = b_0 + b_1(1) + b_2(0) = \widehat{logit}_3 + b_1$$

따라서 모수 b_0 는 바로 참조범주 ($R_1 = 0,\ R_2 = 0$) 인 미결정 범주의 로짓 $\widehat{logit}_3$ 이다. 또한, 모수 b_1 은 R_1 에 1 로 코딩된 범주 (초기판단에서 유죄결정을 한 집단) 와 참조범주의 로짓 차이 $\widehat{logit}_1 - \widehat{logit}_3$ 이다. 마지막으로 모수 b_2 는 R_2 에 1 로 코딩된 범주 (초기판단에서 무죄결정을 한 집단) 와 참조범주의 로짓 차이 $\widehat{logit}_2 - \widehat{logit}_3$ 이다. 요약하면 참조코딩에 의한 로짓 분석모형 $\widehat{logit} = b_0 + b_1R_1 + b_2R_2$ 의 모수 b_1 과 b_2 는 해당 참조변인에 1 로 코딩된 설명변인 범주와 참조범주의 로짓 차이다. 이 때문에 모든 참조변인에 0 으로 코딩된 설명변인 범주를 참조범주라고 부른다.

모형 $\widehat{logit} = b_0 + b_1R_1 + b_2R_2$ 를 검증하되, <표 7-8> 의 참조코딩방식 1 에 준하여 설명변인인 초기판단을 참조변인들로 변환한 경우에도 로그우도와 우도비 카이자승, 모형-자료 합치도 지수 (피어슨 χ^2, G^2) 등의 전체 모형에 대한 지수들은 앞서 대비코딩방식에 의하여 설명변인을 직교대비변인들로 변환한 경우와 동일하게 산출된다. 또한, 전체 모형에 대한 지수들은 <표 7-8> 의 참조코딩방식 2 에 준하여 설명변인 초기판단을 참조변인들로 변환한 경우에도 변함이 없다. 왜냐하면 설명변인을 어떻게 코딩하건 결국은 최종판단에 대한 초기판단의 효과를 정의하는 모형이기 때문이다. 그러나 설명변인에 대한 코딩방식에 따라서 모수추정치들은 물론 달라진다. <표 7-8> 의 참조코딩방식 1 에 준하여 설명변인 초기판단을 참조변인들로 변환한 경우에 <수식 7-4> 의 모수들은 <표 7-9> 과 같이 추정되었다.

〈 **표 7-9** 〉 최종판단에 대한 초기판단의 효과를 검증하기 위한 로짓모형의 모수추정치 (참조코딩)

참조변인	모수추정치	*ASE*	Wald	*df*	***p***
절편	0.185	0.122	2.300	1	0.129
R_1	1.651	0.147	126.074	1	0.000
R_2	−1.533	0.149	106.246	1	0.000

<표 7-9> 를 보면 참조변인들 R_1 과 R_2 는 모두 최종판단에 대하여 통계적으로 유의미한 효과를 가진다. 설명변인 초기판단이 <표 7-8> 의 참조코딩방식 1 에 의해 R_1 과 R_2 로 변환되었으므로, 참조변인 R_1 은 초기판단에서 유죄결정을 한 집

단과 미결정 집단(참조집단)을 비교하는 변인이다. 따라서 초기판단에서 유죄결정을 한 집단과 미결정 집단은 최종판단에서 유죄 혹은 무죄를 결정하는 경향이 서로 매우 다르다는 결론이 유도된다. 참조변인 R_1의 모수추정치는 $\hat{b}_1 = 1.651$로 산출되었는데, 앞서 모수 b_1은 R_1에 1로 코딩된 집단(초기판단에서 유죄결정을 한 집단)과 참조범주의 로짓 차이 $\widehat{logit}_1 - \widehat{logit}_3$라고 하였으므로, 초기판단에서 유죄결정을 한 집단의 로짓이 참조집단의 로짓보다 크다는 것을 의미한다. 즉, 초기판단에서 유죄결정을 한 집단이 미결정 집단에 비하여 최종판단에서 유죄결정을 할 가능성이 월등히 높다. <표 7-7>을 보면 이 결론을 보다 구체적으로 이해할 수 있는데, 초기판단에서 유죄결정을 한 집단의 유죄승산은 1079 / 172 = 6.273이고, 초기판단에서 미결정을 한 집단의 유죄승산은 148 / 123 = 1.203이다. 이 유죄승산들을 각각 로그 변환하면 로짓이 되고, 이들의 차이를 구하면 $ln(6.273) - ln(1.203) = \widehat{logit}_1 - \widehat{logit}_3 = 1.651$이 되는데, 이것이 바로 $\hat{b}_1$이다. 그런데 $ln(6.273) - ln(1.203) = ln(6.273/1.203) = ln(5.214)$이므로, $\hat{b}_1 = 1.651$이라는 결과는 초기판단에서 유죄결정을 한 집단의 최종판단에서의 유죄승산이 초기판단에서 미결정을 한 집단의 그것보다 $6.273 / 1.203 = e^{1.651} = 5.214$배 더 크다는 의미로 해석된다.

참조변인 R_2는 초기판단에서 무죄결정을 한 집단과 미결정 집단(참조집단)을 비교하는 변인이다. 그런데 R_2는 최종판단에 대하여 통계적으로 유의미한 효과를 가지므로, 초기판단에서 무죄결정을 한 집단과 미결정 집단은 최종판단에서 유죄 혹은 무죄를 결정하는 경향이 서로 매우 다르다는 결론이 유도된다. 참조변인 R_2의 모수추정치는 $\hat{b}_2 = -1.533$으로 산출되었는데, 앞서 모수 b_2는 R_2에 1로 코딩된 집단(초기판단에서 무죄결정을 한 집단)과 참조범주의 로짓 차이 $\widehat{logit}_2 - \widehat{logit}_3$라고 하였으므로 초기판단에서 무죄결정을 한 집단의 로짓이 참조집단의 로짓보다 작다는 것을 의미한다. 즉, 초기판단에서 무죄결정을 한 집단이 미결정 집단에 비하여 최종판단에서 유죄결정을 할 가능성이 월등히 낮다.

<표 7-7>를 보면 이 결론을 보다 구체적으로 이해할 수 있는데, 초기판단에서 무죄결정을 한 집단의 최종판단에서의 유죄승산은 174 / 670 = 0.260이고, 초기판단에서 미결정을 한 집단의 최종판단에서의 유죄승산은 148 / 123 = 1.203이다. 이 유죄승산들을 각각 로그 변환하면 로짓이 되고, 그들의 차이를 구하면

$ln(0.260) - ln(1.203) = \widehat{logit}_2 - \widehat{logit}_3 = -1.533$ 이 되는데, 이것이 바로 $\widehat{b}_2$ 이다. 그런데 $ln(0.260) - ln(1.203) = ln(0.260/1.203) = ln(0.216)$ 이므로, $\widehat{b}_2 = -1.533$ 이라는 결과는 초기판단에서 무죄결정을 한 집단의 최종판단에서의 유죄승산이 초기판단에서 미결정을 한 집단의 그것보다 $0.260 / 1.203 = e^{-1.533} = 0.216$ 배 더 크다 (작다) 는 의미로 해석된다.

③ 효과코딩

효과코딩도 참조코딩이나 대비코딩과 마찬가지로 설명변인의 범주의 수 g 보다 한 개 적은 수 $g-1$ 만큼의 효과변인을 만들어서 설명변인의 범주들을 코딩해 준다. 그런데 범주적인 설명변인의 범주들에 대한 효과코딩의 한 가지 특징은 참조코딩에서의 참조범주와 같은 범주를 연구자가 임의로 정하는 것인데, 이 범주는 모든 효과변인의 값이 −1 이 되도록 코딩해 준다. 모든 효과변인의 값이 −1 인 범주 이외의 설명변인의 다른 범주는 참조코딩과 동일하게 코딩해 준다.

〈 표 7-10 〉 세 개의 범주들로 구성된 범주변인 '초기판단' 의 효과코딩

	효과코딩방식 1		효과코딩방식 2	
초기판단	E_1	E_2	E_1	E_2
유죄결정	1	0	−1	−1
무죄결정	0	1	1	0
미결정	−1	−1	0	1

<표 7-10> 에서 효과코딩방식 1 의 경우에는 초기판단에서 미결정 집단이 모든 효과변인에 −1 로 코딩되었고, 효과코딩방식 2 의 경우에는 초기판단에서 유죄결정 집단이 모든 효과변인에 −1 로 코딩된 범주다. 설명변인인 초기판단이 <표 7-10> 의 효과코딩방식 중의 하나에 의하여 효과변인들 (E_1, E_2) 로 변환되면, 최종판단에 대한 초기판단의 효과를 가정하는 로짓 분석모형은 <수식 7-5> 와 같이 정의된다.

$$\widehat{logit} = b_0 + b_1 E_1 + b_2 E_2 \qquad \text{<수식 7-5>}$$

예를 들어, 설명변인인 초기판단이 <표 7-10> 의 효과코딩방식 1 에 준하여 효과변인들 (E_1, E_2) 로 변환된 경우에 모수들 b_0, b_1, b_2 의 의미가 어떻게 규정되는지를 살펴보자. 초기판단의 세 가지 범주 중에서 유죄결정 범주의 로짓을 $logit_1$ 으로 표기하고, 두죄결정 범주의 로짓을 $logit_2$ 로 표기하고, 미결정 범주의 로짓을 $logit_3$ 로 표기하면, 이 로짓들의 예측치들은 <수식 7-5> 에 의하여 다음과 같이 정의된다.

$$\widehat{logit}_3 = b_0 + b_1(-1) + b_2(-1) = b_0 - b_1 - b_2$$

$$\widehat{logit}_2 = b_0 + b_1(0) + b_2(1) = b_0 + b_2$$

$$\widehat{logit}_1 = b_0 + b_1(1) + b_2(0) = b_0 + b_1$$

이 세 개의 방정식을 모두 더하면 $\widehat{logit}_1 + \widehat{logit}_2 + \widehat{logit}_3 = 3b_0$ 이다. 따라서 모수 b_0 는 바로 설명변인의 모든 범주에서의 로짓 평균이다. 이 로짓의 평균을 $\overline{logit}$ 로 표기하자. 그러면 앞의 세 번째 방정식에 의하여 $b_1 = \widehat{logit}_1 - \overline{logit}$ 가 되고, 두 번째 방정식에 의하여 $b_2 = \widehat{logit}_2 - \overline{logit}$ 가 된다. 즉, 효과코딩에 의한 로짓 분석모형 $\widehat{logit} = b_0 + b_1 E_1 + b_2 E_2$ 의 모수 b_1 과 b_2 는 해당 효과변인에 1 로 코딩된 설명변인 범주의 로짓과 로짓 평균의 차이다. 변량분석 (analysis of variance) 에서는 득립변인 범주의 평균과 전체 평균의 차이 ($\overline{Y_i} - \overline{Y.}$) 를 '효과 (effect)' 라고 부르는데, 효과코딩에 의한 로짓 분석모형의 모수들이 바로 설명변인 범주의 로짓과 로짓 평균의 차이를 나타내므로 <표 7-10> 과 같은 코딩방식을 효과코딩이라고 부른다.

모형 $\widehat{logit} = b_0 + b_1 E_1 + b_2 E_2$ 를 검증하되, <표 7-10> 의 효과코딩방식 1 에 준하여 설명변인 초기판단을 효과변인들로 변환한 경우에도 로그우도와 우도비 카이자승 등의 전체 모형에 대한 지수들은 앞서 대비코딩방식에 의하여 설명변인을 직교대비변인들로 변환한 경우나 참조코딩방식에 의해 변환한 경우와 동일하게 산출된다. 또한, 로그우도, 우도비 카이자승, 그리고 모형–자료 합치도 지수

(피어슨 χ^2, G^2) 등의 전체 모형에 대한 지수들은 <표 7-10> 의 효과코딩방식 2 에 준하여 설명변인인 초기판단을 효과변인들로 변환한 경우에도 변함이 없다. 왜냐하면 설명변인을 어떻게 코딩하건 결국은 최종판단에 대한 초기판단의 효과를 정의하는 모형이기 때문이다. 그러나 설명변인에 대한 코딩방식에 따라서 모수추정치들은 달라진다. <표 7-10> 의 효과코딩방식 1 에 준하여 설명변인 초기판단을 효과변인들로 변환한 경우에 <수식 7-5> 의 모수들은 <표 7-11> 과 같이 추정되었다.

〈 표 7-11 〉 최종판단에 대한 초기판단의 효과를 검증하기 위한 로짓모형의 모수추정치 (효과코딩)

효과변인	모수추정치	*ASE*	Wald	*df*	*p*
절편	0.224	0.057	15.695	1	0.000
E_1	1.612	0.074	476.372	1	0.000
E_2	−1.571	0.075	439.988	1	0.000

<표 7-11> 을 보면 효과변인들 E_1 과 E_2 는 모두 최종판단에 대하여 통계적으로 유의미한 효과를 가진다. 설명변인인 초기판단이 <표 7-10> 의 효과코딩방식 1 에 의해 E_1 과 E_2 로 변환되었으므로 효과변인 E_1 은 초기판단에서 유죄결정을 한 집단의 로짓과 초기판단의 모든 집단의 로짓 평균을 비교하는 변인이다. 따라서 초기판단에서 유죄결정을 한 집단은 최종판단에서 유죄 혹은 무죄를 결정하는 경향이 평균치와 다르다는 결론이 유도된다. 효과변인 E_1 의 모수추정치는 $\widehat{b}_1 =$ 1.612 로 산출되었는데, 앞서 모수 b_1 은 E_1 에 1 로 코딩된 집단 (초기판단에서 유죄결정을 한 집단) 의 로짓과 로짓 평균의 차이 $\widehat{logit}_1 - \overline{logit}$ 라고 하였으므로, 초기판단에서 유죄결정을 한 집단의 로짓이 로짓 평균보다 크다는 것을 의미한다. 즉, 초기판단에서 유죄결정을 한 집단이 최종판단에서도 유죄결정을 할 가능성이 평균보다 월등히 높다. <표 7-7> 을 보면 이 결론을 보다 구체적으로 이해할 수 있는데, 초기판단에서 유죄결정을 한 집단의 최종판단에서의 유죄승산은 1079 / 172 = 6.273 이고, 이 유죄승산을 로그 변환하면 $\widehat{logit}_1 = 1.836$ 이다. 반면에 초기판단에서 모든 집단의 로짓 평균은 (1.837 − 1.348 + 0.185) / 3 = 0.224이다. 초기판

단에서 유죄결정을 한 집단의 로짓과 로짓 평균의 차이를 구하면 $\widehat{logit}_1 - \overline{logit}$ $= 1.837 - 0.224 = 1.612$ 가 되는데, 이것이 바로 $\hat{b}_1$ 이다.

효과변인 E_2 는 초기판단에서 무죄결정을 한 집단의 로짓과 로짓의 전체 평균을 비교하는 변인이다. 그런데 E_2 는 최종판단에 대하여 통계적으로 유의미한 효과를 가지므로 초기판단에서 무죄결정을 한 집단의 로짓과 로짓 평균은 서로 매우 다르다는 결론이 유도된다. 효과변인 E_2 의 모수추정치는 $\hat{b}_2 = -1.573$ 으로 산출되었는데, 앞서 모수 b_2 는 E_2 에 1 로 코딩된 집단 (초기판단에서 무죄결정을 한 집단) 과 로짓 평균의 차이 $\widehat{logit}_2 - \overline{logit}$ 라고 하였으므로, 초기판단에서 무죄결정을 한 집단의 로짓이 로짓 평균보다 작다는 것을 의미한다. 즉, 초기판단에서 무죄결정을 한 집단이 전체 평균에 비하여 최종판단에서 유죄결정을 할 가능성이 월등히 낮다. <표 7-7> 을 보면 이 결론을 보다 구체적으로 이해할 수 있는데, 초기판단에서 무죄결정을 한 집단의 최종판단에서의 유죄승산은 174 / 670 = 0.260 이고, 이 유죄승산들을 로그 변환하면 $\widehat{logit}_2 = -1.347$ 이 된다. 반면에 로짓 평균은 $\overline{logit} = 0.224$ 이다. 이들의 차이를 구하면 $\widehat{logit}_2 - \overline{logit} = -1.347 - 0.224$ $= -1.571$ 이 되는데, 이것이 바로 $\hat{b}_2$ 이다.

④ 더미코딩의 요약

설명변인 X 가 g 개의 범주들로 구성된 범주변인인 로짓 분석모형에서는 설명변인 X 를 그대로 사용하여 모수추정을 하거나 해석을 하는 것은 무의미하므로 X 를 직교대비코딩하거나, 참조코딩하거나, 효과코딩을 하여 $g-1$ 개의 더미변인들로 변환한 후, 그 더미변인들을 일반선형모형의 체계적 성분으로 사용한다. 코딩방식에 상관없이 전체 모형에 대한 영가설 검증이나 합치도 검증은 모두 동일한 결과를 산출한다. 그러나 모수추정치들은 코딩방식에 따라서 달라지고, 다른 의미로 해석되므로 연구자는 각 코딩방식의 특성을 잘 파악하여 모수추정치들에 대해 해석을 해야 한다. 직교대비코딩에 의하여 설명변인 X 가 변환된 경우에는 모수추정치는 해당 더미변인에 의해 대비되는 두 집단 간의 로짓 차이 혹은 승산 차이를 반영한다. 참조코딩에 의하여 설명변인 X 가 변환된 경우에 모수추정치는 해당 더미변인에 1 로 코딩된 범주와 참조범주 사이의 로짓 차이 혹은 승산 차이를 반영한다. 효과코딩에 의하여 설명변인 X가 변환된 경우에 모수추정치는 해당 더미변인에 1로 코딩된 범주의 로짓과 모든 범주의 로짓 평균 사이의 로짓 차이 혹은 승산 차이를 반영한다.

3 두 개 이상의 설명변인

범주적인 설명변인이 두 개 이상 포함된 로짓 분석모형을 '중다로짓 분석모형(multiple logit analysis model)' 이라고 부르기도 하는데, 이러한 모형의 주된 목적은 일반적으로 다음 둘 중의 하나다. 첫째는 반응변인에 대한 특정한 설명변인의 효과를 검증하되, 그 설명변인과 공변하는 다른 '가외변인(extraneous variable)' 들의 영향을 수학적으로 통제하기 위한 것이고, 둘째는 반응변인에 대한 설명변인들의 상호작용효과(interaction effect)를 검증하기 위한 것이다. 예를 들어, <표 7-1>의 자료에서 최종판단에 대한 평결원칙(다수결 원칙 vs. 만장일치 원칙)의 효과를 검증하고자 하는데, 중범죄를 다루는 배심재판에서는 주로 만장일치에 의한 배심평결을 원칙으로 하고, 경범죄를 다루는 배심재판에서는 다수결에 의한 배심평결이 많이 이루어진다고 가정하자. 이러한 까닭에 평결원칙에서 만장일치 범주에 속했던 배심원들은 주로 초기판단에서 유죄결정을 하였고, 평결원칙에서 다수결 범주에 속했던 배심원들은 주로 초기판단에서 미결정 혹은 무죄결정을 하였다면, 설혹 최종판단에 대한 평결원칙의 효과가 발견되더라도 그것이 평결원칙의 효과인지, 아니면 초기판단의 효과인지를 분별할 수 없는 문제가 생긴다. 이런 경우에는 초기판단의 영향을 통제하고 최종판단에 대한 평결원칙의 순수한 효과를 검증할 필요가 있는데, 그 한 가지 방법은 자료를 초기판단 범주(유죄결정, 무죄결정, 미결정)에 따라 세 개의 부분 자료로 분할하고, 각각의 부분 자료에서 최종판단에 대한 평결원칙의 효과를 검증하는 것이다. 초기판단 범주에 따라 분할된 부분 자료에서 초기판단은 더 이상 변인이 아니고 상수이므로 최종판단에 대한 평결원칙의 효과가 발견된다면 그 효과는 초기판단의 영향에서 독립적인 혹은 초기판단의 영향이 통제된 효과다. 그런데 이 방법의 단점은 각 검증에서 자료의 수가 현저히 줄어들기 때문에 결과의 안정성 혹은 통계적 검증력 (statistical power) 이 저하된다는 것과 부분 자료들에서 각기 조금씩 다른 결과가 나오는 경우 그 결과들을 일관되게 해석하여 최종판단에 대한 평결원칙의 효과가 있는지 없는지에 대한 명확한 결론을 도출할 수 없는 경우가 생길 수 있다는 것이다. 초기판단의 영향을 통제하고 최종판단에 대한 평결원칙의 순수한 효과를 검증하는 보다 좋은 방법은 로짓 분석모형에 초기판단과 평결원칙을 함께 설명변인으로 포함하여 중다로짓 분석모형을 검증하는 것이다.

범주적인 설명변인이 두 개 이상 포함된 로짓 분석모형의 두 번째 주된 목적은 반응변인에 대한 설명변인들의 상호작용효과를 검증하기 위한 것이다. 반응변인에 대한 설명변인들의 상호작용효과란 반응변인에 대한 한 설명변인의 효과가 다른 설명변인의 범주들에서 각기 다르게 나타나는 것을 의미한다. 예를 들어, 배심원들의 최종판단에 대한 평결원칙의 효과가 초기판단에서 미결정이었던 배심원 집단에서는 크게 나타나는 반면, 초기판단에서 유죄결정이나 무죄결정의 확실한 결정을 하였던 배심원 집단에서는 나타나지 않는다면, 최종판단에 대하여 평결원칙과 초기판단이 상호작용효과를 가진다고 말한다. 혹은 평결원칙과 최종판단 사이의 관계의 방향이 초기판단의 범주에서 달라지는 경우에도 최종판단에 대하여 평결원칙과 초기판단이 상호작용효과를 가진다고 말한다. 또한 이와 같은 상호작용효과가 존재하면 최종판단에 대한 평결원칙의 효과를 초기판단이 중개 혹은 조절한다고 말하고, 초기판단을 '중개변인' 혹은 '조절변인 (moderator variable)' 이라고 부른다.

① 가외변인의 통제

<표 7-1> 의 자료에 대하여 최종판단에 대한 평결원칙 (다수결 원칙 vs. 만장일치 원칙) 의 효과를 검증하되, 가외변인인 초기판단의 영향을 통제한다고 가정하자. 반응변인인 최종판단을 기호 Y 로, 설명변인인 평결원칙을 기호 X_1 으로, 가외변인인 초기판단을 기호 X_2 로 표기하자. 그러면 가외변인의 통제를 위한 중다로짓 분석모형은 다음과 같이 정의된다.

$$\widehat{logit} = b_0 + b_1 X_1 + b_2 X_2$$

최종판단 Y는 이분변인(유죄결정 vs. 무죄결정)이고, 평결원칙 X_1도 역시 이분변인인데 다수결 원칙인 경우는 0으로, 만장일치 원칙인 경우는 1로 코딩되었다. 그런데 초기판단 X_2가 세 개의 범주(1 = 유죄결정, 2 = 무죄결정, 3 = 미결정)을 가지는 변인이므로 그것을 그대로 모형에 투입하는 것은 무의미하다. 따라서 초기판단 X_2를 앞서 설명한 대비코딩방식이나 참조코딩방식 혹은 효과코딩방식에 의하여 변환을 준 후 모형을 설정한다. 여기에서는 편의상 <표 7-8>의 참조코딩방식 1에 의하여 초기판단 X_2를 참조변인 R_1과 R_2로 변환하였다고 가정하자. 그러면 최종판단(Y)에 대한 평결원칙(X_1)의 효과를 검증하되, 가외변인인 초기판단(X_2)의 영향을 통제하기 위한 로짓 분석모형은 <수식 7-6>과 같이 정의된다.

$$\widehat{logit} = b_0 + b_1 X_1 + b_2 R_1 + b_3 R_2 \qquad \text{<수식 7-6>}$$

<표 7-1>의 자료에 대하여 <수식 7-6>의 모형을 검증하면 모수추정치들이 <표 7-12>와 같이 산출된다.

〈 **표 7-12** 〉 최종판단에 대한 초기판단의 효과를 통제하고, 평결원칙의 효과를 검증하기 위한 로짓모형의 모수추정치

참조변인	모수추정치	*ASE*	Wald	*df*	*p*
절편	0.134	0.127	1.118	1	0.290
X_1	0.171	0.117	2.160	1	0.142
R_1	1.650	0.147	125.651	1	0.000
R_2	−1.532	0.149	105.873	1	0.000

<표 7-12>를 보면 최종판단에 대한 초기판단(R_1과 R_2)의 효과를 통제하고 평결원칙의 효과를 검증한 결과 $\hat{b}_1 = 0.171$로 산출되었다. 즉, 최종판단에 대한 초기판단(가외변인)의 효과를 통제하면 평결원칙(설명변인)이 $X_1 = 0$일 때에 비하여 $X_1 = 1$일 때 최종판단의 유죄로짓이 0.171만큼 더 크다는 것이고, 이것은

다시 평결원칙이 $X_1 = 0$ 일 때 비해 $X_1 = 1$ 일 때 최종판단의 유죄승산이 $e^{0.171} = 1.186$ 배만큼 더 크다는 것이다. 이때 가외변인인 초기판단의 효과를 통제한다는 것이 무엇을 말하는 것인지를 정확히 이해하기 위하여 <수식 7-6> 의 모형에 의하여 예측된 빈도를 살펴보면 <표 7-13> 과 같다.

〈표 7-13〉 〈수식 7-6〉의 모형에 의하여 예측된 최종판단 빈도

초기판단	평결원칙	예측된 최종판단 빈도		예측된	예측된
		유죄결정	무죄결정	유죄승산	유죄로짓
유죄결정	다수결	727.726	122.274	5.952	1.784
	만장일치	351.274	49.726	7.064	1.955
무죄결정	다수결	120.913	489.087	0.247	−1.398
	만장일치	53.087	180.913	0.293	−1.228
미결정	다수결	101.361	88.639	1.144	0.135
	만장일치	46.639	34.361	1.357	0.306

예를 들어, 초기판단이 유죄결정($R_1 = 1$, $R_2 = 0$) 이고, 평결원칙이 다수결 ($X_1 = 0$) 인 범주에서 <수식 7-6> 의 모형에 의하여 예측된 유죄로짓은 $\widehat{logit} = 0.134 + 0.171(0) + 1.650(1) - 1.532(0) = 1.784$ 이다. 따라서 이 범주의 예측된 유죄승산은 $e^{1.784} = 5.952$ 이다. 또한, 이 범주에서 최종판단이 유죄결정일 예측된 확률은 다음과 같이 산출될 수 있다.

$$\hat{p}_1 = \frac{1}{1 + e^{-(0.134 + 0.171(0) + 1.650(1) - 1.532(0))}} = 0.856$$

그런데 <표 7-1> 에 의하면 초기판단이 유죄결정이고, 평결원칙이 다수결인 범주의 전체 빈도는 850 이다. 따라서 그 범주에서 최종판단이 유죄결정일 예측된 빈도는 $850 \times 0.856 = 727.726$ 이다 (반올림에 의한 약간의 오차를 감안하라). <표 7-13> 의 다른 예측 빈도들도 모두 동일한 방식에 의하여 산출된다.

<표 7-13> 에서 가외변인인 초기판단이 유죄결정인 경우를 살펴보자. 그때 설명변인인 평결원칙이 만장일치인 경우에는 최종판단의 예측된 유죄로짓이 1.955이

고, 다수결인 경우에는 예측된 유죄로짓이 1.784 이다. 따라서 가외변인인 초기판단이 유죄결정으로 고정되었을 때, <수식 7-6> 의 모형은 평결원칙이 $X_1 = 0$ 일 때에 비하여 $X_1 = 1$ 일 때 반응변인인 최종판단의 유죄로짓이 $1.955 - 1.784 = 0.171$ 만큼 클 것으로 예측한다. 이것이 최종판단에 대한 초기판단(R_1 과 R_2) 의 효과를 통제하고 평결원칙의 효과를 검증한 결과로 추정된 $\hat{b}_1 = 0.171$ 의 의미다. 즉, 가외변인인 초기판단의 효과를 통제한다는 것은 그것의 범주를 고정시킨다는 의미다. <표 7-13> 에서 초기판단을 어떤 범주에 고정하건 간에 예측된 유죄로짓은 평결원칙이 $X_1 = 0$ 일 때에 비하여 $X_1 = 1$ 일 때 0.171 만큼 크다.

<표 7-13> 에서 초기판단이 유죄결정일 때, 평결원칙이 만장일치인 경우에는 예측된 유죄승산이 7.064 이고, 다수결인 경우에는 예측된 유죄승산이 5.952 이다. 따라서 초기판단이 유죄결정으로 고정되었을 때, <수식 7-6> 의 모형은 평결원칙이 $X_1 = 0$ 일 때에 비하여 $X_1 = 1$ 일 때 유죄승산이 $7.064 / 5.952 = 1.186$ 배만큼 클 것으로 예측한다. 이것이 최종판단에 대한 초기판단(R_1 과 R_2) 의 효과를 통제하고 평결원칙의 효과를 검증한 결과로 추정된 $\hat{b}_1 = 0.171$ 의 의미다. <표 7-13> 에서 초기판단을 어떤 범주에 고정하건 간에, 예측된 유죄승산은 평결원칙이 $X_1 = 0$ 일 때에 비하여 $X_1 = 1$ 일 때 $e^{0.171} = 1.186$ 배만큼 크다. 가외변인인 초기판단의 세 범주들(유죄결정, 무죄결정, 미결정) 을 효과코딩하거나 대비코딩하는 경우에도 설명변인인 평결원칙의 모수추정치는 변함없이 $\hat{b}_1 = 0.171$ 로 산출된다.

<표 7-12> 에 의하면, 가외변인인 초기판단의 효과를 통제하였을 때 반응변인인 최종판단에 대한 설명변인인 평결원칙의 효과는 제 1 종 오류를 범할 확률 $\alpha = 0.05$ 수준에서 통계적으로 유의미하지 않은 것으로 판단된다(Wald = 2.160, $p = 0.142$). 즉, 가외변인인 초기판단의 효과가 통제되었을 때, 평결원칙이 만장일치인 경우에 최종판단의 유죄로짓 혹은 유죄승산과 평결원칙이 다수결인 경우에 최종판단의 유죄로짓 혹은 유죄승산이 모집단에서 차이를 가지지 않을 것으로 판단된다는 의미다. 가외변인의 효과가 통제되었을 때 설명변인의 효과에 대한 이와 같은 영가설 검증은 Wald 통계치에 의하여 이루어질 수도 있고, 우도비 카이자승 검증에 의하여 이루어질 수도 있다. <표 7-1> 의 자료에 대하여 <수식 7-6> 의 모형을 최대우도 추정방법에 의하여 검증하였을 때, 최대로그우도는 $ln(L_{E1}) =$

-1115.931 이다. 반면에 설명변인인 평결원칙 X_1 을 제거하고 가외변인인 초기판단에 의해서만 반응변인인 최종판단을 예측하는 모형 $\widehat{logit} = b_0 + b_2R_1 + b_3R_2$ 의 최대로그우도는 앞서 살펴본 바와 같이 $ln(L_{E0}) = -1117.014$ 이다. 모형 $\widehat{logit} = b_0 + b_2R_1 + b_3R_2$ 는 영가설 H_0: $b_1 = 0$ 을 가정하는 영가설 모형이다. 이 두 모형의 우도비 카이자승은 $-2(ln(L_{E0}) - ln(L_{E1})) = -2(-1117.014 + 1115.931) = 2.168$ 이다. 두 모형의 우도 차이는 한 개의 설명변인 X_1 이 포함되는가, 아니면 포함되지 않는가에 따른 효과 차이므로 우도비 카이자승 2.168 의 자유도는 $df = 1$ 이다. 그런데 우도비 카이자승 2.168 은 자유도가 $df = 1$ 인 이론적인 카이자승분포에서 제 1 종 오류를 범할 확률 $\alpha = 0.05$ 의 임계치 3.84 를 초과하지 않는다. 따라서 영가설 H_0: $b_1 = 0$ 을 기각할 수 없으므로 초기판단의 효과가 고정되었을 때 (혹은 통제되었을 때), 최종판단에 대한 평결원칙 X_1 의 효과는 통계적으로 유의미하지 않다는 판단을 하게 된다.

② 상호작용효과의 검증

반응변인에 대한 설명변인들의 상호작용효과란 반응변인에 대한 한 설명변인의 효과가 다른 설명변인의 범주들에서 각기 다르게 나타나는 것을 의미한다. <표 7-1> 의 자료에서 최종판단 (Y) 에 대한 평결원칙 (X_1) 과 초기판단 (X_2) 의 상호작용효과를 가정한다면, 이 가정은 최종판단에 대한 평결원칙의 효과가 초기판단의 범주들에서 동일하지 않다는 가정이고, 또한 최종판단에 대한 초기판단의 효과가 평결원칙의 범주들에서 동일하지 않다는 가정이다. 상호작용효과가 진실로 존재하는 경우에 한 설명변인의 범주들은 반응변인에 대한 다른 설명변인의 효과를 변화시키는 역할을 하는 것과 같으므로 상호작용효과를 조절효과 혹은 중개효과라고 부르기도 한다. 예를 들어, <표 7-1> 의 자료에서 평결원칙과 초기판단으로 구성되는 6 개의 범주들에서 최종판단에서의 유죄승산을 계산하면 <표 7-14> 와 같다.

<표 7-14> 에서 초기판단이 유죄결정인 경우와 미결정인 경우에는 평결원칙이 유죄승산의 차이를 초래하는 것으로 보이는 반면, 초기판단이 무죄결정인 경우에는 평결원칙에 따른 유죄승산의 변화가 거의 없는 것으로 보인다. 따라서 최종판

〈 **표 7-14** 〉 평결원칙과 초기판단으로 구성되는 설명변인 범주들에서 최종판단에서의 관찰된 유죄승산

평결원칙	초기판단		
	유죄결정	무죄결정	미결정
다수결	5.967	0.268	0.959
만장일치	7.020	0.238	2.115

단에서의 유죄승산에 대한 평결원칙의 효과가 초기판단의 범주들에서 모두 동일하지 않은 것으로 짐작되는데, 만약 이 짐작이 통계적으로도 유의미한 것으로 판단되면 최종판단에 대하여 평결원칙과 초기판단이 상호작용효과를 가진다고 말한다.

반응변인에 대한 설명변인들의 상호작용효과는 '곱셈적 효과 (multiplicative effect)' 이다. 따라서 상호작용효과가 가정되는 로짓 분석모형은 우선 설명변인들을 대비코딩, 참조코딩 혹은 효과코딩하여 더미변인들로 변환하고, 각 설명변인을 변환한 더미변인들을 서로 곱해서 상호작용효과를 검증하기 위한 항들을 만든 후, 이 상호작용효과항들의 설명력을 위계적 (hierarchical) 절차에 의하여 검증한다.

<표 7-1> 의 자료에 대하여 최종판단 (Y) 에 대한 평결원칙 (X_1) 과 초기판단 (X_2) 의 상호작용효과를 검증하기 위하여 <표 7-15> 와 같이 설명변인들의 범주들을 대비코딩에 의하여 대비변인들로 변환하였다.

두 개의 설명변인인 평결원칙과 초기판단에 의하여 설명변인 범주가 6 개 존재하므로 이 설명변인 범주들을 대비코딩하기 위한 대비변인들은 5 개가 만들어질 수 있다. <표 7-15> 의 대비변인 C_1 과 C_2 는 초기판단 (X_2) 을 대비코딩한 대비변인들이다. 초기판단은 3 개의 범주로 구성된 설명변인이므로, 이 범주들을 2 개의 대비변인들로 변환할 수 있다. 따라서 대비변인들 C_1 과 C_2 는 최종판단에 대한 초기판단의 '주효과 (main effect)' 를 나타내는 변인들이다. 대비변인 C_3 는 평결원칙의 주효과를 나타내는 변인이다. 평결원칙은 2 개의 범주들로 구성된 변인이므로 그것의 주효과를 나타내기 위하여 1 개의 대비변인으로 대비코딩한 것이다. 대비변인들 C_4 와 C_5 는 초기판단과 평결원칙의 상호작용효과를 나타내는 변인들이다. <표 7-15> 에서 대비변인 C_4 와 C_5 의 대비코딩방식을 주의 깊게 살펴보면, C_4 는 초기판단의 대비변인 C_1 과 평결원칙의 대비변인 C_3 를 서로 곱

〈 표 7-15 〉 최종판단에 대한 평결원칙과 초기판단의 상호작용효과를 검증하기 위한 설명변인 범주들의 대비코딩

평결원칙 (X_1)	초기판단 (X_2)	대비변인				
		C_1	C_2	C_3	C_4	C_5
다수결	유죄결정	0.5	1	1	0.5	1
	무죄결정	0.5	−1	1	0.5	−1
	미결정	−1	0	1	−1	0
만장일치	유죄결정	0.5	1	−1	−0.5	−1
	무죄결정	0.5	−1	−1	−0.5	1
	미결정	−1	0	−1	1	0

한 것이고, C_5 는 초기판단의 대비변인 C_2 와 평결원칙의 대비변인 C_3 를 서로 곱한 것이라는 점을 알 수 있다. 설명변인들의 범주들을 <표 7-15> 와 같이 대비코딩하면, 최종판단에 대한 초기판단과 평결원칙의 상호작용효과를 가정하는 로짓 분석모형은 <수식 7-7> 과 같이 정의된다.

$$\widehat{logit} = b_0 + b_1 C_1 + b_2 C_2 + b_3 C_3 + b_4 C_4 + b_5 C_5 \qquad \text{<수식 7-7>}$$

<수식 7-7> 과 같이 설명변인들의 상호작용효과를 가정하는 모형을 편의상 '가득 찬 모형 (full model)' 이라고 부르고, 기호 M_F 로 표기하기도 한다. 반면에 상호작용효과항들 C_4 와 C_5 가 제외되고 설명변인들의 주 효과항들만으로 정의된 모형 $\widehat{logit} = b_0 + b_1 C_1 + b_2 C_2 + b_3 C_3$ 를 '축소된 모형 (reduced model)' 이라고 부르고, 기호 M_R 로 표기하기도 한다. 상호작용효과를 가정하는 가득 찬 모형 M_F 의 최대우도는 그것을 가정하지 않는 축소된 모형 M_R 의 최대우도보다 항상 크게 마련이다. 왜냐하면 모형 M_F 는 모형 M_R 보다 더 많은 변인을 이용하여 반응변인을 설명하기 때문이다. 그런데 만약 두 모형의 최대우도 차이가 통계적으로 유의미하면 그것은 곧 반응변인에 대한 설명변인들의 상호작용효과가 통계적으로 유의미하다는 것을 뜻하고, 두 모형의 최대우도 차이가 통계적으로 유의미하지 않으면 그것은 곧 반응변인에 대한 설명변인들의 상호작용효과가 통계적으로 유

의미하지 않다는 것을 뜻한다. 모형 M_F 와 모형 M_R 의 최대우도 차이가 통계적으로 유의미한지의 여부를 판단하기 위한 통계치가 우도비 카이자승이다. 모형 M_F 의 최대로그우도는 <수식 5-6> 에 의하여 다음과 같다.

$$\begin{aligned} ln(L_F) &= -\sum_{i=1}^{I} n_i ln(1+exp(b_0+b_1C_1+b_2C_2+b_3C_3+b_4C_4+b_5C_5)) \\ &\quad + \sum_{i=1}^{I} n_{i1}(b_0+b_1C_1+b_2C_2+b_3C_3+b_4C_4+b_5C_5) \\ &= -\sum_{i=1}^{I} n_i ln(1+exp(\widehat{logit})) + \sum_{i=1}^{I} n_{i1}(\widehat{logit}) \end{aligned}$$ <수식 7-8>

모형 M_F 의 최대로그우도 $ln(L_F)$ 를 계산하기 위하여 <표 7-1> 과 <표 7-15> 를 조합한 것이 <표 7-16> 이다.

〈표 7-16〉 배심판단 자료와 설명변인들을 변환한 대비변인 그리고 상호작용효과모형이 예측하는 로짓

평결원칙	초기판단	최종판단 유죄 결정	최종판단 무죄 결정	전체	대비변인 C_1	C_2	C_3	C_4	C_5	$\widehat{logit}$
다수결	유죄결정	728	122	850	0.5	1	1	0.5	1	1.787
	무죄결정	129	481	610	0.5	−1	1	0.5	−1	−1.315
	미결정	93	97	190	−1	0	1	−1	0	−0.043
만장일치	유죄결정	351	50	401	0.5	1	−1	−0.5	−1	1.949
	무죄결정	45	189	234	0.5	−1	−1	−0.5	1	−1.435
	미결정	55	26	81	−1	0	−1	1	0	0.749

<표 7-1> 의 자료에 대하여, <수식 7-7> 의 모형 M_F 의 모수들을 최대우도 추정방법에 의하여 추정하면 $\hat{b}_0=-0.282$, $\hat{b}_1=0.072$, $\hat{b}_2=-1.622$, $\hat{b}_3=0.139$, $\hat{b}_4=-0.257$, $\hat{b}_5=0.070$ 이다. <표 7-16> 의 $\widehat{logit}$ 는 산출된 모수추정치들을 <수식 7-7> 의 모형 M_F 에 대입하여 얻은 예측된 유죄로짓이다. 따라서

모형 M_F 의 최대로그우도 $ln(L_F)$ 는 산출된 모수추정치들과 <표 7-16> 의 숫자들을 <수식 7-ε> 에 대입하여 다음과 같이 계산된다.

$$\begin{aligned} ln(L_F) = & -(850ln(1+exp(1.787))+610ln(1+exp(-1.315)) \\ & +190ln(1+exp(-0.043))+401ln(1+exp(1.949)) \\ & +234ln(1+exp(-1.435))+81ln(1+exp(0.749))) \\ & +(728(1.787)+129(-1.315)+93(-0.043) \\ & +351(1.949)+45(-1.435)+55(0.749)) \\ = & -1112.212 \end{aligned}$$

동일한 방식에 의하여 모형 M_R 의 최대로그우도 $ln(L_R)$ 를 구하면 −1115.931 이다. 따라서 모형 M_F 와 모형 M_R 의 우도비 카이자승은 $-2(ln(L_R)-ln(L_F))$ $=-2(-1115.931+1112.212)=7.438$ 이다. 이 우도비 카이자승의 자유도는 $df=2$ 이다. 왜냐하면 모형 M_F 가 모형 M_R 보다 두 개의 변인(C_4 와 C_5)을 더 포함하기 때문이다. 우도비 카이자승 7.438 은 $df=2$ 인 카이자승분포에서 $\alpha=0.05$ 의 임계치 5.991 을 초과한다. 즉, 모형 M_F 의 최대(로그) 우도는 모형 M_R 의 최대(로그) 우도보다 통계적으로 유의미하게 크다. 결론적으로 주어진 자료에 대하여 상호작용효과항들인 C_4 와 C_5 를 포함하는 모형의 가능성(우도)이 그것들을 포함하지 않는 모형의 가능성(우도)보다 높으므로 배심원들의 최종판단에 대한 평결원칙과 초기판단의 상호작용효과가 통계적으로 유의미하다고 판단된다. 이 결론의 의미는 <표 7-14> 에 제시된 유죄승산들의 개념으로 해석되는데, 모집단에서 초기판단이 유죄결정인 경우와 미결정인 경우에는 평결원칙이 유죄승산의 차이를 초래하는 반면, 초기판단이 무죄결정인 경우에는 평결원칙에 따른 유죄승산의 변화가 거의 없다는 것이다.

최종판단에 대한 평결원칙과 초기판단의 상호작용효과를 전제하고 <표 7-14> 에 제시된 최종판단의 유죄승산들을 좀 더 구체적으로 살펴보면, 배심원의 초기판단이 유죄결정이었을 때는 평결원칙이 만장일치일 때에 비하여 다수결일 때 최종판단에서 초기판단이 유지될 가능성이 더 낮다. 이것은 상식적인 예상과 상반되는 매우 흥미로운 결과다. 상식적으로는 평결원칙이 다수결일 때 배심원은 최종판단에서 자신의 초기판단을 바꿀 필요가 없고, 만장일치에 의하여 배심평결을 해야 하는 경우에는 자신의 초기판단을 바꾸어야 할 경우가 더 많을 것으로 예상된다. 그러나 실제 배심평결의 자료는 그 반대의 양상을 보여 준다. 이와 같은 흥미로운 양상이 가능한 이유 중의 하나는 다음과 같이 추정해 볼 수 있다. 예를 들어, 만장일치에 의해 배심평결을 해야 하는 재판에서 어떤 배심원의 초기판단이 유죄결정인데, 배심평의 초기에 유죄결정이 배심원단의 다수 의견이었다고 가정하자. 그러면 그 배심원은 자신과 의견을 같이 하는 다른 배심원들과 합세하여 소수 의견을 가진 다른 배심원들을 적극적으로 설득하려는 동기를 가지게 될 가능성이 높고, 그러한 동기에 의하여 자신의 초기판단을 더욱 공고히 하려는 인지적 긴장상태에 놓이게 될 수 있다. 반면에 다수결 원칙이 적용되는 경우에는 다른 배심원들을 적극적으로 설득하려는 인지적 긴장이 생기지 않기 때문에 오히려 역설적으로 자신의 의견과 다른 의견에 대하여 더 수용적인 심리상태를 경험하게 되고, 결과적으로 최종판단에서 무죄결정으로 마음을 바꾸는 경우가 더 자주 생길 수 있다. 또 다른 가능성은 일반적으로 중죄사건에서는 만장일치 원칙이 채택되는 경우가 많고, 경죄사건에서는 다수결 원칙이 채택되는 경우가 많다는 사실에 기인할 수 있다. 중죄사건일수록 피고인의 유죄를 증명하는 증거가 더 강력한 것이 일반적이므로 만장일치 원칙이 적용되는 중죄사건에서 다수결 원칙이 적용되는 경죄사건보다 초기판단에서의 유죄결정이 최종판단까지 유지될 가능성이 더 높을 수 있다.

4 로짓 분석모형과 로그선형모형의 관계

로짓 분석모형과 로그선형모형은 서로 매우 쉽게 교환될 수 있는 동일한 모형이다. 이 점을 이해하기 위하여 <표 7-1> 의 자료에 관련된 변인들과 빈도들을 제 4 장에서 사용한 기호들로 재정의해 보자. 설명변인 평결원칙을 기호 A 로 표기하고, 그 변인의 두 범주를 각각 $i=1$, $i=2$ 로 표기하자. 또한, 설명변인 초기판단을 기호 B 로 표기하고, 그 변인의 세 범주를 $j=1$, $j=2$, $j=3$ 으로 표기하자. 최종판단(Y)의 두 범주를 $k=1$, $k=2$로 표기하자. 그러면 평결원칙, 초기판단 그리고 최종판단에 의해 교차분할된 셀의 빈도를 n_{ijk}로 표기하고, 예측빈도를 $\hat{n}_{ijk}$로 표기할 수 있다. 또한, 최종판단에 대하여 평결원칙과 초기판단의 상호작용효과를 가정하는 <수식 7-7> 의 모형은 <수식 7-9> 와 같이 기술될 수 있다.

$$
\begin{aligned}
ln\left(\frac{\hat{n}_{ij1}}{\hat{n}_{ij2}}\right) &= ln(\hat{n}_{ij1}) - ln(\hat{n}_{ij2}) \\
&= b_0 + b_1 C_1 + b_2 C_2 + b_3 C_3 + b_4 C_4 + b_5 C_5
\end{aligned}
$$

<수식 7-9>

대비변인 C_1과 C_2는 초기판단 B를 대비코딩한 대비변인들이다. 대비변인 C_3는 평결원칙 A의 주효과를 나타내는 변인이다. 대비변인들 C_4와 C_5는 초기판단과 평결원칙의 상호작용효과를 나타내는 변인들이다. <수식 7-9> 의 모형은 포화모형이다. 따라서 동일한 모형을 로그선형모형으로 기술하면 <수식 7-10> 과 같다.

$$
ln(\hat{n}_{ij1}) = \lambda + \lambda_{A(i)} + \lambda_{B(j)} + \lambda_{Y(1)} + \lambda_{AB(ij)} + \lambda_{AY(i1)} + \lambda_{BY(j1)} + \lambda_{ABY(ij1)}
$$

$$
ln(\hat{n}_{ij2}) = \lambda + \lambda_{A(i)} + \lambda_{B(j)} + \lambda_{Y(2)} + \lambda_{AB(ij)} + \lambda_{AY(i2)} + \lambda_{BY(j2)} + \lambda_{ABY(ij2)}
$$

<수식 7-10>

<수식 7-9> 의 로짓 분석모형을 <수식 7-10> 의 로그선형모형의 효과모수들로 다음과 같이 기술할 수 있다.

$$
\begin{aligned}
& ln(\hat{n}_{ij1}) - ln(\hat{n}_{ij2}) \\
&= b_0 + b_1 C_1 + b_2 C_2 + b_3 C_3 + b_4 C_4 + b_5 C_5 \\
&= \lambda + \lambda_{A(i)} + \lambda_{B(j)} + \lambda_{Y(1)} + \lambda_{AB(ij)} + \lambda_{AY(i1)} + \lambda_{BY(j1)} + \lambda_{ABY(ij1)} \\
&\quad - \lambda - \lambda_{A(i)} - \lambda_{B(j)} - \lambda_{Y(2)} - \lambda_{AB(ij)} - \lambda_{AY(i2)} - \lambda_{BY(j2)} - \lambda_{ABY(ij2)} \\
&= \lambda_{Y(1)} + \lambda_{AY(i1)} + \lambda_{BY(j1)} + \lambda_{ABY(ij1)} - \lambda_{Y(2)} - \lambda_{AY(i2)} - \lambda_{BY(j2)} - \lambda_{ABY(ij2)}
\end{aligned}
$$

<수식 7-11>

앞서 제 4 장에서 로그선형모형의 효과모수들은 $\lambda_{Y(1)} + \lambda_{Y(2)} = 0$, $\lambda_{AY(i1)} + \lambda_{AY(i2)} = 0$, $\lambda_{BY(j1)} + \lambda_{BY(j2)} = 0$, $\lambda_{ABY(ij1)} + \lambda_{ABY(ij2)} = 0$ 의 조건을 충족한다는 것을 설명하였다. 따라서 <수식 7-11> 은 다음과 같이 기술될 수 있다.

$$ln(\hat{n}_{ij1}) - ln(\hat{n}_{ij2}) = 2\lambda_{Y(1)} + 2\lambda_{AY(i1)} + 2\lambda_{BY(j1)} + 2\lambda_{ABY(ij1)}$$

즉, <수식 7-9> 의 로짓 분석모형은 로그선형모형의 효과모수들로 기술될 수 있다. 구체적으로 두 모형의 모수는 <표 7-17> 과 같은 관계를 가진다.

〈 **표 7-17** 〉 로짓 분석모형의 효과모수들과 로그선형모형의 효과모수들의 관계

절편	주효과	상호작용효과
$b_0 = 2\lambda_{Y(1)}$	$b_1(0.5) + b_2(1) = 2\lambda_{BY(11)}$ $b_1(0.5) + b_2(-1) = 2\lambda_{BY(21)}$ $b_1(-1) + b_2(0) = 2\lambda_{BY(31)}$ $b_3(1) = 2\lambda_{AY(11)}$ $b_3(-1) = 2\lambda_{AY(21)}$	$b_4(0.5) + b_5(1) = 2\lambda_{ABY(111)}$ $b_4(0.5) + b_5(-1) = 2\lambda_{ABY(121)}$ $b_4(-1) + b_5(0) = 2\lambda_{ABY(131)}$ $b_4(-0.5) + b_5(-1) = 2\lambda_{ABY(211)}$ $b_4(-0.5) + b_5(1) = 2\lambda_{ABY(221)}$ $b_4(1) + b_5(0) = 2\lambda_{ABY(231)}$

5 최대우도 추정이 불가능한 자료의 구조

이 절의 내용은 제 6 장에서 살펴본 로지스틱 회귀모형과 이 장의 로짓 분석모형에 공통적으로 해당되는 매우 중요한 자료의 구조에 관한 것이다. 로지스틱 회귀모형과 로짓 분석모형의 모수들을 추정하기 위한 로그우도함수는 모두 이항확률 밀도함수 혹은 다항확률 밀도함수에 기초하여 정의된다. 그런데 분석되는 자료의 구조에 따라서 이항확률 밀도함수 혹은 다항확률 밀도함수에 기초하여 정의되는 로그우도함수에 최대값이 존재하지 않는 경우가 있다. 이런 경우에는 물론 모수들에 대한 최대우도 추정이 불가능하다.

로지스틱 회귀모형과 로짓 분석모형에 의해 분석되는 모든 자료는 세 가지 중의 한 가지 구조를 가진다(Albert & Anderson, 1984). 첫째는 '완전분리(complete separation)' 라고 부르는 구조이고, 둘째는 '불완전분리(quasi-complete separation)' 라고 부르는 구조며, 셋째는 '중첩(overlap)' 이라고 부르는 구조다. 로지스틱 회귀모형과 로짓 분석모형의 모수들에 대한 최대우도 추정치를 산출하기 위해서는 자료가 '중첩' 구조를 이루고 있어야 한다. 자료가 '완전분리' 혹은 '불완전분리'의 구조를 가질 때는 모수들에 대한 정확한 최대우도 추정이 불가능하다. 완전분리 혹은 불완전분리 구조는 자료의 사례 수가 적을 때 쉽게 발생할 수 있다.

로지스틱 회귀모형과 로짓 분석모형을 위한 자료의 구조를 이해하기 위하여 <표 7-18> 의 가상적인 자료를 살펴보자. Y는 반응변인이고, X_1과 X_2는 각각 설명변인이다. <표 7-18> 은 이 변인들에 대한 10 개의 사례들로 이루어진 가상적인 자료다.

〈 **표 7-18** 〉 완전분리의 구조를 가지는 자료의 예

사례번호	Y	X_1	X_2	사례번호	Y	X_1	X_2
1	0	29	62	6	1	29	41
2	0	30	83	7	1	30	44
3	0	31	74	8	1	31	21
4	0	31	88	9	1	32	50
5	0	32	68	10	1	33	33

① 완전분리

'완전분리' 구조란 설명변인들에 의하여 반응변인이 완벽하게 예측되는 구조를 의미한다. 구체적으로는 상수들 c_0, c_1, c_2를 이용하여 설명변인들을 선형조합($c_0+c_1X_1+c_2X_2$) 하였을 때, $Y=0$인 모든 사례는 그 선형조합의 값이 0 보다 작고, $Y=1$인 모든 사례는 그 선형조합의 값이 0 보다 크게 산출되는 상수들 c_0, c_1, c_2가 존재하는 경우에 이러한 자료구조를 '완전분리' 라고 부른다. 즉, 자료가 완전분리 구조를 가진다는 것은 다음의 조건들이 충족되는 경우를 일컫는다.

$$c_0 + c_1 X_1 + c_2 X_2 < 0 \text{ 인 사례는 모두 } Y = 0$$

$$c_0 + c_1 X_1 + c_2 X_2 > 0 \text{ 인 사례는 모두 } Y = 1$$

〈표 7-18〉 의 자료에 대하여 $c_0 = -6$, $c_1 = 2$, $c_2 = -1$ 이면 $Y = 0$ 인 모든 사례는 0 보다 작은 선형조합 $c_0 + c_1 X_1 + c_2 X_2$ 의 값을 가지게 되고, $Y = 1$ 인 모든 사례는 0 보다 큰 선형조합의 값을 가지게 된다. 〈표 7-18〉 의 자료를 산포도로 표현한 것이 [그림 7-1] 이다.

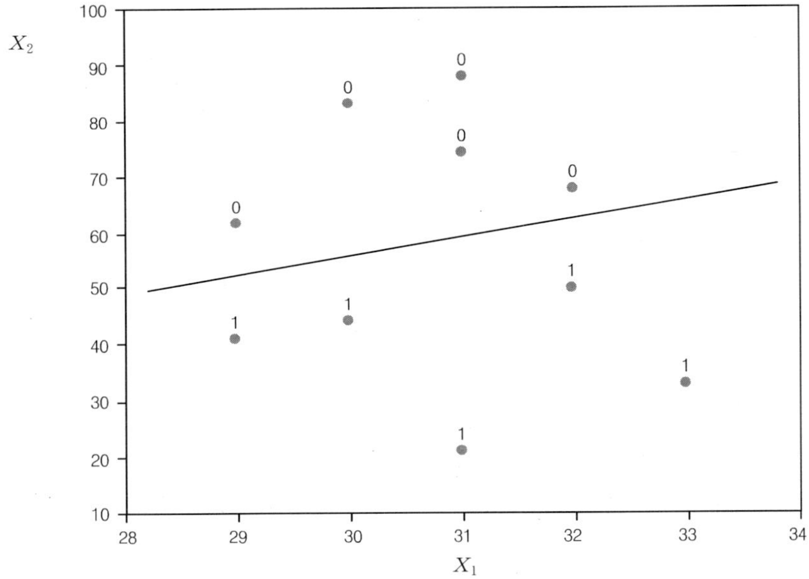

[그림 7-1] 완전분리 구조를 가지는 <표 7-17> 자료의 산포도 (직선은 $X_2 = 2X_1 + 6$ 을 나타냄)

[그림 7-1] 을 보면 설명변인들로 이루어진 이차원 공간에서 $Y = 0$ 인 사례들과 $Y = 1$ 인 사례들이 완전하게 서로 분리되어 있는 것을 알 수 있다. [그림 7-1] 에서 $Y = 0$ 인 사례들과 $Y = 1$ 인 사례들을 완전하게 서로 분리하는 직선의 방정식은 $-c_2 X_2 = c_1 X_1 - c_0$ 에 의해 작도된 것이다 ($c_0 = -6$, $c_1 = 2$, $c_2 = -1$). 즉,

$Y=0$ 인 사례들과 $Y=1$ 인 사례들은 $(1)X_2 = (2)X_1 + (6)$ 에 의해 완전하게 서로 분리되어 있다.

자료가 [그림 7-1] 과 같은 완전분리 구조를 가지는 경우에는 로지스틱 회귀모형 $\widehat{logit} = b_0 + b_1 X_1 + b_2 X_2$ 의 모수들 b_0, b_1, b_2 에 대한 최대우도 추정치가 존재하지 않는다. 그 이유는 로그우도함수 $ln(L)$ 가 ∩- 자형의 표면을 가지지 않고, 그 대신 0 에 무한대로 수렴하는 모양을 가지기 때문이다. [그림 7-2] 는 <표 7-18> 의 자료에 대한 로지스틱 회귀모형 $\widehat{logit} = b_0 + b_1 X_1 + b_2 X_2$ 의 절편 모수의 값을 $b_0 = -35.38$ 에 고정하였을 때, b_1 과 b_2 의 값에 따른 로그우도함수 $ln(L)$ 의 값을 그래프로 작도한 것이다.

[그림 7-2] 는 완전분리의 구조를 가지는 <표 7-18> 의 자료에 대하여 로지스틱 회귀모형 $\widehat{logit} = b_0 + b_1 X_1 + b_2 X_2$ 의 로그우도함수 $ln(L)$ 는 그 최대값이 0 에 끝없이 수렴하는 것을 보여 준다.

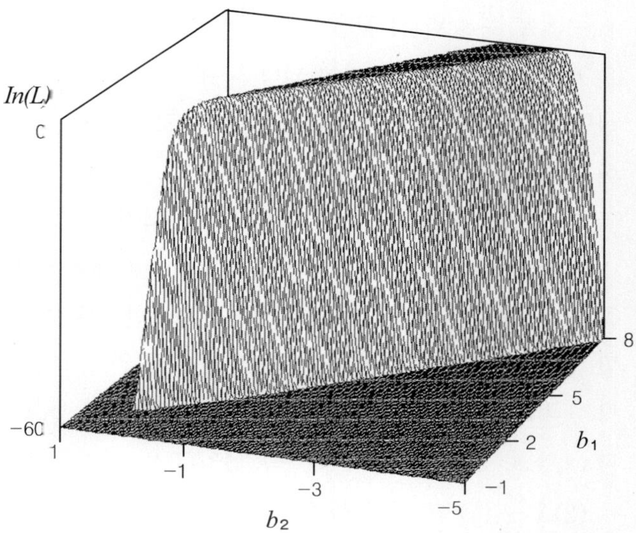

[그림 7-2] <표 7-18> 의 자료에 대한 로지스틱 회귀모형 $\widehat{logit} = b_0 + b_1 X_1 + b_2 X_2$ 의 절편모수의 값을 $b_0 = -35.38$ 에 고정하였을 때, b_1 과 b_2 의 값에 따른 로그우도함수 $ln(L)$

② 불완전분리

상수들 c_0, c_1, c_2 를 이용하여 설명변인들을 선형조합 ($c_0 + c_1X_1 + c_2X_2$) 하였을 때, $Y = 0$ 인 모든 사례는 그 선형조합의 값이 0 보다 작거나 같고, $Y = 1$ 인 모든 사례는 그 선형조합의 값이 0 보다 크거나 같게 산출되는 상수들 c_0, c_1, c_2 가 존재하는 경우에 이러한 자료 구조를 '불완전분리' 라고 부른다. 즉, 자료가 불완전분리 구조를 가진다는 것은 다음의 조건이 충족되는 경우를 말한다.

$$c_0 + c_1X_1 + c_2X_2 \leqq 0 \text{ 인 사례는 모두 } Y = 0$$

$$c_0 + c_1X_1 + c_2X_2 \geqq 0 \text{ 인 사례는 모두 } Y = 1$$

<표 7-18> 의 자료에서 7 번째 사례의 두 번째 설명변인 값을 $X_2 = 44$ 에서 $X_2 = 64$ 로 바꾸어 주면 그 자료는 불완전분리의 구조로 변한다. 이때에는 $c_0 = 4$, $c_1 = 2$, $c_2 = -1$ 이면 $Y = 0$ 인 모든 사례는 0 보다 작거나 같은 선형조합 $c_0 + c_1X_1 + c_2X_2$ 의 값을 가지게 되고, $Y = 1$ 인 모든 사례는 0 보다 크거나 같은 선형조합의 값을 가지게 된다. <표 7-18> 의 자료에서 7 번째 사례의 두 번째 설명변인 값을 $X_2 = 44$ 에서 $X_2 = 64$ 로 바꾸어 준 자료를 산포도로 표현한 것이 [그림 7-3] 이다.

[그림 7-3] 을 보면 설명변인들로 이루어진 이차원 공간에서 $Y = 0$ 인 사례와 $Y = 1$ 인 사례가 서로 분리되어 있는데, 세 개의 사례는 그 경계선에 놓여 있는 것을 알 수 있다. $Y = 0$ 인 사례 중 최소한 하나와 $Y = 1$ 인 사례 중에 최소한 한 개가 직선적인 경계선에 위치하는 자료의 구조를 불완전분리 구조라고 부른다. [그림 7-3] 의 직선의 방정식은 $-c_2X_2 = c_1X_1 - c_0$ 에 의해 작도된 것이다 ($c_0 = 4$, $c_1 = 2$, $c_2 = -1$). 즉, $Y = 0$ 인 사례들과 $Y = 1$ 인 사례들은 $(1)X_2 = (2)X_1 - (4)$ 에 의해 불완전하게 서로 분리되어 있다.

자료가 [그림 7-3] 과 같은 불완전분리 구조를 가지는 경우에도 로지스틱 회귀모형 $\widehat{logit} = b_0 + b_1X_1 + b_2X_2$ 의 모수들 b_0, b_1, b_2 에 대한 최대우도 추정치는 존재하지 않는다. 완전분리 구조를 가지는 자료의 경우에는 로지스틱 회귀모형의

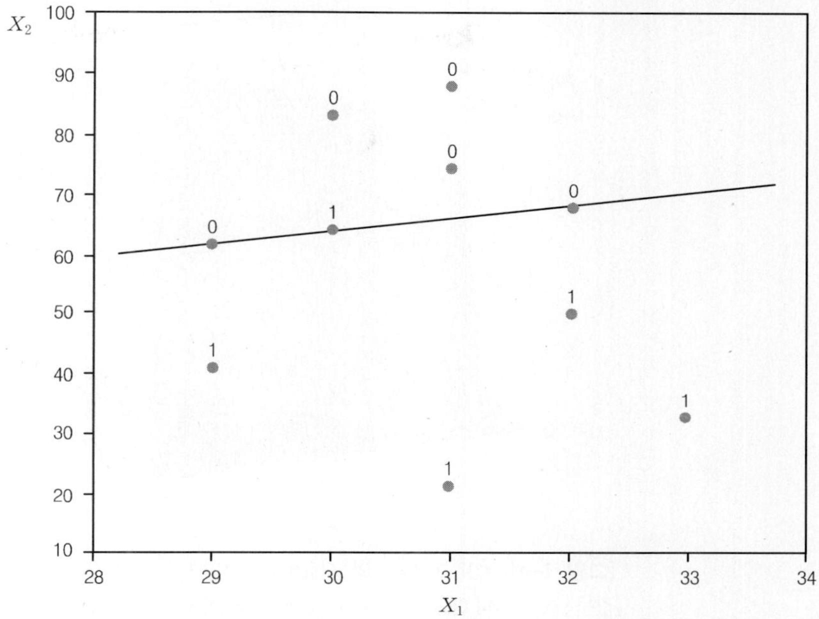

[그림 7-3] 불완전분리 구조를 가지는 자료의 산포도 (직선은 $X_2 = 2X_1 - 4$ 을 나타냄)

로그우도함수 $ln(L)$ 가 ∩- 자형의 표면을 가지지 않고, 그 대신 0 에 무한히 수렴하는 반면에, 불완전분리 구조를 가지는 자료의 경우에는 로그우도함수 $ln(L)$ 가 특정한 상수에 무한히 수렴하는 모양을 가진다. [그림 7-4] 는 <표 7-18> 의 자료에서 7 번째 사례의 두 번째 설명변인 값을 $X_2 = 44$ 에서 $X_2 = 64$ 로 바꾸어 준 자료에 대하여 로지스틱 회귀모형 $\widehat{logit} = b_0 + b_1X_1 + b_2X_2$ 의 절편모수의 값을 $b_0 = 20.28$ 에 고정하였을 때, b_1 과 b_2 의 값에 따른 로그우도함수 $ln(L)$ 의 값을 그래프로 작도한 것이다.

[그림 7-4] 는 불완전분리의 구조를 가지는 자료에 대하여 로지스틱 회귀모형 $\widehat{logit} = b_0 + b_1X_1 + b_2X_2$ 의 로그우도함수는 그 최대값이 특정한 상수 (-1.85) 에 끝없이 수렴하는 것을 보여 준다.

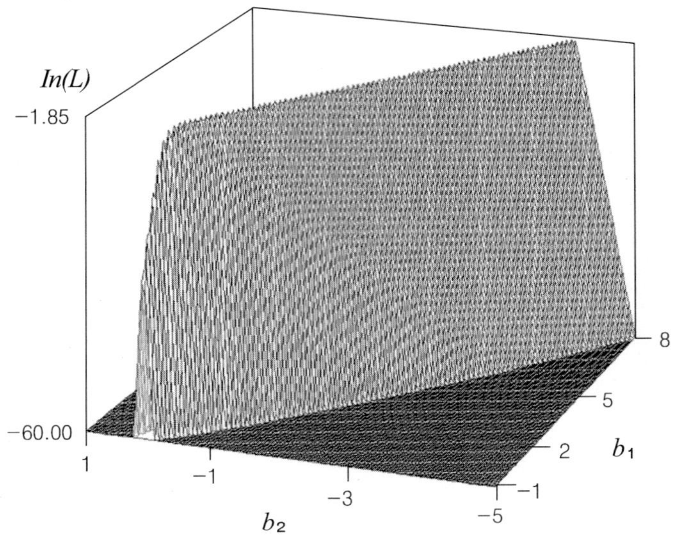

[그림 7-4] <표 7-18> 의 자료에서 7 번째 사례의 두 번째 설명변인 값을 $X_2 = 44$ 에서 $X_2 = 64$ 로 바꾸어 준 자료에 대한 로지스틱 회귀모형 $\widehat{logit} = b_0 + b_1X_1 + b_2X_2$ 의 절편모수의 값을 $b_0 = 20.28$ 에 고정하였을 때, b_1 과 b_2 의 값에 따른 로그우도함수 $ln(L)$

③ 중첩

자료의 구조가 완전분리나 불완전분리가 아닌 경우를 중첩 구조라고 부른다. <표 7-18> 의 자료에서 7 번째 사례의 두 번째 설명변인 값을 $X_2 = 44$ 에서 $X_2 = 74$ 로 바꾸어 주면 그 자료는 [그림 7-5] 에서 나타난 바와 같이 중첩 구조로 변한다.

[그림 7-5] 와 같은 중첩 구조를 가지는 자료에 대해서는 $Y = 0$ 인 사례들과 $Y = 1$ 인 사례들을 서로 분리하는 직선이 존재하지 않는다. 이때에는 로지스틱 회귀모형과 로짓 분석모형의 로그우도함수가 ∩- 자형의 표면을 가지게 되고, 따라서 최대값이 존재하며 모수들에 대한 최대우도 추정치가 존재한다. [그림 7-6] 은 <표 7-18>의 자료에서 7 번째 사례의 두 번째 설명변인 값을 $X_2 = 44$ 에서 $X_2 = 74$ 로 바꾸어 준 자료에 대한 로지스틱 회귀모형 $\widehat{logit} = b_0 + b_1X_1 + b_2X_2$ 의 절편모수의 값을 $b_0 = 9.23$ 에 고정하였을 때, b_1 과 b_2 의 값에 따른 로그우도함수 $ln(L)$ 의 값을 그래프로 작도한 것이다.

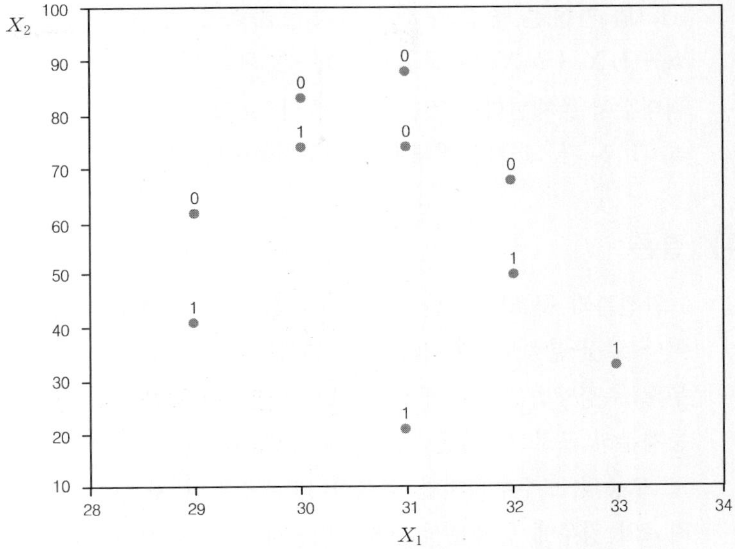

[그림 7-5] 중첩 구조를 가지는 자료의 산포도

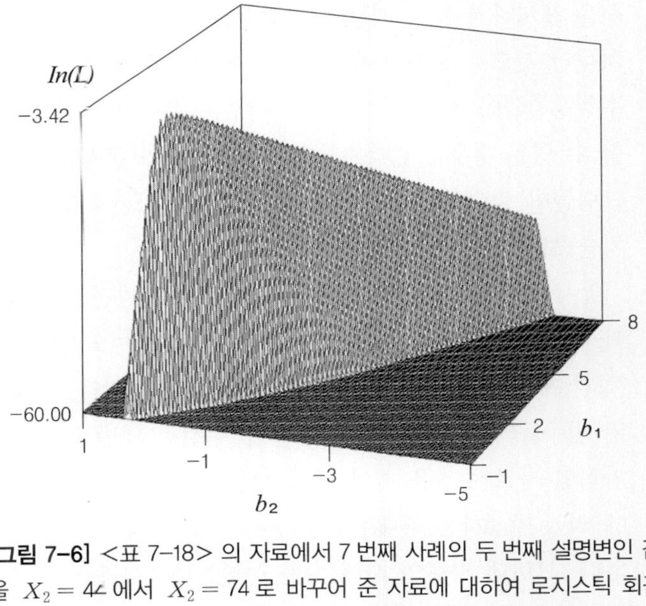

[그림 7-6] <표 7-18> 의 자료에서 7 번째 사례의 두 번째 설명변인 값을 $X_2 = 44$ 에서 $X_2 = 74$ 로 바꾸어 준 자료에 대하여 로지스틱 회귀모형 $\widehat{logit} = b_0 + b_1X_1 + b_2X_2$ 의 절편모수의 값을 $b_0 = 9.23$ 에 고정하였을 때 b_1 과 b_2 의 값에 따른 로그우도함수 $ln(L)$

[그림 7-6]은 중첩 구조를 가지는 자료에 대하여 로지스틱 회귀모형 $\widehat{logit} = b_0 + b_1 X_1 + b_2 X_2$ 의 로그우도함수는 ∩-자형의 표면을 가지게 되고, 따라서 그 최대값이 존재한다는 것을 보여 준다. 로그우도함수 $ln(L)$ 가 최대인 지점에서의 b_1 과 b_2 가 그들의 최대우도 추정치들이다.

4 결론

완전분리 구조나 불완전분리 구조를 가지는 자료에 대하여 로지스틱 회귀모형이나 로짓 분석모형을 검증하면 원칙적으로 모수추정이 불가능하다. 그러나 최대우도 추정방법은 순환절차를 거쳐서 모수추정치들을 산출하는 까닭에 일반적인 통계분석 프로그램들은 모수들에 대한 최대우도 추정치가 존재하지 않는 경우에도 모종의 모수추정치를 출력한다. 완전분리 구조나 불완전분리 구조를 가지는 자료의 경우에 통계분석 프로그램들에 의해 출력되는 모수추정치들은 우도를 최대가 되게 하는 추정치들이 아니므로 당연히 부정확한 추정치들이다. 그럼에도 불구하고 어떤 통계분석 프로그램은 추정치의 부정확성에 대한 경고나 오류 가능성을 표시하지 않기 때문에 연구자들이 출력된 추정치들이 정확한 최대우도 추정치들인 것으로 오해할 수 있다. 그러한 통계분석 프로그램들에 의해 출력되는 모수추정치들이 정확한 것인지의 여부는 추정치의 표준오차를 보면 어느 정도 짐작할 수 있는 경우가 많다. 최대우도 추정치가 존재하지 않는 경우에 통계분석 프로그램들이 출력하는 추정치의 표준오차는 극단적으로 크거나 극단적으로 작은 수치를 보이는 경향이 있다.

앞서 언급한 바와 같이, 완전분리 혹은 불완전분리 구조는 자료의 사례 수가 작아서 설명변인들로 교차분할된 범주들에 영빈도가 많이 나타나는 경우, 즉 소위 '성긴 자료(sparse data)'에서 쉽게 발생할 수 있다. 따라서 설명변인들로 교차분할된 범주들의 빈도가 0인 경우들이 '무선적 영빈도(random zero)'들인 경우에는 추가적인 자료 수집을 하여 사례 수를 늘리는 것이 완전분리 혹은 불완전분리 구조에 의해 발생하는 최대우도 추정치의 부재 상황을 벗어나는 한 가지 방법이 될 수 있다. 그런데 자료의 사례 수를 늘렸는데도 불구하고 여전히 완전분리 혹은 불완전분리 구조가 의심되거나, '구조적 영빈도(structural zero)'들이 존재하는 경우에는 모형에 포함된 설명변인들의 수를 줄이거나 자료코딩을 다른 방식으로 고쳐서 하는 등의 조치가 필요하다. 중요한 것은 자료가 완전분리 혹은 불완전분리의 구조를 가지는 경우에는 로지스틱 회귀모형과 로짓 분석모형의 모수들에 대한 최대우도 추정치가 존재하지 않으므로 통계분석 프로그램이 출력하는 모수추정치들을 최대우도 추정치로 오인해서는 안 된다는 것이다.

■ 참 고

다음은 AIDS 에 관한 여론조사에서 두 가지 질문 문항에 대하여 응답자들이 반응한 자료다. 첫 번째 질문 문항은 '정부가 AIDS 환자들의 모든 의료비용을 부담해야 한다고 생각하십니까?' 이고, 두 번째 질문 문항은 정부가 콘돔 사용 등의 안전한 성행위를 확산하기 위한 홍보 프로그램을 개발해야 한다고 생각하십니까?' 다. 첫 번째 질문 문항을 '의료비용 부담' 문항으로 지칭하고, 두 번째 질문 문항을 '홍보 프로그램' 문항으로 지칭하면, 이 문항들에 대한 응답자들의 반응은 다음과 같이 나타났다.

		의료비용 부담	
응답자 성별	홍보 프로그램	찬성	반대
남자	찬성	76	160
	반대	6	25
여자	찬성	114	181
	반대	11	48

다음에 제시된 SAS 프로그램을 이용하여 ① 의료비용 부담 문항에 대한 반응이 응답자의 성별과 홍보 프로그램에 대한 반응의 상호작용효과에 의해 설명되는지의 여부를 판단하기 위한 로짓 분석모형의 모수들을 추정하고, ② 그 로짓 분석모형의 모수추정치들을 로그선형모형(log-linear model) 의 모수추정치들로 변환하라.

```
data example;
input sex infor care freq;
cards;
0 1 1 76
0 1 0 160
0 0 1 6
0 0 0 25
1 1 1 114
1 1 0 181
1 0 1 11
1 0 0 48
;
run;
```

```
proc logistic data=example;
     weight freq;
     class sex infor;
     model care=sex infor sex*infor;
run;
proc catmod data=example;
     weight freq;
     model sex*infor*care=_response_;
     loglin sex|infor|care @ 3;
run;
```

제 8 장 다항반응변인모형

제 6 장의 로지스틱 회귀모형과 제 7 장의 로짓 분석모형에서 두 개의 범주로 구성된 반응변인과 연속적이거나 혹은 범주적인 설명변인들의 관계를 정의하는 일반선형모형을 살펴보았다. 이 장에서는 세 개 이상의 범주로 구성된 반응변인에 대한 일반선형모형을 살펴보고자 한다. 세 개 이상의 범주로 구성된 반응변인을 '다항반응변인 (multinomial response variable)' 이라고 부르는데, 이러한 반응변인들은 크게 두 종류로 구분된다.

다항반응변인의 첫 번째 종류는 순수하게 명명척도 (nominal scale) 의 속성을 가진 것으로서, 범주들이 서로 질적인 차이를 나타내고, 양적인 혹은 상대적인 관계를 가지지 않는 것이다. 예를 들면, 어떤 일반선형모형에서 '종교' 가 반응변인일 때, 그 변인의 범주들 (즉, 기독교, 불교 등) 은 서로 양적인 혹은 상대적인 관계를 가지지 않고 질적으로 완전히 다른 속성을 나타낸다. 이러한 범주변인이 반응변인으로 사용된 대표적인 일반선형모형에는 '다항로짓모형 (multinomial logit model)' 이 있다. 다항로짓모형은 다항반응변인을 설명하는 로지스틱 회귀모형과 로짓 분석모형을 의미한다. 다항로짓모형을 '다항 로지스틱 회귀모형 (polytomous logistic regression)' 이라고 부르기도 한다.

다항반응변인의 두 번째 종류는 서열척도 (ordinal scale) 의 속성을 가진 것으로서, 반응변인의 범주들이 서로 양적인 혹은 상대적인 차이를 나타내는 경우다. 서열척도의 속성을 가진 다항반응변인의 가장 대표적인 예는 소위 '리커트 척도 (Likert scale)' 로 측정된 설문 문항이다. 예를 들어, '귀하는 얼마나 훌륭합니까?' 라는 설문 문항에 대하여 응답자들이 '1' (매우 아니다) 부터 '7' (매우 그렇다) 까지의 숫자를 이용하여 응답을 하고, 그 문항에 대한 응답이 일반선형모형의 반응변인으로 사용되었다면, 그 반응변인은 7 개의 서열적인 범주들로 구성된 다항반응변인이다. 이러한 다항반응변인을 설명하기 위한 대표적인 일반선형모형을 '누적로짓모형 (cumulative logit model)' 이라고 부른다.

다항반응변인모형은 다항로짓모형이건 누적로짓모형이건 간에 모두 설명변인들의 모든 조합 내에서 반응변인의 각 범주들이 나타나는 빈도가 다항확률분포 (multinomial probability distribution) 에 따라서 나타난다고 가정한다. 예를 들어, 각기 다른 대기업에서 경영하는 네 개의 쇼핑센터들 (A, B, C, D) 에 대한 주부들 500 명의 선택행동을 설명하되, 쇼핑하는 주부들의 교통수단 (자가용, 대중교통, 도보) 과 연령범주 (20 대, 30 대, 40 대) 로 설명하는 일반선형모형이 있다면, 그 모형은 설명변인들인 교통수단과 연령범주로 교차분할되는 $3 \times 3 = 9$ 개의 설명범주 각각에서 각 쇼핑센터를 선택하는 주부들의 빈도가 다항확률분포에 의해 나타난다는 가정을 한다.

제 6 장과 제 7 장에서 살펴본 모형들에서는 반응변인이 두 개의 범주들로 구성되므로 설명변인의 각 범주에서 오직 한 개의 로짓이 구성될 수 있다. 그러나 세 개 이상의 범주들로 구성된 다항반응변인의 경우에는 설명변인의 각 범주에서 로짓을 구성할 수 있는 방법이 다양하게 존재할 수 있다. 일반적으로 다항반응변인의 범주가 J 개일 때, 그 범주들을 각각 두 개씩 짝을 지어 만들 수 있는 범주 쌍의 개수는 $J(J-1)/2$ 이다. 따라서 다항반응변인의 범주가 J 개일 때 그 범주들을 두 개씩 쌍을 지어 만들 수 있는 로짓의 개수도 $J(J-1)/2$ 이다. 그런데 이 로짓 중에서 서로 중복된 정보를 공유하지 않는 독립적인 로짓들은 $J-1$ 개가 존재한다. 우선 다항반응변인의 범주들을 이용하여 서로 독립적인 로짓 (중복된 정보를 공유하지 않는 로짓) 을 구성하는 방법들을 설명하고, 그 로짓들을 설명하기 위한 일반선형모형을 살펴보고자 한다.

1 다항반응변인의 로짓

설명변인들의 조합(교차분할)으로 이루어진 설명범주 내에서 다항반응변인의 범주들로 $J-1$ 개의 독립적인 로짓을 구성할 수 있는 대표적인 방법들은 첫째로 '기저범주로짓(baseline category logit)', 둘째로 '인접범주로짓(adjacent categories logit)', 셋째로 '연속비율로짓(continuation-ratio logit)', 넷째로 '누적로짓(cumulative logit)' 이 있다. J 개의 범주들로 이루어진 반응변인에 대하여 구성할 수 있는 이 로짓 중에서 기저범주로짓은 반응변인의 범주들이 서로 양적인 관계를 가지지 않는다. 따라서 반응변인이 순수하게 명명척도로 측정된 변인일 때 적합한 로짓 구성방법이다. 반면에 인접범주로짓, 연속비율로짓, 그리고 누적로짓은 반응변인의 범주들이 서로 서열적인 관계를 가진다. 따라서 반응변인이 서열척도로 측정된 변인일 때 적합한 로짓 구성방법이다.

① 기저범주로짓

기저범주로짓은 다항반응변인의 범주 중에서 하나를 기저범주(baseline category)로 간주하고, 다른 범주들을 이 기저범주와 짝을 지어 $J-1$ 개의 로짓을 구성하는 것이다. 보통은 다항반응변인의 마지막 범주(J 번째 범주)가 기저범주로 간주된다. 예를 들어, 강도범들이 어떤 유형의 피해자를 범죄 대상으로 선택하는지를 여성, 미성년자, 노인, 성인 남자로 구분하고, 그것을 강도범의 전과 유무(초범 vs. 누범)와 결혼 여부(미혼 vs. 결혼)로 설명하기 위한 일반선형모형이 있다고 가정하자. 반응변인인 피해자 유형(Y)의 각 범주를 j 로 표기하고 ($j=1,2,3,4$) 설명변인인 전과 유무(X_1)의 각 범주를 h 로 표기하며($h=1,2$), 또 다른 설명변인인 결혼 여부(X_2)의 각 범주를 i 로 표기하면($i=1,2$) 설명범주들에서 반응변인의 각 범주가 나타날 조건확률을 $\pi_{j|hi}$ 로 표기할 수 있다. 따라서 $\pi_{1|hi}+\pi_{2|hi}+\pi_{3|hi}+\pi_{4|hi}=1$ 이다. 그러면 기저범주로짓은 다음과 같이 정의된다.

$$\text{기저범주로짓} = ln\left(\frac{\pi_{j|hi}}{\pi_{J|hi}}\right) = ln\left(\frac{n_{hij}}{n_{hiJ}}\right) \qquad \text{<수식 8-1>}$$

<수식 8-1> 의 n_{hij} 는 X_1 의 범주가 h 이고 X_2 의 범주가 i 이며, Y 의 범주가 j 인 셀의 빈도를 의미하고, n_{hiJ} 는 X_1 의 범주가 h 이고 X_2 의 범주가 i 이며 Y 의 범주가 J (Y 의 마지막 범주) 인 셀의 빈도를 의미한다. X_1 의 범주가 h 로 특정되고 X_2 의 범주가 i 로 특정되었을 때, <수식 8-1> 의 기저범주로짓은 $J-1$ 개 존재한다. <표 8-1> 은 강도범의 피해자 선택에 관한 가상적인 자료에서 기저범주로짓을 예시하고 있다.

〈 **표 8-1** 〉 강도범의 피해자 선택에 관한 가상적인 자료와 관찰된 기저범주로짓

전과 유무	결혼 여부	피해자 유형				$ln\left(\frac{\pi_{1\|hi}}{\pi_{4\|hi}}\right)$	$ln\left(\frac{\pi_{2\|hi}}{\pi_{4\|hi}}\right)$	$ln\left(\frac{\pi_{3\|hi}}{\pi_{4\|hi}}\right)$
		여성	미성년자	노인	성인 남자			
무	미혼	12	18	6	1	2.485	2.890	1.792
	기혼	16	11	12	7	0.827	0.452	0.539
유	미혼	28	3	4	13	0.767	−1.466	−1.179
	기혼	22	1	18	4	1.705	−1.386	1.504

기저범주로짓은 피해자 유형의 성인 남자 범주를 기저범주로 사용하여 계산된 것이다.

<표 8-1> 을 보면, 설명변인의 각 범주 내에서 기저범주로짓은 반응변인의 범주 수 J 보다 한 개 적은 수만큼 존재한다. 다항반응변인의 기저범주가 아닌 다른 범주들 쌍의 로짓은 기저범주로짓들로부터 유도될 수 있다. 따라서 기저범주가 아닌 다른 범주들 쌍의 로짓은 기저범주로짓과 독립적이 아니다.

$$ln\left(\frac{\pi_{a|hi}}{\pi_{b|hi}}\right) = ln\left(\frac{\pi_{a|hi}}{\pi_{J|hi}}\right) - ln\left(\frac{\pi_{b|hi}}{\pi_{J|hi}}\right)$$

② 인접범주로짓

다항반응변인의 범주들이 서로 서열적인 관계를 가질 때, 특정한 범주 j 와 그 다음 범주 $j+1$ 로 구성되는 로짓을 인접범주로짓이라고 부른다.

$$\text{인접범주로짓} = ln\left(\frac{\pi_{j|hi}}{\pi_{j+1|hi}}\right),\ j=1,\ 2,\ \cdots\cdots,\ J-1 \qquad \text{<수식 8-2>}$$

예를 들어, 임신한 쥐를 이용한 독극물 실험에서 일정한 양의 독극물에 노출된 임신한 쥐로부터 태어난 새끼가 정상인지, 기형인지, 아니면 사산되었는지의 여부를 집계한 연구가 있다고 가정하자. 이 연구에서 반응변인(Y)은 세 개의 서열적인 범주들로 구성된 '신생 쥐'이고, 설명변인(X_1)은 5개의 수준들로 조작된 '독극물의 양'이다. <표 8-2>는 이 가상적인 연구의 결과와 더불어 인접범주로짓을 예시하고 있다.

〈**표 8-2**〉 임신 중 득극물 노출의 영향에 대한 가상적인 자료와 관찰된 인접범주로짓

독극물의 양(X_1) (mg/kg)	신생 쥐(Y)			$ln\left(\frac{\pi_{1\|h}}{\pi_{2\|h}}\right)$	$ln\left(\frac{\pi_{2\|h}}{\pi_{3\|h}}\right)$
	사산 (j=1)	기형 (j=2)	정상 (j=3)		
0	15	1	281	2.708	−5.638
63	17	2	225	2.140	−4.723
125	22	7	283	1.145	−3.700
250	38	59	202	−0.440	−1.231
500	144	132	9	0.087	2.686

서로 인접하지 않은 범주들로 구성되는 로짓은 인접범주로짓에서 유도될 수 있으므로 서로 인접하지 않은 범주들로 구성되는 로짓은 인접범주로짓과 독립적이 아니다.

$$ln\left(\frac{\pi_{j|hi}}{\pi_{j+2|hi}}\right) = ln\left(\frac{\pi_{j|hi}}{\pi_{j+1|hi}}\right) + ln\left(\frac{\pi_{j+1|hi}}{\pi_{j+2|hi}}\right)$$

서로 인접하지 않은 범주들로 구성되는 로짓은 인접범주로짓으로부터 유도될 수 있다는 사실에 의하여 앞서 설명한 기저범주로짓과 인접범주로짓은 서로 밀접한 관련성을 가진다. 범주 j의 기저범주로짓은 범주 j부터 $J-1$까지 연속된 인접범주로짓들의 합과 같다.

$$ln\left(\frac{\pi_{j|hi}}{\pi_{J|hi}}\right) = ln\left(\frac{\pi_{j|hi}}{\pi_{j+1|hi}}\right) + ln\left(\frac{\pi_{j+1|hi}}{\pi_{j+2|hi}}\right) + \cdots\cdots + ln\left(\frac{\pi_{J-1|hi}}{\pi_{J|hi}}\right)$$

③ 연속비율로짓

다항반응변인의 범주들이 서로 서열적인 관계를 가질 때, 특정한 한 범주와 그 범주보다 낮거나 높은 범주들을 모두 통합한 범주의 로짓을 연속비율로짓이라고 부른다.

$$\text{연속비율로짓} = ln\left(\frac{\pi_{j|hi}}{\pi_{j+1|hi} + \cdots\cdots + \pi_{J|hi}}\right) \quad j = 1,\ 2,\ \cdots\cdots,\ J-1$$

혹은

$$\text{연속비율로짓} = ln\left(\frac{\pi_{j+1|hi}}{\pi_{1|hi} + \cdots\cdots + \pi_{j|hi}}\right) \quad j = 1,\ 2,\ \cdots\cdots,\ J-1$$

<수식 8-3>

〈표 8-3〉 임신 중 독극물 노출의 영향에 대한 가상적인 자료와 관찰된 연속비율로짓

독극물의 양 (X_1) (mg/kg)	신생 쥐 (Y) 사산 (j=1)	기형 (j=2)	정상 (j=3)	$ln\left(\frac{\pi_{1\|h}}{\pi_{2\|h}+\pi_{3\|h}}\right)$	$ln\left(\frac{\pi_{2\|h}}{\pi_{3\|h}}\right)$
0	15	1	281	−2.934	−5.638
63	17	2	225	−2.592	−4.723
125	22	7	283	−2.579	−3.700
250	38	59	202	−1.927	−1.231
500	144	132	9	0.021	2.686

연속비율로짓의 분자는 한 개 범주의 확률이라는 점을 유념하라. 예를 들어, <표 8-3> 은 임신한 쥐를 이용한 독극물 실험의 결과에 대하여 연속비율로짓을 예시하고 있다.

④ 누적로짓

다항반응변인의 범주들이 서로 서열적인 관계를 가질 때, 첫 번째부터 j 번째까지의 범주들을 모두 통합하여 한 개의 범주를 구성하고, $j+1$ 번째부터 J 번째까지 범주들을 모두 통합하여 또 한 개의 범주를 구성한 후, 통합된 두 개의 범주들을 이용하여 로짓을 계산한 것을 누적로짓이라고 부른다. 즉, 누적로짓은 <수식 8-4> 와 같이 정의되는 로짓이다.

$$\text{누적로짓} = ln\left(\frac{\pi_{1|hi} + \cdots\cdots + \pi_{j|hi}}{\pi_{j+1|hi} + \cdots\cdots + \pi_{J|hi}}\right) \quad j = 1,\ 2,\ \cdots\cdots,\ J-1 \quad \text{<수식 8-4>}$$

〈 **표 8-4** 〉 임신 중 독극물 노출의 영향에 대한 가상적인 자료와 관찰된 누적로짓

독극물의 양 (X_1) (mg/kg)	신생 쥐 (Y) 사산 (j=1)	기형 (j=2)	정상 (j=3)	$ln\left(\frac{\pi_{1\|h}}{\pi_{2\|h}+\pi_{3\|h}}\right)$	$ln\left(\frac{\pi_{1\|h}+\pi_{2\|h}}{\pi_{3\|h}}\right)$
0	15	1	281	−2.934	−2.866
63	17	2	225	−2.592	−2.472
125	22	7	283	−2.579	−2.278
250	38	59	202	−1.927	−0.734
500	144	132	9	0.021	3.423

설명변인의 각 범주(hi) 내에서 $\pi_{1|hi} + \pi_{2|hi} + \cdots\cdots + \pi_{J-1|hi} + \pi_{J|hi} = 1$ 이다. 따라서 <수식 8-4> 의 누적로짓 공식을 보면, 승산의 분자는 설명변인의 각 범주 내에서 반응변인의 첫 번째 범주부터 j 번째 범주까지의 누적조건확률(cumulative conditional probability) 이고, 분모는 그 누적조건확률을 1 에서 뺀 것과 같다는 것을 알 수 있다. 기저범주로짓과 인접범주로짓의 경우와 마찬가지로 J 개의 범주로 구성된 다항반응변인에 대하여 각 설명변인의 범주 내에서 $J-1$ 개의 누적로짓이 만들어질 수 있다. 예를 들어, <표 8-4> 는 임신한 쥐를 이용한 독극물 실험의 결과에 대하여 누적로짓을 예시하고 있다.

2 다항로짓모형

다항로짓모형은 다항반응변인을 설명하는 로지스틱 회귀모형과 로짓 분석모형을 일컫는 명칭이다. 다항로짓모형이 제 6 장에서 살펴본 로지스틱 회귀모형이나 제 7 장에서 살펴본 로짓 분석모형과 다른 점은 반응변인의 범주들이 세 개 이상이기 때문에 설명변인의 각 범주 내에서 $J-1$ 개의 독립적인 로짓들이 만들어질 수 있고, 그 각각의 로짓들을 설명변인들이 예측하는 일반선형모형들이 정의된다는 것이다. 설명변인의 각 범주 내에서 만들어지는 $J-1$ 개의 독립적인 로짓들은 기저범주로짓일 수도 있고, 그 밖에 앞에서 설명한 다른 유형의 로짓일 수 있다. 어떤 유형의 로짓을 설명하는 모형을 구성할 것인가는 연구의 목적에 따라 정해지는데, 어떤 유형의 로짓이 사용되건 모형추정과정은 모두 동일하다. 다만, 추정된 모형에 대한 해석은 사용된 로짓의 성격을 유념하여 해석되어야 한다. 여기에서는 기저범주로짓을 예로 사용하여 모형추정과정을 살펴보고자 한다.

① 모형

예를 들어, <표 8-1> 의 가상적인 자료에서 피해자 유형 (Y) 을 강도범의 전과 유무 (X_1) 와 결혼 유무 (X_2) 로 설명하는 다항로짓모형은 다음과 같은 세 개의 일반선형모형으로 정의된다.

$$ln\left(\frac{\hat{\pi}_{1|hi}}{\hat{\pi}_{4|hi}}\right) = \widehat{Blogit}_1 = b_{01} + b_{11}X_1 + b_{21}X_2$$

$$ln\left(\frac{\hat{\pi}_{2|hi}}{\hat{\pi}_{4|hi}}\right) = \widehat{Blogit}_2 = b_{02} + b_{12}X_1 + b_{22}X_2$$

$$ln\left(\frac{\hat{\pi}_{3|hi}}{\hat{\pi}_{4|hi}}\right) = \widehat{Blogit}_3 = b_{03} + b_{13}X_1 + b_{23}X_2 \qquad \text{<수식 8-5>}$$

다항로짓모형은 기저범주로짓의 개수 ($J-1$) 만큼의 모형방정식으로 정의된다. 기호 $\hat{\pi}_{j|hi}$ 는 설명변인 X_1 의 범주 h 와 설명변인 X_2 의 범주 i 에서 반응변인 Y 의 범주가 j 일 것으로 예측된 조건확률을 의미한다. 예를 들어, $\hat{\pi}_{2|21}$ 는 전과

가 있고 ($h=2$) 미혼인 ($i=1$) 강도범이 미성년자 ($j=2$) 를 피해자로 선택할 예측된 조건확률이다.

<수식 8-5> 의 다항로짓모형 방정식에서 $\widehat{Blogit}_1$ 는 다항반응변인인 피해자 유형의 첫 번째 범주 (여성) 와 기저범주 (성인 남자) 로 구성되는 예측된 로짓이고, $\widehat{Blogit}_2$ 는 피해자 유형의 두 번째 범주 (미성년자) 와 기저범주로 구성되는 예측된 로짓이며, $\widehat{Blogit}_3$ 는 피해자 유형의 세 번째 범주 (노인) 와 기저범주로 구성되는 예측된 로짓이다. <수식 8-5> 의 다항로짓모형을 각 반응변인 범주의 기저범주에 대한 승산 $\pi_{j|hi}/\pi_{4|hi}$ 를 예측하는 형태로 전환하면 다음과 같다.

$$\frac{\hat{\pi}_{1|hi}}{\hat{\pi}_{4|hi}} = exp(\widehat{Blogit}_1), \qquad \frac{\hat{\pi}_{2|hi}}{\hat{\pi}_{4|hi}} = exp(\widehat{Blogit}_2),$$

$$\frac{\hat{\pi}_{3|hi}}{\hat{\pi}_{4|hi}} = exp(\widehat{Blogit}_3), \qquad \frac{\hat{\pi}_{4|hi}}{\hat{\pi}_{4|hi}} = exp(\widehat{Blogit}_4)$$

$\hat{\pi}_{4|hi}/\hat{\pi}_{4|hi} = exp(\widehat{Blogit}_4)$ 는 <수식 8-5> 모형방정식의 일부는 아니지만 기저범주 (J) 까지 포함하여 다항반응변인의 모든 범주의 승산을 개념화하는 의미에서 첨가된 것이다. 다만 $\hat{\pi}_{4|hi}/\hat{\pi}_{4|hi} = 1$ 이므로 $\widehat{Blogit}_4 = 0$ 이다. 따라서 $\widehat{Blogit}_4$ 를 예측하는 가상적인 모형방정식의 모수 값은 모두 $b_{04} = b_{14} = b_{24} = 0$ 이다. 앞의 4 가지 승산공식들을 모두 합하면 다음과 같다.

$$\frac{\hat{\pi}_{1|hi} - \hat{\pi}_{2|hi} + \hat{\pi}_{3|hi} + \hat{\pi}_{4|hi}}{\hat{\pi}_{4|hi}} = \frac{1}{\hat{\pi}_{4|hi}} = \sum_{j=1}^{J} exp(\widehat{Blogit}_j)$$

따라서 <수식 8-5> 의 다항로짓모형을 반응변인의 각 범주의 확률 $\pi_{j|hi}$ 를 예측하는 형태로 전환하면 다음과 같다.

$$\hat{\pi}_{j|hi} = \frac{exp(\widehat{Blogit}_j)}{\sum_{j=1}^{J} exp(\widehat{Blogit}_j)} = \frac{exp(b_{0j} + b_{1j}X_1 + b_{2j}X_2)}{\sum_{j=1}^{J} exp(b_{0j} + b_{1j}X_1 + b_{2j}X_2)}$$

단, $b_{0J} = b_{1J} = b_{2J} = 0$

② 모수추정

<수식 8-5> 와 같이 여러 개의 방정식의 집합에 의해 정의되는 다항로짓모형의 모수들을 추정하는 방법에는 두 가지가 있다. 첫째는 <수식 8-5> 와 같은 $J-1$ 개의 모형방정식들을 서로 별개의 개별적인 모형으로 간주하여 각각의 방정식에 대해서 제 6 장과 제 7 장에서 살펴본 모수추정 방법에 의해 모수를 추정하는 것이다. 이 방법을 '분리합치 (separate fitting)' 라고 부른다. 둘째는 <수식 8-5> 의 $J-1$ 개의 모형방정식들을 동시에 이용하여 모수를 추정하는 것인데, 이 방법을 '동시합치 (simultaneous fitting)' 라고 부른다.

(1) 분리합치

다항로짓모형의 모수추정을 위한 분리합치방식은 <수식 8-5> 의 모형방정식 각각에 대하여 제 6 장에서 살펴본 로지스틱 회귀모형의 모수추정 방법과 절차에 따라 각 모형방정식의 로그우도를 최대가 되게 하는 모수의 값을 추정하는 방법이다. 각 기저범주로짓은 반응변인의 범주 중에서 두 개의 범주에 의해 만들어지므로 각각의 모형방정식에 대한 최대우도 추정 절차에서는 반응변인이 이항확률분포를 하는 변인이라는 가정하에 우도함수가 정의된다. <표 8-1> 의 가상적인 자료에 대하여 <수식 8-5> 의 다항로짓모형의 모수들을 추정하면 첫 번째 모형방정식 ($\widehat{Blogit}_1$ 을 예측하는 방정식) 의 최대로그우도는 -56.962 이고, 두 번째 모형방정식 ($\widehat{Blogit}_2$ 을 예측하는 방정식) 의 최대로그우도는 -27.169 이며, 세 번째 모형방정식 ($\widehat{Blogit}_3$ 을 예측하는 방정식) 의 최대로그우도는 -39.927 이다. 각각의 모형방정식에 대한 최대우도 추정치는 <표 8-5> 에 제시되었다.

다항로짓모형의 모수추정치에 대한 해석방법은 로지스틱 회귀모형과 로짓 분석모형의 모수추정치 해석방법과 동일하다. 다만, 각각의 모수추정치들이 어떤 반응변인 범주들의 로짓을 설명하는 추정치들인지를 고려하여 해석되어야 한다. 예를 들어, 전과 유무 (X_1) 의 모수 b_{12} 의 추정치 ($\hat{b}_{12}$) 는 -3.491 로 산출되었는데, 이것은 결혼 유무 (X_2) 의 효과를 통제하고 피해자 유형에 대한 강도범의 전과 유무의 효과를 검증한 결과 $X_1 = 1$ (전과 무) 일 때에 비하여 $X_1 = 2$ (전과 유) 일 때 피해자 유형의 예측된 기저범주로짓 ($\widehat{Blogit}_2$) 이 -3.491 만큼 더 작다는 것이고, 이것은 다시 전과 유무가 $X_1 = 1$ 일 때에 비하여 $X_1 = 2$ 일 때 피해자 유형이 성인 남성이 아니고 미성년자일 승산이 $e^{-3.491} = 0.030$ 배만큼 더 작다는 것이다.

〈 **표 8-5** 〉 강도범의 피해자 선택에 관한 가상적인 자료에 대한 다항로짓모형: 분리합치방식에 의한 모수추정치

기저범주로짓	모수	추정치	*ASE*	Wald	*df*	*p*
$ln\left(\frac{\hat{\pi}_{1\|hi}}{\hat{\pi}_{4\|hi}}\right)$	b_{01}	1.152	0.497	5.367	1	0.021
	b_{11}	−0.134	0.504	0.071	1	0.790
	b_{21}	0.160	0.476	0.113	1	0.737
$ln\left(\frac{\hat{\pi}_{2\|hi}}{\hat{\pi}_{4\|hi}}\right)$	b_{02}	2.301	0.747	9.497	1	0.002
	b_{12}	−3.491	0.893	15.296	1	0.000
	b_{22}	−1.674	0.854	3.836	1	0.050
$ln\left(\frac{\hat{\pi}_{3\|hi}}{\hat{\pi}_{4\|hi}}\right)$	b_{03}	−0.077	0.571	0.018	1	0.893
	b_{13}	−0.370	0.562	0.433	1	0.511
	b_{23}	1.286	0.550	5.475	1	0.019

즉, 강도범의 결혼 여부를 통제하였을 때 (즉, 미혼자 혹은 기혼자만 보았을 때) 피해자 선택에서 성인 남자를 미성년자보다 더 선호하는 경향이 전과가 있는 강도범에서 초범보다 더 크게 발견된다는 것이다.

동일한 논리에 의하여 강도범이 초범일 때에 비하여 전과범일 때 성인 남자를 피해자로 선택하는 대신 여성을 피해자로 선택하는 승산은 $e^{-0.134} = 0.875$ 배 더 낮고, 성인 남자를 피해자로 선택하는 대신 노인을 피해자로 선택하는 승산은 $e^{-0.370} = 0.691$ 배 더 낮다. 또한, 강도범이 미혼일 때에 비하여 기혼자일 때 성인 남자를 피해자로 선택하는 대신 여성을 피해자로 선택하는 승산은 $e^{0.160} = 1.174$ 배 더 높고, 성인 남자를 피해자로 선택하는 대신 미성년자를 피해자로 선택하는 승산은 $e^{-1.674} = 0.187$ 배 더 낮으며, 성인 남자를 피해자로 선택하는 대신 노인을 피해자로 선택하는 승산은 $e^{1.286} = 3.618$ 배 더 높다.

(2) 동시합치

다항로짓모형의 모수추정을 위한 동시합치방식은 $J-1$ 개의 모형방정식들을 동시에 이용하여 모수들을 추정하는 방법인데, 이때 J 개의 범주들로 구성된 반응변인이 다항확률분포 (multinomial probability distribution) 를 하는 변인이라는 가정하에 우도함수가 정의되고, 그 우도함수를 최대가 되게 하는 모수추정치들이 산출된다.

제 1 장에서 다항확률분포의 정의를 살펴보았다 (〈수식 1-8〉). 그것을 <표 8-1> 의 가상적인 강도범 자료에 대한 <수식 8-5> 의 다항로짓모형을 가정하고 적용하면 다음과 같다.

$$Pr(n_{1hi}, n_{2hi}, n_{3hi}, n_{4hi}) = \frac{N_{hi}!}{n_{1hi}!\, n_{2hi}!\, n_{3hi}!\, n_{4hi}!} \pi_{1|hi}^{n_{1hi}} \pi_{2|hi}^{n_{2hi}} \pi_{3|hi}^{n_{3hi}} \pi_{4|hi}^{n_{4hi}}$$

<수식 8-6>

기호 N_{hi} 는 설명변인 X_1 의 범주는 h 이고, 설명변인 X_2 의 범주는 i 인 사례의 수를 의미한다. 기호 n_{jhi} 는 설명변인 X_1 의 범주는 h 이고, 설명변인 X_2 의 범주는 i 이며, 반응변인 Y 의 범주는 j 인 사례의 수를 의미한다. 기호 $\pi_{j|hi}$ 는 설명변인 X_1 의 범주 h 와 설명변인 X_2 의 범주 i 에서 반응변인 Y 의 범주가 j 일 조건확률을 의미한다. 그런데 앞에서 반응변인의 각 범주의 예측된 조건확률은 다항로짓모형에 의하여 다음과 같이 정의된다고 하였다.

$$\hat{\pi}_{j|hi} = \frac{exp(\widehat{Blogit}_j)}{\sum_{j=1}^{J} exp(\widehat{Blogit}_j)} = \frac{exp(b_{0j} + b_{1j}X_1 + b_{2j}X_2)}{\sum_{j=1}^{J} exp(b_{0j} + b_{1j}X_1 + b_{2j}X_2)}$$

단, $b_{0J} = b_{1J} = b_{2J} = 0$ <수식 8-7>

<수식 8-7> 을 <수식 8-6> 에 대입하면 다항로짓모형의 모수들을 동시에 추정하기 위한 우도함수가 만들어진다. 이 우도함수의 값을 최대가 되게 하는 모수들 b_{0j}, b_{1j}, b_{2j} 의 값을 Newton-Raphson 알고리듬에 의하여 순환적으로 추정한다. <표 8-1> 의 가상적인 강도범 자료에 대한 <수식 8-5> 의 다항로짓모형을 가정하고 동시합치방식에 의하여 모수추정을 한 것이 <표 8-6> 에 제시되었다.

<표 8-6> 의 동시합치방식에 의한 모수추정치를 보면 <표 8-5> 의 분리합치방식에 의한 모수추정치와 다소의 차이가 있다는 것을 알 수 있다. 특히, 주목할 것은 분리합치방식에 의한 모수추정치의 표준오차 (ASE) 가 동시합치방식에 의한 그것보다 큰 경향이 있다는 것이다. 이것은 표본자료에 따라서 모수추정치들은 실제 모집단의 모수 값과 달라질 것인데, 분리합치방식에 의한 모수추

〈 **표 8-6** 〉 강도범의 피해자 선택에 관한 가상적인 자료에 대한 다항로짓모형: 동시합치방식에 의한 모수추정치

기저범주로짓	모수	추정치	*ASE*	Wald	*df*	*p*
$ln\left(\frac{\hat{\pi}_{1\|hi}}{\hat{\pi}_{4\|hi}}\right)$	b_{01}	1.158	0.475	5.936	1	0.015
	b_{11}	−0.150	0.494	0.092	1	0.762
	b_{21}	0.171	0.467	0.134	1	0.714
$ln\left(\frac{\hat{\pi}_{2\|hi}}{\hat{\pi}_{4\|hi}}\right)$	b_{02}	1.581	0.489	10.471	1	0.001
	b_{12}	−2.821	0.693	16.589	1	0.000
	b_{22}	−0.641	0.581	1.220	1	0.269
$ln\left(\frac{\hat{\pi}_{3\|hi}}{\hat{\pi}_{4\|hi}}\right)$	b_{03}	−0.069	0.565	0.015	1	0.903
	b_{13}	−0.385	0.547	0.496	1	0.481
	b_{23}	1.289	0.549	5.521	1	0.019

정치가 동시합치방식에 의한 그것보다 더 크게 달라지는 경향이 있다는 것을 의미한다.

일반적으로 반응변인의 기저범주의 빈도가 다른 범주들의 빈도에 비하여 낮을수록 분리합치방식에 의한 모수추정이 부정확해질 가능성 (실제 모집단의 모수 값과 달라질 가능성) 이 점점 더 높아진다고 알려져 있다 (Begg & Gray, 1984). 분리합치방식을 이용하여 다항로짓모형의 모수들을 추정할 때는 빈도가 상대적으로 높은 반응변인의 범주를 기저범주로 사용하는 것이 바람직하다.

③ 합치도

다항로짓모형의 모수추정치들이 산출되면 그것들을 <수식 8-7> 에 대입하여 설명변인 X_1 의 범주 h 와 설명변인 X_2 의 범주 i 에서 반응변인 Y 의 범주가 j 일 예측된 조건확률 $\hat{\pi}_{j|hi}$ 를 산출할 수 있다. 예를 들어, <표 8-1> 의 가상적인 강도범 자료에 대하여 <표 8-6> 에 제시된 모수추정치들을 이용하여 강도범이 전과가 없고 ($h=1$) 미혼 ($i=1$) 인 경우에 피해자가 여성 ($j=1$) 일 예측된 확률은 다음과 같다 ($b_{0J}=b_{1J}=b_{2J}=0$ 을 유념할 것).

$$\widehat{\pi}_{1|11} = \frac{exp(b_{0j} + b_{1j}X_1 + b_{2j}X_2)}{\sum_{j=1}^{J} exp(b_{0j} + b_{1j}X_1 + b_{2j}X_2)}$$

$$= \frac{exp(1.158)}{exp(1.158) + exp(1.581) + exp(-0.069) + exp(0)} = 0.319$$

강도범이 전과가 없고, 미혼인 경우에 전체 사례 수가 37 이므로, 강도범이 전과가 없고, 미혼인 경우에 피해자가 여성일 예측된 빈도는 $\widehat{\mu}_{111} = 37 \times 0.319 = 11.805$ 이다. 동일한 방식으로 <표 8-1> 의 가상적인 강도범 자료에 대하여 <표 8-6> 에 제시된 모수추정치들을 이용하여 예측된 빈도들 $\widehat{\mu}_{jhi}$ 를 산출한 것이 <표 8-7> 에 제시되었다.

〈 **표 8-7** 〉 강도범의 피해자 선택에 관한 가상적인 자료와 다항로짓모형에 의해 예측된 빈도

전과 유무	결혼 여부	피해자 유형							
		여성		미성년자		노인		성인남자	
		n_{jhi}	$\widehat{\mu}_{jhi}$	n_{jhi}	$\widehat{\mu}_{jhi}$	n_{jhi}	$\widehat{\mu}_{jhi}$	n_{jhi}	$\widehat{\mu}_{jhi}$
무	미혼	12	11.805	18	18.022	6	3.464	1	3.709
	기혼	16	16.195	11	10.978	12	14.536	7	4.291
유	미혼	28	28.195	3	2.978	4	6.536	13	10.291
	기혼	22	21.805	1	1.022	18	15.464	4	6.709

<표 8-7> 의 관찰빈도 n_{jhi} 와 예측빈도 $\widehat{\mu}_{jhi}$ 를 이용하여 모형-자료 합치도 검증을 위한 피어슨 카이자승 지수와 우도비 카이자승 지수 (일탈지수, deviance) 를 다음과 같이 산출할 수 있다.

$$\text{피어슨 } \chi^2 = \sum \frac{(n_{jhi} - \widehat{\mu}_{jhi})^2}{\widehat{\mu}_{jhi}}$$

$$= \frac{(12-11.805)^2}{11.805} + \frac{(18-18.022)^2}{18.022} + \cdots\cdots + \frac{(4-6.709)^2}{6.709}$$

$$= 9.207$$

$$G^2 = 2\sum n_{jhi}\, ln\left(\frac{n_{jhi}}{\hat{\mu}_{jhi}}\right)$$

$$= 2\left[12ln\left(\frac{12}{11.805}\right) + 18ln\left(\frac{18}{18.022}\right) + \cdots\cdots + 4ln\left(\frac{4}{6.709}\right)\right]$$

$$= 9.710$$

합치도 지수들의 자유도를 생각해 보자. <표 8-1> 의 가상적인 강도범 자료를 위한 <수식 8-5> 의 모형은 세 개의 로지스틱 회귀모형 방정식으로 구성되는데, 각각의 모형방정식의 자유도는 df = (설명변인의 범주 개수) − (모수의 수) = 1 이다. 각 모형방정식에서 설명변인의 범주 개수는 설명변인들로 교차분할되는 범주의 수를 말하는데, 모형이 예측하는 로짓의 개수와 같고, 그것이 곧 모형이 설명해야 할 '자료의 수' 다. <표 8-1> 의 가상적인 강도범 자료의 경우에는 각각의 설명변인들이 두 개씩의 범주를 가지므로 각 모형방정식에서 설명변인의 범주 개수는 2 × 2 = 4 다. 반면에 각 모형방정식은 세 개의 모수들에 의해 정의된다. 따라서 각 모형방정식의 자유도가 1 이므로 <수식 8-5> 의 모형 전체의 자유도는 $df = 3$ 이고, 그것이 합치도 지수들의 자유도다.

4 연속적인 설명변인

지금까지는 설경변인이 전과 유무 혹은 결혼 유무와 같이 범주변인이거나 한정된 값의 범주를 가지는 변인인 다항로짓모형에 대하여 살펴보았다. 설명변인이 무한히 많은 값(범주)을 가지는 연속변인인 경우에도 지금까지 살펴본 다항로짓모형의 모든 원리와 절차가 공히 적용된다. 즉, 설명변인의 각 범주 내에서 $J-1$ 개의 독립적인 로짓들이 만들어지고, 그 각각의 로짓들을 설명변인들이 예측하는 일반선형모형들이 정의되며, 그 일반선형모형들의 모수들이 분리합치방식이나 동시합치방식에 의하여 추정된다.

심리학에서 연구되는 성격 특질 중에 '종결욕구(need for closure)' 라는 개념이 있다(Kruglanski & Webster, 1996). 종결욕구란 모호성과 불확실성을 싫어하고, 도식적인 고정관념과 관습적인 판단 기준에 의해 신속하게 판단하는 경향성을 말한다. 회계사들은 종결욕구가 상대적으로 높고, 예술가들은 종결욕구가 상대적으로 낮다고 알려져 있다. 종결욕구가 낮은 사람들은 문제의 모호한 측면에 대하여 깊이 생각하기를 좋아하고, 문화적인 기준이 아니라 자신들의 개인적인 기준에 기초하여 판단하기를 좋아한다고 한다. 그렇다면 종결욕구란 한 번의 판단에 소요되는 시간과 관련된 개념일까, 아니면 판단의 횟수와 관련된 개념일까? 만약 종결욕구가 한 번의 판단에 소요되는 시간과 관련된 개념이라면 종결욕구가 높은 사람은 낮은 사람보다 일찍 판단을 하게 될 것이다. 반면에 종결욕구가 판단의 횟수와 관련된 개념이라면 종결욕구가 낮은 사람이 높은 사람보다 더 일찍 판단을 하게 될 것이다. 왜냐하면 종결욕구가 판단의 횟수와 관련된 개념이라면 종결욕구가 높은 사람은 한 번의 판단으로 판단을 종결하려고 할 것이므로 그 한 번의 판단을 완벽하게 하기 위하여 더 신중히 생각할 것이기 때문이다.

종결욕구가 높은 사람이 낮은 사람보다 판단을 더 일찍 하는지, 아니면 더 늦게 하는지를 알아보기 위하여 모의배심재판에서 나온 자료를 분석하였다. 모의배심재판이 끝나고 배심평의가 시작되기 전에 72 명의 배심원들의 종결욕구를 측정하였다. 종결욕구는 42 문항으로 이루어진 척도로 측정되었는데, 최소 가능한 점수는 42 점이고, 최대 가능한 점수는 252 점이며, 점수가 높을수록 종결욕구가 높은 것을 의미한다. 배심원들이 12 명씩의 배심단으로 나뉘어 배심평결을 마친 후에 그들에게 '귀하가 재판 결론에 대하여 마음을 굳힌 시점이 언제입니까?' 라는 질문을 하였고, 배심원들은 이 질문에 대하여 여덟 가지의 응답범주 중에 하나를 선택하여 응답하였다. 응답을 회피한 배심원을 제외하고, 마음을 굳힌 각각의 시점을 선택한 58 명의 배심원의 종결욕구 측정치의 평균과 표준편차가 <표 8-8> 에 제시되어 있다.

<표 8-8> 을 보면 마음을 굳힌 시점이 늦어질수록 종결욕구 점수의 평균이 높아지는 경향을 알 수 있다. 따라서 판단 시점과 종결욕구 점수는 정적인 관계를 가지는 것으로 판단된다.

이 점을 보다 구체적으로 분석하기 위하여 8 개의 범주로 이루어진 '마음을 굳힌 시점' (Y) 을 반응변인으로, '종결욕구 점수' (X) 를 설명변인으로 간주하여 다항로짓모형을 검증하였다. 반응변인이 8 개의 범주를 가지므로 (즉, $J=8$) 마지막 범주인 '최종배심표결' 범주를 기저범주로 사용하여 7 개의 로짓이 만들어질 수 있고, 각각의 로짓에 대하여 다음과 같은 다항로짓모형이 구성된다.

〈 **표 8-8** 〉 모의배심재판에서 배심원들이 재판 결론에 대하여 마음을 굳힌 시점에 따른 종결욕구 점수의 평균과 표준편차

마음을 굳힌 시점	N	평균	표준편차
재판 초기인 검사/변호사의 최초 진술 (j=1)	2	136.00	9.90
검사측 증인들의 증언 (j=2)	12	150.58	17.68
변호사측 증인들의 증언 (j=3)	4	156.25	16.76
검사와 변호사의 최후변론 (j=4)	25	155.56	13.30
재판 종료 직후의 판사의 쟁점 지시 (j=5)	4	162.00	2.58
배심평의 초기 (j=6)	4	148.50	14.06
배심평의 중간 (j=7)	4	166.75	10.15
최종 배심표결 (j=8)	3	163.33	12.86
전체	58	155.03	14.50

$$ln\left(\frac{\hat{\pi}_{j|h}}{\hat{\pi}_{8|h}}\right) = \widehat{Blogit}_j = b_{0j} + b_{1j}X \quad \text{단, } j = 1,\ 2,\ \cdots\cdots,\ 7$$

<표 8-8> 의 자료에 대하여 기저범주로짓을 예측하는 다항로짓모형을 동시합치방식에 의하여 검증하면 모수추정치들이 <표 8-9> 과 같이 산출된다.

<표 8-9> 를 보면, 첫 번째 기저범주로짓 $ln(\hat{\pi}_{1|h}/\hat{\pi}_{8|h})$ 에 대해서만 종결욕구가 통계적으로 의미 있는 효과를 가지는 것으로 판단된다. 첫 번째 기저범주로짓 $ln(\hat{\pi}_{1|h}/\hat{\pi}_{8|h})$ 는 재판 결과에 대한 판단을 최종배심표결에서 하지 않고, 그 대신 재판이 시작된 직후에 하게 될 상대적인 가능성을 나타내는 로짓이다.

첫 번째 기저범주로짓 $ln(\hat{\pi}_{1|h}/\hat{\pi}_{8|h})$ 에 대해서 종결욕구의 효과를 나타내는 모수의 추정치가 $\hat{b}_{11} = -0.16$ 으로 산출되었다. 이것은 종결욕구가 1 점 높을 때 그것이 1 점 낮을 때에 비해서 판단 시점의 기저범주로짓이 -0.16 만큼 더 낮다는 것을 의미한다. 또한, 이것은 종결욕구가 1 점 높을 때 그것이 1 점 낮을 때에 비해서 배심원들이 최종배심표결 때가 아니고 재판이 시작된 직후에 판단을 이미 해 버릴 승산이 $e^{-0.16} = 0.852$ 배만큼 더 낮다는 의미가 된다.

〈**표 8-9**〉 모의배심원들의 개인적인 판단 시점에 대한 종결욕구 효과모형의 모수추정치

기저범주로짓	모수	추정치	*ASE*	Wald	*df*	*p*
$ln(\hat{\pi}_{1\|h}/\hat{\pi}_{8\|h})$	b_{01}	24.03	12.55	3.66	1	0.06
	b_{11}	−0.16	0.09	3.70	1	0.05
$ln(\hat{\pi}_{2\|h}/\hat{\pi}_{8\|h})$	b_{02}	13.34	9.03	2.18	1	0.14
	b_{12}	−0.08	0.06	1.85	1	0.17
$ln(\hat{\pi}_{3\|h}/\hat{\pi}_{8\|h})$	b_{03}	7.56	10.20	0.55	1	0.46
	b_{13}	−0.05	0.06	0.52	1	0.47
$ln(\hat{\pi}_{4\|h}/\hat{\pi}_{8\|h})$	b_{04}	9.99	8.67	1.33	1	0.25
	b_{14}	−0.05	0.05	0.86	1	0.35
$ln(\hat{\pi}_{5\|h}/\hat{\pi}_{8\|h})$	b_{05}	1.88	10.71	0.03	1	0.86
	b_{15}	−0.01	0.07	0.02	1	0.88
$ln(\hat{\pi}_{6\|h}/\hat{\pi}_{8\|h})$	b_{06}	13.89	10.10	1.89	1	0.17
	b_{16}	−0.09	0.06	1.87	1	0.17
$ln(\hat{\pi}_{7\|h}/\hat{\pi}_{8\|h})$	b_{07}	−4.63	11.80	0.15	1	0.70
	b_{17}	0.03	0.07	0.17	1	0.68

결론적으로 종결욕구 점수는 배심원들이 재판 초기인 검사/변호사의 최초 진술에서 개인적인 판단을 해 버릴지, 아니면 최종배심표결에서 자신의 판단을 확정할지의 여부에 대한 예측력을 가지는데, 종결욕구가 높을수록 재판 초기인 검사/변호사의 최초 진술에서 개인적인 판단을 해 버릴 가능성은 낮아진다.

이와 같이 설명변인이 연속변인인 경우에도 그것이 범주변인인 경우와 동일하게 다항로짓모형이 검증될 수 있다. 다만, 설명변인이 연속변인인 경우에는 그 설명변인들로 구성되는 범주의 수가 매우 많고, 각 범주 내에 사례 수가 희박하므로 설명변인의 각 범주 내에서 만드는 로짓이 불안정하다. 예를 들어, 설명변인인 종결욕구는 최소 가능한 점수가 42 점이고, 최대 가능한 점수가 252 점이므로, 설명변인의 범주가 210 개다. 반면에 분석에 포함된 사례의 수는 58 개에 불과하므로 대부분의 설명변인 범주들에는 사례 빈도가 0 일 수밖에 없다. 이러한 자료의 상태를 '성긴 자료(sparse data)' 라고 부르는데, 이는 빈도가 존재하지 않는 설명변인

셀이 많다는 뜻이다. 설명변인의 범주 수가 많아서 발생하는 성긴 자료의 경우에는 표본이 달라지면 설명변인의 각 범주 내에서 만들어지는 로짓이 매우 크게 달라질 수 있다. 이러한 이유 때문에 설명변인이 연속변인인 경우에는 다량의 자료가 요구되고, 전체 사례 수가 크지 않을 때는 Wald 통계치나 모형의 합치도 지수들에 대한 신뢰성이 떨어진다는 사실을 염두에 둘 필요가 있다.

3 누적로짓모형

여기에서는 반응변인이 세 개 이상의 범주들로 구성되고, 그 범주들이 서로 서열적인 관계를 가진 경우에 반응변인을 설명하기 위한 일반선형모형을 살펴보고자 한다. 즉, 반응변인의 확률분포가 다항분포이고, 각 범주들의 속성이 강도 혹은 정도에서 점차적으로 강해지거나 혹은 약해지는 경우다. 서열반응변인의 가장 대표적인 예는 소위 '리커트 척도 (Likert scale)' 에 대한 반응이다. 예를 들어, 배심재판을 끝낸 배심원들에게 재판의 복잡성을 묻는 질문을 하고, 그 질문에 대하여 배심원들이 1 ('전혀 복잡하지 않았다') 부터 7 ('매우 복잡하였다') 까지의 숫자를 이용하여 응답하였다면, 이 응답은 서열반응변인이 될 수 있다. 그 응답을 서열반응변인으로 사용하고, 재판과정의 다른 요소를 설명변인들로 사용하여 배심원의 '재판복잡성 지각' 에 영향을 주는 중요한 요소가 무엇인지를 파악하기 위한 일반선형모형을 검증할 수 있다.

미국의 National Center for State Courts (NCSC) 에서 2000 년도와 2001 년도에 미국 내 네 개 지역의 법원에서 조사한 배심재판 자료에는 각 배심재판을 주재한 358 명의 판사들에 관한 자료가 포함되어 있다 (Hannaford-Agor, Hans, Mott & Munsterman, 2003). 이 자료 중에 배심재판제도에 대한 판사 개인의 태도 (배심제도 태도) 와 자신이 주재한 재판의 배심원 평결에 대한 판사의 만족감 (배심평결 만족감) 에 대하여 결측치 (missing value) 없이 응답한 판사들이 321 명이었는데, 이 판사들이 제공한 자료를 이용하여 서열반응변인이 이용된 일반선형모형을 설명하고자 한다. 두 변인들에 대한 자료는 모두 1 부터 7 까지 리커트 척도로 코딩되었는데, '배심제도 태도'는 숫자가 클수록 배심재판제도에 대하여 판사 개인의 태도가 긍정적이라는 것을 의미하며, '배심평결 만족감'은 숫자가 클수록 해당 재판에서의 배심원 평결에 대한 판사의 만족감이 높은 것을 의미한다. 반응변인인 '배심평결 만족감(Y)'에 대한 설명변인인 '배심제도 태도(X_1)'의 효과를 검증하기 위하여 우선 설명변인인 '배심제도 태도'에 따른 반응변인의 빈도를 구한 것이 <표 8-10>에 제시되어 있다.

〈표 8-10〉 판사들의 배심제도에 대한 태도에 따른 배심평결 만족감 평정의 빈도분포

배심제도에 대한	배심평결에 대한 판사의 만족감(Y)							
판사의 태도(X_1)	1	2	3	4	5	6	7	전체
1	3	0	0	0	1	0	3	7
2	0	1	2	0	0	1	0	4
3	2	5	1	4	0	2	5	19
4	0	0	2	1	2	1	10	16
5	4	2	2	5	6	7	11	37
6	7	6	5	11	4	8	40	81
7	11	5	5	19	9	33	75	157
전체	27	19	17	40	22	52	144	321

<표 8-10>과 같은 자료에서 만약 반응변인(Y)의 빈도분포가 설명변인(X_1)의 값에 따라 달라진다면 누적로짓이 설명변인의 값에 따라 달라질 것이고, 반응변인이 설명변인으로부터 독립적이라면 누적로짓이 설명변인의 값에 따라 달라지지 않을 것이다. 이 점을 분명히 이해하기 위하여 <표 8-10> 자료의 관찰된 누적로짓($Clogit_j$)을 계산한 것이 <표 8-11>이다.

<표 8-11>에서 $Clogit_1$ 열을 보면 배심제도 태도(X_1)가 높은 값을 가질수록 누적로짓 $Clogit_1$이 점차 낮아지는 경향을 볼 수 있다. 즉, 배심제도 태도(X_1)가 높은 값(긍정적 태도)을 가질수록 배심평결 만족감(Y)에 '1' 반응('매우 불만족')을 할 가능성이 다른 반응을 할 가능성에 비하여 더 낮아진다는 것이다. <표 8-11>의 다른 열들에서도 동일한 경향성을 볼 수 있다. 이러한 경향성은 반응변인인

〈표 8-11〉 판사들의 배심평결 만족감 평정자료의 관찰된 누적로짓

배심제도 태도 (X_1)	관찰된 누적로짓					
	$Clogit_1$	$Clogit_2$	$Clogit_3$	$Clogit_4$	$Clogit_5$	$Clogit_6$
1	−0.288	−0.288	−0.288	−0.288	0.288	0.288
2	−	−1.099	1.099	1.099	1.099	−
3	−2.140	−0.539	−0.318	0.539	0.539	1.030
4	−	−	−1.946	−1.466	−0.788	−0.511
5	−2.140	−1.642	−1.288	−0.613	0.054	0.860
6	−2.358	−1.655	−1.253	−0.584	−0.375	0.025
7	−2.586	−2.176	−1.868	−1.868	−0.790	0.089

$$Clogit_1 = ln\left(\frac{\pi_{1|h}}{\pi_{2|h} + \cdots + \pi_{7|h}}\right);\ Clogit_2 = ln\left(\frac{\pi_{1|h} + \pi_{2|h}}{\pi_{3|h} + \cdots + \pi_{7|h}}\right);$$

$$Clogit_3 = ln\left(\frac{\pi_{1|h} + \cdots + \pi_{3|h}}{\pi_{4|h} + \cdots + \pi_{7|h}}\right);\ Clogit_4 = ln\left(\frac{\pi_{1|h} + \cdots + \pi_{4|h}}{\pi_{5|h} + \cdots + \pi_{7|h}}\right);$$

$$Clogit_5 = ln\left(\frac{\pi_{1|h} + \cdots + \pi_{5|h}}{\pi_{6|h} + \pi_{7|h}}\right);\ Clogit_6 = ln\left(\frac{\pi_{1|h} + \cdots + \pi_{6|h}}{\pi_{7|h}}\right)$$

배심평결 만족감이 설명변인인 배심제도 태도에 따라서 달라진다는 것을 암시한다. 누적로짓모형은 누적로짓을 이용하여 반응변인과 설명변인 사이의 이러한 경향성을 정의하고 검증하는 모형이다.

① 모형

한 개의 설명변인(X_1)에 의해 반응변인(Y)의 누적로짓을 설명하는 모형은 <수식 8-8>과 같이 기술될 수 있다.

$$ln\left(\frac{\hat{\pi}_{1|h} + \cdots + \hat{\pi}_{j|h}}{\hat{\pi}_{j+1|h} + \cdots + \hat{\pi}_{J|h}}\right) = \widehat{Clogit}_j = b_{0j} + b_{1j}X_1,\ j = 1,\ 2,\ \cdots,\ J-1$$

<수식 8-8>

만약 <수식 8-8> 의 모형을 <표 8-10> 의 자료에 적용하면, $J=7$ 이고 6 개의 누적로짓이 정의되므로 6 개의 모형방정식이 성립한다. 이제 '누적로짓모형 (cumulative logit model)' 의 매우 중요한 한 가지 특징을 기억하자. 그 중요한 특징은 누적로짓모형의 상수효과모수 b_{0j} 는 각 모형방정식에서 각기 다르지만, 설명변인의 효과를 나타내는 모수 b_{1j} 는 모든 모형방정식에서 동일하다는 가정을 한다는 것이다. 즉, <표 8-10> 의 자료에 대하여 누적로짓모형은 <수식 8-9> 와 같이 정의된다.

$$ln\left(\frac{\widehat{\pi}_{1|h}}{\widehat{\pi}_{2|h}+\cdots+\widehat{\pi}_{7|h}}\right)=\widehat{Clogit}_1=b_{01}+b_1X_1$$

$$ln\left(\frac{\widehat{\pi}_{1|h}+\widehat{\pi}_{2|h}}{\widehat{\pi}_{3|h}+\cdots+\widehat{\pi}_{7|h}}\right)=\widehat{Clogit}_2=b_{02}+b_1X_1$$

$$ln\left(\frac{\widehat{\pi}_{1|h}+\cdots+\widehat{\pi}_{3|h}}{\widehat{\pi}_{4|h}+\cdots+\widehat{\pi}_{7|h}}\right)=\widehat{Clogit}_3=b_{03}+b_1X_1$$

$$ln\left(\frac{\widehat{\pi}_{1|h}+\cdots+\widehat{\pi}_{4|h}}{\widehat{\pi}_{5|h}+\cdots+\widehat{\pi}_{7|h}}\right)=\widehat{Clogit}_4=b_{04}+b_1X_1$$

$$ln\left(\frac{\widehat{\pi}_{1|h}+\cdots+\widehat{\pi}_{5|h}}{\widehat{\pi}_{6|h}+\widehat{\pi}_{7|h}}\right)=\widehat{Clogit}_5=b_{05}+b_1X_1$$

$$ln\left(\frac{\widehat{\pi}_{1|h}+\cdots+\widehat{\pi}_{6|h}}{\widehat{\pi}_{7|h}}\right)=\widehat{Clogit}_6=b_{06}+b_1X_1 \qquad \text{<수식 8-9>}$$

누적로짓모형은 상수효과모수 b_{0j} 가 누적로짓의 개수 혹은 $J-1$ 개만큼 존재하고, 각 설명변인의 효과를 나타내는 모수 b_1 은 한 개가 존재한다고 가정하는 모형이다. 물론 설명변인이 두 개 이상인 경우에는 설명변인의 효과를 나타내는 모수 b_1, b_2, ……은 설명변인의 개수만큼 존재하게 된다.

<수식 8-9> 의 누적로짓모형에서 상수효과모수 b_{0j} 를 '역치 (threshold)' 혹은 '절단점 모수 (cut-point parameter)' 라고 부른다. 상수효과모수 b_{0j} 는 설명변인의 값이 $X_1=0$ 일 때의 예측된 누적로짓이다. 그런데 반응변인에서 누적로짓을 산

출하기 위한 경계로 사용되는 범주가 $j=1$ 에서부터 $j=J$ 까지 증가할수록 누적로짓은 점점 커질 수밖에 없다. 따라서 상수효과모수들 b_{0j} 는 $b_{01} < b_{02} < b_{03} < \cdots\cdots < b_{0(J-1)}$ 의 관계를 가진다. 이 점을 좀 더 정확히 이해하기 위하여 <수식 8-8> 을 누적로짓모형의 공통모수 b_1 으로 재정의하고, 이것을 반응변인의 첫 번째 범주부터 j 번째 범주까지의 누적확률을 예측하는 모형방정식으로 변형하면 다음과 같다.

$$\widehat{\pi}_{1|h} + \cdots\cdots + \widehat{\pi}_{j|h} = \frac{exp(b_{0j} + b_1 X_1)}{1 + exp(b_{0j} + b_1 X_1)} \qquad \text{<수식 8-10>}$$

<수식 8-10> 의 $\widehat{\pi}_{1|h} + \cdots\cdots + \widehat{\pi}_{j|h}$ 는 설명변인의 값이 $X_1 = h$ 일 때 반응변인의 j 범주까지의 예측된 누적확률을 의미한다. <수식 8-10> 의 누적로짓모형은 반응변인의 j 범주까지의 예측된 누적확률이 설명변인(X_1) 의 S-자형 함수라는 것을 나타낸다. 예를 들어, b_1 이 0 보다 큰 특정한 임의적인 상수일 때, <수식 8-10> 의 예측된 누적확률은 설명변인(X_1) 에 대하여 [그림 8-1] 과 같은 함수의 형태를 가진다.

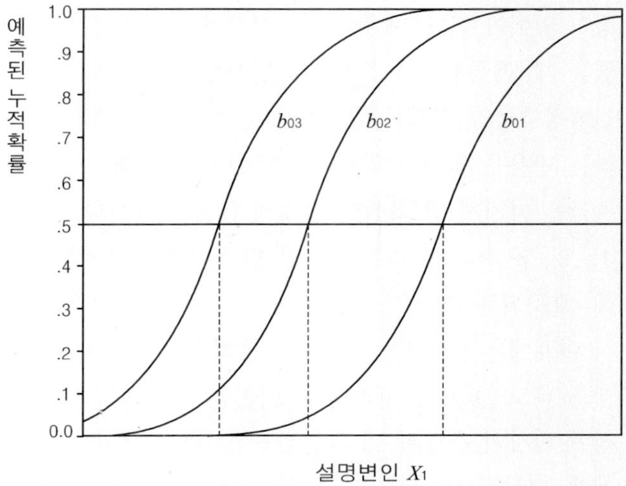

[그림 8-1] 누적확률을 예측하는 누적로짓모형

[그림 8-1] 에서 누적로짓모형의 상수효과가 b_{01} 인 곡선은 설명변인 X_1 에 의하여 누적확률 $\hat{\pi}_{1|h}$ 를 예측하는 곡선이고, 상수효과가 b_{02} 인 곡선은 설명변인 X_1 에 의하여 누적확률 $\hat{\pi}_{1|h}+\hat{\pi}_{2|h}$ 를 예측하는 곡선이며, 상수효과가 b_{03} 인 곡선은 설명변인 X_1 에 의하여 누적확률 $\hat{\pi}_{1|h}+\cdots\cdots+\hat{\pi}_{3|h}$ 를 예측하는 곡선이다. 그런데 반응변인의 확률 0.5 를 예측하는 설명변인의 값을 흔히 '역치 (threshold)' 혹은 '절단점 (cut-point)' 이라고 부른다. [그림 8-1] 은 상수효과모수 b_{0j} 에 따라서 역치 혹은 절단점이 달라진다는 것을 보여 준다. 이러한 이유로 상수효과모수 b_{0j} 를 역치 모수 혹은 절단점 모수라고 부른다. 예를 들어, 반응변인 (Y) 가 배심재판을 주재한 판사가 배심원들의 평결에 대하여 가지는 만족감이고, 설명변인 X_1 은 배심재판제도에 대한 판사의 평소 태도일 때, 법원행정당국에서 배심재판제도에 대한 판사들의 태도를 측정하여 그것으로 배심평결 만족감을 예측하였을 때 만족감이 일정한 수준에 미달될 것으로 예측되는 판사에게는 배심재판의 주재를 맡기지 않고, 그 대신 판사가 최종 유・무죄 판단을 하는 재판 (bench trial) 만 담당하게 하는 정책을 실시하려고 한다고 가정하자. 왜냐하면 배심평결에 대하여 불만족하는 판사들이 많아지면 배심재판제도에 기초한 사법제도 전반의 신뢰성이 위협받을 수 있기 때문이다.

이러한 정책을 실행하기 위해서는 '요구되는 만족감 수준' 에 대한 정책적인 결정이 있어야 한다. 예를 들어, 배심평결 만족감 평정에서 반응 '4' 를 기준으로 정했을 때, 배심재판을 주재하는 판사는 그 이상의 만족감을 가져야 한다는 것이 법원행정당국의 정책적 결정이라면, 배심평결 만족감 평정에서 '1', '2', '3' 혹은 '4' 라는 반응을 할 누적확률이 0.5 보다 작을 때는 판사가 법원에 의해 요구되는 만족감을 가지게 될 확률이 그렇지 않을 확률보다 높고, 배심평결 만족감 평정에서 '1', '2', '3' 혹은 '4' 라는 반응을 할 누적확률이 0.5 보다 클 때는 판사가 법원에 의해 요구되는 만족감을 가지게 될 확률이 그렇지 않을 확률보다 낮다. 따라서 이때에는 <수식 8-10> 을 이용하여 $\hat{\pi}_{1|h}+\cdots\cdots+\hat{\pi}_{4|h}=0.5$ 를 예측하는 '배심제도 태도 (X_1)' 을 파악하고, 이것을 태도 측정치에서의 절단점으로 정한 후, 특정한 판사의 측정된 태도가 절단점보다 높은가, 낮은가의 여부에 따라서 그 판사에게 배심재판의 주재를 맡길 것인가의 여부를 결정할 수 있다. 그런데 [그림 8-1]은 이때 태도 측정치에서의 절단점은 '요구되는 만족감 수준 (j)' 을 어떻게

정하는가에 따라서 달라지는데, 그 이유는 요구되는 만족감 수준(j)이 달라지면, b_{0j} 가 달라지고, b_{0j} 가 달라지면 <수식 8-10> 에 의해 누적확률 0.5 를 예측하는 설명변인의 절단점이 달라지기 때문이라는 것을 보여 준다.

설명변인의 효과를 나타내는 공통모수 b_1 을 이해하기 위하여 우선 <수식 8-9> 의 첫 번째 모형방정식을 생각해 보자. 첫 번째 모형방정식의 모수 b_1 은 X_1 에서 한 단위 변화에 따른 $\widehat{Clogit}_1$ 의 변화를 의미한다. 예를 들어, $X_1 = 1$ 일 때와 $X_1 = 2$ 일 때의 $\widehat{Clogit}_1$ 차이는 다음과 같다.

$$ln\left(\frac{\hat{\pi}_{1|1}}{\hat{\pi}_{2|1} + \cdots\cdots + \hat{\pi}_{7|1}}\right) - ln\left(\frac{\hat{\pi}_{1|2}}{\hat{\pi}_{2|2} + \cdots\cdots + \hat{\pi}_{7|2}}\right)$$

$$= ln\left(\frac{\hat{\pi}_{1|1}/(\hat{\pi}_{2|1} + \cdots\cdots + \hat{\pi}_{7|1})}{\hat{\pi}_{1|2}/(\hat{\pi}_{2|2} + \cdots\cdots + \hat{\pi}_{7|2})}\right) = b_1$$

그런데 $\hat{\pi}_{1|1}/(\hat{\pi}_{2|1} + \cdots\cdots + \hat{\pi}_{7|1})$ 는 $X_1 = 1$ 일 때 반응변인의 첫 번째 범주와 나머지 범주들의 '누적승산(cumulative odds)' 이다. 또한, $\hat{\pi}_{1|2}/(\hat{\pi}_{2|2} + \cdots\cdots + \hat{\pi}_{7|2})$ 는 $X_1 = 2$ 일 때 반응변인의 첫 번째 범주와 나머지 범주들의 누적승산이다. 따라서 b_1 은 소위 '누적승산비(cumulative odds ratio)' 를 로그 변환한 것이다. 즉, b_1 은 $X_1 = 1$ 일 때 반응변인의 첫 번째 범주가 나타날 상대적 가능성이 $X_1 = 2$ 일 때 반응변인의 첫 번째 범주가 나타날 상대적 가능성에 비하여 몇 배나 큰가 혹은 몇 배나 작은가를 나타내는 '로그 승산비(log odds ratio)' 다. 만약 b_1 의 절대값이 크면 설명변인 X_1 의 값에 따라서 반응변인의 첫 번째 범주가 나타날 상대적 가능성 $\hat{\pi}_{1|h}/(\hat{\pi}_{2|h} + \cdots\cdots + \hat{\pi}_{7|h})$ 가 크게 좌우된다고 말할 수 있고, 결국 설명변인이 반응변인에 대하여 큰 효과를 가진다고 말할 수 있을 것이다.

이제, 역시 <수식 8-9> 의 첫 번째 모형방정식에서 $X_1 = 2$ 일 때와 $X_1 = 3$ 일 때의 $\widehat{Clogit}_1$ 차이를 생각해 보자. 그 차이는 다음과 같다.

$$ln\left(\frac{\hat{\pi}_{1|2}/(\hat{\pi}_{2|2} + \cdots\cdots + \hat{\pi}_{7|2})}{\hat{\pi}_{1|3}/(\hat{\pi}_{2|3} + \cdots\cdots + \hat{\pi}_{7|3})}\right) = b_1$$

설명변인 X_1 의 값이 2 에서 3 으로 변하면, 반응변인의 다른 범주들이 나타날 가능성에 비하여 첫 번째 범주가 나타날 상대적 가능성도 앞의 로그 승산비만큼 변하는데, 그 로그 승산비의 변화는 설명변인 X_1 의 값이 1 에서 2 로 변할 때의 로그 승산비의 변화와 동일한 b_1 이다.

누적로짓모형의 모수 b_1 의 의미를 요약하면, b_1 은 설명변인 X_1 의 값이 한 단위 변할 때 반응변인의 첫 번째 범주가 나타날 상대적 가능성이 몇 배나 변하는지를 나타내는 지수다. 구체적으로 그 배수는 $exp(b_1)$ 혹은 e^{b_1} 이다. 그런데 b_1 은 상수이므로 설명변인 X_1 의 값이 한 단위 변할 때 반응변인의 첫 번째 범주가 나타날 상대적 가능성이 변하는 배수 $exp(b_1)$ 는 설명변인 X_1 의 값이 1 에서 2 로 변하거나, 2 에서 3 으로 변하거나 6 에서 7 로 변하더라도 항상 일정한 상수다. 이러한 이유로 누적로짓모형을 흔히 '비율승산모형(proportional odds model)' 혹은 '균일연합모형(uniform association model)' 이라고 부른다.

또한, 누적로짓모형은 $J-1$ 개의 모든 모형방정식에서 b_1 이 동일하다고 가정하므로 설명변인 X_1 의 값이 한 단위 변할 때 반응변인의 첫 번째 혹은 두 번째 범주가 나타날 상대적 승산도 $exp(b_1)$ 배 변한다고 가정하고, 설명변인 X_1 의 값이 한 단위 변할 때 반응변인의 첫 번째, 두 번째 혹은 세 번째 범주가 나타날 상대적 승산도 $exp(b_1)$ 배 변한다고 가정하며, 설명변인 X_1 의 값이 한 단위 변할 때 반응변인의 첫 번째부터 여섯 번째까지의 범주가 나타날 상대적 승산도 역시 $exp(b_1)$ 배 변한다는 것을 가정하는 모형이다(통계분석을 위한 컴퓨터 프로그램들은 반응변인을 말 그대로 '서열' 을 나타내는 변인으로 간주하여 그 값이 작을수록 우수하거나 많거나, 높거나, 좋은 것을 의미하는 것으로 가정하는 것이 일반적이다. 따라서 만약 반응변인이 서열변인이기는 하지만 숫자가 클수록 질이 좋거나 혹은 양이 많은 것을 의미할 때는 컴퓨터 프로그램에서 산출되는 b_1 의 추정치에 대하여 그 부호를 바꾸어 준 후, 결과를 해석하여야 한다).

② 모수추정

누적로짓모형의 모수들은 분리합치방식에 의하여 추정될 수 없다. 왜냐하면 <수식 8-9> 의 모형방정식들은 모두 동일한 b_1 을 가지는데, 분리합치방식에 의하여 그 값을 추정하면 각각의 방정식에서 산출된 추정치가 모두 다를 수 있기 때문이다.

누적확률을 예측하는 형태로 기술된 누적로짓모형 <수식 8-10> 에 의하여 각 반응변인 범주들의 예측된 조건확률 ($\hat{\pi}_{j|h}$) 은 다음과 같이 정의된다.

$$\hat{\pi}_{1|h} = \frac{exp(b_{01} + b_1 X_1)}{1 + exp(b_{01} + b_1 X_1)}$$

$$\hat{\pi}_{2|h} = \frac{exp(b_{02} + b_1 X_1)}{1 + exp(b_{02} + b_1 X_1)} - \frac{exp(b_{01} + b_1 X_1)}{1 + exp(b_{01} + b_1 X_1)}$$

$$\hat{\pi}_{3|h} = \frac{exp(b_{03} + b_1 X_1)}{1 + exp(b_{03} + b_1 X_1)} - \frac{exp(b_{02} + b_1 X_1)}{1 + exp(b_{02} + b_1 X_1)} - \frac{exp(b_{01} + b_1 X_1)}{1 + exp(b_{01} + b_1 X_1)}$$

$$\vdots$$

$$\hat{\pi}_{7|h} = \frac{exp(b_{07} + b_1 X_1)}{1 + exp(b_{07} + b_1 X_1)} - \frac{exp(b_{06} + b_1 X_1)}{1 + exp(b_{06} + b_1 X_1)} - \cdots\cdots - \frac{exp(b_{01} + b_1 X_1)}{1 + exp(b_{01} + b_1 X_1)} \quad \text{<수식 8-11>}$$

이 조건확률들의 정의를 <수식 8-6> 의 다항확률분포 함수 식에 대입하면 우도함수가 만들어지고, 이 우도함수를 최대가 되게 하는 모수추정치들을 Newton-Raphson 알고리듬과 유사한 'Fisher 채점 알고리듬 (Fisher scoring algorithm)' 에 의해 순환적으로 산출한다 (Walker & Duncan, 1967; McCullagh, 1980).

<표 8-11> 의 판사들 자료에 대하여 반응변인인 배심평결 만족감 (Y) 을 설명변인인 배심제도 태도 (X_1) 로 예측하는 누적로짓모형을 검증하면 <표 8-12> 와 같은 모수추정치들이 산출된다.

[그림 8-2] 는 <표 8-12> 의 모수추정치들을 이용하여 배심제도 태도에 따른 배심평결 만족감의 누적확률 $\hat{\pi}_{1|h} + \cdots\cdots + \hat{\pi}_{j|h}$ 를 <수식 8-10> 을 이용하여 그림으로 표현한 것이다. 평결 만족감이 숫자가 작을수록 '불만족' 을 나타내는 변인이기 때문에 특정한 j 에서 누적확률은 그 j 보다 더 불만족을 표시할 확률을 의미한다.

〈**표 8-12**〉 판사들의 배심제도 태도(X_1) 에 의해 배심평결 만족감(Y)을 예측하는 누적로짓모형의 모수추정치

모수	추정치	*ASE*	Wald	*df*	*p*
b_{01}	−1.113	0.443	6.329	1	0.012
b_{02}	−0.502	0.429	1.370	1	0.242
b_{03}	−0.111	0.425	0.068	1	0.794
b_{04}	0.569	0.425	1.790	1	0.181
b_{05}	0.878	0.427	4.223	1	0.040
b_{06}	1.548	0.433	12.781	1	0.000
b_1	−0.223	0.070	10.118	1	0.001

예를 들어, $j=4$ 의 누적확률은 판사가 평결 만족감을 '4' 보다 낮거나 같게 평정할 확률을 의미한다. [그림 8-2] 를 보면 각 j 에 해당하는 누적확률곡선이 배심제도 태도가 증가함에 따라 감소하는 추세를 보인다.

이 패턴은 각각의 특정한 j 에서 배심제도 태도가 증가함에 따라 배심평결에 대하여 그 j 보다 불만족을 표현할 확률이 감소한다는 것을 의미한다. 즉, 배심제도 태도와 평결 만족감이 정적인 관계를 가진다는 것을 말한다.

<표 8-12> 를 보면 앞에서 설명한 바와 같이 $\widehat{b}_{0j}$ 는 j 가 증가할수록 점점 증가하는 것을 알 수 있다. 그런데 [그림 8-2] 를 보면, j 를 증가시킬수록 누적확률 0.5 를 예측하는 배심제도 태도 X_1 의 절단점이 점차로 높아진다는 것을 의미한다. 예를 들어, 법원행정당국이 배심평결에 대한 판사의 만족감이 '3' 이상이라야 그 판사에게 배심재판의 주재를 맡길 수 있다고 생각한다면, $j=2$ 에서의 누적확률 0.5 이하를 예측하는 배심제도 태도를 가진 판사들은 모두 배심재판을 주재할 수 있는 판사들이다. [그림 8-2] 는 $j=2$ 일 때 모든 배심제도 태도가 누적확률 0.5 이하를 예측하므로 법원 당국이 '만족 수준 3 이상' 의 기준을 요구한다면 모든 판사에게 배심재판의 주재를 맡길 수 있다는 것을 보여 준다.

반면에 법원행정당국이 배심평결에 대한 판사의 만족감이 '5' 이상이라야 그 판사에게 배심재판의 주재를 맡길 수 있다고 생각한다면, $j=4$ 에서의 누적확률 0.5 이하를 예측하는 배심제도 태도를 가진 판사들은 모두 배심재판을 주재할 수 있는

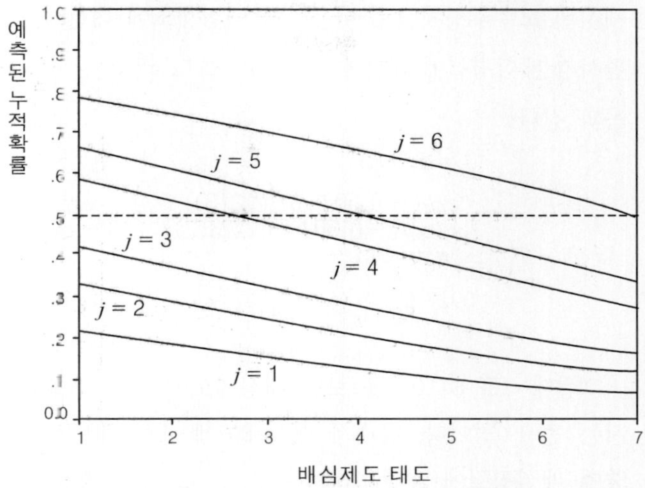

[그림 8-2] 판사들의 배심제도에 대한 태도에 따른 평결 만족감의 예측된 누적확률 (배심평결 만족감이 j 보다 낮을 확률)

판사들이다. [그림 8-2] 를 보면, $j=4$ 일 때 배심제도 태도가 3 이상이 되어야 누적확률 0.5 이하를 예측하므로 법원당국이 '만족 수준 5 이상' 의 기준을 요구한다면 배심제도 태도가 3 이상인 판사들에게만 배심재판의 주재를 맡길 수 있다.

앞에서 $\hat{b}_1$ 의 의미는 설명변인 X_1 의 값이 한 단위 변할 때 반응변인의 상대적 승산이 $exp(\hat{b}_1)$ 배 변한다는 것을 의미한다고 하였다. 따라서 모수추정치 $\hat{b}_1 = -0.223$ 은 배심제도 태도가 1 증가할 때 상대적 승산이 $exp(-0.223) = 0.800$ 배만큼 변한다는 것이다. 그런데 이 예에서 상대적 승산이란 평결 만족감이 j 보다 낮을 상대적 승산을 의미한다. 결론적으로 판사들의 배심제도 태도가 1 증가하면 배심평결에 대한 만족감이 기준점 j 보다 낮을 가능성 (상대적 승산) 이 0.8 배만큼 감소한다는 것이다.

③ 합치도

누적로짓모형의 모수추정치들이 산출되면 그것들을 <수식 8-11> 에 대입하여 설명변인인 X_1 의 범주 h 에서 반응변인 Y 의 범주가 j 일 예측된 조건확률 $\hat{\pi}_{j|h}$ 를 산출할 수 있다. 예를 들어, <표 8-10> 의 판사들 자료에 대하여 <표 8-12> 에

제시된 모수추정치들을 이용하여 배심제도에 대한 태도(X_1)를 '3' 이라고 평정한 판사가 배심평결에 대한 만족감(Y)을 '2' 라고 평정할 예측된 조건확률 $\hat{\pi}_{2|3}$ 은 다음과 같다.

$$\hat{\pi}_{2|3} = \frac{exp(-0.502-0.223(3))}{1+exp(-0.502-0.223(3))} - \frac{exp(-1.113-0.223(3))}{1+exp(-1.113-0.223(3))}$$

$$= 0.0927$$

그런데 <표 8-10> 을 보면 배심제도에 대한 태도(X_1)를 '3' 이라고 평정한 판사는 총 19 명이다. 따라서 배심제도에 대한 태도(X_1)를 '3' 이라고 평정한 판사 중에 배심평결에 대한 만족감(Y)을 '2' 라고 평정하는 판사들의 예측된 빈도는 $\hat{\mu}_{23} = 19 \times 0.0927 = 1.762$ 이다. 동일한 방식으로 <표 8-10> 의 판사들 자료에 대하여 <표 8-12> 에 제시된 모수추정치들을 이용하여 예측된 빈도들 $\hat{\mu}_{jh}$ 를 산출한 것이 <표 8-13> 에 제시되었다.

<표 8-13> 의 관찰빈도 n_{jh} 와 예측빈도 $\hat{\mu}_{jh}$ 를 이용하여 모형-자료 합치도 검증을 위한 피어슨 카이자승 지수와 우도비 카이자승 지수(일탈지수, deviance)를 다음과 같이 산출할 수 있다.

$$\text{피어슨 } \chi^2 = \sum \frac{(n_{jh}-\hat{\mu}_{jh})^2}{\hat{\mu}_{jh}}$$

$$= \frac{(3-1.457)^2}{1.457} + \frac{(0-0.823)^2}{0.823} + \cdots\cdots + \frac{(75-78.899)^2}{78.899}$$

$$= 50.599$$

$$G^2 = 2\sum n_{jh} ln\left(\frac{n_{jh}}{\hat{\mu}_{jh}}\right)$$

$$= 2\left[3ln\left(\frac{3}{1.457}\right) + 0ln\left(\frac{0}{0.823}\right) + \cdots\cdots + 75ln\left(\frac{75}{78.899}\right)\right]$$

$$= 53.084$$

〈 **표 8-13** 〉 판사들의 배심제도에 대한 태도에 따른 배심평결의 만족감 평정의 관찰된 빈도 n_{jh} 와 누적로짓므형에 의하여 예측된 빈도 $\hat{\mu}_{jh}$

배심제도에 대한 판사의 태도 (X_1)		배심평결에 대한 판사의 만족감 (Y)						
		1	2	3	4	5	6	7
1	n_{jh}	3	0	0	0	1	0	3
	$\hat{\mu}_{jh}$	1.457	0.823	0.636	1.180	0.507	0.923	1.470
2	n_{jh}	0	1	2	0	0	1	0
	$\hat{\mu}_{jh}$	0.696	0.422	0.340	0.667	0.302	0.577	0.997
3	n_{jh}	2	5	1	4	0	2	5
	$\hat{\mu}_{jh}$	2.740	1.762	1.475	3.057	1.461	2.935	5.570
4	n_{jh}	0	0	2	1	2	1	10
	$\hat{\mu}_{jh}$	1.901	1.284	1.113	2.429	1.223	2.589	5.461
5	n_{jh}	4	2	2	5	6	7	11
	$\hat{\mu}_{jh}$	3.605	2.535	2.267	5.186	2.743	6.124	14.539
6	n_{jh}	7	6	5	11	4	8	40
	$\hat{\mu}_{jh}$	6.443	4.685	4.305	10.272	5.589	13.391	36.215
7	n_{jh}	11	5	5	19	9	33	75
	$\hat{\mu}_{jh}$	10.157	7.595	7.138	17.688	10.213	25.310	78.899

합치도 지수들의 자유도를 생각해 보자. <표 8-10> 의 판사들 자료를 위한 <수식 8-9> 의 누적로짓모형은 6 개의 로지스틱 회귀모형 방정식으로 구성되는데, 각각의 모형방정식에서 설명변인의 범주가 7 개이므로 모형이 예측하는 로짓의 개수 혹은 모형이 설명해야 할 '자료의 수' 는 $7 \times 6 = 42$ 개다. 반면에 6 개의 모형방정식들은 총 7 개의 모수들 (6 개의 역치모수 b_{0j} 와 1 개의 효과모수 b_1) 을 가진다. 따라서 <수식 8-9> 의 모형 전체의 자유도는 $df =$ (자료의 수) $-$ (모수의 수) $= 42 - 7 = 35$ 이다.

4 누적프로빗모형

앞에서 살펴본 누적로짓모형은 누적승산을 로그 변환하여 설명변인으로 예측하는 모형이며 $\widehat{Clogit}_j = b_{0j} + b_1 X_1$ 으로 기술되는 모형이다. 이때 로그 변환된 누적승산 $\widehat{Clogit}_j$ 를 누적로짓이라고 부르고, 그 내용은 다음과 같다.

$$\widehat{Clogit}_j = ln\left(\frac{\hat{\pi}_{1|h} + \cdots\cdots + \hat{\pi}_{j|h}}{\hat{\pi}_{j+1|h} + \cdots\cdots + \hat{\pi}_{J|h}}\right) = b_{0j} + b_1 X_1$$

즉, 누적로짓모형은 누적확률 $\hat{\pi}_{1|h} + \cdots + \hat{\pi}_{j|h}$ 를 로짓 연결함수로 변환하고, 그것을 설명변인으로 예측하는 일반선형모형이다. 그런데 누적확률을 프로빗 연결함수로 변환하고, 그것을 설명변인으로 예측하는 일반선형모형을 정의할 수도 있는데, 이것을 '누적프로빗모형(cumulative probit model)' 이라고 부른다.

① 모형

제 3 장에서 이미 설명하였듯이 프로빗은 이항분포를 전제하는 개념인데, 시도 수, 관찰 수 혹은 표집 수 N 이 한정적으로 고정되어 있고, 각 시도, 관찰, 표집에서 두 가지 중의 한 가지 현상이 나타날 수 있을 때, 그중의 한 가지 현상이 발생하는 비율을 표준정규분포의 누적확률(cumulative probability)로 간주하고, 그 누적확률에 해당하는 표준점수(z)로 그 비율을 변환한 것이다.

<표 8-10> 의 판사들의 배심제도에 대한 태도와 배심평결 만족감 자료에서 설명변인인 배심제도 태도(X_1)의 각 범주 내에서 배심평결 만족감 평정(Y)의 관찰된 누적비율을 산출하면 <표 8-14> 와 같다.

<표 8-10> 의 자료를 보면, 배심제도 태도가 $X_1 = 5$ 인 판사들이 37 명이었는데, 이들 중에 배심평결 만족감 평정치가 $Y = 1$ 인 판사가 4 명, $Y = 2$ 인 판사가 2 명, $Y = 3$ 인 판사가 2 명이므로 배심제도 태도가 $X_1 = 5$ 인 범주에서 배심평결 만족감이 $Y \leq 3$ 인 관찰된 누적비율은 $8/37 = 0.216$ 이다. 다른 관찰된 누적비율들도 동일한 방식에 의하여 산출되었다.

〈 표 8-14 〉 판사들의 배심제도에 대한 태도에 따른 배심평결 만족감 평정의 관찰된 누적비율

배심제도 태도 (X_1)	배심평결 만족감 (Y) 1	2	3	4	5	6	7
1	0.429	0.429	0.429	0.429	0.571	0.571	1.000
2	0.000	0.250	0.500	0.500	0.500	0.750	1.000
3	0.105	0.368	0.421	0.632	0.632	0.737	1.000
4	0.000	0.000	0.125	0.188	0.313	0.375	1.000
5	0.108	0.162	0.216	0.351	0.514	0.703	1.000
6	0.086	0.160	0.222	0.358	0.407	0.506	1.000
7	0.070	0.102	0.134	0.255	0.312	0.522	1.000

<표 8-14> 에서 각 배심평결 만족감 평정치의 관찰된 누적비율들을 보면 (즉, 각 열에 있는 숫자들을 보면) 설명변인인 배심제도 태도가 높아질수록 관찰된 누적비율이 감소하는 추세를 확인할 수 있다. 예를 들어, $Y \leqq 2$ 일 때, 설명변인인 배심제도 태도가 높아질수록 누적비율이 감소하는 추세를 보이는데, 이것은 배심제도 태도가 높아질수록 평결 만족감 평정치가 $Y = 1$ 이거나 혹은 $Y = 2$ 인 비율이 감소한다는 것을 뜻하고, 평결 만족감 평정치가 $Y \geqq 3$ 인 비율이 점차로 증가한다는 것을 의미한다.

<표 8-14> 의 관찰된 누적비율들은 곧바로 프로빗으로 변환될 수 있다. 예를 들어, 표준정규분포에서 누적비율 (확률) 이 0.216 에 해당하는 표준변인 (z) 의 값은 -0.786 이므로 배심제도 태도가 $X_1 = 5$ 인 범주에서 배심평결 만족감이 $Y \leqq 3$ 일 때의 프로빗 $z = -0.786$ 이다. 같은 방식으로 <표 8-14> 의 관찰된 누적비율들을 관찰된 프로빗으로 변환하면 <표 8-15> 와 같다.

반응변인 Y 의 마지막 범주 ($j = J$) 의 누적비율은 언제나 1.0 이므로 마지막 범주의 프로빗은 정의되지 않는다.

기호 $\hat{z}_j$ 를 모형이 예측하는 $Y \leqq j$ 인 반응범주들의 프로빗으로 정의하고, 설명변인을 X_1 으로 표기하면, 누적프로빗모형은 <수식 8-12> 와 같이 기술된다.

$$\hat{z}_j = b_{0j} + b_1 X_1 \qquad \text{<수식 8-12>}$$

〈표 8-15〉 판사들의 배심제도 태도에 따른 배심평결 만족감 평정의 관찰된 프로빗

배심제도 태도 (X_1)	$Y \leq j$ 인 반응범주들의 관찰된 프로빗					
	z_1	z_2	z_3	z_4	z_5	z_6
1	−0.179	−0.179	−0.179	−0.179	0.179	0.179
2	—	−0.674	0.000	0.000	0.000	0.674
3	−1.254	−0.337	−0.199	0.337	0.337	0.634
4	—	—	−1.150	−0.885	−0.487	−0.319
5	−1.237	−0.986	−0.786	−0.383	0.035	0.533
6	−1.366	−0.994	−0.765	−0.364	−0.235	0.015
7	−1.476	−1.270	−1.108	−0.659	−0.490	0.055

누적프로빗모형은 <표 8-15> 의 각각의 프로빗을 설명변인으로 예측하는 모형이며, 판사들의 배심제도 태도와 배심평결 만족감 평정의 자료에 대해서는 다음과 같은 6 개의 모형방정식으로 정의된다.

$$\hat{z}_1 = b_{01} + b_1 X_1 \qquad \hat{z}_2 = b_{02} + b_1 X_1$$

$$\hat{z}_3 = b_{03} + b_1 X_1 \qquad \hat{z}_4 = b_{04} + b_1 X_1$$

$$\hat{z}_5 = b_{05} + b_1 X_1 \qquad \hat{z}_6 = b_{06} + b_1 X_1 \qquad \text{<수식 8-13>}$$

② 모수추정

누적프로빗모형의 모수들은 누적로짓모형의 동시합치방식과 동일한 'Fisher 채점 알고리듬' 에 의해 순환적으로 산출한다. 다만, 누적로짓모형의 모수추정을 위한 우도함수는 다항확률분포 함수 식에 기초하는 반면, 누적프로빗모형의 모수추정을 위한 우도함수는 표준정규밀도 함수 식에 기초한다는 차이가 있을 뿐이다. 〈표 8-10〉 의 판사들 자료에 대하여 반응변인인 배심평결 만족감 (Y) 을 설명변인인 배심제도 태도 (X_1) 로 예측하는 누적프로빗모형을 검증하면 〈표 8-16〉 과 같은 모수추정치들이 산출된다.

〈 **표 8-16** 〉 판사들의 배심제도 태도 (X_1) 에 의해 배심평결 만족감 (Y) 을 예측하는 누적프로빗모형의 모수추정치

모수	추정치	*ASE*	Wald	*df*	*p*
b_{01}	−0.661	0.261	6.414	1	0.011
b_{02}	−0.342	0.258	1.765	1	0.184
b_{03}	−0.125	0.257	0.238	1	0.626
b_{04}	0.275	0.257	1.149	1	0.284
b_{05}	0.464	0.257	3.251	1	0.071
b_{06}	0.880	0.259	11.546	1	0.001
b_1	−0.125	0.042	8.981	1	0.003

누적프로빗모형의 모수추정치 $\hat{b}_1$ 의 의미는 설명변인 X_1 의 값이 한 단위 변할 때 프로빗이 $\hat{b}_1$ 만큼 변한다는 것이다. 앞서 제 3 장에서 프로빗은 임계저항력의 의미로 해석된다는 것을 설명하였다. 따라서 <표 8-16> 에서 $\hat{b}_1 = -0.125$ 는 배심제도에 대한 태도가 증가할 때, 평결 만족감의 임계저항력 (즉, '불만족' 에 저항하기 위해서 필요한 힘) 이 감소한다는 것을 의미한다. 평결 만족감의 임계저항력이 감소한다는 것은 높은 만족감 표현이 더 쉽게 나타난다는 것을 말하므로 결론적으로 $\hat{b}_1 = -0.125$ 는 배심제도에 대한 판사의 태도가 좋을수록 배심평결에 대한 만족감이 높아진다는 것을 의미한다.

③ 예측된 누적확률

임계저항력이라는 프로빗 개념은 매우 추상적인 개념이므로 산출된 모수추정치를 프로빗 개념으로 해석하는 것은 이를 이해하는 데 어려움을 초래할 수 있다. 따라서 주어진 자료에 대하여 누적프로빗모형을 검증한 결과는 '예측된 누적확률 (predicted cumulative probability)' 의 개념으로 해석하는 것이 보다 명확하게 이해할 수 있을 것이다. 누적프로빗모형을 검증한 결과를 예측된 누적확률로 해석하기 위해서는 우선 모형의 산출된 모수추정치들을 이용하여 '예측된 프로빗' 을 산출하고, 그 예측된 프로빗을 다시 예측된 누적확률로 변환한다.

누적프로빗모형의 모수들이 <표 8-16> 과 같이 추정되면, 그 추정치들을 <수식 8-13> 의 모형방정식에 대입하여 설명변인의 각 범주에서의 예측된 프로빗을 <표 8-17> 과 같이 산출할 수 있다.

〈 **표 8-17** 〉 판사들의 배심제도 태도에 따른 배심평결 만족감 평정의 예측된 프로빗

배심제도 태도 (X_1)	모형 $\hat{z}_j = b_{0j} + b_1 X_1$ 에 의해 예측된 프로빗					
	$\hat{z}_1$	$\hat{z}_2$	$\hat{z}_3$	$\hat{z}_4$	$\hat{z}_5$	$\hat{z}_6$
1	−0.786	−0.467	−0.250	0.150	0.339	0.755
2	−0.911	−0.592	−0.375	0.025	0.214	0.630
3	−1.036	−0.717	−0.500	−0.100	0.089	0.505
4	−1.161	−0.842	−0.625	−0.225	−0.036	0.380
5	−1.286	−0.967	−0.750	−0.350	−0.161	0.255
6	−1.411	−1.092	−0.875	−0.475	−0.286	0.130
7	−1.536	−1.217	−1.000	−0.600	−0.411	0.005

<표 8-17> 의 예측된 프로빗은 다시 예측된 누적확률로 변환될 수 있다. 예를 들어, 배심제도 태도가 $X_1 = 3$ 일 때, 배심평결 만족감 평정이 $Y \leq 4$ 일 예측된 프로빗은 $\hat{z}_4 = -0.100$ 이다. 따라서 표준정규분포에서 표준변인 z 의 값이 -0.100 보다 작을 누적확률을 구하면 그것이 배심제도 태도가 $X_1 = 3$ 일 때, 배심평결 만족감 평정이 $Y \leq 4$ 일 예측된 누적확률이 된다. 이 예측된 누적확률은 표준정규분포에서 $z = -\infty$ 와 $z = -0.100$ 사이의 면적과 같으므로 표준정규분포 함수 식을 $-\infty$ 와 -0.100 사이에서 적분을 하면 구해진다.

일반적으로 반응변인의 범주 j 까지의 예측된 누적확률을 $\hat{\pi}_j$ 로 표기하면, 누적프로빗모형에 의하여 '예측된 프로빗' 을 '예측된 누적확률' 로 변환하기 위한 표준정규밀도 역함수는 다음과 같다 (Beyer, 1987).

$$\hat{\pi}_j = \int_{-\infty}^{z = b_{0j} + b_1 X_1} \frac{1}{\sqrt{2\pi}} e^{-z^2/2} dz$$

통계분석을 위한 컴퓨터 프로그램들은 대부분 표준정규분포에서 특정한 표준변인의 값까지 누적확률을 간단히 구할 수 있는 함수 기능을 내장하고 있으므로 앞의 표준정규밀도 역함수 공식은 다만 참고용으로 제시되었을 뿐이다. 기억해야 할 것은 공식이 아니라 예측된 프로빗을 예측된 누적확률로 변환하기 위해서는 표준정규분포 함수 식을 적분하여 $-\infty$ 와 예측된 프로빗까지의 면적을 구하면 된다는 사실이다. <표 8-17> 의 예측된 프로빗을 예측된 누적확률로 변환한 것이 <표 8-18> 에 제시되었다.

〈 **표 8-18** 〉 판사들의 배심제도 태도에 따른 배심평결 만족감 평정의 예측된 누적확률

배심제도 태도 (X_1)	모형 $\hat{z}_j = b_{0j} + b_1 X_1$ 에 의해 예측된 누적확률					
	$\hat{\pi}_1$	$\hat{\pi}_2$	$\hat{\pi}_3$	$\hat{\pi}_4$	$\hat{\pi}_5$	$\hat{\pi}_6$
1	0.216	0.320	0.401	0.560	0.633	0.775
2	0.181	0.277	0.354	0.510	0.585	0.736
3	0.150	0.237	0.309	0.460	0.535	0.693
4	0.123	0.200	0.266	0.411	0.486	0.648
5	0.099	0.167	0.227	0.363	0.436	0.601
6	0.079	0.137	0.191	0.317	0.387	0.552
7	0.062	0.112	0.159	0.274	0.341	0.502

<표 8-18> 를 보면, 예를 들어 모형 $\hat{z}_j = b_{0j} + b_1 X_1$ 은 배심제도 태도가 $X_1 = 2$ 인 판사가 배심평결 만족감에서 $Y \leq 4$ 의 평정을 할 (누적) 확률이 0.510 일 것으로 예측한다. 반면에 같은 모형에 의하여 배심제도 태도가 $X_1 = 6$ 인 판사가 배심평결 만족감에서 $Y \leq 4$ 의 평정을 할 (누적) 확률은 0.317 일 것으로 예측된다. 즉, 모형 $\hat{z}_j = b_{0j} + b_1 X_1$ 이 배심제도에 대한 판사의 태도와 그들의 배심평결 만족감 사이의 관계에 대한 타당한 모형이라면 배심제도에 대한 태도가 긍정적으로 높을수록 배심평결 만족감 평정이 특정한 값보다 낮을 확률이 점차로 감소한다는 것을 알 수 있다. 이것은 곧 $\hat{b}_1$ 의 해석과 관련하여 앞에서 언급한 바와 같이 배심제도에 대한 판사의 태도가 좋을수록 배심평결에 대한 만족감이 높아진다는 것을 의미한다.

4 합치도

누적프로빗모형에 의하여 예측되는 누적확률은 예측빈도로 쉽게 전환된다. 예를 들어, <표 8-10> 의 원자료를 보면 배심제도에 대한 태도가 $X_1 = 6$ 인 판사는 총 81 명이다. 그런데 <표 8-18> 을 보면 그들 중에 배심평결 만족감에서 $Y \leqq 1$ 의 평정을 할 (누적) 확률은 0.079 로 예측된다. 따라서 배심제도에 대한 태도가 $X_1 = 6$ 이고, 배심평결 만족감이 $Y = 1$ 인 범주의 예측빈도는 $\hat{\mu}_{16} = 81 \times 0.079 = 6.377$ 이다 (반올림에 의한 약간의 차이가 있다). 또한, <표 8-18> 에 의하면 배심제도에 대한 태도가 $X_1 = 6$ 인 판사가 배심평결 만족감이 $Y \leqq 2$ 일 예측된 누적확률은 0.137 이므로 $Y = 2$ 인 범주의 예측확률은 $0.137 - 0.079 = 0.058$ 이고,

〈 **표 8-19** 〉 판사들의 배심제도에 대한 태도에 따른 배심평결 만족감 평정의 관찰된 빈도 n_{jh} 와 누적프로빗모형에 의하여 예측된 빈도 $\hat{\mu}_{jh}$.

배심제도에 대한 판사의 태도 (X_1)		배심평결에 대한 판사의 만족감 (Y)						
		1	2	3	4	5	6	7
1	n_{jh}	3	0	0	0	1	0	3
	$\hat{\mu}_{jh}$	1.510	0.729	0.568	1.110	0.510	0.997	1.576
2	n_{jh}	0	1	2	0	0	1	0
	$\hat{\mu}_{jh}$	0.724	0.382	0.308	0.625	0.298	0.605	1.058
3	n_{jh}	2	5	1	4	0	2	5
	$\hat{\mu}_{jh}$	2.846	1.641	1.365	2.883	1.427	3.002	5.835
4	n_{jh}	0	0	2	1	2	1	10
	$\hat{\mu}_{jh}$	1.959	1.230	1.057	2.321	1.191	2.602	5.640
5	n_{jh}	4	2	2	5	6	7	11
	$\hat{\mu}_{jh}$	3.657	2.490	2.212	5.052	2.689	6.097	14.803
6	n_{jh}	7	6	5	11	4	8	40
	$\hat{\mu}_{jh}$	6.377	4.701	4.315	10.250	5.655	13.318	36.383
7	n_{jh}	11	5	5	19	9	33	75
	$\hat{\mu}_{jh}$	9.717	7.735	7.337	18.129	10.367	25.361	78.355

예측빈도는 81 × 0.058 = 4.701 이다. 동일한 방식으로 <표 8-10> 의 자료에 대하여 누적프로빗모형이 예측하는 빈도를 모두 산출하면 <표 8-19> 와 같다.

<표 8-19> 의 관찰빈도 n_{jh} 와 예측빈도 $\widehat{\mu}_{jh}$ 를 이용하여 모형-자료 합치도 검증을 위한 피어슨 카이자승 지수와 우도비 카이자승 지수 (일탈지수, deviance) 를 다음과 같이 산출할 수 있다.

$$\text{피어슨 } \chi^2 = \sum \frac{(n_{jh} - \widehat{\mu}_{jh})^2}{\widehat{\mu}_{jh}}$$

$$= \frac{(3-1.510)^2}{1.510} + \frac{(0-0.729)^2}{0.729} + \cdots\cdots + \frac{(75-78.355)^2}{78.355}$$

$$= 52.553$$

$$G^2 = 2\sum n_{jh} ln\left(\frac{n_{jh}}{\widehat{\mu}_{jh}}\right)$$

$$= 2\left[3ln\left(\frac{3}{1.510}\right) + 0ln\left(\frac{0}{0.729}\right) + \cdots\cdots + 75ln\left(\frac{75}{78.355}\right)\right]$$

$$= 53.641$$

합치도 지수들의 자유도는 앞서 누적로짓모형에서 설명한 바와 동일한 이유로 df = (자료의 수) − (모수의 수) = 42 − 7 = 35 이다.

■ 참 고

다음은 판사들의 배심제도에 대한 태도 및 배심평결에 대한 만족감에 관한 <표 8-10> 의 자료를 누적로짓모형과 누적프로빗모형을 이용하여 분석하기 위한 SPSS 프로그램이다. <표 8-10> 에 제시된 자료를 SPSS 에 입력하여 두 모형의 결과를 비교한 후 차이점을 기술하고, 그 차이점의 가능한 이유를 설명하라.

```
PLUM
 만족감 WITH 태도
 /LINK = LOGIT
 /PRINT = CELLINFO FIT PARAMETER
SUMMARY .
```

```
PLUM
 만족감 WITH 태도
 /LINK = PROBIT
 /PRINT = CELLINFO FIT PARAMETER
SUMMARY .
```

다음은 교통사고에 의한 탑승자의 상해에 관한 집계자료와 그 자료를 분석하기 위한 SAS 프로그램이 제시되었다. SAS 프로그램을 참고하여,

① 교통사고에 의한 탑승자의 상해에 대하여 피해자 성별, 사고 지역, 안전벨트 착용 여부가 각각 어떤 영향을 주는지를 파악하되, 누적로짓 (cumulative logit) 을 설명하는 다항로짓모형 (multinomial logit model) 을 동시합치방식 (simultaneous fitting) 에 의하여 검증하라.

② 또한, 같은 자료를 누적로짓모형 (cumulative logit model) 으로 검증하여 그 결과를 다항로짓모형의 결과와 비교하여 설명하라.

			상해 정도				
성별	지역	안전벨트	1	2	3	4	5
여자	도시	미착용	7287	175	720	91	10
		착용	11587	126	577	48	8
	농촌	미착용	3246	73	710	159	31
		착용	6134	94	564	82	17
남자	도시	미착용	10381	136	566	96	14
		착용	10969	83	259	37	1
	농촌	미착용	6123	141	710	188	45
		착용	6693	74	353	74	12

상해 정도: 1 = 부상 없음, 2 = 현장에서 가벼운 처치 후 귀가, 3 = 병원 응급실에서 치료 후 귀가, 4 = 병원입원, 5 = 사망

```
data accident;
input sex area belt damage freq;
cards;
0 0 0 1  7287
0 0 0 2   175
0 0 0 3   720
0 0 0 4    91
0 0 0 5    10
0 0 1 1 11587
0 0 1 2   126
0 0 1 3   577
0 0 1 4    48
0 0 1 5     8
. . . . .
. . . . .
. . . . .
. . . . .
1 1 1 3 353
1 1 1 4  74
1 1 1 5  12
;
run;
proc catmod data=accident;
     weight freq;
     response clogits;
     model damage=sex area belt;
run;
proc logistic data=accident;
     weight freq;
     model damage=sex area belt;
run;
```

제 9 장
상관된 자료 모형

상관된 자료(correlated data)란 각 관찰단위가 짝을 지은 쌍(pair)으로 이루어진 자료를 말한다. 예를 들어, 200쌍의 부부를 조사하여 각 부부 쌍의 남편과 아내에게 결혼생활의 만족 여부를 '만족'과 '불만족'으로 응답하게 하였다면, 남편들의 응답 자료와 아내들의 응답 자료는 서로 상관된 자료다. 남편과 아내의 결혼생활 만족도를 비교하는 연구에서는 어떤 남편이 연구를 위하여 표집되면 그의 아내는 필수적으로 표집되어야 하므로 남편 집단과 아내 집단은 서로 무작위적으로 추출된 독립적인 표본들이 아니다. 또한, 남편과 아내는 생활 수준, 생활방식, 가치관, 선호 등에서 서로 유사한 특성을 공유하는 경향이 있으므로 그 유사한 특성들에 의하여 설문 문항에 대한 그들의 응답이나 자극에 대한 반응들이 서로 상관관계를 형성하게 된다. 또한, 500쌍의 아버지와 아들을 대상으로 아버지가 지지하는 정당과 아들이 지지하는 정당을 조사하였다면, 아버지의 지지정당 자료와 아들의 지지정당 자료는 부부의 경우와 같은 이유로 서로 상관된 자료가 된다. 이러한 상관된 자료에서 관찰 쌍의 각 구성체를 편의상 '멤버(member)'라고 부르기로 하자. 부부 쌍 자료에서는 남편이 하나의 멤버이고, 아내가 하나의 멤버이며, 부자 쌍 자료에서는 아버지가 하나의 멤버이고, 아들이 하나의 멤버다. 부부 혹은 부자와 같이 생태계에서 이미 이러한 쌍들이 존재하고 있고, 이미 존재하는 이러한 쌍들을 그대로 이용하는 연구를 '짝진 동류집단연구(matched cohorts study)'라고 부르기도 한다.

관찰단위가 짝을 지은 쌍으로 이루어진 상관된 자료는 부부, 부자, 쌍생아와 같이 생태계에서 이미 존재하는 쌍들을 연구에 이용하여 얻는 경우도 있지만, 연구자가 인위적으로 이러한 쌍을 조작하여 만드는 경우도 있다. 조작에 의하여 상관된 자료를 만드는 대표적인 연구가 '짝진 사례－통제 연구(matched case-control study)'다. 짝진 사례－통제 연구는 질병이나 행동 특성과 같은 관심의 대상이 되는 특정한 성향을 가진 '사례(case)'들과 그러한 성향을 가지지 않은 '통제(control)'들을 비교할 목적으로 이루어지는데, 각각의 '사례'는 연령, 성별 등의 소위 '짝짓는 변인(matching variable)'에서 동일한 '통제'와 짝을 이룬다. 서로 짝을 이룬 '사례'와 '통제'는 짝짓는 변인들에서 동일한 성향을 공유하므로 그들로부터 측정되거나 관찰되는 다른 변인들에도 그들 사이에 상관관계가 생기기 쉽다.

상관된 자료의 세 번째 유형은 동일한 관찰단위들을 각기 다른 상황 혹은 조건에서 반복적으로 관찰하여 얻는 자료다. 이러한 연구들은 상황이나 조건의 효과를 검증하기 위한 목적으로 이루어지는 경우가 많은데, 각기 다른 상황 혹은 각기 다른 조건에서 나타나는 반응들은 동일한 관찰단위들의 반응들이므로, 상황 혹은 조건 사이에서 서로 상관관계를 가지게 된다. 따라서 분석적인 관점에서 이러한 반복측정자료는 짝진 동류집단연구의 자료나 짝진 사례－통제 연구의 자료와 동일한 상관된 자료다. 이 장에서는 짝진 동류집단연구의 자료와 짝진 사례－통제 연구의 자료를 위한 일반선형모형을 살펴보고, 다음 장에서 반복측정자료를 위한 모형들을 살펴보고자 한다.

1 상관된 확률들의 차이 검증: McNemar 검증

상관된 확률들의 차이 검증이란, 예를 들어 200쌍의 부부를 조사하여 각 부부쌍의 남편과 아내에게 결혼생활의 만족 여부를 '만족'과 '불만족'으로 응답하게 한 경우, 남편들 중에 결혼생활에 만족한다고 응답하는 사람의 확률 혹은 모집단 비율과 아내들 중에 결혼생활에 만족한다고 응답하는 사람의 확률 혹은 모집단 비율 사이의 차이에 대한 통계적 검증을 말한다. 이러한 상황은 앞서 제 2 장에서 '조건확률들의 차이 검증' 을 설명한 상황과 동일한 상황이다. 그러나 제 2 장에서 설명된 '조건확률들의 차이 검증' 과 상관된 확률들의 차이 검증의 중요한 차이는 조건확률들의 차이 검증은 서로 독립적인 확률들에 대한 차이 검증인 반면, 남편들 중에 결혼생활에 만족한다고 응답하는 사람의 확률과 아내들 중에 결혼생활에 만족한다고 응답하는 사람의 확률은 서로 독립적이 아니라는 것이다. 결혼생활에 대한 남편의 만족 여부와 아내의 만족 여부는 서로 긴밀한 영향을 줄 수 있으므로 결혼생활에 만족하는 남편의 비율과 아내의 비율은 서로 독립적이지 않다.

두 개의 멤버들로 이루어진 상관된 자료의 경우에는 멤버들을 교차분할하면 행 범주의 수 (I) 와 열 범주의 수 (J) 가 동일한 정사각형 교차분할표를 만들 수 있다. 예를 들어, 남편과 아내에게 결혼생활의 만족 여부를 '만족' 과 '불만족' 으로 응답하게 한 후 남편의 응답과 아내의 응답을 교차분할하면 2 × 2 의 정사각형 교차분할표가 만들어진다. 상관된 자료에 의해 구성되는 정사각형 교차분할표에 대한 분석은 흔히 두 가지 이슈에 초점이 집중되는 경우가 많다. 첫 번째 이슈는 교차분할표 내의 셀비율들이 주대각선 (왼쪽 상단에서 오른쪽 하단으로 내려가는 대각선) 을 중심으로 대칭성을 가지는지의 여부고, 두 번째 이슈는 행 외곽의 비율분포와 열 외곽의 비율분포가 동일한지의 여부다. 첫 번째 이슈를 '대칭성 (symmetry)' 이라고 부르고, 두 번째 이슈를 '외곽 동질성 (marginal homogeneity)' 이라고 부른다.

정사각형 2 × 2 교차분할표의 확률들을 기호 π_{ij} 로 표기하면, 행 외곽의 확률들은 각각 π_{1+} 와 π_{2+} 로 표기하고, 열 외곽의 확률들은 각각 π_{+1} 과 π_{+2} 로 표기하며, 각 셀의 확률들은 π_{11}, π_{12}, π_{21}, π_{22} 로 표기할 수 있다. 모든 2 × 2 정사각형 교차분할표에서는 다음의 관계가 성립한다.

$$\pi_{1+} - \pi_{+1} = \pi_{+2} - \pi_{2+}$$

두 개의 멤버 사이의 상관된 자료로 이루어진 2 × 2 교차분할표에서 행 외곽의 확률들과 열 외곽의 확률들이 동일하면 외곽 동질성이 존재한다고 말한다. 즉, $\pi_{1+} = \pi_{+1}$ 일 때 외곽 동질성이 성립한다. 그런데 2 × 2 교차분할표에서는 $\pi_{1+} = \pi_{+1}$ 이면 자연히 $\pi_{2+} = \pi_{+2}$ 또한 성립하게 된다.

두 개의 멤버 사이의 상관된 자료로 이루어진 2 × 2 교차분할표에서 $\pi_{12} = \pi_{21}$ 이면 대칭성이 성립한다. 그런데 2 × 2 인 교차분할표에서는 대칭성과 외곽 동질성이 동일한 이슈다. $\pi_{1+} = \pi_{11} + \pi_{12}$ 이고, $\pi_{+1} = \pi_{11} + \pi_{21}$ 이므로 외곽 동질성 $\pi_{1+} = \pi_{+1}$ 이 성립하면 대칭성 $\pi_{12} = \pi_{21}$ 또한 성립하게 된다. 예를 들어, 200 쌍의 부부를 조사하여 각 부부 쌍의 남편과 아내에게 결혼생활의 만족 여부를 '만족' 과 '불만족' 으로 응답하게 한 결과, <표 9-1> 과 같은 자료가 구해졌다고 가정하자.

〈 **표 9-1** 〉 부부의 결혼생활 만족 여부에 대한 가상적인 자료

부부	남편	아내	부부	남편	아내	부부	남편	아내
1	1	0	68	0	1	135	0	0
2	1	1	69	1	0	136	1	1
3	0	0	70	1	0	137	0	1
4	1	1	71	0	1	138	1	1
5	0	1	72	1	1	139	1	0
⋮	⋮	⋮	⋮	⋮	⋮	⋮	⋮	⋮
67	1	1	134	0	1	200	1	1

0 = 불만, 1 = 만족

<표 9-1> 의 자료는 <표 9-2> 와 같은 정사각형 2 × 2 교차분할표로 요약할 수 있다. <표 9-2> 에서 (a) 는 외곽 동질성과 대칭성이 성립하는 경우를 예시하고 있고, (b) 는 외곽 동질성과 대칭성이 성립하지 않는 경우를 예시하고 있다.

〈 **표 9-2** 〉 200 쌍 부부의 결혼생활 만족 여부에 관한 가상적인 자료

(a)

	아내		
남편	만족	불만	전체
만족	100	40	140
불만	40	20	60
전체	140	60	200

(b)

	아내		
남편	만족	불만	전체
만족	100	40	140
불만	10	50	60
전체	110	90	200

<표 9-2> 와 같은 2 × 2 교차분할표에서는 대칭성이나 외곽 동질성의 존재 여부와 상관없이 어떤 경우건 표본비율들 사이에서 $p_{1+} - p_{+1} = p_{+2} - p_{2+}$ 의 관계는 항상 성립한다. 이제 남편들 중에 결혼생활에 만족하는 사람의 비율 p_{1+} 와 아내들 중에 결혼생활에 만족하는 사람의 비율 p_{+1} 의 차이를 d 로 표기하면 상관된 비율들의 차이는 다음과 같이 정의된다.

$$d = p_{1+} - p_{+1} = p_{+2} - p_{2+}$$

그런데 p_{1+} 와 p_{+1} 은 서로 독립적이지 않고 상관관계를 가지므로 만약에 특정한 모집단에서 동일한 크기 (N) 의 표본을 반복적으로 추출하고, 각 표본에서 p_{1+} 와 p_{+1} 을 산출하면 이 두 개의 비율들은 공변량 (covariance) 을 가지게 되는데, 2 × 2 교차분할표의 셀빈도들이 다항분포 (multinomial distribution) 를 한다고 가정하면 (즉, 전체 N 만 고정되었다고 가정하면), p_{1+} 와 p_{+1} 의 표집분포변량 (variance) 과 공변량 (covariance) 은 다음과 같이 정의된다.

$$Var(p_{1+}) = \frac{\pi_{1+}(1-\pi_{1+})}{N} \qquad Var(p_{+1}) = \frac{\pi_{+1}(1-\pi_{+1})}{N}$$

$$Cov(p_{1+}, p_{+1}) = \frac{\pi_{11}\pi_{22} - \pi_{12}\pi_{21}}{N}$$

따라서 남편들 중에 결혼생활에 만족하는 사람의 비율 p_{1+} 와 아내들 중에 결혼생활에 만족하는 사람의 비율 p_{+1} 의 차이 $d = p_{1+} - p_{+1}$ 의 표집분포변량은 다음과 같이 정의된다.

$$\sigma^2(d) = Var(p_{1+}) + Var(p_{+1}) - 2\,Cov(p_{1+}, p_{+1})$$

$$= \frac{\pi_{1+}(1-\pi_{1+}) + \pi_{+1}(1-\pi_{+1}) - 2(\pi_{11}\pi_{22} - \pi_{12}\pi_{21})}{N} \qquad \text{<수식 9-1>}$$

<수식 9-1> 의 제곱근 $\sigma(d)$ 를 구하면 이것이 '상관된 비율들 차이의 표준오차 (standard error of the difference between correlated proportions) 다. 만약 p_{1+} 와 p_{+1} 이 서로 독립적일 때는 $Cov(p_{1+}, p_{+1}) = 0$ 이 되므로 d 의 변량은 $\sigma^2(d) = Var(p_{1+}) + Var(p_{+1}) = (\pi_{1+}(1-\pi_{1+})+\pi_{+1}(1-\pi_{+1}))/N$ 이 된다.

실제로는 모집단 확률들 $\{\pi_{ij}\}$ 를 알 수 없으므로 <수식 9-1> 의 $\{\pi_{ij}\}$ 대신 표본자료에서 산출된 $\{p_{ij}\}$ 를 대입하면 추정된 변량 $\hat{\sigma}^2(d)$ 를 산출할 수 있다. 예를 들어, <표 9-2> 의 (b) 자료에서 $d = p_{1+} - p_{+1} = 140/200 - 110/200 = 0.15$ 이다. 이 외곽비율 차이의 추정된 변량 $\hat{\sigma}^2(d)$ 를 산출하면 다음과 같다.

$$\hat{\sigma}^2(d) = \frac{0.70(1-0.70)+0.55(1-0.55)-2(0.50 \cdot 0.25-0.20 \cdot 0.05)}{200}$$

$$= 0.00114$$

추정된 변량 $\hat{\sigma}^2(d) = 0.00114$ 와 그것의 제곱근인 추정된 표준오차 $\hat{\sigma}(d) = 0.0337$ 의 의미는 다음과 같다. 만약에 특정한 모집단에서 $N = 200$ 의 부부 표본을 반복적으로 추출하고, 각 표본에서 남편들 중에 결혼생활에 만족하는 사람의 비율 p_{1+} 와 아내들 중에 결혼생활에 만족하는 사람의 비율 p_{+1} 을 구한 후, 그 차이 $p_{1+} - p_{+1}$ 을 구하면 그 차이는 표본마다 다를 것인데, 그 차이의 표집분포의 변량이 0.00114 로 추정되고, 표준편차가 0.0337 로 추정된다는 것이다.

2×2 교차분할표의 셀빈도들이 다항분포 (multinomial distribution) 를 한다고 가정하면 (즉, 전체 N 만 고정되었다고 가정하면), N 이 클 때 $d = p_{1+} - p_{+1}$ 의 표집분포는 정규분포에 근접한다. 상관된 확률들의 차이 검증은 $d = p_{1+} - p_{+1}$ 의 표집분포가 N 이 클 때 정규분포하고, 그 표집분포의 표준오차가 $\hat{\sigma}(d)$ 로 추정된다는 속성을 이용하여 다음과 같은 z 검증을 하는 것이다.

$$z = d/\hat{\sigma}(d) \qquad \text{<수식 9-2>}$$

이 z 검증의 영가설은 $H_0: \pi_{1+} = \pi_{+1}$ 이다. 따라서 $\alpha = 0.05$ 수준에서 영가설 검증을 하는 경우에 <수식 9-2> 의 z 값이 -1.96 보다 작거나 $+1.96$ 보다 크면 영가설을 기각하게 된다. 예를 들어, <표 9-2> 의 (b) 자료에서 상관된 비율의 차이가 $d = p_{1+} - p_{+1} = 0.70 - 0.55 = 0.15$ 이고, 그 표집분포의 표준오차가 $\hat{\sigma}(d) = 0.0337$ 로 추정되므로 영가설 H_0 : $\pi_{1+} = \pi_{+1}$ 에 대한 검증통계치는 $z = d/\hat{\sigma}(d) = 0.15 / 0.0337 = 4.45$ 이고, 이것은 $\alpha = 0.05$ 수준에서 유의미하므로 남편들 중에 결혼생활에 만족하는 사람의 모집단 비율 π_{1+} 와 아내들 중에 결혼생활에 만족하는 사람의 모집단 비율 π_{+1} 이 동일하다는 영가설은 기각된다. 그런데 McNemar (1947) 는 표본의 크기가 클 때 <수식 9-2> 의 z 통계치를 상관된 자료의 2 × 2 교차분할표 내의 부대각선 빈도들 (멤버들의 반응이 서로 불일치하는 빈도들) 만을 이용하여 다음과 같이 산출할 수도 있다는 것을 알아냈다.

$$z = \frac{n_{12} - n_{21}}{(n_{12} + n_{21})^{0.5}}$$

예를 들어, <표 9-2> 의 (b) 자료에 대해서 McNemar 공식에 의하여 산출되는 z 통계치는 $z = (40 - 10) / (40 + 10)^{0.5} = 4.47$ 이다. McNemar 공식에 의하여 산출되는 z 통계치를 자승한 z^2 은 $df = 1$ 의 카이자승분포를 하는 지수다. 따라서 McNemar 공식에 의하여 z^2 을 구하고, 그것을 $df = 1$ 의 카이자승분포에서 $\alpha = 0.05$ 의 임계치 3.84 와 비교하여 영가설의 기각 여부에 대한 판단을 할 수도 있는데, 이것을 'McNemar 검증 (McNemar test)' 이라고 부른다.

2 × 2 교차분할표로 요약된 상관된 자료의 외곽 동질성 (H_0: $\pi_{1+} = \pi_{+1}$) 을 검증하는 McNemar 검증의 특징은 π_{1+} 와 π_{+1} 이 동일한지의 여부를 판단하기 위해서는 두 멤버의 반응이 불일치하는 사례들 (n_{12} 와 n_{21}) 만 분석하면 되고, 반응이 일치하는 사례들은 무시해도 좋다는 사실이다. 즉, 남편들 중에 결혼생활에 만족하는 사람의 모집단 비율과 아내들 중에 결혼생활에 만족하는 사람의 모집단 비율이 동일한지 여부를 검증하기 위해서는 결혼생활의 만족 여부에 대하여 서로 의견을 달리하는 부부들의 자료만 있으면 되고, 의견일치를 보이는 부부들의 자료는 필요하지 않다는 것이다. 이 사실은 2 × 2 교차분할표로 요약된 상관된 자료에 대하여 외곽 동질성을 검증하는 다른 일반선형모형들의 모수추정 과정을 단순화하는 데 큰 기여를 한다.

2 확률들의 차이 검증의 정확성

<수식 9-2>는 모집단에서 외곽확률들의 차이가 없다는 영가설 H_0: $\pi_{1+} = \pi_{+1}$을 검증하기 위한 통계치다. 표본외곽비율들의 차이 $d = p_{1+} - p_{+1}$이 고정적일 때 $\hat{\sigma}(d)$가 작을수록 z는 커지게 되고, z가 커질수록 영가설을 기각할 가능성이 증가한다. 그런데 표본외곽비율들 p_{1+}와 p_{+1}이 서로 독립적일 때에 비하여 그 비율들이 서로 상관을 가질 때, 외곽확률들 차이의 표준오차 $\hat{\sigma}(d)$가 더 작아지는 경향이 있다.

$$\text{독립적인 확률들 차이의 변량}: \sigma^2(d) = Var(p_{1+}) + Var(p_{+1})$$

$$\text{상관된 확률들 차이의 변량}: \sigma^2(d) = Var(p_{1+}) + Var(p_{+1}) - 2\,Cov(p_{1+}, p_{+1})$$

표본외곽비율들 p_{1+}와 p_{+1}이 서로 상관을 가질 때, 확률들 차이의 표준오차 $\hat{\sigma}(d)$는 비율들 사이의 상관 혹은 공변량 $Cov(p_{1+}, p_{+1})$가 클수록 더 작아진다. 이 사실은 외곽확률 차이 검증에 대하여 매우 중요한 점을 시사한다. 예를 들어, 남편들의 결혼생활 만족도와 아내들의 결혼생활 만족도가 차이를 가지는지 여부를 파악하기 위한 연구를 하는 경우에 서로 독립적인 남편 표본과 아내 표본을 구하여 결혼생활에 만족하는 사람의 확률 차이를 검증하는 것이 하나의 방법이 될 수 있고, 부부들을 표집하여 남편 집단과 아내 집단에서 상관된 확률 차이를 검증하는 것이 또 하나의 방법이 될 수 있다. 그런데 모집단에서 실제로 남편들의 만족도와 아내들의 만족도가 차이를 가지는 경우(즉, 영가설이 진실로 모집단에서 참이 아닌 경우), 표본외곽비율들 p_{1+}와 p_{+1}이 서로 독립적일 때에 비하여 그 비율들이 서로 상관을 가질 때 $\hat{\sigma}(d)$가 더 작아지기 때문에 모집단에 존재하는 차이는 상관된 확률 차이 검증에 의해 더 정확히 파악될 수 있다. 즉, 영가설이 진실로 모집단에서 참이 아닌 경우, 상관된 확률들의 차이 검증은 독립적인 확률들의 차이 검증보다 '통계적 검증력(statistical power)'이 더 높은 영가설 검증방법이다.

3 상관된 자료의 외곽 동질성 검증을 위한 로지스틱모형

Cox (1958, 1970) 에 의해 제안된 상관된 자료에 대한 로지스틱모형은 각 개인 멤버로부터 특정한 반응이 나타날 확률이 관찰단위 쌍 내에서 어떤 멤버인지에 따라서 달라지는지를 일반선형모형의 개념틀에서 파악하기 위한 것이다. 예를 들어, 결혼생활에 대하여 '만족' 한다는 반응을 보일 확률이 특정한 부부 쌍 내에서 남편과 아내에 따라 달라지는 것을 로지스틱모형의 형태로 정의할 수 있다. 이 로지스틱모형의 가장 중요한 핵심은 특정한 관찰단위 쌍 내의 조건적인 반응확률이 주된 관심의 초점이며 관찰단위 쌍을 무시한 전체 표본집단 간 반응확률의 차이가 관심의 대상이 아니라는 점이다.

반면에 제 2 장에서 설명된 '조건확률들의 차이 검증' 은 서로 독립적으로 표집된 남편 집단과 아내 집단에서 각각 결혼생활에 대하여 '만족' 반응을 하는 사람의 비율을 구하고, 이 비율의 차이를 검증함으로써 관찰단위 쌍을 무시한 전체 표본집단 간 반응확률의 차이를 파악하기 위하여 사용될 수 있다. 제 2 장에서 설명한 '조건확률들의 차이 검증' 에서 '조건' 의 의미는 확률이 남편 집단 혹은 아내 집단과 같은 표본집단에 대하여 조건적이라는 의미다. 그러나 여기에서 설명되는 상관된 자료의 외곽 동질성 검증을 위한 로지스틱모형은 예를 들어, 불특정 남편들이 결혼생활에 대하여 '만족' 반응을 할 확률이 불특정 아내들이 '만족' 반응을 할 확률과 동일한지 여부를 파악하려는 것이 아니고, 특정한 부부 쌍에서 특정한 남편이 '만족' 반응을 할 확률이 그 자신의 아내가 '만족' 반응을 할 확률과 동일한지의 여부를 파악하려는 것이다. 즉, 여기에서 설명되는 상관된 자료의 외곽 동질성 검증을 위한 로지스틱모형에서 반응확률은 관찰단위 쌍 내의 조건적인 확률을 의미한다. 부부 쌍과 같은 관찰단위 쌍이 하나의 조건으로 고려되는 이유는 멤버들 간의 차이 검증에서 각기 다른 관찰단위 쌍에 의해서 생기는 차이와 이로 인하여 생기는 멤버들 간의 상관을 제거해야 하기 때문이다.

① 모형

관찰단위 쌍을 기호 h 로 표기하면 h 는 1, 2, ……, N 의 값을 가진다. 〈표

9-1〉 에 제시되었듯이 결혼생활에 대한 '만족' 과 같이 분석에서 관심의 주대상이 되는 반응을 '성공' 으로 간주하여 그것을 1 로 코딩하고, 그 반대되는 반응 ('불만') 을 0 으로 코딩하였다고 가정하자. 즉, 관찰단위 쌍 h 의 첫 번째 멤버가 결혼생활에 대하여 '만족' 반응을 하였다면, 그것을 $y_{1h} = 1$ 로 표기하고, '불만' 반응을 하였다면 그 반응을 $y_{1h} = 0$ 으로 표기할 수 있다. 마찬가지로 관찰단위 쌍 h 의 두 번째 멤버가 성공반응 ('만족') 을 하였다면 그 멤버의 반응은 $y_{2h} = 1$ 로 표기하고, 실패반응 ('불만') 을 하였다면 그 반응을 $y_{2h} = 0$ 으로 표기할 수 있다. 이렇게 하였을 때 상관된 자료의 외곽 동질성 검증을 위한 로지스틱모형은 다음과 같은 모형방정식으로 정의된다.

$$logit_{jh} = \alpha_h + \beta x \qquad \text{<수식 9-3>}$$

<수식 9-3> 의 아래첨자 j 는 관찰단위 쌍의 각 멤버를 나타낸다. 즉, $logit_{1h}$ 는 관찰단위 쌍 h 의 첫 번째 멤버가 성공반응 ('만족') 을 보일 로짓이고, $logit_{2h}$ 는 관찰단위 쌍 h 의 두 번째 멤버가 성공반응을 보일 로짓이다. 그런데 특정한 관찰단위 쌍 h 의 한 멤버 (남편 혹은 아내) 가 실제로 나타내는 반응은 1 ('만족') 이거나 0 ('불만') 둘 중의 하나뿐이므로 $logit_{1h}$ 와 $logit_{2h}$ 는 실제로는 관찰되지 않는 이론적인 개념들이다. 이 로짓들을 실제로 관찰하기 위해서는 각 멤버들이 반복적으로 반응을 보여야 하지만 실제 자료에는 한 번의 반응만 존재하므로 $logit_{1h}$ 와 $logit_{2h}$ 는 각 멤버들이 반복적으로 반응하고, 그 반응들이 분포를 가진다는 가정하에 이론적으로 성립하는 혹은 상상되는 개념이다. 그런데 로짓은 실패반응 확률에 대한 성공반응 확률의 비율을 로그 변환한 $logit = ln(\pi/(1-\pi))$ 이다. 따라서 <수식 9-3> 의 로지스틱모형은 부부 쌍과 같은 각 관찰단위 쌍에서 개인 멤버의 성공반응 확률을 예측하는 모형이기도 하다.

여기에서 <수식 9-3> 의 모형이 가지는 매우 중요한 특성을 반드시 유념해야 할 필요가 있다. 상관된 자료에 대하여 특정한 반응 (성공반응) 이 나타날 확률이 관찰단위 쌍의 멤버에 따라서 달라지는지를 검증하기 위한 <수식 9-3> 의 모형은 각 관찰단위 쌍 내에서 개인멤버의 조건적인 반응확률을 예측하는 모형이며, 그 멤버가 속한

표본집단 내에서의 반응확률을 예측하는 모형이 아니다. 반면에 다음 장에서 설명될 반복측정자료를 위한 외곽모형 (marginal model) 은 멤버가 속한 표본집단 내에서의 반응확률을 예측하는 모형이다. 다시 말해서 <수식 9-3> 의 $logit_{1h}$ 는 결혼생활에 대하여 만족하는 남편과 불만인 남편이 섞여 있는 '남편 집단' 에 속한 어떤 사람이 결혼생활에 대하여 '만족' 반응을 할 로짓이 아니라, 특정한 부부 쌍 h 에 속한 남편이 그 자신의 무수히 갊은 '만족' 과 '불만' 의 가능한 반응 중에서 '만족' 반응을 할 로짓이라는 것이다. $logit_{1h} = ln(\pi_{1h}/(1-\pi_{1h}))$ 에서 π_{1h} 는 한 개인 멤버 내에서의 확률을 의미하며, 그가 속한 집단에서의 확률을 의미하는 것이 아니다.

<수식 9-3> 의 α_h 는 단지 관찰단위 쌍의 반응 수준 혹은 반응 경향성을 나타내는 무의미한 모수 혹은 '성가신 모수 (nuisance parameter)' 에 불과하다. 각 관찰단위 쌍에서 멤버들의 반응을 합한 것을 S_h 로 표기하면, 관찰단위 쌍들의 반응은 $S_h = y_{1h} + y_{2h} = 0, 1, 2$ 의 값을 가질 수 있다. 만약 두 멤버의 반응이 모두 0 이면 ($y_{1h} = 0,\ y_{2h} = 0$), $S_h = 0$ 이고, 두 멤버의 반응이 모두 1 이면 ($y_{1h} = 1,\ y_{2h} = 1$), $S_h = 2$ 이다. 반면에 두 멤버의 반응이 서로 불일치할 때는 $S_h = 1$ 이다. 성가신 모수 α_h 는 관찰단위 쌍들의 S_h 수준을 반영하는 모수다. 즉, 각기 다른 관찰단위 쌍 (부부) 은 각기 다른 α_h 의 추정치를 가지게 되지만, 그 각기 다른 추정치 값들은 어떤 부부 쌍과 다른 부부 쌍의 반응이 서로 다르다는 것을 의미할 뿐이다. 따라서 부부가 모두 결혼생활에 만족하는 쌍의 α_h 는 정적으로 큰 값을 가지게 되고, 부부가 모두 결혼생활에 불만인 쌍의 α_h 는 부적으로 큰 값을 가지게 된다. 이러한 속성을 가진 α_h 가 성가신 모수인 까닭은 <수식 9-3> 의 모형이 각 관찰단위 쌍 내에서 개인 멤버의 조건적인 반응확률을 예측하는 모형이며, 그 멤버가 속한 표본집단 내에서의 반응확률을 예측하는 모형이 아니기 때문이다. 즉, 성가신 모수 α_h 는 각 개인 멤버은 각기 다른 성공반응확률을 가지는데, 개인 멤버들의 성공반응확률들의 차이에서 그 멤버가 속한 관찰단위 쌍의 반응 수준 때문에 존재하는 차이를 모두 흡수하기 위한 것이다. 따라서 α_h 는 각 관찰단위 쌍 내에서 개인 멤버의 조건적인 반응확률과는 무관한 모수인 까닭에 성가신 모수라고 부른다. 모든 관찰단위 쌍의 α_h 를 집합적으로 $\{\alpha_h\}$ 로 표기할 수 있다.

<수식 9-3> 의 x 는 멤버를 나타내는 변인인데, 여기에서 논의되는 외곽 동질성 검증을 위한 로지스틱모형에서는 멤버의 수가 2 라고 가정하므로 0 과 1 로 코딩되는 이분변인이다. 부부의 결혼생활 만족도에 관한 예에서는 남편의 경우 $x = 0$ 이고, 아내의 경우 $x = 1$ 일 수 있다.

마지막으로 β 는 성공반응을 보일 로짓에서의 멤버 간의 차이를 나타내는 모수이며, 상관된 자료의 외곽 동질성을 검증하기 위한 <수식 9-3> 의 로지스틱모형에서 관심의 초점이 되는 모수다. <수식 9-3> 의 모형이 예측하는 것은 각 관찰단위 쌍 내에서 멤버들의 로짓 ($logit_{jh}$) 이므로 모수 β 를 '관찰단위 쌍에 특정적인 효과모수 (pair-specific effect parameter)' 라고 부른다.

<수식 9-3> 모형의 의미를 요약하면, 모형 $logit_{jh} = \alpha_h + \beta x$ 는 특정한 성향 α_h 를 가진 관찰단위 쌍에서 각 멤버 x 가 성공반응을 할 로짓 $logit_{jh}$ 를 예측하는 모형이다. 따라서 모형 전체 ($\alpha_h + \beta x$) 는 불특정 남편들 (즉, 남편 집단) 혹은 불특정 아내들 (즉, 아내 집단) 의 반응 차이를 파악하기 위한 것이 아니고, 특정한 관찰단위 쌍 h 에서의 남편과 아내의 반응 차이를 파악하기 위한 것이다. 다만, 모형은 이때 각기 다른 관찰단위 쌍이 결혼생활에 대한 '만족' 반응과 같은 성공반응을 하는 성향은 모두 다르지만 (즉, 각기 다른 관찰단위 쌍은 각기 다른 α_h 값을 가지지만), 동일한 관찰단위 쌍에 속하는 두 멤버의 로짓 차이 (β) 는 모든 관찰단위 쌍에서 모두 동일하다고 가정한다.

② 모수추정

로짓이란 성공확률을 실패확률로 나눈 것을 로그 변환한 $ln(\pi/(1-\pi))$ 이므로 <수식 9-3> 의 로지스틱모형에 의하여 첫 번째 멤버 ($x = 0$) 의 성공확률 (π_{1h}) 과 두 번째 멤버 ($x = 1$) 의 성공확률 (π_{2h}), 그리고 첫 번째 멤버의 실패확률 ($1-\pi_{1h}$) 과 두 번째 멤버의 실패확률 ($1-\pi_{2h}$) 은 각각 다음과 같이 정의된다.

$$\pi_{1h} = exp(\alpha_h)/(1+exp(\alpha_h)) \qquad \pi_{2h} = exp(\alpha_h+\beta)/(1+exp(\alpha_h+\beta))$$

$$1-\pi_{1h} = 1/(1+exp(\alpha_h)) \qquad 1-\pi_{2h} = 1/(1+exp(\alpha_h+\beta))$$

관찰단위 쌍 h의 첫 번째 멤버가 성공반응(만족)을 하였다면 그 멤버의 반응은 $y_{1h}=1$로 표기하고, 실패반응(불만)을 하였다면 그 반응을 $y_{1h}=0$으로 표기하며, 관찰단위 쌍 h의 두 번째 멤버가 성공반응을 하였다면 그 멤버의 반응은 $y_{2h}=1$로 표기하고, 실패반응을 하였다면 그 반응을 $y_{2h}=0$으로 표기한다고 하였다. 그러면 특정한 관찰단위 쌍 h의 첫 번째 멤버가 y_{1h}의 반응을 할 확률과 두 번째 멤버가 y_{2h}의 반응을 할 확률은 각각 다음과 같이 정의할 수 있다.

관찰단위 쌍 h의 첫 번째 멤버가 y_{1h}의 반응을 할 확률 :
$(\pi_{1h})^{y_{1h}}(1-\pi_{1h})^{1-y_{1h}}$

관찰단위 쌍 h의 두 번째 멤버가 y_{2h}의 반응을 할 확률 :
$(\pi_{2h})^{y_{2h}}(1-\pi_{2h})^{1-y_{2h}}$

따라서 특정한 관찰단위 쌍 h의 첫 번째 멤버가 y_{1h}의 반응을 하고, 두 번째 멤버가 y_{2h}의 반응을 할 결합확률, 즉 관찰단위 쌍 h의 반응확률은 다음과 같이 정의된다.

$$
\begin{aligned}
&(\pi_{1h})^{y_{1h}}(1-\pi_{1h})^{1-y_{1h}}\times(\pi_{2h})^{y_{2h}}(1-\pi_{2h})^{1-y_{2h}}\\
&=\left(\frac{exp(\alpha_h)}{1+exp(\alpha_h)}\right)^{y_{1h}}\left(\frac{1}{1+exp(\alpha_h)}\right)^{1-y_{1h}}\\
&\quad\times\left(\frac{exp(\alpha_h+\beta)}{1+exp(\alpha_h+\beta)}\right)^{y_{2h}}\left(\frac{1}{1+exp(\alpha_h+\beta)}\right)^{1-y_{2h}}
\end{aligned}
$$

끝으로 모든 관찰단위 쌍의 첫 번째 멤버들이 $\{y_{1h}\}$의 반응을 하고, 두 번째 멤버들이 $\{y_{2h}\}$의 반응을 할 결합확률, 즉 전체 표본자료에서 나타난 반응 전체의 확률 혹은 우도는 다음과 같다.

$$\prod_{h=1}^{N}\left(\frac{exp(\alpha_h)}{1+exp(\alpha_h)}\right)^{y_{1h}}\left(\frac{1}{1+exp(\alpha_h)}\right)^{1-y_{1h}}$$

$$\times\left(\frac{exp(\alpha_h+\beta)}{1+exp(\alpha_h+\beta)}\right)^{y_{2h}}\left(\frac{1}{1+exp(\alpha_h+\beta)}\right)^{1-y_{2h}} \qquad \text{<수식 9-4>}$$

그런데 앞서 McNemar 검증에 관한 설명에서 상관된 자료의 외곽 동질성 여부를 검증하기 위해서는 두 멤버의 반응이 불일치하는 사례들만 분석하면 되고, 반응이 일치하는 사례들은 무시해도 좋다고 하였다. 즉, $y_{1h} = y_{2h}$ 인 관찰단위 쌍들은 모두 제외시켜도 좋다는 것이다. 또한, 앞서 성가신 모수 α_h 는 관찰단위 쌍들의 반응 수준 $S_h = y_{1h} + y_{2h}$ 를 반영하는 모수라고 하였다. 그런데 $y_{1h} = y_{2h}$ 인 관찰단위 쌍들은 모두 제외하고, $y_{1h} \neq y_{2h}$ 인 쌍들의 자료만 이용하면 모든 관찰단위 쌍의 반응 수준이 $S_h = y_{1h} + y_{2h} = 1$ 로 모두 동일해진다. 따라서 이때에는 모수 $\{\alpha_h\}$ 가 상수가 되고, 모형은 $logit_{jh} = \alpha + \beta x$ 로 기술되므로 첫 번째 멤버 $(x=0)$ 가 성공반응을 할 로짓은 $logit_{1h} = \alpha$ 이고, 두 번째 멤버 $(x=1)$ 가 성공반응을 할 로짓은 $logit_{2h} = \alpha + \beta$ 이다. 즉, α 는 첫 번째 멤버의 성공반응(예를 들면, '만족') 로짓 자체이고, 두 번째 멤버의 로짓은 오로지 모수 β 에 의해서만 달라진다. 만약 $\beta = 0$ 이면 첫 번째 멤버의 성공반응 로짓과 두 번째 멤버의 성공반응 로짓이 동일하다는 것을 의미하고, $\beta \neq 0$ 이면 로짓들이 서로 다르다는 것을 의미한다. 또한, 로짓은 성공반응 확률을 실패반응 확률로 나눈 것을 로그 변환한 $ln(\pi/(1-\pi))$ 이므로 $\beta = 0$ 이면 첫 번째 멤버의 성공반응 확률 π_{1h} 와 두 번째 멤버의 성공반응 확률 π_{2h} 가 동일하다는 것이고, $\beta \neq 0$ 이면 그 성공반응 확률들이 서로 다르다는 것을 의미한다.

이제 $S_h = y_{1h} + y_{2h} = 1$ 을 충족하는 관찰단위 쌍들로만 이루어진 자료에서 첫 번째 멤버가 성공반응을 할 확률(π_{1h}) 이 두 번째 멤버의 그것(π_{2h}) 과 동일하면 $\pi_{1h} = \pi_{2h} = 0.5$ 가 된다. 따라서 이때에는 $logit_{2h} = logit_{1h} = \alpha = 0$ 이 된다. 반면에 첫 번째 멤버가 성공반응을 할 확률이 두 번째 멤버의 그것보다 작으면 $\pi_{2h} > 0.5$ 이 되고, $logit_{2h} > 0$ 이 된다. 또한, 첫 번째 멤버가 성공반응을 할 확률이 두 번째 멤버의 그것보다 크면 $\pi_{2h} < 0.5$ 가 되고, $logit_{2h} < 0$ 이 된다. 따라서 두 멤버의 성공반응 확률이 동일한지의 여부를 검증하는 것(외곽 동질성 검

증) 은 두 번째 멤버의 반응 자료만 이용하여 그 두 번째 멤버의 성공반응 로짓이 0 인지 아닌지를 검증하는 것과 같다.

결론적으로 두 멤버의 성공반응 확률이 동일한지의 여부를 검증하는 것은 $S_h = y_{1h} + y_{2h} = 1$ 인 자료 중에 두 번째 멤버의 반응 자료만 이용하여 영가설 H_0: $logit_{2h} = 0$ 을 검증하는 것이다. 그런데 이 영가설이 옳다는 전제에서는 앞에서 설명한 바와 같이 $logit_{1h} = \alpha = 0$ 이 된다. 따라서 영가설 H_0: $logit_{2h} = 0$ 을 검증하기 위한 로지스틱모형은 다음과 같이 정의된다.

$$logit_{2h} = \beta \qquad \text{<수식 9-5>}$$

$S_h = y_{1h} + y_{2h} = 1$ 을 충족하는 관찰단위 쌍들로만 이루어진 자료에서 외곽 동질성 검증을 위한 <수식 9-5> 의 모형은 <수식 9-3> 의 모형과 동일한 모형이라는 사실을 유념해야 한다. 일반적으로 $S_h = y_{1h} + y_{2h} = 1$ 을 충족하는 관찰단위 쌍들로만 이루어진 자료에서 지금까지 언급한 다음의 네 가지 모형방정식은 모두 동일한 모형을 정의한 것이다.

$$logit_{jh} = \alpha_h + \beta x \quad logit_{jh} = \alpha + \beta x \quad logit_{2h} = \alpha + \beta \quad logit_{2h} = \beta$$

<수식 9-5> 의 모형이 α 를 모수로 포함하지 않는 이유는 영가설 H_0: $logit_{2h} = 0$ 이 옳다는 전제에서는 $logit_{1h} = \alpha = 0$ 이 되기 때문이다. 이 모형의 모수 β 를 추정하기 위한 우도함수는 <수식 9-4> 로부터 <수식 9-6> 과 같이 더 간단한 형태로 유도된다. 즉, $y_{1h} \neq y_{2h}$ 인 쌍들의 y_{2h} 자료만 이용하여 모형 $logit_{2h} = \beta$ 의 모수추정을 위한 우도함수를 구성하면, 그 우도함수는 <수식 9-6> 과 같이 정의된다.

$$L = \prod_{S_h=1}\left(\frac{1}{1+exp(\beta)}\right)^{1-y_{2h}}\left(\frac{exp(\beta)}{1+exp(\beta)}\right)^{y_{2h}} = \frac{exp(\beta n_{21})}{(1+exp(\beta))^{n_{21}+n_{12}}}$$

<수식 9-6>

<수식 9-6> 의 우도함수는 <수식 9-3> 의 모형방정식에서 영가설 전제에 의

하여 α가 사라지고, $S_h = y_{1h} + y_{2h} = 1$ 인 자료 중에서 두 번째 멤버의 반응 자료만 이용하므로 x가 사라져서 성립하는 반응확률 함수다. <수식 9-6> 은 $y_{1h} = y_{2h}$ 인 관찰단위 쌍들은 자료에서 모두 제외하고, $y_{1h} \neq y_{2h}$ 인 쌍들의 자료만 골라냈을 때, 두 번째 멤버의 반응이 0 일 확률은 $1/(1+exp(\beta))$ 이고, $y_{2h} = 1$ 일 확률은 $exp(\beta)/(1+exp(\beta))$ 라는 사실을 말해 준다. <수식 9-6> 은 <수식 9-3> 의 로지스틱모형의 모수 β를 추정하기 위한 '조건적 우도함수(conditional likelihood function)' 다. 이 우도함수가 '조건적' 인 이유는 관찰단위 쌍 내의 반응에 대한 조건적인 결합확률 함수이기 때문이다.

<표 9-2> 의 (b) 자료에서 $S_h = 1$ 인 관찰단위 쌍만 골라낸 자료에 대한 로지스틱모형 $logit_{2h} = \beta$ 의 우도함수 <수식 9-6> 을 로그 변환하면 $\hat{\beta}$ 의 값에 따라서 [그림 9-1] 과 같은 곡선을 그리는 함수가 된다.

[그림 9-1] 은 로지스틱모형 $logit_{2h} = \beta$ 의 로그우도함수가 $\hat{\beta} = -1.3863$ 에서 최대가 된다는 것을 보여 준다. 이 최대지점에서 로그우도는 다음과 같다.

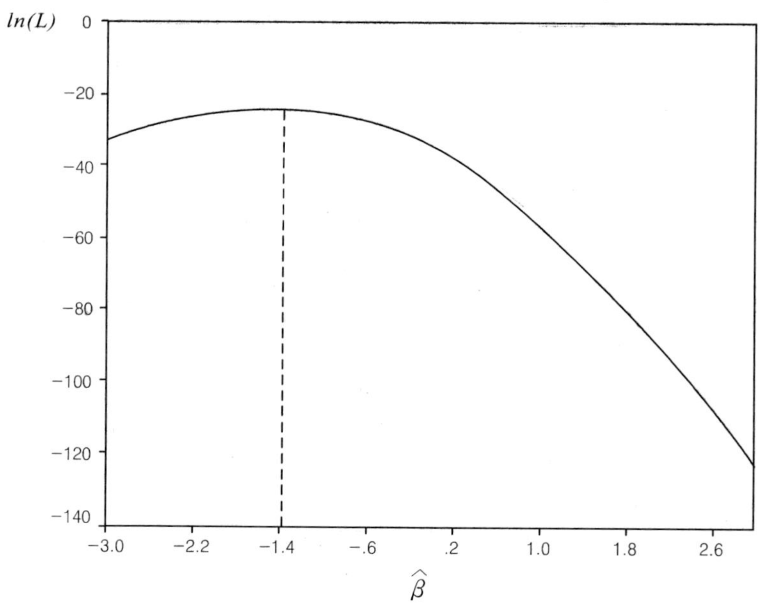

[그림 9-1] <표 9-2>의 (b) 자료에 대한 로지스틱모형 $logit_{2h} = \beta$ 의 로그우도함수

$$ln(L)_{MAX} = ln\left(\frac{exp(\beta n_{21})}{(1+exp(\beta))^{n_{21}+n_{12}}}\right)$$

$$= ln\left(\frac{exp(-1.3863(10))}{(1+exp(-1.3863))^{10+40}}\right) = -25.02$$

로그우도가 최대인 지점에서 함수곡선의 곡률 혹은 평평한 정도, 즉 $\hat{\beta} = -1.3863$ 의 표준오차는 $ASE = 0.3536$ 이다. 따라서 $\hat{\beta} = -1.3863$ 의 Wald 통계치는 $-1.3863 / 0.3536 = -3.92$ 이고, 이 Wald 통계치는 $\alpha = 0.01$ 수준에서 유의미하다. 결론적으로 남편이 결혼생활에 '만족'을 표현할 확률과 아내가 '만족'을 표현할 확률은 모집단에서 동일하지 않은 것으로 판단된다. 그런데 $exp(\hat{\beta}) = exp(-1.3863) = 0.25$ 는 <표 9-2> 의 (b) 자료에서 $n_{21}/n_{12} = 10/40 = 0.25$ 와 일치한다는 사실을 주목하라. 따라서 로지스틱모형 $logit_{jh} = \beta x$ 의 모수 β 의 최대우도 추정치 자체(점 추정치)는 우도함수 등을 계산하지 않고도 <표 9-2> 와 같은 2 × 2 교차분할표에서 곧바로 손쉽게 계산해 낼 수 있다. 다만, 그 모수추정치에 대한 통계적 검증을 하기 위해서 지금까지 설명한 최대우도 추정 절차에 따라 모수추정이 이루어지고, 표준오차 등이 계산된다.

4 짝진 사례 - 통제 자료의 로지스틱 회귀모형

관찰단위의 멤버들이 서로 상관된 쌍을 이루는 경우는 소위 '사례-통제 연구(case-control study)'라고 부르는 연구에서 광범위하게 사용된다. 예를 들어, 자폐증에 대한 사회성 훈련 프로그램의 효과를 검증하기 위하여 40 명의 자폐아동을 대상으로 자폐증상과 연령, 성별이 동일한 아동들을 2 명씩 짝을 지은 후, 그중 한 명은 처치집단에 할당하여 3 개월간 사회성 훈련 프로그램을 실시하고, 나머지 한 명은 통제집단에 할당하여 아무런 처치를 하지 않은 후, 사회성에서 처치집단과 통제집단 간의 차이가 나타나는지를 검증한다면, 이러한 연구가 대표적인 사례-통제 연구가 된다. 만약 이러한 연구에서 처음 만나는 타인과 10 분 동안 마주앉아 있는 동안 타인의 눈을 한 번이라도 마주 쳐다보는지의 여부로 사회성의 여부를 측정하였다면, 그러한 자료는 앞에서 설명한 '외곽 동질성 검증을 위한 로지스틱모형' 으로 분석할 수 있다. 이때 처치집단의 아동들과 통제집단의 아동들로부터 측정되는 '눈맞춤 여부' 는 서로 상관된 자료가 되는데, 왜냐하면 두 집단의 아동들이 자폐증상과 연령, 성별에서 성향이 서로 동일한 아동들끼리 짝을 이루기 때문이다. 만약 '관찰단위 쌍에 특정적인 효과모수' β의 추정치가 유의미하다면, 사회성 훈련 프로그램을 수행한 자폐아동이 모르는 타인과 '눈맞춤' 할 확률이 자폐증상과 연령, 성별이 동일하지만 사회성 훈련 프로그램을 수행하지 않은 자폐아동의 확률과 다르다는 결론을 도출할 수 있다.

어떤 사례－통제 연구에서는 반응변인 자체가 관찰단위들의 짝짓기를 위하여 사용되는 경우가 있다. 예를 들어, 뇌졸중을 유발하는 위험인자 (risk factor) 가 무엇인지를 찾아내기 위하여 성별과 연령이 동일한 뇌졸중 환자와 뇌졸중이 아닌 다른 혈관질환을 가진 환자를 각 1 명씩 짝을 짓고, 그러한 환자 짝을 20 쌍 구성하여 각 환자들의 잠재적 위험인자 (식습관, 운동량, 흡연 여부 등) 를 조사한 후, 어떤 잠재적 위험인자에서 뇌졸중 환자집단과 통제집단의 차이가 존재하는지를 파악하기 위한 연구가 대표적인 '짝진 사례－통제 연구 (matched case-control study)' 다. 이런 연구에서는 뇌졸중과 같이 관심의 대상이 되는 특성을 지닌 관찰단위를 '사례 (case)' 라고 부르고, 그것과 짝지어진 관찰단위를 '통제 (control)' 라고 부르며, 성별과 연령 등의 짝짓기에 사용된 변인을 '짝짓는 변인 (matching variable)' 이라고 부른다.

뇌졸중과 같은 현상의 원인을 밝혀내기 위해서는 우선 식습관, 운동량, 흡연 여부 등의 잠재적 위험인자를 예고적으로 (prospectively) 먼저 측정하여 고위험 집단과 저위험 집단을 구분한 후, 각 집단을 일정 기간 관찰하여 각 집단에서 뇌졸중이 유발되는 비율을 파악 · 비교하는 것이 원칙이다. 이러한 예고적 연구를 '동류집단 연구 (cohort study)' 라고 부른다. 동류집단연구에서도 고위험 집단과 저위험 집단의 관찰단위들이 '짝짓는 변인' 에 의하여 쌍을 이룰 수 있는데, 그러한 경우를 이 장의 초두에서 언급한 '짝진 동류집단연구' 라고 부른다. 그런데 짝진 사례－통제 연구에서는 반응변인 (뇌졸중 여부) 을 먼저 파악하고, 그 반응변인의 측정시점보다 더 과거의 잠재적 위험인자를 나중에 측정하므로 이러한 연구설계를 '회고적 설계 (retrospective design)' 라고 부르기도 한다.

회고적 설계에 의한 짝진 사례－통제 연구에서는 사례－통제 쌍이 한 개의 '사례' 와 한 개의 '통제' 로 짝지어질 수도 있고, 한 개의 '사례' 와 여러 개의 '통제' 로 짝지어질 수도 있으며, 각각의 사례－통제 쌍에서 '통제' 의 개수가 다를 수도 있다. 이러한 짝진 사례－통제 연구의 주된 목적은 '예고적 설계(prospective design)' 에 의한 연구가 불가능하거나 어려운 경우, 특정한 관찰단위가 '통제' 가 아니고 '사례' 일 승산(odds) 혹은 확률이 잠재적 위험인자에 따라 달라지는지의 여부를 파악하기 위해서다. 예를 들어, 뇌졸중 환자일 승산 혹은 확률이 육류 섭취량에 따라 달라지는지, 자폐아동일 승산 혹은 확률이 그 아동의 동작성 지능에 따라 달라지는지, 남편을 살해한 여성 살인범일 승산 혹은 확률이 전과 여부에 따라 달라지는지 등을 파악하기 위하여 짝진 사례－통제 연구가 유용하게 활용될 수 있다.

분석적인 관점에서 앞에서 살펴본 '외곽 동질성 검증을 위한 로지스틱모형' 의 분석상황과 여기에서 논의되는 회고적 설계에 의한 짝진 사례－통제 연구의 차이는 전자에서는 사례－통제의 구분이 설명변인으로 사용되는 반면, 후자에서는 반응변인으로 간주된다는 것이다. '외곽 동질성 검증을 위한 로지스틱모형' 의 경우에는 정해진 반응변인(예를 들면, 결혼생활에 대한 만족반응 혹은 '눈맞춤' 행동 등)을 보일 승산 혹은 확률이 '사례' 와 '통제' 에 따라 달라지는지를 파악하는 것이 분석의 목적인 반면, 여기에서 논의되는 회고적 설계에 의한 짝진 사례－통제 연구에서는 특정한 관찰단위가 '통제' 가 아니고 '사례' 일 승산 혹은 확률이 정해진 설명변인(예를 들면, 육류 섭취량, 동작성 지능, 혹은 전과 유무)에 따라 달라지는지를 파악하는 것이 분석의 목적이다.

회고적 설계에 의한 짝진 사례－통제 연구에서 승산 차이 혹은 확률 차이를 검증하기 위한 로지스틱 회귀모형을 설명하기 위하여 가상적인 예를 이용하고자 한다. 앞의 예는 2004년에 우리나라에서 여성 재소자들을 대상으로 실제로 수행된 조사 연구에 기초한 것이지만, 원래 연구는 '짝진 사례－통제 연구' 가 아니었기 때문에 그러한 연구의 예로서 적합하도록 자료의 일부가 부분적으로 변형된 것이다. 여성에 의한 남편 살해의 잠재적 위험요인 중에는 살해 여성의 범죄 전과가 있을 수 있다. 과거 범죄의 전과 여부가 남편 살해에 대한 위험 요인이 되는지를 파악하기 위하여 남편을 살해하여 교도소에 수감 중인 82명의 여성 재소자들을

〈**표 9-3**〉 가상적인 총 82 쌍의 짝진 여성 재소자들의 전과 유무와 범죄 유형 자료

쌍	전과	범죄	쌍	전과	범죄	쌍	전과	범죄	쌍	전과	범죄	쌍	전과	범죄	쌍	전과	범죄
1	1	0	1	0	1	2	1	0	2	0	1	3	0	0	3	0	1
4	0	0	4	0	1	5	1	0	5	0	1	6	0	0	6	0	1
7	1	0	7	0	1	8	1	0	8	0	1	9	1	0	9	1	1
10	0	0	10	0	1	11	0	0	11	0	1	12	0	0	12	0	1
13	0	0	13	1	1	14	1	0	14	0	1	15	0	0	15	1	1
16	1	0	16	0	1	17	1	0	17	1	1	18	1	0	18	1	1
19	0	0	19	1	1	20	0	0	20	0	1	21	0	0	21	1	1
22	0	0	22	0	1	23	1	0	23	0	1	24	1	0	24	1	1
25	1	0	25	0	1	26	0	0	26	0	1	27	0	0	27	0	1
28	1	0	28	0	1	29	0	0	29	0	1	30	0	0	30	0	1
31	1	0	31	0	1	32	1	0	32	0	1	33	1	0	33	0	1
34	1	0	34	0	1	35	1	0	35	0	1	36	1	0	36	0	1
37	1	0	37	0	1	38	0	0	38	0	1	39	1	0	39	0	1
40	1	0	40	0	1	41	0	0	41	0	1	42	0	0	42	0	1
43	1	0	43	0	1	44	1	0	44	0	1	45	1	0	45	0	1
46	1	0	46	0	1	47	1	0	47	0	1	48	1	0	48	0	1
49	0	0	49	0	1	50	1	0	50	0	1	51	0	0	51	0	1
52	1	0	52	0	1	53	0	0	53	0	1	54	1	0	54	0	1
55	1	0	55	0	1	56	1	0	56	0	1	57	0	0	57	0	1
58	1	0	58	0	1	59	1	0	59	0	1	60	0	0	60	0	1
61	1	0	61	0	1	62	1	0	62	0	1	63	0	0	63	0	1
64	1	0	64	0	1	65	1	0	65	0	1	66	1	0	66	0	1
67	1	0	67	0	1	68	1	0	68	0	1	69	0	0	69	0	1
70	1	0	70	0	1	71	1	0	71	0	1	72	1	0	72	0	1
73	1	0	73	1	1	74	1	0	74	0	1	75	1	0	75	0	1
76	0	0	76	0	1	77	1	0	77	0	1	78	0	0	78	0	1
79	1	0	79	1	1	80	0	0	80	0	1	81	1	0	81	0	1
82	1	0	82	0	1												

전과: 0 = 없음, 1 = 있음
범죄: 0 = 절도/사기, 1 = 남편 살해

표집하고, 각각의 남편 살해 여성 재소자와 결혼 연령 및 경제 수준이 동일하였으나 살인범죄가 아닌 절도와 사기범죄로 수감 중인 여성 재소자를 각 한 명씩 표집하여, 총 82 쌍의 짝진 여성 재소자들의 전과유무를 조사한 원자료가 <표 9-3>과 같다고 가정하자.

① 모형

회고적 설계에 의한 짝진 사례-통제 연구의 주 관심사는 각각의 사례-통제 쌍 내에서 특정한 질병이나 특정한 행동 등의 관심의 초점이 되는 특성을 가진 '사례' 의 승산(odds) 혹은 확률이 잠재적 위험인자에 따라 달라지는지의 여부를 파악하기 위한 것이다. 앞서 언급되었지만, 회고적 설계에 의한 짝진 사례-통제 연구에서는 사례-통제 쌍이 한 개의 '사례' 와 한 개의 '통제' 로 짝지어질 수도 있고, 한 개의 '사례' 와 여러 개의 '통제' 로 짝지어질 수도 있으며, 각각의 사례-통제 쌍에서 '통제' 의 개수가 다를 수도 있다. 여기에서는 우선 <표 9-3> 의 가상적인 자료와 같이 모든 사례-통제 쌍이 한 개의 '사례' 와 한 개의 '통제' 로 짝지어진 경우를 가정하자. 이 경우에 로지스틱 회귀모형은 <수식 9-7> 과 같이 정의된다.

$$logit_h = \alpha_h + \beta x \qquad \text{<수식 9-7>}$$

<수식 9-7> 의 로지스틱 회귀모형은 <수식 9-3> 의 모형과 유사한 형태를 가진다. 그러나 기호들의 의미는 완전히 다르다. <수식 9-7> 의 $logit_h$ 는 사례-통제 쌍 h 내에서 특정한 설명변인 값 x 를 가지는 멤버가 '사례' 일 로짓이다. 사례-통제 쌍 h 에서 설명변인의 값이 x 인 멤버가 '사례' 일 확률을 π_h 로 표기하고, '통제' 일 확률을 $1-\pi_h$ 로 표기하면 <수식 9-7> 의 로짓은 $logit_h = ln(\pi_h/(1-\pi_h))$ 이다. <표 9-3> 의 자료 예에서 $logit_h$ 는 사례-통제 쌍 h 에서 특정한 설명변인 값 x 를 가지는 멤버가 '남편 살해범' 일 로짓이 된다.

<수식 9-7> 의 x 는 사례-통제 쌍 내에서 '사례' 를 유발한다고 의심되는 잠재적 위험인자를 의미한다. <표 9-3> 의 자료 예에서 x 는 전과 여부가 될 수 있다. $x=0$ 이면 잠재적 위험인자가 부재하는 경우를 의미하고, $x=1$ 이면 잠재적 위험인자가 존재하는 경우를 의미한다. 설명변인 x 는 이분변인이거나 범주변인 혹은 연속변인일 수 있다. 또한, 여러 개의 x 가 모형에 포함될 수 있는데, 이때에는 <수식 9-7> 은 로지스틱 중다회귀모형이 되고, $logit_h = \alpha_h + \beta_1 x_1 + \cdots\cdots + \beta_k x_k$ 의 형태를 가지게 된다.

<수식 9-7> 의 β 는 사례－통제 쌍 내에서 잠재적 위험인자 x 가 한 단위 변할 때 멤버가 '사례' 일 로짓 $logit_h$ 에서 생기는 변화다. 따라서 $exp(\beta)$ 는 사례－통제 쌍 내에서 잠재적 위험인자 x 가 한 단위 변할 때 '사례' 가 발생할 승산의 배수변화, 즉 승산비 (odds ratio) 를 의미한다. 예를 들어, $\beta = 1.5$ 이면, 사례－통제 쌍 내에서 잠재적 위험인자 x 가 한 단위 증가할 때 그 사례－통제 쌍 내에서 '사례' 가 발생할 승산은 $exp(1.5) = 4.48$ 배 증가한다는 것을 의미한다. <표 9-3> 의 자료 예에서 β 는 사례－통제 쌍 내에서 전과유무 x 가 한 단위 변할 때 사례－통제 쌍의 멤버가 '남편 살해범' 일 로짓 $logit_h$ 에서 생기는 변화다. 다시 말해서 전과가 없을 때 $(x = 0)$ 에 비해서 전과가 있을 때 $(x = 1)$ 그 사례－통제 쌍의 멤버가 '남편 살해범' 일 승산이 $exp(\beta)$ 배만큼 더 커진다는 것을 의미한다.

끝으로 <수식 9-7> 의 α_h 는 특정한 사례－통제 쌍에서 잠재적 위험인자가 존재하지 않을 때 $(x = 0)$ 그 사례－통제 쌍에서 '사례' 가 발생할 로짓이다. 그런데 각각의 사례－통제 쌍은 '짝짓는 변인' 에서 동일한 관찰단위들로 구성된다. 예를 들어, <표 9-3> 의 자료에서는 결혼 연령 및 경제 수준에서 동일한 관찰단위들로 사례－통제 쌍을 구성하였다. 사례－통제 쌍을 구성하기 위하여 사용되는 짝짓는 변인들은 흔히 '사례' 를 유발할 가능성이 높은 것으로 이미 널리 인정되고 알려진 확실한 위험인자 중에서 선택되는 것이 일반적이다. 짝진 사례－통제 연구의 목적은 이미 알려진 이러한 확실한 위험인자들의 효과를 통제하고, 새로운 잠재적 위험인자 x 의 효과를 검증하기 위한 것이다. 이러한 이유 때문에 새로운 잠재적 위험인자 x 가 존재하지 않더라도 어떤 사례－통제 쌍에서는 다른 사례－통제 쌍에서보다 '사례' 가 발생할 확률과 로짓이 더 높거나 낮다. α_h 는 사례－통제 쌍들의 바로 이러한 특성을 나타내는 모수다. 따라서 각각의 사례－통제 쌍들은 각기 다른 α_h 의 값을 가지는데, 그 값은 각 사례－통제 쌍에서 '사례' 가 발생할 확률과 로짓에 대한 '짝짓는 변인' 의 효과를 나타낸다. 그런데 '짝짓는 변인' 의 효과는 이미 널리 알려진 것이고, 연구의 관심 대상이 아니므로 α_h 는 일종의 '성가신 모수' 다. 비록, 그것이 성가신 모수이고, 따라서 굳이 그 추정치를 산출할 필요가 없는 것이기는 하지만, 연구의 관심 대상인 잠재적 위험인자 x 의 효과에서 '짝짓는 변인' 의 효과를 체계적으로 걸러 냄으로써 x 의 효과와 '짝짓는 변인' 의 효과들이 서로 혼합 (confounding) 되는 것을 예방하는 매우 중요한 역할을 한다.

각각의 사례-통제 쌍 내에서 관심의 초점이 되는 특성을 가진 '사례'의 확률, 승산(odds) 혹은 로짓이 잠재적 위험인자에 따라 달라지는지 여부를 파악하기 위한 로지스틱 회귀모형을 요약하면, '사례'가 발생할 로짓에 대한 잠재적 위험인자 x의 효과를 검증하되, '짝짓는 변인'의 효과 혹은 짝진 사례-통제 쌍 사이의 차이를 성가신 모수 α_h로 걸러 냄으로써 그 잠재적 위험인자의 순수한 효과(β), 즉 사례-통제 쌍 내에서 '사례'가 발생할 로짓 $logit_h$에 대한 잠재적 위험인자의 효과를 파악하려는 것이다. 따라서 <수식 9-7>의 모형은 마치 각 개별적인 사례-통제 쌍을 분리하여 '사례'와 '통제'의 두 개의 관찰단위만 가진 조그만 자료세트로 분할하고, $N=2$인 각각의 조그만 자료세트에서 모형 $logit_h = \alpha_h + \beta x$를 검증하되, 각각의 조그만 자료세트에서 α_h는 서로 다른 값이 산출되는 것을 허용하는 반면, β는 모든 조그만 자료세트에서 동일한 값이 산출되도록 제약하는 것과 같다.

② 베이지안 사후확률에 기초한 모수추정

베이즈 공리에 의하면, 사상 B가 발생하였다는 조건하에 사상 A가 발생할 사후조건확률은 $P(A|B) = P(B|A)P(A)/P(B)$로 정의된다. 사례-통제 쌍 내에서 '사례'가 발생할 로짓에 대한 잠재적 위험인자의 효과를 파악하기 위한 로지스틱 회귀모형의 모수 β는 베이즈 공리(Bayes theorem)에 기초한 우도함수에 의해 추정된다. 이 우도함수는 '조건적 우도함수(conditional likelihood)'다.

'남편 살해' 행위와 같이 관심의 초점이 되는 특성을 가진 '사례'를 기호 d로 표기하고, 이러한 특성을 가지지 않은 '통제'를 기호 $\bar{d}$로 표기하자. 만약 설명변인 x가 진정한 위험인자라면 사례-통제 쌍 내에서 '사례'의 x 값과 '통제'의 x 값은 달라야 한다. 예를 들어, 남편 살해 행위에 대하여 전과(x)가 진정한 위험인자라면, 남편 살해범('사례')의 전과 여부와 절도/사기범('통제')의 전과 여부는 '있음'과 '없음'으로 혹은 '없음'과 '있음'으로 각기 나뉘어야 한다. 만약 전과가 있을 때 남편 살해가 발생한다면 '사례'의 경우 설명변인 전과 여부 x 값은 '있음'일 것이고 '통제'의 x 값은 '없음'일 것이며, 전과가 없는 경우에 남편 살해가 발생한다면 '사례'의 x 값은 '없음'일 것이고 '통제'의 x 값은 '있음'일 것이다.

사례-통제 쌍 내에서 '사례'가 가지는 설명변인 값을 x_1으로 표기하고, '통제'

가 가지는 설명변인 값을 x_0 로 표기하자. 즉, x_1 과 x_0 는 사례-통제 쌍 내에서 '사례' 와 '통제' 가 실제로 가지는 설명변인 값, 즉 표본자료를 의미한다. 그러면 어떤 사례-통제 쌍에서 '사례' d 의 설명변인 값이 x_1 일 확률은 $\pi_{x_1|d}$ 로 표기하고, '통제' $\overline{d}$ 의 설명변인 값이 x_0 일 확률은 $\pi_{x_0|\overline{d}}$ 로 표기할 수 있다. 즉, $\pi_{x_1|d}$ 와 $\pi_{x_0|\overline{d}}$ 는 각각 '사례' 와 '통제' 가 실제로 관찰된 설명변인 값을 가질 확률들이다. 여기에서 $\pi_{x_1|d}$ 와 $\pi_{x_0|\overline{d}}$ 는 사례-통제 쌍의 멤버가 '사례' 인지 '통제' 인지를 알고 있을 때 그 멤버의 관찰된 위험인자 값이 나올 '사후확률 (posteriori probability)' 이라는 사실을 유념하자. 이 확률들이 사후확률인 이유는 여기에서 논하고 있는 로로지스틱 회귀모형 $logit_h = \alpha_h + \beta x$ 는 관찰된 설명변인에 의하여 사례-통제 쌍의 멤버가 '사례' 인지 '통제' 인지를 예측하는 모형인데, $\pi_{x_1|d}$ 와 $\pi_{x_0|\overline{d}}$ 는 멤버가 '사례' 인지 '통제' 인지를 이미 알고 있다는 가정하에 관찰된 설명변인 값이 나타날 확률들이기 때문이다.

그러면 사례-통제 쌍 내에서 '사례' d 의 설명변인 값이 자료에서 실제로 관찰된 x_1 이고, '통제' $\overline{d}$ 의 설명변인 값이 실제로 관찰된 x_0 일 사후결합확률은 다음과 같다.

$$\pi_{x_1|d}\,\pi_{x_0|\overline{d}} \qquad \text{<수식 9-8>}$$

<수식 9-8> 은 특정한 사례-통제 쌍에서 실제로 관찰된 설명변인의 값들이 나타날 사후확률이다. 그러면 설명변인 x 가 진정한 위험인자일 때, 사례-통제 쌍에서 '사례' 와 '통제' 가 불특정의 서로 다른 설명변인 값을 가질 사후확률은 <수식 9-9> 와 같다.

$$\pi_{x_1|d}\,\pi_{x_0|\overline{d}} + \pi_{x_0|d}\,\pi_{x_1|\overline{d}} \qquad \text{<수식 9-9>}$$

<수식 9-9> 는 설명변인 x 가 진정한 위험인자일 사후확률이기도 하다. 왜냐하면 앞서 설명한 바와 같이 설명변인 x 가 진정한 위험인자라면, '사례' 의 x 값과 '통제' 의 x 값은 달라야 하는데, <수식 9-9> 는 '사례' 와 '통제' 가 불특정의 서로 다른 설명변인 값을 가질 사후확률이기 때문이다. 따라서 사례-통제 쌍 내에서

설명변인 x가 진정한 위험인자라는 조건하에 '사례'는 실제로 관찰된 x_1을 가지고, '통제'는 역시 실제로 관찰된 x_0를 가질 사후조건확률은 다음과 같다.

$$\frac{\pi_{x_1|d}\pi_{x_0|\bar{d}}}{\pi_{x_1|d}\pi_{x_0|\bar{d}}+\pi_{x_0|d}\pi_{x_1|\bar{d}}} \qquad \text{<수식 9-10>}$$

<수식 9-10>의 사후조건확률은 사례−통제 쌍 내에서 '사례'가 발생할 로짓에 대한 잠재적 위험인자의 효과를 파악하기 위한 로지스틱 회귀모형에서 모수 β를 추정하기 위한 우도함수다. <수식 9-10>이 로지스틱 회귀모형 $logit_h = \alpha_h + \beta x$의 우도함수인 이유는 모형이 옳다는 전제(설명변인 x가 진정한 위험인자라는 조건)하에 특정한 사례−통제 쌍의 실제 관찰된 표본자료(x_1과 x_0)가 나타날 확률이기 때문이다.

따라서 <수식 9-10>에 로지스틱 회귀모형 <수식 9-7>을 대입하고, 그것을 최대가 되게 하는 모수 β의 추정치를 산출하면 된다. 그런데 모형에 의하여 추정 혹은 예측되는 로짓의 내용은 $logit_h = ln(\pi_{d|x}/\pi_{\bar{d}|x})$이다. 로지스틱 회귀모형이 예측하는 로짓은 자료에 의해서 주어진, 즉 관찰된 설명변인 값 x를 조건으로 그 값을 가진 멤버가 '사례'이거나 '통제'일 '사전확률(a priori probability)'에 의해 정의되는 반면에 <수식 9-10>의 우도함수는 멤버의 유형('사례' 혹은 '통제')을 조건으로 관찰된 설명변인의 값이 나타날 사후확률들로 정의되고 있으므로 <수식 9-10>의 우도함수에 로지스틱 회귀모형 <수식 9-7>을 곧바로 대입할 수 없다. 따라서 <수식 9-10>의 우도함수를 관찰된 설명변인 값 x를 조건으로 그 값을 가진 멤버가 '사례'이거나 '통제'일 사전확률에 의해 정의되는 형태로 바꾸어 주어야 한다. 이 변환을 위하여 유용한 것이 제1장에서 살펴본 베이즈 공리다. <수식 9-10>의 사후조건확률은 베이즈 공리에 의하여 <수식 9-11>과 같이 사전확률로 정의된다.

$$\frac{\pi_{x_1|\bar{d}}\pi_{x_0|\bar{d}}}{\pi_{x_1|\bar{d}}\pi_{x_0|\bar{d}}+\pi_{x_0|\bar{d}}\pi_{x_1|\bar{d}}} = \left[1+\frac{\pi_{d|x_0}}{\pi_{\bar{d}|x_0}} \Big/ \frac{\pi_{d|x_1}}{\pi_{\bar{d}|x_1}}\right]^{-1} \qquad \text{<수식 9-11>}$$

이제 <수식 9-7> 의 로지스틱 회귀모형을 생각해 보자. 사례-통제 쌍 h 내에서 <수식 9-7> 의 모형은 다음과 같이 표기될 수 있다.

$$\frac{\pi_{d|x}}{\pi_{\bar{d}|x}} = exp(\alpha_h + \beta x) \qquad \text{<수식 9-12>}$$

<수식 9-12> 에서 $\pi_{d|x}$ 는 사례-통제 쌍에서 관찰된 설명변인의 값이 x 인 멤버가 '사례' 일 사전확률이고, $\pi_{\bar{d}|x}$ 는 사례-통제 쌍에서 관찰된 설명변인의 값이 x 인 멤버가 '통제' 일 사전확률이다. $\pi_{d|x}/\pi_{\bar{d}|x}$ 는 사례-통제 쌍에서 관찰된 설명변인의 값이 x 인 멤버가 '통제' 가 아니고 '사례' 일 승산이다. 따라서 설명변인 x 가 진정한 위험인자일 때 '사례' 의 관찰된 설명변인 값 x_1 과 '통제' 의 관찰된 설명변인 값 x_0 에 대하여 모형은 각각의 사례-통제 쌍 내에서 각각 다음과 같이 정의된다.

$$\frac{\pi_{d|x_1}}{\pi_{\bar{d}|x_1}} = exp(\alpha_h + \beta x_1) \qquad \frac{\pi_{d|x_0}}{\pi_{\bar{d}|x_0}} = exp(\alpha_h + \beta x_0) \qquad \text{<수식 9-13>}$$

$\pi_{d|x_1}/\pi_{\bar{d}|x_1}$ 은 사례-통제 쌍 내에서 설명변인의 값이 x_1 인 멤버가 '사례' 일 승산이고, $\pi_{d|x_0}/\pi_{\bar{d}|x_0}$ 는 사례-통제 쌍 내에서 설명변인의 값이 x_0 인 멤버가 '사례' 일 승산이다. <수식 9-13> 을 <수식 9-11> 의 오른쪽 항에 대입하면 사례-통제 쌍 내에서 설명변인 x 가 진정한 위험인자라는 조건하에 '사례' 는 x_1 을 가지고, '통제' 는 x_0 를 가질 사후조건확률, 즉 각 사례-통제 쌍의 우도함수 (모형이 옳다는 전제하에 특정한 사례-통제 쌍의 실제 관찰된 표본자료가 나타날 확률) 가 다음과 같이 정의된다.

$$\left[1 + \frac{\pi_{d|x_0}}{\pi_{\bar{d}|x_0}} \Big/ \frac{\pi_{d|x_1}}{\pi_{\bar{d}|x_1}}\right]^{-1} = \left[1 + \frac{exp(\alpha_h + \beta x_0)}{exp(\alpha_h + \beta x_1)}\right]^{-1}$$

$$= (1 + exp(\beta(x_0 - x_1)))^{-1} \qquad \text{<수식 9-14>}$$

<수식 9-14>는 각 사례-통제 쌍의 우도함수다. 이것을 모든 사례-통제 쌍에 대하여 곱해 준 후 그것을 로그 변환하거나 혹은 각 사례-통제 쌍의 우도함수 <수식 9-14>를 로그 변환한 후 모든 사례-통제 쌍의 로그우도를 더해 주면, 모형이 옳다는 전제하에 실제로 관찰된 전체 표본자료가 나타날 로그우도함수가 된다.

$$ln(L) = \sum_{h=1}^{N} ln((1 + exp(\beta(x_0 - x_1)))^{-1}) \qquad \text{<수식 9-15>}$$

<수식 9-15>의 로그우도함수에서 $x_0 - x_1$은 '통제'의 설명변인 값에서 '사례'의 설명변인 값을 빼 주는 것을 의미한다. <표 9-3>의 자료에 대하여 사례-통제 쌍 내에서 '남편 살해범'이 발생할 로짓에 대한 잠재적 위험인자 '전과 유무'의 효과를 파악하기 위한 로지스틱 회귀모형 $logit_h = \alpha_h + \beta x$의 로그우도함수 $ln(L)$는 [그림 9-2]와 같다.

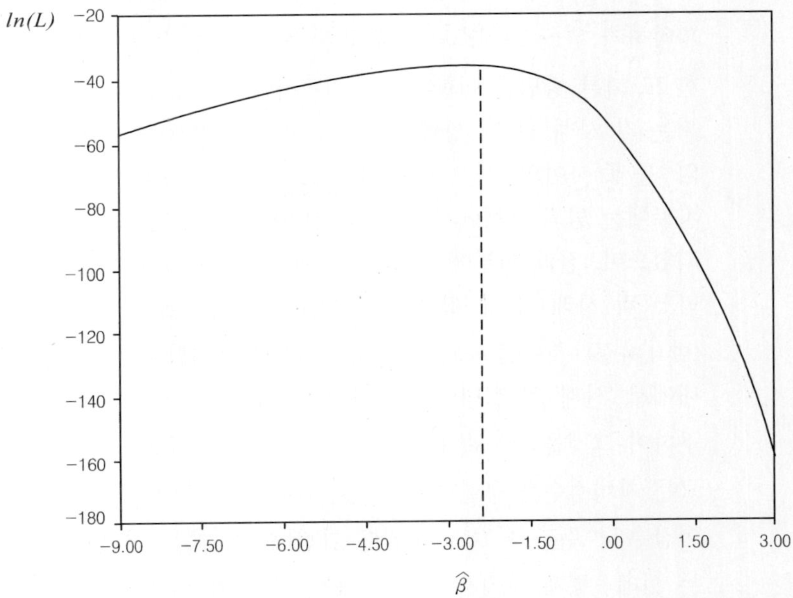

[그림 9-2] 〈표 9-3〉 자료에 대한 로지스틱 회귀모형 $logit_h = \alpha_h + \beta x$의 로그우도함수

[그림 9-2] 의 로그우도함수가 최대가 되는 지점의 최대로그우도는 $ln(L)_{MAX} = -35.5085$ 이고, $\hat{\beta}$ 는 -2.4638 이며, 그 지점의 곡률(평평한 정도) 은 $ASE = 0.5208$ 이다. 따라서 추정된 회귀계수 $\hat{\beta} = -2.4638$ 에 대한 Wald 통계치는 $-2.4638 / 0.5208 = -4.73$ 이고, 이 통계치는 $df = 1$ 과 $\alpha = 0.01$ 수준에서 유의미하다. 이 결과는 남편 살해범과 절도/사기범으로 구성된 사례-통제 쌍 내에서 전과가 있는 멤버가 ($x = 1$) 전과가 없는 멤버 ($x = 0$) 에 비하여 남편 살해범일 승산 ($\pi_{d|x}/\pi_{\bar{d}|x}$) 이 $exp(\hat{\beta}) = exp(-2.4638) = 0.085$ 배만큼 낮다는 것을 의미한다. 즉, 사례-통제 쌍 내에서 전과가 없는 멤버가 남편 살해범일 승산에 대한 전과가 있는 멤버가 남편 살해범일 승산의 승산비(odds ratio) 가 0.085 이다. 결론적으로 여성 재소자 중에서 남편 살해범과 절도/사기범으로 구성된 사례-통제 쌍 내에서 전과 여부는 남편 살해에 대한 위험인자인데, 전과가 없을수록 남편 살해 가능성이 높다.

③ 이항확률에 기초한 모수추정

사례-통제 쌍 내에서 '사례' 가 발생할 로짓에 대한 잠재적 위험인자의 효과를 파악하기 위한 로지스틱 회귀모형 $logit_h = \alpha_h + \beta x$ 에서 모수 β 를 추정하기 위한 또 다른 방법은 이항확률에 기초하여 우도함수를 구성하는 것이다. 이를 위해서는 각 사례-통제 쌍에서 반응변인(범죄 유형) 과 설명변인(전과 여부) 을 '사례' 와 '통제' 사이의 '차이점수(difference score)' 로 변환한다. 예를 들어, <표 9-3> 의 자료에는 범죄 유형에서 절도/사기범이 0 으로 코딩되고 남편 살해범이 1 로 코딩되었으며, 전과 여부에서 '없음' 이 0 으로 코딩되고 '있음' 이 1 로 코딩되었다. 따라서 각 사례-통제 쌍 내에서 '사례' 의 자료에서 '통제' 의 자료를 뺀 반응변인(범죄 유형) 차이를 구하여 그것을 d^* 로 표기할 수 있다. 또한, 각 사례-통제 쌍 내에서 '사례' 의 설명변인(전과 여부) 값에서 '통제' 의 설명변인 값을 뺀 차이를 구하여 그것을 x^* 로 표기할 수 있다. 만약 '사례' 의 값에서 '통제' 의 값을 빼어 모든 차이점수를 구한다면, 모든 사례-통제 쌍에서 $d^* = 1$ 이고, 설명변인의 차이점수 x^* 는 $-1, 0, 1$ 의 값을 가진다. '통제' 는 전과가 없고 '사례' 는 전과가 있는 사례-통제 쌍에서는 $x^* = 1$ 이고, '통제' 와 '사례' 의 전과 여부가 동일한 쌍에서는 $x^* = 0$ 이며, '통제' 는 전과가 있고 '사례' 는 전과가 없는 사례-통제 쌍에서는 $x^* = -1$ 이다. 이와 같이 각 사례－통제 쌍에서 반응변인과 설명변인을 ‘사례’ 와 ‘통제’ 사이의 차이점수로 변환하면 <표 9-3> 의 자료는 <표 9-4> 와 같이 변환된다.

〈 **표 9-4** 〉 가상적인 총 82 쌍의 짝진 여성 재소자들의 각 쌍에서 ‘통제’ 의 자료를 ‘사례’ 의 자료에서 뺀 차이점수

쌍	x^*	d^*	쌍	x^*	d^*	쌍	x^*	d^*
1	−1	1	2	−1	1	3	0	1
4	0	1	5	−1	1	6	0	1
7	−1	1	8	−1	1	9	0	1
10	0	1	11	0	1	12	0	1
13	1	1	14	−1	1	15	1	1
⋮	⋮	⋮	⋮	⋮	⋮	⋮	⋮	⋮
79	0	1	80	0	1	81	−1	1
82	−1	1						

x^* : 남편 살해범 (사례) 의 전과 여부 값에서 절도/사기범 (통제) 의 전과 여부 (설명변인) 값을 뺀 차이
d^* : 남편 살해범 (사례) 의 범죄 유형 값에서 절도/사기범 (통제) 의 범죄 유형 (반응변인) 값을 뺀 차이

각 사례－통제 쌍에서 반응변인 (범죄 유형) 과 설명변인 (전과 여부) 을 차이점수 d^* 와 x^* 로 각각 변환한 <표 9-4> 와 같은 자료에서는 ‘짝진 쌍’ 의 개념이나 ‘상관된 자료’ 의 개념은 사라지게 되고, 각 사례－통제 쌍은 하나의 관찰단위가 되어 전체 표본자료는 $N = 82$ 의 서로 독립적인 관찰단위로 구성된 자료가 된다.

사례－통제 쌍 내에서 ‘사례’ 가 발생할 로짓에 대한 잠재적 위험인자의 효과를 파악하기 위한 <수식 9-7> 의 로지스틱 회귀모형 $logit_h = \alpha_h + \beta x$ 는 차이점수로 정의된 <수식 9-16> 의 로지스틱 회귀모형과 동일한 모형이다.

$$logit_{d^*} = \beta x^* \qquad \text{<수식 9-16>}$$

<수식 9-16> 의 $logit_{d^*}$ 는 $ln[(d^*=1 \text{ 일 확률}) / (d^* \neq 1 \text{ 일 확률})]$ 를 의미한다. 범죄 유형에서 절도/사기범이 0 으로 코딩되고, 남편 살해범이 1 로 코딩되었

으므로 $d^*=1$ 일 확률은, 다시 말해서 설명변인의 차이점수가 x^* 인 쌍에서 차이점수 산출에서의 첫 번째 멤버('사례')가 남편 살해범일 확률을 의미하고, $d^* \neq 1$ 일 확률은 설명변인의 차이점수가 x^* 인 쌍에서 '사례'가 절도/사기범일 확률을 의미한다. 따라서 <수식 9-16>의 모형은 설명변인의 차이 x^* 에 따라서 첫 번째 멤버가 절도/사기범이 아니고 남편 살해범일 승산 혹은 확률을 예측하는 모형이다. 설명변인의 차이점수가 x^* 인 쌍에서 첫 번째 멤버('사례')가 남편 살해범일 확률을 π 로 표기하면 <수식 9-16>은 다음과 같이 기술될 수 있다.

$$logit_{d^*} = ln\left(\frac{\pi}{1-\pi}\right) = \beta x^*$$

<수식 9-16>이 절편계수를 가지지 않는 이유는 다음과 같다. 만약 모형이 옳다면(즉, 설명변인 x가 진정한 위험인자라면) 각 사례-통제 쌍에 속한 멤버들이 설명변인에서 동일한 값을 가질 때($x^*=0$)는 누가 남편 살해범인지를 구별할 수 없다. 따라서 각 사례-통제 쌍에 속한 멤버들이 설명변인에서 동일한 값을 가질 때는 첫 번째 멤버('사례')가 남편 살해범일 확률이 0.5이고, 절도/사기범일 확률도 0.5가 되어야 한다. 즉, 만약 모형이 옳다면(설명변인 x가 진정한 위험인자라면), 각 사례-통제 쌍에 속한 멤버들이 설명변인에서 동일한 값을 가질 때, 즉 $x^*=0$ 일 때는 $d^*=1$ 일 확률이 0.5이어야 한다. 그런데 $d^*=1$ 일 확률이 0.5일 때는 $logit_{d^*}=0$ 이 된다. 따라서 <수식 9-16>이 절편계수를 가지지 않는 이유를 정확히 표현하자면, $x^*=0$ 일 때 모형에 의해 예측된 로짓이 $\widehat{logit}_{d^*}=0$ 이 되도록 강제하기 위해서다.

<수식 9-16>이 절편계수를 가지지 않는 또 한 가지 이유는 상관된 자료에 대한 일반선형모형의 절편계수는 앞서 베이지안 사후확률에 기초한 모형에서 설명한 바와 같이 소위 '짝짓는 변인'의 효과를 나타내는 모수이기 때문이다. 각 사례-통제 쌍에서 '사례'와 '통제'는 '짝짓는 변인'에서 동일한 값을 가지는 관찰단위들이다. 따라서 각 사례-통제 쌍에서 '사례'의 자료와 '통제'의 자료는 각각 '짝짓는 변인'의 효과를 동일한 정도로 함축하고 있다. 그런데 차이점수 자료는 '사례'의 자료에서 '통제'의 자료를 뺀 것이므로 차이점수 자료에서는 그들의 자료에 함축되어 있던 '짝짓는 변인'의 효과가 사라지게 된다. 즉, 차이점수 자료에는 '짝

짓는 변인' 의 효과가 더 이상 존재하지 않게 되고, 따라서 그 효과를 나타내는 모수는 더 이상 필요하지 않게 된다.

이제 차이점수 모형에서 모수 β를 추정하기 위한 로그우도함수를 생각해 보자. <수식 9-16> 의 차이점수 모형은 '짝진 쌍' 의 개념이나 '상관된 자료' 의 개념이 사라진 서로 독립적인 관찰단위로 구성된 자료에 관한 모형이므로 제 5 장에서 살펴본 일반적인 로지스틱 회귀모형과 마찬가지로 첫 번째 멤버가 남편 살해범일 확률이 x^* 의 각 수준에서 이항분포를 한다고 가정하는 모형이다.

제 5 장에서 살펴본 일반적인 로지스틱 회귀모형은 무선적 성분의 확률분포가 이항확률분포라고 가정하므로 이 모형의 로그우도함수도 이론적인 이항확률분포의 밀도함수에 기초하여 정의된다. 제 5 장에서 기술된 일반적인 로지스틱 회귀모형의 모수추정을 위한 로그우도함수를 다시 제시하면 다음과 같다.

$$ln(L) = \sum_{i=1}^{I} ln\left(\frac{n_i!}{n_{i0}!\,n_{i1}!}\left(1-\frac{1}{1+e^{-(b_0+b_1X)}}\right)^{n_{i0}}\left(\frac{1}{1+e^{-(b_0+b_1X)}}\right)^{n_{i1}}\right)$$

이항확률분포의 밀도함수에 기초한 일반적인 로지스틱 회귀모형의 로그우도함수를 차이점수모형에 적용하면 기호 I 는 설명변인 x^* 의 범주의 수이고, n_i 는 표본자료에서 x^* 의 범주 i 에 속한 사례-통제 쌍의 개수이며, n_{i0} 는 x^* 의 범주 i 에 속한 사례-통제 쌍 중에서 $d^* \neq 1$ 인 쌍의 관찰된 개수이고, n_{i1} 은 x^* 의 범주 i 에 속한 사례-통제 쌍 중에서 $d^* = 1$ 인 쌍의 관찰된 개수다. 또한, 모형 방정식 $b_0 + b_1X$ 는 <수식 9-16> 의 βx^* 로 대체된다.

그런데 <표 9-4> 와 같은 실제 차이점수 자료에서는 모든 관찰단위에서 $d^* = 1$ 이다. 따라서 언제나 $n_i = n_{i1}$ 이므로, $n_i!/n_{i0}!n_{i1}!$ 는 언제나 1 이다. 결국 이항확률분포의 밀도함수에 기초하여 <수식 9-16> 의 모수 β를 추정하기 위한 로그우도함수는 다음과 같이 정의된다.

$$ln(L) = \sum_{i=1}^{I} ln\left[\left(\frac{1}{1+exp(-\beta x^*)}\right)^{n_{i1}}\right] \qquad \text{<수식 9-17>}$$

이항확률분포의 밀도함수에 기초한 <수식 9-17> 의 로그우도함수와 베이지안 사후확률에 기초한 <수식 9-15> 의 로그우도함수를 꼼꼼히 따져 보면 이 두 개의 로그우도함수는 동일한 로그우도함수라는 것을 쉽게 알 수 있다. <표 9-4> 의 차이점수 자료에서 $x^* = -1$ 인 쌍은 47 개이고, $x^* = 0$ 인 쌍은 31 개며, $x^* = 1$ 인 쌍은 4 개다. 따라서 <표 9-4> 의 자료에 대하여 차이점수 모형 $logit_{d^*} = \beta x^*$ 의 로그우도함수는 보다 구체적으로 다음과 같이 기술된다.

$$ln(L) = ln\left(\frac{1}{1+exp(-\beta(-1))}\right)^{47} + ln\left(\frac{1}{1+exp(-\beta(0))}\right)^{31}$$
$$+ ln\left(\frac{1}{1+exp(-\beta(1))}\right)^{4}$$

모수 β 의 추정치를 −9 부터 3 까지 변화시키면 <표 9-4> 의 자료에 대한 차이점수 모형 $logit_{d^*} = \beta x^*$ 의 로그우도함수는 [그림 9-3] 의 곡선을 그리는 함수다.

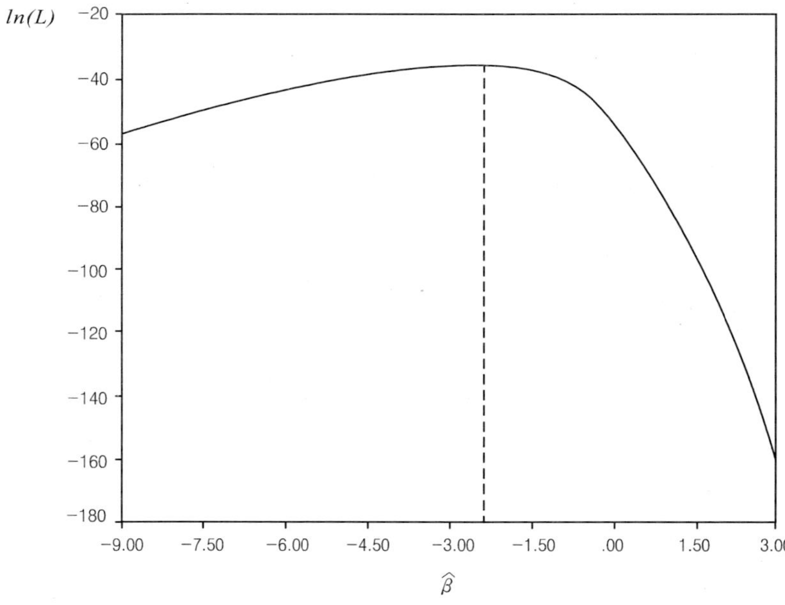

[그림 9-3] <표 9-4> 자료에 대한 차이점수 로지스틱 회귀모형 $logit_{d^*} = \beta x^*$ 의 로그우도함수

이항확률에 기초한 [그림 9-3] 의 로그우도함수는 베이지안 사후확률에 기초한 [그림 9-2] 의 로그우도함수와 완벽하게 동일하다는 사실을 주목하라. 따라서 [그림 9-3] 의 로그우도함수가 최대가 되는 지점의 최대로그우도는 $ln(L)_{MAX} = -35.5085$ 이고, $\hat{\beta}$ 는 -2.4638 이며, 그 지점의 곡률(평평한 정도) 은 $ASE = 0.5208$ 이며, 추정된 회귀계수 $\hat{\beta} = -2.4638$ 에 대한 Wald 통계치는 $-2.4638 / 0.5208 = -4.73$ 이고, 이 통계치는 $df = 1$ 과 $\alpha = 0.01$ 수준에서 유의미하다. 이 결과가 의미하는 바도 또한 베이지안 사후확률에 기초한 모수추정에 의하여 추정된 $\hat{\beta}$ 의 의미와 동일하게 해석된다.

첫 번째 멤버('사례') 가 남편 살해범일 확률을 π 로 표기하면 추정된 모형 $logit_{d^*} = -2.4638x^*$ 에 의해 추정되는 $\hat{\pi}$ 는 다음과 같이 기술할 수 있다.

$$\hat{\pi} = \frac{exp(-2.4638x^*)}{1 + exp(-2.4638x^*)}$$

그런데 $x^* = -1$ 인 경우는 '사례' 가 전과가 없고 '통제' 가 전과를 가진 경우인데, 이때는 첫 번째 멤버('사례') 가 남편 살해범일 확률이 $\hat{\pi} = 0.922$ 로 추정된다. $x^* = 0$ 인 경우는 '사례' 의 전과 여부와 '통제' 의 전과 여부가 동일한 경우인데, 이때는 첫 번째 멤버('사례') 가 남편 살해범일 확률이 $\hat{\pi} = 0.5$ 로 추정된다. 또한, $x^* = 1$ 인 경우는 '사례' 가 전과가 있고 '통제' 가 전과를 갖지 않은 경우인데, 이때는 첫 번째 멤버('사례') 가 남편 살해범일 확률이 $\hat{\pi} = 0.078$ 로 추정된다. 즉, 추정된 로지스틱 회귀모형 $logit_{d^*} = -2.4638x^*$ 는 '사례' 가 전과를 가질수록 남편 살해범일 확률이 감소할 것으로 예측한다.

④ 합치도

짝진 사례-통제 자료의 로지스틱 회귀모형에 관하여 한 가지 유념해야 할 사항이 있다. 그것은 모형과 자료의 합치도를 판단하기 위한 피어슨 카이자승 검증을 사용할 수 없다는 것이다. 그 이유는 다음과 같다.

짝진 사례-통제 자료의 로지스틱 회귀모형 $logit_h = \alpha_h + \beta x$ 가 예측하는 로짓은 $logit_h = ln(\pi_h/(1-\pi_h))$ 이다. 이때 π_h 는 사례-통제 쌍 h 내에서 설명변인의 값이 x 인 멤버가 '사례' 일 확률을 의미한다. 설명변인 x 의 값이 동일하여도 각기 다른 사례—통제 쌍에 속한 멤버들이 '사례' 일 확률 π_h 는 서로 다르다. 왜냐하면 각기 다른 사례—통제 쌍은 각기 다른 α_h 를 가지기 때문이다. 따라서 모형의 모수들 α_h 와 β 가 추정되면 그 추정치들을 모형에 대입하여 설명변인의 값이 x 인 멤버가 '사례' 일 예측된 확률 $\hat{\pi}_h$ 를 구할 수 있겠지만 불행히도 짝진 사례—통제 자료의 로지스틱 회귀모형의 '성가신 모수' α_h 는 추정되지 않으므로 각각의 사례—통제 쌍 h 내에서 설명변인의 값이 x 인 멤버가 '사례' 일 확률 π_h 를 모형에 의해 예측할 수 없다.

또한, 차이점수 자료를 이용하는 모형 $logit_{d^*} = \beta x^*$ 가 예측하는 로짓은 $logit_{d^*} = ln[(d^*=1$ 일 확률$)/(d^* \neq 1$ 일 확률$)]$ 를 의미하고, $d^*=1$ 일 확률은 설명변인의 차이점수가 x^* 인 쌍에서 차이점수 산출의 첫 번째 멤버가 '사례' 일 확률을 의미하지만, 이 확률은 x^* 에 조건화된 확률이고, x 에 조건화된 것이 아니므로 설명변인의 값이 x 인 멤버가 '사례' 일 예측된 확률 $\hat{\pi}_h$ 로 전환될 수 없다. 예를 들면, 짝진 여성 재소자들의 자료를 이용하여 짝진 사례—통제 자료의 로지스틱 회귀모형 $logit_{d^*} = \beta x^*$ 가 추정된 후에도 그것을 이용하여 어떤 여성 재소자의 전과 여부를 보고 그녀가 남편 살해범일지, 아니면 절도 / 사기범일지를 예측할 수 없다.

이와 같이 모형이 추정되고 난 후에 그 추정된 모형에 의하여 예측된 확률 $\hat{\pi}_h$ 를 구할 수 없다는 것은 모형과 자료의 합치도를 판단하기 위한 피어슨 카이자승 검증을 사용할 수 없다는 것을 의미한다. 따라서 짝진 사례—통제 자료의 로지스틱 회귀모형의 합치도는 '일탈지수(deviance)' 에 의해서만 판단될 수 있는데, 일탈지수에 의한 합치도 판단은 다음에 살펴볼 짝진 사례—통제 자료의 로지스틱 중다회귀모형과 함께 설명하고자 한다.

5 짝진 사례 – 통제 자료의 로지스틱 중다회귀모형

짝진 사례—통제 자료의 로지스틱 중다회귀모형은 짝진 사례—통제 연구의 자료에서 설명변인이 2 개 이상 존재하는 경우를 위한 모형이다. 이때에도 모든 절차와 방법은 설명변인이 한 개인 경우와 동일하다. 짝진 사례－통제 자료의 로지스틱 중다회귀모형은 모수추정을 위하여 베이지안 사후확률을 사용하는 모형의 형태와 이항확률분포의 밀도함수를 사용하는 두 가지 모형의 형태로 다음과 같이 정의할 수 있다.

$$logit_h = \alpha_h + \beta_1 x_1 + \beta_2 x_2 + \cdots\cdots + \beta_k x_k \qquad \text{<수식 9-18>}$$

$$logit_{d^*} = \beta_1 x_1^* + \beta_2 x_2^* + \cdots\cdots + \beta_k x_k^* \qquad \text{<수식 9-19>}$$

<수식 9-18> 은 모수추정을 위하여 베이지안 사후확률을 사용하는 로지스틱 중다회귀모형이다. <수식 9-18> 의 $logit_h$ 는 사례－통제 쌍 h 내에서 그 쌍의 멤버가 '사례' 일 로짓이다. 사례－통제 쌍 h 의 멤버가 '사례' 일 확률을 π_h 로 표기하고, '통제' 일 확률을 $1-\pi_h$ 로 표기하면 <수식 9-18> 의 로짓은 $logit_h = ln(\pi_h/(1-\pi_h))$ 이다. <수식 9-18> 의 x_1, x_2, ……, x_k 는 사례－통제 쌍 내에서 '사례' 를 유발한다고 의심되는 잠재적 위험인자를 의미한다. 설명변인들 x_1, x_2, ……, x_k 는 각각 이분변인이거나 범주변인 혹은 연속변인일 수 있다. <수식 9-18> 의 β_1, β_2, ……, β_k 는 사례－통제 쌍 내에서 다른 잠재적 위험인자가 고정되었을 때 해당 잠재적 위험인자의 한 단위 변화에 따라 생기는 $logit_h$ 의 변화다. 따라서 $exp(\beta_k)$ 는 사례－통제 쌍 내에서 다른 잠재적 위험인자가 고정되었을 때 x_k 가 한 단위 변할 때 '사례' 가 발생할 승산의 배수 변화, 즉 승산비 (odds ratio) 를 의미한다. 예를 들어, $\beta_k = 1.5$ 이면 사례－통제 쌍 내에서 다른 잠재적 위험인자가 고정되었을 때, 잠재적 위험인자 x_k 가 한 단위 증가할 때 그 사례－통제 쌍 내에서 '사례' 가 발생할 승산은 $exp(1.5) = 4.48$ 배 증가한다는 것을 의미한다. <수식 9-18> 의 α_h 는 특정한 사례－통제 쌍에서 모든 잠재적 위험인자가 존재하지 않을 때 ($x_1 = x_2 = \cdots\cdots = x_k = 0$) 그 사례－통제 쌍에서 '사례' 가 발생할 로짓이고, 그 값은 각 사례－통제 쌍에서 '사례' 가 발생할 확률과 로짓에 대한 '짝짓는 변인' 의 효과를 나타내는 일종의 '성가신 모수' 다. 비록 α_h 는 성가신 모수고, 따라서 굳이 그 추정치를 산출할 필요가 없는 것이기는 하지만, 연구의 관심 대상인 잠재적 위험인자들 x_1, x_2, ……, x_k 의 효과에서 '짝짓는 변인' 의 효과를 체계적으로 걸러 냄으로써 x_1, x_2, ……, x_k 의 효과와 '짝짓

는 변인' 의 효과들이 서로 혼합 (confounding) 되는 것을 예방하는 매우 중요한 역할을 한다.

<수식 9-19> 는 모수추정을 위하여 이항확률분포의 밀도함수를 사용하는 로지스틱 중다회귀모형이다. <수식 9-19> 의 $logit_{d^*}$ 는 차이점수로 변환된 자료에서 ln[($d^*=1$ 일 확률) / ($d^* \neq 1$ 일 확률)] 를 의미한다. $d^*=1$ 일 확률은 차이점수 산출에서 첫 번째 멤버 ('사례') 가 반응변인에 1 로 코딩된 속성 (예를 들면, 남편 살해범) 을 가진 멤버일 확률을 의미하고, $d^* \neq 1$ 일 확률은 차이점수 산출의 첫 번째 멤버가 반응변인에 1 로 코딩된 속성을 가진 멤버가 아닐 확률을 의미한다. <수식 9-19> 의 로지스틱 중다회귀모형이 절편계수를 가지지 않는 이유도 앞서 설명한 바와 같다.

베이지안 사후확률에 기초한 모수추정을 위한 모형 <수식 9-18> 과 이항확률에 기초한 모수추정을 위한 모형 <수식 9-19> 의 로그우도함수는 각각 <수식 9-20> 과 <수식 9-21> 로 정의된다.

$$ln(L) = \sum_{h=1}^{N} ln((1+exp(\beta_1(x_{10}-x_{11})+\beta_2(x_{20}-x_{21})+\cdots+\beta_k(x_{k0}-x_{k1})))^{-1})$$

<수식 9-20>

$$ln(L) = \sum_{i=1}^{I} ln\left(\left(\frac{1}{1+exp(-(\beta_1 x_1^* + \beta_2 x_2^* + \cdots + \beta_k x_k^*))}\right)^{n_{i1}}\right)$$ <수식 9-21>

<수식 9-20> 의 h 는 각 사례－통제 쌍을 의미하고, <수식 9-21> 의 i 는 모든 설명변인의 차이점수들 x_1^*, x_2^*, ……, x_k^* 로 교차분할된 범주를 의미한다. 모든 다른 기호의 의미는 앞서 설명한 바와 같다. 베이지안 사후확률에 기초한 모수추정을 위한 <수식 9-20> 의 로그우도함수와 이항확률에 기초한 모수추정을 위한 <수식 9-21> 의 로그우도함수를 꼼꼼히 따져 보면 이 두 개의 로그우도함수는 동일한 로그우도함수라는 것을 쉽게 알 수 있다. 따라서 둘 중의 한 가지 함수를 최대가 되게 하는 β_1, β_2, ……, β_k 의 추정치들이 이것들의 최대우도 추정치들이다.

최대우도 추정치 $\widehat{\beta}_1$, $\widehat{\beta}_2$, ……, $\widehat{\beta}_k$를 거꾸로 <수식 9-20> 혹은 <수식 9-21>에 대입하면 최대로그우도 $ln(L)_{MAX}$가 산출된다. 이 최대로그우도에 -2를 곱해 준 $-2ln(L)_{MAX}$는 카이자승분포를 하는 지수로, 흔히 '일탈지수(deviance)' 라고 부른다. 이 지수를 일탈지수라고 부르는 이유는 이 지수의 크기가 클수록 모형이 옳다는 가정하에 분석에 사용된 자료가 나타날 가능성이 낮은 것을 의미하기 때문이다. 일탈지수가 크면 최대로그우도가 작다는 것을 의미하고, 최대로그우도가 작으면 우도, 즉 모형이 옳다는 가정하에 분석에 사용된 자료가 나타날 가능성이 낮은 것을 의미한다. 즉, $-2ln(L)_{MAX}$의 크기가 클수록 모형과 자료가 서로 일탈한다. 그런데 동일한 자료에 대한 두 개의 서로 위계적인 모형에서 산출된 일탈지수들의 차이도 역시 카이자승분포를 하는 지수고, 이 지수를 '우도비 카이자승(likelihood chi-square)' 이라고 부른다. 두 개의 위계적인 모형 중에서 설명변인을 더 많이 가진 모형의 일탈지수는 그것을 더 적게 가진 모형의 일탈지수보다 반드시 더 작다. 왜냐하면 두 개의 위계적인 모형 중에서 설명변인을 더 많이 가진 모형이 그것을 더 적게 가진 모형보다 언제나 분석에 사용된 자료를 더 많이 설명하기 때문이다. 우도비 카이자승의 자유도는 두 개의 위계적인 모형에 포함된 설명변인의 개수 차이와 같다. 우도비 카이자승이 유의미하면 두 개의 위계적인 모형 중에서 설명변인을 더 많이 가진 모형의 설명력이 설명변인을 더 적게 가진 모형의 설명력에 비하여 통계적으로 의미 있게 더 우수하다는 것을 의미한다. 반면에 우도비 카이자승이 유의미하지 않으면 두 개의 위계적인 모형의 설명력이 대동소이하다는 것을 의미한다. 두 개의 위계적인 모형의 설명력이 대동소이할 때는 설명변인을 더 적게 가진 모형, 즉 더 간단한 모형이 선호된다.

6 두 개 이상의 '통제' 가 포함된 자료의 로지스틱 중다회귀모형

짝진 사례−통제 연구들 중에는 각 사례−통제 쌍에 한 개의 '사례' 와 두 개 이상의 '통제' 가 포함되는 경우가 있다. 이때에는 '쌍' 이라는 용어보다는 '세트' 혹은 '집합' 이라는 용어가 더 적합하지만, 일관성을 위하여 '쌍' 이라는 용어를 계속 사용하고자 한다. 예를 들어, 1980 년대에 영국에서는 정부 차원에서 영아 사망, 특히 원인을 알 수 없는 영아 돌연사의 위험인자를 밝히기 위한 대대적인 연구가 수행된 바 있다 (Golding, Limerick, & Macfarlane, 1985). 이 연구에서는 241 개의 영아 돌연사 '사례' 들 각각에 대하여 3 개씩의 '통제' 를 사용하였는데, 각각의 사례－통제 쌍에서 '사례' 와 '통제' 들은 산모의 결혼 상태, 산모의 출산 연령, 산모의 경제 수준, 산모의 사회계층, 영아의 출생 장소, 그리고 영아의 출생 연도가 동일한 것들이었다. 이와 같이 여섯 개의 '짝짓는 변인' 들에 의해 짝지어진 총 964 개의 '사례' 들과 '통제' 들에 대하여 60 개가 넘는 잠재적 위험인자들이 조사되고 분석되었는데, 밝혀진 위험인자들은 크게 두 부류로 분류되는 것들이었다. 첫 번째 위험인자 부류는 영아의 신체 크기와 관련된 것들로서 이 부류에 속하는 위험인자들 중에 영아 돌연사에 대한 가장 중요한 위험인자인 것으로 나타난 것은 출생 당시의 영아 체중인 것으로 밝혀졌다. 두 번째 위험인자 부류는 임신 중 혹은 출산과정의 문제와 관련된 것들로서 이 부류에 속하는 위험인자들 중에 가장 중요한 것은 영아의 출생 후 병원 체류기간인 것으로 밝혀졌다.

① 모형

각 사례－통제 쌍에 한 개의 '사례' 와 D 개 ($D \geq 2$) 의 '통제' 가 포함되는 상관된 자료에 대한 로지스틱 중다회귀모형은 베이지안 사후확률에 기초하는 모형이며, <수식 9-22> 와 같이 정의된다.

$$ln\left(\frac{\pi_h}{1-\pi_h}\right) = \alpha_h + \beta_1 x_1 + \beta_2 x_2 + \cdots\cdots + \beta_k x_k \qquad \text{<수식 9-22>}$$

<수식 9-22> 의 $ln(\pi_h/(1-\pi_h))$ 는 앞서 사용된 기호 $logit_h$ 를 구체적으로 표현한 것에 불과하다. 기호 π_h 는 사례－통제 쌍 h 내에서 특정한 설명변인들의 값 x_1, x_2, ……, x_k 를 가지는 멤버가 '사례' 일 확률을 의미한다. 따라서 $ln(\pi_h/(1-\pi_h))$ 는 사례－통제 쌍 h 내에서 특정한 설명변인들의 값 x_1, x_2, ……, x_k 를 가지는 멤버가 '사례' 일 로짓이다. 즉, 〈수식 9-22〉 의 모형은 각 사례－통제 쌍 h 내에서 멤버들의 설명변인 값 x_1, x_2, ……, x_k 를 이용하여 그 멤버가 '사

례' 일 로짓 혹은 확률을 예측하는 모형이다. 영국에서 수행된 영아 돌연사 연구의 경우에는 π_h가 사례-통제 쌍 h 내에서 출생 당시의 영아 체중과 출생 후 병원 체류기간 등의 특정한 잠재적 위험인자들의 값 x_1, x_2, ……, x_k를 가지는 영아가 돌연사한 영아일 확률을 의미하고, 모형은 각 사례-통제 쌍 h 내에서 영아들의 잠재적 위험인자들의 값 x_1, x_2, ……, x_k를 이용하여 그 영아가 돌연사한 영아일 확률 혹은 로짓을 예측하는 모형이 된다.

<수식 9-22> 의 모형은 마치 각 개별적인 사례-통제 쌍을 분리하여 한 개의 '사례' 및 D개의 '통제'들로 구성된 조그만 자료세트로 분할하고, $N= D+1$ 인 각각의 조그만 자료세트에서 모형 $logit_h = \alpha_h + \beta_1 x_1 + \beta_2 x_2 + \cdots\cdots + \beta_k x_k$를 검증하되, 각각의 조그만 자료세트에서 α_h는 서로 다른 값이 산출되는 것을 허용하는 반면, β_1, β_2, ……, β_k는 모든 조그만 자료세트에 걸쳐서 동일한 추정치들이 산출되도록 제약하는 것과 같다.

<수식 9-22> 의 α_h는 특정한 사례-통제 쌍에서 모형에 포함된 모든 잠재적 위험인자가 존재하지 않을 때 ($x_1 = x_2 = \cdots = x_k = 0$) 그 사례-통제 쌍에서 '사례'가 발생할 로짓이고, 그 값은 각 사례-통제 쌍에서 '사례'가 발생할 확률과 로짓에 대한 '짝짓는 변인'의 효과를 나타내는 '성가신 모수'다. 영국에서 수행된 영아 돌연사 연구의 경우에 α_h는 특정한 사례-통제 쌍 h의 멤버들이 돌연사한 영아일 로짓에 대한 산모의 결혼 상태, 산모의 출산 연령, 산모의 경제 수준, 산모의 사회계층, 영아의 출생 장소, 그리고 영아의 출생 연도 등의 소위 '짝짓는 변인'들의 종합적인 효과를 나타낸다.

모수 β_k의 추정치 $\hat{\beta}_k$는 각 사례-통제 쌍 내에서 다른 설명변인이 모두 고정되고 해당 설명변인 x_k에서만 한 단위 변화가 생겼을 때 그 사례-통제 쌍의 멤버들이 '사례'일 로짓에서의 변화를 의미한다. 영국에서 수행된 영아 돌연사 연구의 경우, 예를 들어 영아의 출생 후 병원 체류기간의 추정된 회귀계수($\hat{\beta}_k$)가 0.0509 라면, 모형에 포함된 다른 모든 잠재적 위험인자들이 동일할 때 출생 후 병원 체류기간이 1 일 더 긴 영아는 그것이 1 일 더 짧은 영아에 비하여 돌연사한 영아일 로짓이 0.0509 만큼 더 크다 혹은 돌연사한 영아일 승산이 $exp(0.0509) = 1.05$ 배 더 높다는 것을 의미한다.

② 모수추정

각 사례-통제 쌍에 한 개의 '사례'와 두 개 이상의 '통제'가 포함되는 상관된 자료에 대한 로지스틱 중다회귀모형의 모수들은 베이지안 사후확률에 기초한 조건적 우도함수에 의해 추정된다. 이 경우 조건적 우도함수의 유도과정은 앞서 '통제'가 한 개인 경우의 조건적 우도함수의 유도과정과 동일하다. 다만, '통제'가 여러 개인 까닭에 수식이 더 많은 기호를 포함하여 복잡해질 뿐이다. 따라서 여기에서는 복잡한 수식을 회피하기 위하여 조건적 우도함수의 유도과정을 개념적으로 설명하고, 최종적인 우도함수만 제시하고자 한다. 우선 각 사례-통제 쌍 h에 속한 멤버들을 기호 d와 $\overline{d}$로 표기하자. 기호 d는 '사례'를 의미하고 기호 $\overline{d}$는 '통제'를 의미하는데, $\overline{d}=1, 2, \cdots\cdots, D$이다. 또한, 사례-통제 쌍 내에서 '사례'의 관찰된 설명변인 값들을 집합적으로 $\mathbb{X}_d=\{x_{1d}, x_{2d}, \cdots\cdots, x_{kd}\}$로 표기하고, '통제'들 $\overline{d}=1, 2, \cdots\cdots, D$의 관찰된 설명변인 값들을 집합적으로 $\mathbb{X}_1=\{x_{11}, x_{21}, \cdots\cdots, x_{k1}\}$, $\mathbb{X}_2=\{x_{12}, x_{22}, \cdots\cdots, x_{k2}\}, \cdots, \mathbb{X}_D=\{x_{1D}, x_{2D}, \cdots\cdots, x_{kD}\}$로 표기하자. '통제'들의 $\mathbb{X}_1, \mathbb{X}_2, \cdots\cdots, \mathbb{X}_D$는 또한 모두 집합적으로 $\mathbb{X}_{\overline{d}}=\{\mathbb{X}_1, \mathbb{X}_2, \cdots\cdots, \mathbb{X}_D\}$로 표기할 수 있다.

첫째, 사례-통제 쌍 내에서 '사례'의 설명변인 값들이 실제로 표본자료에서 관찰된 $\mathbb{X}_d$이고, '통제'들의 설명변인 값들이 실제로 관찰된 $\mathbb{X}_1, \mathbb{X}_2, \mathbb{X}_3, \cdots\cdots, \mathbb{X}_D$일 사후결합확률을 정의할 수 있는데, 이 사후결합확률을 A로 표기하자. 확률 A가 사후확률인 이유는 특정한 사례-통제 쌍에서 어떤 멤버가 '사례'이고, 어떤 멤버가 '통제'인지를 안다는 조건하에 실제로 관찰된 설명변인의 값들이 나타날 확률이기 때문이고, 결합확률인 이유는 '사례'의 설명변인 값들이 실제로 관찰된 $\mathbb{X}_d$일 확률과 '통제'들의 설명변인 값들이 실제로 관찰된 $\mathbb{X}_1, \mathbb{X}_2, \mathbb{X}_3, \cdots\cdots, \mathbb{X}_D$일 확률이 결합되었기(곱해졌기) 때문이다. 다시 말해서 사후결합확률 A는 특정한 사례-통제 쌍에서 어떤 멤버가 '사례'고, 어떤 멤버가 '통제'인지를 안다는 조건하에 실제로 관찰된 설명변인의 값들, 즉 표본자료가 나타날 확률이다.

둘째, 사례-통제 쌍에서 '사례'와 '통제'들이 불특정의 그러나 서로 다른 설명변인들 값을 가질 사후확률을 정의할 수 있고, 이 사후확률을 B로 표기하자. 확률 B도 역시 특정한 사례-통제 쌍에서 어떤 멤버가 '사례'고, 어떤 멤버가 '통제'인지를 안다는 조건하에 그들이 서로 다른 설명변인들의 값을 가질 확률이다.

중요한 것은 사후확률 B가 설명변인들이 진정한 위험인자일 사후확률이기도 하다는 사실이다. 왜냐하면 설명변인들이 진정한 위험인자라면, '사례'의 $\mathbb{X}_d$ 값은 '통제'들의 $\mathbb{X}_1$, $\mathbb{X}_2$, $\mathbb{X}_3$, ……, $\mathbb{X}_D$ 값들과 달라야 하는데, 사후확률 B는 특정한 사례-통제 쌍에서 어떤 멤버가 '사례'고, 어떤 멤버가 '통제'인지를 안다는 조건하에 '사례'가 '통제'들과 불특정의 서로 다른 설명변인들의 값들을 가질 확률이기 때문이다.

셋째, 사례-통제 쌍 내에서 설명변인들 x_1, x_2, ……, x_k가 진정한 위험인자라는 조건하에 '사례'는 표본자료에서 실제로 관찰된 설명변인들의 값 $\mathbb{X}_d$를 가지고, '통제'들도 역시 자료에서 실제로 관찰된 설명변인들의 값 $\mathbb{X}_1$, $\mathbb{X}_2$, $\mathbb{X}_3$, ……,$\mathbb{X}_D$들을 가질 사후조건확률을 정의할 수 있는데, 이 사후조건확률은 다름 아닌 A/B이다. A/B가 사후확률인 이유는 앞에서 설명한 바와 같이 확률 A와 확률 B가 각각 특정한 사례-통제 쌍에서 어떤 멤버가 '사례'고, 어떤 멤버가 '통제' 인지를 안다는 조건하에 정의되는 사후확률들이기 때문이고, A/B가 조건확률인 이유는 사례-통제 쌍 내에서 설명변인들 x_1, x_2, ……, x_k가 진정한 위험인자일 확률 B의 조건하에 '사례'는 실제로 관찰된 설명변인들의 값 $\mathbb{X}_d$를 가지고, '통제' 들은 역시 실제로 관찰된 설명변인들의 값 $\mathbb{X}_1$, $\mathbb{X}_2$, $\mathbb{X}_3$, ……, $\mathbb{X}_D$ 값들을 가질 확률 A를 정의한 것이기 때문이다.

사후조건확률 A/B는 두 개 이상의 '통제'를 포함하는 사례-통제 쌍 내에서 '사례'가 발생할 로짓에 대한 잠재적 위험인자들의 효과를 파악하기 위한 로지스틱 회귀모형에서 모수들 β_1, β_2, ……, β_k를 추정하기 위한 우도함수다. 사후조건확률 A/B가 로지스틱 회귀모형 $logit_h = \alpha_h + \beta_1 x_1 + \beta_2 x_2 + \cdots\cdots + \beta_k x_k$의 우도함수인 이유는 모형이 옳다는 전제(설명변인들이 진정한 위험인자들이라는 조건) 하에 특정한 사례-통제 쌍의 실제 관찰된 표본자료($\mathbb{X}_d$, $\mathbb{X}_1$, $\mathbb{X}_2$, $\mathbb{X}_3$, …… ,$\mathbb{X}_D$)가 나타날 확률이기 때문이다. 따라서 사후조건확률 A/B에 로지스틱 중다회귀모형 <수식 9-22>를 대입하고, 그것을 최대가 되게 하는 모수들 β_1, β_2, ……, β_k의 추정치를 산출하면 된다. 그러나 사후조건확률 A/B에 로지스틱 중다회귀모형 <수식 9-22>를 곧바로 대입할 수 없는데, 그 이유는 로지스틱 중다회귀모형이 예측하는 로짓 $ln(\pi_h/(1-\pi_h))$의 π_h는 사후확률이 아니고 사전확률(a priori probability)

이기 때문이다.

넷째, <수식 9-22> 의 로지스틱 중다회귀모형에 의하여 추정 혹은 예측되는 로짓은 자료에 의해서 주어진, 즉 관찰된 설명변인 값들을 조건으로 그 값들을 가진 멤버가 '사례' 일 사전확률 π_h 에 의해 정의되는 반면에 사후조건확률 A/B 는 멤버의 유형 ('사례' 혹은 '통제') 을 조건으로 표본자료에서 관찰된 설명변인의 값이 나타날 사후확률들에 의해 정의되고 있으므로 사후조건확률 A/B 를 우도함수로 이용하여 그 함수에 로지스틱 중다회귀모형 <수식 9-22> 를 곧바로 대입할 수 없다. 따라서 사후조건확률 A/B 를 관찰된 설명변인 값들을 조건으로 그 값을 가진 멤버가 '사례' 이거나 '통제' 일 사전확률에 의해 정의되는 형태로 바꾸어 주어야 한다. 사후조건확률 A/B 는 베이즈 공리에 의하여 <수식 9-23> 과 같이 사전확률들을 요소로 가지는 형태로 정의된다.

$$\frac{A}{B} = \left[1 + \sum_{\bar{d}=1}^{D} \frac{\pi_{d|\mathbb{X}_{\bar{d}}}}{\pi_{\bar{d}|\mathbb{X}_{\bar{d}}}} \Big/ \frac{\pi_{d|\mathbb{X}_{d}}}{\pi_{\bar{d}|\mathbb{X}_{d}}}\right]^{-1} \qquad \text{<수식 9-23>}$$

이제 사례-통제 쌍 h 내에서 <수식 9-22> 의 로지스틱 중다회귀모형은 <수식 9-24> 와 같이 표기할 수 있다.

$$\frac{\pi_{d|\mathbb{X}}}{\pi_{\bar{d}|\mathbb{X}}} = exp(\alpha_h + \beta_1 x_1 + \beta_2 x_2 + \cdots\cdots + \beta_k x_k) \qquad \text{<수식 9-24>}$$

<수식 9-24> 에서 $\pi_{d|\mathbb{X}}$ 는 사례-통제 쌍에서 관찰된 설명변인들의 값이 x_1, x_2, ……, x_k 인 멤버가 '사례' 일 사전확률이고, $\pi_{\bar{d}|\mathbb{X}}$ 는 사례-통제 쌍에서 관찰된 설명변인들의 값이 x_1, x_2, ……, x_k 인 멤버가 '통제' 일 사전확률이다. $\pi_{d|\mathbb{X}}/\pi_{\bar{d}|\mathbb{X}}$ 는 사례-통제 쌍에서 관찰된 설명변인들의 값이 x_1, x_2, ……, x_k 인 멤버가 '통제' 가 아니고 '사례' 일 승산이다. 따라서 설명변인들 x_1, x_2, ……, x_k 가 진정한 위험인자일 때, '사례' 의 실제로 관찰된 설명변인들 값 $\mathbb{X}_d$ 와 '통제' 들의 실제로 관찰된 설명변인들 값 $\mathbb{X}_{\bar{d}}$ 각각에 대하여 모형은 사례-통제 쌍 내에서 <수식 9-25> 와 같이 정의된다.

$$\frac{\pi_{d|\mathbb{X}_d}}{\pi_{\bar{d}|\mathbb{X}_d}} = exp(\alpha_h + \beta_1 x_{1d} + \beta_2 x_{2d} + \cdots\cdots + \beta_k x_{kd})$$

$$\frac{\pi_{d|\mathbb{X}_{\bar{d}}}}{\pi_{\bar{d}|\mathbb{X}_{\bar{d}}}} = exp(\alpha_h + \beta_1 x_{1\bar{d}} + \beta_2 x_{2\bar{d}} + \cdots\cdots + \beta_k x_{k\bar{d}}) \quad \text{<수식 9-25>}$$

$\pi_{d|\mathbb{X}_d}/\pi_{\bar{d}|\mathbb{X}_d}$ 는 사례-통제 쌍 내에서 설명변인들의 값이 $\mathbb{X}_d$인 멤버가 '사례' 일 승산이고, $\pi_{d|\mathbb{X}_{\bar{d}}}/\pi_{d|\mathbb{X}_{\bar{d}}}$는 사례-통제 쌍 내에서 설명변인들의 값이 $\mathbb{X}_{\bar{d}}$ 인 멤버가 '사례' 일 승산이다. <수식 9-25> 를 <수식 9-23> 의 오른쪽 항에 대입하면 사례-통제 쌍 내에서 설명변인들 x_1, x_2, ……, x_k 가 진정한 위험인자라는 조건하에 '사례' 는 자료에서 실제로 관찰된 $\mathbb{X}_d$를 가지고, '통제' 들은 자료에서 실제로 관찰된 $\mathbb{X}_{\bar{d}}$ 를 가질 사후조건확률, 즉 각 사례-통제 쌍의 우도함수(모형이 옳다는 전제하에 특정한 사례-통제 쌍의 실제 관찰된 표본자료가 나타날 확률) 는 <수식 9-26> 과 같이 정의된다.

$$\left[1 + \sum_{\bar{d}=1}^{D} \frac{\pi_{d|\mathbb{X}_{\bar{d}}}}{\pi_{\bar{d}|\mathbb{X}_{\bar{d}}}} \Big/ \frac{\pi_{d|\mathbb{X}_d}}{\pi_{\bar{d}|\mathbb{X}_d}}\right]^{-1}$$

$$= \left[1 + \sum_{\bar{d}=1}^{D} \frac{exp(\alpha_h + \beta_1 x_{1\bar{d}} + \beta_2 x_{2\bar{d}} + \cdots\cdots + \beta_k x_{k\bar{d}})}{exp(\alpha_h + \beta_1 x_{1d} + \beta_2 x_{2d} + \cdots\cdots + \beta_k x_{kd})}\right]^{-1}$$

$$= \left(1 + \sum_{\bar{d}=1}^{D} exp(\beta_1(x_{1\bar{d}} - x_{1d}) + \beta_2(x_{2\bar{d}} - x_{2d}) + \cdots\cdots + \beta_k(x_{k\bar{d}} - x_{kd}))\right)^{-1}$$

<수식 9-26>

<수식 9-26> 은 각 사례-통제 쌍의 우도함수다. 그것을 모든 사례-통제 쌍에 대하여 곱해 준 후 그것을 로그 변환하거나 각 사례-통제 쌍의 우도함수 <수식 9-26> 을 로그 변환한 후 모든 사례-통제 쌍의 로그우도를 더해 주면, 모형이 옳다는 전제하에 실제로 관찰된 전체 표본자료가 나타날 로그우도함수가 된다.

$$ln(L) = \sum_{h=1}^{N} ln\left((1 + \sum_{\bar{d}=1}^{D} exp(\beta_1(x_{1\bar{d}} - x_{1d}) + \beta_2(x_{2\bar{d}} - x_{2d}) + \cdots\cdots + \beta_k(x_{k\bar{d}} - x_{kd})))^{-1} \right)$$

<수식 9-27>

<수식 9-27> 의 로그우도함수에서 $x_{k\bar{d}} - x_{kd}$ 는 '통제' 의 설명변인 x_k 값에서 '사례' 의 x_k 값을 빼 주는 것을 의미한다. <수식 9-27> 의 로그우도함수를 최대가 되게 하는 모수들 β_1, β_2, ……, β_k 의 값을 찾으면 그것들이 각 사례-통제 쌍에 한 개의 '사례' 와 두 개 이상의 '통제' 가 포함되는 상관된 자료에 대한 로지스틱 중다회귀모형의 최대우도 모수추정치들이다.

■ 참 고

다음은 <표 9-2> 의 (b) 자료를 상관된 자료에 대하여 외곽 동질성을 검증하기 위한 로지스틱 모형 $logit_{jh} = \alpha_h + \beta x$ 의 모수를 추정하기 위한 SAS GENMOD 프로그램이다. 모자란 자료를 채워 넣은 후 분석하여 결과를 기술하라.

```
data marriage;
input satisfy couple member @@;
cards;
1  1  0  0  1  1
1  2  0  0  2  1
1  3  0  0  3  1
.  .  .  .  .  .
.  .  .  .  .  .
.  .  .  .  .  .
0 48  0  1 48  1
0 49  0  1 49  1
0 50  0  1 50  1
;
run;
proc genmod data=marriage descending;
 class couple;
 model satisfy = member / dist = binomial
                          link = logit
                          noint;
 repeated subject=couple;
run;
```

다음은 〈표 9-4〉의 차이졂수 자료를 이용하여 상관된 자료에 대한 로지스틱 회귀모형 $logit_{d^*} = \beta x^*$를 검증하기 위한 SAS 프로그램이다. 모자란 자료를 채워 넣은 후 분석하여 결과를 기술하라.

```
data data1;
input pair1 record1 kill1 pair2 record2 kill2;
record=record2-record1;
kill=kill2-kill1;
datalines;
1  1  0  1  0  1
2  1  0  2  0  1
3  0  0  3  0  1
4  0  0  4  0  1
5  1  0  5  0  1
.  .  .  .  .  .
.  .  .  .  .  .
.  .  .  .  .  .
.  .  .  .  .  .
78 0  0  78 0  1
79 1  0  79 1  1
80 0  0  80 0  1
81 1  0  81 0  1
82 1  0  82 0  1
;
run;
proc logistic data=data1;
     model kill=record / noint;
run;
```

제 10 장
반복측정자료모형

앞서 제 9 장에서 상관된 자료를 위한 일반선형모형들을 살펴보았다. 상관된 자료의 한 유형은 동일한 관찰단위들을 각기 다른 상황 혹은 조건에서 반복적으로 관찰하여 얻은 자료다. 예를 들어, 자폐아동들의 사회성을 향상하기 위한 훈련프로그램을 일정수의 자폐아동들에게 실시하고, 그 자폐아동들이 처음 보는 타인과 10 분 동안 장난감놀이를 하면서 타인의 눈을 한 번이라도 응시하는지의 여부를 보름마다 한 번씩 평가한다면 이러한 자료는 범주적인 반복측정자료다. 동일한 관찰단위들을 각기 다른 시점에서 반복적으로 관찰하여 얻은 자료를 '종단적 자료 (longitudinal data)' 라고 부르고, 그러한 연구를 '종단적 연구 (longitudinal study)' 라고 부르기도 한다. 또한, 선택행동 (choice behavior) 에 관한 사회인지심리학의 실험연구에서 여러 개의 선택대안 중에 특정한 타깃대안을 선택하는 행동이 그 특정한 타깃대안과 함께 제시된 다른 대안의 수에 따라 달라지는지를 파악하기 위하여, 그 특정한 타깃대안을 한 개의 다른 대안과 함께 제시하는 상황, 두 개의 다른 대안과 함께 제시하는 상황, 세 개의 다른 대안과 함께 제시하는 상황에서 각각 그 특정한 타깃대안을 선택하는지의 여부를 관찰한다면, 이러한 자료는 범주적인 반복측정자료다. 주변에서 찾을 수 있는 가장 흔한 범주적인 반복측정자료는 시험문제에 대한 응답자료가 된다. 예를 들어, 30 문항으로 이루어진 사지선다형 국어시험에 대하여 100 명의 학생들이 응시하고, 각 문항에 대하여 학생이 정답을 하였다면 1 점, 오답을 하였다면 0 점으로 채점하였다면 이러한 채점자료는 학생들의 국어 능력을 조금씩 다른 조건을 부여하여 30 번 측정한 범주적인 반복측정자료다. 이러한 연구들은 시간의 효과, 상황의 효과 혹은 조건의 효과를 검증하기 위한 목적으로 이루어지는 경우가 많은데, 각기 다른 시점, 각기 다른 상황 혹은 각기 다른 조건 사이에서 나타나는 반응들은 동일한 관찰단위들의 반응이므로 시점, 상황 혹은 조건 사이에서 서로 상관관계를 가지게 된다. 예를 들어, 어떤 측정시점에서 모르는 타인의 눈을 응시하였던 자폐아동은 그 다음 측정시점에서도 타인의 눈을 응시하는 행동을 보일 확률이 높다. 따라서 분석적인 관점에서 이러한 반복측정자료는 짝진 동류집단연구의 자료나 짝진 사례-통제 연구의 자료와 마찬가지로 상관된 자료가 된다.

반복측정은 흔히 각기 다른 측정차수에서 측정된 반응들 사이의 차이를 검증하기 위해서 이루어진다. 예를 들어, 치료를 하기 전의 병세와 치료를 한 후의 병세가 서로 차이를 가지는지를 검증하기 위하여 동일한 환자들의 병세에 대한 소위 '사전검사 (pre-test)' 와 '사후검사 (post-test)' 가 이루어져서 반복측정자료를 얻는 경우가 이러한 경우다. 이러한 연구설계를 '피험자 내 설계 (within-subject design)' 라고 부르기도 한다. 동일한 관찰단위 (피험자) 내에서의 사전-사후 측정치들을 서로 비교하는 연구방식이기 때문이다. 반면에 만약 치료를 받지 않은 환자들과 치료를 받은 환자들의 병세 차이를 비교하여 치료 효과의 여부를 검증한다면 그러한 연구를 서로 독립적인 집단들을 비교하는 '피험자 간 설계 (between-subjects design)' 라고 부른다.

반복측정연구 혹은 피험자 내 설계의 장점은 각 관찰단위 내에서의 반복된 측정치들에서는 관찰단위의 속성과 관련된 모든 요인들이 동일하므로 각기 다른 측정차수에서 측정된 반응들 사이의 차이 검증에 대하여 그러한 관찰단위 속성과 관련된 요인들이 영향을 주지 않는다는 것이다. 예를 들어, 동일한 환자의 병세를 치료 전과 치료 후에 반복적으로 관찰하고 사전 측정치와 사후 측정치의 차이를 산출하면, 그 차이는 환자의 연령, 체질, 생활습관 등의 피험자 속성에 의해 생겨난 것은 아니라는 확신을 할 수 있고, 결국 그 차이는 사전검사와 사후검사 사이에 행해진 치료의 효과라는 결론을 보다 명확히 도출할 수 있는 장점이 있다.

그러나 반복측정자료의 이러한 장점이 분석과정에서 실제로 실현되기 위해서는 각기 다른 측정차수에서 측정된 반응들이 각 관찰단위 내에서 검증되고 해석되어야 한다. 만약에 연구에 포함된 모든 환자의 사전 측정치의 평균과 사후 측정치의 평균을 구하고, 그 평균들의 차이를 산출한 후, 그 평균들의 차이에 대하여 마치 그 평균들이 서로 독립적인 집단들에서 산출된 것인 양 통계적 검증을 한다면, 그 검증 결과는 각종 피험자 속성 혹은 개인차에 의한 차이가 혼합된 결과가 된다. 그 이유는 다음과 같다.

병세에 대한 사전 측정치들의 변산과 사후 측정치들의 변산은 모든 '측정'에 무작위로 개입하게 마련인 무선오차 이외에도 각각 환자들의 연령, 체질, 생활습관 등의 무수히 많은, 소위 피험자 요인들 혹은 개인차 요인들에 의해 발생한다. 반복측정연구를 하는 이유는 이러한 체계적 요인들에 의한 변산을 사전 측정치들과 사후 측정치들로부터 제거하기 위해서다. 그런데 만약 연구에 포함된 모든 환자의 사전검사의 평균과 사후검사의 평균 차이에 대하여 마치 그 평균들이 서로 독립적인 집단들에서 산출된 것인 양 통계적 영가설 검증을 한다면 그러한 체계적 요인들에 의한 변산까지 모두 무선오차인 것으로 간주하는 것이 되고, 결과적으로 사전-사후 평균 차이의 통계적 의미가 과소평가되는 검증이 된다. 즉, 사전검사와 사후검사의 차이에 대한 통계적 검증력이 낮아지고, 반복측정자료의 의의가 사라진다. 따라서 반복측정자료에 대한 분석의 핵심은 각종 피험자 속성 혹은 개인차에 의한 체계적 변산을 '오차'로부터 제거하는 것이다.

1 반복측정자료의 일반적 구조

어떤 연구자가 새로 개발된 우울증 치료제의 효과를 검증하기 위하여 340 명의 우울증 환자들을 대상으로 임상실험을 하였다고 가정하자. 실험 전에 환자들의 우울증상을 진단하여 150 명의 '경증환자'와 190 명의 '중증환자'로 구분하였다. 경증환자 집단과 중증환자 집단을 다시 각각 두 집단으로 분할하여 한 집단(신약투약집단)은 새로 개발된 우울증 치료제를 이용한 치료를 하고, 다른 집단(표준투약집단)에는 기존의 표준적인 치료제를 이용하여 치료하였다. 반응변인은 환자의 심리적 상태를 의사가 진단하여 '정상판정'과 '우울판정'으로 구분한 이분변인이다. 치료시작 시점에서 1 주일이 경과한 후에 첫 번째 반응변인이 측정되었고,

2 주일이 경과된 후에 두 번째 반응변인이 측정되었으며, 4 주일이 경과한 후에 세 번째 반응변인이 측정되었다. 이 가상적인 연구에서 얻은 반복측정자료는 두 가지의 형태로 구조화할 수 있다.

첫 번째 형태는 자료행렬의 행 (column) 이 각기 독립적인 관찰단위들이고, 열 (row) 이 각 관찰단위의 특성이나 소속집단, 반응측정치들이 되도록 구조화된 <표 10-1> 과 같은 형태다. 이러한 자료행렬의 형태를 편의상 '관찰단위 중심의 구조' 라고 부르자. 관찰단위 중심이란 자료행렬의 각 행이 각 관찰단위를 나타낸다는 뜻이다. 각 관찰단위를 '군집 (cluster)' 이라고 부르기도 한다. 각 관찰단위는 반복적으로 측정된 반응측정치들의 군집을 형성한다는 의미다.

〈**표 10-1**〉 관찰단위를 중심으로 구조화된 반복측정자료: 우울증 치료제의 효과를 검증하기 위한 가상적인 임상실험 자료

피험자	사전진단	실험집단	반응변인의 측정차수		
			1	2	3
1	0	1	0	0	0
2	1	0	1	0	1
3	1	1	0	1	1
4	0	1	1	0	0
⋮	⋮	⋮	⋮	⋮	⋮
340	0	1	0	1	0

사전진단: 0 = 경증환자, 1 = 중증환자
실험집단: 0 = 표준투약집단, 1 = 신약투약집단
측정차수: 1 = 치료개시 1 주일 후의 측정, 2 = 치료개시 2 주일 후의 측정, 3 = 치료개시 4 주일 후의 측정
반응측정치: 0 = 정상판정, 1 = 우울판정

<표 10-1> 의 구조는 각 관찰단위와 관련된 모든 설명변인과 반응변인이 하나의 행에 기록되는 일반적인 구조다. <표 10-1> 의 자료는 <표 10-2> 와 같이 행이 각 반응변인 측정치를 중심으로 구성되는 형태로 구조화할 수도 있다. <표 10-2> 는 자료행렬의 각 행이 각각의 반응변인 측정치를 나타내고, 열이 그 측정치와 관련된 관찰단위, 소속집단, 측정차수 등의 변인이 되도록 배열된 구조다.

〈 **표 10-2** 〉 반응측정치를 중심으로 구조화된 반복측정자료: 우울증 치료제의 효과를 검증하기 위한 가상적인 임상실험 자료

피험자	사전진단	실험집단	측정차수	반응측정치
1	0	1	1	0
1	0	1	2	0
1	0	1	3	0
2	1	0	1	1
2	1	0	2	0
2	1	0	3	1
3	1	1	1	0
3	1	1	2	1
3	1	1	3	1
4	0	1	1	1
4	0	1	2	0
4	0	1	3	0
⋮	⋮	⋮	⋮	⋮
340	0	1	1	0
340	0	1	2	1
340	0	1	3	0

사전진단: 0 = 경증환자, 1 = 중증환자
실험집단: 0 = 표준투약집단, 1 = 신약투약집단
측정차수: 1 = 치료개시 1 주일 후의 측정, 2 = 치료개시 2 주일 후의 측정, 3 = 치료개시 4 주일 후의 측정
반응측정치: 0 = 정상판정, 1 = 우울판정

<표 10-2> 와 같은 구조를 편의상 '반응측정치 중심의 구조' 라고 부르자. 반응측정치 중심이란 자료행렬의 각 행이 반응변인의 각 개별적인 측정치를 의미한다는 뜻이다. 따라서 만약 각 관찰단위에 대하여 반응변인이 3 번 반복적으로 측정되었다면 각 관찰단위는 3 줄씩의 자료를 가지게 되고, 반응변인이 5 번 반복적으로 측정되었다면 각 관찰단위는 5 줄씩의 자료를 가지게 된다. 이 장에서 설명하는 반복측정자료에 대한 일반선형모형은 특별한 언급이 없는 한 <표 10-2> 와 같은 '반응측정치 중심의 구조' 를 가지도록 자료가 정리된 것을 전제로 한다.

<표 10-2> 는 우울증 치료제의 효과를 검증하기 위한 가상적인 실험에서 산출된 자료인데, 그 실험은 반응변인 ('정상판정' vs. '우울판정') 에 대한 '사전진단', '실험집단', '측정차수' 의 효과를 파악하기 위한 것이다. 즉, '사전진단', '실험집단' 그리고 '측정차수' 는 설명변인들이다. 그런데 '사전진단' 과 '실험집단' 의 자료를 유심히 살펴보면 각 피험자 내에서 그 값들은 당연히 반응변인의 측정차수에 상관없이 동일하다는 것을 알 수 있다. 이러한 설명변인을 '측정차수에 독립적인 설명변인 (time-independent explanatory variable)' 이라고 부른다. 경우에 따라서는 특정한 설명변인의 값이 측정차수마다 달라지는 경우도 있다. 예를 들어, 매번의 측정차수에서 반응변인을 측정하기 위하여 환자의 심리적 상태를 의사가 진단할 때 환자의 도파민 수준을 측정하고, 그 도파민 수준 측정치를 또한 설명변인으로 사용하여 반응변인 ('정상판정' vs. '우울판정') 에 대한 도파민 수준의 효과를 검증하고자 한다면, 그 설명변인의 값은 각 피험자 내에서 반응변인의 측정차수에 따라 달라지게 마련이다. 이와 같이 각 피험자 내에서 반응변인의 측정차수에 따라 값이 달라지는 설명변인을 '측정차수에 종속적인 설명변인 (time-dependent explanatory variable)' 이라고 부른다. <표 10-2> 의 변인 '측정차수' 는 물론 측정차수에 종속적인 설명변인이다. 반복측정자료를 위한 일반선형모형에서 설명변인이 측정차수에 독립적인가 아니면 종속적인가는 아무런 차이를 유발하지 않는다. 반복측정자료를 위한 일반선형모형은 측정차수에 독립적인 설명변인의 효과뿐만 아니라 종속적인 설명변인의 효과도 똑같이 검증할 수 있다.

2 반복측정자료에 대한 일반선형모형의 종류

반복측정자료를 일반선형모형의 형식으로 개념화하는 방법에는 세 가지가 있다 (Zeger & Liang, 1992; Ashby et al., 1992). 반복측정자료를 일반선형모형의 개념 틀로 분석하기 위해서는 세 가지 방법에 대한 이해가 매우 중요하다. 이 세 가지 방법은 각각 '외곽모형 (marginal models)', '무선효과모형 (random effect models)', 그리고 '전이모형 (transition models)' 이라고 부른다.

① 외곽모형

각각의 관찰단위를 $h = 1, 2, 3, \cdots\cdots, N$으로 표기하자. 반응변인을 y로 표기하고, 반응변인 y가 반복적으로 관찰된 횟수를 기호 J로 표기하며, 각각의 측정 차수를 $j = 1, 2, 3, \cdots\cdots, J$로 표기하면, 특정한 관찰단위 h에서 특정한 측정차수 j에 얻은 반응변인 측정치는 y_{jh}로 표기된다. 각 관찰단위들의 설명변인 값들을 x_{jhk}로 표기하자. x_{111}은 첫 번째 설명변인($k = 1$)에서 첫 번째 관찰단위($h = 1$)가 첫 번째 측정차수($j = 1$)에서 가지는 값이고, x_{624}는 네 번째 설명변인에서 두 번째 관찰단위가 여섯 번째 측정차수에서 가지는 값이다. 모든 일반선형모형의 공통점은 주어진 설명변인 값들을 이용하여 반응변인의 측정치를 예측하는 모형이라는 사실이다. 따라서 설명변인의 값들이 모두 동일한 관찰단위들은 본질적으로 동일한 관찰단위들인 것으로 간주된다. 다만, 설명변인의 값들이 모두 동일한 관찰단위들도 반응변인의 측정치들은 각기 다를 수 있는데, 설명변인의 값들이 모두 동일한 관찰단위들이 반응변인의 측정치에서 가지는 차이는 '무선오차(random error)'로 간주된다. 일반선형모형에서 이 무선오차의 속성을 정의하는 것이 정규분포, 포아송분포, 이항분포 등의 이론적 확률분포들이다.

특정한 관찰단위 h로부터 특정한 측정차수 j에 얻어진 반응변인 측정치 y_{jh}의 '외곽기댓값(marginal expectation)'은 $E(y_{jh}) = \mu_{jh}$로 표기된다. 설명변인의 값들이 모두 동일한 관찰단위들은 본질적으로 동일한 관찰단위들인 것으로 간주되므로 외곽기댓값이란 설명변인들의 값이 모두 동일한 관찰단위들의 측정차수 j에서의 반응변인 측정치 y_{jh}의 평균을 의미한다. 설명변인의 값들을 이용하여, 특정한 설명변인의 값을 가지는 관찰단위들의 반응변인 측정치의 외곽기댓값 혹은 평균 $E(y_{jh}) = \mu_{jh}$를 예측하는 모형을 외곽모형이라고 부른다. '외곽모형'이라는 용어는 동일한 설명변인 값을 가지는 다수의 관찰단위들의 반응평균(반응변인의 평균)을 예측하는 모형이라는 뜻이다. 즉, 개인의 반응을 예측하는 모형이 아니라 집단의 반응을 예측하는 모형이라는 의미다. 따라서 반복측정자료를 위한 외곽모형의 목적은 반응변인의 측정치들이 모두 서로 독립적인 자료를 위한 일반선형모형의 목적과 다를 바가 없다. 반복측정자료를 위한 외곽모형과 반응변인의 측정치들이 모두 서로 독립적인 자료를 위한 일반선형모형의 차이점은 반복측정자료를 위한 외곽모형의 경우에는 각기 다른 측정차수의 반응변인 값들, 즉 y_{1h}, y_{2h}, ……, y_{Jh} 들 사이의 공변량(covariance)을 연구자가 별도로 모형화하여 설명변인의 효과를 검증할 때 고려한다는 것이다. 모형화한다는 것은 연구자가 그 공변량들의 구조에 대하여 특정한 가정을 설정 혹은 전제한다는 것을 말한다.

② 무선효과모형

반복측정자료를 위한 무선효과모형은 관찰단위들 사이의 이질성 혹은 개인차를 나타내는 '관찰단위에 특정적인 무선효과모수(subject-specific random effect parameter)'를 포함하는 모형을 말한다. '관찰단위에 특정적인 무선효과모수'란 앞서 제 9 장의 상관된 자료 모형에서 설명한 '성가신 모수(nuisance parameter)'와 동일한 개념이다. 따라서 외곽모형과는 달리 무선효과모형의 목적은 집단의 반응을 예측하는 것이 아니고, 개별적인 관찰단위의 반응을 예측하는 것이다.

일반선형모형을 이용하여 반복적으로 이루어진 측정치들 사이의 차이를 통계적으로 검증하려고 할 때 그 측정치들의 변산에서 관찰단위의 속성인 연령, 체질, 생활습관 등의 체계적 요인에 의한 변산을 제거하는 한 가지 방법은 이러한 체계적 요인에 의한 변산이 오차에 뒤섞이지 않도록 명시적인 모수, 즉 '관찰단위에 특정적인 무선효과모수'를 모형에 지정하여 산출해 내면 된다. 반복측정자료를 위한 무선효과모형의 일반적인 형태는 다음과 같이 기술된다.

$$g(E(y_{jh}|\alpha_h)) = b_0 + b_1 x_{jh1} + b_2 x_{jh2} + \cdots\cdots + b_k x_{jhk} + \alpha_h$$

이 무선효과모형에서 모수 α_h가 관찰단위에 특정적인 무선효과모수다. 모수 α_h는 모든 관찰단위에 대하여 각기 다른 값 α_1, α_2, ……, α_N을 가지는 모수다. 따라서 이 무선효과모형의 α_h는 한 개의 모수가 아니라 N개의 모수를 의미한다. 무선효과모형의 $g(E(y_{jh}|\alpha_h))$는 특정한 무선효과 α_h를 가지는 관찰단위의 반응평균의 함수를 나타낸다. 즉, 무선효과모형은 특정한 α_h의 조건하에(즉, 각 관찰단위 내에서) 동일한 설명변인의 값들을 가지는 반응측정치의 평균을 예측하는 모형이다. 반복측정자료를 위한 무선효과모형은 제 9 장에서 살펴본 상관된

자료의 외곽 동질성 검증을 위한 로지스틱모형과 짝진 사례－통제 자료의 로지스틱 회귀모형과 등일한 일반선형모형이다.

반복측정자료를 위한 외곽모형과는 달리, 무선효과모형에서는 각기 다른 측정차수의 반응변인 측정치들, 즉 y_{1h}, y_{2h}, ……, y_{Jh} 들 사이의 공변량 (covariance) 을 별도로 모형화할 필요가 없다. 그 이유는 각기 다른 측정차수의 반응변인 측정치들 사이의 공변량이 모두 관찰단위에 특정적인 무선효과모수 혹은 성가신 모수에 모두 집약되어 제거되기 때문이다. 반복측정자료에서 각기 다른 측정차수의 반응변인 측정치들 사이의 공변량이 발생하는 이유는 각기 다른 측정차수의 반응변인 측정치들이 동일한 관찰단위의 반응이기 때문이다. 예를 들어, 연령이 병세에 정적인 영향을 준다고 가정해 보자. 그러면 연령이 높은 환자의 경우에는 사전검사에서 다른 환자들에 비하여 상대적으로 높은 병세 측정치 (반응변인) 를 나타낼 것인데, 이 환자는 사후검사에서도 역시 상대적으로 높은 병세 측정치를 나타낼 것이다. 반면에 연령이 낮은 환자의 경우에는 사전검사에서 다른 환자들에 비하여 상대적으로 낮은 병세 측정치 (반응변인) 를 나타낼 것인데, 이 환자는 사후검사에서도 역시 상대적으로 낮은 병세 측정치를 나타낼 것이다. 따라서 연령과 같은 피험자 요인 혹은 개인차 요인은 사전 측정치와 사후 측정치의 변산을 유발할 뿐만 아니라 두 측정치 사이의 상관관계, 즉 공변량을 유발한다. 더 정확히 말하면, 사전 측정치의 변산과 사후 측정치의 변산이 모두 연령 등의 동일한 피험자 요인 혹은 개인차 요인에 의해 유발되는 경우에는 사전 측정치와 사후 측정치 사이의 공변량도 그 동일한 요인에 의해 발생한다. 그런데 반복측정자료를 위한 무선효과모형은 측정치들의 변산에서 관찰단위의 속성인 연령, 체질, 생활습관 등의 체계적 요인들에 의한 변산을 관찰단위에 특정적인 무선효과모수에 집약하여 제거하기 때문에 각기 다른 측정차수의 반응변인 측정치 사이의 공변량 또한 그 모수에 집약되어 제거된다.

③ 전이모형

반복측정자료를 위한 전이모형은 각기 다른 측정차수의 반응변인 측정치들 y_{1h}, y_{2h}, ……, y_{Jh} 가 서로 상관관계를 가지게 되는데, 그 이유는 나중에 측정된 측정치 y_{jh} 가 그보다 앞서 측정된 측정치 $y_{(j-1)h}$ 의 영향을 받기 때문이라고 가정한다.

따라서 반복측정자료를 위한 전이모형은 앞서 측정된 측정치들 y_{1h}, y_{2h}, ……, $y_{(j-1)h}$ 를 설명변인으로 설정하여 체계적 성분에 포함시키는 일반선형모형이다. 전이모형의 체계적 성분에 설명변인으로 포함되는 앞서 측정된 측정치들 y_{1h}, y_{2h}, ……, $y_{(j-1)h}$ 를 원래의 설명변인들 x_{jh1}, x_{jh2}, ……, x_{jhk} 와 구별하기 위하여 '공변인 (covariate)' 이라고 부른다. 반복적으로 관찰된 반응변인이 모집단에서 정규분포하는 연속변인일 때 많이 활용되는 '공변량분석 (analysis of covariance : ANCOVA)' 이 전이모형의 가장 대표적인 예다.

3 외곽모형

Liang & Zeger (1986) 는 반복측정자료를 일반선형모형의 개념틀로 분석하여 범주적인 반응변인에 대한 설명변인들의 효과를 파악하되, 반복적으로 관찰된 반응변인 측정치들 사이의 공변량 혹은 상관관계를 조정한 (혹은 제거한) 효과를 파악하기 위한 외곽모형을 개발하였다. 외곽모형을 검증하고 모형의 모수들을 추정하기 위한 알고리듬을 '일반추정방정식 (generalized estimating equations: GEE)' 이라고 부른다.

반복측정자료를 위한 외곽모형 혹은 GEE 의 한 가지 특징은 모수산출을 위하여 다른 일반선형모형들과는 달리 정규분포, 이항분포, 포아송분포 등의 이론적인 확률분포의 밀도함수 식에 기초한 우도함수를 사용하지 않고, 그 대신 '준우도 (quasi-likelihood)' 의 개념을 사용한다는 것이다. 준우도란 반응변인이 가진다고 예상되는 이론적인 확률분포를 이용하여 주어진 자료가 나타날 확률, 즉 우도를 완벽하게 구성할 수 없는 경우에, 그 이론적인 확률분포에 기초한 반응변인의 평균과 변량에 관한 정보만을 이용하여 모형모수를 추정하는 방법을 일컫는다. 예를 들어, 어떤 반응변인이 포아송분포를 한다면 이론적인 포아송분포의 밀도함수 식을 이용하여 우도함수를 구성하고, 그 우도함수를 최대가 되게 하는 모수추정치를 산출하는 대신에, 포아송분포의 변량은 평균과 동일하다는 사실에만 기초하여 모수추정치 산출을 위한 일종의 유사우도함수 혹은 준우도함수를 구성하고, 이 준우도함수를 최대가 되게 하는 모수추정치를 산출한다. 그런데 Liang & Zeger (1986)

는 반복측정자료를 위한 외곽모형의 모수들에 대한 준우도 추정치들이 '표본의 크기가 클수록 정확한 (asymptotically accurate 혹은 consistent)' 추정치가 된다는 것을 증명하였다.

① 준우도함수와 일반추정방정식

반복측정자료를 위한 외곽모형은 모수들에 대한 최대우도 추정을 위하여 일반추정방정식 (generalized estimating equation) 혹은 GEE 라고 명명된 일종의 준우도함수를 사용한다. 여기에서는 횡단적 자료 (반복측정되지 않은 자료) 를 가정하고 준우도함수가 무엇인지를 이해한 후, 다음 절에서 반복측정자료를 위한 외곽모형의 모수추정을 위하여 그것이 어떻게 이용되는지를 살펴보고자 한다.

일반선형모형의 모수추정을 위해서는 일반적으로 반응변인이 가진다고 예상되는 이론적인 확률분포의 밀도함수 식을 주어진 표본자료 및 모형방정식과 결합하여 우도함수를 구성하고, 그 우도함수를 최대가 되게 하는 모수추정치를 산출한다. 그런데 경우에 따라서는 반응변인이 가지는 확률분포가 무엇인지 예상할 수 없는 경우도 있고, 예상할 수 있다고 하더라도 그 확률분포의 밀도함수 식에 주어진 표본자료를 결합하기 어려운 경우도 있다. 예를 들면, 실제 표본자료에서 변산이 특정한 이론적 확률분포가 가정하는 변산과 매우 다른 경우가 그런 경우다. 앞서 제 5 장의 포아송 회귀모형에서 과도변산의 문제를 살펴보았는데 포아송 회귀모형의 경우에는 표본자료에 과도변산이 존재하더라도 다행히 포아송분포 대신 음이항분포를 사용하면 적절한 우도함수가 생성되는 경우가 많다. 그러나 표본자료에 따라서는 그러한 적절한 이론적 확률분포를 찾기 어려운 경우도 있을 수 있다. 또한, 연구자가 검증하려는 모형이 매우 복잡한 경우, 그 모형과 주어진 표본자료를 특정한 이론적인 확률분포의 밀도함수 식에 대입해서 생성되는 우도함수가 너무 복잡해져서 그 우도함수를 최대가 되게 하는 모수추정치를 산출하는 것이 수학적으로 불가능한 경우도 있을 수 있다. 이런 경우들에서는 준우도함수가 모수추정을 위하여 유용하게 사용될 수 있다.

준우도함수는 다음과 같은 정보가 주어지면 쉽게 구성할 수 있다 (Wedderburn, 1974; McCullagh, 1983).

① 반응변인의 유형 (범주변인, 연속변인, 음수값을 가지는지의 여부, 분포의 대칭성

여부 등)

② 측정치들의 상호 독립성 (횡단적 자료인지 종단적 자료인지의 여부)

③ 반응변인 측정치의 평균과 변량의 관계 (평균이 변화함에 따라서 변량이 어떻게 달라지는지에 대한 정보)

④ 반응변인과 설명변인의 관계 (모형)

간단히 말해서 준우도함수는 반응변인의 통계적 속성을 결정하는 확률분포의 완벽한 밀도함수 식을 사용하지 않고 그 확률분포에 관한 부분적인 정보만을 이용하여 주어진 자료와 모형의 우도를 개념화하는 것이다. <표 10-3> 은 8 개의 관찰단위들에 대한 가상적인 자료다. 기호 x 는 설명변인이고, 기호 y 는 반응변인이다.

〈 **표 10-3** 〉 8 개의 관찰단위들에 대한 가상적인 범주변인 자료

관찰단위	x	y	$\widehat{\mu}$	$V(\widehat{\mu})$			$\widehat{\mu}$ 의 표집분포가 정규분포일 때의 점수함수 U
				정규분포	이항분포	포아송분포	
1	0	0	0.50	1	0.2500	0.50	$(0-0.50)/\phi$
2	0	0	0.50	1	0.2500	0.50	$(0-0.50)/\phi$
3	0	1	0.50	1	0.2500	0.50	$(0-0.50)/\phi$
4	0	1	0.50	1	0.2500	0.50	$(0-0.50)/\phi$
5	1	0	0.75	1	0.1875	0.75	$(1-0.75)/\phi$
6	1	1	0.75	1	0.1875	0.75	$(1-0.75)/\phi$
7	1	1	0.75	1	0.1875	0.75	$(1-0.75)/\phi$
8	1	1	0.75	1	0.1875	0.75	$(1-0.75)/\phi$

<표 10-3> 의 변인들 x 와 y 의 관계에 대하여 검증할 수 있는 일반선형모형들을 포괄적으로 표기하면 $g(\mu) = b_0 + b_1 x$ 이다. 이때 $g(.)$ 는 연결함수다. 만약 모형이 동일 연결함수를 사용하는 회귀모형이나 변량분석모형이면 $g(\mu) = \mu$ 이고, 로그 연결함수를 사용하는 선형로그모형이나 포아송 회귀모형이면 $g(\mu) = ln(\mu)$ 이며, 로짓 연결함수를 사용하는 로지스틱 회귀모형 혹은 로짓 분석모형이면 $g(\mu) = ln(\mu/(1-\mu))$ 이다. 예를 들어, 일반적인 회귀모형 $\mu = b_0 + b_1 x$ 의

설명변인 x는 각 관찰단위의 평균적인 반응 μ를 예측하고, 모수들 b_0, b_1은 그 예측의 구체적 속성을 나타낸다. <표 10-3> 의 반응변인 y가 이분변인이고, 따라서 y의 표집분포가 설명변인 x의 각 값 혹은 수준에서 정규분포 혹은 포아송분포를 하지 않을 것이므로 일반적인 회귀모형 혹은 포아송 회귀모형을 검증하는 것이 부적절하지만 여기서는 준우도함수를 이해하는 것이 목적이므로 그러한 문제는 잠시 무시하기로 하자.

<표 10-3> 의 $\hat{\mu}$는 설명변인의 값이 동일한 관찰단위들의 반응변인 모평균 μ에 대한 추정치다. 설명변인의 값이 $x = 0$인 관찰단위들 중에서 $y = 1$인 것이 50% 이므로 $x = 0$인 관찰단위들의 반응변인 모평균 μ에 대한 추정치는 $\hat{\mu} = 0.50$이다. 반면에 $x = 1$인 관찰단위들 중에서는 $y = 1$인 것이 75% 이므로 $x = 1$인 관찰단위들의 반응변인 모평균의 추정치는 $\hat{\mu} = 0.75$이다. 그런데 설명변인 값이 동일한 관찰단위들은 본질적으로 동일한 관찰단위들로 간주되므로 μ는 또한 각 관찰단위의 반응변인 모평균이기도 하다. 다시 말해서 동일한 설명변인 값을 가지는 관찰단위가 다수 존재하는 경우에, 그 관찰단위들의 자료는 동일한 관찰단위 h의 (서로 독립적인) 자료가 다수 존재하는 것과 같다. 설명변인의 값들이 모두 동일한 관찰단위들도 반응변인의 측정치들은 각기 다를 수 있는데, 설명변인의 값들이 모두 동일한 관찰단위들이 반응변인의 측정치에서 가지는 차이는 관찰과정 혹은 측정과정에 수반되는 '무선오차 (random error)' 혹은 '표집오차 (sampling error)' 로 간주된다. 이 무선오차의 속성을 이론적으로 정의하는 것이 정규분포, 포아송분포, 이항분포 등의 이론적 확률분포들이다. 일반적인 회귀모형 $\mu = b_0 + b_1 x$에 대해서는 그 이론적인 확률분포가 정규분포라고 가정된다. 이러한 상황에서 설명변인 값이 동일한 관찰단위들의 반응변인 y의 모집단 변량 $Var(y)$는 그것의 평균 μ의 표집분포변량 $V(\mu)$에 대한 함수다.

$$Var(y) = \phi V(\mu)$$

설명변인 값이 동일한 관찰단위들의 반응변인 평균의 표집분포변량 $V(\mu)$는 반응변인의 확률분포에 대한 가정에 따라서 정해지는 이론적인 변량이다. 동일한 설명변인 값을 가지는 관찰단위들의 반응변인 평균은 표본에 따라서 달라진다. 표본에 따라서 달라지는 평균의 분포가 반응변인 y 의 '표집분포 (sampling distribution)' 다. 동일한 설명변인 값을 가지는 관찰단위들의 반응변인 평균의 표집분포는 y 의 모평균을 중심으로 일정한 변량 $V(\mu)$ 를 가지게 된다. 즉, $V(\mu)$ 는 반응변인의 이론적인 표집분포가 가지는 변량이다. 만약 동일한 설명변인 값을 가지는 관찰단위들에서 반응변인의 표집분포가 정규분포를 하는 경우에는 이 표집분포의 변량은 이론적으로 $V(\mu)=1$ 이라고 가정되고 (그 이유에 대해서는 뒤에서 설명될 것이다), 이항분포를 하는 경우에는 $V(\mu)=\mu(1-\mu)$ 라고 가정되며, 포아송분포를 하는 경우에는 $V(\mu)=\mu$ 라고 가정된다. <표 10-3> 의 가상적인 자료에서 각 이론적인 확률분포를 가정하였을 때의 반응변인 평균의 변량의 추정치 $V(\hat{\mu})$ 들이 표에 제시되었다.

설명변인 값이 동일한 관찰단위들의 반응변인 평균의 변량 $V(\mu)$ 가 이론적으로 설정되는 데 반하여, ϕ 는 실제 주어진 자료에서 추정되어야 하는 모수로, '척도모수 (scale parameter)' 라고 부른다. 척도모수 ϕ 는 반응변인의 모집단 변량 $Var(y)$ 가 그 반응변인의 이론적인 표집분포변량 $V(\mu)$ 에서 이탈한 정도를 나타내는 모수다. 만약 동일한 설명변인 값을 가지는 관찰단위들에서 반응변인의 표집분포가 정규분포를 하는 경우에는 $\phi=Var(y)$ 이고, 이항분포를 하는 경우에는 $\phi=1$ 이며, 포아송분포를 하는 경우에도 $\phi=1$ 이다.

〈 **표 10-4** 〉 반응변인의 모집단 변량 $Var(y)$에 대한 이론적 정의

반응변인 표집분포	$V(\mu)$	ϕ	$Var(y)$
정규분포	1	$Var(y)$	$Var(y)$
이항분포	$\mu(1-\mu)$	1	$\mu(1-\mu)$
포아송분포	μ	1	μ

일반선형모형에서 반응변인 측정치 y 의 모집단 변량 $Var(y)$ 와 평균의 표집분포변량 $V(\mu)$ 는 각 설명변인 값에 따라서 달라질 수 있지만, 척도모수 ϕ 는 모든 관찰단위에 대해서 동일한 값을 가지는 상수로 간주된다. 따라서 각각의 설명

변인 값에서 반응변인 측정치의 모집단 변량 $Var(y)$ 는 오로지 그 설명변인 값에서 반응변인 표집분포의 변량 $V(\mu)$ 에 대한 함수다. 동일한 설명변인 값을 가지는 관찰단위들에서 반응변인의 표집분포가 정규분포하는 경우에는 $V(\mu)=1$ 이므로 $\phi = Var(y)$ 로 가정되는데, 이 가정은 모든 관찰단위에 대해서 반응변인의 모집단 변량 $Var(y)$ 가 동일하다는 가정이기도 하며, 이 가정을 '변량의 동질성 (homogeneity of variance)' 이라고 부른다. 이제 모든 관찰단위에 대하여 다음과 같은 U 지수를 계산하였다고 가정하자.

$$U = (y - \mu) / \phi V(\mu)$$

즉, U는 특정한 관찰단위 h의 반응변인 측정치 y가 그 자신의 평균 μ와 가지는 편차를 그 측정치의 모집단 변량 $\phi V(\mu)$로 나누어 준 일종의 표준점수 (standard score) 다. 이 '일종의' 표준점수를 '점수함수 (score function)' 라고 부른다. <표 10-3> 의 가상적인 자료에서 μ의 표집분포가 정규분포라고 가정하였을 때의 점수함수 U가 표의 오른쪽에 제시되어 있다.

점수함수 U는 다음과 같은 통계적 속성을 가진다. 통계적 속성이란 점수함수 U의 이론적 표집분포가 가지는 속성을 말한다.

$$E(U)=0 \qquad Var(U)=\frac{1}{\phi V(\mu)}$$

점수함수 U의 첫 번째 속성은 각 관찰단위 내에서 혹은 특정한 설명변인 값을 가지는 관찰단위들에서 점수함수 U의 평균, 즉 기댓값이 0 이라는 것이다. 두 번째 속성은 각 관찰단위 내에서 혹은 특정한 설명변인 값을 가지는 관찰단위들에서 점수함수 U의 변량은 y의 모집단 변량 $\phi V(\mu)$ 의 역수라는 것이다. 각 관찰단위 내에서 혹은 특정한 설명변인 값을 가지는 관찰단위들에서 점수함수 U의 변량 $Var(U)$ 를 '정보 (information)' 라고 부른다. 정보 $Var(U)$ 가 크다는 것은 반응변인의 이론적인 표집분포가 가지는 변량 $V(\mu)$ 가 작다는 것을 의미하고, 따라서 그 표집분포의 평균, 즉 모평균의 위치에 대한 확실성이 높다는 것을 의미한다.

일반선형모형의 모수추정치들은 일반적으로 로그우도함수를 최대가 되게 하는 추정치들인데, 그 추정치들을 산출하기 위해서 로그우도함수를 미분하고, 그 미분값이 0 이 되는 미지수들의 값을 산출한다. 그런데 점수함수 U는 미분한 로그우도함수의 통계적 속성과 동일한 통계적 속성을 가지는 일종의 미분한 로그우도함수다. 따라서 점수함수 U를 적분하면 일종의 로그우도함수가 되는데, 이것을 '준우도함수 (quasi-likelihood function)' 라고 부른다.

$$Q_h = \int_y^{\mu} \frac{y-\mu}{\phi V(\mu)} dt$$

준우도함수식에서 μ는 모형을 의미한다. 즉, $g(\mu) = b_0 + b_1 x$ 이다. 만약 모형이 동일 연결함수를 사용하는 회귀모형이나 변량분석모형이면 $\mu = b_0 + b_1 x$ 이고, 로그 연결함수를 사용하는 선형로그모형이나 포아송 회귀모형이면 $\mu = exp(b_0 + b_1 x)$ 이며, 로짓 연결함수를 사용하는 로지스틱 회귀모형 혹은 로짓 분석모형이면 $\mu = exp(b_0 + b_1 x) / (1 + exp(b_0 + b_1 x))$ 이다. 준우도함수 식 Q_h 에서 주목해야 할 것은 모수추정을 위한 '일종의' 로그우도를 정의하기 위해서 모형의 무선적 성분이 기초하는 완벽한 확률밀도함수를 이용할 필요가 없고, 그 대신 동일한 설명변인 값들을 가지는 관찰단위들의 반응변인 평균 μ와 모집단 변량 $\phi V(\mu)$ 에 관한 정보만 있으면 된다는 것이다.

반응변인 y의 표집분포가 정규분포를 하는 변인인 경우에는 $V(\mu) = 1$ 이며, $\phi = Var(y)$ 이다. 이때 준우도함수는 $Q_h = -(y-\mu)^2/2Var(y)$ 이 된다. 그런데 반응변인 y가 정규분포를 하는 변인인 경우에는 모형이 $\mu = b_0 + b_1 x$ 로 기술되므로 준우도함수는 결국 다음과 같이 정의된다.

$$Q_h = -(y-(b_0 + b_1 x))^2/2Var(y)$$

반응변인 y가 포아송분포를 하는 변인인 경우에는 $V(\mu) = \mu$ 이며, $\phi = 1$ 이다. 이때의 준우도함수는 $Q_h = yln(\mu) - \mu - yln(y) + y$가 된다. 그런데 반응변인 y가 포아송분포를 하는 변인인 경우에는 모형이 $\mu = exp(b_0 + b_1x)$ 이므로 이때의 준우도함수는 결국 다음과 같이 정의된다.

$$Q_h = y(b_0 + b_1x) - exp(b_0 + b_1x) - yln(y) + y$$

반응변인 y가 이항분포를 하는 변인인 경우에는 $V(\mu) = \mu(1-\mu)$ 이며, $\phi = 1$ 이다. 이때에는 준우도함수가 다음과 같이 정의된다.

$$Q_h = y\,ln(\mu/(1-\mu)) + ln(1-\mu) - y\,ln(y/(1-y)) - ln(1-y)$$

그런데 반응변인 y가 이항분포를 하는 변인인 경우에는 모형이 $\mu = exp(b_0 + b_1x)\,/\,(1 + exp(b_0 + b_1x))$ 이므로 이때의 준우도함수는 다음과 같이 정의된다.

$$Q_h = y\,(b_0 + b_1x) + ln\left(\frac{1}{1 + exp(b_0 + b_1x)}\right) - y\,ln\left(\frac{y}{1-y}\right) - ln(1-y)$$

반응변인 측정치 y에 대하여 가정되는 확률분포에 따라 정의되는 준우도함수를 유심히 관찰하면 그 함수들은 모두 기본적으로 주어진 자료 y와 모형이 예측하는 μ의 절대 차이를 구하고, 그 절대 차이에 -1을 곱한 형태를 가진다는 것을 알 수 있다. 따라서 준우도함수 Q_h가 클수록 주어진 자료 y와 모형이 예측하는 μ가 서로 유사 혹은 근접한다는 것을 의미한다. 준우도함수에 의한 모수추정은 준우도함수를 최대가 되게 하는 혹은 주어진 자료 y와 모형이 예측하는 μ를 최대한 합치시키는 모형모수들, 즉 $g(\mu) = b_0 + b_1x$ 의 b_0와 b_1 의 추정치를 산출하는 것이다. 이 특성 때문에 준우도함수에 의한 모수추정은 일종의 '가중최소자승 방법(weighted least square method)' 의 하나로 간주된다.

Q_h는 각 관찰단위의 준우도함수다. 준우도함수는 일종의 로그우도함수이므로 모든 관찰단위의 Q_h를 모두 더하면 전체 자료의 준우도함수가 생성된다.

$$Q = \sum_{h=1}^{N} Q_h$$

전체 자료의 준우도함수 Q는 전체 자료의 (일종의) 로그우도함수다. 따라서 전체 자료의 준우도함수 Q를 최대가 되게 하는 모형모수들이 (일종의) 최대우도 추정치들이다. <표 10-3> 의 가상적인 자료에 대하여 로지스틱 회귀모형 $\mu = exp(b_0 + b_1 x) / (1 + exp(b_0 + b_1 x))$ 를 가정하는 경우의 준우도함수 Q는 [그림 10-1] 과 같다.

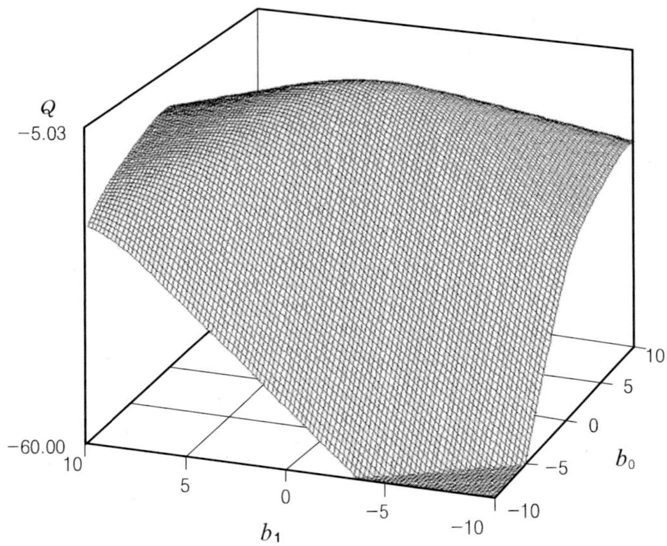

[그림 10-1] <표 10-3> 의 가상적인 자료에 대하여 로지스틱 회귀모형 $\mu = exp(b_0 + b_1 x) / (1 + exp(b_0 + b_1 x))$ 를 가정하는 경우의 준우도함수 Q

전체 자료의 준우도함수를 최대가 되게 하는 모형모수들 b_0, b_1 을 산출하기 위해서는 Q 를 다시 편미분하고, 이 편미분 값들이 모두 0 이 되게 하는 모수들의 값을 산출하면 된다. 전체 자료의 준우도함수 Q 를 편미분한 것을 '일반추정방정식 (generalized estimating equations: GEE)' 이라고 부른다.

$$\sum_{h=1}^{N} \frac{y-\mu}{\phi V(\mu)} \left(\frac{\partial \mu}{\partial b_0} \right) = 0, \qquad \sum_{h=1}^{N} \frac{y-\mu}{\phi V(\mu)} \left(\frac{\partial \mu}{\partial b_1} \right) = 0$$

앞의 일반추정방정식에서 $\partial\mu/\partial b_k$는 μ를 예측하는 형태로 기술된 모형방정식을 모형모수 b_k어 대해서 편미분한 것을 의미한다. 따라서 $\partial\mu/\partial b_k$는 모형에 따라서 <표 10-5>와 같이 각각 다르게 정의된다.

〈**표 10-5**〉 모형에 따른 $\partial\mu/\partial b_k$의 정의

모형	$\partial\mu/\partial b_0$	$\partial\mu/\partial b_1$
일반회귀모형: $\mu = b_0 + b_1x$	1	x
포아송 회귀모형: $\mu = exp(b_0 + b_1x)$	$exp(b_0 + b_1x)$	$x \cdot exp(b_0 + b_1x)$
로지스틱 회귀모형: $\mu = \frac{exp(b_0 + b_1x)}{1 + exp(b_0 + b_1x)}$	$\frac{exp(b_0 + b_1x)}{(1 + exp(b_0 + b_1x))^2}$	$x \cdot \frac{exp(b_0 + b_1x)}{(1 + exp(b_0 + b_1x))^2}$

<표 10-3>의 자료에 대하여 포아송 회귀모형을 가정하였을 때의 $\partial\mu/\partial b_0$와 $\partial\mu/\partial b_1$는 <표 10-6>과 같다.

〈**표 10-6**〉 8개의 관찰단위들에 대한 가상적인 범주변인 자료에 대하여 포아송 회귀모형을 가정하였을 때의 $\partial\mu/\partial b_0$와 $\partial\mu/\partial b_1$

관찰단위	x	y	μ	ϕ	$V(\mu)$	$\frac{\partial\mu}{\partial b_0} = exp(b_0 + b_1x)$	$\frac{\partial\mu}{\partial b_1} = x \cdot exp(b_0 + b_1x)$
1	0	0	$exp(b_0)$	1	$exp(b_0)$	$exp(b_0)$	0
2	0	0	$exp(b_0)$	1	$exp(b_0)$	$exp(b_0)$	0
3	0	1	$exp(b_0)$	1	$exp(b_0)$	$exp(b_0)$	0
4	0	1	$exp(b_0)$	1	$exp(b_0)$	$exp(b_0)$	0
5	1	0	$exp(b_0 + b_1)$	1	$exp(b_0 + b_1)$	$exp(b_0 + b_1)$	$exp(b_0 + b_1)$
6	1	1	$exp(b_0 + b_1)$	1	$exp(b_0 + b_1)$	$exp(b_0 + b_1)$	$exp(b_0 + b_1)$
7	1	1	$exp(b_0 + b_1)$	1	$exp(b_0 + b_1)$	$exp(b_0 + b_1)$	$exp(b_0 + b_1)$
8	1	1	$exp(b_0 + b_1)$	1	$exp(b_0 + b_1)$	$exp(b_0 + b_1)$	$exp(b_0 + b_1)$

〈 **표 10-7** 〉 8 개의 관찰단위들에 대한 가상적인 범주변인 자료에 대하여 포아송 회귀모형을 가정하였을 때의 일반추정방정식

관찰 단위	$\frac{y-\mu}{\phi V(\mu)}\left(\frac{\partial \mu}{\partial b_0}\right)$	$\frac{y-\mu}{\phi V(\mu)}\left(\frac{\partial \mu}{\partial b_1}\right)$
1	$((0-exp(b_0))/exp(b_0))exp(b_0)$	0
2	$((0-exp(b_0))/exp(b_0))exp(b_0)$	0
3	$((1-exp(b_0))/exp(b_0))exp(b_0)$	0
4	$((1-exp(b_0))/exp(b_0))exp(b_0)$	0
5	$((0-exp(b_0+b_1))/exp(b_0+b_1))exp(b_0+b_1)$	$((0-exp(b_0+b_1))/exp(b_0+b_1))exp(b_0+b_1)$
6	$((1-exp(b_0+b_1))/exp(b_0+b_1))exp(b_0+b_1)$	$((1-exp(b_0+b_1))/exp(b_0+b_1))exp(b_0+b_1)$
7	$((1-exp(b_0+b_1))/exp(b_0+b_1))exp(b_0+b_1)$	$((1-exp(b_0+b_1))/exp(b_0+b_1))exp(b_0+b_1)$
8	$((1-exp(b_0+b_1))/exp(b_0+b_1))exp(b_0+b_1)$	$((1-exp(b_0+b_1))/exp(b_0+b_1))exp(b_0+b_1)$

<표 10-6> 에 제시된 요소들을 이용하여 포아송 회귀모형 $ln(\mu) = b_0 + b_1 x$ 혹은 $\mu = exp(b_0 + b_1 x)$ 의 모수추정을 위한 일반추정방정식은 <표 10-7> 과 같이 정의된다.

<표 10-7> 의 각 열의 요소를 아래로 모두 합하였을 때 그 값이 각각 0 이 되는 $b_0 = -0.6931$ 과 $b_1 = 0.4055$ 가 포아송 회귀모형 $ln(\mu) = b_0 + b_1 x$ 의 준우도함수 모수추정치다.

반응변인 y 의 표집분포가 포아송분포 혹은 이항분포를 하는 변인인 경우에는 $\phi = 1$ 로 가정되지만, 정규분포를 하는 변인인 경우에는 $\phi = Var(y)$ 로 정의된다. 따라서 이때에는 ϕ 가 추정되어야 한다. 그런데 ϕ 의 추정은 모형모수들이 모두 추정된 후에 그 추정치들을 이용하여 다음과 같이 이루어진다.

$$\hat{\phi} = \frac{1}{N-p} \sum_{h=1}^{N} \frac{(y-\hat{\mu})^2}{V(\hat{\mu})} = \frac{\chi^2}{N-p}$$

$\hat{\phi}$ 공식에서 N 은 관찰단위의 수고, p 는 추정된 모수의 수, $V(\hat{\mu})$ 는 설명변인 값이 동일한 관찰단위들의 반응변인 평균의 변량인데, 추정된 모형에 의해

계산되는 변량이다. 또한, χ^2 은 앞서 제 5 장에서 살펴본 '일반 피어슨 통계치 (generalized Pearson statistic)' 다. $N-p$ 는 다름 아닌 모형의 자유도이며, χ^2 의 기댓값이다. 따라서 $\hat{\phi}$ 는 자료 y 가 모형에 의하여 예측된 $\hat{\mu}$ 에서 이탈된 정도, 즉 변산이 연구자가 가정하는 확률분포의 기대된 변산보다 크거나 작은 정도를 나타내는 지수다.

② 모형

반복측정자료에 대한 외곽모형을 이해하기 위하여 가상적인 자료를 사용하자. 아동들이 천식증세 (호흡할 때 기도에서 '쌕쌕' 소리가 나는 증세) 를 가지는 것이 엄마의 흡연과 관련이 있는지를 검증하기 위하여 2 개의 도시에 거주하는 16 명의 9 세 아동들을 매년 한 번씩 4 년 동안 검진한 자료가 <표 10-8> 과 같다고 가정하자.

<표 10-8> 의 자료에서 '관찰단위' 의 번호는 아동을 의미한다. '측정차수' (1 = 9 세 때 측정, 2 = 10 세 때 측정, 3 = 11 세 때 측정, 4 = 12 세 때 측정) 는 아동의 '연령 변인이기도 한데, 측정차수에 종속적인 설명변인 (x_1) 이다. '도시규모' (0 = 중소도시, 1 = 대도시) 는 아동이 거주하는 도시의 크기인데, 측정차수에 독립적인 설명변인 (x_2) 이다. '엄마흡연' (0 = 비흡연, 1 = 약간 흡연, 2 = 과다 흡연) 은 아동을 검진할 때마다 함께 측정되었는데, 측정차수에 종속적인 설명변인 (x_3) 이다. '천식증세' (0 = 없음, 1 = 있음) 는 아동이 호흡할 때 기도에서 '쌕쌕' 소리가 나는지의 여부를 청진기로 검진한 반응변인 (y) 이다.

외곽모형은 설명변인의 값들을 이용하여, 특정한 설명변인의 값들을 가지는 관찰단위들의 반응변인 측정치의 외곽기댓값 혹은 평균 $E(y_{jh}) = \mu_{jh}$ 를 예측하는 <수식 10-1> 의 모형이다.

$$g(E(y_{jh})) = b_0 + b_1 x_{jh1} + b_2 x_{jh2} + \cdots\cdots + b_k x_{jhk} \qquad \text{<수식 10-1>}$$

$g(.)$ 는 연결함수를 의미한다. 아래첨자 h 는 각 관찰단위인 동시에 동일한 설명변인 값들을 가지는 관찰단위들을 의미하기도 한다. 외곽모형 <수식 10-1> 은 관찰단위들의 반응변인 측정치를 특정한 연결함수를 이용하여 변환하고, 연결함수

〈 **표 10-8** 〉 아동들이 천식증세(호흡할 때 기도에서 '쌕쌕' 소리가 나는 증세)를 가지는 것이 엄마의 흡연과 관련이 있는지를 검증하기 위하여 2 개의 도시에 거주하는 16 명의 9 세 아동들을 매년 한 번씩 4 년 동안 검진한 가상적인 자료

관찰 단위	도시 규모	측정 차수	엄마 흡연	천식 증세	관찰 단위	도시 규모	측정 차수	엄마 흡연	천식 증세	관찰 단위	도시 규모	측정 차수	엄마 흡연	천식 증세	관찰 단위	도시 규모	측정 차수	엄마 흡연	천식 증세
1	0	1	0	1	1	0	2	0	1	1	0	3	0	1	1	0	4	0	0
2	1	1	1	1	2	1	2	2	1	2	1	3	2	0	2	1	4	2	0
3	1	1	0	1	3	1	2	0	0	3	1	3	1	0	3	1	4	1	0
4	0	1	0	0	4	0	2	0	1	4	0	3	0	1	4	0	4	1	0
5	1	1	0	0	5	1	2	1	0	5	1	3	1	0	5	1	4	1	0
6	0	1	0	0	6	0	2	1	0	6	0	3	1	0	6	0	4	1	0
7	1	1	1	0	7	1	2	1	0	7	1	3	0	0	7	1	4	0	0
8	0	1	1	0	8	0	2	1	0	8	0	3	1	0	8	0	4	2	0
9	0	1	2	1	9	0	2	2	0	9	0	3	1	0	9	0	4	1	0
10	1	1	0	0	10	1	2	0	0	10	1	3	0	0	10	1	4	1	0
11	1	1	1	1	11	1	2	0	0	11	1	3	0	1	11	1	4	0	1
12	0	1	1	0	12	0	2	0	0	12	0	3	0	0	12	0	4	0	0
13	1	1	1	0	13	1	2	0	1	13	1	3	1	1	13	1	4	1	1
14	0	1	1	0	14	0	2	2	0	14	0	3	1	0	14	0	4	2	1
15	1	1	1	0	15	1	2	1	0	15	1	3	1	0	15	1	4	2	1
16	0	1	1	1	16	0	2	1	1	16	0	3	2	0	16	0	4	1	0

관찰단위: 아동
도시규모: 0 = 중소도시, 1 = 대도시
측정차수: 1 = 9 세 때 측정, 2 = 10 세 때 측정, 3 = 11 세 때 측정, 4 = 12 세 때 측정
엄마흡연: 0 = 비흡연, 1 = 약간 흡연, 2 = 과다 흡연
천식증세: 0 = 없음, 1 = 있음

로 변환된 반응변인의 평균(동일한 설명변인의 값들을 가지는 관찰단위들의 평균)을 예측하는 모형이다. 즉, 동일한 설명변인 값들을 가지는 관찰단위들로 이루어진 집단의 평균적 반응을 예측하는 모형이다. 외곽모형의 이 특징은 개별적인 관찰단위들의 반응을 예측하기 위한 무선효과모형과 대비되는 중요한 특징이다. 이 차이 때문에 외곽모형의 무선적 성분은 $g(E(y_{jh}))$ 로 표기되고, 무선효과모형의 무선적 성분은 $g(E(y_{jh}|\alpha_h))$ 로 표기된다.

기호 x_{jh1}, x_{jh2}, ……, x_{jhk} 는 각 관찰단위들의 설명변인 값이다. x_{111} 는 첫 번째 설명변인($k=1$)에서 첫 번째 관찰단위($h=1$)가 첫 번째 측정차수($j=1$)에서

가지는 값이고, x_{624} 는 네 번째 설명변인에서 두 번째 관찰단위가 여섯 번째 측정차수에서 가지는 값이다. 만약 설명변인 x_{jhk} 가 '측정차수에 독립적인 설명변인'이면 $x_{1hk} = x_{2hk} = \cdots\cdots = x_{jhk}$ 이다. 반복측정자료를 위한 외곽모형은 동일한 설명변인 값들을 가지는 관찰단위들로 이루어진 집단의 평균적 반응 $g(E(y_{jh}))$ 를 예측하는 모형이므로 <수식 10-1> 의 모수들 b_0, b_1, b_2, ……, b_k 의 해석적 의미는 반응변인의 측정치들이 모두 서로 독립적인 횡단적인 자료(cross-sectional data)를 위한 일반선형모형의 모수들이 가지는 해석적 의미와 다를 바가 없다.

③ 모수추정

외곽모형은 <수식 10-1> 의 모형에 포함된 모수들 b_0, b_1, ……, b_k 를 추정하기 위하여 세 가지 정보를 사용한다. 첫째는 반응측정치의 평균, 즉 $E(y_{jh})$ 혹은 μ_{jh} 에 대한 정보, 둘째는 특정한 설명변인 값에서의 반응측정치 y_{jh} 의 모집단 변량 $Var(y_{jh})$ 에 관한 정보, 셋째는 반복적으로 측정된 반응변인 측정치들 사이의 상관관계 혹은 공변량에 대한 정보다.

(1) 반응측정치 평균에 관한 정보

반응측정치의 평균 μ_{jh} 에 대한 정보는 <수식 10-1> 의 모형 그 자체다. 즉, 모형에 의하여 반응측정치의 평균 μ_{jh} 는 정해진 설명변인들의 선형조합($b_0 + b_1x_{jh1} + b_2x_{jh2} + \cdots\cdots + b_kx_{jhk}$)의 특정한 함수 $g(.)$ 라는 정보가 제공된다. 설명변인들은 연구자가 정하는 것이고, 연결함수 $g(.)$ 또한 연구자가 설정한다. 만약 아동의 천식증세에 관한 <표 10-8> 의 가상적인 자료에 대하여 연구자가 로짓 연결함수를 설정한다면 모형에 의하여 반응측정치의 평균 μ_{jh} 는 다음과 같이 정의된다.

$$\mu_{jh} = \frac{exp(b_0 + b_1x_{jh1} + b_2x_{jh2} + b_3x_{jh3})}{1 + exp(b_0 + b_1x_{jh1} + b_2x_{jh2} + b_3x_{jh3})}$$

설명변인의 값들이 모두 동일한 관찰단위들은 본질적으로 동일한 관찰단위들인 것으로 간주되므로 특정한 관찰단위 h 로부터 특정한 측정차수 j 에 얻어진 반응변인 측정치 y_{jh} 의 외곽기댓값 $E(y_{jh})$ 혹은 평균 μ_{jh} 는 설명변인들의 값이 모두 동일한 관찰단위들의 측정차수 j 에서의 반응변인 측정치 y_{jh} 의 평균을 의미한다. 예를 들어, <표 10-8> 의 자료에서 '측정차수' 가 $x_{jh1} = 1$ 이고, '도시규모' 가 $x_{jh2} = 0$ 이며, '엄마흡연' 이 $x_{jh3} = 1$인 아동은 4 명 (8, 12, 14, 16 번 아동) 이 존재한다. 이 아동 중에 한 명 (16 번) 은 천식증세를 가지고, 나머지는 증세가 없다. 따라서 로지스틱 회귀모형이 <표 10-8> 의 자료를 잘 설명한다면, 그 4 명 (8, 12, 14, 16 번 아동) 의 아동들에 대하여 다음과 같은 관계가 성립하여야 한다.

$$\mu_{j(8)} = \mu_{j(12)} = \mu_{j(14)} = \mu_{j(16)} = \frac{exp(b_0 + b_1(1) + b_2(0) + b_3(1))}{1 + exp(b_0 + b_1(1) + b_2(0) + b_3(1))} = 0.25$$

여기에서 요점은 외곽모형이 예측하는 반응측정치의 평균 μ_{jh} 는 특정한 관찰단위 h 로부터 특정한 측정차수 j 에 얻어진 반응변인 측정치의 이론적 기댓값인 동시에 설명변인들의 값이 모두 동일한 관찰단위들의 측정차수 j 의 반응변인 측정치 y_{jh} 의 평균을 의미하기도 한다는 것이며, 연구자가 설정하는 모형이 그 평균의 내용에 대한 정보가 된다는 것이다.

(2) 반응측정치 변량에 관한 정보

특정한 설명변인 값에서 반응측정치의 모집단 변량 $Var(y_{jh})$ 에 관한 정보는 연구자가 반응변인의 표집분포에 대하여 가정하는 확률분포가 무엇인가에 따라 결정된다. 일반적으로 모든 일반선형모형에서 특정한 설명변인 값에서 반응변인의 모집단 변량은 그 반응변인의 표집분포 (확률분포) 가 가지는 이론적인 변량 $V(\mu_{jh})$ 의 함수다.

$$Var(y_{jh}) = V(\mu_{jh})\,\phi$$

기호 ϕ 는 '척도모수 (scale parameter)' 인데, 앞서 제 5 장에서 음이항분포모형과 관련하여 살펴본 바 있는 '변산모수 (dispersion parameter)' 다. 척도모수 혹은 변산모수 ϕ 는 반응변인의 모집단 변량 $Var(y_h)$ 가 그 반응변인의 이론적인 표집분포변량 $V(\mu_h)$ 로부터 이탈한 정도를 나타내는 모수다. 즉, 반응변인의 모집단 변량은 두 가지 요인에 의해 좌우되는데, 첫 번째 요인은 그 반응변인의 표집분포가 가지는 이론적인 변량 $V(\mu_{jh})$ 이고, 두 번째 요인은 추정되어야 할 척도모수 혹은 변산모수 ϕ 다.

정규분포하는 연속적인 반응변인의 모집단 변량이 $Var(y_{jh})$ 일 때 그 모집단에서 크기 N 의 표본을 반복적으로 추출하고, 각 표본에서 y_{jh} 의 평균 μ_{jh} 를 구하면, μ_{jh} 의 이론적인 변량 $V(\mu_{jh})$ 는 y_{jh} 의 모집단 변량 $Var(y_{jh})$ 와 다음과 같은 관계를 가진다.

$$V(\mu_{jh}) = Var(y_{jh}) / N$$

반응변인 측정치의 모집단 변량 $Var(y_{jh})$ 는 이론적으로 설정되는 것이 아니고 추정되어야 하는 모수다. 반면에 y_{jh} 의 이론적인 표집분포의 변량 $V(\mu_{jh})$ 는 그 표집분포에 대하여 가정되는 확률분포에 따라 이론적으로 설정되어야 한다고 하였다. 이러한 모순을 해결하는 한 가지 방법은 반응변인이 연속변인이고 그 반응변인의 표집분포가 정규분포할 때에는 반응변인의 모집단 변량을 다음과 같이 정의하는 것이다.

$$Var(y_{jh}) = \phi \qquad V(\mu_{jh}) = 1$$

즉, 반응변인이 정규분포하는 연속변인일 때는 그 반응변인의 표집분포가 표준화된 평균들의 분포라고 가정한다. 특정한 설명변인 값에서 반응변인의 모집단 변량에 대한 일반적 정의 $Var(y_{jh}) = V(\mu_{jh})\phi$ 에서 $V(\mu_{jh}) = 1$ 이 되도록 μ_{jh} 를 표준화하였다고 가정하면 $\phi = Var(y_{jh})$ 가 된다. 따라서 특정한 설명변인 값에서 반응변인의 표집분포가 정규분포한다고 가정하는 모형에서는 척도모수(ϕ) 의 추정치는 특정한 설명변인 값에서 반응변인의 모집단 변량 $Var(y_{jh})$ 의 추정치와 같다. 만약 반응변인이 이분변인이고, 특정한 설명변인 값에서 반응변인의 모평균이 μ_{jh} 이며, 반응변인의 표집분포가 그 평균 μ_{jh} 를 중심으로 이항분포를 한다고 가정할 때는 반응변인의 모집단 변량은 이항확률분포의 변량과 같고, 척도모수는 $\phi = 1$ 이 된다.

$$Var(y_{jh}) = V(\mu_{jh}) = \mu_{jh}(1-\mu_{jh}) \qquad \phi = 1$$

만약 반응변인이 포아송분포를 하는 변인일 때는 반응변인의 모집단 변량은 이론적인 포아송분포의 평균과 같고, 척도모수는 $\phi = 1$ 이 된다.

$$Var(y_{jh}) = V(\mu_{jh}) = \mu_{jh} \qquad \phi = 1$$

예를 들어, <표 10-8> 의 반복측정자료를 위한 외곽모형에서 반응변인 ('천식증세') 이 이항분포를 하는 이분변인인 경우에 모수추정을 위하여 필요한 반응측정치 y_{jh} 의 모집단 변량 $Var(y_{jh})$ 에 관한 정보가 어떻게 제공되는지를 살펴보자. 반응변인이 이항분포를 하는 이분변인인 경우에는 특정한 설명변인 값에서 반응변인의 모집단 변량은 이항분포의 이론적인 변량과 동일하게 $Var(y_{jh}) = V(\mu_{jh}) = \mu_{jh}(1-\mu_{jh})$ 로 정의되고, 외곽모형의 무선적 성분과 체계적 성분이 로짓 연결함수에 의해 정의되므로 반응측정치 y_{jh} 의 모집단 변량 $Var(y_{jh})$ 는 다음과 같이 정의된다.

$$\begin{aligned} Var(y_{jh}) &= \mu_{jh}(1-\mu_{jh}) \\ &= \frac{exp(b_0 + b_1 x_{jh1} + b_2 x_{jh2} + b_3 x_{jh3})}{1 + exp(b_0 + b_1 x_{jh1} + b_2 x_{jh2} + b_3 x_{jh3})} \times \\ &\quad \left(1 - \frac{exp(b_0 + b_1 x_{jh1} + b_2 x_{jh2} + b_3 x_{jh3})}{1 + exp(b_0 + b_1 x_{jh1} + b_2 x_{jh2} + b_3 x_{jh3})}\right) \\ &= \frac{exp(b_0 + b_1 x_{jh1} + b_2 x_{jh2} + b_3 x_{jh3})}{(1 + exp(b_0 + b_1 x_{jh1} + b_2 x_{jh2} + b_3 x_{jh3}))^2} \end{aligned}$$

예를 들어, <표 10-8> 의 자료에서 '측정차수' 가 $x_{jh1} = 1$ 이고, '도시규모' 가 $x_{jh2} = 0$ 이며, '엄마흡연' 이 $x_{jh3} = 1$ 인 아동은 4 명 (8, 12, 14, 16 번 아동) 이 존재한다. 만약 로지스틱 회귀모형이 <표 10-8> 의 자료를 잘 설명한다면, 그 4 명 (8, 12, 14, 16 번 아동) 의 아동들에 대하여 다음과 같은 관계가 성립하여야 한다.

$$Var(y_{j(8)}) = Var(y_{j(12)}) = Var(y_{j(14)}) = Var(y_{j(16)})$$

$$= \frac{exp(b_0 + b_1(1) + b_2(0) + b_3(1))}{(1 + exp(b_0 + b_1(1) + b_2(0) + b_3(1)))^2}$$

여기에서 요점은 외곽모형이 예측하는 반응측정치의 모집단 변량 $Var(y_{jh})$ 는 특정한 관찰단위 h 로부터 특정한 측정차수 j 에 얻어진 반응변인 측정치의 이론적 모집단 변량인 동시에 설명변인들의 값이 모두 동일한 관찰단위들의 측정차수 j 에서의 반응변인 측정치 y_{jh} 의 모집단 변량을 의미하기도 한다는 것이며, 연구자가 반응변인의 표집분포에 대하여 가정하는 확률분포가 무엇인가에 따라 정의된다는 것이다.

(3) 반응측정치들 사이의 상관관계에 대한 정보

외곽모형은 각 관찰단위의 반복된 반응변인 측정치들 $y_{1h}, y_{2h}, \cdots\cdots, y_{Jh}$ 사이의 상관계수를 가정하는데, y_{1h} 와 y_{2h} 의 상관계수, y_{1h} 와 y_{3h} 의 상관계수, ……, $y_{(J-1)h}$ 와 y_{Jh} 의 상관계수들로 이루어진 상관계수 행렬을 $\boldsymbol{R}_h(\alpha)$ 로 표기하자. 관찰단위 내 반응측정치들 사이의 상관계수 행렬 $\boldsymbol{R}_h(\alpha)$ 의 각 요소 α 는 다수의 관찰단위들의 반응변인 측정치들에서 산출되는 상관계수 개념이 아니라 단일의 관찰단위가 가지는 상관계수 개념이다. 따라서 α 는 자료를 이용하여 계산할 수 없는 이론적인 혹은 '상상의' 상관계수다. 왜냐하면 각 관찰단위는 각 측정차수에서 한 개씩의 반응변인 측정치를 가지기 때문이다.

관찰단위 내 상관계수 행렬 $\boldsymbol{R}_h(\alpha)$ 의 기호 α 는 그 상관계수 행렬에 대하여 연구자가 특정한 모형 혹은 가정을 설정할 수 있다는 의미를 표현한다. 즉, α 는 모형에 의해 추정되는 모수(parameter)다. 반복측정자료를 위한 외곽모형의 모수들을 추정하기 위해서는 $\boldsymbol{R}_h(\alpha)$ 의 구조에 대한 정보를 연구자가 제공하여야 한다.

연구자가 반복적으로 관찰된 반응변인 측정치들 사이의 상관관계가 모두 0 이라고 가정하는 모형을 '독립구조(independent structure)'라고 부른다. 독립구조는 $\boldsymbol{R}_h(\alpha)$ 의 대각선 요소는 모두 1 이고, 비대각선 요소는 모두 0 인 구조를 말한다. 반응변인 측정치들 사이의 상관관계에 대하여 독립구조를 가정하는 것은 자료가 반복측정자료가 아니라고 가정하는 것과 같다. 이때에는 서로 독립적인 측정치들로 이루어진 자료를 위한 일반선형모형으로 자료를 분석하면 된다. 이때에 모형에 추정해야 할 α는 존재하지 않는다.

$$\text{독립구조 } \boldsymbol{R}_h(\alpha) = \begin{bmatrix} 1 & \alpha & \cdots & \alpha \\ \alpha & 1 & \cdots & \alpha \\ \vdots & \vdots & \vdots & \vdots \\ \vdots & \vdots & \vdots & \vdots \\ \alpha & \alpha & \cdots & 1 \end{bmatrix} = \begin{bmatrix} 1 & 0 & \cdots & 0 \\ 0 & 1 & \cdots & 0 \\ \vdots & \vdots & \vdots & \vdots \\ \vdots & \vdots & \vdots & \vdots \\ 0 & 0 & \cdots & 1 \end{bmatrix}$$

만약 연구자가 반복적으로 관찰된 반응변인 측정치들 사이의 상관계수가 모두 동일한 상수라고 가정하면 그러한 상관계수 행렬구조를 '교환가능 상관구조 (exchangeable correlation structure)' 혹은 '합동대칭성 (compound symmetry)' 이라고 부른다. 교환가능 상관구조 혹은 합동대칭성은 y_{1h}와 y_{2h}의 상관계수, y_{1h}와 y_{3h}의 상관계수, ……, $y_{(J-1)h}$와 y_{Jh}의 상관계수가 모두 동일한 구조, 즉 $\boldsymbol{R}_h(\alpha)$의 비대각선 요소의 숫자가 모두 동일한 구조를 말한다. 연구자의 모형이 반복적으로 관찰된 반응변인 측정치들 사이의 상관관계구조에 대하여 교환가능 상관구조를 가정할 때에는 모형이 추정해야 할 모수 α는 한 개가 존재한다.

$$\text{교환가능 상관구조 } \boldsymbol{R}_h(\alpha) = \begin{bmatrix} 1 & \alpha & \cdots & \alpha \\ \alpha & 1 & \cdots & \alpha \\ \vdots & \vdots & \vdots & \vdots \\ \vdots & \vdots & \vdots & \vdots \\ \alpha & \alpha & \cdots & 1 \end{bmatrix} = \begin{bmatrix} 1 & \rho & \cdots & \rho \\ \rho & 1 & \cdots & \rho \\ \vdots & \vdots & \vdots & \vdots \\ \vdots & \vdots & \vdots & \vdots \\ \rho & \rho & \cdots & 1 \end{bmatrix}$$

y_{1h}와 y_{2h}의 상관계수, y_{1h}와 y_{3h}의 상관계수, ……, $y_{(J-1)h}$와 y_{Jh}의 상관계수가 모두 제각기 다르다고 가정할 수도 있는데, 이러한 상관구조를 '불특정 상관구조 (unspecified correlation structure)' 라고 부른다. 불특정 상관구조를 가정하는 모형의 경우에는 $J(J-1)/2$ 개의 모수 α가 추정되어야 한다.

$$\text{불특정 상관구조 } \boldsymbol{R}_h(\alpha) = \begin{bmatrix} 1 & \alpha & \cdots & \alpha \\ \alpha & 1 & \cdots & \alpha \\ \vdots & \vdots & \vdots & \vdots \\ \vdots & \vdots & \vdots & \vdots \\ \alpha & \alpha & \cdots & 1 \end{bmatrix} = \begin{bmatrix} 1 & \rho_{12} & \cdots & \rho_{1J} \\ \rho_{21} & 1 & \cdots & \rho_{2J} \\ \vdots & \vdots & \vdots & \vdots \\ \vdots & \vdots & \vdots & \vdots \\ \rho_{J1} & \rho_{J2} & \cdots & 1 \end{bmatrix}$$

시간 경과에 따른 반응변인 측정치의 변화를 파악하기 위한 연구에서는 반복적으로 측정되는 반응변인 측정치들이 일종의 시계열 자료를 이루게 된다. 시계열 자료의 경우에는 반응변인 측정치들의 측정시점이 서로 멀리 떨어져 있을수록 상관관계가 낮아지는 경향이 있다. 따라서 이때에는 $\boldsymbol{R}_h(\alpha)$ 의 구조에 대하여 '자동회귀 상관구조(auto-regressive correlation structure)'를 가정할 수 있다. 서로 인접한 측정차수들에서 측정된 측정치들 사이의 상관계수를 α 라고 하자. 그러면 자동회귀 상관구조란 측정차수 j 에서 측정된 측정치와 측정차수 q 에서 측정된 측정치는 $\alpha^{|q-j|}$ 의 상관계수를 가지는 상관구조를 말한다. 예를 들어, 첫 번째 측정차수의 반응변인 측정치와 두 번째 측정차수의 반응변인 측정치 사이의 상관계수가 $\alpha = 0.7$ 이라면, 첫 번째 측정차수의 반응변인 측정치와 세 번째 측정차수의 반응변인 측정치는 서로 $\alpha^{|3-1|} = 0.7^2 = 0.49$ 의 상관계수를 가진다. 자동회귀 상관구조를 가지는 $\boldsymbol{R}_h(\alpha)$ 는 오른쪽 상단과 왼쪽 하단에 매우 작은 α 를 내포하고, 주대각선에 인접한 α 들은 상대적으로 큰 수치를 가진다. $\boldsymbol{R}_h(\alpha)$ 의 구조에 대하여 자동회귀 상관구조를 가정하는 모형에서는 서로 인접한 측정차수들에서 측정된 측정치들 사이의 상관계수 모수 α 를 한 개만 추정하면 된다. 다른 상관계수들은 모두 α 의 함수이기 때문이다.

$$\text{자동회귀 상관구조 } \boldsymbol{R}_h(\alpha) = \begin{bmatrix} 1 & \alpha & \cdots & \alpha \\ \alpha & 1 & \cdots & \alpha \\ \vdots & \vdots & \vdots & \vdots \\ \vdots & \vdots & \vdots & \vdots \\ \alpha & \alpha & \cdots & 1 \end{bmatrix} = \begin{bmatrix} 1 & \rho & \cdots & \rho^{J-1} \\ \rho & 1 & \cdots & \rho^{J-2} \\ \vdots & \vdots & \vdots & \vdots \\ \vdots & \vdots & \vdots & \vdots \\ \rho^{J-1} & \rho^{J-2} & \cdots & 1 \end{bmatrix}$$

외곽모형은 모든 관찰단위가 제각기 다른 $\boldsymbol{R}_h(\alpha)$ 를 가진다고 가정한다. 그런데 모든 관찰단위가 제각기 가지는 $\boldsymbol{R}_h(\alpha)$ 의 평균적인 상관계수 행렬을 상상할 수 있다. 이 평균적인 상관계수 행렬을 $\boldsymbol{R}(\alpha)$ 로 표기하고, '활용상관행렬(working correlation matrix)'이라고 부른다. '활용(working)'이라는 용어는 반복측정자료를 위한 외곽모형의 모수 산출을 위한 수학적 알고리듬에서 실제로 사용되는 상관행렬이라는 의미다. 즉, 외곽모형은 모든 관찰단위가 동일한 $\boldsymbol{R}_h(\alpha)$ 의 구조를 가진다고 가정하고, 그것들의 평균행렬인 활용상관행렬 $\boldsymbol{R}(\alpha)$ 를 이용하여 모형모수들을 추정한다.

외곽모형의 모수들을 추정하기 위해서는 연구자가 활용상관행렬 $\boldsymbol{R}(\alpha)$ 의 구조에 대한 선택 혹은 결정을 해야 한다. 만약 반응변인에 대한 반복적인 측정 횟수가 매우 작고, 서로 독립적인 관찰단위의 수가 매우 많은 경우에는 독립구조가 합리적인 선택일 수 있다. 이때에는 반복측정치들 사이의 상관관계가 모수추정에 미치는 영향이 미미하기 때문이다. 만약 반응변인에 대한 반복적인 측정이 완벽하게 교차균형화 (cross-balancing) 되었거나, 소위 '반복측정'이 동일한 관찰단위에 대한 진정한 반복측정이 아니라 앞서 제 9 장의 상관된 자료모형에서 살펴본 동류집단 (예, 부자, 부부) 의 멤버들 혹은 짝진 사례－통제로 이루어진 경우에는 교환가능 상관구조가 합리적인 선택이 될 수 있다. 반응변인에 대한 반복적인 측정이 진실로 동일한 관찰단위를 종단적으로 여러 차례 관찰하여 이루어진 것일 때는 자동회귀 상관구조나 불특정 상관구조가 적합한 선택이다. 왜냐하면 이때의 반응측정치들 사이의 상관관계는 측정차수들이 서로 격리될수록 낮아질 것이기 때문이다. 다만, 자동회귀 상관구조를 선택하는 경우에는 측정차수가 서로 격리될수록 상관계수가 지나치게 빠른 속도로 감소한다는 가정을 하는 위험이 수반될 수 있고, 불특정 상관구조를 선택하는 경우에는 추정해야 할 상관계수 α 의 수가 매우 많아질 수 있으므로 반응변인에 대한 반복적인 측정 횟수가 클 때는 모수추정의 안정성이 낮아질 수 있는 위험이 있다. 또한, 자료가 결측치 (missing value) 를 다수 포함하는 경우에도 불특정 상관계수를 선택하는 것에 대하여 주의를 요한다. 왜냐하면 어떤 측정차수에서 결측치가 존재하는가에 따라서 반응측정치들 사이의 상관관계가 크게 변할 수 있기 때문이다.

(4) GEE 알고리듬

반복측정자료에 대한 외곽모형은 특정한 설명변인 값에서 반응측정치의 평균, 즉 $E(y_{jh})$ 혹은 μ_{jh} 에 대한 정보와 특정한 설명변인 값에서 반응측정치 y_{jh} 의 모집단 변량 $Var(y_{jh})$ 에 관한 정보 그리고 반복적으로 측정된 반응변인 측정치들 사이의 상관관계 $\boldsymbol{R}_h(\alpha)$ 에 대한 정보가 주어지면, 이들을 '일반추정방정식 (generalized estimating equation)' 에 대입하여 모형모수들을 추정한다. 앞서 횡단자료 (반복측정되지 않은 자료) 를 위한 일반추정방정식이 다음과 같이 기술되었다.

$$\sum_{h=1}^{N} \frac{y-\mu}{\phi V(\mu)} \left(\frac{\partial \mu}{\partial b_k} \right) = 0$$

횡단자료를 위한 일반추정방정식에서 $\phi V(\mu)$ 는 반응변인의 모집단 변량이라고 하였다. 즉, $\phi V(\mu) = Var(y)$ 이다. 횡단자료의 경우에는 반응변인이 한 번 측정되므로 반응변인의 분포는 일변량분포 (univariate distribution) 다. 일변량분포의 경우에는 그 분포의 변산성은 변량 $Var(y)$ 에 의해 정의된다. 그런데 반복측정자료의 경우에는 반응변인이 여러 번의 측정차수에서 반복적으로 측정되므로 반응변인의 모집단 분포는 다변량분포 (multivariate distribution) 가 된다. 다변량분포의 변산성을 정의하기 위해서는 변량과 더불어 공변량 (covariance) 혹은 상관관계에 대한 정보가 필요하다. 예를 들어, [그림 10-2] 에 묘사된 바와 같이 반응변인이 연속변인이고, 그 변인이 두 번 반복적으로 측정된 경우, 첫 번째 측정치와 두 번째 측정치의 변산성은 그 두 측정치 사이의 공변량 혹은 상관관계에 따라 달라진다.

따라서 반복측정자료를 위한 일반추정방정식은 반응변인의 모집단 변량 $Var(y) = \phi V(\mu)$ 대신에 각 측정차수에서 반응측정치들 사이의 변량-공변량 행렬 $\boldsymbol{V}_h(\alpha)$ 를 이용하여 <수식 10-2> 와 같이 행렬식으로 표기된다.

$$\boldsymbol{D}' \boldsymbol{V}_h(\alpha)^{-1}(\boldsymbol{y}_h - \boldsymbol{\mu}_h) = \boldsymbol{0} \qquad \text{〈수식 10-2〉}$$

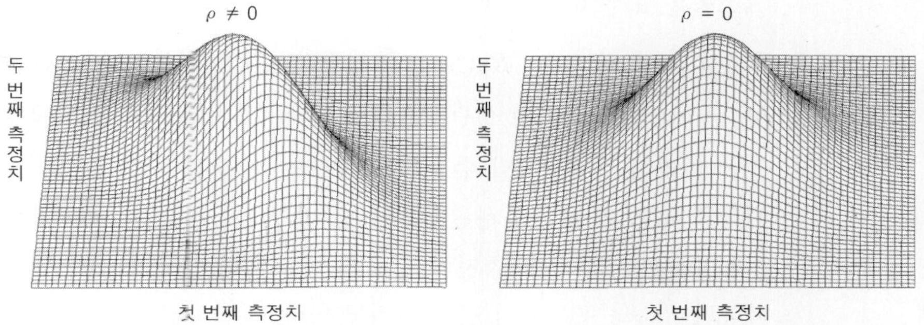

[그림 10-2] 반응변인이 정규분포하는 연속변인이고, 두 번 반복적으로 측정된 경우, 첫 번째 측정치와 두 번째 측정치의 결합분포: $\rho \neq 0$ 인 경우는 두 측정치 사이에 공변량이 존재하는 경우고, $\rho = 0$ 인 경우는 두 측정치 사이에 공변량이 존재하지 않는 경우임

일반추정방정식인 <수식 10-2> 의 $\boldsymbol{y}_h$ 와 $\boldsymbol{\mu}_h$ 는 각각 반응변인의 측정이 반복된 횟수 J 개만큼의 요소들을 가지는 열벡터들이다. $\boldsymbol{y}_h$ 는 특정한 관찰단위 h 의 반응변인 측정치들 y_{1h}, y_{2h}, ……, y_{Jh} 로 이루어진 열벡터다. 또한, $\boldsymbol{\mu}_h$ 는 특정한 관찰단위 h 혹은 모든 설명변인의 값이 동일한 관찰단위의 반응변인 측정치의 평균 μ_{1h}, μ_{2h}, ……, μ_{Jh} 로 이루어진 열벡터다. 영벡터 $\mathbf{0}$ 은 J 개의 요소를 가지는데, 모든 요소가 0 인 열벡터다.

$\boldsymbol{V}_h(\alpha)$ 는 각 관찰단위에서 혹은 동일한 설명변인 값을 가지는 관찰단위들에서 반복측정된 반응변인 측정치들 사이의 변량-공변량 행렬 $(J \times J)$ 이다. $\boldsymbol{V}_h(\alpha)$ 의 J 개 대각선 셀들에는 각 측정차수의 반응변인 측정치들의 모집단 변량이 포함되고, $J(J-1)$ 개의 비대각선 셀들에는 그들의 모집단 공변량들이 포함된다. $\boldsymbol{V}_h(\alpha)$ 를 편의상 '공변량행렬' 로 부르자. 그런데 모든 관찰단위에서 $\boldsymbol{V}_h(\alpha)$ 는 동일하다고 가정된다. 즉, $\boldsymbol{V}_h(\alpha)$ 반복측정된 반응변인 측정치들의 '활용 공변량행렬 (working covariance matrix)' 이다. 각 관찰단위 h 에서 반복적으로 측정된 반응변인 측정치들 사이의 모집단 공변량행렬은 <수식 10-3> 과 같이 정의된다.

$$\boldsymbol{V}_h(\alpha) = \phi \boldsymbol{A}_h^{1/2} \boldsymbol{R}_h(\alpha) \boldsymbol{A}_h^{1/2} \qquad \text{<수식 10-3>}$$

<수식 10-3> 의 $\boldsymbol{A}_h$ 는 반응변인의 표집분포 (표본평균들의 분포) 가 가지는 이론적인 변량 $V(\mu_{jh})$ 를 대각선에 포함하고 있는 변량행렬이다. $\boldsymbol{A}_h$ 의 비대각선 요소들은 모두 0 이다. 따라서 $\boldsymbol{A}_h^{1/2}$ 은 반응변인의 표집분포가 가지는 이론적인 표준오차 행렬이다. $\boldsymbol{R}_h(\alpha)$ 는 각 관찰단위의 반복된 반응변인 측정치들 y_{1h}, y_{2h}, ……, y_{Jh} 사이의 상관계수 행렬인데, 그 요소들인 α 의 구조는 연구자의 가정에 따라서 독립구조일 수도 있고, 교환가능 상관구조일 수도 있으며, 불특정 상관구조 혹은 자동회귀 상관구조일 수 있다.

일반적으로, 두 개의 측정치 혹은 두 개의 변인 사이의 공변량은 그들의 상관계수에 그들의 표준편차를 곱한 것이기도 하다. 예를 들어, 어떤 두 변인 Y_1 과 Y_2 의 공변량 (covariance) 은 그 두 변인 사이의 상관계수 r 에 그 변인들의 표준편차 σ_1 과 σ_2 를 곱한 $r\sigma_1\sigma_2$ 이다. <수식 10-3> 은 복잡해 보이지만 반복적으로 측정된

반응변인 측정치들 사이의 공변량(covariance) 행렬은 그 측정치들 사이의 상관계수 행렬 $\boldsymbol{R}_h(\alpha)$ 에 그 측정치들의 표준오차 행렬을 곱한 것이라는 간단한 의미를 표현한 것에 불과하다. <수식 10-3> 을 보다 구체적으로 기술하면 다음과 같다.

$$\boldsymbol{V}_h(\alpha) = \begin{bmatrix} Cov(y_{1h}, y_{1h}) & Cov(y_{1h}, y_{2h}) & \cdots & Cov(y_{1h}, y_{Jh}) \\ Cov(y_{2h}, y_{1h}) & Cov(y_{2h}, y_{2h}) & \cdots & Cov(y_{2h}, y_{Jh}) \\ \vdots & \vdots & \cdots & \vdots \\ Cov(y_{Jh}, y_{1h}) & Cov(y_{Jh}, y_{2h}) & \cdots & Cov(y_{Jh}, y_{Jh}) \end{bmatrix}$$

$$= \phi \begin{bmatrix} V(\mu_{1h}) & 0 & \cdots & 0 \\ 0 & V(\mu_{2h}) & \cdots & 0 \\ \vdots & \vdots & \cdots & \vdots \\ 0 & 0 & \cdots & V(\mu_{Jh}) \end{bmatrix}^{1/2} \begin{bmatrix} 1 & \alpha & \cdots & \alpha \\ \alpha & 1 & \cdots & \alpha \\ \vdots & \vdots & \cdots & \vdots \\ \alpha & \alpha & \cdots & 1 \end{bmatrix} \begin{bmatrix} V(\mu_{1h}) & 0 & \cdots & 0 \\ 0 & V(\mu_{2h}) & \cdots & 0 \\ \vdots & \vdots & \cdots & \vdots \\ 0 & 0 & \cdots & V(\mu_{Jh}) \end{bmatrix}^{1/2}$$

예를 들어, 관찰단위 h 의 첫 번째 반응변인 측정치 y_{1h} 의 변량은 $Var(y_{1h}) = Cov(y_{1h}, y_{1h}) = \phi V(\mu_{1h})^{1/2} \alpha V(\mu_{1h})^{1/2}$ 이다. 또한, 관찰단위 h 의 첫 번째 반응변인 측정치 y_{1h} 와 두 번째 반응변인 측정치 y_{2h} 사이의 공변량은 $Cov(y_{1h}, y_{2h}) = \phi V(\mu_{1h})^{1/2} \alpha V(\mu_{2h})^{1/2}$ 이다.

끝으로 일반추정방정식 <수식 10-2> 의 $\boldsymbol{D}$ 는 <수식 10-1> 의 모형방정식을 $g(\mu_{jh})$ 가 아니라 μ_{jh} 를 예측하는 형태로 기술하고, 그 모형방정식을 모형모수 b_k 에 대해서 편미분한 $\partial\mu_{jh} / \partial b_k$ 를 요소로 가지는 행렬인데, 반복된 측정의 횟수 J 개만큼의 행과 모형모수의 개수 $K+1$ 개만큼의 열을 가지는 행렬이다. 따라서 $\boldsymbol{D}$ 의 요소들은 연구자의 모형에 따라서 다르게 정의된다.

$$\boldsymbol{D} = \begin{bmatrix} \frac{\partial\mu_{1h}}{\partial b_0} & \frac{\partial\mu_{1h}}{\partial b_1} & \cdots & \frac{\partial\mu_{1h}}{\partial b_K} \\ \frac{\partial\mu_{2h}}{\partial b_0} & \frac{\partial\mu_{2h}}{\partial b_1} & \cdots & \frac{\partial\mu_{2h}}{\partial b_K} \\ \vdots & \vdots & \cdots & \vdots \\ \frac{\partial\mu_{Jh}}{\partial b_0} & \frac{\partial\mu_{Jh}}{\partial b_1} & \cdots & \frac{\partial\mu_{Jh}}{\partial b_K} \end{bmatrix}$$

<수식 10-2>는 각 관찰단위 h의 자료를 위한 일반추정방정식이다. 모든 관찰단위의 일반추정방정식을 합해 주면 전체 표본자료를 위한 일반추정방정식이 된다.

$$\sum_{h=1}^{N} \boldsymbol{D}' \boldsymbol{V}_h(\alpha)^{-1}(\boldsymbol{y}_h - \boldsymbol{\mu}_h) = \boldsymbol{0} \qquad \text{<수식 10-4>}$$

<수식 10-4>의 일반추정방정식의 행렬항 중에서 $\boldsymbol{D}$, $\boldsymbol{V}_h(\alpha)$, $\boldsymbol{\mu}_h$는 그 요소들이 모형모수들 b_0, b_1, b_2, ……, b_K와 표본자료(설명변인의 값)를 포함한다. 또한, $\boldsymbol{V}_h(\alpha)$는 활용상관행렬의 상관계수들 α를 포함한다. 일반추정방정식은 준우도함수를 미분한 것이라는 사실을 상기하자. 따라서 <수식 10-4>의 일반추정방정식의 값을 **0**이 되게 하는 모형모수들의 값들이 준우도함수에 의한 최대우도 추정치들이다.

반응측정치를 중심으로 구조화된 반복측정자료인 <표 10-8>의 가상적인 자료에 대하여 '측정차수(x_1)', '도시규모(x_2)', '엄마흡연(x_3)'을 설명변인으로 사용하여 반응변인인 '천식증세(y)'를 예측하기 위한 로지스틱 회귀모형은 다음과 같이 기술된다.

$$ln\left(\frac{\mu_{jh}}{1-\mu_{jh}}\right) = b_0 + b_1 x_{jh1} + b_2 x_{jh2} + b_3 x_{jh3}$$

이 로지스틱 회귀모형의 모수들을 일반추정방정식을 이용하여 추정하기 위해서는 '활용상관행렬' $\boldsymbol{R}(\alpha)$의 구조에 관하여 어떤 가정을 할 것인가를 결정해야 할 필요가 있다. 활용상관행렬 $\boldsymbol{R}(\alpha)$의 구조에 관하여 독립구조, 교환가능 상관구조, 불특정 상관구조, 자동회귀 상관구조를 각각 가정하고, GEE 알고리듬을 이용하여 모수추정을 한 결과가 <표 10-9>와 같다.

<표 10-9>을 보면 활용상관행렬의 구조에 대한 가정에 따라서 모수추정치(b_k)와 그것의 표준오차($se(\widehat{b_k})$)가 달라지는 것을 알 수 있다. 모수추정치와 함께 추정된 활용상관행렬은 각각 다음과 같다.

〈표 10-9〉 활용상관행렬 구조어 대한 가정에 따른 GEE 모수추정치와 표준오차

설명변인	독립구조 가정		교환가능 상관구조 가정		불특정 상관구조 가정		자동회귀 상관구조 가정	
	$\widehat{b_k}$	$se(\widehat{b_k})$	$\widehat{b_k}$	$se(\widehat{b_k})$	$\widehat{b_k}$	$se(\widehat{b_k})$	$\widehat{b_k}$	$se(\widehat{b_k})$
절편	−0.343	0.998	−0.353	0.999	−0.647	1.291	−0.524	0.980
측정차수	−0.200	0.282	−0.204	0.279	−0.262	0.286	−0.214	0.273
도시규모	0.139	0.686	0.122	0.688	0.495	0.864	0.265	0.652
엄마흡연	−0.128	0.393	−0.094	0.361	0.265	0.598	0.082	0.374

$$\text{독립구조 가정: } \boldsymbol{R}(\widehat{\alpha}) = \begin{bmatrix} 1 & 0 & 0 & 0 \\ 0 & 1 & 0 & 0 \\ 0 & 0 & 1 & 0 \\ 0 & 0 & 0 & 1 \end{bmatrix}$$

$$\text{교환가능 상관구조 가정: } \boldsymbol{R}(\widehat{\alpha}) = \begin{bmatrix} 1 & 0.165 & 0.165 & 0.165 \\ 0.165 & 1 & 0.165 & 0.165 \\ 0.165 & 0.165 & 1 & 0.165 \\ 0.165 & 0.165 & 0.165 & 1 \end{bmatrix}$$

$$\text{불특정 상관구조 가정: } \boldsymbol{R}(\widehat{\alpha}) = \begin{bmatrix} 1 & 0.434 & 0.218 & -0.207 \\ 0.434 & 1 & 0.810 & -0.119 \\ 0.218 & 0.810 & 1 & 0.368 \\ -0.207 & -0.119 & 0.368 & 1 \end{bmatrix}$$

$$\text{자동회귀 상관구조 가정: } \boldsymbol{R}(\widehat{\alpha}) = \begin{bmatrix} 1 & 0.412 & 0.170 & 0.070 \\ 0.412 & 1 & 0.412 & 0.170 \\ 0.170 & 0.412 & 1 & 0.412 \\ 0.070 & 0.170 & 0.412 & 1 \end{bmatrix}$$

4 모수추정치의 해석

<표 10-8> 의 가상적인 자료에 대하여 반복된 반응변인 측정치들 사이의 상관구조에 대하여 불특정 상관구조를 가정하고 '측정차수(x_1)', '도시규모(x_2)', '엄마흡연(x_3)' 을 설명변인으로 사용하여 반응변인인 '천식증세(y)' 를 예측하기 위한 로지스틱 회귀모형은 다음과 같이 추정되었다.

$$ln\left(\frac{\mu_{jh}}{1-\mu_{jh}}\right) = -0.647 - 0.262x_{jh1} + 0.495x_{jh2} + 0.265x_{jh3}$$

'측정차수'의 모수추정치 $\hat{b}_1 = -0.262$ 는 측정차수가 증가할 때마다 천식증세를 보일 승산 ($\mu_{jh}/(1-\mu_{jh})$) 이 감소한다는 것을 의미한다. 구체적으로는 <표 10-8> 의 자료에서 측정차수의 증가는 아동 연령의 증가를 의미하므로, 아동이 거주하는 도시와 엄마의 흡연 정도에서 변화가 없다는 전제하에 연령이 한 살 증가할 때 천식증세를 보일 승산은 $e^{-0.262} = 0.77$ 배 감소할 것으로 예측된다. $\hat{b}_2 = 0.495$ 와 $\hat{b}_3 = 0.265$ 도 같은 방식으로 해석된다. 즉, '측정차수 (즉, 연령)' 와 엄마의 흡연 정도가 동일한 경우에 대도시 ($x_{jh2} = 1$) 에 사는 아동들이 중소도시 ($x_{jh2} = 0$) 에 사는 아동들보다 천식증세를 보일 승산이 $e^{0.495} = 1.64$ 배 더 높을 것으로 예측되고, 또한 '측정차수 (즉, 연령)' 와 거주 도시가 동일한 경우에 엄마의 흡연 정도가 1 단위 더 높은 아동들은 그것이 한 단위 더 낮은 아동들보다 천식증세를 보일 승산이 $e^{0.265} = 1.30$ 배 더 높을 것으로 예측된다.

5 모수추정치에 대한 통계적 검증

일반추정방정식에 의한 모수추정치의 통계적 검증 (영가설 검증) 은 Wald 통계치에 의해 이루어질 수 있다. Wald 통계치는 모수추정치 $\hat{b}_k$ 를 그것의 표준오차 $se(\hat{b}_k)$ 로 나누어 준 것이다.

$$\text{Wald} = \hat{b}_k / se(\hat{b}_k)$$

그런데 일반추정방정식에 의한 모수추정과정에서 두 종류의 $se(\hat{b}_k)$ 가 산출될 수 있고, 각각의 표준오차는 상대적인 장단점을 가지는 것으로 알려져 있다 (Royall, 1986; Liang & Zeger, 1986).

첫 번째 종류의 표준오차는 '모형에 기초한 표준오차 추정치 (model-based estimate of standard error)' 인데, 이 표준오차는 다음과 같이 계산되는 모수추정치들의 추정된 변량-공변량 행렬에 기초한다.

$$V_0(\hat{b}) = \sum_{h=1}^{N} D' V_h(\alpha)^{-1} D$$

$V_0(\hat{b})$ 는 모수추정치들의 추정된 변량-공변량 행렬을 의미한다. $V_0(\hat{b})$ 는 반응변인에 관한 표본자료를 전혀 사용하지 않고 순수하게 모형에만 근거하여 추정되는 변량-공변량 행렬이다. $V_0(\hat{b})$ 의 공식에서 D는 앞서 설명한 바와 같이 모형방정식을 편미분한 $\partial\mu_{jh}/\partial b_k$ 를 그 요소로 가지는 행렬이고, $V_h(\alpha)$ 는 반응측정치들의 모집단 공변량 행렬이지만, 반응변인의 표집분포 (표본평균들의 분포) 가 가지는 이론적인 변량 (A_h) 과 활용상관행렬 $R_h(\alpha)$ 에 의해 정의된다 (<수식 10-3> 참고).

$V_h(\alpha)$ 의 역행렬 $V_h(\alpha)^{-1}$ 을 '정보행렬 (information matrix)' 이라고 부른다. 모형에 기초한 변량—공변량 공식에서 D' 는 행이 $K+1$ 개 (모수의 수) 이고, 열이 J 개 (측정차수의 수) 인 행렬이고, $V_h(\alpha)$ 는 행과 열이 각각 J 개인 행렬이다. 따라서 $V_0(\hat{b})$ 는 그 대각선에 모수추정치들의 추정된 변량이 포함되고, 행과 열이 각각 $K+1$ 개인 행렬이다. $V_0(\hat{b})$ 의 대각선 요소들의 제곱근을 구한 것이 모형에 기초한 표준오차 추정치다.

두 번째 종류의 표준오차는 반응변인의 표본자료 y_h 를 이용한다는 의미에서 '경험적 표준오차 추정치 (empirical estimate of standard error)' 라고 부른다. 이 표준오차는 다음과 같이 계산되는 모수추정치들의 추정된 변량-공변량 행렬에 기초한다.

$$V_1(\hat{b}) = \sum_{h=1}^{N} D' V_h(\alpha)^{-1} (y_h - \hat{\mu}_h)(y_h - \hat{\mu}_h)' V_h(\alpha)^{-1} D$$

$V_1(\hat{b})$ 는 모수추정치들의 추정된 변량-공변량 행렬을 의미하고, 그 대각선에 모수추정치들의 추정된 변량이 포함되며, 행과 열이 각각 $K+1$ 개인 행렬이다. $V_1(\hat{b})$ 는 모형에 기초한 $V_0(\hat{b})$ 와는 달리 반응변인에 관한 표본자료 y_h 를 이용해서 모수추정치들의 추정된 변량-공변량을 산출한 행렬이다. $V_0(\hat{b})$ 의 대각선 요소들의 제곱근을 구한 것이 경험적 표준오차 추정치다. 경험적 표준오차 추정치는 '견고한 표준오차 추정치 (robust estimate of standard error)' 혹은 '정보샌

드위치 표준오차 추정치 (information sandwich estimate of standard error)' 라고 부르기도 한다. 그것이 '견고한' 이유는 연구자가 가정한 활용상관행렬 $\boldsymbol{R}(\alpha)$ 의 구조가 반응측정치들 사이의 실제 상관관계와 일치하지 않더라도 표준오차가 정확하게 추정된다고 알려져 있기 때문이고 (Liang & Zeger, 1986; Rotnitzky & Jewell, 1990), '정보샌드위치' 라고 부르는 이유는 그 산출 공식이 반응변인의 표본자료 $\boldsymbol{y}_h$ 를 정보행렬 $\boldsymbol{V}_h(\alpha)^{-1}$ 이 양쪽에서 감싸고 있는 형태를 지니기 때문이다.

<표 10-10> 는 아동들의 천식증세에 관한 <표 10-8> 의 자료를 이용하여 반응측정치들 사이의 불특정 상관구조를 가정하고, 산출된 로지스틱 회귀모형의 모수추정치들에 대해서 모형에 기초한 표준오차와 경험적 표준오차를 각각 추정한 것이다.

〈 **표 10-10** 〉 아동들의 천식증세에 관한 가상적인 자료에 대하여 반응측정치들 사이의 불특정 상관구조를 가정하고 산출된 로지스틱 회귀모형의 모수추정치와 표준오차

설명변인	$\widehat{b_k}$	경험적 $se(\widehat{b_k})$	모형에 기초한 $se(\widehat{b_k})$
절편	−0.647	1.291	0.791
측정차수	−0.262	0.286	0.279
도시규모	0.495	0.864	0.582
엄마흡연	0.265	0.598	0.252

모수추정을 위하여 가정된 활용상관행렬의 구조가 반응변인 측정치들의 실제 상관관계와 일치하지 않으면 모형에 기초한 표준오차 추정치는 부정확한 것으로 알려져 있다. 반면에 경험적 표준오차 추정치는 모수추정을 위하여 가정된 활용상관행렬의 구조가 반응변인 측정치들의 실제 상관관계와 일치하지 않을 때에도 정확하다고 알려져 있다. 그러나 경험적 표준오차 추정치의 이러한 장점은 관찰단위의 수가 클 때 (대략 N > 20) 만 참이며, 관찰단위의 수가 작을 때는 오히려 모형에 기초한 표준오차 추정치가 더 높은 일관성 (consistency) 을 가지는 것으로 알려져 있다 (Prentice, 1988).

모수추정치들에 대한 통계적 유의도 검증을 위한 가장 일반적인 방법이 Wald 통계치를 이용하는 것이지만, Wald 통계치는 자료 변환에 대하여 가변성을 가지

고, 관찰단위의 수가 작거나 반복측정 횟수가 클 때는 불안정성을 가진다는 단점이 있다. 자료 변환에 대하여 가변성을 가진다는 것은 변인들의 측정을 위하여 사용된 척도의 단위를 바꾸거나 표준화 등을 하여 재분석하면 Wald 통계치가 변할 수 있다는 것이다. 관찰단위의 수가 작거나 반복측정 횟수가 클 때는 모수추정치들의 추정된 변량-공변량 행렬 $\boldsymbol{V}_0(\hat{b})$ 와 $\boldsymbol{V}_1(\hat{b})$ 가 불안정해지므로 결국 Wald 통계치가 표본에 따라서 크게 달라질 수 있다는 점(즉, 불안정하다는 점)을 유념할 필요가 있다.

6 모형 적절성 평가

반응변인이 반복적으로 측정된 자료에 대하여 모형-자료의 합치도(goodness of fit) 혹은 모형의 적절성(adequacy)을 평가하는 것은 아직 매우 난해한 문제로 남아 있다(Albert, 1999, p. 1716). 서로 경쟁적인(즉, 서로 위계관계를 가진) 모형들의 우도비 카이자승들을 비교하여 상대적인 모형비교를 하는 경우가 있으나(예, Diggle, Heagerty, Liang, & Zeger, 2002), 반복측정자료를 위한 외곽모형의 우도는 정규분포, 이항분포, 포아송분포 등의 이론적인 확률분포의 밀도함수 식에 기초한 것이 아니고 준우도(quasi-likelihood)이기 때문에 일반추정방정식에 의한 외곽모형의 우도비 카이자승과 이론적인 카이자승분포의 관계가 분명하지 않다는 문제점을 가지고 있다. 더군다나 반복측정자료는 주로 측정차수에 따른 반응측정치의 변화를 파악하거나 반응측정치에 대한 측정차수와 다른 설명변인의 상호작용효과를 파악할 목적으로 분석되는 것이 보통이다. 따라서 이러한 자료에 대해서는 일반적으로 반응변인을 설명하는 요인들로 구성된 '설명모형'을 파악하는 것이 중요한 목적이 아니기 때문에 모형-자료의 합치도 혹은 모형의 적절성을 평가하는 것이 큰 의미를 가지지 않는다.

7 측정차수와 설명변인의 상호작용효과

치료의 임상적 효과를 검증하기 위한 연구들에서는 특정한 질병 혹은 성향을 가진 사례들을 처치집단(treatment group)과 위약집단(placebo group)으로 무선할당하고, 각 집단의 사례들을 대상으로 반응변인에 대한 사전검사(pre-test)와 사후검사(post-test)를 실시한 후, 사전검사와 사후검사의 차이가 처치집단과 위약집단에서 동일한지의 여부를 파악하는 경우가 많다. 이러한 실험연구를 '임상시도(clinical trials)' 라고 부른다. 이러한 임상시도 연구의 반복측정자료 (사전검사와 사후검사) 에 대한 분석에서 관심의 초점은 반응변인 측정치에 대한 '집단' 변인 (처치 vs. 위약) 과 '검사시점' 변인 (사전 vs. 사후) 의 상호작용효과 (interaction effect) 다. 이 때 '집단' 변인은 측정차수에 독립적인 설명변인이고, '검사시점' 변인은 일종의 측정차수 변인이므로 측정차수에 종속적인 설명변인이다. 만약 그 상호작용효과가 존재하면, 그 효과는 사전검사와 사후검사의 반응변인 측정치들 사이의 평균적 차이가 처치집단과 위약집단에서 동일하지 않다는 것을 의미하므로 반응변인에 대한 처치 (치료) 의 효과를 반영하는 것이 될 수 있다. 임상시도 연구들에서만 아니라 다른 종류의 많은 실험연구에서 이와 같은 측정차수와 설명변인 사이의 상호작용효과가 분석의 초점이 되는 경우가 많다. 여기에서는 사회인지심리학의 실험연구를 예로 사용하여 측정차수와 설명변인 사이의 상호작용효과를 파악하고 그 결과를 해석하는 방법을 살펴보고자 한다.

선택행동 (choice behavior) 에 관한 사회인지심리학의 실험연구들에 의하면 극단적인 선택대상이 새로이 추가되어 선택대상의 집합이 커지면 그 선택대상 중에서 중간적인 혹은 타협적인 선택대상의 매력도가 극단적인 선택대상이 추가되기 전보다 더 증가한다고 한다. 예를 들어, 어떤 소비자가 두 개의 컴퓨터 A 와 B 중에서 하나를 선택해야 하는데, A 는 처리속도가 더 빠르고 B 는 저장용량이 더 크다고 가정하자. 이 소비자에게는 컴퓨터의 처리속도보다 저장용량이 더 중요하다면 B 를 선택할 것이고, 반대의 경우라면 A 를 선택할 것이다. 그런데 제 3 의 대안인 컴퓨터 C 가 선택대상 집합에 새로이 추가되어 종전의 컴퓨터 B 가 [그림 10-3] 에 묘사된 바와 같이 중간적인 선택대상이 되었다고 가정하자. 이런 경우에 컴퓨터 B 의 매력도는 컴퓨터 C 가 하나의 선택대상으로 추가되기 전에 비하여 훨씬 더 증가한다는 것이다. 이 현상을 '타협효과 (compromise effect)' 라고 부른다 (Simonson, 1989). 즉, 극단적인 선택대상이 추가되었을 때 사람들은 타협적인 선택을 하려는 경향을 가진다는 것이다.

이은로 (2005) 는 이러한 타협효과가 선택대상에 대한 사전선호가 분명한 경우와 분명하지 않은 경우에 공히 나타나는지를 알아보기 위하여 221 명의 대학생을 대상으로 간단한 실험을 하였다. 실험에 앞서 피험자들은 자신에게 중요한 컴퓨터

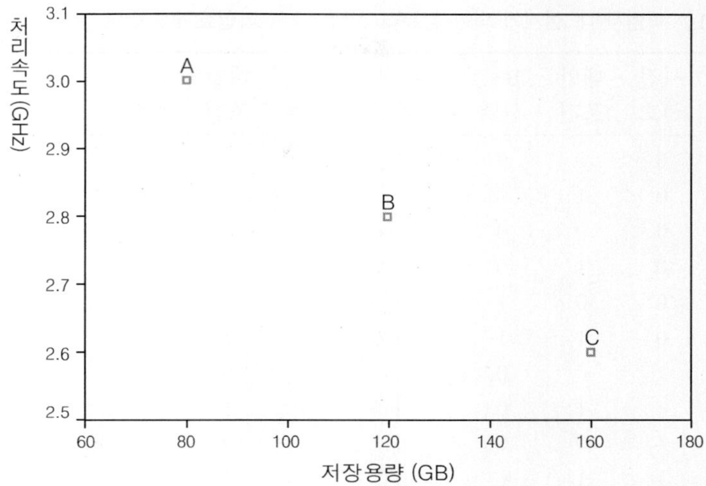

[그림 10-3] 선택행동의 타협효과에 관한 실험연구에서 제시된 선택대상 컴퓨터들의 처리속도와 저장용량

의 속성 차원이 처리속도인지 아니면 저장용량인지를 먼저 표시하였는데, 78 명이 처리속도가 중요하다고 표시한 속도파였고, 123 명이 처리속도와 저장용량이 똑같이 중요하다고 표시한 절충파였으며, 18 명이 어떤 속성 차원이 자신에게 더 중요한지 잘 모르겠다고 표시한 미분화였고, 나머지 2 명이 저장용량이 더 중요하다고 표시한 용량파였다. 수가 매우 작은 용량파를 실험에서 제외하고 나머지 219 명의 피험자 중에서 속도파를 '분명한 사전선호집단' 으로 분류하고, 절충파와 미분화를 '불분명한 사전선호집단' 으로 분류하였다. 집단분류에 이어서 모든 피험자는 [그림 10-3] 의 컴퓨ㅋ A 와 컴퓨터 B 가 제시된 '두 대안조건' 에서 자신이 구매하고 싶은 컴퓨터를 선택하였다. 피험자들은 '두 대안조건' 의 선택에 이어서 잠시 본 실험과 무관한 다른 과제를 수행한 후, 이번에는 컴퓨터 A, B, C 가 제시된 '세 대안조건' 에서 자신이 구매하고 싶은 컴퓨터를 다시 두 번째로 선택하였다. 이 실험으로 <표 10-11> 과 같은 자료가 산출되었다.

<표 10-11> 의 자료에서 '사전선호' 는 측정차수에 독립적인 설명변인 (x_{jh1}) 인데, 그 값이 0 이면 '불분명한 사전선호집단' 을 나타내고, 그 값이 1 이면 '분명한 사전선호집단' 을 나타낸다. '대안조건' 은 측정차수에 종속적인 설명변인 (x_{jh2})

〈표 10-11〉 피험자 내 설계에 의한 컴퓨터 선택행동의 타협효과에 관한 실험 자료

피험자 번호	사전 선호	대안 조건	B-선택	피험자 번호	사전 선호	대안 조건	B-선택	피험자 번호	사전 선호	대안 조건	B-선택
1	0	0	0	.	.	.	.	.	.	.	.
1	0	1	0	.	.	.	.	.	.	.	.
2	0	0	0	108	1	0	0	.	.	.	.
2	0	1	0	108	1	1	0	.	.	.	.
3	0	0	1	109	0	0	0	215	0	0	1
3	0	1	1	109	0	1	0	215	0	1	1
4	1	0	0	110	0	0	1	216	0	0	0
4	1	1	0	110	0	1	0	216	0	1	1
5	1	0	0	111	1	0	0	217	0	0	0
5	1	1	0	111	1	1	1	217	0	1	0
.	.	.	.	112	1	0	0	218	0	0	0
.	.	.	.	112	1	1	0	218	0	1	0
.	.	.	.	.	.	.	.	219	0	0	1
.	.	.	.	.	.	.	.	219	0	1	1

사전선호: 0 = 불분명한 사전선호집단, 1 = 분명한 사전선호집단
대안조건: 0 = 두 대안조건, 1 = 세 대안조건
B-선택: 0 = 선택하지 않았음, 1 = 선택하였음

인데, 그 값이 0 이면 '두 대안조건' 을 의미하고, 그 값이 1 이면 '세 대안조건' 을 의미한다. 'B-선택' 은 반복측정된 반응변인 (y_{jh}) 으로서 그 값이 0 이면 컴퓨터 B 를 선택하지 않은 것을 의미하고, 그 값이 1 이면 컴퓨터 B 를 선택한 것을 의미한다. 컴퓨터 B 는 '세 대안조건' 에서 중간적인 혹은 타협적인 선택대상이다.

본 실험과 같은 선택상황에서 소위 '타협효과' 란 '두 대안조건' 에서보다 '세 대안조건' 에서 컴퓨터 B 에 대한 선택 경향이 더 증가하는 현상을 말한다. 따라서 소위 '타협효과' 가 선택대상에 대한 사전선호가 분명한 경우와 분명하지 않은 경우에 공히 나타난다면 반응변인 'B-선택' (y_{jh}) 에 대하여 '사전선호' (x_{jh1}) 와 '대안조건' (x_{jh2}) 이 상호작용효과를 가지지 않을 것이고, 반대로 소위 '타협효과' 가 선택대상에 대한 사전선호가 분명하지 않은 경우에만 나타난다면, 반응변인 'B-선택' (y_{jh}) 에 대하여 '사전선호' 와 '대안조건' 이 상호작용효과를 가지게 될 것이

다. <표 10-12> 는 컴퓨터 B 를 선택한 피험자의 비율을 '사전선호' 와 '대안조건' 으로 교차분할된 각 범주에서 산출한 것이다.

〈 **표 10-12** 〉 '사전선호' 와 '대안조건' 으로 교차분할된 각 범주에서 컴퓨터 B 를 선택한 피험자의 비율

사전선호	대안조건	
	두 대안조건	세 대안조건
불분명한 사전선호	0.51	0.63
분명한 사전선호	0.13	0.31

<표 10-12> 를 보면 불분명한 사전선호집단과 분명한 사전선호집단에서 공히 컴퓨터 B 를 선택한 피험자의 비율이 두 대안조건에서보다 세 대안조건에서 더 높다. 따라서 반응변인 'B—선택' (y_{jh}) 에 대하여 '사전선호' (x_{jh1}) 와 '대안조건' (x_{jh2}) 의 상호작용효과는 존재하지 않을 가능성이 높다. 반복측정된 'B—선택' 에 대한 상호작용효과의 여부는 외곽모형으로 검증될 수 있다. 이때의 외곽모형은 반응변인이 이분변인이므로 다음과 같은 로지스틱 회귀모형 혹은 로짓 분석모형이다.

$$ln\left(\frac{\mu_{jh}}{1-\mu_{jh}}\right) = b_0 + b_1 x_{jh1} + b_2 x_{jh2} + b_3 x_{jh1} x_{jh2} \qquad \text{<수식 10-5>}$$

<수식 10-5> 의 외곽모형 (로지스틱 회귀모형) 에서 모수 b_3 가 반응변인 'B—선택' 에 대한 '사전선호' (x_{jh1}) 와 '대안조건' (x_{jh2}) 의 상호작용효과를 나타내는 모수다. 모수 b_3 를 추정하기 위해서는 활용상관행렬의 구조에 대한 가정이 필요하다. 이 경우에는 반응변인의 측정이 두 번 이루어진 것이므로 반응측정치들 사이의 상관계수가 한 개만 존재하고, 독립구조를 제외한 다른 모든 상관구조는 동일한 구조를 이룬다. 편의상 교환가능 상관구조를 가정하고 산출된 모수추정치들은 <표 10-13> 과 같다.

〈**표 10-13**〉 'B-선택' 에 대한 상호작용효과 모형의 모수추정치

설명변인	$\widehat{b}_k$	$se(\widehat{b}_k)$[1]	Wald	p
절편	0.043	0.169	0.25	0.80
사전선호 (x_{jh1})	−1.960	0.378	−5.18	0.00
대안조건 (x_{jh2})	0.495	0.188	2.63	0.01
$x_{jh1}x_{jh2}$	0.611	0.359	1.70	0.09

1. 경험적 표준오차

또한, 활용상관계수의 추정치는 $\widehat{\alpha} = 0.436$ 으로 산출되었다. <표 10-13> 을 보면 'B-선택' 에 대하여 '사전선호' 와 '대안조건' 의 상호작용효과는 제 1 종 오류를 범할 확률 $\alpha = 0.05$ 수준에서 통계적으로 유의미하지 않다. 그런데 '사전선호' 의 주효과와 '대안조건' 의 주효과는 각각 $\alpha = 0.05$ 수준에서 통계적으로 유의미한 것으로 나타났다. 따라서 외곽모형에서의 소위 '타협효과' 는 선택대상에 대한 사전선호가 분명한 경우와 분명하지 않은 경우에 공히 나타나는 것으로 판단된다.

'사전선호' 의 주효과는 '사전선호' 가 불분명한 경우 ($x_{jh1} = 0$) 에 비해서 그것이 분명한 경우 ($x_{jh1} = 1$) 에는 컴퓨터 B 를 선택할 승산이 더 낮다 ($\widehat{b}_1 = -1.960$) 는 것을 의미한다. '대안조건' 의 주효과는 '두 대안조건' ($x_{jh2} = 0$) 에 비해서 '세 대안조건' ($x_{jh2} = 1$) 에서 컴퓨터 B 를 선택할 승산이 더 높다 ($\widehat{b}_2 = 0.495$) 는 것을 의미한다. 따라서 상호작용효과가 없다고 판단되므로 상호작용항 $x_{jh1}x_{jh2}$ 를 제외하고 모수추정을 다시 하면 다음과 같은 외곽모형이 추정된다.

$$ln\left(\frac{\mu_{jh}}{1-\mu_{jh}}\right) = -0.031 - 1.576x_{jh1} + 0.654x_{jh2}$$

'대안조건' (x_{jh2}) 이 고정되었을 때, 컴퓨터의 속성 차원에 대한 사전선호가 불분명한 경우 ($x_{jh1} = 0$) 에 비하여 그것이 분명한 경우 ($x_{jh1} = 1$) 에 컴퓨터 B 를 선택할 승산이 $e^{-1.576} = 0.21$ 배만큼 더 낮다. 그 이유는 사전선호가 분명한 피험자들은 컴퓨터의 속성 차원 중에 처리속도를 중요시하는 사람들인데, 컴퓨터 B 는 처

리속도가 가장 빠른 기종이 아니기 때문이다. '사전선호' (x_{jh1}) 가 고정된 경우에 '세 대안조건 ($x_{jh2} = 1$)' 에서 타협적 선택대상인 컴퓨터 B 를 선택할 승산은 '두 대안조건 ($x_{jh2} = 0$)' 에서의 승산보다 $e^{0.654} = 1.92$ 배 높다.

8 빈도 반응변인

반응변인의 값이 빈도 (frequency) 혹은 횟수 (count) 이고, 그 반응변인이 반복측정되었거나 반응변인 측정치들이 서로 상관관계를 가지는 경우에 가장 적합한 외곽모형은 포아송 회귀모형 (Poisson regression) 혹은 음이항회귀모형 (negative binomial regression) 이다. 여기에서는 반응변인 측정치들이 서로 상관관계를 가지는 경우를 이용하여 반응변인의 값이 빈도 혹은 횟수인 경우의 외곽모형을 예시하고자 한다. 빈도 혹은 횟수를 나타내는 반응변인이 반복측정된 경우에도 동일한 방법이 사용된다.

변재상 (2005) 은 서울의 고층 건축물 29 채에 대하여 시민들이 각 건축물의 위치와 용도 등에 대하여 알고 있는 정도와 각 건축물이 서울을 대표하는 소위 랜드마크인지에 관한 시민들의 주관적인 판단 사이에 어떤 관계가 있는지를 파악하기 위한 자료를 수집하였다. 건축물의 위치와 용도 등에 대하여 알고 있는 정도는 1 점부터 4 점까지의 리커트 척도로 측정되었고, 그 측정치를 '인지도' 라고 명명하였다. 건축물이 서울을 대표하는 소위 랜드마크인지에 관한 주관적인 판단은 '그렇다' 와 '아니다' 의 이분척도로 측정되었고, 그 측정치를 '대표성' 이라고 명명하였다. 10 세부터 50 세까지 서울 시민 139 명 (남자 70 명, 여자 69 명) 에게서 수집된 자료는 <표 10-14> 와 같이 정리되었다.

<표 10-14> 의 '건축물' 은 서울에 소재한 30 층 이상의 고층 건축물 중에서 선별된 것이고, '성별' 은 응답자의 성별이며, '인지도' 는 인지도 평정의 평균이고, '대표성' 은 해당 건축물이 서울을 대표하는 랜드마크라고 판단한 사람의 수, n 은 전체 응답자의 수다. 예를 들어, 63-Building 에 대하여 70 명의 남자 응답자들의 인지도 평정의 평균은 3.800 이고, 그 70 명의 남자 중에 63-Building 이 서울을 대표하는 랜드마크라고 판단한 사람은 66 명이었다.

<표 10-14> 의 자료에서 관찰단위는 건축물이며, 각 관찰단위에 대하여 남자 응답자들의 인지도 평균과 대표성 판단 빈도, 그리고 여자 응답자들의 인지도 평

〈 **표 10-14** 〉 서울의 고층 건축물 29 채에 대한 남자 응답자 (n = 70) 와 여자 응답자 (n = 69) 의 인지도 평정과 대표성 판단 자료

건축물	성별	인지도	대표성	n	건축물	성별	인지도	대표성	n
63-Building	0	3.800	66	70	L-World	1	3.884	45	69
63-Building	1	3.797	53	69	LG-Tower	0	2.671	13	70
B-Academy	0	1.728	3	70	LG-Tower	1	2.695	18	69
B-Academy	1	1.652	0	69	M-Tower	0	1.542	0	70
COEX	0	3.542	52	70	M-Tower	1	1.420	2	69
COEX	1	3.666	51	69	M-Ville	0	1.757	2	70
D-Tower	0	3.614	28	70	M-Ville	1	1.811	1	69
D-Tower	1	3.536	28	69	Military-Hall	0	1.442	3	70
D-Town	0	1.900	2	70	Military-Hall	1	1.492	1	69
D-Town	1	1.753	3	69	P-Center	0	3.014	23	70
G-Hall	0	1.585	2	70	P-Center	1	3.058	30	69
G-Hall	1	1.463	0	69	P-Ville	0	1.485	2	70
G-Tower	0	2.414	5	70	P-Ville	1	1.405	0	69
G-Tower	1	2.434	6	69	S-City	0	3.028	21	70
H-Apart	0	1.714	2	70	S-City	1	3.000	23	69
H-Apart	1	1.811	4	69	S-Suite	0	1.942	4	70
H-Tower	0	1.842	5	70	S-Suite	1	1.942	2	69
H-Tower	1	2.101	5	69	S-Tower	0	2.000	1	70
H-Ville	0	1.214	0	70	S-Tower	1	2.072	3	69
H-Ville	1	1.275	0	69	SK-Building	0	2.242	3	70
I-Hotel	0	3.128	20	70	SK-Building	1	1.840	4	69
I-Hotel	1	3.000	21	69	SS-Tower	0	2.514	7	70
K-Tower	0	1.900	3	70	SS-Tower	1	2.362	4	69
K-Tower	1	1.898	4	69	T-Mart	0	3.514	27	70
L-Hotel	0	3.157	20	70	T-Mart	1	3.652	37	69
L-Hotel	1	2.898	20	69	Twin-Tower	0	3.485	38	70
L-Sky	0	1.557	2	70	Twin-Tower	1	3.449	35	69
L-Sky	1	1.695	3	69	W-Character	0	1.557	0	70
L-World	0	3.828	36	70	W-Character	1	1.492	1	69

성별: 응답자의 성별 (0 = 남자, 1 = 여자)

인지도: 인지도 평정의 평균 (최소 = 1, 최대 = 4)

대표성: 서울을 대표하는 랜드마크라고 응답한 사람의 수

n: 전체 응답자 수

균과 대표성 판단 빈도가 반복되었으므로 성별 (x_1) 은 일종의 측정차수 변인이다. 각 관찰단위에 대하여 '인지도' 는 측정차수에 종속적인 설명변인 (x_2) 이고, 대표성은 빈도 반응변인 (y) 이다.

<표 10-14> 의 자료에 대하여 각 건축물의 대표성 여부가 그 건축물에 대한 사람들의 인지도와 성별에 따라 달라지는지, 그리고 대표성과 인지도의 관계가 성별에 따라 달라지는지를 파악하기 위한 포아송 회귀모형 혹은 음이항회귀모형은 <수식 10-6> 과 같다.

$$ln(\mu) = b_0 + b_1 x_1 + b_2 x_2 + b_3 x_1 x_2 + ln(n)$$

혹은

$$ln(\mu/n) = b_0 + b_1 x_1 + b_2 x_2 + b_3 x_1 x_2 \qquad \text{<수식 10-6>}$$

<수식 10-6> 에서 μ 는 설명변인들의 값이 모두 동일한 관찰단위 (건축물) 들의 대표성 빈도의 평균이고, n 은 전체 응답자의 수인데, $ln(n)$ 은 제 5 장의 포아송 회귀모형에서 설명된 '오프셋' 이다. 반복측정된 빈도 반응변인을 위한 외곽모형인 <수식 10-6> 의 모형의 무선적 성분에 대하여 포아송분포 혹은 음이항분포 중에서 어떤 이론적인 확률분포를 가정할 것인가의 문제는 모형의 모수추정을 위한 우도함수를 정의하기 위하여 필요한 것이 아니다. 왜냐하면 외곽모형은 이론적인 확률분포의 밀도함수 식을 이용하여 우도함수를 정의하는 것이 아니라 준우도함수를 사용하기 때문이다. 그러나 <수식 10-6> 의 모형의 무선적 성분에 대하여 포아송분포 혹은 음이항분포 중에서 어떤 이론적인 확률분포를 가정할 것인가의 문제는 준우도함수와 일반추정방정식에 포함되는 척도모수 ϕ 를 정의하기 위해서 필요하다 (<수식 10-3> 참조). 포아송분포를 가정하면 $\phi = 1$ 로 정의되는 반면에 음이항분포를 가정하면 ϕ 는 자료에 의해서 추정되어야 한다. <표 10-14> 에 대한 <수식 10-6> 모형의 무선적 성분에 대하여 포아송분포 혹은 음이항분포 중에서 어떤 이론적인 확률분포를 가정할 것인가를 결정하기 위하여 '대표성' 과 '인지도' 의 산포도를 남자 응답자와 여자 응답자에서 각각 작도한 것이 [그림 10-4] 다.

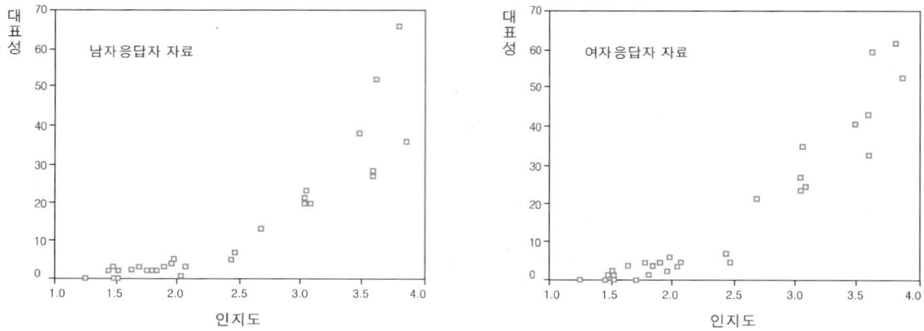

[그림 10-4] 남자 응답자와 여자 응답자에서 각각 작도한 '대표성'과 '인지도'의 산포도

[그림 10-4]를 보면 남자 응답자 자료와 여자 응답자 자료에서 공히 '인지도'가 증가할 때 '대표성'의 변산이 평균의 증가보다 큰 폭으로 증가하는 경향성을 볼 수 있다. 예를 들어, 남자 응답자 자료를 보면, '인지도'가 3.5 보다 큰 경우들의 '대표성' 평균은 약 40~50 정도로 파악된다. 그런데 남자 응답자 자료에서 '인지도'가 3.5 보다 큰 관찰단위들의 변량을 계산하면 283.256 이다. 즉, 변량이 평균보다 약 6~7 배 정도 더 크다. <표 10-14>의 자료의 각 설명변인 값에서 반응변인의 변량이 평균보다 월등히 큰 경향이 있으므로 <수식 10-6>의 무선적 성분에 대해서 포아송분포를 가정하는 모형보다 음이항분포를 가정하는 모형이 자료를 더 정확히 반영한다.

<표 10-14>의 자료는 반응변인의 측정이 두 번 이루어진 것이므로 반응측정치들 사이의 상관계수가 한 개만 존재하고, 따라서 반응측정치들 사이의 독립구조를 제외한 다른 모든 상관구조는 동일한 구조를 이룬다. 반응측정치들 사이의 상관구조에 대하여 편의상 교환가능 상관구조를 가정하고, 무선적 성분에 음이항분포를 가정하여 산출된 <수식 10-6>의 모수추정치들은 <표 10-15>와 같다. 또한, 활용상관계수의 추정치는 $\hat{\alpha} = 0.441$ 로 산출되었다. <표 10-15>의 모수추정치들을 이용하여 남자 응답자 자료($x_1 = 0$)와 여자 응답자 자료($x_1 = 1$)의 '대표성'과 '인지도'의 관계모형을 각각 도출하면 다음과 같다.

$$\text{남자}: \ ln(\mu) = -6.095 + 0.115(0) + 1.540x_2 - 0.016(0)x_2 + ln(70)$$

$$= -1.847 + 1.540x_2$$

〈 **표 10-15** 〉 반응측정치들 사이의 상관구조에 대하여 교환가능 상관구조를 가정하고, 무선적 성분에 음이항분포를 가정하여 산출된 <수식 10-6> 의 모수추정치

설명변인	$\hat{b}_k$	$se(\hat{b}_k)^1$	Wald	p
절편	−6.095	0.286	−21.29	0.00
성별 (x_1)	0.115	0.332	0.35	0.73
인지도 (x_2)	1.540	0.098	15.64	0.00
$x_1 x_2$	−0.016	0.101	−0.15	0.88
과도변산 (η^2)	0.040	0.021		

1. 경험적 표준오차

$$\text{여자 : } ln(\mu) = -6.095+0.115\,(1)+1.540\,x_2-0.016\,(1)\,x_2+ln(69)$$
$$= -1.746+1.524\,x_2$$

<표 10-15> 의 상호작용효과의 모수추정치 $\hat{b}_3 = -0.016$ 이 유의미하지 않은 것은 남자 응답자 자료의 '인지도' 의 효과모수 추정치 1.540 과 여자 응답자 자료의 '인지도' 의 효과모수 추정치 1.524 가 거의 동일한 값을 가지는 것을 반영한다. 남자 응답자의 경우에서는 건축물의 인지도가 한 단위 증가할 때 그 건축물이 서울을 대표하는 랜드마크라고 판단하는 사람의 수는 평균적으로 $exp(1.540) = 4.66$ 배 증가한다. 여자 응답자의 경우에서도 건축물의 인지도가 한 단위 증가할 때 그 건축물이 서울을 대표하는 랜드마크라고 판단하는 사람의 수는 평균적으로 $exp(1.524) = 4.59$ 배 증가한다.

4 전이모형

반복측정자료를 위한 전이모형 (transition model) 은 특정한 측정차수의 반응변인 측정치 y_{jh} 가 그보다 앞서 측정된 반응변인 측정치들 y_{1h}, y_{2h}, ……, $y_{(j-2)h}$,

$y_{(j-1)h}$ 의 영향을 받아 결정된다고 가정하는 모형이다. 반응 측정치들 사이에 존재하는 이러한 인과관계를 'Markov 사슬(Markov chain)' 이라고 부르는데, 전이모형은 반복된 반응변인 측정치들 사이에 그러한 인과관계를 가정하는 까닭에 'Markov 모형(Markov model)' 이라고 부르기도 한다. 측정차수 $j-1$ 에서 특정한 반응 $y_{(j-1)h}$ 를 하였다는 조건하에 측정차수 j 에서 특정한 반응 y_{jh} 를 할 조건확률을 '일차 전이확률(first-order transition probability)' 이라고 부르고, 측정차수 $j-2$ 에서 특정한 반응 $y_{(j-2)h}$ 를 하고, 측정차수 $j-1$ 에서 특정한 반응 $y_{(j-1)h}$ 를 하였다는 조건하에 측정차수 j 에서 특정한 반응 y_{jh} 를 할 조건확률을 '이차 전이확률(second-order transition probability)' 이라고 부른다. 전이모형 혹은 Markov 모형은 이러한 전이확률을 예측하는 모형이다.

전이확률을 예측하는 전이모형 혹은 Markov 모형은 앞서 측정된 측정치들 y_{1h}, y_{2h}, ……, $y_{(j-1)h}$ 를 설명변인으로 설정하여 체계적 성분에 포함시키는 일반선형모형이다.

$$g(E(y_{jh}|y_{1h}, y_{2h}, \cdots\cdots, y_{(j-1)h}))$$

$$= b_0 + b_1x_{jh1} + b_2x_{jh2} + \cdots\cdots + b_kx_{jhk} + \sum_{r=1}^{j-1} f_r(y_{rh})$$

이 전이모형에서 $g(E(y_{jh}|y_{1h}, y_{2h}, \cdots\cdots, y_{(j-1)h}))$ 는 앞서 측정된 측정치들 y_{1h}, y_{2h}, ……, $y_{(j-1)h}$ 가 모두 동일한 관찰단위에서 동일한 설명변인의 값을 가지는 관찰단위들의 연결함수로 변환된 반응변인 y_{jh} 의 평균을 예측하는 모형이라는 것을 나타낸다. 반응변인 y_{jh} 가 이분변인일 때 $E(y_{jh}|y_{1h}, y_{2h}, \cdots\cdots, y_{(j-1)h})$ 는 전이확률이다. 또한, $\sum_{r=1}^{j-1} f_r(y_{rh})$ 는 앞서 측정된 측정치들 y_{1h}, y_{2h}, ……, $y_{(j-1)h}$ 가 특정한 함수 $f_1(.)$, $f_2(.)$, ……, $f_{j-1}(.)$ 의 형태로 모형의 체계적 성분에 포함되는 것을 의미한다. $f_{j-1}(.)$ 의 한 가지 예는 설명변인들 x_{jh1}, x_{jh2}, ……, x_{jhk} 에 의해 예측된 $y_{(j-1)h}$ 이다. 즉, $f_{j-1}(.)$ 는 $\hat{y}_{(j-1)h} = a_0 + a_1x_{jh1} + a_2x_{jh2} +$ ……, $+ a_kx_{(j-1)hk}$ 와 같은 형태의 함수가 될 수 있다. 전이모형의 체계적 성분에 설명변인으로 포함되는 앞서 측정된 측정치들 y_{1h}, y_{2h}, ……, $y_{(j-1)h}$ 를 원래의

설명변인들 x_{jh1}, x_{jh2}, ……, x_{jhk} 와 구별하기 위하여 '공변인 (covariate)' 이라고 부른다.

① 로지스틱 회귀모형

<표 10-11> 의 타협적 선택행동에 관한 실험에서 피험자들은 선택대상이 두 개 (컴퓨터 A, B) 제시된 조건 (두 대안조건) 에서 선택을 한 후 선택대상이 세 개 (컴퓨터 A, B, C) 제시된 조건 (세 대안조건) 에서 다시 선택을 하였다. 첫 번째 선택조건에서 컴퓨터 B 를 선택하거나 선택하지 않았다는 조건하에 두 번째 선택조건에서 타협적인 선택대상인 컴퓨터 B 를 선택하거나 선택하지 않을 전이비율을 산출하면 <표 10-16> 과 같다.

〈 **표 10-16** 〉 타협적 선택행동에 관한 실험에서 나타난 전이비율

두 대안 조건의 B－선택	세 대안조건에서의 B－선택					
	불분명한 사전선호집단			분명한 사전선호집단		
	$y_{2h}=0$	$y_{2h}=1$	전체	$y_{2h}=0$	$y_{2h}=1$	전체
$y_{1h}=0$	39 (0.57)	30 (0.43)	69 (1.00)	53 (0.78)	15 (0.22)	68 (1.00)
$y_{1h}=1$	13 (0.18)	59 (0.82)	72 (1.00)	1 (0.10)	9 (0.90)	10 (1.00)

$y_{jh}=0$: 컴퓨터 B 를 선택하지 않았음, $y_{jh}=1$: 컴퓨터 B 를 선택하였음
괄호 없는 숫자는 빈도이고, 괄호 안의 숫자는 전이비율임

<표 10-16> 을 보면, 두 번째 측정차수 (세 대안조건) 에서 반응측정치의 값이 $y_{2h}=1$ 일 전이비율 (조건비율) 은 첫 번째 측정차수 (두 대안조건) 의 반응측정치 값 y_{1h} 에 따라 달라지는 것을 알 수 있다. 예를 들어, 사전선호가 불분명한 집단에서 $y_{2h}=1$ 일 전이비율이 $y_{1h}=0$ 일 때는 0.43 인 반면, $y_{1h}=1$ 일 때는 0.82 이다. 또한, 전이비율은 설명변인인 '사전선호' 에 따라서도 달라지는 것을 알 수 있다. 반복측정자료를 위한 전이모형은 설명변인과 앞서 측정된 반응변인 측정치를 이용하여 모집단에서의 전이비율 혹은 전이확률을 예측하기 위한 모형이다. 모집단

에서의 전이비율 혹은 전이확률은 앞선 측정차수에서의 반응측정치의 값에 조건적인 반응측정치의 확률을 의미한다.

컴퓨터 선택행동의 타협효과에 관한 실험 자료에 대하여 전이모형을 검증하기 위해서는 반응측정치 중심의 구조로 정리된 <표 10-11> 의 자료를 <표 10-17> 과 같이 관찰단위 중심의 구조로 재정리해야 한다.

〈 **표 10-17** 〉 피험자 내 설계에 의한 컴퓨터 선택행동의 타협효과에 관한 실험 자료

피험자 번호 (h)	사전 선호 (x_{jh1})	두 대안 조건 (y_{1h})	세 대안 조건 (y_{2h})	피험자 번호 (h)	사전 선호 (x_{jh1})	두 대안 조건 (y_{1h})	세 대안 조건 (y_{2h})
1	0	0	0	.	.	.	.
2	0	0	0	.	.	.	.
3	0	1	1	215	0	1	1
4	1	0	0	216	1	0	1
5	1	0	0	217	1	1	1
.	.	.	.	218	1	0	0
.	.	.	.	219	0	0	1

사전선호: 0 = 불분명한 사전선호집단, 1 = 분명한 사전선호집단
두 대안조건: 0 = 컴퓨터 B를 선택하지 않았음, 1 = 컴퓨터 B를 선택하였음
세 대안조건: 0 = 컴퓨터 B를 선택하지 않았음, 1 = 컴퓨터 B를 선택하였음

<표 10-17> 과 같이 관찰단위 중심의 구조로 정리된 자료에 대하여 설명변인 (x_{jh1}) '사전선호' 와 공변인 (y_{1h}) '두 대안조건' 을 이용하여 반응변인 (y_{2h}) '세 대안조건' 에서 컴퓨터 B를 선택 ($y_{2h}=1$) 할 전이확률을 예측하는 전이모형 혹은 Markov 모형은 다음과 같은 로지스틱 회귀모형이다.

$$ln\left(\frac{\mu_{2h}}{1-\mu_{2h}}\right) = b_0 + b_1 x_{jh1} + b_2 y_{1h} + b_3 x_{jh1} y_{1h}$$

혹은

$$\mu_{2h} = \frac{exp(b_0 + b_1 x_{jh1} + b_2 y_{1h} + b_3 x_{jh1} y_{1h})}{1 + exp(b_0 + b_1 x_{jh1} + b_2 y_{1h} + b_3 x_{jh1} y_{1h})} \quad \text{<수식 10-7>}$$

이 전이모형에서 μ_{2h} 는 전이확률이다. 그 이유를 이해하기 위하여 $x_{jh1}=0$ 인 경우(불분명한 사전선호 집단)를 생각해 보자. $x_{jh1}=0$ 인 경우에 모형은 다음과 같이 기술된다.

$$\mu_{2h}=\frac{exp(b_0+b_2y_{1h})}{1+exp(b_0+b_2y_{1h})}$$

따라서 공변인 '두 대안조건'에서 컴퓨터 B를 선택하지 않은 경우($y_{1h}=0$)에는 '세 대안조건'에서 컴퓨터 B를 선택할 확률은 $\mu_{2h}=exp(b_0)/(1+exp(b_0))$ 이고 '두 대안조건'에서 컴퓨터 B를 선택한 경우($y_{1h}=1$)에는 그 확률이 $\mu_{2h}=exp(b_0+b_2)/(1+exp(b_0+b_2))$ 가 된다. 이 확률들은 앞선 측정차수에서의 반응변인(즉, 공변인) '두 대안조건'에 조건적인 확률들이고, 따라서 전이확률들이다.

<수식 10-7> 도형의 모수추정은 횡단적 자료를 위한 일반적인 로지스틱 회귀모형의 모수추정과 동일한 절차와 방법에 의해 이루어진다. 무선적 성분 $ln(\mu_{jh}/(1-\mu_{jh}))$ 에 대하여 이항확률분포를 가정하고, 이론적인 이항확률분포의 밀도함수 식에 기초한 로그우도함수를 구성하여 산출된 모수추정치들은 <표 10-18>과 같다.

〈표 10-18〉 컴퓨터 선택행동의 타협효과에 관한 전이모형 <수식 10-7>의 모수추정치

설명변인	$\widehat{b}_k$	$se(\widehat{b}_k)$	Wald	p
절편	−0.262	0.243	−1.078	0.28
사전선호(x_{jh1})	−1.000	0.380	−2.632	0.01
두 대안조건(y_{1h})	1.775	0.391	4.540	0.00
$x_{jh1}y_{1h}$	1.685	1.162	1.450	0.15

설명변인(x_{jh1})과 공변인(y_{1h})의 각 값에서 모형이 예측하는 $y_{2h}=1$ 일 확률, 즉 $\widehat{\mu}_{2h}$ 는 다음과 같다.

$x_{jh1}=0$, $y_{1h}=0$ 일 때,

$$\widehat{\mu}_{2h} = \frac{exp(-0.262 - 1.000(0) + 1.775(0) + 1.685(0)(0))}{1 + exp(-0.262 - 1.000(0) + 1.775(0) + 1.635(0)(0))} = 0.43$$

$x_{jh1} = 1$, $y_{1h} = 0$ 일 때,

$$\widehat{\mu}_{2h} = \frac{exp(-0.262 - 1.000(1) + 1.775(0) + 1.685(1)(0))}{1 + exp(-0.262 - 1.000(1) + 1.775(0) + 1.635(1)(0))} = 0.22$$

$x_{jh1} = 0$, $y_{1h} = 1$ 일 때,

$$\widehat{\mu}_{2h} = \frac{exp(-0.262 - 1.000(0) + 1.775(1) + 1.685(0)(1))}{1 + exp(-0.262 - 1.000(0) + 1.775(1) + 1.635(0)(1))} = 0.82$$

$x_{jh1} = 1$, $y_{1h} = 1$ 일 때,

$$\widehat{\mu}_{2h} = \frac{exp(-0.262 - 1.000(1) + 1.775(1) + 1.685(1)(1))}{1 + exp(-0.262 - 1.000(1) + 1.775(1) + 1.635(1)(1))} = 0.90$$

<수식 10-7> 의 모형이 예측하는 확률은 <표 10-16> 에 제시된 관찰된 전이비율 ($y_{2h} = 1$ 일 조건비율) 과 정확히 일치하는 것을 알 수 있다. 그 이유는 <수식 10-7> 의 상호작용효과모형이 μ_{2h} 에 대하여 포화모형이기 때문이다. 만약 상호작용항 $x_{jh1}\, y_{1h}$ 가 모형에서 제외되면 모형이 예측하는 $\widehat{\mu}_{2h}$ 는 <표 10-16> 에 제시된 관찰된 전이비율과 조금씩 차이를 가지게 된다. 여기에서 이해해야 할 것은 <수식 10-7> 의 모형이 전이확률을 예측하는 모형이라는 사실이다.

<표 10-18> 을 보면 설명변인 '사전선호' 와 공변인 '두 대안조건' 의 상호작용항 $x_{jh1}\, y_{1h}$ 의 효과가 통계적으로 유의미하지 않다 ($\widehat{b}_3 = 1.685$, Wald $= 1.450$, $p = 0.15$). 이것은 두 대안조건에서 컴퓨터 B 를 선택한 피험자들이 세 대안조건에서 역시 컴퓨터 B 를 선택할 전이확률 (조건확률) 과 두 대안조건에서 컴퓨터 B 를 선택하지 않은 피험자들이 세 대안조건에서는 컴퓨터 B 를 선택할 전이확률 (조건확률) 의 차이가 사전선호가 불분명한 모집단과 그것이 분명한 모집단에서 동일하다는 것을 의미한다. '사전선호' 의 모수추정치 $\widehat{b}_1 = -1.00$ 은 공변인 '두 대안조건' y_{1h} 가 고정되었을 때, 사전선호가 분명한 집단 ($x_{jh1} = 1$) 의 예측된 '전이승산 (transition odds)', 즉 $\widehat{\mu}_{jh}/(1 - \widehat{\mu}_{jh})$ 가 사전선호가 불분명한 집단 ($x_{jh1} = 0$) 의 그것

보다 $e^{-1.00} = 0.368$ 배만큼 더 낮다는 것을 의미한다. 또한, '두 대안조건'의 모수추정치 $\hat{b}_2 = 1.775$ 는 설명변인 '사전선호' x_{jh1} 이 고정되었을 때, 두 대안조건에서 컴퓨터 B를 선택한 피험자들($y_{1h} = 1$)의 예측된 전이승산이 두 대안조건에서 컴퓨터 B를 선택하지 않은 피험자들($y_{1h} = 0$)의 그것보다 $e^{1.775} = 5.900$ 배만큼 더 높다는 것을 의미한다.

반응변인이 이분변인인 경우의 전이모형 혹은 Markov 모형을 요약하면, 앞선 측정차수에서 반응변인 측정치를 공변인으로 가지는 로지스틱 회귀모형이며, 이 모형은 전이확률 혹은 전이승산을 예측하는 모형이다. 만약 $J > 2$ 인 경우(측정차수가 2보다 큰 경우)에는 두 가지 유형의 모형이 가능하다. 첫째는 마지막 측정차수의 반응측정치 y_{Jh} 가 반응변인이 되고, 나머지 측정차수들의 반응측정치들 y_{1h}, y_{2h}, ……, $y_{(J-1)h}$ 가 모두 공변인으로 포함되는 모형이다. 이 모형은 앞에서 설명된 로지스틱 회귀모형에 공변인들이 추가로 포함될 뿐 모든 절차와 모수의 해석방법은 앞에서 설명한 바와 동일한 일반적인 전이모형이다. 반면에 $J > 2$ 인 경우(측정차수가 2보다 큰 경우)에 적용할 수 있는 두 번째 유형의 모형은 다소 복잡한 모형이다. $J > 2$ 인 경우에 가능한 두 번째 유형의 모형은 두 번째 차수의 반응측정치부터 각 측정차수의 반응측정치들이 차례로 반응변인이 되고 그보다 앞선 측정차수의 반응측정치가 공변인으로 포함되는 모형이다. 즉, y_{Jh} 가 반응변인일 때는 $y_{(J-1)h}$ 가 공변인이고, $y_{(J-1)h}$ 가 반응변인일 때는 $y_{(J-2)h}$ 가 공변인이며, $y_{(J-r)h}$ 가 반응변인일 때는 $y_{(J-r-1)h}$ 가 공변인이 되는 모형이다. 이와 같은 Markov 사슬구조를 가지는 모형들은 반응변인이 많은 측정차수를 가지는 진실로 시계열(time-series) 자료인 경우에 매우 유용하고 흥미로운 모형이지만, 적합한 모수추정 알고리듬이 아직 개발되지 못하였고, 추정된 모수에 대한 해석이 간명하지 않아서 아직 많은 연구가 필요한 모형들이다.

2 포아송 회귀모형

반복측정된 반응변인이 빈도 혹은 횟수인 경우에 적합한 전이모형은 포아송 회귀모형 혹은 음이항회귀모형이다. <표 10-19>는 세계보건기구(World Health Organization)에서 1997년과 1998년에 심근염(myocardiac infarction)으로 사망한 14세 이하의 아동 수에 관한 자료 중 일부를 발췌한 것이다.

〈 **표 10-19** 〉 1997 년과 1998 년에 심근염 (myocardiac infarction) 으로 사망한 14 세 이하의 아동 수 (출처 : 세계보건기구)

국가	OECD x_{jh1}	영아 사망률 x_{jh2}	인구 ≤14 t	MCI 1997 y_{1h}	MCI 1998 y_{2h}	국가	OECD x_{jh1}	영아 사망률 x_{jh2}	인구 ≤14 t	MCI 1997 y_{1h}	MCI 1998 y_{2h}
Armenia	0	24.16	10	0	1	Kuwait	0	10.26	5	0	0
Australia	1	4.76	39	1	0	Kyrgyzstan	0	36.81	17	1	0
Austria	1	4.68	14	0	0	Latvia	0	9.67	5	0	0
Azerbaijan	0	82.07	26	4	2	Lithuania	0	7.13	8	0	0
Belarus	0	13.62	20	0	0	Luxembourg	1	4.88	1	0	0
Belize	0	26.37	1	0	0	Macedonia	0	11.74	5	0	0
Bulgaria	0	21.31	14	0	0	Malta	0	3.94	1	0	0
Canada	1	4.82	60	4	1	Mauritius	0	15.57	3	1	1
Chile	0	9.05	43	0	0	Moldova	0	41.00	9	0	0
Costa Rica	0	10.26	13	0	0	Netherlands	1	5.11	29	0	0
Croatia	0	6.96	9	0	0	New Zealand	1	5.96	9	0	0
Cuba	0	6.45	24	0	0	Norway	1	3.73	9	0	0
Czech	1	3.97	18	0	0	Portugal	1	5.13	17	0	3
Denmark	1	4.63	10	0	0	Romania	0	27.24	43	0	2
Estonia	0	8.08	3	0	0	Singapore	0	2.28	7	0	0
Finland	1	3.59	10	0	0	Slovakia	1	8.88	11	0	0
France	1	4.31	112	3	3	Slovenia	0	4.50	3	0	0
Germany	1	4.20	130	0	0	Spain	1	4.48	61	0	4
Greece	1	5.63	16	0	0	Sweden	1	2.77	17	0	0
Hungary	1	8.68	18	0	0	Turkmenistan	0	73.13	18	3	1
Ireland	1	5.50	8	0	0	UK	1	5.22	114	7	8
Israel	0	7.21	17	0	0	Ukraine	0	20.61	94	3	1
Italy	1	6.07	84	10	0	USA	1	6.63	581	28	31
Japan	1	3.28	189	5	4	Uzbekistan	0	71.30	94	1	0
Kazakhstan	0	30.54	44	0	2	Venezuela	0	22.99	81	13	32
Korea	1	7.18	101	15	17						

OECD : 경제협력개발기구 가입 여부 (0 = 비가입, 1 = 가입)
영아사망률 : 신생아 1,000 명당 사망하는 영아의 수 (단위: 1 명)
인구 ≤ 14 : 14 세 이하 아동의 총인구수 (1998 년 기준, 단위: 100,000 명)
MCI1997 : 1997 년도에 심근염으로 사망한 14 세 이하 아동의 수 (단위: 1 명)
MCI1998 : 1998 년도에 심근염으로 사망한 14 세 이하 아동의 수 (단위: 1 명)

<표 10-19> 의 자료에 대하여 <수식 10-8> 의 포아송 회귀모형은 1997 년도와 1998 년도에 각 국가에서 심근염으로 사망하는 14 세 이하의 아동 수가 평균적으로 증가하는 추세를 보였는지, 아니면 평균적으로 감소하는 추세를 보였는지를 검증하기 위한 전이모형이다.

$$ln(\mu_{2h}) = b_0 + b_1 x_{jh1} + b_2 x_{jh2} + b_3 y_{1h} + ln(t) \qquad \text{<수식 10-8>}$$

<수식 10-8> 어서 μ_{2h} 는 특정한 국가 h 에서 1998 년도에 심근염으로 사망한 14 세 이하의 아동 수의 평균을 의미한다. 물론 이 평균은 이론적인 혹은 추상적인 개념이다. 평균 μ_{2h} 를 구체적으로 이해하는 방법은 '설명변인들의 값이 동일한 국가들에서 1998 년드에 심근염으로 사망한 14 세 이하의 아동 수의 평균' 으로 해석하는 것이다. x_{jh1} 은 OECD 가입 여부고, x_{jh2} 는 영아사망률인데, 이 설명변인들은 모두 측정차수에 독립적인 설명변인들이다. y_{1h} 는 1997 년도에 심근염으로 사망한 14 세 이하의 아동 수이며, 공변인이다. 마지막으로 t 는 1998 년도에 조사된 14 세 이하 아동의 총인구수이며, 오프셋 변인이다.

<수식 10-8> 의 모형에서 b_3 는 다른 설명변인들 x_{jh1} 과 x_{jh2} 의 값이 동일한 국가 중에서 1997 년도에 심근염으로 사망한 14 세 이하의 아동 수가 한 명 더 많은 국가에서 그것이 한 명 더 적은 국가보다 1998 년도에 심근염으로 사망한 14 세 이하의 아동 수가 더 많아지는 혹은 더 적어지는 전이 추세를 나타내는 모수다. 그런데 <표 10-19> 의 자료에서는 설명변인들 x_{jh1} 과 x_{jh2} 의 값이 동일한 국가들이 실제로는 존재하지 않으므로, b_3 는 각 국가들에서 1997 년도에 심근염으로 사망한 14 세 이하의 아동 수보다 1998 년도에 심근염으로 사망한 14 세 이하의 아동 수가 더 많아지는 혹은 더 적어지는 평균적인 전이 추세를 나타낸다.

<수식 10-8> 의 전이모형에 포함된 모수들을 추정하는 알고리듬은 횡단적인 자료를 위한 일반적인 포아송 회귀모형의 모수추정을 위한 것과 동일하다. 즉, 모형의 무선적 성분에 대하여 포아송분포를 가정하고 로그우도함수를 정의한 후, 그 로그우도함수를 최대가 되게 하는 최대우도 추정치를 산출한다. <표 10-19> 의 자료에 대하여 전이모형의 모수추정치를 산출한 결과가 <표 10-20> 에 제시되었다.

〈 **표 10-20** 〉 심근염(myocardiac infarction)으로 사망한 14 세 이하의 아동 수의 전이 추세를 파악하기 위한 전이모형 <수식 10-8> 의 모수추정치

설명변인	$\hat{b}_k$	$se(\hat{b}_k)$	Wald	p
절편	−14.155	0.259	−54.65	0.00
OECD (x_{jh1})	−1.462	0.308	−4.75	0.00
영아사망률 (x_{jh1})	−0.001	0.008	−0.13	0.28
MCI1997 (y_{1h})	0.059	0.010	5.90	0.00

<표 10-20> 을 보면 전이 추세 모수의 추정치가 $\hat{b}_3 = 0.059$ 로 산출되었고, 이 추정치는 통계적으로 유의미하다. 각 국가에서 1997 년도에 심근염으로 사망한 14 세 이하의 아동 수가 한 명 증가할수록 1998 년도에 100,000 명당 심근염으로 사망한 14 세 이하의 아동 수는 $e^{0.059} = 1.06$ 배만큼 평균적으로 증가하는 추세를 가지는 것으로 판단된다. OECD 가입 여부(x_{jh1}) 도 또한 유의미한 효과($\hat{b}_1 = -1.462$, $se(\hat{b}_1) = 0.308$, Wald $= -4.75$, $p = 0.00$) 를 가지는 것으로 나타났는데, 이것은 영아사망률과 1997 년도에 심근염으로 사망한 14 세 이하의 아동 수가 동일한 국가 중에서 OECD 회원국은 비회원국보다 1998 년도에 100,000 명당 심근염으로 사망한 14 세 이하의 아동 수가 $e^{-1.462} = 0.232$ 배만큼 더 적다는 것으로 해석된다.

반응변인이 이분변인인 경우를 위한 전이모형 혹은 Markov 모형과 마찬가지로 반복측정된 반응변인이 빈도 혹은 횟수를 나타내는 포아송 회귀모형의 경우에도 만약 반응변인이 많은 측정차수를 가지는 시계열(time-series) 자료인 경우에 매우 유용하고 흥미로운 분석모형이 될 수 있다. 특히, 시계열 자료를 위한 포아송 회귀모형은 소위 '크기종속적인 확장절차(size-dependent branching process)' 라고 부르는 현상을 매우 잘 설명할 수 있는 모형인 것으로 알려져 있다(Zeger & Qaqish, 1988). '크기종속적인 확장절차' 란 인간을 비롯한 집단생활을 하는 동물들의 인구변화에서 자주 목격되는 현상인데, 한 세대(generation) 에서 인구수가 크게 증가하면 그 세대의 출산율이 저하되어 다음 세대에서는 인구수가 상대적으로 감소하고, 반대로 한 세대에서 인구가 감소하면 그 세대에서의 출산율이 증가하여 다음 세

대에서는 인구수가 상대적으로 증가하는 추세를 반복하는 현상을 말한다. 이러한 '크기종속적인 확장절차'는 인구 변화뿐만 아니라 주가 변화, 뇌파 변화 등의 많은 시계열 자료에서 일반적으로 발견되는 보편적인 현상이고, 전이모형은 이러한 현상을 분석할 수 있는 매우 유용한 분석방법이 될 수 있다. 그러나 이러한 시계열 현상을 위한 전이모형의 모수추정 알고리듬 등은 아직 많은 연구가 필요한 분야다.

■ 참 고

```
data diggle;
input case city age smoke wheeze;
cards;
 1 0 9 0 1
 2 1 9 1 1
 3 1 9 0 1
 4 0 9 0 0
 5 1 9 0 0
 6 0 9 0 0
 7 1 9 1 0
 8 0 9 1 0
 9 0 9 2 1
10 1 9 0 0
11 1 9 1 1
12 0 9 1 0
13 1 9 1 0
14 0 9 1 0
15 1 9 1 0
16 0  9 1 1
 1 0 10 0 1
 2 1 10 2 1
 3 1 10 0 0
 4 0 10 0 1
.
.
. (자료생략)
.
15 1 12 2 1
16 0 12 1 0
;
run;
proc genmod data=diggle descending;
class case;
model wheeze = age city smoke/ dist = bin link = logit;
repeated subject = case/ type = ar corrw covb;
run;
```

이 자료는 〈표 10-8〉의 자료에 대하여 반응변인 측정치들 사이에 자동회귀 상관구조를 가정하는 로지스틱 회귀모형을 검증하기 위한 SAS 프로그램이다. 'case'는 관찰단위 번호, 'city'는 거주 도시의 규모, 'age'는 아동의 연령, 'smoke'는 엄마의 흡연 정도, 'wheeze'는 아동의 천식증세 여부를 나타내는 변인들이다. 생략된 자료를 입력하고, 프로그램을 실행하면 모형에 기초한 표준오차 추정치와 경험적 표준오차 추정치를 사용하는 경우의 효과를 각각 산출할 수 있다.

다음은 〈표 10-14〉의 자료에 대하여 무선적 성분에 포아송분포를 가정하고 〈수식 10-6〉의 외곽모형을 검증하기 위한 SAS 프로그램이다. 결과를 산출하여 무선적 성분에 음이항분포를 가정한 〈표 10-15〉의 결과와 비교하라.

```
data landmark;
input building $ sex know rep n;
t = log (n);
cards;
.
.
. (자료생략)
.
.
;
run;
proc genmod data=landmark;
 class building;
 model rep = know sex know*sex/ dist = poisson link = log offset = t;
 repeated subject = building/ type = exch corrw covb maxit = 500;
run;
```

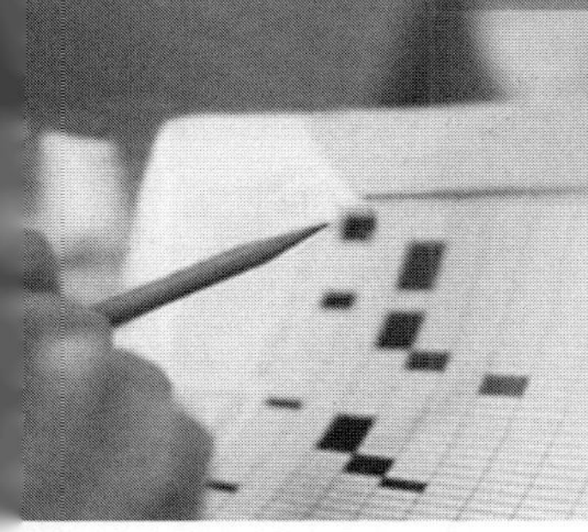

제 11 장 잠재계층모형

잠재계층분석(latent class analysis)은 Larzarsfeld(1950)에 의해 개발되고, L. A. Goodman(1972)에 의해 완성된 세련된 확률모형으로서 그 기능은 검증적 요인분석(confirmatory factor analysis)과 유사하다. 요인분석과 마찬가지로 잠재계층분석은 관찰변인들(observed variables) 사이의 관계를 유발하는 잠재적인 공통 요인(latent common factor)을 규명하려는 의도에서 개발되었다. 잠재계층분석이 요인분석과 다른 점은 관찰변인과 잠재적 요인이 모두 범주변인이라는 것이다. 잠재요인의 범주들을 '잠재계층(latent class)'이라고 부른다.

잠재계층분석은 통칭 '잠재구조분석(latent structure analysis)'이라고 부르는 일련의 분석방법 중 하나인데, 잠재구조분석에 속하는 방법은 요인분석과 잠재계층분석 이외에 '잠재특질분석(latent trait analysis)'과 '잠재프로화일분석(latent profile analysis)'이 있다. '문항반응이론(item response theory)'이라고 흔히 부르는 잠재특질분석은 관찰변인을 범주변인으로, 잠재변인을 연속변인으로 전제하는 분석이고, 잠재프로화일분석은 관찰변인이 연속변인이고, 잠재변인은 범주변인으로 전제하는 분석이다.

요인분석에서 요인구조가 정해지면 그것에 근거하여 사례 혹은 관찰단위의 요인점수(factor score)가 추론될 수 있듯이, 잠재계층분석은 관찰된 범주변인과 관찰되지 않은 잠재적 범주변인의 확률적 관계를 파악하고, 그것에 근거하여 각 사례들이 잠재변인의 각 '잠재계층'에 속할 확률을 도출한다. 다시 말하면 각 사례를 잠재계층으로 분류하는 것이다. 예를 들어, 사회학자들은 사람들 사이에 상류층, 중산층, 저소득층 등의 잠재적인 계층들이 존재한다고 가정하고 교육 수준, 경제 수준 등을 고려하여 사람들을 각 계층으로 구분한 후, 그 계층들 간의 각종 차이점과 공통점 등을 탐구한다. 이런 연구를 위하여 잠재계층분석은 교육 수준과 경제 수준 등의 관찰변인들을 이용하여 상류층, 중산층, 저소득층 등의 잠재적인 계층들이 실제로 존재하는지를 판단하고, 실제로 존재한다면 어떤 사람이 각 잠재계층에 속할 확률이 얼마인지 등을 추정하기 위한 목적으로 활용될 수 있다. 또한, 잠재계층분석은 범주변인들의 잠재적 요인구조를 모형화하고, 자료를 이용하여 그 모형을 검증하는 모형검증기법으로 많이 활용된다.

1 지역독립성

잠재계층분석에서 핵심적 역할을 하는 개념은 '지역독립성(local independence)'의 개념이다. 지역독립성의 개념은 이미 제 4 장에서 로그선형분석의 한 가지 중요한 개념으로 설명된 조건독립성과 매우 유사한 개념이다. 앞서 제 4 장에서 설명한 바와 같이 세 개의 범주변인 A, B, C가 있고, 변인 B의 범주에 의해 분리된 여과분할표(partial tables)에서 A와 C가 서로 독립적이면, 변인 A와 변인 C는 조건독립성을 가진다고 말한다. 잠재계층분석에서 지역독립성의 개념은 이와 같은 조건독립성의 개념과 동일한 개념인데, 다만 여과분할표를 분리하는 변인 B가 잠재변인일 때, 그 잠재변인의 각 범주 혹은 계층 내에서 관찰변인 A와 C가 가지는 조건독립성을 일컫는다. 즉, 잠재변인의 특정한 범주 혹은 계층에 조건화된 관찰변인들의 독립성이 잠재계층분석에서 핵심적 역할을 하는 지역독립성의 개념이다.

관찰변인들 A와 C의 지역독립성을 성립하는 잠재계층을 찾는 것이 잠재계층분석의 핵심이다. 구체적인 예를 들기 위하여 내·외향성 성격 특성을 측정하기 위한 두 개의 문항에 대한 1,000 명의 반응빈도가 <표 11-1>과 같다고 가정하자.

<표 11-1>의 가상적인 자료는 두 개의 이분문항에 대한 반응이 서로 독립적이 아니라는 것을 보여 준다. 이원교차분할표에 대한 독립성 검증을 위한 피어슨

〈표 11-1〉 가상적인 두 개의 내 · 외향성 성격 측정 문항들에 대한 반응빈도

	문항 2 (B)		
문항 1 (A)	예 ($j=1$)	아니요 ($j=2$)	전체
예 ($i=1$)	246	116	362
아니요 ($i=2$)	116	522	638
전체	362	638	1,000

카이자승 통계치의 값은 $\chi^2 = 244.05$ 인데, 이 통계치는 $df = 1$ 과 $\alpha = 0.01$ 수준에서 유의미하므로 상호독립성모형 혹은 영가설은 기각된다. 잠재계층분석은 두 개의 문항이 서로 연관 (association) 을 가지므로, 그 문항들에 대한 반응은 동일한 원인, 즉 공통 잠자요인에 의해 결정되고, 그 요인이 진실로 문항들에 대한 반응의 공통 원인이라면, 그 공통 잠재요인의 특정한 계층 (범주) 내에서는 당연히 두 문항 사이에 조건독립성 혹은 지역독립성이 존재할 것으로 전제한다.

예를 들어, 이미 잠재계층분석이 이루어져서 두 문항 사이의 지역독립성을 성립하는 잠재계층이 파악되었다고 가정하자. 또한, 1,000 명의 응답자를 파악된 잠재계층로 분류한 후, 각 잠재계층에서 문항들에 대한 응답의 교차분할표 (여과분할표) 를 다시 산출하였더니, <표 11-2> 와 같은 양상을 보였다고 가정하자.

〈표 11-2〉 잠재적인 내 · 외향성 성격 계층으로 분할한 측정 문항들에 대한 반응빈도

	잠재계층 1 ($t=1$)		잠재계층 2 ($t=2$)	
	문항 2 (B)		문항 2 (B)	
문항 1 (A)	예 ($j=1$)	아니요 ($j=2$)	예 ($j=1$)	아니요 ($j=2$)
예 ($i=1$)	240	60	6	57
아니요 ($i=2$)	60	15	57	505

<표 11-2> 의 자료는 각 잠재계층 내에서 두 문항 사이에 지역독립성이 존재하는 것을 보여 준다. 잠재계층 1 의 반응빈도들에 대한 피어슨 카이자승 통계치의 값은 $\chi^2 = 0.00$ 이고, 잠재계층 2 의 반응빈도들에 대한 피어슨 카이자승 통계치의

값은 $\chi^2 = 0.02$ 이다. 이 통계치들은 물론 $df = 1$ 과 $\alpha = 0.05$ 수준에서 유의미하지 않다. 이와 같은 결과가 의미하는 것은 두 문항에 대한 반응의 연관은 잠재요인에 의해 존재하게 되는데, 이 잠재요인이 통제되면 (즉, 각 잠재계층에 고정되면), 문항 반응들 사이의 연관이 사라진다는 것이다. 잠재계층분석은 서로 연관을 가지는 관찰변인들 사이의 지역독립성을 성립하는 혹은 연관을 사라지게 하는 잠재계층들을 찾아내고, 그 잠재계층들에 각 사례가 소속될 확률을 산출한다.

잠재계층분석은 범주변인들 사이의 지역독립성을 최대한 성립시키는 혹은 그 변인들 사이의 관계를 최대한 사라지게 하는 잠재계층을 파악하지만, 그 잠재계층들이 어떤 특성의 계층들인지를 알려 주지는 않는다. 예를 들어, <표 11-2> 의 잠재계층들이 내・외향성 성격 특질 집단들인지의 여부, 그리고 잠재계층 1 이 내향성 계층인지, 아니면 외향성 계층인지의 여부는 잠재계층분석에 의해 파악되는 것이 아니다. 잠재계층분석에 의해 파악된 계층의 의미는 이론이나 다른 자료들을 참고하여 연구자가 해석, 판단하여야 한다. 이것은 마치 요인분석이 요인의 의미를 정해 주지 않는 것과 같다.

2 기본 모형

잠재계층모형의 기본 구조는 놀랍도록 단순한 확률모형이다. 그 확률모형은 몇 가지의 확률 개념만 정확히 이해하면 매우 쉽게 이해할 수 있다. 결합확률에 관한 간단한 법칙을 한 가지 확인하고, 잠재계층모형의 기본 구조를 이해해 보자.

① 결합확률

예를 들어, <표 11-1> 에서 문항 1 에는 '예' 반응을 하고, 문항 2 에는 '아니요' 반응을 할 결합확률을 π_{12} 라고 표기하자. 또한, 문항 1 에 대한 반응에 상관없이 문항 2 에 '아니요' 반응을 할 비조건 확률 혹은 외곽확률은 π_{+2} 로 표기하고, 문항 2 에 '아니요' 반응을 하였다는 조건하에 문항 1 에 '예' 반응을 할 조건확률은 $\pi_{1|2}$ 로 표기한다. 그러면 이 확률들 사이에는 다음과 같은 관계가 성립한다.

$$\pi_{12} = \pi_{1|2}\,\pi_{+2}$$

이 관계를 <표 11-1> 의 자료가 모집단 자료라고 가정하고 확인해 보자. $\pi_{1|2} = 116 / 638 = 0.182$ 이며, $\pi_{+2} = 638 / 1{,}000 = 0.638$ 이다. 따라서 문항 1 에는 '예' 반응을 하고, 문항 2 에는 '아니요' 반응을 할 결합확률은 $\pi_{12} = (0.182)(0.638) = 0.116$ 이다. 이 결합확률을 <표 11-1> 에서 확인하면 $\pi_{12} = 116 / 1{,}000 = 0.116$ 라는 것을 알 수 있다. 즉, 결합확률 (π_{12}) 은 외곽확률 (π_{+2}) 과 조건확률 ($\pi_{1|2}$) 의 곱에 의해 정의될 수 있다. 그런데 두 문항에 대한 반응이 서로 독립적이라면 문항 1 에 대한 반응이 문항 2 에 대한 반응의 영향을 받지 않으므로, 문항 1 에 대한 반응이 문항 2 에 대한 반응에 조건화되었을 때의 확률과 그렇지 않을 때의 확률이 같을 것이므로, $\pi_{1|2} = \pi_{1+}$ 가 성립한다. 따라서 두 문항에 대한 반응이 서로 독립적이라면 결합확률은 두 개의 외곽확률의 곱으로 정의된다. 즉, 두 문항에 대한 반응이 서로 독립적이라면 다음의 관계가 성립한다.

$$\pi_{12} = \pi_{1+}\,\pi_{+2}$$

② 근본방정식

잠재계층분석은 관찰된 범주변인과 관찰되지 않은 잠재적 범주요인의 존재를 가정한다. 관찰변인 중 첫 번째 것을 A 로 표기하고, 그 변인의 범주들을 $i = 1, 2, 3, \cdots\cdots, I$ 로 표기하자. 두 번째 관찰변인을 B 로 표기하고, 그 변인의 범주들을 $j = 1, 2, 3, \cdots\cdots, J$ 로 표기한다. 또한, 잠재적 범주요인을 X 로 표기하고, 그 요인의 계층들을 $t = 1, 2, 3, \cdots\cdots, T$ 로 표기한다. 그러면 다음과 같은 여섯 가지의 확률이 정의된다.

① 기호 Π_t^X 는 모집단에서 사례들이 잠재요인 X 의 계층 t 에 속할 비조건확률 (unconditional probability) 이다. 즉, 잠재계층 t 에 속한 사례들의 모집단 비율이다.

② 기호 $\Pi_{it}^{A|X}$ 는 모집단에서 잠재요인 X 의 계층 t 에 속한 사례들이 관찰변인 A 에 i 라고 반응할 조건확률 (conditional probability) 이다. 즉, 잠재계층 t 에 속

한 사례 중에서 관찰변인 A에 i라고 반응하는 사례들의 모집단 비율이다.

③ 기호 $\Pi_{jt}^{B|X}$는 모집단에서 잠재요인 X의 계층 t에 속한 사례들이 관찰변인 B에 j라고 반응할 조건확률(conditional probability)이다. 즉, 잠재계층 t에 속한 사례 중에서 관찰변인 B에 j라고 반응하는 사례들의 모집단 비율이다.

④ 기호 Π_{ij}^{AB}는 모집단의 전체 사례가 관찰변인 A에 i라고 반응하고, 관찰변인 B에 j라고 반응할 결합확률(joint probability)이다. 즉, 전체 사례 중에서 관찰변인 A에는 i반응을 하고, 관찰변인 B에는 j반응을 연쇄적으로 하는 사례들의 모집단 비율이다.

⑤ 기호 Π_{ijt}^{ABX}는 모집단의 전체 사례가 잠재요인 X의 계층 t에 속하고, 관찰변인 A에 i라고 반응하며, 관찰변인 B에 j라고 반응할 결합확률(joint probability)이다. 즉, 전체 사례 중에서 잠재계층 t에 속하고, 관찰변인 A에는 i반응을, 관찰변인 B에는 j반응을 동시에 하는 사례들의 모집단 비율이다.

⑥ 기호 $\Pi_{tij}^{X|AB}$는 모집단에서 관찰변인 A에 i라고 반응하고 관찰변인 B에 j라고 동시에 반응한 사례들이 잠재요인 X의 계층 t에 속할 사후확률(a posteriori probability)이다. 즉, 관찰변인 A에는 i반응을 하고 관찰변인 B에는 j반응을 동시에 하는 사례 중에서 잠재계층 t에 속한 사례들의 모집단 비율이다. 이 확률 혹은 모집단 비율은 조건확률인데, 주어진 결과(관찰변인)를 조건으로 원인(잠재계층)을 추론하는 조건확률이므로 사후확률이라고 부른다.

이제 어떤 특정한 사례가 특정한 잠재계층 t에 속하고, 관찰변인 A와 B에 특정한 연쇄반응 ij를 할 결합확률 Π_{ijt}^{ABX}를 생각해 보자. 이 결합확률은 앞서 결합확률에 관한 간단한 법칙에서 확인한 바와 같이 외곽확률과 조건확률의 곱으로 정의할 수 있다.

$$\Pi_{ijt}^{ABX} = \Pi_{ijt}^{AB|X}\Pi_{t}^{X} \qquad \text{<수식 11-1>}$$

<수식 11-1>에서 $\Pi_{ijt}^{AB|X}$는 특정한 잠재계층 t의 내부에서(조건하에서), 관찰변인 A와 B에 특정한 연쇄반응 ij를 할 결합확률, 즉 조건결합확률이다. 예를

들어, <표 11-2> 의 가상적 자료가 모집단 자료라고 가정하면, 그 자료에는 특정한 잠재계층 t의 내부에서 문항 1과 문항 2에 '예-예'의 연쇄반응을 할 조건결합확률 $\Pi^{AB|X}_{11t}$가 2개 존재하는데, $\Pi^{AB|X}_{111} = 240 / 375 = 0.640$ 이고, $\Pi^{AB|X}_{112} = 6 / 625 = 0.010$ 이다.

그런데 관찰변인 A와 B 사이의 지역독립성이 잠재요인 X에 의해 성립한다면, 특정한 잠재계층 t의 내부에서 (조건하에서), 관찰변인 A와 B에 특정한 연쇄반응 ij를 할 조건결합확률 $\Pi^{AB|X}_{ijt}$는 그 잠재계층 t의 내부에서 (조건하에서) 관찰변인 A에 i 반응을 할 조건확률 $\Pi^{A|X}_{it}$와 그 잠재계층 t의 내부에서 (조건하에서) 관찰변인 B에 j 반응을 할 조건확률 $\Pi^{B|X}_{jt}$의 곱과 같다. 즉, 관찰변인 A와 B 사이의 지역독립성이 잠재요인 X에 의해 성립한다면, X의 특정한 계층 t에서 두 개의 조건확률 $\Pi^{A|X}_{it}$와 $\Pi^{B|X}_{jt}$는 서로 독립적이므로 다음의 <수식 11-2> 의 관계가 성립한다.

$$\Pi^{AB|X}_{ijt} = \Pi^{A|X}_{it}\Pi^{B|X}_{jt} \qquad \text{<수식 11-2>}$$

<수식 11-1> 과 <수식 11-2> 를 조합하면, 관찰변인 A와 B 사이의 지역독립성이 잠재요인 X에 의해 성립한다면, 어떤 특정한 사례가 특정한 잠재계층 t에 속하고, 관찰변인 A와 B에 특정한 연쇄반응 ij를 할 결합확률 Π^{ABX}_{ijt}는 다음과 같이 정의된다.

$$\Pi^{ABX}_{ijt} = \Pi^{X}_{t}\Pi^{A|X}_{it}\Pi^{B|X}_{jt} \qquad \text{<수식 11-3>}$$

<수식 11-3> 은 '관찰변인 A와 B 사이의 지역독립성이 잠재요인 X에 의해 성립한다면' 의 가정에 기초한다는 사실을 기억해야 한다. 만약 지역독립성 가정이 참이 아니면 <수식 11-3> 은 성립하지 않는다. 예를 들기 위하여 <표 11-2> 의 가상적 자료가 모집단 자료라고 가정하고, 어떤 특정한 사례가 잠재계층 $t = 1$에 속하고, 관찰변인 A와 B에 연쇄반응 11 (두 문항에 모두 '예' 반응) 을 할 결합확률을 산출해 보자 우선 <표 11-2> 를 보면, $\Pi^{ABX}_{111} = 240 / 1{,}000 = 0.240$ 이라는 것을 쉽게 알 수 있다. 이 확률이 <수식 11-3> 에 의해 유도되는지를 확인해 보자.

Π_1^X 는 전체 사례 수 $N = 1,000$ 중에 잠재계층 1 에 속한 사례들 240+60+60+15 = 375 의 비율이므로 375 / 1,000 = 0.375 이다. $\Pi_{11}^{A|X}$ 는 (240+60) / 375 = 0.800 이다. $\Pi_{11}^{B|X}$ 도 역시 (240+60) / 375 = 0.800 이다. 따라서 $\Pi_{111}^{ABX} = (0.375)(0.800)(0.800) = 0.240$ 이다.

그런데 잠재계층을 무시하고, 특정한 사례가 관찰변인 A 와 B 에 연쇄반응 11 (두 문항에 모두 '예' 반응) 을 할 결합확률 Π_{ij}^{AB} 는 Π_{ijt}^{ABX} 를 모든 잠재계층 t 에 걸쳐서 더해 주면 된다. 예를 들어, <표 11-2> 의 자료에서는 $\Pi_{11}^{AB} = \Pi_{111}^{ABX} + \Pi_{112}^{ABX}$ 이다. 이 관계 또한 독자들이 <표 11-2> 의 자료를 이용하여 매우 간단히 확인할 수 있다. 따라서 Π_{ij}^{AB} 를 일반적으로 정의하면 다음과 같다.

$$\Pi_{ij}^{AB} = \sum_{t=1}^{T} \Pi_{ijk}^{ABX} = \sum_{t=1}^{T} \Pi_t^X \Pi_{it}^{A|X} \Pi_{jt}^{B|X} \qquad \text{<수식 11-4>}$$

<수식 11-4> 를 잠재계층분석의 '근본방정식 (fundamental equation)' 이라고 부른다 (Larzarsfeld & Henry, 1968). 다시 말하지만 $\Pi_{ijt}^{ABX} = \Pi_t^X \Pi_{it}^{A|X} \Pi_{jt}^{B|X}$ 의 관계는 관찰변인 A 와 B 사이의 지역독립성이 잠재요인 X 에 의해 성립할 때만 가능한 것이다. 따라서 <수식 11-4> 의 근본방정식도 지역독립성이 존재할 때만 성립하는 방정식이다. 이것이 앞서 지역독립성의 개념이 잠재계층분석에서 핵심적 역할을 한다고 말한 이유다.

이제 관찰된 자료를 생각해 보자. 관찰변인 A 와 B 가 있고, 변인 A 는 I 개의 반응범주를 가지고, 변인 B 는 J 개의 반응범주를 가지므로 '반응패턴 (response pattern)' 은 $I \times J$ 개가 생길 수 있다. 이러한 각 반응패턴이 나올 확률이 다름 아닌 Π_{ij}^{AB} 이다. 예를 들어, <표 11-2> 의 자료에서는 두 개의 문항이 있고, 각 문항이 두 개씩의 반응범주를 가지므로 사례들에서 얻은 반응패턴들은 11, 12, 21, 22 의 네 가지다. 따라서 <표 11-2> 의 자료에서 네 가지의 각 반응패턴이 나올 확률은 <수식 11-4> 의 근본방정식에 의하여 다음과 같이 기술할 수 있다.

$$\Pi_{11}^{AB} = \Pi_1^X \Pi_{11}^{A|X} \Pi_{11}^{B|X} + \Pi_2^X \Pi_{12}^{A|X} \Pi_{12}^{B|X}$$

$$\Pi_{12}^{AB} = \Pi_1^X \Pi_{11}^{A|X} \Pi_{21}^{B|X} + \Pi_2^X \Pi_{12}^{A|X} \Pi_{22}^{B|X}$$

$$\Pi_{21}^{AB} = \Pi_1^X \Pi_{21}^{A|X} \Pi_{11}^{B|X} + \Pi_2^X \Pi_{22}^{A|X} \Pi_{12}^{B|X}$$

$$\Pi_{22}^{AB} = \Pi_1^X \Pi_{21}^{A|X} \Pi_{21}^{B|X} + \Pi_2^X \Pi_{22}^{A|X} \Pi_{22}^{B|X}$$

근본방정식의 개수는 반응패턴의 개수 $I \times J$와 같다. 근본방정식의 등호 왼쪽에 있는 각 반응패턴의 확률 Π_{ij}^{AB}를 모두 더하면 반드시 1이 되어야 한다. 즉, $\sum_{i=1}^{I} \sum_{j=1}^{J} \Pi_{ij}^{AB} = 1$은 반드시 충족되어야 한다.

반면에 근본방정식의 등호 오른쪽에 있는 확률지수들은 잠재계층분석에서 추정해야 할 모형모수들이다. 이 모형모수들은 두 종류가 있다는 것에 주목하라. 모형모수의 한 종류는 잠재계층들의 확률 Π_t^X인데, 이 확률은 비조건확률이다. 모형모수의 두 번째 종류는 조건확률들 $\Pi_{it}^{A|X}$와 $\Pi_{jt}^{B|X}$이다. 모형모수 Π_t^X는 잠재계층의 수(T)만큼 존재한다. 그런데 모든 잠재계층의 확률을 더하면 1이 되어야 한다. 즉, $\sum_{t=1}^{T} \Pi_t^X = 1$이 반드시 충족되어야 한다. 모형모수 $\Pi_{it}^{A|X}$는 각 잠재계층 내에서 I개가 존재한다. 따라서 모형모수 $\Pi_{it}^{A|X}$의 총 개수는 $I \times T$다. 그런데 모형모수 $\Pi_{it}^{A|X}$ 또한 각 잠재계층 내에서 그 합이 1이 되어야 한다. 즉, $\sum_{i=1}^{I} \Pi_{it}^{A|X} = 1$이 모든 t에서 반드시 충족되어야 한다. 모형모수 $\Pi_{jt}^{B|X}$는 각 잠재계층 내에서 J개가 존재한다. 따라서 모형모수 $\Pi_{jt}^{B|X}$의 총 개수는 $J \times T$다. 그런데 모형모수 $\Pi_{jt}^{B|X}$ 또한 각 잠재계층 내에서 그 합이 1이 되어야 한다. 즉, $\sum_{j=1}^{J} \Pi_{jt}^{B|X} = 1$이 모든 t에서 반드시 충족되어야 한다.

3 모수추정의 기본 원리

여기에서 한 가지 중요한 구별을 하자. 반응패턴 확률 Π_{ij}^{AB}에 대한 '추정치(estimate)'는 두 종류가 있다. 한 가지는 잠재계층분석을 하지 않고 자료에서 단순하게 계산되는 추정치인데, 다름 아닌 표본자료에서 구할 수 있는 각 반응패턴의 비율이다. 이 비율들을 p_{ij}로 표기하자. 이 p_{ij}는 말하자면 자료가 제시하는 Π_{ij}^{AB}

의 추정치다. <표 11-2> 의 자료에서는 $p_{11} = 246 / 1,000 = 0.246$ 이고, $p_{12} = 116 / 1,000 = 0.116$ 이며, $p_{21} = 116 / 1,000 = 0.116$ 이고, $p_{22} = 522 / 1,000 = 0.522$ 이다. 이 비율을 모두 합하면 당연히 $0.246+0.116+0.116+0.522 = 1$ 이다. 반응패턴 확률 Π_{ij}^{AB} 에 대한 두 번째 추정치는 잠재계층모형에 의해 예측되는 반응패턴 확률이다. 이 추정치는 <수식 11-4> 의 등호 오른쪽에 위치한 모형모수들의 값을 추정한 후에 그것들을 근본방정식에 대입하여 산출되는 소위 '예측된 반응패턴 확률 (predicted response pattern probability)' 인데, $\widehat{\Pi}_{ij}^{AB}$ 로 표기한다. 이 $\widehat{\Pi}_{ij}^{AB}$ 는 말하자면 모형이 제시하는 Π_{ij}^{AB} 의 추정치다.

간단히 말해서 p_{ij} 는 자료가 추정하는 반응패턴 확률이고, $\widehat{\Pi}_{ij}^{AB}$ 는 잠재계층모형이 추정하는 반응패턴 확률이다. 만약 잠재계층모형이 자료를 완벽하게 설명한다면 $\widehat{\Pi}_{ij}^{AB} = p_{ij}$ 가 되어야 하고, 이 두 가지 추정치 사이에 괴리가 클수록 잠재계층모형은 자료를 제대로 반영하지 못하는 것이다.

잠재계층분석은 근본방정식의 등호 왼쪽에 있는 Π_{ij}^{AB} 대신에 자료가 추정하는 반응패턴 확률 p_{ij} 를 대입한 후, 그 비율을 최대한 충족하는 모형모수 (Π_t^X, $\Pi_{it}^{A|X}$, $\Pi_{jt}^{B|X}$) 의 값을 추정해 낸다. 예를 들어, <표 11-2> 의 자료에 대하여 두 개의 잠재계층 ($T = 2$) 을 상정하는 잠재계층분석은 다음의 근본방정식들을 최대한 충족하는 모형모수들의 값을 추정한다.

$$0.246 = \Pi_1^X \Pi_{11}^{A|X} \Pi_{11}^{B|X} + \Pi_2^X \Pi_{12}^{A|X} \Pi_{12}^{B|X}$$

$$0.116 = \Pi_1^X \Pi_{11}^{A|X} \Pi_{21}^{B|X} + \Pi_2^X \Pi_{12}^{A|X} \Pi_{22}^{B|X}$$

$$0.116 = \Pi_1^X \Pi_{21}^{A|X} \Pi_{11}^{B|X} + \Pi_2^X \Pi_{22}^{A|X} \Pi_{12}^{B|X}$$

$$0.522 = \Pi_1^X \Pi_{21}^{A|X} \Pi_{21}^{B|X} + \Pi_2^X \Pi_{22}^{A|X} \Pi_{22}^{B|X}$$

'파악 (identification)' 은 모형 모수들을 수학적으로 추정할 수 있는지의 여부를 의미하는 개념이다. 앞서 근본방정식의 개수는 반응패턴의 개수 $I \times J$ 와 같고, 모형모수의 개수는 $T + (I \times T) + (J \times T)$ 라는 것을 설명하였다. 표본자료에서 산출된 각 반응패턴의 비율 p_{ij} 가 실제 모집단 확률 Π_{ij}^{AB} 와 동일하다고 가정하고, 근본방정식의 등호 왼쪽의 Π_{ij}^{AB} 자리에 각 반응패턴의 비율 p_{ij}를 대입한 후, 그 방정식들을 연립적으로 풀어서 등호 오른쪽에 있는 모형모수의 값을 구한다고 가정하자. 이와 같이 미지수를 가지는 방정식들을 연립적으로 풀어서 미지수들의 해(解)를 구하기 위해서는 방정식의 개수와 미지수(모형모수)의 개수에 대한 특정한 조건들이 충족되어야 한다.

잠재계층모형에서 방정식의 개수는 p_{ij}의 개수 혹은 $I \times J$와 같다. 그런데 $\sum_{i=1}^{I} \sum_{j=1}^{J} \Pi_{ij}^{AB} = \sum_{i=1}^{I} \sum_{j=1}^{J} p_{ij} = 1$이 반드시 충족되어야 하므로 $I \times J$개의 p_{ij}들 중에서 한 개는 다른 p_{ij}들과 독립적이 아니다. 따라서 독립적인 근본방정식의 개수는 $(I \times J) - 1$이다. 만약 관찰변인의 개수가 세 개 이상이라면 서로 독립적인 근본방정식의 개수는 각 변인의 범주 수에 의하여 일반적으로 다음과 같이 결정된다.

$$(I \times J \times \cdots\cdots \times K) - 1$$

모형모수들은 $\sum_{t=1}^{T} \Pi_{t}^{X} = 1$의 조건과 각 잠재계층 내의 $\sum_{i=1}^{I} \Pi_{it}^{A|X} = 1$의 조건, 그리고 각 잠재계층 내의 $\sum_{j=1}^{J} \Pi_{jt}^{B|X} = 1$의 조건을 반드시 충족해야 하므로, 서로 독립적인 모형모수들의 개수는 $(T-1) + (I-1)T + (J-1)T$이다. 만약 관찰변인의 개수가 세 개 이상이라면 서로 독립적인 모형모수들의 개수는 각 변인들의 범주의 수에 의하여 일반적으로 다음과 같이 결정된다.

$$(T-1) + [(I-1)T + (J-1)T + \cdots\cdots + (K-1)T]$$

서로 독립적인 근본방정식의 개수와 서로 독립적인 모형모수의 개수가 동일한 경우에 모형이 '정파악(just-identification)' 된다고 말한다. 이때에는 모형이 '참'이라면(즉, $\hat{\Pi}_{ij}^{AB} = \Pi_{ij}^{AB}$이라면) 근본방정식들을 연립적으로 풀어서 모든 모형모수의 값에 대한 해를 구할 수 있다. 이런 경우를 모형모수에 대한 '고유해(unique solution)'가 존재한다고 말한다. 그런데 이때에는 모형이 예측하는 반응패턴 확률 $\hat{\Pi}_{ij}^{AB}$와 표본자료에서 구할 수 있는 각 반응패턴의 비율 p_{ij}가 또한 모두 동일하다. 즉, 모형이 어떻게 구성되건 간에 서로 독립적인 근본방정식의 개수와 서로 독립적인 모형모수의 개수가 동일한 정파악되는 모든 모형은 주어진 자료를 완벽하게 재생산해 낸다. 자료를 완벽하게 재생산한다는 것은 얼핏 바람직한 속성처럼 들리지만 입력된 자료를 그대로 다시 제시할 수밖에 없다는 뜻이다. 좀 더 정확히 표현하자면 정파악되는 모형은 '자유도'가 결여된 모형이고, 앞서 로그선형모형에서 설명한 '포화모형'이다. 따라서 이때에는 자료가 특정한 모형의 타당성에 대한 기준으로 사용될 수 없고, 결국 그 자료에 대하여 모형검증을 할 수 없다.

서로 독립적인 근본방정식의 개수가 서로 독립적인 모형모수의 개수보다 적은 경우에는 모형이 '미파악(under-identification)' 된다고 말한다. 이때에는 모형모수들의 값에 대한 고유해가 존재하지 않으므로, 근본방정식들을 연립적으로 풀어서 모든 모형모수의 값에 대한 해를 구할 수 없다. 수학적인 문제를 떠나서, 미파악되는 모형은 분석의 의미가 없는 모형이다. 서로 독립적인 근본방정식의 개수는 곧 독립적인 p_{ij}의 개수에서 1을 뺀 것이므로 독립적인 자료의 개수라고 할 수 있다. 따라서 특정한 자료에 대하여 미파악되는 모형을 검증하려 할 때는 자료가 그 모형의 검증을 위하여 필요한 정보를 충분히 갖지 못하는 경우다. 이것을 거꾸로 표현하면, 미파악되는 모형을 검증하는 것은 관찰된 현상들보다 더 복잡한 이론을 검증하는 것과 같다. 이때에는 그 모형을 검증하기에 충분한 새로운 추가적인 자료의 수집이 선행되어야 하고, 현재의 자료에 대하여 미파악되는 모형을 검증하는 것은 무의미한 일이다.

서로 독립적인 근본방정식의 개수가 서로 독립적인 모형모수의 개수보다 많은 경우에는 모형이 '과파악(over-identification)' 된다고 말한다. 이때에도 미파악되는 모형의 경우와 마찬가지로 근본방정식들을 연립적으로 풀어서 모든 모형모수의 값에 대한 고유해를 구할 수 없다. 그러나 과파악되는 모형은 미파악되는 모형과 본질적으로 다르다. 왜냐하면 과파악되는 모형의 경우에는 자료가 그 모형의 검증을 위하여 필요한 정보를 충분히 갖추고 있는 경우고, 관찰되는 현상들보다 그 현상들을 설명하는 이론이 더 간단한 경우이기 때문이다. 따라서 과파악되는 모형은 현상을 혹은 자료를 이해하는 데 도움이 될 수 있고, 검증할 만한 의미가 있는 모형이다.

잠재계층분석은 과파악되는 모형만 분석의 대상으로 다룬다. 그런데 과파악되는 모형의 경우에 p_{ij}가 대입된 근본방정식들을 연립적으로 풀어서 모든 모형모수의 값에 대한 고유해를 구할 수 없기 때문에 잠재계층분석은 반응패턴 확률 Π_{ij}^{AB} 에 대하여 한 가지 가정을 한다. 이 가정은 모집단의 반응패턴 확률 Π_{ij}^{AB} 의 값들을 알 수 있고, 표본자료에서 계산된 p_{ij} 대신에 실제의 Π_{ij}^{AB} 가 근본방정식에 대입된다면 모든 근본방정식을 만족시키는 모형모수의 고유해가 존재한다는 가정이다. 이 가정을 이해하기 위하여 다음과 같이 두 개의 미지수 X, Y 로 구성된 세 개의 서로 독립적인 방정식들이 있다고 가정하자.

$$Q_1 = X - 2Y$$

$$Q_2 = 2XY$$

$$Q_3 = 3X + Y$$

만약 $Q_1 = -4$ 이고, $Q_2 = 12$ 이며, $Q_3 = 9$ 라면, 세 개의 방정식을 모두 만족시키는 미지수들의 값은 $X = 2$ 이고, $Y = 3$ 이며, 이 미지수 값들은 세 개의 방정식을 동시에 만족시키는 유일무이의 고유해들이다. 반면에 Q_1, Q_2, Q_3 가 다른 값들이면 이러한 고유해는 존재하지 않는다.

4 최대우도 추정

잠재계층분석은 과파악되는 모형의 모든 근본방정식을 만족시키는 모형모수에 대한 유일무이의 고유해가 모집단에서 존재한다고 가정한다. 즉, 근본방정식들에 p_{ij} 대신에 Π_{ij}^{AB} 를 대입할 수 있다면 모형모수들의 고유해를 연립적으로 산출할 수 있다는 가정이다. 그러나 Π_{ij}^{AB} 대신 표집오차(sampling error)가 개입된 p_{ij} 가 대입된 근본방정식의 모형모수들은 고유해가 없기 때문에 이 방정식들을 연립적으로 풀어서 모형모수들을 추정해 낼 수 없다. 이 때문에 잠재계층분석은 근본방정식들을 완벽하게 충족시키는 해법을 모색하지 않고, 그 대신 그것들을 '최대한' 충족시키는 해법을 모색한다. 따라서 이렇게 추정된 모형모수들의 추정치를 역으로 근본방정식에 대입하면 p_{ij} 가 그대로 역산되어 나오지 않고, p_{ij} 와 다소의 차이를 가지는 반응패턴 확률들이 산출되는데, 이 반응패턴 확률들이 모형이 예측하는 반응패턴 확률들 $\hat{\Pi}_{ij}^{AB}$ 이다. 이 $p_{ij} - \hat{\Pi}_{ij}^{AB}$ 의 차이는 모집단에서 모형이 참이라는 가정 ($\hat{\Pi}_{ij}^{AB} = \Pi_{ij}^{AB}$) 하에 표집오차 (sampling error) 때문에 생기는 것으로 간주한다. 요약하면, 잠재계층분석은 과파악되는 모형에서 $p_{ij} - \hat{\Pi}_{ij}^{AB}$ 의 차이를 최소화하는 모형모수들의 최대우도 추정치를 산출한다.

표본자료에서 계산된 p_{ij} 가 대입된 근본방정식들을 최대한 만족시키는 모형모수들을 추정하는 구체적인 알고리듬 (algorithms) 은 여러 가지가 개발되었다. 여기에서는 Goodman (1974a, 1974b) 이 개발하여 나중에 Clogg (1981) 의 MLLSA (Maximum Likelihood Latent Structure Analysis) 프로그램에서 사용된 'EM—알고리듬 (EM-algorithm)' 을 개념적으로 설명하고자 한다. 우선 'EM—알고리듬' 이라는 명칭의 유래를 이해하고, 그것의 구체적 내용을 살펴보기로 하자.

모든 범주변인분석과 마찬가지로 잠재계층모형의 추정된 모수들은 제 3 장에서 설명한 충분치 (sufficient statistics) 를 충족하여야 한다. 잠재계층모형은 잠재요인 X 가 각 관찰변인들 (A 와 B) 과 관계를 가지고, 그 잠재요인이 통제되면 관찰변인들은 서로 독립적이라고 가정하는 모형이므로, 제 3 장에서 살펴본 로그선형모형으로 개념화하면 모형 $[AX][BX]$ 와 동일한 모형이다. 다만, 로그선형모형에서는 모든 변인이 관찰변인인 반면, 잠재계층모형에서는 한 개의 변인이 잠재요인이라는 점만 다를 뿐이다. 따라서 잠재계층모형의 충분치는 로그선형모형 $[AX][BX]$ 의 충분치와 같다. 제 3 장에서 충분치의 개념은 예측된 셀빈도들에서 계산되는 '예측된 외곽빈도 (expected marginal frequency)' 가 관찰된 외곽빈도와 일치해야 한다는 개념이라고 설명하였다. 충분치의 이 개념에 의하여 로그선형모형 $[AX][BX]$ 의 충분치는 $\hat{\mu}_{i+t} = n_{i+t}$ 와 $\hat{\mu}_{+jt} = n_{+jt}$ 로 정의된다. 기호 $\hat{\mu}$ 는 모형이 예측하는 빈도라는 것을 기억하자. 예를 들어, 〈표 11-2〉 를 생각해 보자. 〈표 11-2〉 는 2 × 2 × 2 삼원교차분할표인데, 세 개의 범주변인 중 하나는 잠재요인 X 이다. 〈표 11-2〉 의 자료에 대하여 로그선형모형 $[AX][BX]$ 의 충분치는 〈표 11-3〉 과 같다.

〈**표 11-3**〉 <표 1‑2> 의 자료에 대한 로그선형모형 $[AX][BX]$ 의 충분치

$\hat{\mu}_{i+t} = n_{i+t}$	$\hat{\mu}_{+jt} = n_{+jt}$
$\hat{\mu}_{1+1} = n_{1+1} = 240 + 60 = 300$	$\hat{\mu}_{+11} = n_{+11} = 240 + 60 = 300$
$\hat{\mu}_{1+2} = n_{1+2} = 6 + 57 = 63$	$\hat{\mu}_{+12} = n_{+12} = 6 + 57 = 63$
$\hat{\mu}_{2+1} = n_{2+1} = 60 + 15 = 75$	$\hat{\mu}_{+21} = n_{+21} = 60 + 15 = 75$
$\hat{\mu}_{2+2} = n_{2+2} = 57 + 505 = 562$	$\hat{\mu}_{+22} = n_{+22} = 57 + 505 = 562$

따라서 잠재계층분석도 <표 11-3> 의 충분치 조건들을 충족하는 모형모수들을 추정하여야 한다. 잠재계층모형은 <수식 11-3> 에서 $\Pi_{ijt}^{ABX} = \Pi_t^X \Pi_{it}^{A|X} \Pi_{jt}^{B|X}$ 를 가정하므로 모형모수들 Π_t^X, $\Pi_{it}^{A|X}$, $\Pi_{jt}^{B|X}$ 가 추정되면 이것들을 이용하여 각 셀의 결합확률 Π_{ijt}^{ABX} 가 추정되고, 이 결합확률에 전체 사례 수 N을 곱하면 각 셀의 예측빈도 $\hat{\mu}_{ijt}$ 를 추정할 수 있으며, 그 셀 예측빈도들을 이용하여 <표 11-3> 의 충분치들을 산출할 수 있다. 이 과정을 거꾸로 적용하여 모형모수들 Π_t^X, $\Pi_{it}^{A|X}$, $\Pi_{jt}^{B|X}$ 의 값은 <표 11-3> 의 조건들을 충족하도록 추정되어야 한다는 것이 충분치의 개념이다.

그런데 로그선형분석과는 달리 잠재계층분석에서는 <표 11-3> 의 충분치 조건들을 충족하는 데 한 가지 심각한 장애가 있다. 이 장애는 변인 X가 자료에 존재하지 않는 잠재요인이라는 것이고, 분석이 완료되어 <표 11-2> 와 같은 결과표가 나오기 전에는 각 잠재계층의 사례 수가 얼마인지를 알 수 없기 때문에 모수추정과정 중에는 외곽빈도 n_{i+t}와 n_{+jt}들의 값들이 정해지지 않고, 결국 모형모수들에 의하여 예측되는 외곽빈도 $\hat{\mu}_{i+t}$ 와 $\hat{\mu}_{+jt}$들이 어떤 값들이어야 하는지를 알 수 없다는 것이다.

따라서 잠재계층분석에서는 우선 제 3 장에서 잠깐 언급한 소위 '순환비율합치 (iterative proportional fitting)' 라는 방식에 의해서 모형모수들에 의하여 예측되는 외곽빈도 $\hat{\mu}_{i+t}$ 와 $\hat{\mu}_{-jt}$ 를 충족해야 할 충분치의 값들을 추정한다. 이 단계를 'E-단계 (E-step)' 라고 부른다. E-단계에서 충분치들의 값이 추정되면 그 충분치들을 충족하는 모형모수들의 값을 추정한다. 이 단계를 'M-단계 (M-step)' 라고 부른다. 이러한 E-단계와 M-단계를 번갈아가면서 반복하여 충분치와 모형모수의 추정

치들을 수렴시켜 나가는 방법이 EM-알고리듬이다.

EM-알고리듬은 우선 p_{ij}가 대입된 근본방정식들의 오른쪽에 있는 모형모수들에 임의의 '초기값(initial values)'들을 대입한다. 이 초기값들은 일반적으로 연구자가 정한다. 연구자가 정하는 초기값들은 모형모수들이 확률지수들이라는 점을 유념하여 확률지수가 가져야 하는 조건들($\sum_{t=1}^{T} \Pi_t^X = 1$, $\sum_{i=1}^{I} \Pi_{it}^{A|X} = 1$, $\sum_{j=1}^{J} \Pi_{jt}^{B|X} = 1$)을 충족하여야 한다. 일반적으로 연구자가 특정한 모형모수의 추정치가 높을 것으로 예상하거나 가정하는 경우에는 0.8 정도의 초기값을 부여하고, 그 추정치가 낮을 것으로 예상하거나 가정하는 경우에는 0.2 정도의 초기값을 부여하면 된다(Hagenaars, 1990). 경우에 따라서 연구자는 특정한 모형모수의 초기값이 1 혹은 0이라고 정할 수도 있는데, 초기값이 1 혹은 0이라고 정해진 경우에는 EM-알고리듬 과정에서 그 값이 변하지 않기 때문에 그 초기값이 그 모형모수의 최종적인 추정치가 된다. 따라서 연구자가 특정한 모형모수의 추정치를 1 혹은 0에 고정시키고자 한다면 연구자는 그 모형모수의 초기값을 1 혹은 0으로 정해 주면 된다.

근본방정식들의 모형모수들에 초기값이 부여되면 <수식 11-3>에 의하여 그 초기값들이 예측하는 셀 결합확률의 초기 추정치가 곧바로 산출되는데, 이 초기 추정치를 $\widehat{\Pi}_{ijt}^{ABX}(0)$라고 표기한다. 이 셀 결합확률의 초기 추정치 $\widehat{\Pi}_{ijt}^{ABX}(0)$에 의하여 앞에서 설명한 과정에 따라서 초기 충분치들 $\widehat{\mu}_{i+t}(0)$와 $\widehat{\mu}_{+jt}(0)$가 추정되면, 초기 E-단계가 완료된다.

초기 E-단계가 완료되면 추정된 충분치들을 이용하여 모형모수들의 값을 추정하는 M-단계가 수행된다. M-단계에서는 우선 잠재계층 확률 Π_t^X의 추정치 $\widehat{\Pi}_t^X$가 가장 먼저 추정된다. 그런 후 앞의 E-단계에서 추정된 충분치들과 현재의 M-단계에서 추정된 잠재계층 확률 $\widehat{\Pi}_t^X$를 이용하여 조건확률들의 추정치 $\widehat{\Pi}_{it}^{A|X}$와 $\widehat{\Pi}_{jt}^{B|X}$가 추정된다. 이와 같이 M-단계에서 새로운 $\widehat{\Pi}_t^X$, $\widehat{\Pi}_{it}^{A|X}$, $\widehat{\Pi}_{jt}^{B|X}$가 추정되면 다시 <수식 11-3>에 의해서 첫 번째 순환의 셀 결합확률 추정치 $\widehat{\Pi}_{ijt}^{ABX}(1)$가 추정되고, 이것에 의하여 첫 번째 순환의 충분치들 $\widehat{\mu}_{i+t}(1)$와 $\widehat{\mu}_{+jt}(1)$를 추정하기 위한 E-단계가 시작된다.

이와 같은 순환절차를 반복하면 추정된 모형모수들의 값이 매번 변하게 되는데, 순환을 반복할수록 그 변하는 정도는 점점 작아지게 된다. 추정된 모형모수들의 값이 변하는 정도가 더 이상 의미가 없다고 판단될 정도로 작아지는 시점에서 순환절차를 중단하고, 그때의 모형모수 추정치들을 이용하여 잠재계층모형을 기술한다.

EM－알고리듬에 의해서 추정되는 모형모수들을 최대우도 추정치라고 부르는 이유는 무엇일까? 앞서 제 1 장에서 이론적인 모수에 대한 최대우도 추정치를 산출하기 위해서는 포아송분포이건 이항분포이건 혹은 어떤 다른 분포건 간에 반드시 자료에 대한 이론적인 확률분포가 가정되어야 하고, 이 이론적인 확률분포에 의하여 우도함수가 정의되며, 그 우도함수를 최대가 되게 하는 추정치를 구한다는 것을 설명하였다. 예를 들어 두 개의 문항에 대한 <표 11-1> 의 반응패턴 빈도들 n_{ij} 가 다항분포를 한다고 가정하면, 그 자료에 대한 잠재계층모형의 모수추정을 위한 우도함수는 다음과 같이 정의된다.

$$\text{우도} = \frac{N!}{n_{11}!\,n_{12}!\,n_{21}!\,n_{22}!}\left(\Pi_{11}^{AB}\right)^{n_{11}}\left(\Pi_{12}^{AB}\right)^{n_{12}}\left(\Pi_{21}^{AB}\right)^{n_{21}}\left(\Pi_{22}^{AB}\right)^{n_{22}}$$

$$\text{단, } \Pi_{ij}^{AB} = \sum_{t=1}^{T} \Pi_t^X \Pi_{it}^{A|X} \Pi_{jt}^{B|X} \qquad \text{<수식 11-5>}$$

모형모수들 Π_t^X, $\Pi_{it}^{A|X}$, $\Pi_{jt}^{B|X}$ 에 대한 최대우도 추정치를 구하기 위해서는 <수식 11-5> 의 우도함수를 편미분 (partial derivative) 하여 그 편미분방정식들의 값이 0 이 되는 모수들의 값을 추정하면 된다. 이렇게 추정된 모수추정치들도 역시 충분치의 조건을 만족시켜야 하는데, 그 충분치 조건은 다름 아닌 $\sum_{i=1}^{I} \hat{\Pi}_{ijt}^{ABX} = \hat{\Pi}_{+jt}^{ABX}$ 가 성립해야 하고, $\sum_{j=1}^{J} \hat{\Pi}_{ijt}^{ABX} = \hat{\Pi}_{i+t}^{ABX}$ 가 성립해야 한다는 것이다. 그러나 이 충분치 조건들을 충족하면서 <수식 11-5> 의 우도함수를 최대가 되게 하는 모수추정치들을 구하는 것은 수학적으로 매우 난해한 과제다. 그 이유는 앞서 설명한 바와 같이 잠재요인 X 가 자료에 존재하지 않기 때문에 충족해야 할 충분치의 값 $\hat{\Pi}_{+jt}^{ABX}$ 와 $\hat{\Pi}_{i+t}^{ABX}$ 가 미리 정해지지 않기 때문이다. 이 수학적인 문제를 해결하기 위한 것이 EM－알고리듬이다.

EM－알고리듬에 의해서 추정되는 모형모수들을 최대우도 추정치라고 부르는 이유는 그 추정치들이 포아송분포 혹은 다항분포를 가정하는 최대우도 추정방법을 사용해서 산출되는 추정치들과 일반적으로 동일하기 때문이다 (Haberman, 1976).

여기에서 '일반적으로' 라는 부사에 유념할 필요가 있다. 즉, 어떤 경우에는 EM-알고리듬에 의해서 추정되는 모형모수들이 최대우도 추정치가 아닐 수도 있는데, 이러한 경우를 '지역최대 (local maximum)' 라고 부른다. 예를 들어, 어떤 잠재계층모형의 모수들을 EM-알고리듬에 의해 추정하지 않고, 그 대신 <수식 11-5> 와 같이 포아송분포 혹은 다항분포를 가정하는 우도함수를 정의한 후, 이 함수를 최대가 되게 모수추정치를 구하는 방식으로 추정한다고 가정하자. 그때의 우도함수의 값이 그 우도함수에 포함된 어떤 모수의 값이 변하는 데 따라서 [그림 11-1] 과 같이 증감한다고 가정하자.

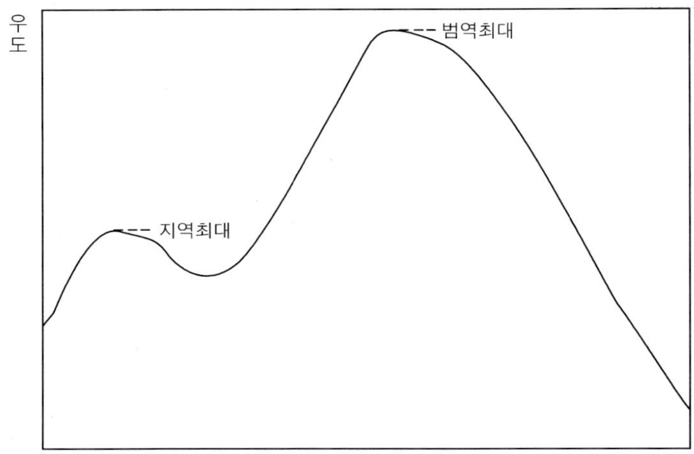

[그림 11-1] 잠재계층모형에 대한 가상적인 우도함수

[그림 11-1] 의 가상적인 우도함수에서 '범역최대 (global maximum)' 는 우도함수의 모든 가능한 영역에서 그 값이 최대가 되는 지점이다. 반면에 지역최대는 특정한 모수 값의 주변에서 함수의 값이 최대라는 뜻이다. 범역최대의 우도함수 값을 산출하는 모수의 값이 최대우도 추정치다. 그런데 모형모수를 추정하기 위한 EM-알고리듬은 순환절차에 의해 수렴되는 모수추정치를 구하는데, 이것은 마치 [그림 11-1] 에 묘사된 우도함수 언덕에서 정상에 도달하기 위하여 암흑 속에서 발로 더듬어 등산하는 것과 같다. 등산의 출발점은 EM-알고리듬의 초기 순환에서 사용

하는 초기값이고, 목표는 정상에 도달하는 것이며, 등산하는 방법은 출발점에서 시작하여 발로 더듬어서 더 높은 지점으로 한 발씩 이동하는 것이다. 만약 실제 우도함수가 [그림 11-1] 에 묘사된 것과 같고, EM—알고리듬에 의한 모수추정 절차의 초기값이 매우 작은 값이었다면, EM—알고리듬은 [그림 11-1] 의 범역최대가 아닌 지역최대에서 수렴한 모수추정치를 산출할 가능성이 있다. 이런 경우에는 그 모수의 초기값을 매우 큰 값으로 바꾸어 다시 추정하면 모수추정치의 값이 달라진다.

EM—알고리듬에 의하여 지역최대에서 수렴한 모수추정치는 최대우도 추정치가 아니다. 따라서 잠재계층분석을 수행하는 연구자는 항상 이 가능성을 염두에 두어야 한다. 이 가능성이 의심될 때는 모수추정치의 초기값을 바꾸어 모수추정을 다시 해 볼 필요가 있다. 재분석에서도 동일한 모수추정치와 우도함수의 값을 얻을 수 있다면 그 모수추정치들을 최대우도 추정치로 간주해도 좋다. 만약 재분석에서 우도함수는 동일하지만 모수추정치의 값이 다르게 구해지는 경우에는 모형의 모수 중에 파악되지 않는 모수가 있기 때문이다. 이 점에 대해서는 다음 부분에서 다시 살펴보고자 한다.

5 제 약

앞서 잠재계층분석은 과파악되는 모형만 다룬다고 하였다. 과파악되는 모형이란 서로 독립적인 근본방정식의 개수가 서로 독립적인 모형모수의 개수보다 많은 모형을 말한다. 또한, 서로 독립적인 근본방정식의 개수는 $(I \times J \times \cdots\cdots \times K) - 1$ 이고, 서로 독립적인 모형모수들의 개수는 $(T-1) + [(I-1)T + (J-1)T + \cdots\cdots + (K-1)T]$ 라는 것도 설명하였다. 서로 독립적인 근본방정식의 개수와 서로 독립적인 모형모수의 개수 차이가 모형의 자유도다.

$$df = (\text{서로 독립적인 근본방정식의 개수}) - (\text{서로 독립적인 모형모수의 개수})$$

잠재계층분석은 과파악되는 모형만 다룬다는 것은 $df > 0$ 인 모형만 다룬다는 의미다. <표 11-2> 의 자료에 대하여 두 개의 잠재계층을 가정하는 모형의 경우, 서로 독립적인 근본방정식의 개수는 $(2 \times 2) - 1 = 3$ 이고, 서로 독립적인 모형모수의 개수는 $(2-1) + [(2-1)2 + (2-1)2] = 5$ 이다. 서로 독립적인 근본방정식의 개수보다 서로 독립적인 모형모수의 개수가 더 많으므로 <표 11-2> 의 자료에 대하여 두 개의 잠재계층을 가정하는 모형은 미파악되는 모형이며, 자유도가 $df < 0$ 인 모형이다. 이와 같이 미파악되거나 혹은 정파악되는 모형의 경우는 모형모수들이 모두 추정될 수 없으므로 잠재계층분석이 불가능하거나 무의미하다. 미파악되거나 혹은 정파악되는 모형을 검증이 가능한 과파악되는 모형으로 수정하는 방법은 모형모수 추정치들에 대하여 연구자가 인위적인 '제약(constraint)' 을 사용하여 서로 독립적인 모형모수의 개수를 줄여 주는 것이다.

모형모수들에 대한 제약에는 두 종류가 있다. 첫째는 특정한 모수추정치의 값을 연구자가 지정하는 것이다. 예를 들어, <표 11-2> 의 자료에 대하여 연구자는 $\hat{\Pi}_1^X = 0.7$ 이라는 제약을 사용할 수 있다. 이것은 곧 첫 번째 잠재계층($t=1$) 의 모집단 비율이 0.7 이라는 연구자의 전제, 가정 혹은 이론을 모형에 구현하는 것이다. 이와 같이 특정한 모수추정치의 값을 연구자가 지정하면 그 모수는 더 이상 추정할 필요가 없는 것이 되므로 서로 독립적인 모형모수의 개수가 줄어들고, 모형의 자유도가 증가한다. 제약의 두 번째 종류는 특정한 모수들의 값들이 서로 동일하다는 조건을 부여하는 것이다. 이 동일성 제약(equality constraint) 이 부여되면 해당 모수 중에 한 개만 추정되면 되므로 역시 서로 독립적인 모형모수의 개수가 줄어들고, 모형의 자유도가 증가한다. 예를 들면, <표 11-2> 의 자료에 대하여 연구자는 $\hat{\Pi}_{11}^{A|X} = \hat{\Pi}_{11}^{B|X}$ 라는 동일성 제약을 사용할 수 있다. 이 동일성 제약은 특정한 잠재계층 $t=1$ 에서 문항 1 에 '예' 반응을 할 확률과 문항 2 에 '예' 반응을 할 확률이 동일하다는 연구자의 전제, 가정, 이론을 모형에 구현하는 것이다. 말하자면 이 동일성 제약은 첫 번째 잠재계층($t=1$) 내에서 두 개의 문항이 동일한 난이도(level of difficulty) 를 가진다는 가정이다.

특정한 모수추정치를 특정한 상수에 고정시키거나 동일성 제약을 사용하는 것은 모형의 자유도를 증가시켜서 과파악되는 모형을 만든다는 의미를 넘어서 잠재계층분석의 유용성을 확대하는 가장 중요한 특성 중의 하나다. 이러한 제약들은 자료에 대한 연구자의 가정과 이론을 모형에 구현하는 것이고, 이와 같은 제약을 가지는 모형을 검증하는 것이 바로 자료에 대하여 정교하게 구성된 연구자의 이론을 검증하는 구체적인 방법이다. 이 제약들을 다양하게 구사하여 검증할 수 있는 흥미로운 이론 모형 중에 몇 가지를 다음 부분에서 자세히 살펴보고자 한다.

Clogg (1981) 의 MLLSA 프로그램을 이용하여 <표 11-1> 의 자료에 대하여 '내향성 계층' 과 '외향성 계층' 의 두 개 잠재계층을 가정하는 모형을 검증하였다. 앞서 살펴본 바와 같이 이 모형은 독립적인 근본방정식의 개수보다 독립적인 모수의 개수가 더 많으므로 몇 가지 모수들의 추정치에 대하여 제약을 부여하지 않으면 모수들의 추정치를 파악할 수 없다. 이를 위하여 모수 중의 하나의 추정치를 상수에 고정하고, 두 가지 동일성 제약을 사용하였다. 연구자는 이론이나 다른 정보에 의하여 모집단에서 외향성 계층이 내향성 계층보다 약 2 배 정도 더 많을 것으로 예상하여, 첫 번째 잠재계층 (내향성 계층) 확률을 $\hat{\Pi}_1^X = 0.335$ 로 고정하였다. 또한, $\hat{\Pi}_{11}^{A|X} = \hat{\Pi}_{11}^{B|X}$ 와 $\hat{\Pi}_{12}^{A|X} = \hat{\Pi}_{12}^{B|X}$ 의 두 가지 동일성 제약을 부여하였는데, 각각의 잠재계층 내에서 두 문항의 난이도가 동일하다는 제약이다. 세 개의 제약에 의하여 모형은 $df = 1$ 인 과파악 모형이 된다. 그 모수추정 결과가 <표 11-4> 에 제시되었다.

〈 **표 11-4** 〉 <표 11-1>의 자료에 대한 두 계층 모형의 모수추정치

잠재계층 확률 모수	조건확률 모수	
	$t=1$	$t=2$
	$\hat{\Pi}_{11}^{A|X} = 0.840$	$\hat{\Pi}_{12}^{A|X} = 0.121$
$\hat{\Pi}_1^X = 0.335$	$\hat{\Pi}_{21}^{A|X} = 0.160$	$\hat{\Pi}_{22}^{A|X} = 0.879$
$\hat{\Pi}_2^X = 0.665$	$\hat{\Pi}_{11}^{B|X} = 0.840$	$\hat{\Pi}_{12}^{B|X} = 0.121$
	$\hat{\Pi}_{21}^{B|X} = 0.160$	$\hat{\Pi}_{22}^{B|X} = 0.879$

<표 11-4> 를 보면 동일성 제약이 부여된 모수들의 값은 동일하게 추정된 것을 알 수 있다. 첫 번째 계층에 속하는 사람이 각 문항에 '예' 반응을 할 조건확률은 0.840 으로 추정되었고, 두 번째 계층에 속하는 사람이 각 문항에 '예' 반응을 할 조건확률은 0.121 로 추정되었다. 즉, 첫 번째 잠재계층에 속하는 사람들은 주로

두 문항에 '예' 반응을 하는 경향을 가지고 있고, 두 번째 잠재계층에 속하는 사람들은 주로 두 문항에 '아니요' 반응을 하는 경향을 가지고 있는 것으로 추정된다. 만약 이론적인 관점에서 내향적인 특성을 가진 사람들이 두 문항에 '예' 라는 반응을 할 것으로 예측되고, 외향적인 특성을 가진 사람들이 두 문항에 '아니요' 라는 반응을 할 것으로 예측된다면, 첫 번째 잠재계층을 '내향성 계층' 으로 해석하고, 두 번째 잠재계층을 '외향성 계층' 으로 해석할 수 있다.

6 모형검증

모형모수들이 추정되면 그 모수추정치들로 기술되는 잠재계층모형이 자료와 얼마나 잘 합치하는지 혹은 자료를 얼마나 잘 설명하는지를 판단할 수 있는데, 이것을 모형검증 (model testing) 혹은 모형과 자료의 합치도 검증이라고 부른다. 모형과 자료의 합치도란 자료가 추정하는 반응패턴 확률 p_{ij} 와 잠재계층모형이 추정하는 반응패턴 확률 $\widehat{\Pi}_{ij}^{AB}$ 사이의 합치도를 말한다. 이 합치도 검증을 위해서는 우도비 카이자승 G^2 과 피어슨 카이자승 χ^2 이 활용된다.

$$G^2 = 2N\sum_{ij}(p_{ij})ln\left(\frac{p_{ij}}{\widehat{\Pi}_{ij}^{AB}}\right) \qquad \chi^2 = N\sum_{ij}\frac{(p_{ij}-\widehat{\Pi}_{ij}^{AB})^2}{\widehat{\Pi}_{ij}^{AB}}$$

카이자승 통계치들을 주의 깊게 살펴보면, 두 가지 특성이 발견된다. 첫째는 자료가 추정하는 반응패턴 확률 p_{ij} 와 잠재계층모형이 추정하는 반응패턴 확률 $\widehat{\Pi}_{ij}^{AB}$ 사이의 차이가 클수록 카이자승 통계치들의 값이 커진다. 따라서 카이자승 통계치들의 값이 클수록 자료와 모형이 합치하지 않으며, 모형이 자료를 설명하지 못한다는 것을 의미한다. 두 번째 특성은 표본의 전체 사례 수 N 이 클수록 카이자승 통계치들은 그 값이 커지는 경향을 가진다. 우도비 카이자승 G^2 과 피어슨 카이자승 χ^2 은 표본의 크기가 클수록 자유도가 다음과 같은 이론적인 카이자승 분포에 근접하는 분포를 가진다.

$df =$ (독립적인 근본방정식의 개수)

$-$ [(독립적인 모수의 개수) $-$ (제약이 부여된 모수의 개수)]

<표 11-1> 의 자료에 대하여 '내향성 계층' 과 '외향성 계층' 의 두 개의 잠재계층을 가정하고, $\widehat{\Pi}_1^X = 0.335$, $\widehat{\Pi}_{11}^{A|X} = \widehat{\Pi}_{11}^{B|X}$, $\widehat{\Pi}_{12}^{A|X} = \widehat{\Pi}_{12}^{B|X}$ 의 세 가지 제약을 부여한 모형의 우도비 카이자승 G^2 과 피어슨 카이자승 χ^2 이 $df = 1$ 인 이론적인 카이자승분포에서 임계치보다 크면, 모형이 기각된다. 자유도가 $df = 1$ 인 이론적인 카이자승분포에서 $\alpha = 0.05$ 수준의 임계치는 3.841 이다. 그런데 모형에서 산출된 카이자승 통계치들은 모두 거의 0 으로 산출되었다. 결론적으로 ① 잠재계층이 두 개고, ② 모집단에서 외향성 계층이 내향성 계층보다 약 2 배 정도 더 많을 것으로 예상하며, ③ 각각의 잠재계층 내에서 두 문항의 난이도가 동일하다고 가정하는 모형은 <표 11-1> 의 반응패턴 자료를 거의 완벽하게 설명한다고 판단된다.

7 사후확률과 사례할당

모형모수들의 추정치가 구해지면, 그 추정치들을 이용하여 표본의 사례들이 각 잠재계층에 속할 사후확률 $\widehat{\Pi}_{tij}^{X|AB}$ 를 산출하고, 표본 사례들을 사후확률이 가장 높은 잠재계층에 할당한다. 어떤 한 사례가 관찰변인 A 에 i 반응을 하고, 관찰변인 B 에 j 반응을 하였다는 조건하에 그 사례가 잠재계층 t 에 속할 사후확률 $\widehat{\Pi}_{tij}^{X|AB}$ 는 제 1 장에서 설명한 베이즈 공리 (Bayes's theorem) 에 의해서 다음의 <수식 11-6> 과 같이 정의된다.

$$\widehat{\Pi}_{tij}^{X|AB} = \frac{\widehat{\Pi}_{ijt}^{AB|X}\widehat{\Pi}_t^X}{\widehat{\Pi}_{ijt}^{AB|X}\widehat{\Pi}_t^X + \widehat{\Pi}_{ij\bar{t}}^{AB|X}\widehat{\Pi}_{\bar{t}}^X} \qquad \text{<수식 11-6>}$$

<수식 11-6> 은 제 1 장에서 설명된 베이즈 공리다. 아래첨자 $\bar{t}$ 는 t 가 아닌 잠재계층을 의미한다. 예를 들어, 잠재계층의 수가 두 개고, 그것이 내향성 계

층과 외향성 계층일 때 t가 내향성 계층이라면, $\bar{t}$ 는 외향성 계층이다. 그런데 <수식 11-3> 에서 살펴본 바와 같이 잠재계층모형은 변인 A 와 변인 B 가 특정한 잠재계층 t 에서 지역독립성을 가진다고 가정하는데, 지역독립성 가정은 $\Pi^{AB|X}_{ijt} = \Pi^{A|X}_{it}\Pi^{B|X}_{jt}$ 의 관계를 의미한다. 따라서 이 지역독립성 가정을 <수식 11-6> 의 베이즈 공리에 적용하면 사후확률 $\hat{\Pi}^{X|AB}_{tij}$ 는 다음의 <수식 11-7> 과 같이 정의된다.

$$\hat{\Pi}^{X|AB}_{tij} = \frac{\hat{\Pi}^{A|X}_{it}\hat{\Pi}^{B|X}_{jt}\hat{\Pi}^{X}_{t}}{\hat{\Pi}^{A|X}_{it}\hat{\Pi}^{B|X}_{jt}\hat{\Pi}^{X}_{t} + \hat{\Pi}^{A|X}_{i\bar{t}}\hat{\Pi}^{B|X}_{j\bar{t}}\hat{\Pi}^{X}_{\bar{t}}} \qquad \text{<수식 11-7>}$$

<수식 11-7> 의 분모는 다름 아닌 잠재계층모형의 근본방정식, 즉 <수식 11-4> 의 $\hat{\Pi}^{AB}_{ij}$ 이다. 따라서 표본의 사례들이 각 잠재계층에 속할 사후확률 $\hat{\Pi}^{X|AB}_{tij}$ 는 다음의 <수식 11-8> 로 기술할 수도 있다.

$$\hat{\Pi}^{X|AB}_{tij} = \frac{\hat{\Pi}^{A|X}_{it}\hat{\Pi}^{B|X}_{jt}\hat{\Pi}^{X}_{t}}{\hat{\Pi}^{AB}_{ij}} \qquad \text{<수식 11-8>}$$

<수식 11-7> 혹은 <수식 11-8> 이 어떤 한 사례가 관찰변인 A 에 i 반응을 하고, 관찰변인 B 에 j 반응을 하였다는 조건하에 그 사례가 잠재계층 t 에 속할 사후확률이다. 예를 들어, <표 11-1> 의 자료에 대한 잠재계층분석에서 모형모수들이 <표 11-4> 와 같이 추정되었다. 따라서 문항 1 에는 '예' 반응 ($i = 1$) 을 하고, 문항 2 에는 '아니요' 반응 ($j = 2$) 을 한 사례들이 '내향성 계층' ($t = 1$) 에 속할 사후확률은 다음과 같다.

$$\hat{\Pi}^{X|AB}_{112} = \frac{\hat{\Pi}^{A|X}_{11}\hat{\Pi}^{B|X}_{21}\hat{\Pi}^{X}_{1}}{\hat{\Pi}^{AB}_{12}} = \frac{(0.840)(0.160)(0.335)}{0.116} = 0.388$$

이와 같이 관찰변인들에서 특정한 반응패턴 ij 를 보인 사례들이 각 잠재계층에 속할 사후확률을 구하고, 그 반응패턴을 보인 표본사례들을 사후확률이 가장 높은 잠재계층에 할당한다. <표 11-5> 는 <표 11-4> 의 모수추정치들을 이용하여 <표 11-1> 의 표본사례들을 내향성 잠재계층과 외향성 잠재계층으로 할당한 결과다.

〈 **표 11-5** 〉 <표 11-1> 의 자료에 대한 두 계층 모형의 모수추정치들을 이용하여 표본사례들을 잠재계층에 할당한 결과

반응패턴	관찰빈도	예측빈도	사후확률		할당계층	오류할당
			$t=1$	$t=2$		
11	246	246.03	$\widehat{\Pi}_{111}^{X\|AB}=0.960$	$\widehat{\Pi}_{211}^{X\|AB}=0.040$	$t=1$	9.84
12	116	116.00	$\widehat{\Pi}_{112}^{X\|AB}=0.388$	$\widehat{\Pi}_{212}^{X\|AB}=0.612$	$t=2$	45.01
21	116	116.00	$\widehat{\Pi}_{121}^{X\|AB}=0.388$	$\widehat{\Pi}_{221}^{X\|AB}=0.612$	$t=2$	45.01
22	522	521.92	$\widehat{\Pi}_{122}^{X\|AB}=0.016$	$\widehat{\Pi}_{222}^{X\|AB}=0.984$	$t=2$	8.35

<표 11-5> 를 보면 문항 1 에는 '예' 반응 ($i=1$) 을 하고, 문항 2 에는 '아니요' 반응 ($j=2$) 을 한 사례들은 첫 번째 잠재계층에 속할 사후확률이 0.388 이고, 두 번째 잠재계층에 속할 사후확률이 0.612 로 추정되었다. 두 문항에 '12' 의 반응패턴을 보인 116 명의 사례들에서는 두 번째 잠재계층에 속할 사후확률이 가장 높으므로 이 116 명의 사례들은 모두 두 번째 잠재계층에 할당된다. 그런데 이때 116 명 중 38.8 % 는 첫 번째 잠재계층에 속하는 사례들일 것으로 예상된다. 따라서 두 문항에 '12' 의 반응패턴을 보인 116 명의 사례들은 모두 두 번째 잠재계층에 할당하는 경우에 잘못 할당되는 사례의 수 '오류할당' 은 $116 \times 0.388 = 45.01$ 명일 것으로 예상된다. 이 오류할당을 모든 반응패턴의 경우에서 추정하고, 그것을 모두 합산하면 $9.84 + 45.01 + 45.01 + 8.35 = 108.21$ 이다. 따라서 연구자가 설정한 잠재계층모형에 따라 표본사례들을 이론적인 잠재계층에 할당하면 잘못 할당되는 비율이 0.11 이고 '정확히 할당되는 비율 (percent correctly allocated)' 이 $891.79 / 1000 = 0.89$ 이다.

오류할당의 사례 수는 잠재계층모형의 정확성 혹은 합치도를 나타내는 정보로 사용할 수 있다. <표 11-4> 를 보면, 두 개의 잠재계층을 가정하는 잠재계층분석

에 의하여 전체 1,000 명의 표본사례들이 첫 번째 잠재계층에 335 명, 그리고 두 번째 잠재계층에 665 명으로 나뉘는 것으로 추정되었다 (여기에서 추정된 모형에서는 연구자에 의해 잠재계층확률이 $\widehat{\Pi}_1^X = 0.335$ 로 고정되었으나, 이 고정에 의해 정의된 모형이 기각되지 않으므로 잠재계층확률 혹은 빈도는 모형에 의해 추정된 것이다). 그런데 잠재계층분석을 수행하지 않았다면 표본사례들이 잠재적인 계층들로 구분되지 않고, 모두 확률이 더 큰 하나의 계층으로 간주될 것이다. 잠재계층 중에서 확률이 가장 큰 계층을 '최빈잠재계층 (modal latent class)' 이라고 부른다. 모든 사례가 최빈잠재계층으로 간주되는 것은 곧 잠재계층이 존재하지 않는다는 가정과 같다. 모든 사례가 최빈잠재계층으로 간주되는 모형 혹은 잠재계층이 존재하지 않는다고 가정되는 모형을 '빈모형 (null model)' 이라고 부른다.

연구자가 검증한 잠재계층모형이 옳은 모형이라는 관점에서 보면, 확률이 작은 계층에 속한 사례들을 모두 최빈잠재계층에 할당하는 것은 오류할당이다. 이 오류할당빈도를 E_n 이라고 표기하자. 이것은 빈모형 (null model) 에서 오류할당 (allocation error) 빈도라는 의미다. <표 11-4> 에 의하면 첫 번째 잠재계층의 확률 추정치가 $\widehat{\Pi}_1^X = 0.335$ 이므로 빈모형의 오류할당빈도는 $E_n = 0.335 \times 1{,}000 = 335$ 이다. 그런데 연구자가 검증한 잠재계층모형의 오류할당빈도는 앞에서 108.21 로 추정되었다. 연구자 모형의 오류할당빈도를 E_m 이라고 표기하면, E_n 과 E_m 을 이용하여 다음과 같은 지수를 산출할 수 있다.

$$\lambda = \frac{E_n - E_m}{E_n}$$

앞의 λ (람다) 는 빈모형에 비해서 연구자의 잠재계층모형에서 할당오류가 줄어드는 정도를 상대적으로 지수화한 것이다. 따라서 λ 가 클수록 수행된 잠재계층분석에 의해 사례들의 잠재적 계층을 추정하는 것이 유용하다는 것을 의미한다. <표 11-4> 의 모형에 대해서는 $\lambda = (335 - 108.21) / 335 = 0.68$ 이다. 즉, 잠재계층분석을 수행하지 않은 경우에 비해서 특정한 모형을 가정한 잠재계층분석을 수행하여 사례들의 잠재계층을 파악하였더니 잠재계층 파악의 오류가 68 % 감소하였다는 것을 의미한다.

λ 는 수행된 잠재계층분석에 의해 사례들의 잠재계층을 파악하는 것의 정확성을 가늠하는 지수이기는 하지만, 피어슨 카이자승 통계치 (χ^2) 나 우도비 카이자승 통계치 (G^2) 와 같이 도형과 자료의 합치도를 나타내는 지수는 아니다. 카이자승 통계치들에 의하여 기각되는 모형에서도 매우 높은 λ 가 산출될 수 있다. 따라서 일차적으로 카이자승 통계치들에 의하여 합치도가 우수하다고 판단되는 모형에 한해서 λ 의 의미가 해석되는 것이 바람직하다는 점을 염두에 두어야 한다.

8 모형 구성방법

잠재계층분석은 범주변인들의 잠재적 요인구조를 모형화하고, 자료를 이용하여 그 모형을 검증하는 모형검증기법으로 많이 활용된다. 여기에서는 몇 가지 중요한 잠재계층모형을 설정하는 방법을 설명하고자 한다. 여기에서 설명하는 모형 설정의 기본적인 논리적 구조를 응용하면 매우 다양한 모형을 설정하고, 검증할 수 있다. 모형 설정의 논리적 구조를 일관되게 설명하기 위하여 예로 사용할 자료에 대하여 우선 살펴보기로 하자.

남지숙 (2003) 은 사이버네틱스 (cybernetics) 원리에 기초하여 눈과 손의 협응행동에 관여하는 지각능력, 인지능력, 평가능력, 그리고 운동능력을 측정하기 위한 지필용 검사 (Eye-Hand Coordination Test: EHCT) 를 개발하였다. EHCT 는 두 유형의 문항으로 구성되었는데, '선 그리기' 로 명명된 첫 번째 문항 유형은 위치 평가에 기초한 손동작의 정확성을 측정하는 문항이고, '궤적 그리기' 로 명명된 두 번째 문항 유형은 각도 평가에 기초한 손동작의 정확성을 측정하는 문항이다. 선 그리기 문항의 경우에는 검은 점 (•) 들로 이루어졌거나, 점선 (…) 으로 이루어진 사각형 망 (grid) 의 형태를 가진 판과 그 판 위에 그려진 추상적 도형이 제시된다. 문제에 제시된 사각형 판이 검은 점들로 이루어진 판이면, 답안지에는 점선으로 이루어진 사각형 판이 제시되고, 반대로 문제에 제시된 사각형 판이 점선으로 이루어진 판이면, 답안지에는 검은 점들로 이루어진 사각형 판이 제시된다. 선 그리기 문항의 과제는 문제에 제시된 추상적 도형을 답안지에 정확하게 모사하는 것이다. 궤적 그리기 문항의 경우에는 정해진 목표지점 (⊙ 표시) 에 도달할 때까지의 공의 예상되는 진행 경로를 세 가지 규칙을 준수하면서 그리는 것이다. 궤적 그리기 문항의 세 가지 규칙은 ● 로 표시되어 있는 공이 벽에 부딪혀서 굴절할 때는 반드시 직각 (90°) 으로 굴절되고, 공은 언제나 일직선으로만 진행하며, 왔던 길을 되돌아갈 수 없다는 것이다. 선 그리기 문항의 특징은 시각적으로 제시된 정답 도형을 정확한 위치에 모사하는 것이고, 궤적 그리기 문항의 특징은 피검자가 시각적으로 제시되지 않는 운동궤적을 스스로 유추하여 정확히 작도해야 한다는 것이다. 선 그리기 문항 중에서 두 개와 궤적 그리기 문항 중에서 두 개가 [그림 11-2]에 제시되었다.

눈-손 협응능력검사의 각 문항에 대한 피검자의 반응으로 15 개의 점수가 산출된다. 그러나 여기에서는 한 가지 점수에 대한 자료만 예로 활용하고자 한다. '겹침' 이라고 부르는 이 점수는 투명한 도면에 그려진 정답 도형을 피검자의 반응

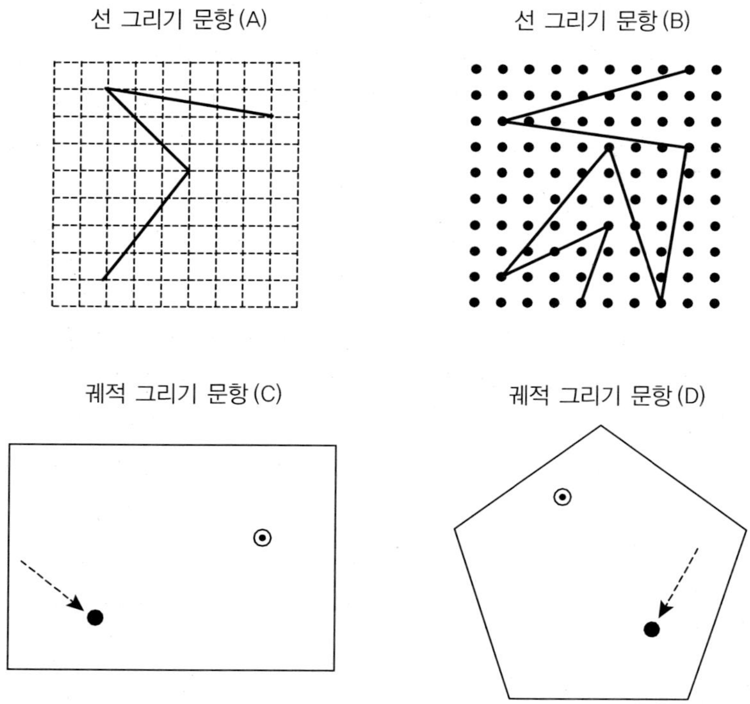

[그림 11-2] 눈-손 협응능력검사의 문항 유형

도형에 포개 놓았을 때, 정답 도형의 선과 반응 도형의 선이 겹쳐지는 부분의 픽셀 (pixel) 비율을 컴퓨터로 산출한 것이다. 피검자가 정확한 직선을 이용하여 정확한 위치에 도형을 그렸다면, 그 문항에 대한 겹침 점수는 1 이 되고, 반응도형의 선이 직선이 아니거나 위치가 틀렸을 때는 1 보다 작은 겹침 점수가 산출된다.

눈-손 협응능력검사에는 선 그리기 문항과 궤적 그리기 문항이 각각 12 개씩 포함되어 있지만, 여기에서 분석되는 자료는 [그림 11-2] 의 4 개 문항 (A, B, C, D) 에 대한 310 명의 피검자 자료다. 이 피검자 중 남자는 148 명이고, 여자는 162 명이다. 연령은 7 세부터 53 세까지 분포하며, 평균은 20.18 세이고, 표준편차는 8.92 세다. 또한, 310 명의 피검사자 중에서 148 명은 정신장애, 지체장애, 시각장애 등의 장애를 가진 피검자들이었고, 나머지 162 명은 아무런 장애가 없는 피검자들이었다. 이 표본에서 문항 A 의 겹침 점수 평균은 0.36 (표준편차 = 0.32) 이고, 문항 B 의 겹침 점수 평균은 0.37 (표준편차 = 0.31) 이고, 문항 C 의 겹침 점수 평균은 0.36 (표준편차 = 0.26) 이며, 문항 D 의 겹침 점수 평균은 0.28 (표준편차 = 0.19) 이다. 따라서 4 문항 중에서 문항 D 가 가장 어려운 문항인 것으로 판단되지만 4 문항의 난이도는 큰 차이를 보이지 않는다. 문항 A, B, C, D 의 평균의 평균은 0.34 이다.

잠재계층분석은 관찰변인들이 범주변인인 것으로 가정하므로 문항 A, B, C, D 에 대한 겹침 점수들을 문항 평균의 평균인 0.34 를 기준으로 이분화하였다. 즉, 각 문항에서 피검자의 겹침 점수가 0.34 보다 낮은 피검자는 그 문항에 대한 반응이 '0' 인 것으로 간주되었고, 겹침 점수가 0.34 보다 높은 피검자는 그 문항에 대한 반응이 '1' 인 것으로 간주되었다. 따라서 0 반응은 '저조한 수행' 으로, 1 반응은 '양호한 수행' 으로, 질적인 혹은 범주적인 해석을 할 수 있다. 이분화된 네 개의 변인에서 나타날 수 있는 반응패턴의 개수는 $2^4 = 16$ 개다. 전체 310 명의 피검자 중에서 각 반응패턴을 보인 피검자의 관찰빈도는 다음과 같다.

0000 = 62, 1000 = 22, 0100 = 16, 1100 = 16, 0010 = 32, 1010 = 14,
0110 = 32, 1110 = 32, 0001 = 8, 1001 = 4, 0101 = 6, 1101 = 10,
0011 = 18, 1011 = 2, 0111 = 16, 1111 = 20

1 독립성모형

독립성모형 (independence model) 은 잠재계층이 하나라고 가정되는 모형 ($T = 1$) 이다. 모든 사례가 하나의 계층을 구성한다는 것은 곧 관찰변인들 사이의 지역독립성이 이미 자료에서 존재한다고 가정하는 것과 같다. [그림 11-2] 의 문항 A, B, C, D 자료에 대하여 독립성모형을 적용하면 $\Pi_1^X = 1$ 이므로 <수식 11-4> 의 근본방정식은 <수식 11-9> 와 같이 기술된다.

$$\Pi_{ijkl}^{ABCD} = \Pi_i^A \Pi_j^B \Pi_k^C \Pi_l^D \qquad \text{<수식 11-9>}$$

즉, 이분화된 문항 A, B, C, D 에 대한 반응이 모두 서로 독립적일 때는 이 문항에 대하여 i, j, k, l 의 연쇄반응을 할 결합확률 (Π_{ijkl}^{ABCD}) 은 A 에 i 반응을 할 확률 (Π_i^A) , B 에 j 반응을 할 확률 (Π_j^B) , C 에 k 반응을 할 확률 (Π_k^C) , D 에 l 반응을 할 확률 (Π_l^D) 들의 곱이다. [그림 11-2] 의 문항들에 대한 자료에서는 반응패턴의 개수가 16 개이므로 독립적인 근본방정식의 개수는 $16 - 1 = 15$ 이다. 반면 <수식 11-9> 의 독립성모형에서 독립적인 모수의 개수는 $(I-1) + (J-1) + (K-1) + (L-1) = 1+1+1+1 = 4$ 이다. 모형모수들에 대한 추가적인 '제약' 이 부여되지 않았으므로, 눈-손 협응능력검사 문항 자료에 대한 독립성모형의 자유도는 $df = 15 - 4 = 11$ 이다. Clogg (1981) 의 MLLSA 프로그램을 이용한 모수추정치들의 값은 다음과 같다.

$$\hat{\Pi}_1^A = 0.613, \quad \hat{\Pi}_2^A = 0.387, \quad \hat{\Pi}_1^B = 0.523, \quad \hat{\Pi}_2^B = 0.477,$$

$$\hat{\Pi}_1^C = 0.465, \quad \hat{\Pi}_2^C = 0.536, \quad \hat{\Pi}_1^D = 0.729, \quad \hat{\Pi}_2^D = 0.271.$$

예를 들어, 피검자들이 문항 A 에 '저조한 수행' ('0' 반응) 을 보일 확률 ($\hat{\Pi}_1^A$) 은 0.613 으로 추정되었는데, 이 확률은 실제 표본자료에서 문항 A 에 0 반응을 한 피검자의 비율과 같다. 왜냐하면 <수식 11-9> 의 독립성모형은 로그선형모형으로 표기하였을 때 모형 [A] [B] [C] [D] 와 동일한 모형이다. 따라서 독립성모형의 경우에는 각 관찰변인의 외곽빈도들이 충분치 (sufficient statistics) 다. 즉, 독립성모형에서는 모든 모수추정치들이 충분치들이다.

모수추정치들을 〈수식 11-9〉 에 대입하면 각 반응패턴의 예측된 확률 $\hat{\Pi}_{ijkl}^{ABCD}$ 이 추정되고, 이 예측확률 추정치에 표본의 전체 사례 수 310 을 곱해 주면 독립성모형이 예측하는 반응패턴 빈도가 된다. 예를 들어, 표본에서 1010 의 반응패턴을 보인 피검자는 14 명이었는데, 〈수식 11-9〉 의 독립성모형은 피검자들이 1010 의 반응패턴을 보일 확률을 $\hat{\Pi}_{2121}^{ABCD} = \hat{\Pi}_2^A \hat{\Pi}_1^B \hat{\Pi}_2^C \hat{\Pi}_1^D = (0.387)(0.523)(0.536)(0.729) = 0.079$ 로 추정한다. 따라서 독립성모형에 의하면 310 명의 피검자 중에서 1010 의 반응패턴을 보일 피검자의 예측빈도는 $N\hat{\Pi}_{2121}^{ABCD} = (310)(0.079) = 24.52$ 명이다. 같은 방식으로 16 개의 모든 반응패턴에 대하여 독립성모형에 기초한 예측빈도가 추정되면, 반응패턴들의 관찰빈도와 예측빈도를 이용하여 독립성모형의 피어슨 카이자승 통계치 χ^2 과 우도비 카이자승 통계치 G^2 이 다음과 같이 산출될 수 있다.

$$\chi^2 = 72.43, \quad G^2 = 68.48.$$

이 통계치들은 $df = 11$ 과 $\alpha = 0.05$ 수준에서 유의미하므로 독립성모형은 기각된다.

② 일요인모형

앞에서 독립성모형이 기각되었으므로 문항 A, B, C, D 에 대한 이분반응들은 서로 관계 (relationship) 혹은 연관 (association) 을 가지는 것으로 판단된다. 요인모형은 그 관계 혹은 연관을 설명하기 위한 모형이다. 협응능력을 측정하기 위한 네 개의 문항에 대한 반응이 서로 연관을 가지는 이유는 그 문항에 대한 반응이 공통의 원인 (common cause) 에 의해 결정되기 때문인데, 가장 가능성이 높은 공통원인은 눈-손 협응능력이다. 그런데 협응능력이 경험, 훈련, 노력 등에 의하여 점차로 향상될 수 있는 능력이라면 그 능력의 수준이 사람들 사이에서 균일하게 분포하는 것이 아니라, 대부분의 사람은 중간 정도의 눈-손 협응능력을 보유하는 반면, 비교적 소수의 사람이 상대적으로 낮은 능력을 가지고 있고, 또한 비교적 소수의 사람이 상대적으로 높은 협응능력을 가진 것으로 가정할 수 있다. 즉, 협응능력이 소위 계발 저난도 능력에 속한다면 잠재요인으로서 협응능력은 최소한 세 개의 계층으로 구성된 요인일 것으로 예상된다. 반면에 협응능력이 경험, 훈련, 노력 등에 의하여 점차로 향상되기 어려운 능력이라면 본래적으로 능력이 우수한 사람과 그렇지 않은 사람이 있고, 과도기에 해당하는 중간계층이 거의 존재하지 않을 것으로 가정할 수 있다. 즉, 협응능력이 소위 계발 고난도 능력에 속한다면, 잠재요인으로서 협응능력은 두 개의 계층으로 구성된 요인일 것으로 예상된다.

잠재적인 공통요인인 협응능력의 분포에 대하여 이러한 가정이 가능하다면, 세 개의 잠재계층 ($T=3$) 으로 구성된 한 개의 요인 (X) 을 가정한 '일요인 3 계층모형' 과 두 개의 잠재계층 ($T=2$) 으로 구성된 한 개의 요인 (X) 을 가정한 '일요인 2 계층모형' 을 위계적으로 검증하여 눈－손 협응능력이 계발 저난도 능력인지, 아니면 계발 고난도 능력인지에 대한 단서를 모색할 수 있다. 이 모형들을 위한 근본방정식은 <수식 11-10> 과 같다.

$$\Pi_{ijkl}^{ABCD} = \sum_{t=1}^{T} \Pi_{t}^{X} \Pi_{it}^{\bar{A}|X} \Pi_{jt}^{B|X} \Pi_{kt}^{C|X} \Pi_{lt}^{D|X} \qquad \text{<수식 11-10>}$$

문항 A, B, C, D 에 대한 자료에서는 반응패턴의 개수가 16 개이므로 독립적인 근본방정식의 개수는 16 － 1 ＝ 15 이다. 반면 일요인 3 계층모형에서 독립적인 모수의 개수는 $(T-1) + T[(I-1) + (J-1) + (K-1) + (L-1)] = 2+3(1+1+1+1) = 14$ 고, 일요인 2 계층모형에서 독립적인 모수의 개수는 $1+2(1+1+1+1) = 9$ 이다. 모형모수들에 대한 추가적인 '제약' 이 부여되지 않았으므로, 눈－손 협응능력검사 문항 자료에 대한 일요인 3 계층모형의 자유도는 $df = 15 - 14 = 1$ 이고, 일요인 2 계층모형의 자유도는 $df = 15 - 9 = 6$ 이다. 두 가지 모형에 대하여 Clogg (1981) 의 MLLSA 프로그램을 이용한 모수추정치 값은 <표 11-6> 과 같다.

<표 11-6> 의 3 계층모형에서 산출된 피어슨 카이자승 통계치 (3.59) 와 우도비 카이자승 통계치 (3.72) 는 모두 $df = 1$ 과 $\alpha = 0.05$ 수준에서 유의미하지 않다. 따라서 일요인 3 계층모형은 문항 A, B, C, D 에 대한 310 명의 반응 자료를 잘 설명하는 모형인 것으로 판단된다. 그럼에도 불구하고, 3 계층모형의 조건확률 모수추정치들은 잠재계층의 해석을 위하여 일관되지 않은 양상을 보인다. 예를 들어, 가장 어려운 문항 D 에 대하여 '양호한 수행' ($l=2$) 을 할 조건확률 추정치들은 첫 번째 잠재계층에서 가장 낮고 (0.086), 두 번째와 세 번째 잠재계층에서 점차로

〈표 11-6〉 눈-손 협응능력검사 문항 자료에 대한 일요인 3 계층모형과 일요인 2 계층모형의 모수추정치

모형	잠재계층 확률 모수	조건확률 모수 $t=1$	$t=2$	$t=3$	모형합치도
3 계층모형	$\hat{\Pi}_1^X = 0.366$	$\hat{\Pi}_{11}^{A\|X} = 0.708$	$\hat{\Pi}_{12}^{A\|X} = 0.795$	$\hat{\Pi}_{13}^{A\|X} = 0.036$	$\chi^2 = 3.59$
	$\hat{\Pi}_2^X = 0.435$	$\hat{\Pi}_{21}^{A\|X} = 0.292$	$\hat{\Pi}_{22}^{A\|X} = 0.205$	$\hat{\Pi}_{23}^{A\|X} = 0.964$	$G^2 = 3.72$
	$\hat{\Pi}_3^X = 0.198$	$\hat{\Pi}_{11}^{B\|X} = 0.885$	$\hat{\Pi}_{12}^{B\|X} = 0.456$	$\hat{\Pi}_{13}^{B\|X} = 0.000$	$\lambda = 0.64$
		$\hat{\Pi}_{21}^{B\|X} = 0.115$	$\hat{\Pi}_{22}^{B\|X} = 0.544$	$\hat{\Pi}_{23}^{B\|X} = 1.000$	$df = 1$
		$\hat{\Pi}_{11}^{C\|X} = 0.814$	$\hat{\Pi}_{12}^{C\|X} = 0.232$	$\hat{\Pi}_{13}^{C\|X} = 0.330$	
		$\hat{\Pi}_{21}^{C\|X} = 0.186$	$\hat{\Pi}_{22}^{C\|X} = 0.768$	$\hat{\Pi}_{23}^{C\|X} = 0.670$	
		$\hat{\Pi}_{11}^{D\|X} = 0.914$	$\hat{\Pi}_{12}^{D\|X} = 0.636$	$\hat{\Pi}_{13}^{D\|X} = 0.592$	
		$\hat{\Pi}_{21}^{D\|X} = 0.086$	$\hat{\Pi}_{22}^{D\|X} = 0.364$	$\hat{\Pi}_{23}^{D\|X} = 0.408$	
2 계층모형	$\hat{\Pi}_1^X = 0.553$	$\hat{\Pi}_{11}^{A\|X} = 0.743$	$\hat{\Pi}_{12}^{A\|X} = 0.452$		$\chi^2 = 13.53$
	$\hat{\Pi}_2^X = 0.447$	$\hat{\Pi}_{21}^{A\|X} = 0.257$	$\hat{\Pi}_{22}^{A\|X} = 0.548$		$G^2 = 12.67$
		$\hat{\Pi}_{11}^{B\|X} = 0.937$	$\hat{\Pi}_{12}^{B\|X} = 0.009$		$\lambda = 0.91$
		$\hat{\Pi}_{21}^{B\|X} = 0.063$	$\hat{\Pi}_{22}^{B\|X} = 0.991$		$df = 6$
		$\hat{\Pi}_{11}^{C\|X} = 0.594$	$\hat{\Pi}_{12}^{C\|X} = 0.304$		
		$\hat{\Pi}_{21}^{C\|X} = 0.406$	$\hat{\Pi}_{22}^{C\|X} = 0.696$		
		$\hat{\Pi}_{11}^{D\|X} = 0.805$	$\hat{\Pi}_{12}^{D\|X} = 0.635$		
		$\hat{\Pi}_{21}^{D\|X} = 0.195$	$\hat{\Pi}_{22}^{D\|X} = 0.365$		

증가하는 추세를 보이고 있다 (0.364 와 0.408). 따라서 문항 D 의 조건확률 추정치들에 의하면 첫 번째 잠재계층 ($t=1$) 은 '낮은 능력 계층' 이고, 두 번째 잠재계층 ($t=2$) 은 '중간 능력 계층' 이며, 세 번째 잠재계층 ($t=3$) 은 '높은 능력 계층' 인 것으로 해석된다. 그러나 문항 A 의 조건확률 추정치들로 잠재계층을 해석하면 두 번째 잠재계층 ($t=2$) 이 '낮은 능력 계층' 인 것으로 해석되고, 문항 C 의 조건확률 추정치들로 잠재계층을 해석하면 두 번째 잠재계층 ($t=2$) 이 '높은 능력 계층' 인 것으로 해석된다.

모형합치도가 우수하면서도 조건확률 추정치들에 의한 잠재계층의 해석이 일관되지 않은 이유에 대한 한 가지 단서가 <표 11-6> 에서 발견된다. 일요인 3 계층모형에서 세 번째 잠재계층에 속하는 피검자가 문항 B 에 '양호한 수행' ($j = 2$) 을 할 조건확률이 $\hat{\Pi}_{23}^{B|X} = 1.00$ 으로 추정되었다. 이 조건확률 추정치는 실제로는 최대우도 추정치가 아니다. EM-알고리듬에 의하여 순환적으로 모수추정을 해 가는 과정 중 M-단계의 한 시점에서 그 모수의 값이 0 혹은 1 이 되면, 이후의 순환과정에서는 그 모수의 값이 더 이상 추정되지 않고 고정되어 버린다. 이때의 우도를 '치사(致死) 최대 (terminal maximum)' 라고 부른다. 이때에는 만약 0 보다 작거나 1 보다 큰 모수추정치가 허용된다면 우도를 더 증가시키는 모수추정치를 찾을 수 있다. 그러나 잠재계층모형의 모든 모수는 확률지수고 0 보다 작거나 1 보다 큰 모수추정치가 허용되지 않으므로 우도를 더 증가시키는 모수추정치가 존재함에도 불구하고 모수추정이 중단된다. 말하자면 연구자의 의도와는 상관없이 EM-알고리듬의 특수성 때문에 특정한 모수추정치가 0 혹은 1 로 고정되어 버리는 것이다. 이런 경우에 MLLSA 프로그램은 독립적인 모수의 개수가 고정된 모수추정치의 개수만큼 감소하고, 모형 자유도 또한 그만큼 증가하는 것으로 간주한다. 중요한 것은 우도가 치사최대가 되는 값에서 특정한 모수추정치가 고정되면 그 이후의 순환과정에서 다른 모수들의 추정치들도 영향을 받게 된다는 것이다. 즉, <표 11-6> 에 제시된 3 계층모형의 모든 추정치는 세 번째 잠재계층이 문항들 사이의 연관을 설명하는 '잠재적' 계층이 아니라 문항 B 에 '양호한 반응' 을 하는 피검자들이라는 가정하에 산출된 것들이다. 일요인 3 계층모형에서 나타난 이러한 결과는 실제 잠재계층이 세 개가 아니라 그보다 적을 가능성을 암시한다.

<표 11-6> 에 제시된 일요인 2 계층모형의 결과를 보면, 피어슨 카이자승 통계치 (13.53) 와 우도비 카이자승 통계치 (12.67) 는 모두 $df = 6$ 과 $\alpha = 0.10$ 수준에서 유의미하지 않다. 비록, 2 계층모형이 $\alpha = 0.05$ 수준에서는 가까스로 기각되지만 (이 점에 대해서는 잠시 후 그 이유가 설명될 것이다), 중요한 것은 3 계층모형의 합치도와 비교된 상대적 합치도라는 것이다. 두 모형에서 각각 산출된 우도비 카이자승 통계치의 차이는 또 하나의 우도비 카이자승이며, 이 차이 카이자승의 자유도는 두 모형의 자유도 차이와 같다. 두 모형에서 각각 산출된 우도비 카이자승 통계치의 차이는 $G_D^2 = 12.67 - 3.72 = 8.95$ 이고, 자유도 차이는 $df_D = 6 - 1 = 5$ 이

다. 카이자승 8.95 는 $df = 5$ 와 $\alpha = 0.05$ 수준에서 유의미하지 않다. 즉, 2 계층모형의 합치도에 비하여 3 계층모형의 합치도가 통계적으로 의미 있는 우월성을 가지지 않는다는 것이다. 따라서 문항 A, B, C, D 에 대한 피검자의 반응을 설명하는 요인모형인 두 가지 모형 중에 상대적으로 더 간단한 (모수의 개수가 더 적은) 모형인 2 계층모형이 더 선호된다. 특히, 사후확률에 의하여 사례들의 잠재적 계층을 추정하기 위해 적용된 모형의 유용성을 나타내는 λ 를 비교해 보면 (0.64 와 0.91), 3 계층모형에 비하여 2 계층모형의 유용성이 월등히 우월하다는 것을 알 수 있다. 결론적으로 문항 A, B, C, D 에 의해 측정되는 협응능력이 경험, 훈련, 노력 등에 의하여 점차로 향상될 수 있는 계발 저난도 능력이라는 관점보다는 능력이 높은 사람과 낮은 사람이 이분화된 계발 고난도 능력이라는 관점이 협응능력을 이해하기 위한 보다 간단하면서도 경험적인 자료와 부합하는 관점이라고 판단된다. 물론 이 결론은 여기어서 분석된 특정한 자료에 기초한 잠정적인 것이며, 일반화를 위해서는 반복적인 연구들에 의해 재검증되어야 한다는 점을 간과해서는 안 된다.

여기에서 검증된 일요인 2 계층모형은 협응능력의 관찰된 측정치 (문항 A, B, C, D 에 대한 피검자들의 반응) 를 협응능력의 이론적 잠재요인 혹은 '구인 (construct)' 으로 설명하는 요인모형인 바, 하나의 '측정모형 (measurement model)' 이다. 따라서 이 모형이 옳다면, 잠재요인과 관찰변인의 관계를 나타내는 조건확률 모수들 $\widehat{\Pi}_{it}^{A|X}$, $\widehat{\Pi}_{jt}^{B|X}$, $\widehat{\Pi}_{kt}^{C|X}$, $\widehat{\Pi}_{lt}^{D|X}$ 는 각 문항의 '신뢰도 (reliability)' 를 반영한다. 고전적인 신뢰도의 정의는 구인과 척도의 상관관계다. 다시 말해서 문항들이 잠재적인 협응능력을 신뢰할 수 있게 측정하는 것들이라면, 잠재적인 협응능력에서 '높은 능력 계층' 에 속하는 피검자가 각 문항에 대하여 '양호한 반응' 을 할 확률이 '낮은 능력 계층' 에 속하는 피검자의 그 확률보다 높아야 한다. 예를 들어, 잠재계층 $t = 2$ 가 '높은 능력 계층' 이고, 문항 A 에 대한 반응에서 $i = 2$ 가 '양호한 반응' 을 의미하므로, $\widehat{\Pi}_{22}^{A|X}$ 가 $\widehat{\Pi}_{21}^{A|X}$ 보다 매우 크고, 반면에 $\widehat{\Pi}_{12}^{A|X}$ 가 $\widehat{\Pi}_{11}^{A|X}$ 보다 매우 작으면, 문항 A 는 신뢰도가 높은 문항이 된다. 극단적인 경우에는, 만약 $\widehat{\Pi}_{22}^{A|X} = 1$ 이고, $\widehat{\Pi}_{21}^{A|X} = 0$ 이면, 문항 A 는 완벽한 신뢰도를 가지는 문항이 된다. <표 11-6> 에 제시된 일요인 2 계층모형의 결과에서는 협응능력을 측정하는 네 개의 문항 중에서 문항 B 가 가장 신뢰도가 높은 문항인 것으로 판단된다.

이와 같은 문항 신뢰도의 개념을 한 개의 지수로 나타낼 수는 없을까? 제 2 장에서 살펴본 'Yule 의 Q' 지수가 이 물음에 대한 해답이다 (Clogg & Manning, 1996). 문항 A 의 경우를 예로 사용하여 문항 신뢰도 지수를 산출하는 과정을 이해해 보자. 다른 문항들의 신뢰도도 동일한 과정에 의해 지수화된다. 우선 <표 11-6> 의 일요인 2 계층모형에서 추정된 문항 A 의 조건확률들을 <표 11-7> 과 같이 재정리할 수 있다.

〈 **표 11-7** 〉 눈-손 협응능력검사의 문항들에 대한 일요인 2 계층모형에서 추정된 문항 A 의 조건확률

	잠재요인	
문항 A 에 대한 반응	낮은 능력 계층 ($t=1$)	높은 능력 계층 ($t=2$)
저조한 반응 ($i=1$)	$\hat{\Pi}_{11}^{A\|X}=0.743$	$\hat{\Pi}_{12}^{A\|X}=0.452$
양호한 반응 ($i=2$)	$\hat{\Pi}_{21}^{A\|X}=0.257$	$\hat{\Pi}_{22}^{A\|X}=0.548$

<표 11-7> 은 다름 아닌 잠재요인과 문항 A 에 대한 반응으로 구성된 2 × 2 이원교차분할표다. 제 2 장에서 살펴본 바와 같이 2 × 2 이원교차분할표를 구성하는 두 개의 범주변인 사이의 관계 혹은 연관을 나타내는 대표적인 지수가 승산비 (θ) 다. <표 11-7> 의 잠재요인 (X) 과 문항 A 에 대한 반응으로 구성된 이원교차분할표의 추정된 승산비는 다음과 같이 산출된다.

$$\hat{\theta}_{AX}=\frac{\hat{\Pi}_{11}^{A|X}\hat{\Pi}_{22}^{A|X}}{\hat{\Pi}_{12}^{A|X}\hat{\Pi}_{21}^{A|X}}$$

만약 $\hat{\theta}_{AX}=1$ 이면, 잠재계층 $t=1$ 에서 문항 A 에 양호한 반응 ($i=2$) 을 할 확률 $\hat{\Pi}_{21}^{A|X}$ 와 잠재계층 $t=2$ 에서 문항 A 에 양호한 반응 ($i=2$) 을 할 확률 $\hat{\Pi}_{22}^{A|X}$ 가 동일하다는 것을 의미하므로, 문항 A 는 신뢰도가 낮은 문항이 된다. 반면에 $\hat{\theta}_{AX}$ 가 1 보다 커질수록 문항 A 는 신뢰도가 높은 문항이 된다. 'Yule 의 Q' 지수는 다름 아닌 승산비를 피어슨 적률상관지수와 동일한 범위를 가지도록 최소값이 −1 이고, 최대값이 +1 인 지수로 변환한 것이다.

$$Q_{AX} = \frac{\hat{\theta}_{AX} - 1}{\hat{\theta}_{AX} + 1}$$

만약 $\hat{\theta}_{AX} = 1$ 이면 $Q_{AX} = 0$ 이다. 따라서 $Q_{AX} = 0$ 이면 문항 A 에 대한 반응이 잠재요인(X)과 독립적이라는 것을 의미하고, 더불어 문항 A 는 잠재요인에 대한 신뢰할 수 있는 척도가 아니다. 추정된 승산비 $\hat{\theta}_{AX}$ 가 0 이면, Yule 의 Q-지수의 값은 −1 이 된다. 반면, 추정된 승산비 $\hat{\theta}_{AX}$ 가 ∞ 이면, Yule 의 Q-지수의 값은 +1 에 근접한다. <표 11-7> 에 제시된 조건확률 추정치들을 이용하여 잠재계층에서 문항 A 에 대한 반응의 추정된 승산비를 산출하면 $\hat{\theta}_{AX} = (0.743)(0.548) / (0.452)(0.257) = 3.505$ 이고, Yule 의 Q-지수를 산출하면 $Q_{AX} = (3.505-1) / (3.505+1) = 0.556$ 이다. 이 Yule 의 Q-지수는 문항 A 에 대한 반응과 잠재요인 사이의 상관계수로 해석될 수 있고, 따라서 문항 A 의 신뢰도 지수가 된다. <표 11-6> 의 일요인 2 계층모형이 옳다는 전제하에 같은 방식에 의하여 문항 B 의 신뢰도를 산출하면 $Q_{BX} = 0.999$ 이고, 문항 C 의 신뢰도는 $Q_{CX} = 0.540$, 문항 D 의 신뢰도는 $Q_{DX} = 0.407$ 이다. 이 문항 신뢰도들의 평균은 그 문항들로 이루어진 척도 혹은 검사의 신뢰도가 된다.

③ 동시모형

일요인 2 계층모형 (계발 고난도 모형) 이 문항 A, B, C, D 에 대한 피검자의 반응을 잘 설명하는 요인모형인 것으로 판단되었다. 그런데 그 문항들에 의해 측정되는 협응능력이 남자들과 여자들에서 공히 계발 고난도 능력일까? 다시 말해서 그 문항들에 대한 남자들과 여자들의 협응 수행이 동일한 2 계층 잠재요인모형에 의해 설명될 수 있을까? 각기 다른 집단에서 동일한 잠재계층모형이 성립하는지의 여부를 검증하기 위한 모형을 '동시 잠재계층모형 (simultaneous latent class model)' 혹은 간단히 '동시모형 (simultaneous model)' 이라고 부른다 (Clogg & Goodman, 1984).

남자 집단과 여자 집단에서 동일한 2 계층모형이 성립하는지의 여부를 검증하기 위한 동시모형은 앞서 분석된 네 개의 문항들과 더불어 성별 (S) 이 다섯 번째 관찰변인으로 추가된 모형이다. 따라서 이 동시모형을 검증하기 위한 반응패턴은

$2^5 = 32$ 개가 존재한다. 여기에서 사용되는 310 명의 자료에서 각 반응패턴을 보인 피검자의 관찰빈도는 다음과 같다.

00000 = 28, 10000 = 12, 01000 = 12, 11000 = 10, 00100 = 18,
10100 = 6, 01100 = 14, 11100 = 12, 00010 = 8, 10010 = 2,
01010 = 0, 11010 = 4, 00110 = 14, 10110 = 2, 01110 = 2,
11110 = 4, 00001 = 34, 10001 = 10, 01001 = 4, 11001 = 6,
00101 = 14, 10101 = 8, 01101 = 18, 11101 = 20, 00011 = 0,
10011 = 2, 01011 = 6, 11011 = 6, 00111 = 4, 10111 = 0,
01111 = 14, 11111 = 16

각 반응패턴들의 마지막 다섯 번째 숫자가 성별 (S) 을 나타내는데, 0 은 남자 집단이고, 1 은 여자 집단이다. 남자 집단과 여자 집단에서 동일한 2 계층모형이 성립하는지 여부를 검증하기 위한 동시모형은 남자 집단에서도 두 개의 잠재계층 (저능력과 고능력) 이 존재하고, 여자 집단에서도 두 개의 잠재계층 (저능력과 고능력) 이 존재한다고 가정하는 모형이다. 따라서 모형은 전체적으로 네 개의 잠재계층 ($T=4$) 으로 구성된 한 개의 잠재요인 (X) 을 가정하는 일요인 4 계층모형이며, 이 동시모형의 근본방정식은 <수식 11-11> 과 같이 정의된다.

$$\Pi_{ijklm}^{ABCDS} = \sum_{t=1}^{T} \Pi_t^X \Pi_{it}^{A|X} \Pi_{jt}^{B|X} \Pi_{kt}^{C|X} \Pi_{lt}^{D|X} \Pi_{mt}^{S|X} \qquad \text{<수식 11-11>}$$

이때, 잠재계층 $t=1$ (저능력) 과 $t=2$ (고능력) 는 남자 집단의 잠재계층이고, 잠재계층 $t=3$ (저능력) 과 $t=4$ (고능력) 는 여자 집단의 잠재계층이라고 가정한다. 따라서 <수식 11-11> 의 동시모형에는 다음과 같은, 네 개의 제약이 존재한다.

$$\hat{\Pi}_{11}^{S|X} = 1.00 \qquad \hat{\Pi}_{12}^{S|X} = 1.00$$

$$\hat{\Pi}_{13}^{S|X} = 0.00 \qquad \hat{\Pi}_{14}^{S|X} = 0.00$$

이 4 가지 제약은 잠재계층 $t=1$ 에 속한 피검자가 성별 (S) 에서 남자반응 ($m=1$) 을 보일 확률 $\hat{\Pi}_{11}^{S|X}$ 가 1.00 이고, 잠재계층 $t=2$ 에 속한 피검자가 성별

(S) 에서 남자반응 ($m=1$) 을 보일 확률 $\widehat{\Pi}_{12}^{S|X}$ 가 또한 1.00 이라는 가정을 구현한 것이다. 또한, 잠재계층 $t=3$ 에 속한 피검자가 성별 (S) 에서 남자반응 ($m=1$) 을 보일 확률 $\widehat{\Pi}_{13}^{S|X}$ 가 0.00 이고, 잠재계층 $t=4$ 에 속한 피검자가 성별 (S) 에서 남자반응 ($m=1$) 을 보일 확률 $\widehat{\Pi}_{14}^{S|X}$ 가 0.00 이라는 가정을 구현한 것이다. 간단히 말해서 앞의 네 가지 제약은 잠재계층 $t=1$ 과 $t=2$ 는 남자 집단의 잠재계층이고, 잠재계층 $t=3$ 과 $t=4$ 는 여자 집단의 잠재계층이라는 가정을 모형에 구현하는 방법이다.

동시모형은 특정한 잠재계층 (i. e., 고능력 계층 혹은 저능력 계층) 에 속한 피검자가 관찰변인들에 특정한 반응을 할 확률이 남녀 집단에서 동일하다는 가정을 한다. 따라서 동시모형은 성별과 관련한 앞의 네 가지 제약 이외에 다음과 같은 여덟 가지 추가적 제약을 가진다.

$$\widehat{\Pi}_{11}^{A|X} = \widehat{\Pi}_{13}^{A|X} \qquad \widehat{\Pi}_{12}^{A|X} = \widehat{\Pi}_{14}^{A|X}$$

$$\widehat{\Pi}_{11}^{B|X} = \widehat{\Pi}_{13}^{B|X} \qquad \widehat{\Pi}_{12}^{B|X} = \widehat{\Pi}_{14}^{B|X}$$

$$\widehat{\Pi}_{11}^{C|X} = \widehat{\Pi}_{13}^{C|X} \qquad \widehat{\Pi}_{12}^{C|X} = \widehat{\Pi}_{14}^{C|X}$$

$$\widehat{\Pi}_{11}^{D|X} = \widehat{\Pi}_{13}^{D|X} \qquad \widehat{\Pi}_{12}^{D|X} = \widehat{\Pi}_{14}^{D|X}$$

예를 들어, 협응능력이 낮은 남자들 ($t=1$) 이 문항 A 에 '저조한 반응 ($i=1$)' 을 할 확률 $\widehat{\Pi}_{11}^{A|X}$ 와 협응능력이 낮은 여자들 ($t=3$) 이 문항 A 에 '저조한 반응($i=1$)' 을 할 확률 $\widehat{\Pi}_{13}^{A|X}$ 가 같다고 가정하고, 또한 협응능력이 높은 남자들 ($t=2$) 이 문항 A 에 '저조한 반응 ($i=1$)' 을 할 확률 $\widehat{\Pi}_{12}^{A|X}$ 와 협응능력이 높은 여자들 ($t=4$) 이 문항 A 에 '저조한 반응 ($i=1$)' 을 할 확률 $\widehat{\Pi}_{14}^{A|X}$ 가 같다고 가정한다. 모든 문항의 조건확률들에 대하여 그러한 가정을 하는 모형이 동시모형이다.

여기에서 논의되는 동시모형의 검증을 위한 자료는 네 개의 문항들 A, B, C, D 와 성별 S 에 의해 조합되는 32 개의 반응패턴 빈도들이므로 독립적인 근본방정식의 개수는 32 − 1 = 31 이다. 반면 동시모형에서 독립적인 모수의 개수는 $(T-1) + T[(I-1)+(J-1)+(K-1)+(L-1)+(M-1)] = 3 + 4(1+1+1+1+1) = 23$ 인데, 제약이 12 개가 존재하므로 눈−손 협응능력검사 문항 자료에 대한 동시모형의 자유도는 $df = 31 - 23 + 12 = 20$ 이다. 동시모형에 대하여 Clogg (1981) 의 MLLSA 프로그램을 이용한 모수추정치들과 합치도 지수들의 값은 <표 11-8> 과 같다.

앞서 자료의 소개에서 310 명의 피검자 중 남자는 148 명 (47.7 %) 이고, 여자는 162 명 (52.3 %) 이라고 하였다. <표 11-8> 의 추정된 잠재계층확률을 보면, 모형모수들에 대한 제약에 의해 잠재계층 $t = 1$ 과 잠재계층 $t = 2$ 가 남자 집단으로 정의되었는데, 그 두 계층의 확률 합계가 $0.383 + 0.094 = 0.477$ 이고, 잠재계층 $t = 3$ 과 잠재계층 $t = 4$ 가 여자 집단으로 정의되었는데, 이 두 계층의 확률 합계가 $0.281 + 0.242 = 0.523$ 이라는 것을 알 수 있다. 따라서 잠재계층들은 동시모형이 의도한 바와 같이 정확히 정의된 것으로 판단된다. 그런데 남자 집단은 대부분이 '저능력' 계층 ($\widehat{\Pi}_1^X = 0.383$) 으로 추정되었고, 여자 집단은 '저능력' 계층 ($\widehat{\Pi}_3^X = 0.281$) 과 '고능력' 계층 ($\widehat{\Pi}_4^X = 0.242$) 이 거의 균형을 이루고 있는 것으로 추정되었다. 조건확률 모수들도 동시모형의 의도와 일치하는 양상으로 추정되었다. 그러나 모형합치도를 보면 피어슨 카이자승 통계치 (47.75) 와 우도비 카이자승 통계치 (53.79) 는 공히 $df = 20$ 과 $\alpha = 0.05$ 수준에서 유의미하다. 따라서 동시모형은 자료에 의해 기각되고, 남자 집단과 여자 집단에서 동일한 2 계층모형이 성립하지 않는 것으로 판단된다.

동시모형이 통계적으로 기각되었음에도 불구하고 그 모형에 의해 사례들의 잠재계층을 파악하는 것의 정확성을 가늠하는 λ 는 매우 높은 값 (0.84) 을 나타내고 있다. 즉, 모든 사례가 한 개의 계층에 속한다고 가정할 때에 비해서 여기에서 검증된 동시모형에 의해 사례를 잠재계층에 할당하면 할당오류가 84 % 줄어든다는 것이다. 이와 같이 모형과 자료의 합치도가 좋지 않은 모형인데도 불구하고 λ 가 높게 산출된 이유는 잠재계층의 구분이 성별 구분과 일치하도록 모형모수들에 대한 제약이 주어졌기 때문이다. 즉, <표 11-8> 에서 산출된 λ 는 기본적으로 모든 피검자의 성별이 동일하다고 간주할 때에 비해서 그들의 성별을 동시모형에 의해 구분하는 것이 훨씬 더 정확하다는 것을 의미할 뿐이며, 모형의 합치도 혹은 설명력을 의미하는 것은 아니다.

만약 동시모형의 합치도가 우수하여 통계적으로 기각되지 않았다면, <표 11-8> 에 제시된 잠재계층확률 추정치들 $\widehat{\Pi}_1^X = 0.383$, $\widehat{\Pi}_2^X = 0.094$, $\widehat{\Pi}_3^X = 0.281$,

〈표 11-8〉 눈-손 협응능력검사 문항 자료에 대한 동시모형의 모수추정치

잠재계층확률 모수	조건확률 모수				모형합치도
	$t=1$	$t=2$	$t=3$	$t=4$	
$\hat{\Pi}_1^X = 0.383$	$\hat{\Pi}_{11}^{A\mid X} = 0.724$	$\hat{\Pi}_{12}^{A\mid X} = 0.392$	$\hat{\Pi}_{13}^{A\mid X} = 0.724$	$\hat{\Pi}_{14}^{A\mid X} = 0.392$	$\chi^2 = 47.75$
$\hat{\Pi}_2^X = 0.094$	$\hat{\Pi}_{21}^{A\mid X} = 0.276$	$\hat{\Pi}_{22}^{A\mid X} = 0.608$	$\hat{\Pi}_{23}^{A\mid X} = 0.276$	$\hat{\Pi}_{24}^{A\mid X} = 0.608$	$G^2 = 53.79$
$\hat{\Pi}_3^X = 0.281$	$\hat{\Pi}_{11}^{B\mid X} = 0.787$	$\hat{\Pi}_{12}^{B\mid X} = 0.001$	$\hat{\Pi}_{13}^{B\mid X} = 0.787$	$\hat{\Pi}_{14}^{B\mid X} = 0.001$	$\lambda = 0.84$
$\hat{\Pi}_4^X = 0.242$	$\hat{\Pi}_{21}^{B\mid X} = 0.213$	$\hat{\Pi}_{22}^{B\mid X} = 0.999$	$\hat{\Pi}_{23}^{B\mid X} = 0.213$	$\hat{\Pi}_{24}^{B\mid X} = 0.999$	$df = 20$
	$\hat{\Pi}_{11}^{C\mid X} = 0.585$	$\hat{\Pi}_{12}^{C\mid X} = 0.227$	$\hat{\Pi}_{13}^{C\mid X} = 0.585$	$\hat{\Pi}_{14}^{C\mid X} = 0.227$	
	$\hat{\Pi}_{21}^{C\mid X} = 0.415$	$\hat{\Pi}_{22}^{C\mid X} = 0.773$	$\hat{\Pi}_{23}^{C\mid X} = 0.415$	$\hat{\Pi}_{24}^{C\mid X} = 0.773$	
	$\hat{\Pi}_{11}^{D\mid X} = 0.813$	$\hat{\Pi}_{12}^{D\mid X} = 0.563$	$\hat{\Pi}_{13}^{D\mid X} = 0.813$	$\hat{\Pi}_{14}^{D\mid X} = 0.563$	
	$\hat{\Pi}_{21}^{D\mid X} = 0.187$	$\hat{\Pi}_{22}^{D\mid X} = 0.437$	$\hat{\Pi}_{23}^{D\mid X} = 0.187$	$\hat{\Pi}_{24}^{D\mid X} = 0.437$	
	$\hat{\Pi}_{11}^{S\mid X} = 1.000$	$\hat{\Pi}_{12}^{S\mid X} = 1.000$	$\hat{\Pi}_{13}^{S\mid X} = 0.000$	$\hat{\Pi}_{14}^{S\mid X} = 0.000$	
	$\hat{\Pi}_{21}^{S\mid X} = 0.000$	$\hat{\Pi}_{22}^{S\mid X} = 0.000$	$\hat{\Pi}_{23}^{S\mid X} = 1.000$	$\hat{\Pi}_{24}^{S\mid X} = 1.000$	

$\hat{\Pi}_4^X = 0.242$ 를 이용하여 잠재적인 협응능력과 성별의 관계를 파악할 수 있다. 즉, 특정한 잠재요인 (협응능력) 과 특정한 관찰변인 (성별) 의 관계를 파악하는 것이다. 왜냐하면 $\hat{\Pi}_1^X$ 는 잠재적인 협응능력이 낮은 남자 계층의 확률이고, $\hat{\Pi}_2^X$ 는 잠재적인 협응능력이 높은 남자 계층의 확률이며, $\hat{\Pi}_3^X$ 는 잠재적인 협응능력이 낮은 여자 계층의 확률이고, $\hat{\Pi}_4^X$ 는 잠재적인 협응능력이 높은 남자 계층의 확률이기 때문이다. 여기에서 설명된 동시모형을 이용하여 잠재요인과 관찰변인의 관계를 파악하는 것은 척도 (scale) 나 검사 (test) 의 '준거타당도 (criterion validity)' 를 파악하거나, 범주적인 잠재요인과 다른 범주변인의 관계를 파악하기 위한 목적으로 널리 활용될 수 있는 일반적 방법이다. Larzarsfeld & Henry (1968) 는 이 방법을 '잠재구조분석의 가장 소중한 측면 (one of the most valuable aspect of latent structure analysis)' 이라고 하였는데, 추정된 잠재계층확률들을 이용하여 이분상관계수 (ϕ coefficient) 를 산출하는 매우 간단한 방법이다. 잠재계층확률들을 이용하여 이분변인들 사이의 상관계

수 (ϕ coefficient) 를 산출하는 방법에 대해서는 다음에 살펴볼 이요인모형에서 상세하게 설명하고자 한다.

④ 이요인모형

문항 A, B, C, D 중에 A 와 B 는 선 그리기 문항이고, C 와 D 는 궤적 그리기 문항이다. 선 그리기 문항의 특징은 시각적으로 제시된 운동궤적을 정확히 작도하는 것이고, 궤적 그리기 문항의 특징은 시각적으로 제시되지 않는 운동궤적을 피검자가 스스로 유추해 내어 정확히 작도해야 한다. 신경생리학 연구들 (e. g., van Donkelaar, Stein, Passingham, & Miall, 1999) 에 의하면 '목표 (target)' 가 시각적으로 제시되는 협응 과제의 수행과 목표가 시각적으로 제시되지 않는 협응 과제의 수행은 각각 뇌의 다른 부위에서 통제된다고 한다. 선 그리기 문항과 같이 목표가 시각적으로 제시되는 협응 과제의 수행은 주로 뇌의 후면 아래쪽에 위치한 소뇌 (小腦) 와 관련된 부위 (cerebello-thalamo-cortical system) 에서 통제되고, 궤적 그리기 문항과 같이 목표가 시각적으로 제시되지 않는 협응 과제의 수행은 주로 뇌의 중심 내부에 위치한 기저핵 (基底核) 과 관련된 부위 (ganglio-thalamo-cortical system) 에서 통제된다고 한다. 이와 같은 신경생리학적인 판단이 옳다면, 소뇌 기능이 발달한 사람과 그렇지 않은 사람들은 선 그리기 문항에 대한 반응에서 상대적인 차이를 보이는 반면, 기저핵 기능이 발달한 사람과 그렇지 않은 사람들은 궤적 그리기 문항에 대한 반응에서 상대적인 차이를 보일 것으로 예상된다.

따라서 문항 A, B, C, D 에 대한 반응들 사이의 연관을 두 개의 요인으로 설명하는 이요인모형을 구성할 수 있다. 여기에서는 첫 번째 요인은 '고수준' 과 '저수준' 두 개의 계층을 가지는 '소뇌 발달' 요인이고, 두 번째 요인은 역시 '고수준' 과 '저수준' 두 개의 계층을 가지는 '기저핵 발달' 요인이라고 가정하는 이요인 모형을 검증해 보고자 한다. 말하자면 [그림 11-3] 과 같은 요인모형을 검증하는 것이다.

물론 문항 A 와 문항 B 의 요인이 진실로 '소뇌 발달' 요인인지 아니면 선 그리기 문항들의 문항 특성 요인인지를 구별할 수 없고, 문항 C 와 문항 D 의 요인이 진실로 '기저핵 발달' 요인인지 아니면 궤적 그리기 문항들의 문항 특성 요인인지를 구별할 수 없다. 여기에서는 잠재계층분석을 통하여 이요인모형을 검증하는 방법을 설명하는 것이 주된 목적이므로 그러한 이론적인 논쟁은 이미 모두 해결

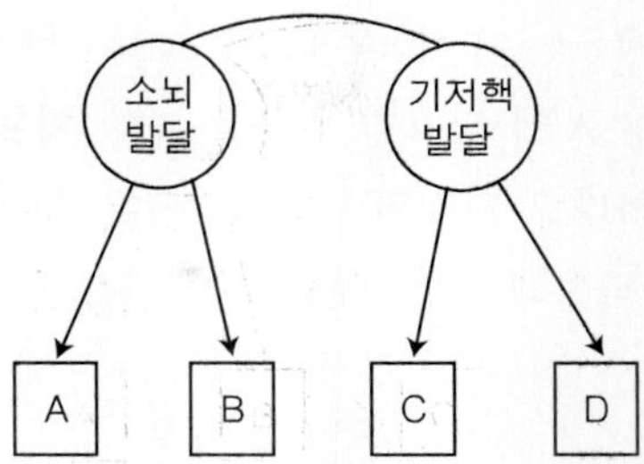

[그림 11-3] 눈-손 협응능력검사 문항 자료에 대한 이요인모형

되었다고 가정하자.

잠재요인들인 '소뇌 발달'과 '기저핵 발달'은 각각 두 개씩의 잠재계층으로 구성되었다고 가정하였으므로 사례들이 그 두 개의 잠재요인에 의해 교차분할된다고 가정하면 <표 11-9>와 같은 네 개의 잠재계층이 정의된다.

이요인 잠재계층모형은 두 개의 잠재요인 대신, <표 11-9>와 같이 정의된 네 개의 잠재계층으로 구성된 한 개의 잠재요인을 가지는 모형으로 정의된다. 즉, [그림 11-3]의 이요인 잠재계층모형은 문항 A, B, C, D가 <표 11-9>의 네 개의 잠재계층 각각에서 지역독립성을 가진다고 가정하는 모형이다. 그 모형의 구체적인 논리적 구조는 다음과 같다.

〈**표 11-9**〉 두 개의 잠재요인들에 의해 정의되는 잠재계층

	기저핵 발달	
소뇌 발달	고수준	저수준
고수준	$t=1$	$t=2$
저수준	$t=3$	$t=4$

우선 문항 A에 대한 반응을 생각해 보자. [그림 11-3]의 모형에 의하면 문항 A에 대한 반응은 기저핵 발달 요인에 의해 영향을 받지 않고, 기저핵 발달의 수준과는 독립적이다. 이것은 문항 A에 대하여 양호한 혹은 저조한 수행반응을 보일 확률이 기저핵 발달의 고, 저수준에 따라 변하지 않는다는 것을 의미한다. 따라서 [그림 11-3]의 모형은 문항 A에 양호한 반응을 보일 확률이 <표 11-9>

의 잠재계층 $t=1$ 과 잠재계층 $t=2$ 에서 동일하다고 가정한다. 같은 논리에 의하여 문항 A 에 양호한 반응을 보일 확률이 잠재계층 $t=3$ 과 잠재계층 $t=4$ 에서 동일하다고 가정된다. 이와 같은 논리를 모든 문항에 적용하면 [그림 11-3] 의 모형은 다음과 같은 여덟 개의 동일성 제약을 가지는 모형이다.

$$\hat{\Pi}_{11}^{A|X} = \hat{\Pi}_{12}^{A|X} \qquad \hat{\Pi}_{13}^{A|X} = \hat{\Pi}_{14}^{A|X}$$

$$\hat{\Pi}_{11}^{B|X} = \hat{\Pi}_{12}^{B|X} \qquad \hat{\Pi}_{13}^{B|X} = \hat{\Pi}_{14}^{B|X}$$

$$\hat{\Pi}_{11}^{C|X} = \hat{\Pi}_{13}^{C|X} \qquad \hat{\Pi}_{12}^{C|X} = \hat{\Pi}_{14}^{C|X}$$

$$\hat{\Pi}_{11}^{D|X} = \hat{\Pi}_{13}^{D|X} \qquad \hat{\Pi}_{12}^{D|X} = \hat{\Pi}_{14}^{D|X}$$

문항 A, B, C, D 에 대한 자료에서는 반응패턴의 개수가 16 개이므로 독립적인 근본방정식의 개수는 $16-1=15$ 이다. 반면 이요인모형에서 독립적인 모수의 개수는 $(T-1)+T[(I-1)+(J-1)+(K-1)+(L-1)]=3+4(1+1+1+1)=19$ 인데, 동일성 제약이 여덟 개가 존재하므로 눈-손 협응능력검사 문항 자료에 대한 이요인모형의 자유도는 $df=15-19+8=4$ 이다. [그림 11-3] 의 이요인모형에 대하여 Clogg (1981) 의 MLLSA 프로그램을 이용한 모수추정치들의 값은 <표 11-10> 과 같다.

이요인모형의 피어슨 카이자승 통계치 (4.39) 와 우도비 카이자승 통계치 (4.91) 는 자유도 $df=4$ 와 $\alpha=0.05$ 수준에서 유의미하지 않다. 따라서 [그림 11-3] 의 이요인모형은 눈-손 협응능력검사의 문항 자료를 잘 설명하는 모형이다.

앞서 <수식 11-8> 에서 표본의 사례들이 각 잠재계층에 속할 사후확률을 추정하는 절차를 설명하였다. 동일한 논리에 의하여 문항 A, B, C, D 에 대해서 특정한 반응패턴을 보인 피검자들이 <표 11-9> 의 각 잠재계층에 속할 사후확률은 <수식 11-12> 와 같이 정의된다.

$$\hat{\Pi}_{tijkl}^{X|ABCD} = \frac{\hat{\Pi}_{it}^{A|X}\hat{\Pi}_{jt}^{B|X}\hat{\Pi}_{kt}^{C|X}\hat{\Pi}_{lt}^{D|X}\hat{\Pi}_{t}^{X}}{\hat{\Pi}_{ijkl}^{ABCD}} \qquad \text{<수식 11-12>}$$

〈**표 11-10**〉 눈-손 협응능력검사 문항 자료에 대한 이요인모형의 모수추정치

잠재계층확률 모수	조건확률 모수				모형합치도
	$t=1$	$t=2$	$t=3$	$t=4$	
$\hat{\Pi}_1^X = 0.445$	$\hat{\Pi}_{11}^{A\|X} = 0.458$	$\hat{\Pi}_{12}^{A\|X} = 0.458$	$\hat{\Pi}_{13}^{A\|X} = 0.741$	$\hat{\Pi}_{14}^{A\|X} = 0.741$	$\chi^2 = 4.39$
$\hat{\Pi}_2^X = 0.007$	$\hat{\Pi}_{21}^{A\|X} = 0.542$	$\hat{\Pi}_{22}^{A\|X} = 0.542$	$\hat{\Pi}_{23}^{A\|X} = 0.259$	$\hat{\Pi}_{24}^{A\|X} = 0.259$	$G^2 = 4.91$
$\hat{\Pi}_3^X = 0.254$	$\hat{\Pi}_{11}^{B\|X} = 0.001$	$\hat{\Pi}_{12}^{B\|X} = 0.001$	$\hat{\Pi}_{13}^{B\|X} = 0.954$	$\hat{\Pi}_{14}^{B\|X} = 0.954$	$\lambda = 0.76$
$\hat{\Pi}_4^X = 0.293$	$\hat{\Pi}_{21}^{B\|X} = 0.999$	$\hat{\Pi}_{22}^{B\|X} = 0.999$	$\hat{\Pi}_{23}^{B\|X} = 0.046$	$\hat{\Pi}_{24}^{B\|X} = 0.046$	$df = 4$
	$\hat{\Pi}_{11}^{C\|X} = 0.301$	$\hat{\Pi}_{12}^{C\|X} = 0.845$	$\hat{\Pi}_{13}^{C\|X} = 0.301$	$\hat{\Pi}_{14}^{C\|X} = 0.845$	
	$\hat{\Pi}_{21}^{C\|X} = 0.699$	$\hat{\Pi}_{22}^{C\|X} = 0.155$	$\hat{\Pi}_{23}^{C\|X} = 0.699$	$\hat{\Pi}_{24}^{C\|X} = 0.155$	
	$\hat{\Pi}_{11}^{D\|X} = 0.634$	$\hat{\Pi}_{12}^{D\|X} = 0.950$	$\hat{\Pi}_{13}^{D\|X} = 0.634$	$\hat{\Pi}_{14}^{D\|X} = 0.950$	
	$\hat{\Pi}_{21}^{D\|X} = 0.366$	$\hat{\Pi}_{22}^{D\|X} = 0.050$	$\hat{\Pi}_{23}^{D\|X} = 0.366$	$\hat{\Pi}_{24}^{D\|X} = 0.050$	

<표 11-10> 의 추정치들을 근본방정식에 대입하면 반응패턴 확률 추정치 $\hat{\Pi}_{ijkl}^{ABCD}$ 가 산출되고, 그것을 다시 <수식 11-12> 에 대입하면 각 반응패턴을 보인 피검자들이 각 잠재계층에 속할 사후확률 $\hat{\Pi}_{tijkl}^{X|ABCD}$ 가 추정된다. 예를 들어, 1001 의 반응패턴을 보인 피검자가 각 잠재계층에 속할 사후확률은 다음과 같다.

$t=1$ 에 속할 사후확률:

$$\hat{\Pi}_{12112}^{X|ABCD} = (0.542)\,(0.001)\,(0.301)\,(0.366)\,(0.445)/\,(0.01) = 0.003$$

$t=2$ 에 속할 사후확률:

$$\hat{\Pi}_{22112}^{X|ABCD} = (0.542)\,(0.001)\,(0.845)\,(0.050)\,(0.007)/\,(0.01) = 0.000$$

$t=3$ 에 속할 사후확률:

$$\hat{\Pi}_{32112}^{X|ABCD} = (0.259)\,(0.954)\,(0.301)\,(0.366)\,(0.254)/\,(0.01) = 0.691$$

$t=4$ 에 속할 사후확률:

$$\widehat{\Pi}_{42112}^{X|ABCD} = (0.259)\,(0.954)\,(0.845)\,(0.050)\,(0.293)/\,(0.01) = 0.306$$

네 개의 문항에 대하여 1001 의 반응패턴을 보인 피검자는 잠재계층 $t=3$ 에 속할 사후확률이 가장 높으므로 그 계층에 할당된다. 즉, 1001 의 반응패턴을 보인 4 명의 피검자들은 뇌의 기저핵은 매우 발달하였지만, 소뇌는 비교적 덜 발달된 사람들인 것으로 추정된다.

동일한 방식에 의하여 16 개의 각 반응패턴을 보인 피검자들이 소뇌와 기저핵의 발달에서 높은 수준에 이른 사람들인지 아니면 낮은 수준에 있는 사람들인지의 여부를 추정할 수 있다. 이와 같이 <수식 11-12> 를 이용하여 310 명의 피검자들을 네 개의 잠재계층에 할당하는 경우에 '정확히 할당되는 비율 (percent correctly allocated)' 은 86.6 % 로 나타났다. 물론 이 추정은 지필검사에 대한 반응을 분석하여 뇌의 구조를 이해하는 매우 흥미로운 추론이지만, 그것의 타당성은 선 그리기 문항과 같이 목표가 시각적으로 제시되는 협응 과제의 수행은 주로 소뇌 (小腦) 와 관련된 부위 (cerebello-thalamo-cortical system) 에서 통제되고, 궤적 그리기 문항과 같이 목표가 시각적으로 제시되지 않는 협응 과제의 수행은 주로 기저핵 (基底核) 과 관련된 부위 (ganglio-thalamo-cortical system) 에서 통제된다는 신경생리학적인 관점이 얼마나 정확한 것인지의 여부에 달려 있다.

소뇌의 발달 여부와 기저핵의 발달 여부는 어떤 관계가 있을까? 이 질문은 잠재요인들 사이의 관계 혹은 연합에 관한 질문이다. 이요인 잠재계층모형에서 추정되는 잠재계층확률들을 이용하여 이 질문에 대한 답을 도출할 수 있다. 이요인 잠재계층모형에서 추정되는 잠재계층확률들은 <표 11-9> 의 셀확률들이다. <표 11-9> 와 같은 이원교차분할표에서 행과 열을 정의하는 이분변인 사이의 피어슨 적률상관 계수 (Pearson product moment correlation coefficient) 를 'ϕ 계수 (ϕ coefficient)' 라고 부르고 <수식 11-13> 과 같이 산출한다.

$$\phi = \frac{\widehat{\Pi}_1^X - (\widehat{\Pi}_1^X + \widehat{\Pi}_2^X)(\widehat{\Pi}_1^X + \widehat{\Pi}_3^X)}{\sqrt{(\widehat{\Pi}_1^X + \widehat{\Pi}_2^X)(\widehat{\Pi}_3^X + \widehat{\Pi}_4^X)(\widehat{\Pi}_1^X + \widehat{\Pi}_3^X)(\widehat{\Pi}_2^X + \widehat{\Pi}_4^X)}} \qquad \text{<수식 11-13>}$$

<수식 11-13> 은 일견 복잡해 보이지만, 분자와 분모에 있는 $(\widehat{\Pi}_1^X + \widehat{\Pi}_2^X)$ 등의 확률 합들은 모두 <표 11-9> 의 이원교차분할표의 외곽확률들 (marginal probabilities) 이다.

$$\phi = \frac{0.445 - (0.699)(0.452)}{\sqrt{(0.699)(0.300)(0.547)(0.452)}} = 0.57$$

눈–손 협응능력검사의 문항 A, B, C, D 에 대한 310 명의 반응 자료를 이용하여 추정한 소뇌발달 수준과 기저핵 발달 수준의 상관관계는 0.57 이다. 이것은 비교적 높은 상관관계를 의미하는데, 만약 문항 A 와 문항 B 의 요인이 진실로 '소뇌발달' 요인이고, 문항 C 와 문항 D 의 요인이 진실로 '기저핵 발달' 요인이라면, 그 요인들 사이의 높은 상관관계는 뇌의 각 부분들이 서로 영향을 주고받으며 발달한다는 증거가 될 수 있을 것이다.

참고문헌

남지숙(2003). 지필용 눈-손 협응능력 검사. 석사학위 청구논문, 충북대학교 대학원.

박광배(2003). **변량분석과 회귀분석**. 서울: 학지사.

박광배, 김상준, 한미영(2005). 가상적인 재판 쟁점에서의 현역판사의 판단과 모의배심의 집단판단에 대한 인지적 방략의 효과. **한국심리학회지: 사회문제**(제 11 권 1 호).

변재상(2005). 도시경관 및 이미지 향상을 위한 랜드마크 형성모델. 박사학위 청구논문, 서울대학교 대학원.

이은로(2005). 사전선호와 타협적 선택행동의 관계. 석사학위 청구논문, 충북대학교 대학원.

Agresti, A. (1990). *Categorical Data Analysis*. New York: John Wiley & Sons, Inc.

Agresti, A. (1996). *An Introduction to Categorical Data Analysis*. New York: John Wiley & Sons, Inc.

Akaike, H. (1973). Information theory and an extention of the maximum likelihood principle. In B. N. Petrov & B. F. Csaki (Eds.), *Second International Symposium on Information Theory* (pp. 267-281). Budapest, Hungary: Academic Kiado.

Akaike, H. (1987). Factor analysis and AIC. *Psychometrika, 52*, 317-332.

Albert, P. S. (1999). Longitudinal data analysis (repeated measures) in clinical trials. *Statistics in Medicine, 18*, 1707-1732.

Albert A., & Anderson, J. A. (1984). On the existence of maximum likelihood estimates in logistic regression models. *Biometrika, 71*, 1-10.

Ashby, M., Neuhaus, J. M., Hauck, W. W., Bacchetti, P., Heilbron, D. C., Jewell, N. P., Segal, M. R., & Fusaro, R. E. (1992). An annotated bibliography of methods for analysing correlated categorical data. *Statistics in Medicine, 11*, 67-99.

Attneave, F. (1959). *Applications of Information Theory to Psychology*. New York: Holt, Rinehart, & Winston.

Begg, C. B., & Gray, R. (1984). Calculation of polytomous logistic regression parameters using individualized regressions. *Biometrika, 71*, 11-18.

Beyer, W. H. (1987). *CRC Standard Mathematical Tables*, (28th ed.). CRC. Boca Raton. FL.

Birch, M. W. (1963). Maximum likelihood in three-way contingency tables. *Journal of the Royal Statistical Society, B25*, 220-233.

Box, J. F. (1978). *R. A. Fisher: The Life of a Scientist.* New York: Wiley.

Breslow, N., & Day, N. E. (1980). *Statistical Methods in Cancer Research, vol. I: The Analysis of Case-Control Studies.* Lyon: IARC.

Clogg, C. C. (1981). New developments in latent structure analysis. In D. J. Jackson, & E. F. Borgatta (Eds.), *Factor Analysis and Measurement in Sociological Research* (pp. 215-246). Sage Studies in International Sociology 21, Beverly Hills, CA: Sage.

Clogg, C. C., & Goodman, L. A. (1984). Latent structure analysis of a set of multidimensional contingency tables. *Journal of the American Statistical Association, 79,* 762-771.

Clogg, C. C., & Manning, W. D. (1996). Assessing reliability of categorical measurements using latent class models. In A. von Eye, & C. C. Clogg (Eds.), *Categorical Variables in Developmental Research: Methods of Analysis.* New York: Academic Press.

Cochran, W. G. (1954). Some methods of strengthening the common χ^2 tests. *Biometrics, 10,* 417-451.

Cox, D. R. (1958). Two further applications of a model for binary regression. *Biometrika, 45,* 562-565.

Cox, D. R. (1970). *Analysis of Binary Data.* New York: Chapman and Hall.

Deming, W. E., & Stephan, F. F. (1940). On a least squares adjustment of a sampled frequency table when the expected marginal totals are known. *Annals of Mathematical Statistics, 11,* 427-444.

Diggle, P. J., Heagerty, P., Liang, K. Y., & Zeger, S. L. (2002). *Analysis of Longitudinal Data.* New York: Oxford University Press.

Freedman, D., Pisani, R., & Purves, R. (1978). *Statistics.* New York: W. W. Norton & Company.

Golding, J., Limerick, S., & Macfarlane, A. (1985). *Sudden Infant Death: Patterns, Puzzles and Problems.* Somerset: Open Books.

Goodman, L. A. (1970). The multivariate analysis of qualitative data: interaction among multiple classification. *Journal of American Statistical Association, 65,* 226-256.

Goodman, L. A. (1971). The analysis of multidimensional contingency tables: stepwise procedures and direct estimation methods for building models for multiple classifications. *Technometrics, 13,* 33-61.

Goodman, L. A. (1972). A general model for the analysis of surveys. *American Journal of Sociology, 77,* 1035-1086.

Goodman, L. A. (1974a). The analysis of systems of qualitative variables when some of the variables are unobservable. Part I - A modified latent structure approach. *American Journal of Sociology, 79*, 1179-1259.

Goodman, L. A. (1974b). Exploratory latent structure analysis using both identifiable and unidentifiable models. *Biometrika, 61*, 215-231.

Goodman, L. A., & Kruskal, W. H. (1954). Measures of association for cross-classifications, Part I. *American Statistical Association, 49*, 732-764.

Graubard, B. I., & Korn, E. L. (1987). Choice of column scores for testing independence in ordered 2xK contingency tables. *Biometrika, 43*, 471-476.

Guthrie, C., Rachlinski, J. J., & Wistrich, A. J. (2001). Inside the judicial mind. *Cornell Law Review, 5,* 778-829.

Haberman, S. J. (1976). Interative scaling procedures for log-linear models for frequency data derived by indirect observation. Proceedings of the American Statistical Association 1975: Statistical Computing Section, pp. 45-50.

Haberman, S. J. (1978). *Analysis of Qualitative Data*. San Diego, CA: Academic Press.

Hagenaars, J. A. (1990). *Categorical Longitudinal Data: Log-linear Panel, Trend, and Cohort Analysis*. Newbury Park, California: SAGE Publications, Inc.

Hannaford-Agor, P. L., Hans, V., Mott, N. L., & Munsterman, G. T. (2003). Evaluation of hung juries in Bronx County, New York, Los Angeles County, California, Maricopa County, Arizona, and Washington, D. C. 2000-2001 (Computer file). ICPSR version. Williamsberg, VA: National Center for State Courts (producer), 2003. Ann Arbor, MI: Inter-university Consortium for Political and Social Research (distributor).

Hirji, K. F., Mehta, C. R., & Patel, N. R. (1987). Computing distributions for exact logistic regression. *JASA, 82*, 1110-1117.

Hirji, K. F., Tsiatis, A. A., & Mehta, C. R. (1989). Median unbiased estimation for binary data. *American Statistician, 43*, 7-11.

Kendall, M. G. (1938). A new measure of rank correlation. *Biometrika, 30*, 81-93.

Kendall, M. G. (1945). The treatment of ties in rank problems. *Biometrika, 33*, 239-251.

Kruglanski, A. W., & Webster, D. M. (1996). Motivated closing of the mind: "Seizing" and "freezing". *Psychological Review, 103*, 2, 263-283.

Lerner, I. M. (1968). *Heredity, Evolution, and Society*. San Francisco: W. H. Freeman.

Liang, K. Y., & Zeger, S. L. (1986). Longitudinal data analysis using generalized linear models. *Biometrika, 73*, 13-22.

Liu, Z. (1992). Smoking and lung cancer in China. *International Journal of Epidemiology, 21*, 197-201.

Lloyd, C. J. (1999). *Statistical Analysis of Categorical Data*. New York: Wiley.

Mantel, N., & Haenszel, W. (1959). Statistical aspects of the analysis of data from retrospective studies of disease. *Journal of National Cancer Institute, 22,* 719-748.

McCullagh, P. (1980). Regression models for ordinal data (with discussion). *Journal of Royal Statistical Society, B42,* 109-142.

McCullagh, P., & Nelder, J. A. (1989). *Generalized Linear Models.* London: Chapman and Hall.

McNemar, Q. (1947). Note on the sampling error of the difference between correlated proportions or percentages. *Psychometrika, 12,* 153-157.

Menard, S. (1995). Applied Logistic Regression Analysis. *Quantitative Applications in the Social Sciences, No. 106.* New York: Sage.

Miller, G. A. (1964). *Mathematics and Psychology.* New York: Holt, Rinehart, & Winston.

Morgan, B. J. T. (1992). *Analysis of Quantal Response Data.* London: Chapman & Hall.

Nelder J. A., & Wedderburn, R. W. M. (1972). Generalized linear models. *Journal of the Royal Statistical Society, Series A, 135,* 370-384.

Pearson, K. (1900). On the criterion that a given system of deviations from the probable in the case of correlated system of variables is such that it can be reasonably supposed to have arisen from random sampling. *Philosophical Magazine, 50,* 157-175.

Prentice, R. L. (1988). Correlated binary regression with covariates specific to each binary observation. *Biometrics, 44,* 1033-1048.

Raftery, A. E. (1986). A note on Bayes factors for log-linear contingency table models with vague prior information. *Journal of the Royal Statistical Society, B48,* 249-250.

Rao, C. R. (1947). Large sample tests of statistical hypotheses concerning several parameters with applications to problems of estimation. *Proceeding of Cambridge Philosophical Society, 44,* 50-57.

Rosenbaum, P. R., & Rubin, D. R. (1983). The central role of the propensity score in observational studies for causal effects. *Biometrika, 70,* 41-55.

Rotnitzky, A., & Jewell, N. P. (1990). Hypothesis testing of regression parameters in semiparametric generalized linear models for cluster correlated data. *Biometrika, 77,* 485-497.

Royall, R. M. (1986). Model robust confidence intervals using maximum likelihood estimators. *International Statistical Review, 54,* 221-226.

Ryan, G. H. (2002). *Report of the Governor's Commission on Capital Punishment: Technical Appendix.* State of Illinois.

Schwarz, G. (1978). Estimating the dimensions

of a model. *Annals of Statistics, 6,* 461-464.

Simonson, I. (1989). Choice based on reasons: The case of attraction and compromise effects. *Journal of Consumer Research, 16*, 158-174.

Simpson, E. H. (1951). The interpretation of interaction in contingency tables. *Journal of the Royal Statistical Society, B13*, 238-241.

Somers, R. H. (1962). A new asymmetric measure of association for ordinal variables. *American Sociological Review, 27*, 799-811.

Thornes, B., & Collard, J. (1979). *Who Divorces?* London: Routledge & Kegan Paul.

Upton, G. J. G. (1978). *The Analysis of Cross-tabulated Data.* New York: Wiley Publishing.

Walker, S. H., & Duncan, D. B. (1967) Estimation of the probability of an event as a function of several independent variables. *Biometrika, 54*, 167-179.

Yates, F. (1934). Contingency tables involving small numbers and the χ^2 test. *Supplement to the Journal of the Royal Statistical Society,* B1, 217-235.

Yule, G. U. (1912). On the methods of measuring association between two attributes (with discussion). *Journal of Royal Statistics Society,* 75, 579-642.

Zeger, S. L., & Liang, K. Y. (1992). An overview of methods for the analysis of longitudinal data. *Statistics in Medicine, 11,* 1825-1839.

Zeger, S. L., & Qaqish, B. (1988). Markov regression models for time series: a quasi-likelihood approach. *Biometrics, 44*, 1019-1031.

찾아보기

인명

내용

저 자 소 개

박광배

중앙대학교 법과대학을 졸업한 후 미국 시카고에 소재한 일리노이 주립대학교의 심리학과에서 석사와 박사 학위를 수여받고, 1990년부터 현재까지 충북대학교 심리학과 교수로 재직 중이다. 그는 대학과 대학원에서 주로 심리학 연구방법과 자료분석 방법을 가르치고 있으며, 일반 국민이 형사재판에 참여하는 배심재판제도와 그 제도로부터 파생되는 제반 문제들에 관하여 법심리학적 연구를 하고 있다. 현재 사법제도개혁추진위원회에서 대한민국 건국 이래 최대의 사법제도개혁 작업에 미력을 보태고 있으며, 그는 한국의 법제도가 정치적인 타협이나 추상적인 관념이 아니라 과학적 연구들의 실증적 토대 위에 굳건히 자리 잡기를 간절히 희망하고 있다. 지금까지 『빈도분석』, 『변량분석과 회귀분석』, 『다변량분석』, 『다차원 척도법』, 『법심리학』 등의 저서를 출판하였다.

범주변인분석

2006년 9월 25일 1판 1쇄 발행
2007년 9월 20일 1판 2쇄 발행

지은이 • 박 광 배
펴낸이 • 김 진 환
펴낸곳 • **학지사**

121-837 서울시 마포구 서교동 352-29 마인드월드빌딩 5층
전 화 • 326-1500(대) / 팩스 324-2345
등 록 • 1992년 2월 19일 제2-1329호

http://www.hakjisa.co.kr

ISBN 978-89-5891-297-2 93310

정가 20,000원